세계 최고두뇌 최대부호 성공집단 탄생시키는 유대
솔로몬 탈무드
이희영

카스트로 〈모세 5경〉의 〈창세기〉 첫머리, 헤브라이어 사본(寫本).

동서문화사

메주자(MEZOUZA)라는 작은 양피지가 담긴 이 상자는 집안의 문설주마다 붙인다

메주자는 읽기 위한 것이 아니므로 둘둘 말아서 상자 안에 넣어둔다

메주자는 토라(TORA)의 몇몇 구절들을 손으로 쓴 양피지이다

테필린(TEFILIN)이라는 가죽 상자. 이 안에는 양피지가 들어 있다

이마와 왼팔에 가죽끈으로 테필린을 두르고 아침 기도를 하는 모습

이마와 왼팔에 가죽끈으로 테필린을 두르고 아침 기도를 하는 모습

토라, 즉 모세의 다섯 책은 양피지 두루마리에 손으로 쓰여 있다

토라를 읽기에 앞서, 신도 하나가 펼쳐진 두루마리를 높이 들어올려 시나고그에 모인 다른 사람들에게 보여주고 있다

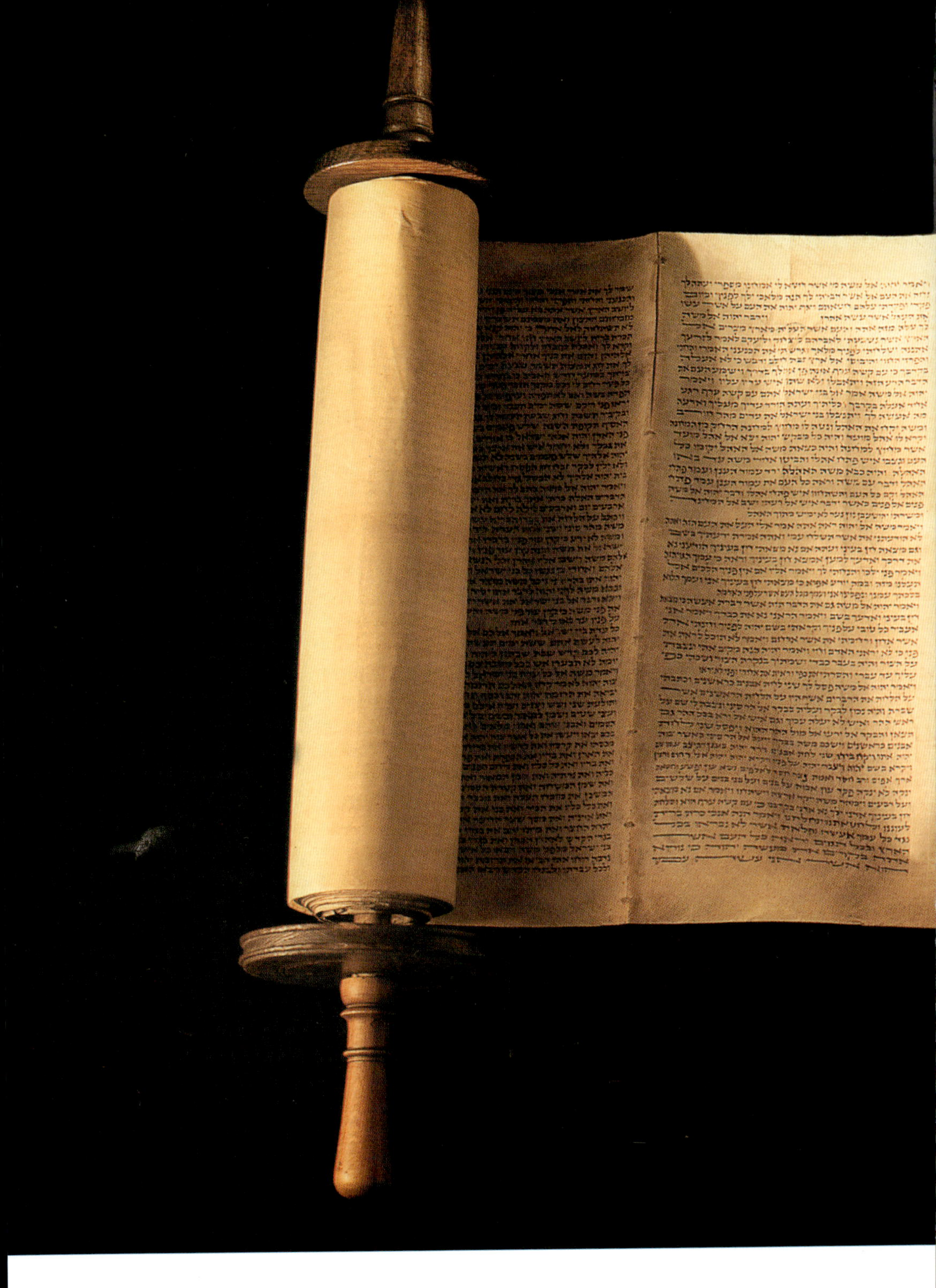

전세계의 모든 유대인들은 같은 날 토라의 같은 부분을 읽는다

은이나 나무로 만든 손인 야드(YAD). 토라의 책에 직접 손을 대는 것은 금지되어 있으므로 책을 읽을 때는 야드를 사용해야 한다

탈리트의 네 모서리에는 치치트(TSITSIT)라는 술장식이 달려 있다. 아침과 저녁 기도 때 유대인들은 이 치치트를 오른손으로 쥔다

치치트의 매듭과 꼬임의 수는 신의 이름을 상징한다

유대인 공동체 생활의 중심 장소인 시나고그(SYNAGOGUE). 유대인들은 하루에 세 번 이곳에 모여 함께 기도를 드린다

초창기 시나고그는 매우 어둡고 규제가 심했으나 오늘날에는 그 모습이 매우 다양해졌으며 미적인 장식도 허용하고 있다

시나고그 깊숙한 곳에는 토라의 책이 놓인 신성한 아치가 있으며, 중앙에는 토라를 읽고 기도하는 연단이 있다

토라의 책들은 금실과 은실로 수놓고 화려한 장식이 달린 망토를 씌워 신성한 아치 속에 보관한다

망토 위를 장식하고 있는 리모님(RIMONIM)이라는 왕관

망토에 매달아 둔 금속판. 교체가능한 이 금속판 위에는 그 주에 읽어야 할 토라의 부분이 표기되어 있다

오두막 축제의 매일 아침마다 사람들은 식물로 만든 부케를 들고 기도를 드린다. 시트런, 종려나무 가지, 도금양 가지, 버드나무 가지로 이루어진 이 부케는 룰라브(LOULAV)라고 불린다

유대교의 신성한 휴일인 안식일에 책을 읽고 있는 노인. 이날은 사물로부터 거리를 두고 자기 자신과 친지들에게 집중해야 한다

안식일의 모든 의식은 만남이라는 사회적 차원을 강조하고 있다. 이날 시나고그에서는 평일과 다른 특별한 예배를 드린다

안식일은 39가지 활동이 금지되는 반면, 휴식과 공부, 친구와의 만남 등으로 시간을 보내야 한다

안식일은 두 개의 초에 불을 켜는 의식으로 시작된다. '금요일의 초'라 불리는 이 초는 정교한 은세공으로 된 매우 아름다운 촛대에 꽂는다

안식일에 사용되는 포도주잔. 신과 인간, 인간과 인간의 만남의 시간인 안식일은 성스러운 날이다. 전통적으로 유대인들은 시간을 신성시할 때 항상 포도주에 축복을 내린다

빵 두 개를 꼬아 만든 안식일 빵. 이 빵은 유대인들이 광야에서 헤맬 때 신이 하늘로부터 내려준 만나를 기억하게 해준다

안식일을 마치는 의식에 사용되는 물건들. 향신료통, 포도주잔, 꼬인 형태의 초를 꽂은 받침대 등 이 의식에 사용되는 물건들은 하나같이 아름답고 정교하게 장식되어 있다.

속죄제 전 날 유대인들은 나무 줄기에 체다카(TSEDAKA)라는 헌금통을 매달아 놓는다. 가난한 사람들에게 헌금하는 것은 금식, 기도와 함께 속죄제 때의 가장 기본적인 활동이다

쇼파르(CHOFAR)는 숫양의 뿔로 만든 악기이다

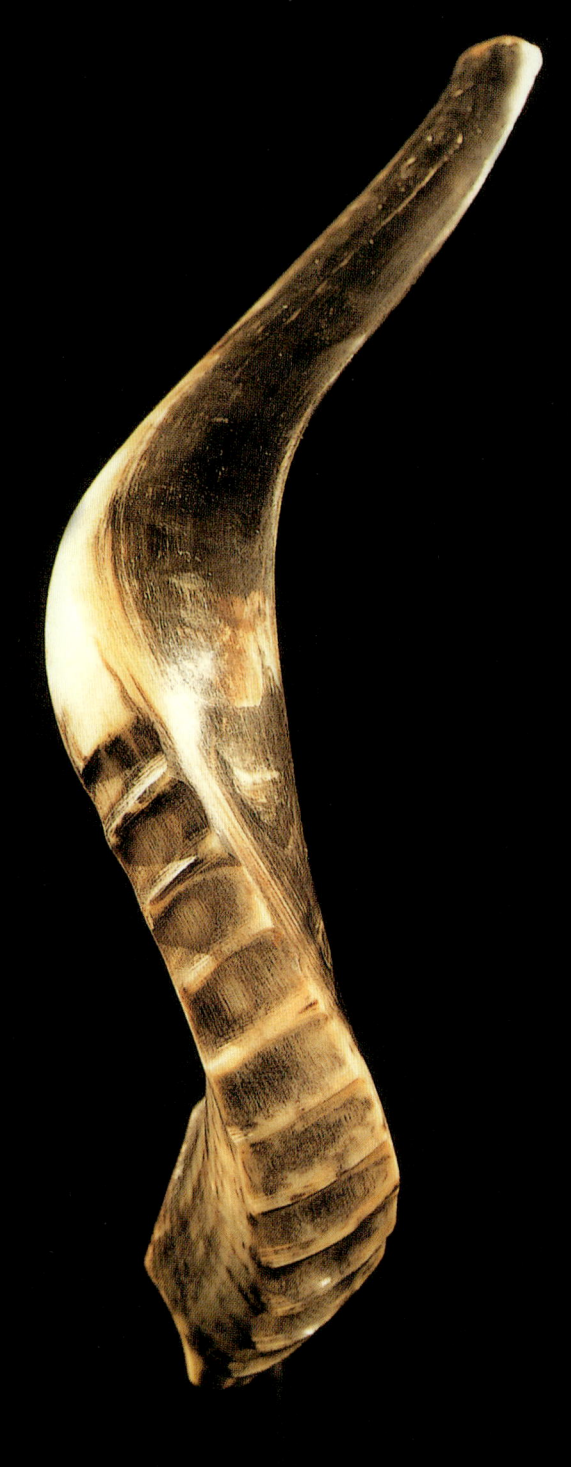

아브라함이 아들 이삭을 제물로 바치려 할 때 신은 숫양을 대신 바치도록 하였다. 새해와 속죄제때 쇼파르를 연주하는 것은 이삭 대신 숫양이 희생되었듯 그들에게도 기적이 일어나기를 기원하기 위함이다

유대인의 새해 식탁은 호화롭게 꾸며지며 특별히 달콤한 음식들로 채워진다

새해에 유대인들은 사과 조각을 꿀에 적셔 먹으면서 꿀에 적신 사과처럼 한 해가 달콤하기를 기원한다

오두막 기념일이 되면 사람들은 이집트를 떠나 40년간 광야를 떠돈 것을 기억하기 위해 수카(SOUKKA)라는 작은 오두막을 짓고 그 안에서 7일간 거주한다. 이 오두막에서 가장 중요한 부분은 등나무 줄기나 갈대 등으로 만든 지붕이다

다윗의 별과 함께 유대교를 대표하는 상징물인 '빛의 나무'. 영적, 정치적 승리를 상징하는 이 촛대에 8개의 초를 꽂고 불을 밝혀서 예루살렘 성전을 되찾은 것을 기념한다

나무의 새해라는 기념일이 되면 이스라엘에서는 수많은 나무를 심는데, 특히 모든 초등학생들이 이 일에 참여한다

유대인의 사육제인 퓨림(POURIM)절에 유대인들은 양피지 두루마리에 쓰인 에스더의 이야기를 읽는다

수염을 기르는 전통은 베거나 자르는 물건을 사람 얼굴에 대는 것을 성경이 금하고 있는 데서 비롯된다. 이는 상징적으로 인간의 얼굴에 해를 입히지 않고 인류에게 폭력에 가하지 않는 것을 의미한다

머리카락을 말아서 늘어뜨리는 전통도 앞쪽 사진과 마찬가지로 베거나 자르는 물건을 사람 얼굴에 대는 것을 성경이 금하고 있는 데서 비롯된다.

여성의 의복은 정숙하도록 요구되는데, 최근에는 전통적인 두건 대신 스카프나 작은 모자를 쓰는 여성들도 많다

유대인들이 항상 착용하는 작은 빵모자인 키파(KIPA). 키파를 쓰는 것은 신앙심과 유대인으로서의 정체성을 상징한다

'통곡의 벽' 앞에 모인 사람들. 안식일이나 각종 기념일이 되면 '통곡의 벽' 앞 광장은 기도하는 사람들로 가득 메워진다

예루살렘 성전의 서쪽벽인 '통곡의 벽'은 헤롯왕 때 만든 제2성전 중 유일하게 남은 유적이다. 로마군이 예루살렘 성전을 파괴하면서 이 벽만 남겨둔 것은 후세에 로마의 위력을 과시하기 위해서라고 한다

지금도 '통곡의 벽'은 유대인들에게 최고의 기도 장소이다

로마 시대에는 출입이 금지되다가 비잔틴 시대에 와서 1년에 단 하루 방문이 허용되자 유대인들이 이 곳에 와서 민족이 분산되고 성전이 파괴된 사실을 통곡하였기 때문에 '통곡의 벽'이라 불리게 되었다

퓨림(POURIM)절에 사람들은 저마다 최대한 가장을 하고 향연을 벌이며 서로 선물을 주고 받는 등 기쁨의 축제를 벌인다

유월절 식탁 한가운데를 차지하는 접시. 이 접시 위에 출애굽과 관련된 상징물들이 놓이게 된다

유월절의 저녁은 매우 엄격한 순서에 의해 진행되는데, 이러한 순서는 마치 프로그램과도 같이 텍스트에 기록 되어 있다

유월절 접시 위에 놓여진 출애굽 관련 상징물들. 불에 그을린 뼈, 삶은 달걀, 소금물, 포도주, 각종 향신 식물, 누룩을 넣지 않은 빵 등이 있다

유월절부터 오순절까지의 49일 중 33일 째 되는 날 전통적으로 유대인들은 성인들의 묘지를 순례한다

유대인들은 누군가의 묘를 방문할 때 묘석 위에 작은 돌을 올려 놓는 풍습이 있다

유대인들은 가까운 사람이 죽으면 카디쉬(QUADDICH)라는 기도문을 낭송한다

요리 방식을 규제하는 규정문. 유대인들은 먹어도 되는 가축과 금지된 가축, 그리고 음식물의 배합 등에 관련된 규칙을 엄격히 지킨다

후파(HOUPA)라는 혼례용 천막. 이 아래에서 한쌍의 남녀가 랍비의 축복을 받음으로써 결혼이 성립된다

일종의 의식용 목욕탕인 미크바(MIKVAH). 이 목욕탕은 사람과 사물을 정화시키는 데 사용되며 물의 양과 근원지는 엄격한 규제를 따르도록 되어 있다

탈무드를 읽고 있는 학생의 모습. 학습은 유대인들의 기본 토대이자 중요한 의무사항이다

예시바(YECHIVA)라는 학습 시설의 풍경. 유대인의 학습 시설은 우리가 흔히 생각하는 도서관이나 학교와 달리 늘 떠들썩하고 분주하다

일종의 결혼증명서인 케투바(KETOUVA). 이 문서에는 아내에 대한 남편의 의무 조항들이 열거되어 있다

할례를 행할 때 사내아이를 앉히는 높은 의자로 흔히 '예언자 엘리의 의자'라고 불린다. 할례는 대개 생후 8일 때 행해지며 바로 이때 아이는 이름을 부여받는다

종교적 성년이 되는 의식을 치루기 위해 테플린을 두르고 있는 소년. 남자는 13세, 여자는 12세가 되어 성년이 되면 성인에게 부여된 모든 종교적 의무조항들을 지켜야 한다

가장 널리 알려진 유대 민족의 상징물인 다윗의 별. 두 개의 정삼각형이 교차된 형태의 이 상징물은 본래 다윗의 방패를 뜻하며 일반적으로 악마와 사악한 힘으로부터 보호하는 역할을 한다

세계 최고두뇌 최대부호 성공집단 탄생시키는 유대
SOLOMON TALMUD
솔로몬 탈무드

유대인은 솔로몬 탈무드를 만들고
솔로몬 탈무드는 유대인을 만든다

인간역사의 단 한 번 기적

유대인은 성서를 쓰고, 자본주의를 선도함은 물론 공산주의를 제창하였다. 또한 그들은 아메리카대륙을 발견하였고 핵폭탄을 제조하였으며 최초로 인간의 마음을 해부하였다. 과연 그들 유대인을 빼고 현대문명을 말할 수 있을까?

로마군에 멸망당한 뒤 피와 눈물의 박해 아래 2000년 동안 세계를 유랑한 그들은, 불사조 같은 날갯짓으로 팔레스타인에 이스라엘 국가를 다시 건설해낸다. 인류역사상 이 위대한 기적을 실현한 유대인의 놀라운 그 성공집념은 어디에서 오는 것일까?

예멘 유대인 마을, 어느 날 팔레스타인에 조국이 세워졌다는 풍문이 들려왔다. 5만 명의 유대인들은 달랑 냄비 하나만 들고 약속된 땅을 향해 나섰다. 2000년을 하루같이 기다리며 악착같이 모은 가산을 버리고 미련없이 떠날 수 있는 유대인의 정신 위에 이스라엘은 건국된 것이다. 독립선언 이튿날, 아랍 5개국은 1차 중동전쟁의 포화를 퍼부었지만 그 불길이 약속의 땅으로 돌아오는 유대인의 발길을 막을 수는 없었다.

1948년 5월 14일 오후 4시, 팔레스타인 지역 곳곳에 흩어져 있던 65만 명의 유대인들은 라디오에서 흘러나오는 한 지도자의 목소리를 들으며 북받치는 눈물을 억누를 수 없었다.

"유대 민족의 역사적 권리와 국제연합 결의에 따라 팔레스타인에 유대국가를 수립하고 이를 이스라엘이라고 부를 것을 선포한다."

목소리의 주인공은 제1차 세계대전 이후 유대인들의 시오니즘을 이끌었으며, 새로 태어난 이스라엘의 초대 수상으로 선출된 벤 구리온이었다.

서기 135년, 로마제국의 압제에 대규모 반란을 일으켰다가 실패한 유대민족은 가혹한 보복을 받고 사방으로 흩어졌다. 유대인들은 가는 곳마다 경제, 문화적으로 뛰어난 성과를 거두었지만, 유대교를 중심으로 강한 정체성을 유지하는 바람에 그 지역 다른 민족과 융합하지 못했다. 그 때문에 박해의 대상이 됐고 결국은 잃어버린 옛 땅에 유대인 국가를 세우자는 시오니즘이 19세기 말부터 시작됐다.

1882년 팔레스타인에 최초의 시온주의자 정착촌이 건설됐고, 1918년 중동을 점령한 영국은 밸푸어 선언을 통해 시오니즘을 지지한다. 그러나 유대인과 아랍민족의 지지가 동시에 필요했던 영국이 애매모호한 입장을 보임으로써 유대인 국가 건설은 차질을 빚기 시작했다.

홀로코스트 피와 눈물을 넘어서

유대인들의 시오니즘에 결정적인 불을 댕긴 것은 역설적이게도 히틀러의 유대인 탄압이었다. 아우슈비츠를 비롯한 집단수용소 가스실에서 600만 명의 동족을 잃은 유대인들은 국가 건설만이 수난에 종지부를 찍을 수 있는 유일한 방법이란 것을 절실하게 깨달았다.

제2차 세계대전이 끝나자 전세계 유대인들이 팔레스타인으로 몰려들었다. 최대 강국으로 떠오른 미국 대통령 트루먼의 친(親)시오니즘에 힘입어 팔레스타인 문제는 유엔으로 넘어갔고, 1947년 11월 유엔총회는 팔레스타인을 아랍국가와 유대국가 둘로 분할하는 결의안을 통과시켰다.

그러나 중동지역의 아랍민족은 2000년 전의 연고권을 주장하며 난데없이 나타난 유대민족을 용납할 수 없었다. 팔레스타인은 곧 내전으로 들어갔고 더 이상 물러설 곳이 없는 유대인들은 한 치의 땅도 내주지 않았다. 이스라엘이 건국을 선포한 바로 그날 밤, 이집트, 트랜스요르단, 이라크, 시리아, 레바논 군대는 일제히 공격을 개시했다. 그러나 아랍국가들이 의기양양하게 말했던 것처럼 유대인을 지중해에 쓸어넣기는커녕 1년 뒤 전쟁이 끝날 즈음에는 오히려 갈릴리 호수, 네게브 사막 등을 그들의 품에 안겨주고 말았다.

이스라엘의 탄생은 유대민족에게는 비원(悲願)의 성취였지만 팔레스타인 아랍인에게는 고난의 시작이었다. 유대인 테러단체의 폭력을 피해 원주민의 70%에 이르는 72만 명이 돌아올 기약도 없이 서둘러 살던 곳을 떠났다. 그리고 이들은 1964년 팔레스타인해방기구(PLO)를 결성하여 고향으로 돌아가기 위한 투쟁을 시작한다.

지상 최강의 성공집단

인류 역사에서 유대인은 제국을 세우지도, 대성전을 짓지도 않았다. 다만 그들은 모든 에너지를 인간성 연구에 쏟았다. 세상을 향해 끊임없이 질문하며 예지 습득에 힘써 왔다. 그것은 인내와 더불어 이스라엘 민족이 역사로부터 받은 또 하나의 선물이었다.

유대인은 전세계에 1300만 명이 살고 있는 것으로 알려져 있다. 이는 60억 세계 인구의 0.2% 정도에 불과하다. 얼마 안 되는 인구로 그들은 역사상 가장 많은 창조적 인재를 탄생시켰으며 세계 역사를 지배해왔다.

　노벨상에서 경제 65%, 의학 23%, 물리 22%, 화학 12%, 문학 8%의 유대인 수상자를 배출하였고, 미국 유대인 세대의 소득 수준은 전국 평균의 2배 이상이다. 유대인은 미국 인구의 2%에 불과하지만 부호 상위 400가족 중 24%, 최상위 40가족인 경우는 42%를 차지한다.

　역사적으로 이름을 남긴 유대인은 철학 스피노자·베르그송·마르크스·룩셈부르크·비트겐슈타인·스미스·사뮤엘슨·촘스키가 있다. 또한 심리학 프로이트·아들러, 자연과학 뉴턴·아인슈타인·오펜하이머, 음악 멘델스존·쇼팽·말러·발터·거슈윈, 미술 피사로·모딜리아니·샤갈, 영화 에이젠슈타인·채플린·와일러·알렌·스필버그·스트라이선드, 문학 하이네·프루스트·카프카·싱어·샐린저, 경제금융 로스차일드·뒤퐁·시트로엔·머독·소로스·GE·IBM·골드만삭스, 언론출판 퓰리처·로이터·뉴욕타임스·워싱턴포스트, 정치 디즈레일리·레닌·키신저 등 이루 헤아릴 수 없을 정도로 많으며 예수 또한 유대인이다.

　이 지상 최강 성공집단의 경이적인 힘은 어디서 나오는 것일까?

별은 밤에 빛난다

　나는 프랑스 파리사회과학고등연구원 EHESS에서 마리 엘리자베스 억만 교수의 유대인 생활사 강의를 들으며 유대 친구들을 알게 되었다. 그들과 사귀면서 유대의 문화와 생활 습관에 관심을 갖게 되어 그들이 권하는 에드와르 라이셔 《유대인의 인생(Une Vie de juif)》, 조지 아이젠베르 《탈무드 입문(Introduction au Talmud)》, 바라자니 《탈무드 주해와 히브리어·프랑스어 성서사전(Dictionnaire talmud du midrach et du targoum hebreu-français)》, 마크 알랭 《탈무드로의 초대(Invitation au Talmud)》, Y. 간즈 《장구한 세월 유대인들의 6000년 오디세이 역사(6000ans d'histoire odyssée du peuple juif à travers siècle)》, 도리 로트느메어-우아크넹 《유대인 웃음의 백과사전(Encyclopédie de l'humour juif)》, D. 말키 《탈무드와 그 지도자들(Talmud et ses maîtres)》, 레베레흐트 슈트락 《탈무드 입문과 미드라시 입문(Introduction au Talmud et au Midrash)》 등을 읽으며 유대에 매혹되었다. 그들의 생활철학이 유대민족 힘의 원천이었고, 그것은 탈무드에서 비롯되고 있었다. 유대민족의 성공요인과 저력에 관심이 있었던 나는 이를 쉽게 풀어서 5년의 작업 끝에 《솔로몬 탈무드》를 완성하여 세상에 내놓게 되었다.

 탈무드는 히브리어로 '연구', '배움'이라는 뜻으로 유대교의 《토세프타》를 포함한 구전 율법 모음과 《미슈나》에 대한 학문적 주석을 말한다. 《미슈나》는 유대 구전 율법들 가운데 가장 권위 있는 법전으로서, 3세기 초 유다 하 나시가 완성했다. 유대교 학자들(아모라임)의 두 학파인 팔레스타인 학파와 바빌로니아 학파는 각각 독자적인 《탈무드》를 만들어냈는데, 두 학파가 동일한 《미슈나》를 사용했고 서로 자문을 구하기도 했으나, 결국 율법·전승·주석으로 이루어진 별개의 모음집을 만들었다. 팔레스타인의 아모라임은 약 2세기 동안 작업하여 400년경 완성했고, 《바빌로니아 탈무드》는 이보다 1세기 정도 늦게 완성된 만큼 《팔레스타인 탈무드》보다 방대하며, 그런 이유로 더 높이 평가받는다.

 랍비들의 종교적 신념은 《탈무드》의 판결·사상·태도에 잘 나타나 있는데, 《탈무드》는 의식법 및 사회법이 모두 하느님에게서 비롯되었다고 본다. 《탈무드》가 완성된 뒤 그 내용을 법전으로 만들려는 노력들이 있었는데, 알려진 최초의 시도는 8세기에 예후다이 가온이 지은 것으로 전해지는 《결정된 율법(Halakhot pesuqot)》과 9세기에 시메온 키야라가 지은 《위대한 율법(Halakhot gedolot)》이다. 이 두 책은 《탈무드》의 논법을 없앴지만, 그 순서와 용어는 그대로 보존했다.

그 밖에도 《탈무드》에 대한 해석 문헌이 아주 많다. 11세기에 유럽에서는 라시(랍비 슐로모 이츠하키)가 지은 중요한 주석서가 나왔고, 그의 손자들인 이사크·사무엘·야코프와 같은 랍비들은 《미슈나》를 해석했듯이 《탈무드》도 해석했으며, 그로써 '토사포트'라는 해석 방법을 만들었다. 이것이 유럽 전역에서 받아들여졌으며, 람반(모세스 벤 나흐만)과 란(니심 벤 레우벤 게론디)과 같은 세파르디 소속의 저자들이 쓴 주석에 영향을 주었다.

《탈무드》 문헌의 또 다른 형식은 7세기에 학자들이 법률과 종교 질문들에 대한 대답들(레스폰사)을 쓰는 방식으로 생겨났다.

《팔레스타인 탈무드》는 1523~24년 베네치아에서 처음 인쇄되었으며, 《바빌로니아 탈무드》는 1482년경 스페인에서 인쇄되었다. 1886년에 빌뉴스에서 처음 인쇄된 표준 번역본은 각 페이지마다 《미슈나》와 그에 관련된 《탈무드》, 주석, 관주를 실었는데, 이《탈무드》는 세계 전역에 있는 정통파 유대인들에게 계속해서 중요한 경전이 되어왔다. 1948년 이스라엘이 건국된 이래 보수파 유대인들은 점점 더 《탈무드》 연구에 관심을 가져왔으며, 반면 개혁파 유대인들은 《탈무드》식 논법과 '레스폰사' 해석 형식을 받아들였다.

《탈무드》에는 이렇게 씌어 있다. '사람의 눈은 거의가 희고 검은 부분은 작다. 그러나 사람은 그 희고 밝은 부분을 통하여 보는 것이 아니라, 검고 어두운 부분을 통하여 본다.'

별을 생각해 보라. 별은 낮에도 틀림없이 하늘에 있다. 그러나 어두워지지 않으면 별은 빛나지 않는다. 오랜 세월 뱃사람들은 밤하늘 별자리를 바라보면서 항해했다. 사람들은 어두운 때나 비극적인 때 별을 바라본다. 한낮은 행복하고 밝은 생활을 상징한다. 그러므로 이때에는 사람들을 이끌어 주는 별은 보이지 않는다.

유대인들은 오랜 세월 별을 보고, 별에 인도되었다.

불사신 민족의 강력한 힘

유대 문화와 전통의 기원은 약 5000년 전으로 거슬러 올라간다. 그토록 긴 역사 속에서 이집트나 로마, 페르시아나 몽골과 같은 강대한 제국들이 번영했다가 멸망하였지만, 유대인은 역사의 온갖 고난을 겪으면서도 민족으로서의 근원적인 힘 자체는 한 번도 끊긴 일 없이 이어 왔다. 시련에 부딪칠 때마다 불사신 민족으로서의 강인함이 그 힘을 더욱 발휘했다. 유대인의 활력원이며, 그들이 모든 분야에서 성공을 거두게 하는 유대 전통《솔로몬 탈무드》의 테마는 이렇다.

"인간은 누구나 자유를 지니고 있어야 한다. 정신의 자유를 갖지 않는 한, 그 무엇도 참다운 뜻을 전하거나 받을 수 없다. 인간은 덕을 으뜸으로 삼고, 자신에 대한 사랑을 필요로 하며, 삶이 영위되는 곳이라면 어디든 정의와 우애가 뿌리내리도록 힘써야 한다. 삶은 은총이며 이를 아는 이들에게 세계는 빛이 넘치는 곳이다.

자신을 잃지 않고, 고독과 이기주의를 버리고, 유일자인 자신을 지켜 나아갈 수 있어야 한다. 모든 인간은 자신의 방식으로 속죄해야 하며, 인생에서 자신을 엄하게 지키는 일이야말로 무엇보다 중요하다는 것을 알아야 한다."

영혼이 위기에 빠지면 '나는 무엇을 바라고 있는가'라고 자문해 보라. 사람은 나날이 새롭게 태어나서 바로 나 자신이 되어가는 것이다.

유대 5000년 생활철학

피와 눈물의 박해는 유대인들을 강철 같은 심지와 유연한 발상의 정신을 겸비하도록 만들었다. 그들은 매우 독선적이면서도 적응력이 높고 사물을 보는 눈이 넓다. 지나칠 정도로 신중한 데가 있는가 하면 그들처럼 낙관적인 민족도 없다.

제아무리 위대한 문화라도 인간이 만든 이상 모순이 있기 마련이다. 그들은 그 모순을 분별하여 사용하는 데 뛰어난 능력을 발휘하였다.

《솔로몬 탈무드》는 항상 유대인에게 선입관, 이념, 견해가 되었지만 이것은 하나의 사명을 띠고 있었다. 인간의 위대한 특성은 사람마다 자기 속에 최상의 것으로 꽃피워야 한다는 것이다.

다윗의 아들로서, 왕이며 '예지의 사람'으로 불렸던, 성서의 〈잠언〉을 지은 솔로몬은 말한다.

'지혜에게 너는 내 누이라 하며 명철에게 너는 내 친족이라 하라.'

유대인은 5000년 생활철학으로 눈에 보이지 않는 지식이나 지혜를 눈에 보이는 토지나 재산과 마찬가지로 소중히 다뤄 왔다. 그들은 예지가 넘치는 민족이다. 유대인이 인생을 살아가는 데 없어서는 안될 지식과 지혜는 어릴 때부터 가정이나 학교에서 《솔로몬 탈무드》 정신을 배움으로써, 그들만의 독특한 생활 습관으로 길러진다.

유대인은 솔로몬 탈무드를 만들고 솔로몬 탈무드는 유대인을 만드는 것이다.

파리사회과학고등연구원 EHESS연구실에서 이희영

세계 최고두뇌 최대부호 성공집단 탄생시키는 유대
솔로몬 탈무드
차례

유대인은 솔로몬 탈무드를 만들고 솔로몬 탈무드는 유대인을 만든다
이희영

1 불굴의 방패, 절대의 가치
유대 5000년 솔로몬 탈무드 ······ 100
영혼을 적시는 비/대답보다 질문을 평가한다
삶에는 방법이 있다/솔로몬 탈무드의 지혜
유대교의 등장/교리가 없다/배워야만 산다

율법학자 랍비 ······ 112
현자들의 세 가지 사명
세속에 살며 하늘을 우러러본다
현자의 양성기관/순교한 랍비들
교육은 칼보다 강하다
눈에 보이는 것, 안 보이는 것
말로 전하라. 진리를 더 얻으리라
가르침과 배움의 대화

연구하고 또 연구하고 ······ 127
랍비 유다 하 나시/미슈나 시대
미드라시의 방법/미슈나의 방법
미슈나의 6가지—시샤 세다림/미슈나의 적용

생명의 물줄기 탈무드 ······ 137
주해의 주해/구전율법과 성문율법

게마라의 탄생/두 가지 탈무드
탈무드 편찬시대/탈무드 인쇄

탈무드의 두 갈래 …… 144
탈무드의 2대 요소/신의 뜻을 깨닫게 하는 랍비들
삶의 질을 높여주는 율법/할라카의 물음
하가다의 세계/하가다란 무엇?

2 유대인은 누구인가
엘리트 유대인 …… 154
무엇이 유대인을 만드는가
소수정예가 될 수밖에 없었던 역사적 배경
만들어지는 유대인
엘리트로 키우는 유대교/성공하는 방법과 계율
5000년 유대인을 다스려온 계율
유대인의 안식일/재산보다 중요한 교육
유대인에게 왜 사회주의자가 많은가
죄를 용서받는 속죄일 욤키푸르
유대교의 신비주의/무일푼에서 일어나다

유대인과 돈 …… 171
전통적 재능/돈으로 싸운다

금융을 장악하라/거대한 발자취
죽음에 대한 첫질문/최대의 방패
유대 가족경영/합리적인 검약가

유대인의 금전철학 185
돈은 기회를 제공한다
돈은 힘/돈의 주인은 사람이다
돈은 성스러운 것이다
무거운 지갑은 마음을 가볍게 한다
돌 같은 마음은 황금망치로만 열 수 있다
부자를 칭찬하는 자는 그의 돈을 칭찬하는 것이다
돈은 좋은 사람에게 좋은 것을, 나쁜 사람에게 나쁜 것을 준다
자선을 베풀 때는 제삼자가 있어서는 안 된다
금전의 가치와 힘에 대한 격언

3 유대 부자철학 78 : 22
유대인의 경영원칙 198
장사에 정직하라/모세의 경영원칙 10가지
수용하라/진단하라/접촉하라/전달하라/인내하라
해결하라/탐색하라/시행하라/전수하라/떠나라
교섭할 때는 감정을 억제한다
불리한 교섭에 잘 대처한다/상황에 따라 변화하라

정보는 기회이고 돈이다/무엇을 원하는지 발견한다
고객에게 배운다/거리를 두어 샛길을 찾는다
끝까지 절망하지 않는다

돈을 낳는 생활 …… 216
유연한 적응력은 필승의 비결
강력한 주장 산뜻한 결말/신용은 재산
상황에 굴하지 않는다
돈이 돈을 낳는 금전 철학
돈의 노예가 되지 말라
자유롭게 산다/바라는 대로 남에게 해준다
홀로 걸어간다/생각의 동맥경화를 뚫어라!
노동은 가장 신성한 행위
인간의 자유는 경제적 독립에서
10계와 유대인 비즈니스 윤리
가격과 품질을 일치시켜라
누구나 대등한 입장에서 거래를

유대 부자철학 78 : 22 …… 234
여자를 노려라/입을 노려라
판단의 기초는 외국어
암산을 잘해야 한다

반드시 메모하라/잡학을 쌓아라
오늘의 싸움을 내일로 넘기지 않는다
'팔리는 회사'를 만들라/계약은 신과의 약속
유대의 계약/착취와 강탈을 하지 마라
디리버티브 상품/임대
큰 숫자를 익혀라/돈은 다 돈일 뿐?
78대 22의 우주법칙
100점 만점에 64점이면 합격
먹기 위해서 일하라
아버지도 남이라고 생각해야 할 때가 있다
잊을 것은 빨리 단념하라
현실을 합리적으로 판단한다/순수한 상품이라야 한다
짐작으로 상대를 믿지 마라/납득될 때까지 묻는다
자기와 무관한 것을 팔아라/식사 때 사업 이야기는 금물
시간도 상품, 시간을 훔치지 마라/에누리 없이 판다
부자들을 이용한다/돈 있는 사람이 훌륭한 사람
아내라도 믿지 마라/휴식은 반드시 취하라
'돈벌이'는 '이데올로기'를 초월한다

역경을 떨치고 일어서라 …… 271
로스차일드 '붉은 방패'
네이선 로스차일드 주식투자의 비밀

반유대주의를 물리친 '부드러운 교섭'
기회를 포착한다/인도의 패자 데이빗 사순
세계 화장품 시장의 슈퍼우먼 헬레나
존 구트프로인트의 영광과 좌절
사실검증을 중시하는 헨리 카우프만/사회파인 펠릭스 로하틴
골드만삭스의 로버트 루빈/조지 소로스의 투자 철학
대기업 뒤퐁의 샤피로/아몬드 해머

4 돈 버는 방법, 돈 쓰는 방법
유대식 협상······316
유대인은 어떻게 최고의 협상 노하우를 발견했을까?
모든 문제를 자신에게 유리하게 해결하는 기술
협상할 줄 모르는 자는 낙오한다!
사고방식이 다른 사람과도 잘 사귈 수 있는가?
흥정하지 않으면 이 세상을 살아갈 수 없다
희망가격을 처음부터 내비치지 않는다
WIN-WIN 협상전략
계약은 반드시 이행해야만 한다
속이지 말고 속지 마라
신용만으로 살아가는 사람은 길을 헤맨다
사업은 신용에 달려있다/유머를 사용한다
언제나 '먼저 자신을 사랑함'에서 출발하라!

돈과 지혜의 조크 …… 332
무리한 얘기/기특한 욕심/염치없는 소망/훈장의 가치
틀림없이 돈을 벌 수 있는 투기의 요령/사람들의 생각
어린이를 자라게 하는 옷/뛰는 놈 위에 나는 놈!
이런 게 바로 유대인의 상술/사는 쪽의 철학
훌륭한 장사꾼이 되는 길/잘하는 장사!
굉장한 해수목욕/그렇게까지 하지 않아도
가장 믿을 수 없는 보증인/손님 대접하는 법
말도 안 되는 최신식 기계/슬픈 조건반사/훌륭한 '샘플'
움직일 수 없는 '증거'/배려도 지나치면
그러니까 전보는 짧게/무서운 절약정신
가장 비싼 식사/밥줄

행복한 부자 되는 법 …… 342
돈에 집착하지 마라/자기 정체성을 찾아라
자유롭게 일하라/자기 사업을 하라
성공한 사람의 리듬을 터득하라/다른 사람을 기쁘게 하라
좋은 인맥을 만들어라/전문가의 협조를 얻어라
실패를 극복하라/돈을 부려라
자신의 일을 사랑하라/달변가가 되라
목표를 만들어라/직관력을 길러라
좋은 부부관계를 유지하라/있는 그대로 받아들여라

5 유대 역전의 발상
창출하는 머리, 선택하는 눈 …… 368

유대인의 발상법/눈에는 눈으로, 이에는 이로
남의 의견에 반대 않는 사람은 유대인이 아니다
지혜가 없는 사람에게 운명의 여신은 미소를 보내지 않는다!
새로운 것을 창출하는 '머리', 옳은 것을 선택하는 '눈'
무엇을 위해서/자신을 해방시키는 날이 휴일
해 저물면서 하루가 시작된다
강철도 속에서는 활동하고 있다
밀이 익었으면 낫을 들어라/이웃의 아픔을 함께 느낀다
부지런한 버릇을/개성은 사람을 끌어들인다
3일에 한 번 마시는 술은 황금
잡초나 녹도 쓸모가 있다

21세기 가장 우수한 이노베이션 유대 …… 386

노이만을 빼고 누가 컴퓨터를 말하는가
매킨토시를 낳은 제프 래스킨
자본보다 창조성을/신문을 장악한 유대인
퓰리처의 센세이셔널리즘/중도주의의 〈뉴욕 타임스〉
사물의 핵심을 꿰뚫어 본 리프만/서민에게 사랑받는 신문
라디오 TV 패권자 사노프/CBS 페일리와 ABC 골든슨
드림웍스-스티븐 스필버그/인텔-앤드류 그로브

365일 용기가 필요하다 …… 408
콜리플라워는 자기가 자라는 곳을 온 세계라 생각한다
길을 열 번 묻는 편이 길을 잃는 것보다 낫다
매일 오늘이 당신의 마지막 날이라고 생각하라
0에서 1까지 거리는 1에서 1000까지 거리보다 길다
너무 걸으면 눈에 나쁘다/행운에 의존 말고 행운에 협력하라
착한 일의 최대보수는 또 하나의 선행을 할 수 있는 것
좋은 짓보다 나쁜 짓이 더 빨리 소문난다
악인은 눈을 보면 알 수 있다/위대한 학자도 상인은 될 수 없다
아무리 훌륭한 쇠사슬이라도 고리 하나만 끊어지면 쓸모없게 된다
열쇠는 정직한 사람을 위해서만 존재한다
성공의 절반은 인내이다
성공의 문을 열려면 밀든가 당기는 수밖에 없다
현명한 사람과 어리석은 사람

6 유대정신 어떻게 솟아나나
유대의 힘 …… 418
질문하라. 그래야 배운다
유대인의 성공은 '탈무드 교실'에서
쓸데없는 '금욕'은 금물/젊은이부터 말하게 하라
'탈무드적 발상'이란?/계약의 민족/신과의 흥정
경제를 다루는 사고방식

전통을 안고 가는 생활······ 429
지난 일을 묻어버리지 않는다/태어난 이상 살아야만 한다
아브의 달 추방의 달/금화 유데아 데비크타
유월절과 퓨림 축제/조상들의 고생을 교훈으로/삶의 마무리

정신의 자유를 가져라······ 437
'나를 알아주지 않는다'고 탄식하기 전에
정신의 자유를 가져라/고마움을 가져라
선입관으로 흐려지지 않는 눈
너희 가운데 죄 없는 자 돌을 던져라/진실을 꿰뚫는 지혜
낳아라, 불려라, 채워라, 그리고 만물을 지배하라!
이상을 소홀히 하지 마라/'잘 안다'고 말해서는 위험하다
죄를 두려워하라/스스로가 최선을 위하여
자신을 중심으로 세계를 꾸민다/자만심에 대하여
인생은 바이올린의 줄/균형감각은 남을 존중하는 사상
하느님은 말한다. '그래 나도 교회에 간 적이 없어'
사무엘 울만의 〈청춘〉

7 유대인 세상살이 방법
여자 다루는 법 남자 다루는 법······ 470
정열은 결혼만큼 오래 지속되지 않는다
남자의 갈비뼈로 여자를 만든 이유

질투는 천 개의 눈을 가지고 있다
유대인은 돈과 섹스를 소중히 생각한다
섹스도 적극적 노골적으로 하라
가정은 유대 사회의 요람
유대인의 결혼계약/일부다처제에 대하여
이혼할 것인가 말 것인가
아내를 선택할 때 한 단계 낮춰라
신은 새 부부가 탄생할 때마다 새 언어를 만든다
결혼식은 두 사람이 전장으로 나가는 것
연애와 결혼은 무덤인가 요람인가
교훈을 따르면 실패가 없다
네 아내를 공경하라/자녀의 독립을 중시한다
중용을 걸어라/유대인의 보물창고

이마에 땀 흘리고 빵을 먹어라 …… 488
일하기 싫으면 먹지도 마라/현실에 만족하지 마라
용서할 것인가 말 것인가/원죄란 무엇?
가난과 도움에 대하여/부자가 되려면

일하며 공부하며 …… 503
평생의 스승/책은 지식을, 인생은 지혜를/읽는 것이 배우는 것
기도할 때는 짧게, 배울 때는 긴 시간을 들여라

아주 어리석은 사람보다 반쯤 어리석은 사람이 더 어리석다
아이에게 가르치는 가장 좋은 방법은 스스로 본보기가 되는 일이다
자식은 아버지가 책임져라

8 남보다 뛰어나게 아닌, 남과 다르게 키우는 교육
아이에게 삶의 지혜를 가르쳐라 …… 510
아인슈타인은 어떻게 자랐을까
율법과 일과 수영/해답은 스스로 찾는다
누구나 가지고 있는 것/마사다를 기억하라
생활 속에서 추상적인 관념을 기른다

무엇이 되라는 말 절대 하지 마라 …… 530
한 가지라도 특성을 길러라!
내성적인 어린이는 잘 배우지 못한다
배움에 즐거움을 느끼게 하라/무엇이 되라는 말을 하지 마라
죽으면 그것으로 끝이란다
과보호가 반드시 나쁜 것만은 아니다
형제가 비교대상이 되면 개성을 기르기 어렵다
껴안아주는 것은 최고의 사랑 표현
놀 때는 마음껏 놀게 하라/남의 간섭을 받지 마라
물고기 잡는 법을 가르쳐라
이야기나 예화를 통해 생각을 정립한다

친구를 잘 선택한다/자선을 통해 삶을 가르친다
헛된 꿈을 갖게 하지 않는다
부모의 침묵은 때로는 최고의 벌
시간 관념을 길러준다

매일 머리 훈련하는 유대인 …… 548
유대교는 기도하는 종교가 아니라 공부하는 종교
의문을 가지면, 앎의 길이 열리리라
공부하는 노력을 '꿀맛'으로 알라
배우는 과정이 결과보다 중요하다
어릴 때부터 철저하게 배우는 삶의 지혜
유대인 남자 아이가 성인이 되는 날
잠들기 전 책을 읽어주는 것은 지적 교육의 한 방법
행동이 뒤따르지 않는 배움은 헛것일 뿐
남을 초월하기 전에 먼저 자신을 초월하라
모르는 사람에게 친절한 것은 천사에게 친절한 것
남의 말을 듣고 한 선행은 반쯤 값어치밖에 없다
최고의 지혜는 친절과 겸손
자기 관점에 갇힌 사람은 타인의 마음을 모른다
자기 결점에 열중하는 사람은 남의 결점이 보이지 않는다
사람은 넘어지면 돌멩이 탓부터 한다
마음을 가꾸는 일이 중요하다

하느님은 먼저 사람의 마음을 보고 다음에 두뇌를 본다
비누는 몸을 위하여, 눈물은 마음을 위하여
아무리 기도드려도 효과가 없다면 더욱더 기도에 열중하라
매일 조금씩 자살하는 사람은 세상에 속할 수 없다
하느님은 올바른 사람을 시험하신다/인생의 최대 의무

9 눈물과 웃음의 예지
한바탕 배꼽 잡고 웃어라 길이 열리리라 …… 568
유머를 언어로 웃음을 무기로/자기 마음에 드는 꽃을 꺾도록
해학을 만드는 탁월한 기술/철학적 따뜻함의 풍자

단 한 번뿐인 인생이 아닌가 …… 575
농담/문맹인/실수/1대 1
너무 지나치다/기도서에 정통한 마부/안식일
우표의 무게는?/속죄/고집
바보가 아닌 증거/엉터리 계산법/원대한 꿈
자선 기금 모금자/거울의 원리
거래의 노하우/사업의 교훈/속는 건 한 번만
그녀에게 또 다른 삼촌이 있었더라면
수의사가 필요해/다 알고 있었으면서
비상한 기억력/수와 가치/같은 입장
정직은 때로 기막힌 상술/물리학자와 소녀

공짜라면 둘 다 주시죠/형광등
세월이 유수와 같으니/세일즈맨의 상술
견본을 휴대한 설교자/감쪽같이 속여라
두 가지 조건/차이점은 하나/파산과 공휴일
걸어서 무덤까지/외다리 닭/모성애
모호한 명령/올드미스/먹고 사는 문제
현명한 상거래/생각이 바뀌었네/정직한 사람
울고 갈걸?/임기응변/독촉장/파리란 녀석이 실례한 덕
우산도둑/백화점과 시가/경쟁 상대/말과의 한판승부
이 세상은 도대체/랍비 부인과 창녀
죽은 자를 위한 기도/말더듬의 효과

10 인생 최고의 지혜
신이시여, 왜 이런 일을 하셨나이까 …… 612
죽음의 일곱 사자/세상에서 가장 맛있는 물
행복한 사람의 셔츠/타락천사
아담의 다이아몬드/모세와 개미

슬픔을 익사시키는 방법 …… 622
정직한 사기꾼/빠른 속도로 근심했다
선택/머리가 좋아진다
행운/아주 어려운 문제/학자가 술에 매일 때

술 마시는 논리/모든 일에는 때가 있다
당신의 나이는 느끼는 대로/잘못된 주문/논리적인 말
누들 국수가 누들인 이유/한 수 위/진실
마술의 비밀/돈 벌 거리/생선장수와 은행
희생이 너무 컸다/사람을 바보로 만드는 것
순발력/회초리 소리를 내면/암소/가불
아주 꼭 맞는 옷/죽음에 이르는 길

기적을 일으키는 랍비 …… 643
어떤 훌륭한 사람/어떻게 하면 좋겠습니까?
세 가지 벌/논문/수염이 자라지 않는 이유
이 사람이 나일 수 있는가?/쓸모없는 우산
구두 수선공은 근심 대행자/세금은 왜 거두어야 하는가
성장의 신비/가난한 남자의 운
양 사육과 세관 관리

행운은 누구의 편인가 …… 652
가난한 사람들의 운/공처가 남편들을 위한 교훈
X표가 의미하는 것/하느님께서 짝지어 주셨다
기도와 거래/학식을 사용하는 또 다른 방법
진실은 거짓과 떨어져 있다/자연을 거스르는 학자
진단/그것이 무슨 문제인가?/너무 똑똑한 도둑

하늘을 속일 수는 없다/죄 없는 자만 씨를 뿌려라
자리를 바꾼다고 해서 항상 잘되는 건 아니다

두드려라 그러면 열리리니 …… 666
소돔의 모범/너무 싼 수선료/너무 많이 쏘았다
담 밖으로 내던져진 도둑/수단 좋은 악당/직업에 대한 자부심
도둑들 사이의 신용/도대체 누구를 믿는 거요?
한쪽 귀퉁이가 찢어진 지폐
돌로 변한 새/기적과 이적/땀 흘리게 하는 유언장
어떤 고아/철면피/기도도 소용없을 때/정신없는 이들

11 걱정하지 말고 살아라
너의 생애에 끊임없는 기쁨이 이어지리 …… 682
엉덩이를 통한 목소리 테스트
일흔이 넘은 선창자/공정한 해결책
설교 안 하는 미덕/불운만 만나는 사람
오전 7시의 깨달음/거지에게도 권리는 있다/당신은 백만장자니까요
누가 죽어가는가?/진정으로 슬픈 이유/팬케이크는 무슨 맛

모든 일은 받아들이기 나름 …… 691
토마토/시간을 절약하기 위하여
왕 중의 왕/옥에 티/생산을 위한 걱정

아파도 되는 시간/불면증을 치료한 의사
이해할 수 없는 젊은이/과장술에 뛰어난 중매쟁이
진리는 드러난다/어떻게 살았다고 할 수 있나!/단지 가끔만
읽는 태도가 문제였다/시어머니의 상대성/대리인
참 안된 일/랍비의 한계/몽테피오르와 반유대주의자
활기찬 대화/거드름 피우는 사람
비관주의자와 낙관주의자/중요한 업무/공처가
자율적인 닭/하느님의 자비/그들은 일단 쏟다
늘 더 나빠질 가능성은 있다/그것을 랍비에게 맡기라

위대한 것은 작다······ 714
멘델 랍비의 비교/선동한 덕분에 살았다/쯧쯧
거짓과 악/아브라함과 우상/하느님이 사람을 용서하시는 이유
다윗 왕, 우상 앞에 절하다/가난한 사람들의 벽
단순한 것들의 아름다움/백정과 랍비
위대한 것은 역시 작다/햇빛이 비치는 이유/세 딸

12 뿌린 대로 거두리라
기쁨이 윙크할 때······ 734
하늘, 쥐, 우물. 증인이 되다/형제의 아내를 탐하다
빨강머리 레브 유테르와 다윗 왕
세상에서 가장 신기한 일/살아 있는 상인, 죽은 상인

신은 누구를 사랑할까요 …… 754
뱃사공이 배에서 떠날 수 없는 이유?
신은 악인과 선인 가운데 어느 쪽을 사랑하는가
인생에 절망한 남자/어리석은 아들, 영리한 아들
어떤 이에겐 재난을, 어떤 이에겐 행복을
선한 사람의 보상/이상한 저녁초대

어떤 놀라운 일이 일어난 것일까 …… 793
신중한 랍비/후광 둘린 나단
이집트 왕과 70인의 지혜로운 유대인들
규칙 위반/머리 둘 달린 남자/별이 선언한 것
솔로몬 왕 운과 내기하다/유령의 집/물에 빠진 학자

13 행복을 만드는 유대 사고방식
사랑과 우정 …… 824
두 친구/책 파는 남자/신실한 이웃
은행 지점장을 만난 과부/친구는 재산보다 낫다

깨달음이 머무는 곳 …… 835
도둑질하는 남자/수소 뿔 위에 놓인 세상
사냥꾼과 새/앵무새 자유를 꿈꾸다
구더기들 항의하다/왕의 수수께끼

영원히 더러운 과자/한 시간 동안의 환생
황금 원숭이/마음속 상처/혀의 이중성/동전 9파싱의 가치
거짓과 진실/인색한 여자/사제와 어리석은 자의 논쟁

신이 내린 선물 …… 859
오직 11마리의 물고기/불만투성이 소년
자신의 세계 4분의 1/헛간 속 노인/누더기 외투
세 개의 빵/신의 참된 기적/환생한 신부/깨진 유리
사다리에서 떨어진 이유는?/원숭이가 된 여자

14 불멸의 영원한 가르침
마음을 밝히는 등불 …… 880
사라진 촛대/당나귀 인간
켈름의 현자들/향료와 분뇨/탐정 카스코다
코트여 마음껏 먹고 마셔라/영원한 비밀은 없다
한 가지 재앙이 다른 재앙을 쫓아낸다
유대인 양치기가 피리를 부는 까닭/악몽
아버지가 남긴 세 가지 조언/시골사람
랍비를 찾아온 죽은 사람/악마의 유혹/머리가 이상해진 왕자
그는 그 사람을 가지고 놀았다/값싼 술
유죄인가 무죄인가/마흔을 넘긴 어떤 작가의 생활
앞을 내다볼 줄 아는 아버지/스피노자/교묘한 말

모든 관습에는 이유가 있다/운명의 수레바퀴
랍비의 수학/성인인가, 말인가
독단적으로 강요하는 기도/랍비의 조언
관대함은 마음에서 나온다/기도의 능력
주정뱅이의 기도/진정한 감사/착한 사람의 선견지명
올바른 재판관/랍비의 실수/담뱃대 속 몽상
굴덴으로 하는 시험/그들은 옴이 올랐다
모두가 자기 분야에서는 전문가다

15 토라에 진리가 있다
유대정신의 샘 …… 924
토라란 무엇인가/유대인과 토라 낭독/연인에게서 온 편지
황량한 대지에서 전개되는 구약성서

노아 자식들의 계율 …… 931
극적으로 펼쳐지는 이야기/신이 인류에게 준 메시지

이상을 찾아서 …… 935
약속의 땅으로 올라가다/오늘까지 이어지는 아브라함의 시련

소중한 것은 몸가짐 …… 939
아브라함의 천막/뛰어가서 손님을 맞이하다/행위와 그 마음

시험 …… 943
이사악의 순종/만년의 소망
이사악을 위한 신부 선택

우물이 가르쳐주는 것 …… 948
박해의 역사/이사악 스스로 우물을 파다

꿈꾸는 사람들에게 …… 952
행복한 가정에서도 재난은 일어난다
야곱의 교육 실패/야곱의 꿈에서 요셉의 꿈으로

유대인의 귀환 …… 955
변장한 요셉/꿈꾼 사람을 찾아라
민족의 품으로 돌아오다

엑소더스 …… 960
최악의 상황/저 지평선을 보라
네 단계를 거쳐 약속의 땅으로

밖으로부터의 충고 …… 964
어떻게 듣느냐가 중요
이드로의 충고/위대한 모세

정치적 교훈 ······ 968
모세를 기다리지 않는 민중/그들의 선택/자유로 가는 길은 멀다

탄생의 신비 ······ 972
수태와 탄생/탄생의 비밀/계속 찾는 멜로디

생명에의 경외감 ······ 978
가장 논의가 많았던 테마/측은해하는 마음을
왜 먹거리 방법이 있는가/금식에 대하여

죽음에 이르는 혀의 죄 ······ 984
한센병에 관한 규정의 의미/중상과 험담의 죄
자신을 비하시켜 낮추는 것도 잘못

넉넉한 마음으로 손을 펴라 ······ 989
이웃을 사랑하라/유랑의 신/다른 나라 사람 마음을 아는 백성
신은 학대받는 사람의 소리를 듣는다/민족사랑으로 가는 길

위대하며 존경해 마지않는 지도자 ······ 996
거부할 수 없는 운명/후계자를 신뢰하라
총은 '힘', 성서는 '용기'/야훼의 종 모세
새로운 지도자/여호수아의 결행

세계 최고두뇌 최대부호 성공집단 탄생시키는 유대
솔로몬 탈무드
1
불굴의 방패, 절대의 가치

유대 5000년 솔로몬 탈무드
생각하라 생각하라 생각하라

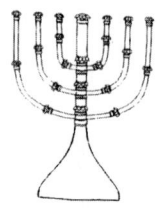

영혼을 적시는 비

솔로몬 탈무드는 5000년 동안 유대인들이 추구한 지적, 사회적, 민족적, 종교적인 세상살이 규범이다.

그것은 문학 형식을 취한 하나의 인생학교라 해도 좋다. 탈무드는 단순한 사고나 결론의 집대성이 아니다. 결과만이 아닌 그 과정까지 구체적으로 나타나 있기 때문이다.

지금 이 순간에도 미국이나 이스라엘의 예시바(탈무드 교육기관)에서는 랍비가 탈무드의 어느 한 구절을 강론하고 있을 것이다. 젊은 학자들은 그 장을 펴놓고 긴 시간 연구에 몰두하여 독자적인 해석과 분석으로 자신도 주석자로서 탈무드에 풀이 하나를 더하는 영광을 가지려 할 것이다.

탈무드는 온갖 법례와 법규, 율법적인 해결책을 담고 있지만 법전은 아니다. 탈무드는 역사에 대한 풍부한 정보가 수록되어 있으나 역사책은 아니다. 탈무드에는 수없이 많은 현자와 학자들이 인용되었고, 그런 사람들에 관한 중요한 정보의 원천이 되었지만 인물사전은 아니다. 민속을 전하고 이어내려 오도록 한 보고이지만 인류학의 논문집도 아니다. 랍비들의 사상이 수록되어 유대사상의 큰 줄기를 이루었지만 신학의 논문집이 될 수는 없다.

탈무드는 철학체계를 제시하지 않는다. 그러나 예리한 통찰력을 가진 연구자라면 풍부하고 다양한 내용의 큰 틀이 체계적 통일성을 갖추고 있다는 것을 알게 될 것이다. 이렇듯 탈무드는 백과사전처럼 광범위한 주제를 다루었지만 백과사전은 아니다.

탈무드는 한 권의 책이 아니다. 종교책도 역사책도 윤리학이나 철학책도 아니지만, 이런 학문 분야가 모두 포함되어 있다.

또한 탈무드는 신비의 세계에 몰두하면서 쓴 작품이 아니다. 더불어 살며 종교를 바탕으로 하는 공동체를 만드는 데 주력한 사람들의 작품이다.

'인생의 의의란 무엇인가. 인간의 위엄이란 무엇인가. 행복이란 무엇인가. 사랑이란 무엇인가' 등 5000년에 걸친 유대인의 지적 재산, 정신적 자양이 여기에 응축돼 있다.

그들은 선조로부터 이어져 내려오는 전통을 변화하는 현대사회에 폭넓고, 깊고, 새롭게 전하고 있다. 그 전통은 신의 계시로부터 비롯된 것이었으나 그 연구와 응용은 인간의 손에 있었다. 이것을 위해 인간에게 요구된 것은 신으로부터 받은 이성을 버리면서 인간 중심으로 판단하지 않는 것이었다.

토라의 말을 해석하는 일은 흥미로운 특수 분야에 자신을 국한시키는 것이 아니라, 도덕적인 목적과 윤리적인 가치관을 다루는 일로부터 시작하는 자기 확대였던 것이다.

탈무드는 전례를 초월하여 한 민족의 일상생활 속에 신의 율법을 진리로 받아들이고, 숭고한 과거로부터 위대한 미래를 이루어내는 가교의 역할을 한다. 랍비들은 사람들이 그 다리를 건널 수 있도록 손을 빌려주면서 인간생활의 깊이와 목적을 부여하였다.

탈무드는 63개 항목에 걸쳐 이루어졌으며, 한 사람의 손으로 씌어진 것은 그중 한 편도 없다. 어떤 항목도 단 하나의 주제로 엄밀하게 압축된 것이 없다. 그들이 살아온 시대의 문제와 인간의 마음과 정신의 관계를 인생의 의의와 운명이라는 큰 명제로 다루어, 그들이 어떻게 싸워왔는가를 가르친다.

유대국가의 존립을 위해서는 성서에서 말하는 '불 같은 율법'처럼 '개척자의 불같이 타오르는 믿음으로' 뭉쳐야 한다. 유대인은 자신이 유대민족의 일원임을 끊임없이 상기하고, 그런 믿음을 갖게 하는 하나의 종교를 갖지 않으면 안 되었다. 따라서 진정한 유대인은 탈무드 공부벌레들이다.

대답보다 질문을 평가한다

탈무드에는 UFO와 같은 '하늘을 나는 요새'에 대한 이야기도 나오고, '물고기처럼 헤엄치는 배'에 대한 이야기도 나온다. '바늘 끝에 천사가 몇 명 앉을 수 있는가?'라는 문제를 놓고 수많은 랍비가 오랫동안 논쟁을 벌이기도 하고, '악령들의 수는 얼마나 되는가?'라는 문제가 오랜 세월 토론의 주제가 되기도 한다.

악령들이 인간의 눈에 보이지 않는 것은 하느님의 축복이다. 만약 인간에게 악령을 볼 수 있는 능력이 있었다면, 악령들 때문에 아무도 견디지 못했을 것이다. 한 랍비가 '악령은 우리보다 수가 많고, 들판을 둘러싼 산등성이처럼 우리를 둘러싸고 있다'고 말했다. 그러자 다른 랍비가 '누구에게나 왼편에 1000명, 오른편에 1000명의 악귀가 따라다닌다'고 했다. 세 번째 랍비는 '대중을 상대로 강연을 할 때 소란스러워지는 것은 악령들 탓이다. 그들 때문에 무릎에 피로가 쌓이고, 랍비들의 옷이 닳아 떨어지는 것도 그들과의 마찰 때문이다. 그들과 부딪쳐서 다리에 멍이 들기도 한다'고 말했다.

위의 글은 탈무드에 나오는 악령의 수에 관한 논쟁 부분에서 뽑은 구절이다. 악령의 기원에 대해 제시된 견해 가운데에는 다음과 같은 것도 있다.

숫하이에나는 7년 뒤에 박쥐가 되고, 박쥐는 7년 뒤에 흡혈귀가 되며, 흡혈귀는 7년 뒤에 쐐기풀이 되고, 쐐기풀은 7년 뒤에 가시뱀이 되고, 가시뱀은 7년 뒤에 악령이 된다.

만약 우리의 아이가 부모에게 이런 질문을 한다면 부모의 반응은 어떨까? "쓸데없는 소리 그만하고 공부나 해!" 아니면 "말도 안 되는 소리는 그만 해라. 그런 생각을 한다고 밥이 나오니, 돈이 나오니?" 정도가 아닐까?
그런데 유대인들은 수천 년을 두고 이런 문제에 대해 토론했다. 그들은 삶에는 미리 정해진 답이 없고, 상황상황에 따라서 스스로 답을 찾아 나가야 한다는 생각을 가지고 살았다.
그러므로 탈무드에 기록되어 있는 수많은 토론은 자기의 길을 찾기 위한 훈련의 흔적이라고 보아야 한다. '자식에게 물고기를 잡아 주지 말고, 물고기 잡는 법을 가르쳐 주라'는 속담이 유대인들의 생각과 삶의 방식을 한 마디로 나타내 주고 있다.

삶에는 방법이 있다
유대인에게 탈무드는 언제나 막 인쇄되어 나온 신문과 같은 새로움을 갖고 있다. 성서시대에 살고 있던 사람도, 21세기에 사는 사람도 인간으로서는 기본적으로 변함이 없다.
수천 년에 걸쳐서 기록된 인간의 행동양식, 사고방식, 반응, 기쁨이나 슬픔, 고난, 성공이라는 것을 배움으로써 인간이란 도대체 어떤 것인가라는 전체 이미지를 얻을 수 있다. 인간의 능력이나 가능성이나 한도를 알 수 있다고 믿는 것이다.
여러 나라로 흩어진 유랑인이 되어도 힘을 잃지 않고 늘 새로운 힘을 유지한 것은 오로지 유대인이 성서를 마음의 지주로 삼고 탈무드를 지력의 지주로 삼아서 배워왔기 때문이다.
탈무드는 말한다.

자신의 머리로 전통의 의미를 생각하지 않는 자는, 남의 손에 의존해야만 하는 장님과 같다.

오늘도 300년의 번영을 자랑하는 세계 최대 재벌 로스차일드 집안은 대대로 유언의 최후에 '초대 마이어 암셸의 가르침을 지키고 유대교의 가르침을 충실히 지켜라'고 기록한다. 유대 시나고그(유대교 회당)에서 배운 로스차일드 집안의 초대 마이어 암셸은 한평생 탈무드를 손에서 떼지 않고 계속해서 배웠다.

솔로몬 탈무드의 지혜

탈무드는 유대인의 뛰어난 생활방식과 지혜의 원천이 된다는 점에서 흥미를 끌고 있다. 탈무드는 구약성서와 함께 유대교의 가장 중요한 경전이다.
그러나 성서가 그리스도교에 의해 유대 이외의 전세계에 널리 보급된 것과는 달리, 탈무드는 좁은 유대 세계에만 머물러 왔다. 히브리어와 아람어만으로 씌어졌다고 하는 탈무드는 아직 한국어역도 없고, 또 적절한 한국어 해설서도 볼 수 없다. 분량도 구약성서의 30배나 된다. 탈무드의 한국어역이 나온다 하더라도 기원 5세기라는 옛날에 편찬된(그때까지 1000년간 구전(口傳)) 문장을 그대로 이해한다는 것은 매우 어려운 일일 것이다.
탈무드가 왜 보급되지 않았는가. 먼저 유대교는 한국 역사와는 전혀 접촉점이 없었다. 또 유대교는 2000년 동안 유럽 세계에서는 이단으로 생각되었기 때문에 탈무드가 세계의 보편적인 문화로서 소개될 기회가 없었다.

탈무드는 유대인 종교생활의 실천적 측면과 관계가 깊다. 이른바 '종교서'라는 개념을 넘어서 유대민족이 민족으로서 살아가는 법, 사회관행, 도덕률이 그 중심 과제이다. 그 중에는 이미 소멸된 예루살렘 신전에서 하던 제의(祭儀)·전례(典禮) 등의 세밀한 논의 등도 있다.

극단적으로 말하면 탈무드는 유대인 이외에는 관계가 없다는 말까지 나올 정도로 유럽문화나 동양문화와는 이질적인 문화의 산물이다. 탈무드의 세계는 우리에게, 아니 현대의 유대인으로서도 접근하기 어려운 것이다.

그럼에도 이 '알려지지 않은 책'이 현대인의 관심을 끌고 있는 이유는 무엇인가? 그것은 유대인의 현재 모습이 과거 탈무드 교육의 결과이기 때문이다. 유대인의 비밀은 전통의 힘에 있는 것이다.

유럽에서도 소수의 그리스도교 신학자가 '그리스도교가 히브리즘의 원점(原點)에서 떠나면 그 신앙은 이교화할 위험이 있다'는 관점에서 탈무드를 열심히 연구했다. 이와 같이 성서 신앙의 원천을 찾는 길로서 탈무드에 관한 관심도 그 하나라고 하겠다.

유대교의 등장

유대인은 신체적인 특징이 없고 인종적으로는 혼혈민족이다. 전 역사를 통해 각양각색의 민족과 접촉해 왔기 때문에 여러 가지 피가 섞여 있다. 유대인이란 최종적으로는 유대교를 믿고 그 생활 방식을 지키는 사람들이라고 말할 수 있다.

유대인의 시조는 아브람으로, 훗날 하느님의 명령에 의해 아브라함으로 개명을 한다.

아브람은 우르(이라크 남부 사막 도시)에서 태어나서, 티그리스강과 유프라테스강 유역인 메소포타미아에서 살았던 상인이었다. 메소포타미아는 '두 개의 강 사이에 있는 땅'이라는 뜻으로 오늘의 이라크를 중심으로 한 시리아의 동부에서 이란의 남서부까지 걸쳐 있던 지역이다. 우르는 오늘날은 유적으로밖에 남아 있지 않지만 아브라함이 자랐을 무렵은 메소포타미아의 수메르제국 수도였다.

아브라함이 처음으로 천지를 창조하신 야훼라는 하느님과 1대 1로 만났다. 유대교도, 그리스도교도, 이슬람교도 이 아브라함이 있는 곳에 나타나신 하느님을 경배하는 점에서는 똑같다.

성서는 유대민족이 나타난 경위를 기록한 〈창세기〉에서 다음과 같이 기술하고 있다.

야훼(여호와)께서 아브람에게 말씀하셨다. "네 고향과 친척과 아비의 집을 떠나 내가 장차 보여 줄 땅으로 가거라. 나는 너를 큰 민족이 되게 하리라. 너에게 복을 주어 네 이름을 떨치게 하리라. 네 이름은 남에게 복을 끼쳐 주는 이름이 될 것이다. 너에게 복을 비는 사람에게는 내가 복을 내릴 것이며 너를 저주하는 사람에게는 저주를 내리리라. 세상 사람들이 네 덕을 입을 것이다." 아브람은 야훼께서 분부하신 대로 떠나갔다. (12장 1~3절)

이 단 한 마디로 유대인이 야훼께서 약속하신 가나안 땅을 찾아 헤매는 운명의 역사가 시작된다. 아브라함 일행이 하란에서 긴 여행을 떠난 것은 기원전 18세기 무렵이었다고 추정되고 있다. 아브라함 일행은 넓은 사막을 유랑한 끝에 결국 '약속의 땅'에 도착한다.

얼마 뒤 이 땅에는 기근이 들고 아브라함의 손자 야곱과 그 12명의 아들들(이스라엘 12부족의 조상)은 이집트에 몸을 맡기고 노예가 돼서 피라미드 건설에 종사했다. 그 후 기원전 12세기 무렵 노예였던 유대인 60만 명이 모세에게 이끌려 이집트에서 탈출했다.

그때도 하느님께서 아브라함에게 가나안으로 향하라고 명했던 것과 같이 모세는 하느님의 명령에 따라 이집트를 탈출하고 또 넓은 사막을 건넜다. 그리고 유대민족은 사막을 횡단하는 동안에 시나이 산에서 '십계명'을 받았다.

기원전 1020년에는 12부족의 하나인 베냐민족의 사울이 부족간의 불화를 해소하고 왕위에 올랐다. 이어서 다윗이 왕위를 계승하고 왕정을 굳혔다.

그 뒤를 이은 것이 솔로몬 왕이다. 솔로몬 왕의 영화는 유명하고 그는 부와 지혜와 하느님을 받드는 신념으로 역사에 이름을 남기고 있는데, 그 왕국의 영토는 유프라테스 강에서 이집트 국경까지 걸쳐 있었다. 솔로몬 왕은 소아시아, 아라비아, 에스파냐까지 널리 교역을 해서 큰 부를 손에 넣고, 그 부를 사용해서 기원전 900년 무렵, 예루살렘에 장대하고 화려한 신전을 세웠다.

솔로몬 왕의 사후, 반란이 일어나서 북쪽의 10부족은 이스라엘 왕국, 남쪽의 2부족은 유대왕국을 건설했다. 이스라엘 왕국은 아시리아군에게 정복당하고 추방당해서 그 뒤 행방을 모르게 되었다. 유대왕국도 기원전 586년, 바빌론에 정복당하고 예루살렘의 대신전이 파괴되고 바빌론에 포로로 끌려가 죄수생활을 하게 됐다.

그때까지는 예루살렘에 도읍을 두고 그곳에 건설한 신전을 중심으로 유일신을 숭배하고 있었다. 그 시대를 유대민족사에서는 제1신전시대라고 한다.

바빌론에 포로로 끌려간 사람들은 조국의 재건을 기도하며 민족의 의지처로서 성서를 편찬하기 시작했다. 회당(시나고그)을 중심으로 예배를 올리며 새롭게 민족종교가 형성되어 갔다.

이윽고 기원전 538년 바빌론을 정복한 페르시아 제국이 유대민족의 조국 귀환을 허용하였고, 유대인들은 이스라엘 땅으로 돌아가 예루살렘에 신전을 재건한다. 그때부터 로마에 의해 정복되는 기원전

70년까지를 제2 신전시대라고 한다.

유대교는 바로 이 시대에 성립된 것으로 알려져 있다. 지금처럼 성서가 거의 정경화(正經化)되어 안식일과 제사, 관습법규가 정비되고, 성서학자가 등장하여 입으로 전해 내려오던 이야기들을 연구하였다. 이 시대는 유대민족사에서 유대교가 번영했던 시기이다.

교리가 없다

유대교에는 교리가 없다. '어떻게 교리 없는 종교가 있을 수 있겠는가?' 의아하지만 사실이 그렇다. 구약성서라는 율법이 있지만 구약의 율법조항들은 하나의 명제 역할만 한다. 그 조항들을 실제 생활에 적용시키기 위해서는 해석이 뒤따라야 하는데, 그 해석이 천 가지 만 가지로 다양하다. 처음부터 정통 해석이란 없는 것이다.

이렇게 된 데에는 역사적인 이유가 있다. 수천 년 동안 유대인은 나라를 잃고 세계 여러 곳에 흩어져 살았다. 유대인이 발을 붙이고 살지 않은 나라는 거의 없다. 그들이 이주해 간 나라마다 또 지방마다 법이 다르고 문화가 달랐다. 이런 상황에서 정통 교리를 만들어 놓고 천편일률적으로 적용한다는 것은 불가능했다. 만약 그랬다면 유대인은 살아남지 못했을 것이다.

각 지역에 있는 유대인 공동체에서는 저마다 랍비들을 중심으로 자기들의 환경에 맞도록 율법을 해석하고 적용했다. 그래서 논쟁과 토론이 그치지를 않았다. 그러기에 유대인의 삶에 가장 큰 힘으로 작용하는 탈무드는 수많은 논쟁과 토론의 기록이다. 그들은 논쟁과 토론을 하되 한 가지 결론에 도달하는 것을 목적으로 삼지 않는다.

어떤 문제에 대해 소수의 의견과 다수의 의견은 있을지라도, 어떤 견해는 틀리고 어떤 견해는 맞다는 식의 선을 긋지 않는다. 이러한 탄력성은 다양한 환경 속에서 유대인이 유대인으로서의 동질성을 잃지 않고 살아남을 수 있는 비결이었다.

유대 학생들은 혼자 공부하는 법이 없다. 둘이나 셋 또는 몇 명이 그룹을 만들어서 토론 방식으로 탈무드를 공부한다. 탈무드 자체도 그러하지만 공부하는 방식도 주입식이 아니다. 누구나 의견을 제시할 수 있고, 어떤 의견에 대해서도 틀리거나 맞다고 결정짓지 않는다.

탈무드는 5000년 동안 수십만에 이르는 유대인 현자들이 전개한 논쟁의 기록이다. 그 안에는 율법, 경구, 우화, 속담, 논쟁, 유머, 공상 등 인간의 삶에 존재하는 거의 모든 이야기가 들어 있다.

배워야만 산다

유대인이 일반적으로 성서(토라)라고 하는 것은, 성서의 처음 다섯 권 〈창세기〉〈출애굽기〉〈레위기〉〈민수기〉〈신명기〉를 가리킨다. 더 넓은 의미에서는 유대교의 가르침 그 자체를 가리키고 있다.

유대교에서 가장 중요한 개념인 '토라'는 히브리어로 '가르침'을 뜻한다. 성서의 다른 부분은 토라를 주해하는 것으로 간주되어, 토라가 성서 전체를 의미하는 경우가 있다. 토라는 신의 언어이며, 그것을 배우는 것은 유대인의 종교생활 속에서 예배에 버금가는 비중을 차지하고 있다.

제2 신전시대에는 이스라엘 방방곡곡에 어린이들에게 성서를 가르치는 학교가 있었다. 세계 최초의 의무교육이 유대인에게서 시작되었던 것이다. 배우는 사람이 있으면 가르치는 사람도 있기 마련이다. 유대교에서 '교사'는 매우 중요한 위치에 있었다.

유대 민족사에서 바빌론 포로기와 그 이후 시기는 토라를 유대인 공동체의 규범으로 하여 생활을 영위하게 되었는데, 그 가르침을 현실사회에 어떻게 적용하는가가 중대한 문제였다.

그래서 공동체에서는 성서를 '주해'하는 교사가 필요했다. 교사는 전통·관습·구전을 가르치는 사람들이기도 했다. 그들이 바로 '현자(하함, 복수로 하하밈)'라고 불리는 사람들로 나중에는 '랍비'로 불리게 된다. 예수 그리스도도 랍비였다.
 이러한 스승 중에서 에즈라는 에즈라 7장 6절에서 보듯 '모세 율법에 익숙한 학사', 즉 가장 뛰어난 서기관(소페르)으로 기록되어 있다. 그는 선배들의 문제를 실질적으로 해결해 준 인물이었다.
 에즈라는 최고회의를 창설했다. 이것은 학사들의 회의로, 학사들은 그때까지 보존되어온 교리들을 이어받아 시대 변화에 따른 새로운 상황에 맞도록 개발, 적응시키고, 탈무드를 만든 랍비들의 선구자들에게 전달해 주었다. 그러한 계보는 이렇게 적혀 있다.

 모세는 시나이에서 율법을 받아 여호수아에게 전해 주고, 여호수아는 장로들에게, 장로들은 예언자들에게, 예언자들은 최고회의 의원들에게 전달해 주었다.

 최고회의가 소멸된 뒤로는 '산헤드린'이란 조직이 유대 사회의 제반 사항을 책임졌다. 산헤드린은 대제사장이 관장하는 것으로 제사장과 평신도의 복합체였으나, 회의 진행 도중 의견 충돌이 일어나서 곧 두 파로 분리되었다. 제사장들은 율법에 덜 충실하더라도 헬레니즘 사상과 타협하기를 좋아하였고, 에즈라와 서기관들(소페림)의 직계 후계자인 평신도들은 이에 반대하여 율법의 다스림에 전적으로 따르기를 원했다.
 이 두 파 사이의 분쟁은 마카베오가(家)의 투쟁 동안에는 잠시 그쳤다가 히르카누스(기원전 135~105)가 등극하자 더욱 공공연히 표면화되었다. 이러한 현상은 사두가이와 바리사이, 두 지파가 등장할 때까지 계속되었다. 유대 역사가 요세푸스는 이렇게 말하고 있다.

 바리사이파들은 모세의 율법 속에 기록되어 있지 않은 의식을 조상으로부터 계속 이어받아 백성들에게 전달해 주었고, 이에 대해 사두가이파들은 그것을 배격하고 성문화된 의식만 지켜야 하며 조상들로부터 구전된 것은 지키지 않아도 된다고 주장했다. 결국 그들 사이에는 심각한 논쟁과 견해 차이가 생겨났다.

구전된 율법의 진위에 대한 논쟁으로 인해 구전율법의 옹호자들은 성서 내용을 새롭게 연구하지 않으면 안 되겠다는 자극을 받았다. 구전율법은 성문화된 율법의 중요한 부분이며, 마치 실로 짠 베의 날실과 씨실 같은 것임을 증명하려고 노력한 결과이다. 이렇게 율법 해석은 새로운 국면에 이르렀고, 마침내 탈무드를 낳는 동기가 되었다.

유대교를 이해하는 데 중요한 것은 이렇게 문자로 기록된 토라(성서) 외에 문자로 기록되지 않은 토라(구전), 즉 '구전율법'이 있다는 사실이다. 그래서 기록되지 않은 구전율법을 기억에 의존하여 대대손손 전해주는 것이 유대 현자의 중요한 역할이었다. 따라서 제자의 양성은 전통의 맥을 잇기 위한 중요한 사명이었다.

현자들의 첫 세대를 소페림이라고 했는데, 신약성서에도 '율법학자'라는 이름으로 등장하고 있다. 이들은 기원전 5세기부터 서기 1세기 무렵까지 활약했다.

다음 세대는 서기 1세기부터 2세기까지의 현자들로 타나임이라고 했는데, 유대 현자 중에서도 유명한 힐렐·샤마이라는 대학자 시대부터 랍비 유다 하 나시 시대까지의 학자를 가리킨다. 그들이 구전율법을 연구하고 발전시켜, 랍비 유다 하 나시가 최종적으로 방대한 구전율법을 정리·편찬했다.

문장화된 뒤에도 '구전'이라고 하는 건 이상하지만, 전승이기 때문에 그런 것이다. 랍비 유다에 의해 정리된 '구전율법'을 미슈나라고 한다.

율법학자 랍비
지식은 신의 위대함을 나타내는 계시

현자들의 세 가지 사명

탈무드를 만든 랍비는 오늘날 말하는 교육 전문가도 선교사도 아니었다. 그들의 일은 처세훈(處世訓)인 《아보트》에 명백하게 언급되어 있다.

'신중하게 판단하고, 많은 제자를 양성하고, 토라의 말씀대로(아보트 1장 1절).'

랍비는 소송 사건의 재판관 역할을 담당했다. 따라서 그들은 재판관에 걸맞는 지식을 쌓아 공정한 판단으로 분쟁을 해결해야 했다. 그들은 학자이기도 해 주위에 모여드는 학생들을 지도하고 학문을 전승하여 지도자의 지위를 계승하도록 지도했다. 또한 전통을 이어가는 사람, 신앙과 생활의 신성한 제도를 관리하는 책임자였다.

토라는 유대 공동체 생활의 지침서였고, 랍비는 '토라의 말씀대로' 환경의 변화나 생활의 중압감에 흔들리지 않도록 토라를 지켜야만 했다.

그들에게 있어 율법은 생활과 인간성을 향상시키는 윤리적, 정신적 목표를 달성하기 위한 법적 수단이었다.

랍비는 계율을 보다 좋은 사람이 되도록 하기 위한 것, 언제나 인간의 정신적 성장을 촉진하기 위한 것으로 생각했다. 랍비가 관장한 율법은 세계관이나 인간의 궁극적인 목적과 관계가 있었다. 랍비들의 행동에는 변함없는 신앙과 깊은 헌신과 정신적인 목적이 들어 있었다. 그들은 법률적인 일이나 잡다한 세속적인 일에 종사하기도 했지만 본질적으로는 영적(정신적)인 사람들이었다.

랍비는 구조적으로 완성된 일관성 있는 사상체계를 구축한 것은 아니었다. '시나이 사람들'은 올림푸스의 신들처럼 초연한 사람들이 아니었다. 시대의 변화나 열정에 흔들리지 않고 세속에서 멀리 떨어진 지적인 세계에서 사색에 잠기는 학자가 아니었던 것이다. 랍비는 머리는 하늘을 향하고 있지만 동시대 사람들과 같은 대지에서 발을 떼지 않았다. 랍비는 늘 공동체와 함께 했다. 그들은 사회 속에 있었으며 사회의 일원이었다.

그 가르침이나 판결은 그들이 얼마나 사회와 깊고 넓게 관계하고 있었는가를 말해주고 있다. 랍비들의 철학은 하나의 체계로 조직화되지는 않았으나 다양한 사상을 일관성 있게 하나로 묶는 유기적 결합을 보여준다.

세속에 살며 하늘을 우러러본다
대부분의 랍비들은 수공업자, 대장장이, 도예업자, 농부, 상인, 재봉사 등으로 보통사람들과 똑같이 생활의 중압감을 안고 살아간다. 그러나 학문을 좋아하는 호기심을 바탕으로, 오늘날 우리가 세속의 일로 여기는 것에도 관심을 가지고 연구했다. 문제를 처리하는 사람으로서 그들은 세속적 일에 대처했다.

그들이 세속의 과학적인 일이나 연구에도 손을 댄 것은 토라 해석의 성과를 높여 응용하고 싶었기 때문만은 아니었다. '온갖 지식은 신의 위대함을 나타내는 계시이고, 신이 창조한 우주를 아름다움과 경이로 충만케 한 증거'라고 생각했기 때문이다.

코셔(율법에서 인정하는 식품규정)에서 먹어도 되는 짐승인가 아닌가를 정한 율법 가운데 많은 부분은 해부학과 관련이 있다. 또한 천문학과도 관계가 있었다.

먼 옛날에는 현자들이 제삿날을 정하고 달력을 만들었다. 바빌로니아의 위대한 스승 가운데 한 사람은 천체에 대해 자기가 태어난 마을처럼 잘 알고 있었다.

탈무드의 전편에 걸쳐 식물학과 동물학에 대한 지식을 전제로 하는 율법이 기록되어 있다. 탈무드의 많은 학자들은 여러 나라의 언어를 구사하고, 그들 민족의 역사에도 정통해 있었다. 그들은 '머리 위에 우러러보는 하늘과 발 밑의 대지'에 지대한 관심이 있었던 것이다.

랍비는 공동체가 좋은 생활을 할 수 있도록 눈에 보이는 형태로 '토라의 길'을 통해 가르침을 주었다. 그들은 사람들에게 지도자로서의 모습을 심어주려고 애썼는데, 그 모습의 특징은 지적, 정신적, 윤리적인 것이었다.

물론 자신의 힘을 자랑스럽게 과시하려 한 랍비의 이야기도 전해지고 있다. 화를 잘 내거나 날카로운 비판만 하는 랍비도 있었다. 재력이 있으면서도 돈쓰기를 아까워하는 랍비도 있었다. 이교도가 된 랍비, 무식한 사람과 다를 바 없는 랍비도 있었다.

그러나 탈무드의 좋은 점은 명예를 지킨다는 명분으로 이런 교사들의 좋지 않은 기록을 배제하지 않고, 정직하게 묘사하고 있는 점이다. 지도층을 구성하고 있던 랍비는 교사로서 전해주고자 하는 가치관을 스스로 본보기가 되어 보여주었다.

현자의 양성기관

현자가 교사로 인정받기 위해서는 어떤 준비과정을 거쳐야 했을까.

고등교육을 담당하던 시설은 베트미드라시(학문의 집)라고 불리었다. 이 말은 《집회서(벤시라의 지혜)》에 나와 있어, 고등교육을 위한 학교가 일찍부터 있었다는 것을 말해주고 있다. 또 학자와 제자가 모이는 곳인 베이트 바아드 레하밈이라는 말이 기원전 2세기 무렵 교사의 입에서 나왔다. 학생들이 몇 년이나 이런 학교에 다니며 훌륭한 교사의 가르침을 받았다는 것은 분명하다. 그들은 매일같이 교사의 강의에 귀를 기울이고 지식을 습득하며, 원장의 강의 뒤에 벌어지는 토론에 참가할 수 있는 날을 기다렸다.

그런 준비교육에 상당한 기간이 소요되었다는 것은 쉽게 추론할 수 있다. 랍비 아키바의 전기에서 교사의 수업기간을 어느 정도 추측할 수 있기 때문이다.

랍비 아키바는 학문과는 인연이 없는 가난한 집에서 태어났지만, 부잣집 양치기로 고용되어 일하는 동안 주인의 딸과 사랑하게 되고, 부자 아버지의 반대를 무릅쓰고 결혼을 했다. 아버지는 두 사람을 내쫓았다. 그때 아내가 남편에게 한 가지 부탁을 했다.

"단 한 가지 소원이 있습니다. 부디 공부를 해 주세요!"

그래서 아키바는 자기보다 훨씬 어린 아이들과 함께 학교에 다니기 시작했다.

13년 동안 스승의 가르침을 받은 아키바는 뛰어난 학자가 되었다. 의학과 천문학에도 능통했으며, 여러 가지 외국어도 구사할 수 있었다. 그는 전통적으로 행하던 유대인의 관습을 성서의 본문에 근거하여 체계화시키는 작업을 시작했다. 이것이 후에 미슈나로 발전했다.

아키바는 132년에 바르 코크바가 로마에서 독립하고자 반란을 일으켰을 때, 그 투쟁에 깊숙이 개입했다. 그는 바르 코크바를 메시아라고 믿었다. 그의 그런 믿음을 공개적으로 조롱하는 랍비들도 많았다. 그러나 바르 코크바의 반란은 실패로 돌아갔고, 아키바는 체포되어 로마에서 사형을 당했다.

135년에 반란이 진압되었을 때, 로마 정부는 학문을 하는 유대인은 사형에 처한다는 포고문을 발표했다. 그들은 유대인들이 전통적인 가르침인 토라를 공부함으로써 민족의 동질성을 유지하고, 그 결과 독립을 도모하는 반란을 일으켰다고 보았기 때문이다.

아키바는 다음과 같은 이야기를 했다.

어느 날 시냇가를 걷고 있던 여우가 물고기들이 바쁘게 헤엄쳐 다니는 것을 보고 물었다.

"너희들은 왜 그렇게 바삐 헤엄쳐 다니니?"

"우리를 잡으려고 치는 그물을 피하려고 그래."

물고기가 대답했다. 그러자 여우는 말했다.

"그렇다면 뭍으로 나오려무나. 언덕으로 올라오면 그물 걱정은 하지 않아도 될 것 아니야?"

물고기가 대답했다.

"여우야, 너는 매우 영리하다고 들었는데, 이제 보니 어리석기 짝이 없구나. 우리가 늘 살던 물속에서조차 이렇게 무서워하고 있는데, 한 번도 가 보지 않은 언덕에 올라가면 어떤 해를 입을지 어떻게 알겠니?"

요컨대 유대인에게는 학문이 물과 같은 것이어서, 물고기가 물을 떠나서 살 수 없듯이 유대인은 어떻게 해서든지 배우지 않으면 안 된다는 것을 그렇게 말한 것이다.

순교한 랍비들

랍비는 토라를 가르치는 스승이자 논쟁의 중재자, 종교적 지도자였다. 그들은 문제를 처리하는 사람으로 정책을 결정하는 데 커다란 영향력을 행사하였다. 랍비 아키바는 로마의 지배에 반대하는 그룹 지도자의 한 사람으로 순교하였다(135년).

순교한 사람은 랍비 아키바만이 아니었다. 그의 동지 9명이 유대교의 포교와 신앙을 금지한 하드리아누스 황제의 포고에 저항했다. 아홉 사람 가운데 한 명인 랍비 유다 벤 바바는 멀리 도망가 산속에서 다섯 명의 성직자를 길렀다. 그들은 랍비 메일, 랍비 유다, 랍비 시메온, 랍비 요셉, 랍비 엘레아자르 벤 사무아였다. 그때는 제자에게 랍비의 칭호를 주는 것은 금지되어 있었고, 발견되면 죽음을 면치 못하였다. 왜냐하면 로마 황제가 이 전통을 없애려고 했기 때문이다.

랍비 유다 벤 바바는 체포되어 처형당하였다. 다른 한 명의 현자도 절망 속에서 사악한 제국이 공약을 달성하지나 않을까 두려워하고 있었다. 그러나 그는 신앙을 지켰다.

"스승이여, 저희들은 어찌되는 것입니까?"라는 제자의 질문에 그는 이렇게 대답했다.

"우리에겐 다음 목표가 있다. 평화와 정의를 사랑하는 것, 아직 희망은 있다."

지금도 속죄일 예배에서는 이런 현자들의 순교에 대한 이야기가 빠지지 않는다. 유대 역사에서 가장 처절했던 고난의 시대를 산 현자들의 영웅적 행동과 결의의 증언일 뿐만 아니라, 랍비들이 항상 적극적인 지도력을 발휘해왔다는 것을 상기하고 새롭게 인식할 수 있기 때문이다.

이 전통은 수세기에 걸쳐 지켜졌다. 중세부터 근대에 걸쳐 학교나 시나고그가 중요한 위치를 차지하게 되면서 랍비들은 공동체의 중심에 서게 되었다.

교육은 칼보다 강하다

로마군 포위 아래에 있던 예루살렘에 최후의 순간이 닥쳐오고 있었다. 랍비 요하난 벤 자카이는 어떻게 하면 유대인이 승리할 수 있을까 생각했다. 군사적인 승리는 불가능했다. 그리하여 벤 자카이는 '예루살렘의 신전이 로마인들에게 파괴되는 일은 어쩔 수 없지만, 유대인은 로마인이 파괴할 수 없는 것을 가져야만 된다. 그것은 바로 교육이다. 교육만이 칼보다 강하다'라고 생각했다.

로마인들은 자손에게 칼을 전해 줄 것이다. 그러나 유대인들은 칼보다 더 강한 '교육'을 자손대대로 전해 갈 것이다. 그렇게 되면 언젠가는 유대인이 로마인에게 틀림없이 승리할 것이다.

벤 자카이는 교육은 성서를 가르치는 것이라고 생각했다. 성서는 유대인의 신앙과 지혜의 원천이기 때문이다.

벤 자카이는 예루살렘을 포위한 로마군의 화톳불을 바라보면서, '이제 유대인이 패배를 인정할 시기는 왔다. 이 현실을 직시해야 한다'고 생각했다.

그러나 예루살렘을 포위하고 있는 로마군은 예루살렘 성벽 밖으로 사람이 나가는 것도, 또 밖에서 안으로 들어오는 것도 용납하지 않았다. 그리고 성 안에서도 카나임이라는 과격파가 유대인이 성 밖으로 탈출하여 로마군으로 도망가는 것을 삼엄하게 감시하고 있었다.

그러나 벤 자카이는 미래의 유대인을 위하여 한 알의 씨앗을 뿌리려면, 로마군 사령관을 만나야 한다고 생각했다.

그는 하인들을 시켜 자기가 중병에 걸렸다는 소문을 퍼뜨리게 하고, 다음날 자기가 죽었다는 소문을 또 퍼뜨리게 했다. 벤 자카이는 스스로 관 속으로 들어가고, 하인들은 그 관을 메고 성 밖으로 나갔다. 묘지는 마을에서 떨어진 곳에 있었고, 과격파들도 시체를 성 밖에 매장하는 것은 허락하고 있었다.

이윽고 예루살렘에서 꽤 떨어진 지점에 이르자 벤 자카이는 관에서 나와 로마군 전선으로 갔고, 병사를 통하여 사령관에게 만나고 싶다는 말을 전하게 했다.

로마군 사령관인 베스파시아누스는 벤 자카이가 위대한 학자임을 알고 있었기 때문에, 이 제안을 쾌히 받아들였다.

벤 자카이는 베스파시아누스를 만나자마자, "황제여!" 하고 불러 기묘한 장면이 벌어졌다. 베스파시아누스가 벤 자카이와 한동안 이야기를 하고 있는데, 로마에서 파견된 사자가 숨을 헐떡이며 달려 들어왔다. 로마 황제가 죽었고, 원로원에서 베스파시아누스를 황제로 선출했다고 전하는 것이었다.

베스파시아누스는 한편 놀라고 한편 기뻐했다. 그는 벤 자카이의 예언하는 능력에 놀라 탄복하였고, 그의 말에 더욱 귀를 기울이며, 자기가 할 수 있는 일이라면 무엇이든 들어 주겠다고 말했다.

벤 자카이는 예루살렘을 파괴하지 말아 달라고 부탁하고 싶었지만, 그것은 불가능하다는 것을 알고 있었다. 그때에는 로마군이 싸움터에 나가면 상대방 도시는 반드시 약탈되고 파괴되고 불살라졌다. 로마군이 예루살렘까지 원정을 온 이상, 만일 베스파시아누스가 예루살렘을 구원해 준다면, 로마로 돌아갔을 때 그의 지위는 틀림없이 위태로울 것이었다. 그러나 벤 자카이는 건물 하나는 구할 수 있으리라고 생각했다.

'신전이 좋을까? 아니야, 신전이 유대인을 구해 줄 수는 없지. 지켜야 할 것은 건물이 아니라 성서와 그 교사인 랍비야.'

이리하여 벤 자카이는 황제에게 야브네 도시를 피괴하지 말아 달라고 부탁했다. 야브네는 지중해 연안에 있는 인구가 적은 도시로, 산업도 보잘 것 없었다. 그러나 거기에는 대학이 있어, 많은 학자들이 성서를 가르치고 있었다.

황제는 그의 제안을 쾌히 받아들이면서도 어이가 없는 표정이었다. 소원치고는 너무나 보잘것없는 것이라고 생각했던 것이다.

로마군이 예루살렘으로 들어오자 시내는 불바다가 되고, 신전은 파괴되고, 약탈이 계속되었다. 그러나 야브네만은 고스란히 남았다. 이리하여 끝내 유대인은 벤 자카이가 생각한 것처럼 로마를 이겨낼 수 있었다.

예루살렘이 파괴되었을 때, 벤 자카이는 야브네에서 성서를 읽었고, 대학의 교수와 학생들은 상복을 입었다.

유대인이 상복을 입는 기간은 다른 민족들과 달라 아주 짧다. 그 기간에는 몹시 슬퍼해야 하지만, 상복은 너무 오래 입으면 안 된다. 거기에는 슬픔에 너무 젖어, 현실을 직시할 수 없게 되어서는 안 된다는 지혜가 들어 있다.

벤 자카이는 유연한 정신을 가진 사람이었다. 그는 야브네로 옮겨가자, 파괴된 예루살렘을 복구하지 않고, 그곳에 유대의 최고재판소를 재건했다. 원래 최고재판소는 예루살렘에만 개설할 수 있도록 규정되어 있었지만, 그가 그 규정을 타파했던 것이다.

그때까지는 비둘기나 양을 신전의 제물로 바쳐 왔지만, 예루살렘이 파괴되어 신전이 없어졌으니, 그렇게 할 길이 없었다. 이때부터 제물을 바쳐 신에게 희생을 치르는 것과 똑같이 기도하는 것만으로 제를 올리는 새로운 전통이 생겨나게 되었다. 기도하는 것은 신을 위하여 희생을 치르는 것이다. 자기보다 큰 존재에 대하여 자신의 약함을 인정하고 겸허해지는 것은, 자기를 낮추는 것이기 때문이다.

사람이 성공하고 건강할 때라면, 살아남는 것처럼 쉬운 일은 없다. 그리고 삶이 위협받지 않는 상태에서 살아남는다는 것 또한 쉬운 일이다. 그러나 역경 속에서 살아남기는 어렵다. 따라서 그만큼 용기가 필요하다.

실패와 패배와 곤경이 크면 클수록, 그것을 이겨내고 더 강인하게 살아나갈 수 있는 사람이라면, 그의 장래는 성공이 약속되어 있는 것이나 마찬가지이다.

유대인들은 패배를 통하여 설사 외부의 힘에는 질지라도, 자신에게 져서는 안 된다는 교훈을 배운다. 외면적으로 패하는 것과 내면적으로 패하는 것 사이에는 커다란 차이가 있기 때문이다.

다른 민족들이 남의 영토를 정복하는 일에 전념하고 있는 동안, 유대인들은 자기의 마음을 정복하기 위하여 노력해 왔다. 유대인들은 아무리 패배해도, 그리고 어떤 역경에 처할지라도, 결코 자기들의 내적인 힘을 잃은 적은 없었다. 내적인 것이란, 곧 그들의 정신이요, 가족이요, 문화요, 교육이다. 그리고 가족과 민족의 단결인 것이다.

예루살렘은 멸망했지만 해안평야 도시 야브네에 있는 유대교 대학은 지킬 수 있었고, 뛰어난 랍비들이 배출됨으로써 미슈나가 성립된다.

현자들이 율법을 가르치는 학원을 예시바 또는 베트 미드라시라고 한다. 예시바는 여러 곳으로 번영해 갔는데, 율법상의 중대한 문제를 현자들이 토론하여 법규를 결정하는 고등아카데미, 학사원, 최고법정 같은 기관의 역할도 했다.

미슈나가 완성된 뒤에도 현자들은 그것을 토대로 구전율법의 연구와 발전에 힘써서, 미슈나의 내용을 거듭 토론하고 주석을 달았다. 시대마다 문제는 있기 마련이라 그 주해 또한 방대하게 늘어나서 문장으로 정리되었다. 그것이 게마라이다.

미슈나와 그 주해 게마라를 합친 것이 바로 탈무드이다. 그러므로 탈무드는 2종류의 책이 한 권에 묶인 것과 같다. 미슈나는 히브리어, 게마라는 아람어로 씌어졌고, 완성된 연대도 약 300년의 차이가 있다. 지은이도 다르다. 그러나 테마는 똑같이 구전율법이다.

유대 현자의 폭넓은 활약은 탈무드뿐만 아니라 다양한 문헌을 남겼는데, 그것을 통틀어 랍비문학이라고 한다. 탈무드 외의 랍비문학에서 중요한 것 중에 '미드라시'라는 문학양식이 있다. 이것은 성서 본문의 주해인데, 성서의 텍스트를 문자 그대로 읽는 방법에서 더 나아가 숨겨진 의미를 '조사한(드라시)' 것이다.

 이 기원은 아주 옛날로 거슬러 올라가는 것으로 알려져 있다. 물론 주해를 하는데 자의적인 해석이 허용되는 것은 아니었다. 랍비들은 해석학의 법칙을 두고 있었다.

 '토라에는 70가지의 얼굴이 있다'는 현자의 말이 상징하고 있듯, 유대교는 미드라시라는 수법을 통해 토라에서 항상 새로운 통찰과 모든 물음에 대한 해답을 찾아내는 유연성 있는 세계이다.

눈에 보이는 것, 안 보이는 것

 '책장을 펼쳐라. 다시 한 번 펼쳐 보아라. 모든 것이 거기에 들어 있다.'

 이것이 '소페림'들의 사고방식이며, 그들이 성서를 대하는 전제였다. 하지만 성서의 말을 실천하는 동안, 그들은 곧 여러 가지 어려움에 부딪치게 된다. 성서에 기록되어 있는 것이 모두 바로 실천에 옮길 수 있는 것은 아니었다.

 성서는 원래 신에 의한 것이었기 때문에 사람이 보기에 모호한 곳이 군데군데 있었다. 거기에는 신의 말씀을 사람이 행동으로 옮길 때의 확실한 방향이 제시되어 있지 않았다. 의도가 분명하지 않거나 의미를 알 수 없는 말만 나열된 부분도 있었다. 법률과 제도가 일반적인 언어로 적혀 있을 뿐 세세한 기술이 없어서, 그것을 지키는 방법을 알 수 없는 경우도 종종 있었다. 여러 번 되풀이해 나오면서도 왜 그렇게 빈번하게 나오는지 까닭이 설명되어 있지 않은 경우도 있었고, 명백한 모순이 없는 것도 아니었다.

 성서의 경우, 이러한 모호함과 어려움을 저자 탓으로만 돌릴 수는 없다. 그것을 읽는 사람의 연구와 이해가 미치지 못하기 때문인 경우도 많다. 성서를 저술한 바로 그 손으로 창조된 '자연'도, 언뜻 보아서는 그 운행법칙을 이해할 수 없는 것과 마찬가지로, 성서도 눈에 보이는 문자만 읽어서는 의미를 파악할 수 없는 부분이 있다. 표면적으로는 모순으로 보이는 말도, 탐구심과 끈기를 가지고 연구했을 때, 비로소 그 숨겨진 의미가 명백해진다. 그것이 가능하고 안 하고는 적절한 해석을 통해 그 의미를 밝힐 수 있느냐 없느냐에 달려 있다.

이러한 해석을 가한 것이 앞에서 말한 '미드라시'이다. 성서에 기록되어 있는 가르침과 율법의 진정한 의도를 해석을 통해 찾는 것이다. 소페림은 자신들을 그러한 탐구방식의 선구자로 생각하지는 않았다. 토라는 생활의 율법이며, 그들은 그 언어를 신앙과 행위로 옮기고자 했다. 그래서 성문화된 것에 구전으로 전해져 오던 해석이 보충되어 모세에게 전해진 것으로 생각했다.

그러므로 성서에는 처음부터 부록과 주해가 첨부되어 있었다. 성서를 이해하고 실천에 옮기는 것은, 거기에 따르는 구전의 상세한 내용에 비추어 생각하지 않으면 불가능하다. 토라에는 거기에 적힌 법률에 따라, 또 그 가르침과 언어를 충분히 이해하는 데 필요한 지시가 처음부터 들어 있었던 셈이다.

따라서 '소페림'과 그 뒤를 이은 사람들은 자신들이 성서에 의미를 불어 넣었다고는 생각하지 않았다. 성서 안에 처음부터 들어 있던 의미를 추론하여 해독하고 있는 것으로 생각했던 것이다. 처음부터 거기에 있지도 않은 것을 보태어 읽는 일은 결코 하지 않았다.

토라 전체를 통해 그 의도를 분명히 밝혀주는 상징이 들어 있었고 해석의 법칙도 있었다. 거기에 따르기만 하면, 언어만으로는 불명확할 때도 정확한 의미를 유추할 수 있었다. 해석자들이 할 일은 발견이지 새롭게 만들어내는 것이 아니었다.

이 주해자들이 모세의 성문율법에는 처음부터 구전에 의한 설명이 되어 있는 것으로 믿었던 데는 까닭이 있었다. 이미 그들 시대부터 유대인들 사이에서 지켜져 내려오던 계율과 관습이 있었는데, 토라를 문자 그대로 해석해서는 그 출처를 발견할 수 없었다. 또 수많은 사람들에게 전래되고 있던 전승에는 분명히 성서에 나오는 이야기의 연장으로 보이는 부분들이 있었다. 구전에 의한 해석이 없었으면, 토라가 공동체 생활의 모든 면에서 의미를 가지지 못했을 것으로 생각했다. 그래서 단순한 해석이 아니라, 공동체 생활에 의미를 부여할 수 있도록 주해를 다는 것이 소페림의 임무였다.

말로 전하라. 진리를 더 얻으리라

'구전율법'이 처음으로 성문화된 시기에 대해서는, 학자들 사이에서 아직도 이견이 분분하다. 그러나 오랫동안 성문화되지 않은 채 성서에 부속하는 형태로 있었던 것은 분명한 것 같다. 이러한 구전 '부록'에는 구전과 토론, 법률해석, 역사적 자료, 가르침과 실천에 대한 해석 등이 포함되어 있었다.

이윽고 구전율법이 성문이 되어 등장했지만, 그때도 여전히 '구전율법'이라고 불리고 있었다. 수세기 동안 구전율법을 성문화하는 것에 대한 강력한 반대가 있었던 것이다. 랍비 요하난 벤 나파하라는 현자는 3세기가 된 뒤에도 율법의 성문화를 금지해야 한다는 방침을 굳게 고수했다. 그리고 '구전율법을 기록하는 것은 토라를 불태우는 것과 마찬가지다'라는 말까지 했다.

또 구두로 가르치도록 정해져 있는 것을 기록해서는 안 된다고 말한 학자도 있었다. 중대한 권위가 있는 것으로 알려진 구전을 성문화하는 것에 그토록 거부반응을 보인 까닭은 무엇일까?

여러 가지를 고려해 볼 때, 구전율법은 구두로만 전해야 한다는 인식이 있었던 게 아닌가 추론할 수 있다. 즉 유대민족에게는 성문화된 토라가 있고 그것만이 유일한 것이라는 생각이다. 구전율법을 성문화하는 것은 성서와 동등한 지위를 부여하는 것이라는 견해를 가지고 있었던 것이다. 성문율법을 또 하나 만든다는 것은 토라만이 가지는 최고의 권위를 손상시키는 것으로 여겼던 탓이리라.

가르침과 배움의 대화

랍비들은 스스로를 교사로 여기고 있었다. 그리고 구전율법을 성문화한다면 단순한 법률문처럼 짤막하게 정리할 수밖에 없고, 옳고 그름을 결정하는 것과 실천사례의 개요만 쓰게 되고, 토론과 결론에 이르기까지 취해진 조치와 결론에 이른 과정, 대립되는 견해 등은 생략하지 않을 수 없게 된다고 생각했을지도 모른다.

그들은 이렇게 법률문을 무미건조하게 읽는 것만으로는 충분히 가르칠 수 없다고 생각했을 것이다. 또 성문화된 법률은 아무래도 단정적인 표현이 되기 마련이어서, 활발한 토론을 벌이고자 하는 의욕을 잃어버리게 할 수도 있다. 그들은 성문화된 것은 살아 있는 언어에 비하면 죽은 것으로 생각했다.

교사로서 랍비들은 학생과 살아 있는 대화를 나누고 싶었다. 텍스트는 때때로 교사와 학생 사이를 가로막는 종이커튼처럼 의사소통에 방해가 되는 일이 있다. 설명을 하거나 상세한 내용을 가르치고, 자극을 유발시키는 과정 대신에 텍스트에만 의존하게 된다. 또 기억에 의존하는 것이 지적 활동에서 우위를 차지하게 된다. 탈무드가 완성된 지 수세기 뒤에 한 학자는 다음과 같이 말했다.

"가르치는 교사 앞에 학생이 앉아 있을 때, 교사는 학생 마음의 움직임을 볼 수 있다. 학생이 무엇을 이해하고 무엇을 이해하지 못했는지 아는 것이다. 그러므로 교사는 학생이 문제를 이해하고 자신의 것으로 만들 때까지 설명해 주어야 한다. 율법이 성문화되면 이러한 일은 도저히 불가능하다. 문자로 쓰는 것에는 한계가 있기 때문이다."

구두로 말한 것을 글로 쓰게 되면, 특히 교육 분야에서는 간결하게 줄일 수밖에 없고, 의사 전달 작용의 힘과 효과를 약화시키게 된다.

또 랍비들은 기도에 대해 '기도는 서류를 읽는 것처럼 외워서는 안 된다'고 말했고, 또 어떤 현자는 기도를 일상적인 행사처럼 해치워서는 안 된다고 충고했다. 매일 새로운 기도를 올릴 것을 권한 현자도 있다. 이러한 것은 교육에도 적용되었다.

유대인들은 성문화된 텍스트에 의존하는 것의 위험성을 간파하고, 교사와 학생의 가장 좋은 커뮤니케이션의 방법은 구두에 의한 것이라고 생각했다. 교사와 학생의 살아 있는 대화의 드라마가 대부분 구두로 계승되어온 전통 속에서 지켜지고 있었다.

연구하고 또 연구하고
진리는 천 번을 되풀이 실행해도 좋다

랍비 유다 하 나시

구전율법은 급속하게 발전했다. 세대가 교체될 때마다 율법과 전승, 가르침의 체계에 더해지는 양이 늘어갔다.

2세기 말 랍비 유다 하 나시(하 나시는 최고법원 산헤드린의 우두머리의 칭호)는 사람들을 모아 구전율법의 편찬에 착수했다. 이것이 '미슈나'라고 하는 것으로, 미슈나는 '연구'를 뜻하는 말이다. 머지않아 미슈나는 성서(및 랍비들에 의한 규정)의 내용을 주해하고 부연시키는 권위서로서 널리 인정받게 되었다.

유다 하 나시가 편집자라는 것은 미슈나의 어디에도 기록되어 있지 않지만, 그는 스스로 보존할 가치가 있다고 판단한 것을 한 권의 책에 집약한 인물로 인정되고 있다. 이렇게 하여 만들어진 미슈나는 성서 다음으로 권위를 가지게 되었다.

오랜 기록에 의하면, 유다 하 나시는 랍비 아키바가 순교한 날(135년) 태어난 것으로 알려져 있다. 이것은 끊임없는 공격과 억압

속에서 '태양은 져도 곧 다시 다른 곳에 떠오른다'고 믿었던 유대인들에게는 진실되고도 중요한 증명과도 같은 것이었다.

편집자 유다 하 나시는 힐렐의 후손으로, 당시 뛰어난 교사의 한 사람인 랍비 유다 벤 이라이 밑에서 학문에 힘썼다. 유복한 가문에서 풍부한 재능을 가지고 태어난 그는 로마 황제 마르쿠스 아우렐리우스와도 친교가 있었던 것으로 전해진다.

유다 하 나시가 편집한 것은 당시로서는 가장 종합적인 것으로, 다른 비슷한 수집서를 대신하는 것이었다. 그때까지 유대 예시바 원장들은 개인적으로 수집하여 편집한 것을 교재로 학생들을 가르치고 있었다.

유다 하 나시를 미슈나 편찬이라는 역작으로 이끈 이유는 네 가지라고 할 수 있다. 첫 번째는 구전율법이 발달하면서 곳곳으로 흩어져 버렸기 때문에 한 권의 권위 있는 책이 필요해진 것, 두 번째는 법률의 해석에 통일성을 주는 척도가 필요했던 것, 세 번째는 유대인에게 고등교육을 베푸는 기초가 되는 텍스트가 필요했던 것, 네 번째는 정치적인 혼란과 억압이 끊임없이 되풀이되었기 때문에, 구전율법을 한 권의 책으로 보존해 두지 않으면 자손에게 전해 줄 수 없을지도 모른다는 불안감이었다.

미슈나 시대

랍비 유다 하 나시를 중심으로 한 학자들이 만든 미슈나는, 한 사람의 저작도 아니고 한 시대의 산물도 아니다. 또 그 내용은 결코 새로운 것도 독창적인 것도 아니다. 미슈나는 '구전율법'이 발달해 온 그때까지 수세대의 사상과 가르침을 집대성한 것이다.

'미슈나'라는 말은 원래 '되풀이하다' '되풀이해 말하다'라는 뜻의 히브리어로, 거기에서 '배운다'는 뜻이 파생되었다. 배운다는 것은 반복훈련, 재검토, 요점 정리 같은 부단한 작업에 의해 달성되는 것이다.

미슈나라는 말을 특별한 조건을 달지 않고 사용할 때는 랍비 유다 하 나시가 편찬한 작품을 가리킨다. 또 이 작품의 한 단락이나 장절을 가리키는 경우도 있는데, 그때는 성서의 한 절을 가리키는 '미크라'라는 말과 대조적으로 사용된다.

더 이전의 교사들이 수집한 것을 가리킬 때도 이 말이 사용된다. 그러므로 랍비 아키바의 미슈나라든가 랍비 메일의 미슈나라는 표현을 하는 것이다. 이 경우 이러한 교사들이 수집한 율법에 내포되어 있는 가르침을 가리킬 뿐만 아니라, 가르쳤던 방법도 포함된다. 그것은 미슈나의 접근방법과 랍비들이 쓴 미드라시라는 다른 형태의 문학과 관련된 접근방법에 중요한 차이가 있기 때문이다.

미드라시의 방법

미드라시에는 성서의 말에 수식이나 해석이 덧붙여져 있다. 반드시 성서의 말을 그대로 인용한 뒤, 그 말을 출발점으로 하여 '구전율법'으로 그 성구의 의미를 상세하게 설명한다. 교훈적 색채가 짙은 미드라시와 법률문적인 미드라시의 예를 들어, 미드라시가 어떤 식으로 씌어 있는지 그 특징을 알아보자.

이를테면 아가(雅歌)의 한 구절 '나는 사랑하는 병에 걸려 있다'를 인용한 뒤, 다음과 같은 해석이 이어진다.

이스라엘의 회중은 신께 이렇게 말한다. "창조주이신 하느님, 당신이 제 몸에 내리신 병은 모두 제가 당신을 사랑하게 하기 위한 것입니다…… 많은 나라가 저에게 가져다준 모든 병은 제가 당신을 사랑하기 때문입니다."

품값을 다음날 아침까지 미루지 마라. (레위기 19장 13절)
이것은 동물을 부리거나 도구와 밭을 빌려 사용할 경우에도 적용된다. 따라서 고용인이 임금의 지불을 요구하지 않더라도, 임금을 지불하지 않은 고용주는 율법을 어긴 것이 된다. 성서에는 '너'(즉 고용주인 '너')에게 지불할 책임이 있다고 되어 있기 때문이다. 낮에 고용한 임금노동자에게는 그날 저녁에 임금을 지불해야 하고, 밤일에 고용한 경우는 그 다음날까지 지불해야 한다.

공정하지 못한 재판을 하지 마라. 영세민이라고 하여 두둔하지 말고, 세력있는 사람이라고 하여 봐주지 마라. 이웃을 공정하게 재판해야 한다. (레위기 19장 15절)

한쪽 소송 당사자에게 충분히 얘기를 시키고, 다른 한편의 당사자에게는 '이론은 짧게'라고 말해서는 안 된다. 한편을 세워 두고, 다른 편 당사자를 앉혀서는 안 된다. 만인은 법 앞에 평등하다. 그것을 지키는 것이 우리들의 의무다. 왜냐하면 율법은 '야곱의 자손이 가진 소유 가운데 가장 으뜸가는 보물'(신명기 33장 4절)이기 때문이다. 여기서는 '제사장', '레위인', '이스라엘인'이라는 표현은 없기 때문에, '야곱의 자손'이라는 말이 사용되고 있다.

이렇게 미드라시는 성서의 구절에 대해 제한 없이 주해를 다는 방법을 취하여, 성서의 말을 먼저 인용한 뒤 그 의미를 덧붙이는 형식으로 되어 있다.

미슈나의 방법

이에 비해 미슈나는 성서의 본문과는 독립되어 있다. 물론 미슈나도 정신과 내용면에서는 성서를 기본으로 하고 있고, 성서의 말이 증거로 인용되어 있지만, 랍비들에 의한 법은 성서의 말과는 별개인 독립된 하나의 '할라카(법규)'로 되어 있다.

미슈나는 그 주제에 대해 성서의 정신에 입각하여 최고권위를 충분히 인정하고 있지만, 반드시 성서의 어느 특정한 구절과 관련짓는 것은 아니다. 미슈나는 차례차례 주해를 해나가는 것이 아니다. 명확한 하나의 법과 지식의 체계이며, 토라의 기초 위에 서 있기는 하지만, 독자적인 해석과 추리, 추론의 규칙 안에서 운용되고 있다. 권위면에서는 성서에 따르고 있지만, 그 자체가 자주성을 가진, 성서에 보완적인 법전이라고 할 수 있다.

미슈나에서 발췌한 다음과 같은 예를 보면, 미슈나와 미드라시의 방법상의 차이가 더욱 분명해질 것이다.

어떤 사람이 반은 노예이고 반은 자유의 몸이라 한다면, 이 남자는 하루는 주인을 위해 일하고 하루는 자신을 위해 일해야 한다. 이것이 힐렐 학파의 견해였다.
힐렐 학파에게 샤마이 학파가 이렇게 말했다.
"당신들은 이 사람의 주인을 위해서는 배려하고 있지만, 이 사람을 위해서는 아무런 배려도 하지 않았다. 왜냐하면 이 사람은 반은 자유의 몸이므로 노예하고 결혼할 수 없고, 나머지 반은 노예의 몸이므로 자유로운 신분의 여성과도 결혼할 수 없기 때문이다. 그렇다면 이 남자는 결혼해서는 안 된다는 말인가? 이 세상은 자손을 낳아 번성하기 위해 만들어진 것이 아니던가? 성서에도 '하늘을 창조하신 그분, 하느님이신 그분, 땅을 빚어 만드신 그분, 땅을 단단하게 다지신 그분, 땅을 황무지로 창조하지 아니하시고, 사람이 살 수 있도록 빚어 만드신 그분'(이사야서 45장 18절)이라고 되어 있다."
인류의 번영을 위해 주인은 그 사람을 자유의 몸으로 해주지 않으면 안 되었고, 노예는 자신의 몸값 반의 부채문서에 서명했다. 힐렐 학파는 생각을 바꾸어 샤마이 학파의 견해에 따라 가르쳤다.

미슈나는 히브리어로 기록되어 있으나 아람어·그리스어·라틴어도 미슈나 속에 들어와 있어, 유대문화와 다른 문화의 교류가 상당히 활발했음을 엿볼 수 있게 한다.
미슈나의 문체는 간결하고 명쾌하며 수사적인 과장과 수식어는 볼 수 없다. 하지만 무미건조하지도 않아서, 법조문에서 흔히 볼 수 있는 딱딱하고 지루한 점은 그리 찾아볼 수 없다.
 그 이유 중 하나는 논쟁의 드라마가 전편에 넘치고 있기 때문이다. 다른 의견과 반대되는 해석의 충돌이 있음으로 해서, 난해하고 전문적인 주제를 다루고 있는 부분조차 생동감 넘치는 문장으로 되어 있다.
 다른 하나는 미슈나가 세속적인 이야기가 전개되는 분야에도 거리낌없이 뛰어드는 탓도 있다. 전기적인 기술과 추억담, 교훈적인 예, 윤리적인 얘기, 가르침에 대한 논쟁도 있다. 미슈나가 논쟁과 에피소드에 의해 생동감이 넘치는 것은 다음의 예로 알 수 있다.

 고용주가 일꾼에게 설탕과자를 나눠주는 관습이 있는 지역에서는 그렇게 해야 한다. 즉 모두 그 지역의 관습에 따라야 한다.
 어느 날 랍비 요하난 벤 마티아스가 아들에게 일꾼을 구해 오라고 했다. 아들은 나가서 일꾼들에게 식사를 제공했다. 돌아온 아들에게 아버지는 이렇게 말했다.
 "아들아, 네가 아무리 솔로몬 왕을 연상케 하는 훌륭한 식사를 일꾼에게 제공한다 해도, 그것이 곧 그들에 대한 책임을 다한 것은 아니다. 그들은 (귀족의 혈통을 들어) 아브라함과 이사악, 야곱의 아들들이기 때문이다. 그보다 그들이 일을 시작하기 전에 그들에게 가서 '빵과 콩 이외의 음식을 너희들에게 줄 의무는 없다는 조건하에서 일하라'고 말해라."
 여기에 대해 랍비 시메온 벤 가말리엘은 이렇게 말했다.
 "그런 말을 할 필요는 없다. 모두 현지의 관습에 따르면 되니까."

미슈나의 6가지─시샤 세다림
 미슈나는 6가지로 구성되어 있다. 이 6가지를 히브리어로 시샤 세다림(Shisha Sedarim)이라고 한다. 방대한 양의 '구전율법'을 이러한 형태로 계통을 세운 사람은 랍비 아키바였다.
 각 항목은 '마세호트'라고 하는 몇 개의 '소항목'으로 나뉘어진다.

마세호트라는 히브리어는 '짠다'는 말에서 온 것으로, 영어의 텍스트라는 말이 텍스타일이라는 직물을 나타내는 말에서 나온 것과 같다. 마세호트는 모두 63개이다.

각 소항목은 '페레크'라는 장으로 나뉘어지며, 각 장은 다시 바빌로니아판 탈무드에서는 '미슈나'라는 구분으로 나뉘어져 있다. 한편 팔레스타인판 탈무드에서는 각 장을 '할라카'라고 부른다.

미슈나의 6가지에 대한 내용을 간단하게 설명하면 다음과 같다.

1. 제라임(種子篇) : 축도와 기도에 대한 율법, 농업과 밭작물에 대한 율법, 안식년에 대한 율법, 십일조와 제사장에게 바치는 공물에 대한 율법이 11가지에 걸쳐 다뤄지고 있다.

2. 모에드(祭典篇) : 안식일(이 항은 미슈나 안에서 가장 길다), 성일(聖日, 신년에서 속죄일), 유월절, 유월절의 공물, 신전세, 초막절, 단식일, 부림제에 관한 것이다. 이러한 제일(祭日)에 해야 하는 것, 해서는 안 되는 것, 의식의 방법 등에 관한 율법이 12항에 걸쳐 다뤄지고 있다.

3. 나심(女性篇) : 결혼과 약혼, 이혼, 레비레이트혼(과부가 죽은 남편의 형제와 결혼하는 것), 결혼 서약문, 부정을 의심받은 아내의 재판 등에 관한 것이 7항에 걸쳐 다뤄지고 있다.

4. 네지킨(傷害篇) : 현재의 형법 및 민법과 같은 율법의 측면을 다루고 있다. 상해와 보상, 재산, 상거래에 관한 법, 고용관계, 부동산, 상속, 법정수속, 증언, 증거, 범죄행위에 대한 형벌, 선서에 관한 법, 나아가서는 이웃 민족의 우상 및 이교도적인 관행과 관련된 규제가 10항에 걸쳐 다뤄지고 있다.

5. 코다심(聖事篇) : 신전과 그 제물의 제의에 관한 율법을 다루고 있다. 희생동물, 음식공물, 동물의 적절한 도살방법, 사람의 말이나 동물의 맏배를 다루는 방법, 서약과 성물에 대한 모독, 신전의 집기와 관행 등이 11항목에 걸쳐 다뤄지고 있다.

6. 토하롯(淨化篇) : 의식에 사용할 수 없는 불결한 그릇, 가령 사체에 닿았거나 가까이 두어 부정을 탄 그릇을 다루는 방법에 대한 율법이 들어 있다. 또 나병에 관한 것, 부정한 것을 정화하는 방법, 여성의 생리, 불결한 피부병으로 고민하는 사람의 문제 등이 12항에 걸쳐 다뤄지고 있다.

미슈나의 적용

성서에 명백하게 정해져 있는 율법만이 미슈나에 들어 있는 방대한 양의 법규 자료는 아니다. 오랫동안 이어져 온 관행과 구전의 전통, 그리고 주해라는 독특한 방식에 따라 성서의 구절과 규제에서 이끌어낸 추론, 이러한 것이 '구전율법'의 중요한 요소가 되었다. 그리고 그 모든 것이 권위를 가지는 것으로 간주되었다.

미슈나는 원래 예시바의 학생을 가르치는 텍스트로 할 생각이었지만, 그 밖에도 의견이 엇갈리는 문제에 대한 재정요청을 받거나, 올바른 관행을 사람들에게 가르치는 교사의 지침서로 만들겠다는 의도도 있었다.

미슈나에는 견해 차이가 있는 경우에는 반드시 양쪽의 견해를 모두 기록한 뒤, 어느 견해가 바람직하고 어느 견해가 권위가 있는지에 대해서도 기록되어 있다. 지지하는 교사의 이름이 적혀 있지 않은 익명의 의견도 따라야 할 관행과 원칙의 규범으로 여겼다.

어느 한 현자의 의견이 적혀 있고 '그러나 현자 아무개는 이렇게 말했다'든가, '현자들의 의견에 의하면'이라는 단서와 함께 반대의견이 적혀 있는 경우는 후자 쪽이 관행이 된다.

한편 정치적인 독립을 잃고 신전이 파괴된 결과, 미슈나에 기록된 신전 의식과 제물에 관한 부분은 대부분 사용할 수 없게 되었다. 하지만 이러한 의식 같은, 특히 실제적인 목적을 가진 부분을 미슈나에서 제외하려고 생각한 현자는 아무도 없었다. '구전율법'의 궁극적인 기초는 성서이고, 거기에 기록된 규칙과 법령은 신성하며 시대를 초월한 것이라고 믿었기 때문이다. 영원한 것이 인간계의 한정된 장소에서 일어나는 사건과 환경의 변화로 인해 묻히거나 소멸되는 일은 없다. 신전에 관한 율법을 제외하는 것은, 랍비들이 권위의 근거로 삼은 해석 이론에 이의를 제기하는 것으로 생각되었다.

그러나 그 율법들이 여기에 포함된 것은 가르침이라는 이유에서만은 아니었다. 랍비들은 보다 넓은 시각을 가지고 언젠가 신전과 희생의식이 부활되고 정치적인 독립도 되찾을 수 있을 것으로 굳게 믿고 있었다.

희생에 관한 율법과 형법은 안식일의 준수와 식사규율, 기도에 대한 율법과 마찬가지로 신중하고 소중하게 연구되었다. 성전 부흥의 염원은 오랫동안 북아프리카와 에스파냐, 동유럽, 그 밖에 여러 학문의 장에서 강력하게 일어났다. 그래서 학생들은 희생의 율법과 율법 위반에 대한 처벌, 정화, 제사의식의 율법 등은 신앙심 깊은 유대인이 반드시 터득해야 할 지식으로 여기고 있었다.

생산물이 시장에 나올 때까지 가격을 결정해서는 안 된다. 그러나 생산물이 시장에 나온 후에는 팔리는 사람 A에게는 그 생산물이 없고 B에게 그 생산물이 있다 하더라도, A는 그 생산물의 가격을 결정해도 된다. 또 곡식을 최초로 수확하는 자는 탈곡 장소에서 곡식의 가격을 결정해도 좋다.

마찬가지로 막 수확한 포도가 담겨진 바구니가 있는 장소에서 포도의 가격을, 올리브 열매에서 막 짜낸 올리브유가 담겨 있는 나무통 옆에서 올리브유의 가격을, 도공이 빚어 놓은 점토 옆에서 도기의 가격을, 가열하여 막 침전된 석회가 있는 곳에서 석회의 가격을 결정해도 좋다. 그러나 비료용 대변은 1년 중 아무 때나 가격을 결정해도 좋다.

미슈나 「바바 메치아」

만약 어떤 사람이 분실물을 발견하여 그것을 주우려고 몸을 구부리는 순간, 다른 사람이 다가와 그것을 먼저 움켜쥐었다면, 그것은 움켜쥔 사람의 소유가 된다.

만약 자기 땅에서 다른 사람의 분실물을 발견하고 달려와도, 또는 다리를 다친 새끼 사슴이나 날지 못하는 비둘기를 노리고 달려와도 "내 땅이 내게 그것들에 대한 소유권을 준다"고 선언하면 그의 주장은 유효하다. 그것이 분실물이든 새끼 사슴이든 비둘기이든 모두 그의 소유가 된다. 그러나 새끼 사슴이 땅에서 달아나 버리거나, 비둘기가 날아가 버린다면, "내 땅이 내게 그것의 소유권을 준다"고 선언해도 그 선언은 무효이다.

생명의 물줄기 탈무드
신의 율법을 따르라, 누구나 부자의 인생 얻으리

주해의 주해

미슈나의 상당 부분은 편찬된 시점의 상황에서는 이미 적용할 수 없었다. 하지만 법률에서 문제가 되는 것은 시대에 뒤처져서 필요 없게 된 부분이 아니라, 현재 운용할 수 있는 부분이다. 따라서 유대교도 미슈나의 경우와 마찬가지로 정당성이 증명되어 있던 고전적인 주해 방법에 의존하게 되었다. 주해의 대상이 된 것은 성서가 아니라 미슈나였다.

성서를 보완하는 미슈나에 주해가 가해지게 되면서 '게마라'라는 미슈나 주해서가 등장했다. 게마라는 아람어의 '연구' 또는 '가르침'이라는 말에서 파생된 말이다. 이 게마라도 탈무드라고 불릴 때가 있는데, 탈무드라는 말은 일반적으로는 미슈나와 게마라 양쪽을 포함한 '구전율법'의 총칭으로 사용된다.

미슈나는 그 토대가 되는 성서의 몇 배의 분량이다. 그리고 미슈나의 의미와 응용을 확대한 게마라 역시 미슈나의 몇 배나 되는 분량으로 되어 있다.

구전율법과 성문율법

랍비들은 '성문율법(토라)'과 '구전율법'을 독립된 법 제도로 생각하지 않았다. 두 가지는 근본적으로는 하나이며, '구전율법'을 성서의 의도와 성서에 정해져 있는 것의 원인을 찾아 바르게 이해하는 근거로 여기고 있었다. '구전율법'의 해석이 문자로 기록되어 '성문율법'에 흡수되어 있다는 것이다.

마이모니데스는 그의 저서 《미슈네 토라(재검토된 토라)》의 서문에서, '시나이에서 신의 모든 율법이 그 주해와 함께 모세에게 전해졌다'고 말했다. '구전율법'은 신과 이스라엘 백성의 계약에 처음부터 들어 있었던 것으로 믿고 있었다.

성서(출애굽기 34장 27절)에도 이렇게 적혀 있다.

"야훼께서 모세에게 이르셨다. '너는 이 모든 말을 기록하여 두어라. 내가 이 모든 말을 조건으로 삼고 너와 이스라엘 백성과 계약을 맺는다.'"

'이 모든 말을 조건으로 삼고'라는 표현에서 '성문율법'에 수반되는 구전의 주해가 있었다는 것을 짐작할 수 있다.

게마라의 탄생

토라를 열심히 찾은 결과 미슈나가 생겼고, 미슈나를 필사적으로 찾은 결과 게마라가 생겼다.

확실히 미슈나는 토라처럼 신성한 것은 아니었다. 그러나 어떤 의미에서는 신성한 것이라고 말할 수 있다. 왜냐하면 확실한 문헌상의 출처가 있고, 상징적인 의미에서는 신성한 원서에 미리 정해진 주해를 단 것이기 때문이다.

미슈나는 간결한 것이지 장황한 토론을 반복한 것은 아니다. 다양한 학파나 여러 사람의 토론이 기록되어 있지만, 간결함을 모토로 하고 있는 것은 확실하다.

이에 반해 게마라는 예시바에서 주고 받은 토론을 모조리 기록해 놓았다고 해도 좋다. 토론과 여러 의견이 서로 부딪힘으로써 생생한 표현이 있고, 질문과 논쟁으로 넘치고 있다. 장황한 의견이나 인용도 많다. 구두로 하는 토론이 불러일으키는 폭넓은 자유로움이 느껴진다. 옆길로 새기도 하고, 하나의 말이나 법률, 사건, 혹은 특정 선생에 대한 언급으로부터 연상이 떠오르기도 하며, 논쟁의 본론과는 거리가 먼 말이 언급되는 일도 있다. 한 절을 인용하면서 다른 한 절을 말하기도 하고, 반드시 관계가 있다고 할 수 없는 해석이나 의견을 언급하는 일도 있다.

게마라의 대부분은 원래 법률적인 것이 아니다. '법률'이라는 말을 아무리 폭넓게 해석해도 도저히 포함시킬 수 없을 듯한 다양한 주제가 게마라에는 포함되어 있다.

'비유한 이야기는 그 자체는 중요한 것이 아니라 하더라도 가볍게 보아서는 안 된다'고 현자들은 말한다. 토라의 말을 이해하는 데 귀중한 실마리를 얻을 수 있기 때문이다. 그들은 비유한 이야기를 옹호하는 인용을 만드는 것이 특징이다. 중요한 진주를 잃은 여왕이 값싼 촛불로 그것을 찾은 이야기와 같은 것이라고 하겠다.

이와 같이 탈무드에는 전설도 있고 역사도 있으며, 현대적인 과학 이야기와 전승, 성서 주해, 전기, 설교, 신학도 있다. 또한 사소한 일이나 에피소드 같은 것도 들어 있기 때문에, 그 법체계가 발달해 온 수세기 동안의 생활을 비쳐주는 거울이 되고 있다.

탈무드는 유대의 율법을 연구하기 위한 단순하고 기초적인 텍스트가 아니다. 또 역사가에게 필요한 단순한 자료도 아니고, 유대인의 종교적인 개념과 관행의 자취를 더듬을 수 있는 안내서에 그치는 것도 아니다.

한 사회가 탄생시킨 인간의 보편적인 염원과 요구, 대응 방법을 밝혀주는 의미 있는 기록이다. 탈무드가 보여주는 것은 정물화가 아니라, 둑 사이를 도도하게 흐르는 활동적인 생명의 물줄기이다.

두 가지 탈무드

게마라에는 두 종류가 있다. 팔레스타인 혹은 예루살렘 탈무드라 불리는 것과 바빌로니아 탈무드라 불리는 것이다. 팔레스타인 예시바에는 많은 바빌로니아 현자가 배우고 있었고, 두 사회는 밀접한 관계에 있었으므로 양쪽 탈무드에 같은 선생 이름이 나오는 경우도 드물지 않다.

두 탈무드는 같은 미슈나를 기초로 하고 있고 게마라만이 다르다. 둘 중에서는 바빌로니아 탈무드가 분량이 많고 충실하다. 또한 바빌로니아 탈무드 쪽이 권위가 있다고 여겨져 오늘날까지 많은 예시바에서 연구해 오고 있다.

팔레스타인 탈무드는 예시바에서 배우는 학생을 위해 만들었다기보다 선생과 재판관을 대상으로 한 것이라고 한다. 그 때문에 간결하다. 팔레스타인 탈무드는 팔레스타인에서 번영한 몇 학파가 만들었으나 실제 편찬작업은 티베리아스에서 했다.

바빌로니아 탈무드는 민속 전승과 당시 조로아스터교 영향을 받아 인기 있던 악령학에 관한 이야기 등을 자유롭게 넣었다. 이에 반해 팔레스타인 탈무드는 천사나 악마에 관한 이야기는 넣지 않았다.

황금률 편찬시대

4세기 중엽에 유대인과 로마 사이에 종종 격한 분쟁이 일어났고, 그로 인해 유대 민족 본국에 있던, 학문의 중심이 되는 유명한 곳은 파괴되었다. 티베리아스, 세포리스, 리다 등에 있던 예시바는 흔적도 없이 사라졌다. 이로 인해 2세기 전 하드리아누스 황제의 박해

때처럼 많은 사람들이 팔레스타인에서 바빌로니아로 피했다.

바빌로니아 유대인들은 티그리스강과 유프라테스강 사이, 현재의 이라크 영내에 해당하는 지역에 큰 공동체를 만들었다. 네파르디아에 훌륭한 예시바가 세워졌으나 서기 260년에 파괴되었다. 거기서 품베디타로 장소를 옮겨, 수라에 있던 예시바와 함께 이후 수세기 동안 바빌로니아 유대인의 지적 종교적 생활을 이끄는 존재가 되었다.

이러한 초기 시대의 선생으로 유명했던 사람이 라브와 사무엘로, 둘은 함께 랍비 유다 하 나시의 가르침을 받았다. 라브는 팔레스타인에서 공부한 뒤, 서기 219년 학문의 중진으로서 바빌로니아에 돌아왔다. 라브가 수라에 창설한 예시바는 이 지역에 사는 유대인 학문의 중심이 되었다. 그의 업적은 '라브는 광대한 땅을 비옥한 토양으로 만들었고 풍성한 결실을 얻었다'는 탈무드의 말이 웅변으로 전해주고 있다.

사무엘은 유대교에 대해 뛰어난 지식을 갖고 있었을 뿐 아니라 천문학자로서도 이름이 높았으며 네파르디아의 학교 교장이었다.

특별히 유월절 전달 아다르(태음력의 2~3월)와 성일(聖日) 전달인 엘룰(태음력의 8~9월) 2개월간은 학문을 하는 집회의 달로 정해져 있었으므로, 농민과 기술자, 상인 등이 일을 쉬고 모두 모였다. 이와 같이 학문을 존중하고 지식을 구하는 열의가 공동체에 널리 퍼져 있었으므로 수천 명의 사람들이 이러한 기회에 모여들었다고 한다.

주해나 토론으로 미슈나의 의미가 확실해졌고 내용이 깊어졌다. 법률적 종교적인 판결이나 집행의 기초로서 미슈나가 존속해 온 것도 그러한 주해와 토론이 행해졌기 때문이었다.

5세기가 되자 유대인에게 불리한 제한조치와 법률이 만들어졌다. 페르시아 황제는 조로아스터교를 국교로 했을 뿐만 아니라 제국의 모든 주민이 지켜야 할 종교로 정했다. 유대인의 아이를 강제로 개종시키기도 하고, 시나고그를 불태우기도 하였으며, 유대교의 기본이 되는 계율을 금지하는 조치가 취해졌다. 대부분의 유대인들은 다른 나라로 피했다.

몇 세기에 걸친 연구와 토론에 의해 축적된 폭넓은 자료를 수집하고, 계통을 세워 편집하려고 한 노력은 먹구름에 싸였다. 광범위하고 고통스런 이 일의 선구가 된 사람이 랍비 아시였다. 그는 50년 이상의 세월을 자료 수집과 정리에 바쳤다.

랍비 아시가 죽은 후, 제자들은 그가 심혈을 기울여 온 일을 이어받았다. 편집과 교정의 최종적인 작업은 랍비나가 맡았다. 500년에 랍비나가 세상을 떠났고, 그와 함께 탈무드 시대는 종말을 고했다.

이처럼 미슈나를 주해해서 게마라를 탄생시킨, 즉 탈무드를 만들어낸 현자들은 아모라임(단수는 아모라, '번역자'라는 의미)이라 불리었다. 미슈나 편찬 이후 2세기부터 탈무드가 성립한 6세기까지 활약한 랍비들이었다.

탈무드 인쇄

팔레스타인 탈무드와 바빌로니아 탈무드에 있는 게마라는 완전한 형태의 미슈나 주해가 아니다. 몇 장이 모조리 빠져 있다. 1523년에 베네치아에서 발간된 팔레스타인 탈무드 초판 마지막 장에는 '이렇게 해서 우리는 이 탈무드에 포함되어 있는 것을 찾아냈다. 빠져 있는 부분을 입수하기 위한 필사의 노력이 결실을 거둔 것이다'라는 말이 씌어 있다.

미슈나를 구성하는 6편 중 제5편 코다심과 제6편 토하롯은 첫째 항목 3장분을 빼고는 게마라가 전혀 없다. 다른 4편 항목의 몇 장에도 게마라가 빠져 있다.

게마라 배치 방법은 바빌로니아 탈무드와 팔레스타인 탈무드가 다르다. 팔레스타인 탈무드에는 미슈나 전문이 처음에 있고, 몇 개의 단락으로 나누어진다. 그 단락들은 '할라카'라고 부른다.

이에 반해 바빌로니아 탈무드에는 미슈나의 각 단락 바로 뒤에 게마라가 와서 그 부분의 미슈나를 보충하고 있다. 그리고 하나하나의 단락은 '미슈나'라고 불리고 있다.

미슈나 초판은 1492년 나폴리의 손시노사(社)에서 발행되었다. 탈무드 완전판을 최초로 낸 사람은 그리스도교인 다니엘 본베르그로서, 1520년경 베네치아에서 출판했다.

지금까지 출판되어 온 수많은 고전 중에서 탈무드만의 독특한 특징은 쪽수를 붙이는 방법이다. 초판에서 쓰던 방법이 이후 판에서도 그대로 사용되고 있다.

그러므로 탈무드의 인용에 대해 설명할 때 몇 년 판이라고 말하지 않고 쪽수만 말하면 된다. 함부르크든 빌뉴스든 뉴욕이든, 어디에서 출판된 판이든 쪽 붙이는 방법은 똑같다.

예를 들면 '산헤드린'의 720쪽을 살펴보고 싶다고 할 때, 4세기 이후에 인쇄된 어느 판을 보아도 720쪽의 시작과 끝은 완전히 같다는 것을 알 수 있다.

탈무드 중에서 가장 유명하고 가장 널리 사용되고 있는 것은 빌뉴스에서 출판된 판이다. 이 아름다운 대형 인쇄본 12권에는 미슈나와 게마라 원문 외에 중세에서 근대까지 추가된 논평이 덧붙여져 있다.

탈무드의 두 갈래
길을 걸을 때도, 누워 있을 때도, 일어났을 때도

탈무드의 2대 요소

탈무드는 이따금 '바다'로 비유되어 왔는데, 이 '구전율법'이라는 광활한 바다 밑바닥에는 두 줄기의 강한 조류가 보인다. 그것은 '할라카'와 '하가다'라는 내용별 분류이다. 할라카는 히브리어로 법을 의미하는 것으로 의무와 권위 있는 행위를 법으로 정하고 있다. 하가다는 비법규적인 요소로서 선생마다 자유로운 발상이나 민간전승에 의해 탄생된 것으로 전승, 설화, 콩트 등이 있다.

할라카는 히브리어로 법을 의미한다. 성서에는 이 말이 사용되지 않았고, 처음 사용된 것은 미슈나에서이다. '걷는다 또는 간다'는 의미의 어원에서 온 말로 '사는 방법'이라는 파생적인 의미가 있다.

신의 뜻을 깨닫게 하는 랍비들

속죄일에 모세오경의 율법에 관한 부분과 이사야서 58장을 사람들 앞에서 낭독하는 것이 랍비들의 전통이었다. 성서의 내용 가운데 가장 정신적인 부분과 율법에 관한 부분을 합하여 낭독한 일은 랍비들이 내면성을 얼마나 중시했던가를 보여주고 있다.

랍비들은 신학자는 아니었다. 계통적인 신조를 만들어낸 것도 없고 명백하게 신앙을 요약·정리한 것도 없었다. 그러나 그들만큼 신을 의식한 사람들도 없다.

그들은 신의 뜻에 따라 사람들을 행동하게 하는 일에 가장 큰 관심을 두고 있었다. 그 행동은 내적인 감정을 대신하는 것이 아니라 감정 그 자체의 발로였다.

랍비들이 몰두해야 한다고 생각한 과제는 일상생활과 관습적인 관계 속에 신에 대한 의무감을 넣어 성스러운 신의 뜻을 끊임없이 느끼는 일이었다. 신의 존재를 신성한 장소에서 느낄 수 있을 뿐 아니라 시장에서도, 가정에서도, '길을 걷고 있을 때도, 누워 있을 때도, 일어날 때도' 의식하지 않으면 안 되는 것이다.

그들에게 최대의 목표는 사람들을 법률의 노예로 만드는 것이 아니었다. 현세의 한가운데에서 사람들을 자유롭게 해방시켜 보다 높은 생활, 보다 높은 길에 몸을 바칠 수 있도록 하는 것이었다.

십계의 석판에 새겨 넣은 법률을 가리키는 '하르트'라는 말을 자유라는 의미의 '헤르트'와 동일시한 것은 단순한 단어놀이 이상의 의미가 있었다. 즉 법률은 자유를 얻기 위해 인간에게 가장 효과적인 수단이 된다는 것이 랍비들의 기본 원칙이었다.

삶의 질을 높여주는 율법

랍비들은 때맞춰 거행되는 예배에서 언제나 신을 예배할 때의 마음으로 자신을 다스릴 것을 원했다. 신에 대한 예배는 랍비들에게는 찬양하는 순간에 입으로 외치는 것만이 아니었다. 일상생활의 의지처가 되는 신앙을 행동과 노력으로 실천했다.

종교란 경험의 '꼭대기' 위에서 살아가는 것이 아니다. 그것은 성자와 신비주의자가 하는 것이다. 더 본질적으로 말하면, 종교는 보통사람들이 일상생활의 수준을 더욱 높은 정신적인 깨달음과 윤리의식으로 이끌어가는 것을 의미하지 않으면 안 된다.

이기주의와 탐욕을 극복하기 위해서는 넓은 시야로 우리의 에너지와 의지와 행동을 위쪽으로, 또 바깥쪽으로 향하도록 훈련해야 한다.

연구와 학문은 시간이 남을 때, 또는 일시적인 흥미와 호기심으로 하는 것이 아니라, 일상적이고 규칙적인 종교적 활동의 일부가 되지 않으면 안 된다.

따라서 율법은 유대인에게는 무의미하고 거추장스러운 짐이 아니었다. 유대인에게 율법은 기회이자 특권이었다.

유대인들은 '시므하 쉘 미츠바', 즉 율법을 지키는 데서 오는 성취의 기쁨을 얘기했다. 신은 이스라엘에 대한 사랑에서 많은 율법을 정했다. 율법은 유대인을 신과 이어주었을 뿐 아니라 공동체 안의 유대인들을 하나로 결속시켰다.

율법 덕택에 유대인의 생활에는 축제의 기회와 기쁨의 순간을 만끽하면서, 매일 단조로운 생활을 초월하는 속죄와 축복의 수단이 주어진 것이다. 그날을 위해 아침예배에 "저희는 너무나 행복합니다! 정말 멋진 운명을 받은 우리들! 이 즐거운 운명의 은혜, 이 아름다운 것을 받은 우리들!"이라는 말을 한다.

할라카의 물음

할라카의 기본 전제는 유대교가 계시에 의한 종교이고 하느님은 창조주임과 동시에 주권자라는 것이다. 하느님의 뜻은 토라에 구체적으로 나와 있으므로, 토라에서 인간의 생활을 지배하는 모든 지식과 법률을 이끌어낼 수 있다.

즉 할라카는 인간과 하느님을 섬기는 생활을 잇는 가교이다. 유대의 율법이 종교나 도덕으로부터 분리된 것은 없다. 궁극적으로 말한다면 유대의 율법은 종교와 도덕의 수단이다.

할라카는 공동체의 법인 동시에 종교이기도 하다. 이와 같은 법은 세속적인 법보다 일관된 방법으로 행동뿐 아니라 동기와도 관계가 있고, 규제할 수 있는 행동과 다룰 수 없는 태도와도 관계를 갖고 있다. '그것은 법에 위반되지 않는가?'를 물을 뿐만 아니라 '그것은 옳은가?'라고 물을 수 있다.

밖으로 나타난 행동뿐만 아니라 그 행위를 한 인간의 성격에도 관심이 쏠린다. 못된 짓을 저지른 사람에게 희생된 자의 고통과 괴로움을 인정하면서 아울러 그 못된 짓을 저지른 사람의 인간성이나 비극적인 면도 인정하고 있다.

예를 들면 미슈나에 이런 예가 있다.

이웃집에서 대들보를 훔쳐 자기 집에 사용한 경우 대들보의 원래 소유주는 그 반환을 요구할 수 없다. 훔친 이는 훔친 대들보를 써서 집을 지을 것이다. 그러나 그에게 집을 부술 비용을 부담시켜서는 안 된다. 왜냐하면 그가 자기의 행동을 후회하지 않을 것이기 때문이다.

그러므로 훔친 사람에게 대들보의 금전 가치분밖에 변상책임을 물을 수가 없다는 것이다.

'토라 법의 목적은 보다 좋은 인간을 만드는 것'이라고 현자는 말한다. 또한 다음과 같이 말하는 법률학자도 있다.

"행실보다 지혜가 뛰어난 사람을 무엇에 비유할 수 있을까? 가지는 많이 있지만 뿌리가 뻗지 않은 나무에 비유할 수 있다. 그러한 나무는 바람이 불면, 뿌리째 뽑혀 쓰러진다. 그러면 행실이 지혜보다 나은 사람은 무엇에 비유될까? 가지는 적지만 뿌리가 많이 뻗어 있는 나무에 비유된다. 그러한 나무는 아무리 강한 바람이 불어도 꿈쩍도 하지 않는다."

랍비들은 규범적인 율법이 규율과 매일의 의무를 사람들에게 부여해 보다 높은 동기와 목적의식을 갖게 하는 가장 좋은 수단이라고 보고 있다. 행동에 의해 의욕이 생기고 하려는 기력도 높아진다는 것이다. 고대의 현자는 선행이 비록 가치 없는 동기로부터 나온 것이더라도 그것을 하려는 생각을 계속 갖고 있으면 바른 동기에 지배된다고 가르치고 있다.

파스칼을 존경하면서 신앙은 갖지 않는 사람이 어느 날, 파스칼에게 이렇게 말했다.

"당신 같은 신앙을 가지고 당신 같은 생활을 한다면 얼마나 좋을까요."

이에 파스칼은 대답했다.

"나 같은 생활을 해 보시오. 그러면 나와 같은 신앙을 가질 수 있게 될 테니."

하가다의 세계

'탈무드의 바다'에 보이는 또 다른 조류인 하가다는 규정이나 법률적인 것이 아니라 훨씬 더 자유로운 것이다. 하가다를 지배한 것은 상상과 시적 통찰이었다. 여기에는 개개인의 마음에 떠오르는 상상의 자유로운 유희가 있다.

탈무드의 민간전승에는 상당한 창조성이 반영되어 있다. 율법이 성큼성큼 걷고 있다고 한다면 민간전승은 날고 있다.

근대 유대학의 아버지로 불리는 춘츠는 하가다에 대해 다음과 같이 묘사하고 있다.

"하가다의 목적은 천국을 인간에게 접근시켜 인간을 천국으로 끌어올리는 것이었다. 이러한 사명 속에서 하가다는 하느님의 영광을 가져와 이스라엘에 위안을 준다고 여겨졌다. 그 결과 종교적 진실, 도덕적 교훈, 정당한 보답과 죄와 벌에 대한 해석, 이스라엘의 특수성을 드러내는 율법을 가르치는 일, 이스라엘의 과거와 미래의 위대함, 유대 역사, 신성한 제도와 이스라엘과의 동일성, 성지에 관한 찬사, 사람들을 고무하는 이야기, 수많은 위로 등이 시나고그에서 이루어지는 설교의 주요한 테마가 된다."

영원한 물음, 아직도 대답을 찾지 못했으며, 대답할 수 없는 인간 존재에 관한 것들, 인간의 하느님에 대한 동경과 외경, 우주의 신비에 대한 경이, 분리파와 이단자와의 논쟁거리 등등이 하가다의 넓은 바다에 뜬 테마이다. 거기에는 온갖 형태의 문학이 있다. 시적 이미지·설화·콩트·사색론·경구·예화·우화·전기·일화·해석 설교 등 온갖 것이 있다.

하가다의 이름은 탈무드에 쓰여져 구분되어 있는 것도 아니고, 다른 법률적 고찰로부터 분리되어 있지도 않다. 사소한 여흥으로 삽입되거나 덧붙여져 있을 뿐이다.

복잡한 율법 분석을 업으로 삼는 현자는 한숨을 돌리고, 제자들에게도 잠시 휴식을 주기 위해, 할라카의 본줄기에서 벗어나는 하가다의 즐거운 곁길로 이끌려간다. 하가다에 나오는 흥미롭고 매력적인 요소에 관해 특별히 문헌의 출처가 있는 것은 아니다. 하가다는 이를테면 랍비들의 한때의 유희라고 할 수 있다.

하가다의 세계에서는 모든 것이 살아 있다. 동물들뿐만 아니라 언덕이나 바다, 하늘이나 나무, 대지나 돌들도 말할 수 있다. 하가다는 손에 닿는 모든 것을 의인화하며 모든 자연에게 의식을 불어넣는다. 천국이나 또 그곳에 사는 하느님에게도 하가다의 손길이 미친다. 하느님으로 하여금 인간의 말을 하게 하고 인간의 갖가지 행동을 하게 하지만, 그렇다고 해서 전혀 터무니없거나 하지는 않다.

하가다에 민화적 요소와 자유로이 발휘되는 상상력이 있음으로 인해, 민화 속의 미신과 악령적인 요소도 들어 있다.

하가다란 무엇?
몇 가지 예를 들어 하가다의 방법이나 내용을 알아본다.

하느님은 이렇게 기도하셨다.
"바라옵건대 내 연민이 노여움을 가라앉혀 내 정의와 심판에 미치기를. 그러면 나는 내 자식들에게 자비심을 가지고 대할 수 있으리라."

중상(中傷)은 세 사람을 죽인다. 그것을 입에 담은 사람, 들은 사람, 당한 사람, 그 세 명이다.

자선을 받아 살아가는 거지라도 자선을 해야 한다.

거지가 대문 앞에 서 있을 때, 성스러운 하느님, 경배드려야 할 분이 그 오른쪽 옆에 서 계신다.

사람은 주어진 기쁨을 받아들일 수 없을 때 그에 대한 설명을 해야만 한다.

하느님의 모습을 본떠 만들어진 인간의 사랑스러움이여!

한 인간은 모든 창조물보다 귀하다.

동료를 대중의 면전에서 욕보인 자는 사람의 피를 더럽힌 것과 같다고 할 수 있다.

동료를 폭행하는 자는 하느님을 폭행하는 것과 같다.

사람의 발자국을 발견했을 때, 하느님이 당신 앞에 서 계신다.

하느님이 처음으로 만드신 것은 모두 완전무결하다고 말하기 어렵다. 인간도 예외는 아니다.

사악한 충동은 이 세상의 인간들을 현혹시키고, 다가올 세상에서 그것을 시험한다. 사람의 마음에 잠재된 사악한 충동은 자선을 행하지 못하도록 이렇게 속삭인다.
"너는 왜 자선을 해서 네 재산을 축내느냐? 본 적도 없는 사람에게 줄 바에야 네 자녀들에게 주는 게 어떠냐?"
'너희는 다른 신을 모시지 마라. 이교도의 신을 예배하지 마라.'
(시편 81장 9절)
사람들 속에 있는 이방신이란 누구인가? 그것은 악의 충동이다.
'이렇게 만드신 모든 것을 하느님께서 보시니 참 좋았다'(창세기 1장 31절)라는 구절의 '좋다'는 말에는 선량한 행동뿐 아니라 사악한 행동도 포함된다. 그렇다면 왜 사악한 행동을 '좋다'고 하는가라는 질문을 받는다. 대답은 이러하다.
"그러한 충동이 없다면, 인간은 집을 짓고 아내를 맞아들여 자식을 낳고 열심히 일하려 하지 않을 것이다."
'마음을 다 기울이고 정성을 다 바치고 힘을 다 쏟아 너의 하느님 야훼를 사랑하여라'(신명기 6장 5절)라고 하는 것은 선한 충동과 악한 충동 두 가지를 다 포함하는 것으로 당신의 마음을 다 바쳐 사랑하라는 것이다. 사악한 충동도 하느님을 향한 예배에 쓸 수 있다는 것이다.
야브네 예시바 랍비들이 즐겨 입에 올리는 말이 있다.

나는 하느님에 의해 창조되었으며, 내 이웃도 하느님에 의해 창조되었다. 나는 도시에서 일하고 그는 밭에서 일한다. 나는 아침에 일찍 일어나 일하고 그도 일찍 일어나 일한다. 그는 내 일을 나보다 잘 할 수는 없으며, 나도 그의 일을 그보다 잘 할 수 없다. 그래도 당신은 '나는 큰일을 하고 있고 그는 대단치 않은 일을 하고 있다'고 할지도 모른다. 마음을 하늘로 향해 열기만 한다면, 일의 양의 많고 적음이 문제가 아님을 알 수 있다.

할라카의 역할은 성서에 쓰여진 율법의 기초 위에 시간이 흘러도 무너지지 않는 법 체계를 세우는 것이었다. 그리고 그 시대의 고통과 곤궁에 굴하지 않고 다음 세대를 위해, 율법이 적용된 경우의 극단적인 논리적 결과를 그려내는 것이기도 했다.

한편 하가다에는 고통에 신음하며 붙잡혀서 정신적 정체(停滯)에 시달리는 국민을 위로하고 교화하고 인도한다는 고도의 윤리적 사명이 있다. 또한 과거의 영화가 빛나는 미래의 선례가 되고, 현재의 비참함이 성서에 그려진 하느님의 계획의 일부임을 선언하는 일도 하가다의 사명이다.

할라카를 모든 유대인이 마지막 피 한 방울까지 바쳐 지킬 각오를 한, 저 이스라엘의 예루살렘 신전을 둘러싼 성벽에 비유한다면, 하가다는 신전 벽 안에 있는 '이국적인 색채와 매혹적인 향기를 지닌 꽃의 미로'라고 할 수 있을 것이다.

세계 최고두뇌 최대부호 성공집단 탄생시키는 유대
솔로몬 탈무드
2
유대인은 누구인가

엘리트 유대인
허리를 굽히지 않으면 돈을 주울 수 없다

무엇이 유대인을 만드는가

유대인은 한국인·일본인·독일인처럼 같은 언어로 말하고 같은 신체적 특징을 가진 단일 인종이 아니다. 이것은 기원 70년에 나라가 멸망한 이래 그들이 국토를 갖지 못한 민족으로서 세계 각국으로 이산(離散)해 갔던 것이 그 원인이다.

나라가 망하자 세계 여러 나라로 도망친 유대인들은 저마다 그곳 사람들과 교류하면서, 모국에서 갖고 온 유대교의 가르침을 자손에게 엄격하게 가르치고 전했다. 그와 같은 배합이 몇 세대나 걸쳐서 이루어졌으므로 외견상으로는 그 나라 민족과 똑같은 유대인이 생겨난 것이다.

유대인을 유대인답게 하고 있는 것은 민족으로서의 '피'가 아니다. 그러면 대체 무엇에 의해 유대인으로 식별되는가. 그리고 왜 이 유대민족만이 성공한 사람들, 천재를 계속 배출한 것일까.

소수정예가 될 수밖에 없었던 역사적 배경

지금으로부터 약 2000년 전, 예수 그리스도가 태어났던 무렵의 유대왕국은 세계에서 선진 문명권에 속했다.

기록에 의하면 예수가 태어났던 무렵의 유대왕국에는 약 300만 인구가 살고 있었다. 그중 유대인이 250만이 넘고 나머지가 그리스인이나 사마리아인 등의 이방인이었다. 그리고 이 무렵부터 국외에서 생활하는 유대인이 많았다.

로마제국의 영토에는 400만의 유대인이 있었으며, 바빌로니아에는 100만의 유대인이 살고 있었다. 본국에 살고 있는 유대인의 2배 이상이 국외에서 생활하고 있었다.

유대인은 이 무렵부터 '약속의 땅' 팔레스타인에 집착하면서도 많은 사람이 타향에서 살고 있는 모순된 국민성을 갖고 있었다. 박해에 의한 유대인의 이산을 '디아스포라'라고 하는데, 그들은 그 이전부터 세계에 흩어져 있었다.

이집트의 알렉산드리아를 예로 들어보자. 알렉산드리아는 그 무렵 환(環) 지중해권에서 로마 다음으로 큰 도시였다. 유대인은 여기에 있는 다섯 도시 중 두 곳에서 과반수를 차지하고 있었다. 어느 한 시기를 보면, 유대인 인구는 알렉산드리아 인구의 반 이상에 해당되었다고 한다. 유대인은 중동·북아프리카·에스파냐로부터 흑해 연안까지 퍼져 있었다.

서기 1년도의 유대인 인구는 800만 명을 넘었다.

현재 영국 인구는 앵글로색슨계와 켈트계를 합쳐서 5700만 명, 프랑스도 마찬가지로 5700만 명, 독일은 8000만 명이다. 유대인이 증가하지 않았던 것은 그동안 그리스도교도나 이슬람교도의 손에 많은 사람이 죽음을 당했거나 박해를 피하기 위해 개종함으로써 현지 사회에 흡수되었기 때문이다.

만들어지는 유대인

유대인은 전세계에 흩어져 작은 사회로 나뉘어 사는 것을 강요당했다. 정주하게 된 나라의 언어를 사용하고 이민족의 피가 흘러들었다. 때문에 유럽으로 옮아간 유대인은 살결이 희고, 인도나 에티오피아의 유대인은 검은색이다.

전에는 유대인 사회가 세계 곳곳에 흩어져 있는 작은 점으로 존재했고, 아시아에서는 중앙아시아로부터 인도·베트남·중국에까지 퍼져 있었다.

마테오 리치는 16세기에 중국에 들어가 28년간 머무르며 중국에 유럽의 학문을 전한 최초의 가톨릭 신부(선교사)로 유명하다. 카이펑[開封]을 방문했을 때 그는 예수회 본부에 유대인 사회가 있다고 보고했다. 카이펑의 유대인 사회는 20세기 초까지 존속되었는데, 그들은 모두 중국어를 말하고 신체적 특징은 중국인과 전혀 다르지 않았다. 그 밖에도 중국에는 카이펑보다 규모가 작았으나 20세기 초까지 광저우[廣州]와 항저우[杭州]에 똑같이 유대인 사회가 있었다.

그러므로 유대인에 관한 정의는 매우 모호한 것이 된다. 사실, 유럽에서는 유대교를 버리고 그리스도교로 개종한 사람을 유대인으로 간주하지 않았다.

교리에 의하면 유대교는 유대민족이 '선민(選民)'으로서 하느님과 계약을 한 데서 시작된다. 그 계약이란 그들은 하느님으로부터 가나안(나중의 팔레스타인)을 받는 대신 인간으로서 보다 완성된 존재가 됨으로써 영광을 돌린다는 것이었다.

가령 이를 위한 방법으로서 유대교 가르침에는 '허리를 굽히지 않으면 진리를 주울 수 없다'는 말이 있다. 이것은 사람이 겸허하지 않으면 학문를 배울 수 없다는 것을 의미한다. 또 '그대가 가장 믿을 만한 벗은 거울 속에 있다'란 말은 자신을 성장시키려면 신뢰가 있어야 한다는 것을 가리키는 말이다. 유대인은 이들 가르침을 지킴으로써 하느님이 바라는 '완성된 존재'에 접근하려고 했다. 그 뒤 이 민족 중에서 예수 그리스도가 태어나 유대교에 독특한 견해를 첨가하여 '그리스도교'를 발전시키게 된다.

이 유대인에 대한 정의에 골치를 앓은 것이 나치스이다.

유대인 배척을 국시로 삼은 나치 독일은 결국 유대인을 '인종'으로서 정의했다. 독일 정부는 히틀러가 정권을 잡고 5년 뒤인 1938년 3월에 정령(政令)을 발표해 '각 조부모 2명 이상이 유대인인 사람을 유대인으로 간주한다'고 했다.

분명히 유대인은 그 근원을 거슬러 올라가면 중동의 셈계 민족이므로, 오늘날에도 셈족의 특징적인 골상을 가지고 있는 사람들이 있다. 그렇다고 유대인은 피에 의해 유대인이 되는 것이 아니다. 단지 유대교라는 '사상'에 따라 살아감으로써 유대인이 된다.

자기 나라를 갖고 있지 못했던 유대인에게는 성서와 탈무드야말로 조국이었다. '유대인다움'은 성서와 고대에 씌어진 성전(聖典)에 의해 만들어졌다.

어린이는 계율과 관습, 제일(祭日)에 대해 가르침을 받고 육성되는 동안 자기를 유대인으로서 인식하게 된다. 유대인은 어렸을 때부터, '그건 해서는 안 된다. 이것은 먹어서는 안 된다'는 식으로 대단히 번잡한 계율로 속박되어, 자라는 동안 유대인이 된다. 여러 가지 계율을 지키는 만큼 자기들과 타인을 구별하게 되는 것이다.

세계 곳곳에 흩어진 유대인들은 아무리 겉보기에 떨어져 있어도 같은 '정신'을 가진 '동포'로서 서로 협력한다. 그것이 유대 상인의 국경을 넘은 활약으로 이어지는 것이다.

엘리트로 키우는 유대교

앞서 유대인은 저마다 정주했던 땅에 따라 다른 피부색과 육체적인 특징을 갖게 되었다고 말했다. 따라서 이스라엘은 전세계 유대인이 모여 만들어진 국가이므로 인종 전시장과 같다. 예멘에서 온 유대인은 말씨부터 몸짓까지 예멘인답다. 페르시아(이란)에서 온 유대인은 페르시아인답다. 에티오피아에서 온 유대인은 물론 검은 피부이며 행동거지는 에티오피아인이다. 다만 타민족과 다른 것은 유대인은 세계 어느 지방에서 왔다고 해도 처음부터 '유대인'으로서 하나로 굳게 연결되어 있다는 것이다.

유대인을 유대인답게 하는 것은 유대적인 정신과 발상이다. 즉 유대인은 유대인의 문화를 이어가고 있는 자이다. 유대인에 관하여 경탄해야 할 일은 전세계에 흩어져 압박받고 살아왔음에도 저마다의 땅에서 몇 십 세대에 걸쳐 독자적인 문화를 잃지 않고 지켜온 것이다.

유대인이 가혹한 박해를 받으면서 유대인임을 포기하지 않았던 것은 유대교가 강한 선민의식에 뿌리박고 있기 때문이다. 유대교에서 성서는 단순한 종교서가 아니다. 걸출한 문학서임은 물론이고 철학서이며 국가의 법령집이기도 하다.

유대교의 성서는 현재 일반적으로 읽히고 있는 그리스도교 성서의 전반 부분, 즉 '구약성서'를 가리킨다. 그리스도교 성서는 유대민족과 신과의 계약에 관하여 서술한 '구약'과 예수 개인의 전도기록을 중심으로 한 '신약'으로 이루어져 있는데, 유대교에서 신약은 성전에 들어가지 않는다.

성서가 맨 처음 씌어졌던 무렵 중동은 팔레스타인인, 아랍인, 페르시아인 등 여러 민족이 난립하여 국가를 세우려고 피투성이가 되어 싸움을 계속하고 있었다. 그 속에서 유대교는 빛이었다. 그 시대에 이처럼 진보된 사상이 태어난 일은 경탄할 일이다. 오늘날 세계 3대 종교인 불교, 그리스도교, 이슬람교 가운데 그리스도교와 이슬람교 두 종교는 유대교로부터 파생하였다.

고대 세계에서 유대인을 둘러싸고 있던 이집트, 아시리아, 바빌로니아 등 강대한 제국이 모두 멸망하든지 쇠퇴하여 오늘날에는 다만 유적만이 옛 영화를 전해주고 있다. 한편 당시 유대민족은 작은 국가밖에 형성하지 못했지만 그 뒤 엄청난 영향력을 세계에 미치게 되었다. 이는 사상의 승리였다.

어느 대제국도 오랫동안 지속되지 못한 것은 타민족 정복과 민중으로부터의 수탈을 첫째 목적으로 하고 힘으로 나라를 다스리려 했기 때문이다. 이에 비해 유대는 유대교에 의한 정신적인 통치를 도모했다. 힘으로 성립된 국가는 국가 자체가 멸망해 버리면 후에는 아무것도 남지 않는다. 그러나 사상으로 통치해온 국가는 국가가 없어져도 그 정신이 계속 존속한다. 유대인은 물질적인 부보다 정신적인 숭고함을 충실하게 넓힘으로써 현대까지 발전해 온 것이다.

성공하는 방법과 계율

유대인은 신앙을 꿋꿋하게 지켜왔다. 그 중에는 박해에 굴복하여 유대교를 버린 사람도 있지만 대다수 유대인은 완고했다. 이는 오늘날에도 유대인의 특징이 되어 있다.

성서에는 "주는 또한 모세에게 일렀다. '나는 이 백성을 보았다. 실로 뒷목이 무서운 백성이다' 혹은 '정말 이스라엘은 암소처럼 강고하다'"라는 말이 있다. 유대인은 예로부터 자신들의 종교가 다른 종교보다 올바르고 우수하다는 절대적인 확신을 품어왔다. 이것이 그들 완고함의 원천이다.

유대인은 상당히 독특한 문화를 지니고 있는데, 그것은 토라에 기록된 복잡한 계율에 따라 형성되어 왔다. 이것이야말로 유대인의 민족으로서의 개성을 지켜온 것으로, 유대인 아이들은 성장하면서 오래된 독특한 문화를 갖고 있는 것을 자랑하게끔 되는 것이다.

그 예가 벤자민 디즈레일리다. 벤자민 디즈레일리는 1868년 유대인 최초의 영국 총리가 되었다. 그는 19세기에 두 번 총리를 역임한 영국의 대재상으로 13살 때 부친의 주선으로 영국국교회 세례를 받았다. 그즈음 영국에서는 극단적인 종교차별이 행해지고 있었다. 그와 같은 상황 속에서 유대인인 그가 영달의 길을 찾는 데에는 유대교를 버리고 국교회로 개종할 수밖에 없었다.

디즈레일리는 한번 의회에서 한 의원으로부터 "유대인 입 닥쳐!"라고 야유당한 적이 있었다. 그는 그 자리에서 "확실히 나는 유대인이다. 그리고 지금 야유를 한 신사의 조상이 기억할 수도 없는 오지에서 야만인이었을 때, 내 조상은 이미 솔로몬 왕 신전의 신관이었다"라고 답하였다.

이와 같은 긍지가 유대인의 독자성을 지키게 했다. 디즈레일리의 말은 수천 년에 걸쳐 유대인이 가슴속에 간직해온 목소리임에 틀림없다.

5000년 유대인을 다스려온 계율

유대인의 조건은 유대교를 믿고 일상생활에서 음식물부터 복장, 휴일에 관한 규칙까지 계율을 충실히 지키는 것이 가장 적절한 정의가 될 것이다. 유대인을 유대인답게 만든 것은 계율이다. 유대교의 계율은 복잡하다.

예를 들면 '음식물에 관하여 무엇을 먹으면 괜찮은가'라는 계율을 들어보자. 너구리를 제외하면 모두 먹어도 좋다. 물에 사는 것은 지느러미와 비늘이 있는 생선 외에 먹으면 안 된다. 새우, 문어, 오징어와 패류는 전부 금기. 육식 짐승이나 뱀처럼 땅을 기는 동물도 먹으면 안 된다. 새는 까마귀, 소리개, 매, 타조, 갈매기, 올빼미, 황새, 해오라기 등을 먹어서는 안 된다.

또한 육류와 유제품을 같은 용기에 담아서는 안 된다. 육류라고 다 먹어도 괜찮다는 것은 아니다. 도살자가 계율에 따른 방법으로 죽인 것으로 피를 빼지 않으면 안 된다.

접시도 문제이다. 계율을 엄격히 지키는 유대인이 되면, 랍비가 냇가나 호수 등에서 물에 담가 닦은 접시가 아니면 사용하지 않는다. 즉 유대교의 계율을 충실히 지키고 있는 한 이교도가 경영하는 레스토랑에서는 전혀 식사할 수 없다.

유대인의 안식일

안식일이라 하면 글자 그대로 휴식일이라고 생각한다. 그러나 유대의 안식일에는 또 하나 중요한 의의가 있다. 그것은 이 날이 교육의 기회가 되는 날이기 때문이다. 유대인에게 시간은 녹슬지 않고 썩지 않는 영원한 존재이다. 학교와 대학 등의 공간적 존재와는 달리 시간은 분리되는 일이 없고, 파괴할 수도 없다.

따라서 유대인은 안식일에 교회에서 성서를 읽는다. 일정한 순서에 따라 읽고 해설을 붙인다. 1년에 다섯 권을 다 읽도록 되어 있으며, 1회마다 1장을 다 읽도록 되어 있다. 이처럼 성서를 읽는 습관은 유대인의 생활과 하나가 되어 있다. 그것은 생활의 구석구석까지 깊이 영향을 주고 있어, 유대인의 사고방식과 떼어놓을 수 없는 관계에 있다.

성서에 의한 교육은 보통의 학교 교육에서는 도저히 생각할 수 없는 것이다. 그 교육에는 학위도 명예도 수여되지 않는다. 단지 얻을 수 있는 것은 십계의 완전한 실시일 뿐이다.

성서를 읽는 것은 물론 안식일에 국한된 것은 아니다. 월요일부터 목요일까지는 공공적인 모든 의식 끝에 성서를 읽는 것이 습관이다. 이렇게 끊임없이 사람들은 성서를 통해 공부해야 하는 습관을 몸에 붙여간다.

안식일날 가정의 화제는 교육에 관한 것뿐이다. 아버지는 일주일 동안 자녀의 교육이 어떤 과정을 거쳐 진행되고 있는가에 대해 주의를 기울인다. 아버지가 자녀들에게 하는 질문의 대부분은 학교 교육에 관한 것이다. 지난 한 주일 동안, 무엇을 얼마만큼 배웠는가를 질문한다. 이것은 자녀들에게는 학교에서 배운 것의 복습도 되고, 테스트도 되는 것이다.

이렇게 어린이들에게는 교육이 얼마나 중요한 것인지에 대한 분위기가 형성된다. 그리고 대부분의 유대인 아버지는 질문에 대한 자녀의 대답이 만족할 만한 것이 아니더라도 화내거나 소리치지 않는다. 상냥하게 다음 주 일에 대한 깊은 기대를 드러낸다.

안식일 저녁 뒤에는 가족들은 각자 자기의 시간을 가진다. 가족들과 계속 즐겁게 지내는 사람, 산책을 하는 사람, 가까이 아는 사람을 방문하는 사람 등등. 그러나 시간이 지나고 나이를 먹을수록 많은 시간을 독서로 보낸다. 자기가 좋아하는 책이 있으면 그때 모았다가 읽는 것이다.

안식일은 휴일이기는 하지만, 유대인들은 술을 마시러 가지도 않고 라디오나 텔레비전을 보지도 않는다. 조금은 금욕적으로 들릴지도 모르지만, 완전히 지적인 휴일을 보내는 것이다. 이것이 교육의 풍성한 기회로 연결되어 왔다.

재산보다 중요한 교육

유대인의 세계와 다른 민족의 세계와의 가장 큰 차이는 어디에 있는가? 유대인의 세계에서는 도덕과 교육이 인생의 가장 중요한 것이라고 생각되어 왔다.

유대인 거리에서 사람들이 가장 많이 출입하고 모여드는 곳은 도서관이었다. 유대인 어린이들은 만취한 사나이들이 술집에서 나오거나 길거리에 쓰러져 있으면, 마치 진기한 동물을 구경하는 기분으로 본다.

유대인 거리에서는 어려운 책을 읽을 수 없을 것 같은 사나이들까지도 도서관에서 책을 대출하는 것을 볼 수 있다. 교육에 대한 동경과 교육을 존중하는 태도가 몇 천 년 동안이나 되풀이되어 유대인의 지적 수준을 높여놓았던 것이다.

오랜 세월 유럽에서는 대부분의 사람들이 문맹자였다. 그러나 유대인만은 누구나 글을 읽을 줄 알았다. 오늘날 의무교육이란 유대인을 제외한 유럽 사람들에게는 아주 최근에 생겨난 제도이지만, 유대인에게는 조금도 새로울 것이 없는 몇 천 년 이전부터 실시되어 온 일이다.

H.H. 웰즈는 이렇게 말했다.

"유대교는 글자에 의해 지탱되어온 종교이다. 유대 어린이들은 우선 글자부터 읽는 것을 배웠다. 유대인의 지적 수준이 높은 것은 유대교가 글자로 지탱되어온 종교이기 때문이다."

옛날부터 유대인은 직업이 무엇이건 글을 읽을 줄 알았다. 그렇기 때문에 유대인은 어린 시절부터 도덕을 지키고 신을 숭배하는 유대인 세계의 일원이 될 수 있었다. 따라서 유대인은 상인이 되어서도 도덕이 얼마나 중요한 것인지 새기고 있는 것이다.

유대 어린이들은 이런 이야기를 들으면서 자란다.

어느 부자와 가난한 사람이 같은 배를 타고 여행을 했다. 부자는 다이아몬드와 황금과 여러 가지 보석이 담긴 큰 트렁크를 가지고 있었다. 가난한 사람은 아무것도 가진 것은 없고, 그저 지식만 가지고 있었다. 그런데 배가 폭풍을 만나 가라앉고 부자와 가난한 사람은 목숨만 간신히 건졌다. 부자는 보석을 다 잃어버리고 말았다.

두 사람 중 누가 더 부유한가?

이 이야기는 유대인에게는 다른 민족이 생각하는 것과는 다른 의미를 지니고 있었다. 오랜 동안 그리스도교인들로부터 받은 박해는 배에 닥친 폭풍으로 상징되고 있다. 이렇게 하여 재산보다도 중요한 것은 교육이며, 교육만 있으면 새로운 고장에 가서 다시 살 수 있다고 생각한 것이다. 이런 교훈은 유대인 어머니들이 자녀들에게 2000년 가까이 전해온 것이다.

유대인의 교육에 대해서는 이런 말도 있다.

유대인은 아무리 가난해도 열 명의 자녀가 있으면 열 명 모두에게 교육을 시켜 누구나 글을 읽을 수 있게 한다. 다른 민족이 교육을 시키는 것은 출세를 위해, 장부정리를 위해, 장사에 이득을 올리기 위해서이지만, 유대인들은 신에게 기도하기 위해 글자를 가르친다.

유대인의 세계에서는 학문이 몹시 존중되는 만큼, 교사의 지위도 높다. 예를 들면 유대교의 가르침에서는 학생이 앉아있을 때 교사가 지나가면 반드시 일어서야 한다. 오늘날에도 랍비에 대한 예의는 지켜지고 있다. 또한 랍비는 다른 종교에서처럼 민중들 위에 서는 것이 아니라 민중 사이에서 생겨나 민중의 모든 생활을 처리해왔기 때문에, 결코 권위를 의지하지 않았다.

유대인에게 왜 사회주의자가 많은가

세계 여러 민족 가운데 처음으로 자기 민족의 자유를 선언한 것은 18세기 미국의 독립선언과 프랑스의 인권선언이다. 그러나 유대인은 그보다 훨씬 이전에 자유야말로 인간생활의 기본이라는 것을 깨달았다. 그래서 유대인 중에는 사회주의나 인권운동에 관심을 가진 사람들이 많이 나왔다.

마르크스를 비롯해 소련혁명의 트로츠키, 독일 공산당 창립에 활약한 여성혁명가 R. 룩셈부르크가 그렇다. 사회주의 운동지도자로는 미국노동총연맹(AFL)을 창설하고 오랫동안 군림한 새뮤얼 곰퍼스,

제1차 세계대전 후 프랑스 수상이 된 L. 블룸, 제2차 세계대전 후 프랑스 수상을 지낸 M. 프랑스, 오스트리아 수상을 지낸 B. 크라이스키, 그리고 대표적인 이론가를 들자면 1960년대 후반 체제의 전면거부를 주장하고 신좌익으로 이론적인 영향을 끼친 H. 마르쿠제가 있다.

사회사상가 E. 프롬 또한 유대인으로, 그는 인간 사회심리 속에는 전체주의와 휴머니즘이라는 두 가지 조류가 있다는 것에 착안하여 명저《자유로부터의 도피》에서 나치즘의 전체주의를 비판했다. 개인의 자유야말로 귀한 것인데, 그 자유를 포기하고 전체주의적 권위에 의존하고 종속하려 하는 안일한 심리가 인간에게 작용하는 것을 지적한 것이다.

1948년에 건국된 이스라엘은 사회주의로 출발했다. 이스라엘 하면 보수적인 타카파의 리쿠드당을 떠올리는 사람들이 많은데, 리쿠드당이 정권을 잡은 것은 1977년부터 92년까지 겨우 15년 동안으로, 이스라엘 역사의 대부분은 노동당이 주도권을 잡고 있었다.

이스라엘이 독립하기 이전, 팔레스타인의 유대 자치조직이 성립된 것은 개척자들의 상호부조기관까지 겸한 히스타드루트(이스라엘 노동총동맹) 때문이다. 독립 후 초대 이스라엘 수상으로 선출된 사람이 히스타드루트의 서기장 벤 구리온이다. 이스라엘 건국 초기의 개척에 활약을 했던 시오니스트들 대부분이 동구 출신의 유대인 사회주의자였다.

죄를 용서받는 속죄일 욤키푸르

유대인을 이해하는 중요한 것 가운데 속죄일 '욤키푸르'가 있다. 이 날은 유대력이 신년을 맞는 가을행사의 하나로 1년 동안의 죄를 신에게 참회하면서 꼬박 하루를 금식하며 보내는 날이다.

속죄일 하면 생각나는 것이 20세기 전반 독일 유대인에게 큰 영향을 끼친 F. 로젠츠바이크다. 그는 청년시절에 친척인 J. 로젠스토크와 종교토론을 했다. 로젠스토크는 그리스도교로 개종하여 유명한 그리스도교 신학자가 된 인물이다. 로젠스토크는 이름만 유대교인 로젠츠바이크를 공격하고 차라리 그리스도교인이 되라고 몰아세웠다. 로젠츠바이크는 27살 되던 여름에 그리스도교로 개종했다.

그해 가을, 유대의 새해인 속죄일이 다가오자 로젠츠바이크는 개종을 했지만 유대교 예배에 참석을 했다. 전에는 별 생각 없이 보냈던 속죄일 예배였지만, 그날은 낮은 소리로 외는 콜 니드레의 애수 띤 기도 속에 자신이 유대인이라는 것을 깊이 깨닫는다.

그리스도교인은 신과 만나기 위해 교회에 간다. 그러나 유대인은 늘 신과 함께 살고 있다. 그는 그것을 속죄일 예배 중에 절감했다. 그는 예배가 끝나자 그리스도교에서 유대교로 돌아왔고, 이것을 계기로 유대교의 가치를 계몽하는 일을 시작했다. 그의 제자들 중에는 마틴 부버, 에리히 프롬, 게르숌 쇼렘 등 많은 인재가 배출되었다.

만 하루 동안인 속죄일의 엄숙함은 다른 어느 행사와도 비교할 수 없다. 유대인이 살고 있는 마을 전체가 무거운 공기에 휩싸인다. 그것은 유대인 내면에 신의 심판에 불려나간다는 강렬한 공포감을 심어준다. 안식일이나 유월절을 무시할 수 있는 유대인이라도 속죄일에선 도망칠 수 없다.

어느 해 급진적 사회주의자들로 구성되어 있는 키부츠에서 속죄일을 맞았다. 평소엔 신앙과 관계없다는 사람들조차도 그날만은 입을 다물고 어색하게 하루를 보냈다.

히브리 대학의 메일이라는 학생은 종교가 없었는데, 그런 그가 속죄일를 보낸 후 한 말은 인상적이다.

"난 유대교의 관례나 계율을 중요하게 생각하지 않는다. 그래도 속죄일이 다가오면 굉장히 나쁜 짓을 한 것처럼 심각한 죄의식에 사로잡혀 고민하게 된다. 그래서 설령 종교를 열심히 믿지 않더라도 적어도 윤리적으로 부끄럽지 않은 생활을 하려 마음을 쓰게 된다. 내게 속죄일은 윤리적 안전장치이기도 하다."

속죄일의 도덕적 강박관념은 대다수 유대인들의 윤리성을 높이는 데 공헌하고 있다.

이스라엘 이외의 나라에서 유대인 범죄율을 조사해본 결과 비유대인의 범죄율을 100으로 한 경우, 유대인의 범죄율은 대개 50~67퍼센트로 훨씬 낮다. 1920년대 미국의 유대인구는 전체의 3.5퍼센트였던 것에 비해 유대인 범죄는 전 범죄의 1.74퍼센트였다.

유대교의 신비주의

'카발라'는 유대교적 신비주의이다. 이것은 오랜 역사를 지니며 몇 세기를 통해 유대교의 전통적 형태와 여러 표상을 한층 깊게 이해하려 노력해온 사람들에게 강력한 영향을 주었다.

카발리스트들은 세계의 신비를 신적인 생명이 반영된 것으로 규명하려 했고, 그들의 경험 속에 응축된 여러 표상은 그때까지 1500년에 걸친 유대민족의 혹독한 역사적 체험과 깊이 관계되어 있다. 이들의 체험은 19세기에는 그 현실성이 없어진 것처럼 보였지만, 나치스 시대의 유대인 학살이라는 파국과 이스라엘 국가의 건설에 즈음하면서 생명의 위기를 경험했을 때, 신비주의자들의 표상 세계는 더 이상 기이한 것이 아니었다.

신비주의는 유대교에서는 '지금 여기'에서 신과 인간의 결합, 다시 말해 '지금 여기'에 존재의 바탕으로 귀환하는 것을 목표로 하는 것이었다.

'너의 말의 시작은 참(진리)되다'라는 말은 카발라 문헌 속에 종종 인용되는 '시편'을 지은 사람의 말인데, 진리란 처음부터 귀로 들을 수 있는 신의 언어였다. '너희는 하나의 말씀 외에 아무런 상(모양)을 세우지 말라'(신명기)는 율법의 말과 관련해 강조되는 것이었다.

　이 말씀과 표현이 의미하는 것이야말로 유대교가 스스로에게 늘 제시해왔던 물음이다. 그리고 신비주의자의 근원적인 관심은 인간의 말에서 출발하고, 그 가운데 계시로서의 말을 찾아내려는 것으로, 그들은 언제나 말 속에서 '신의 말씀'이 어떻게 짜여져 있는지와 그 짜임 속에서 어떻게 발견되는지 고민을 거듭해왔다.

　유대의 신비주의는 본질적인 신학이며, 신의 세계 및 신의 움직임의 신비를 '창조와 세계 존재의 수수께끼'와 관련해 생각하는 것이다. 또한 유대 신비주의는 신의 영광과 그 현현(顯現)에 관한 환상적인 신학을 가르쳤지만, 그것은 하늘 세계와 그 속에서 신의 나타남, 특히 영혼이 황홀한 무아지경 속에서 신적인 것을 환상적으로 경험하는 것 등에 관한 신비론이다.

　신적인 것과의 결합을 지향하는 신비주의의 의도로 볼 때, 신비주의는 한층 넓은 영역, 즉 '기도의 신비'에 관한 것을 포괄하며, 기도는 신앙자가 자신의 신과 연결하는 자연스러운 매개가 된다. 결국 기도는 뭔가를 향한 것이며, 어딘가로 돌아가는 것이다.

　유대교의 기도는 거의 2천 년이나 된 것이며, 그리스도교 성립 전부터 시작된 것으로 이들은 개인적인 감정의 토로가 아니라 공동체의 감정을 기도로 나타내는 것이었다. 개인적인 기도도 가능하지만, 종교적으로는 회당, 즉 공동체의 기도쪽이 유대인의 생활에 중요한 위치를 차지하고 있으며, 때문에 율법과 기도는 유대적 전통으로 잘 알려져 있다.

　유대교 최고의 정신적 가치는 기도 수행 중에 실현되는 것인데, 스페인의 어떤 랍비는 "신은 율법으로 인간에게 말하며, 인간은 기도로 신에게 말한다"고 했다.

　유대 공동사회에서 전통은 생명을 이어가는 힘이며, '계시와 전통'이라는 개념은 두 개의 극을 형성하는데, 그것을 둘러싸고 유대교는 2세기 동안 여러 집단을 형성해왔다.

　유대교에 따르면 계시와 전통은 모두 율법을 드러내는 것으로 인간 생활에 관한 가르침을 보이는 것이다. 계율 속에 계시된 신의 말씀이 적용 가능한 것이 되려면 전통을 필요로 했다.

　여기서 진정한 의미에서의 전통주의가 생겨나는데, 그것은 당연히 신비주의적인 면을 강조하는 것과 함께 하며, 또한 그 신비주의로 지탱되어 왔던 것이다. 유대교에 있어서 전통은 '구전율법', 즉 '말로 된 신의 목소리'로 이해되는 것이며, 그 목소리는 전통 가운데서 이해 가능한 것이다.

무일푼에서 일어나다

　대부분의 사람들은 유대인은 부자가 많은 인종이라고 생각하지만, 유대인 중에는 아직까지 빈곤에 허덕이는 사람들도 적지 않다. 여기서 주목해야 할 것이 한 가지 있다. 갑부가 된 유대인일수록 사실은 극빈자에서 일어났다는 사실이다.

　투자가 조지 소로스는 맨주먹으로 헝가리에서 미국으로 이민을 왔고, 인텔 회장인 A. 글로브도 헝가리에서 알몸으로 이주해온 사람이다. 로스차일드는 부모를 일찍 여의고 무일푼에서 사업을 일으켰다. 마이크로소프트사 창립자 가운데 한 사람인 파울 알렌이나 영화감독인 스필버그 등 특수한 재능으로 성공한 천재를 제외하면, 성공한 유대인들 대부분이 문자 그대로 무일푼에서 출발한 사람들이다.

　물러설 곳 없이 벼랑 끝에 선 사람들은 무사히 점프를 하여, 안전하고 보다 비옥한 토지로 옮길 수밖에 없다. 그것이 극빈층에서 탈출하는 사람들의 공통점이다.

　그런데 이렇게 부자가 된 사람들은 잘못을 저질렀을 때 책임도 무거워진다. 성서는 그저 고위층의 과오청산 방법에 대해 규정하고 있지만, 탈무드는 과실이 발생한 시점에 대하여 재직 전이라든지 재직

중이라든지, 혹은 재직 후라든지에 따라 그 속죄방법이 달라지는 것까지 언급하고 있다. 설사 과실이라고는 하나 그가 재직 중에 범한 과오에 대해서는 엄청나게 비싼 암소나 암산양으로 용서를 구했다. 이 가축들은 일반인들의 연수입 30~50퍼센트에 해당되는 금액이었다.

특히 대제사장의 과실에 대해선 이임 후의 과실이라도 서민과 같은 취급을 하지 않는다. 탈무드는 종교상의 최고 지위까지 올랐을 때에는 끝까지 성직자로서의 책임을 다할 것을 요구한다. 신과 사람과의 중개자인 대제사장의 신성성은 영구적이기 때문이다. 고위층의 책임이 일반인보다 더 크다는 것은 다음의 예에서도 증명된다.

배우 커크 더글러스의 아버지는 알코올 의존증이었다. 어느 날 그의 아버지는 유대교 회당의 와인을 모두 마셔버렸는데, 그것이 발각되어 문제가 되었다. 그러자 커크 더글러스의 아버지는 다음과 같이 항변했다.

"내가 손만 뻗으면 마실 수 있는 곳에 와인을 놓아둔 랍비와 교회당 담당자가 첫 번째 책임자이다. 내가 알코올 의존증이 있다는 것을 알고 있었으니 와인을 좀 더 엄중히 관리했어야 했다. 내가 죄를 범한 책임은 저들의 관리 태만에 있다."

결국, 랍비와 회당 담당자가 커크 더글러스 부친에게 위자료를 지불하게 되었다.

유대인과 돈
공포의 유대 상술

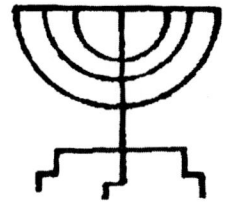

전통적 재능

'유대인' 하면 우선 떠오르는 것이 사실 돈이다. 확실히 유대인들은 근대 이후 세계의 금융계, 경제계를 지배하고 있다.

유대인의 돈벌기에 대한 사고방식에는 사실, 오랜 세월동안의 고난과 고초를 겪어온 역사적 배경과 사연이 존재하고 있다. 오랫동안 박해받아온 유대인에게 돈을 버는 것은 단순히 생계를 유지하기 위해서가 아닌 자신들의 생존을 위한, 즉 생사의 문제에서 필요불가결한 수단이었다. 바꿔 말하면 유대인으로서 정체성을 유지하고, 오래 살아남기 위해서 돈을 버는 일에 전념하지 않을 수 없었던 것이다. 돈이 있느냐 없느냐는 생명과 운명이 좌우될 정도로 심각한 문제였다.

성서에 기록된 역사를 더듬어 올라가면, 유대인들은 처음에는 유목민족이었다. 그러다가 뒤에 팔레스타인에 정착하면서부터 농경생활을 하게 되었다. 이 시대에 유대인에게 '가나안 사람'이란 말은 외국인을 뜻함과 동시에 상인을 뜻하고 있었다. 당시의 유대인은 상인이 아니며, 상업활동은 오로지 외국인들의 손에 맡겨져 있었음을 말해 주는 것이다.

그러나 역사는 유대인들을 이스라엘로부터 추방했다. 국토를 잃고 세계 각지로 흩어져 토지 소유까지 금지되었던 유대인들은, 상업 이외에는 설 자리, 살아갈 길이 없었다. 말하자면 억지로 상인이 되지 않을 수 없었던 것이다.

유대인들은 상인으로서의 재능을 지니고 있었다. 오해하지 말아야 할 점은, 이 '재능'이란 결코 선천적인 것이 아니라 교양과 지식에서 우러나온 후천적인 것이란 사실이다.

유대인들은 어디에 가서 살든지 유대교에 따라 생활하여, 교육수준이 높고, 읽기, 쓰기와 계산은 물론, 사물을 추상적으로 생각하는 능력이 뛰어났다. 이와 같은 기본적인 지식이 상인으로서 성공할 수 있는 재능을 생겨나게 했던 것이다.

개인적인 재능 이외에 유대인들은 세계 각지에 흩어져 있으면서도 동일민족으로서의 강한 연대의식을 지니고 있었기 때문에, 국가를 초월하여 서로 굳게 단결할 수 있었다. 예를 들면 프랑스와 독일이 서로 전쟁을 하고 있을 때에도, 유대인끼리는 서로 굳게 뭉쳐 있었다. 온 유럽의 유대인들은 항상 서로 긴밀한 정보 교환을 하여, 국제적인 통상망을 만들어 놓고 있었다. 이와 같은 조직망은 유대인들이 살아남는 경제적 기반으로서 효과적으로 이용되었다.

중세 유럽에서 유대인들이 활동할 수 있는 장소란 유대인 거리 (게토)에 국한되어 있었다. 몇백 년을 그 나라에서 살았더라도, 유대인들은 외국인에 불과했다. 그리고 언제나 유럽인보다 낮은 신분을 감수하지 않으면 안 되었다.

중세의 경제는 길드가 지배하였는데, 유대인들은 이 조합에 참가할 자격이 허가되지 않았다. 또 유대인에 대한 규제는 엄격하여, 여러 가지 일로부터 제외되어 있었다.

그러나 중세 전반기는 아직 경제활동이 발달하지 못하였고, 유럽의 봉건 영주들은 자기들이 갖추고 있지 못한 교양이나 재능을 가지고 있는 유대인들을 상인으로서 중시했다. 십자군이 등장하기 이전까지 유럽에서는 유대인을 중심으로 그리스인·아르메니아인 등 비유럽인에 의하여 통상이 행해져 왔다.

특히 중앙유럽의 봉건 영주들은 흔히 계리(計理)와 무역을 유대인에게 맡기고 있었다. 따라서 중앙유럽 각 군주들의 영토 사이에서 통상의 기초는 유대인들에 의하여 이루어졌다.

당시 중앙유럽의 경제는 이들 외국인에 의한 통상을 필요로 하고 있었다. 유럽의 통상은 지중해를 중심으로 편성되었기 때문에, 지중해에서 멀리 떨어져 있는 독일이나 폴란드와 같은 나라의 통상의 발전은 지중해를 근거로 한 외국 상인들의 활동에 의존할 수밖에 없었다. 통상이 활발히 행하여지지 않으면, 그 지역의 문화는 뒤떨어졌다. 그러므로 유대인을 중심으로 한 외국 상인들의 활약은 중요한 의의를 지니고 있었다.

유대인 이외의 외국 상인들은 독일이나 폴란드에 정착하면 이윽고 그 나라 생활에 동화되고 만다. 그러나 유대인들은 자신들의 신앙과 사회를 버리지 않았기 때문에, 언제까지나 '외국인'이었다.

이렇게 중세 전기의 통상활동을 담당했던 유대인들은 이 사이에 자본을 축적한 데 힘입어 드디어 독립하여 성공하기에 이르렀다. 이로 말미암아 봉건영주나 유대인 이외의 상인들은 반발했고, 행여 유대인에게 사업을 빼앗기지 않을까 하는 공포에서 자신을 지키기 위하여, 유대인들이 일정한 분야 이외에서는 상업활동을 할 수 없는 법률을 만들어냈다.

그러나 18세기에 영국에서 시작되어 온 유럽을 휩쓸고 19세기에 끝난 산업혁명의 태풍은 유대인들에게 해방과 아울러 새로운 활동

분야를 열어 주었다. 산업혁명이 일어나자 신용 공여와 금융의 확보가 산업계에 중요한 문제로 대두되었다. 대량생산에는 큰 자본의 확보가 필요했기 때문이다.

산업혁명은 인간의 산업활동을 비약적으로 증대시키고 아울러 금융업이나 은행업도 급속도로 발전시켰다. 중앙 유럽에서 큰 역할을 한 독일의 대은행들, 즉 독일 은행·드레스디너 은행·담슈타다 은행·독일국민은행·기나 한첼 게젤샤프트 등은 모두가 유대인의 금융회사가 발전한 것들이다. 산업혁명을 통하여 유대인 은행이 급속적으로 발전한 것은 그때까지 유럽의 전통적 은행들이 투기(投機)에 과감하지 못했기 때문이기도 하였다.

유대인들은 산업혁명의 장래를 누구보다도 잘 내다보고 있었다. 그와 동시에 이제까지 많은 기회로부터 제외되고 압박받아온 약소민족으로서, 새롭게 열린 이 세계로 진출하는 길 이외에 도리가 없었다.

유대인들이 산업혁명 이후 참가한 산업활동 분야는 금융업만이 아니었다. 전기·기계·화학공업 등에도 직접 참가했다. 특히 독일의 산업근대화에 있어서는 눈부신 활약을 했다.

그러나 유대인들이 여러 분야에 대담하게 진출한 것은 반유대주의를 초래한 결과가 되기도 했다. 독일은 1930년대를 지나면서 반유대주의가 가장 격심한 나라로 변했다. 19세기 말부터 유대인들이 산업계에서 세력이 커지자, 비단 독일뿐 아니라 많은 유럽인들은 유대인들이 자신들의 위치를 생각지 않고 지나치게 날뛴다고 생각하게 되었다.

오랫동안 하등민족이며 자기들보다 지위가 낮은 인간이라고 생각해온 유대인들이 갑자기 뛰어올라 자기들과 대등하게 되고, 심지어는 자기들보다 우월한 위치에 서서 큰 영향력을 지니게 되자 유럽인들은 참을 수가 없었다. 다수파는 항상 소수파가 자기들을 지배하게 되는 것이 아닌가 하고 겁을 집어먹는다. 이것은 지금도 마찬가지다.
근세로 들어와 유럽 국가들이 식민지를 만들기 시작하자, 유대인들은 식민지무역이라는 새로운 투기 분야에 손을 뻗쳤다. 그러나 이 무역도 점점 커지자, 다시 다수파가 장악하고 말았다.

돈으로 싸운다

영국에서 산업혁명이 시작되자 유럽의 금융 중심지는 런던으로 옮겨졌으며, 철도 건설이나 새로운 산업의 발전을 위한 금융 대부와 투자가 행해졌다. 로스차일드 집안은 동유럽의 철도건설을 위해 차관을 주도록 영국 재무성에 입김을 불어넣어, 1811~1816년까지 6년 동안 그때 돈으로 4250만 파운드의 거액을 대출받는 데 성공했다.

이어서 러일전쟁에서 일본이 진 외채의 반 이상을 유대인 은행가가 인수했다. 로스차일드는 19세기 내내 프로이센을 비롯한 유럽의 각국 정부와 브라질에 거액의 차관을 제공하였다. 이것은 로스차일드 집안이 유럽 대륙내의 유대인 은행가들과 긴밀한 연락을 취하고 있어서 돈을 모으고, 신용을 제공하고, 정보를 수집하기가 용이했기 때문이었다.

런던에서는 유대인인 함브로 집안이 세운 함브로 은행이 막강했다. 그 밖에 슈스터 캠프 다비드와 헤르만 수단 형제, 프랑크푸르트에서 런던으로 와서 은행을 연 사무엘 몬테규 등은 모두 19세기 런던의 금융시장에서 크게 활약했다. 또 슈파이어 은행과 제리크만 은행 등은 미국의 유대계 은행과 손을 잡고 발전한 은행들로, 동유럽과 남미의 각국 정부에 차관을 주거나 그곳의 외채를 인수하여 국제적으로도 큰 위력을 발휘했다.

프랑스에서는 미카엘 버나드가 루이 14세의 궁정에 드나들며 큰 영향력을 미쳤다. 프랑스인들은 이 무렵부터 그를 '유럽에서 유력한 은행가'라 불렀다.

19세기로 들어오면서 에어랑커, 나시, 필튼, 아이젠하임, 파레이라 집안 등이 프랑스에서 은행을 세웠다. 이들 은행은 일반 시민들로부터 적은 돈의 예금을 받아 이것을 모아 투자하여 금융활동에 새로운 혁명을 일으켰으며, 프랑스와 스페인의 철도건설에 중요한 역할을 했다.

1817년에는 로스차일드도 프랑스로 진출하여, 1823년에 프랑스의 국채를 독점적으로 취급하도록 위탁받았을 정도였다. 독일이나 오스트리아에서도 마찬가지였다. 마이어 은행은 19세기에 독일에 창립된 은행으로 독일과 미국의 두 시장을 결합시키는 연결 고리 역할을 했다. 18세기에 창립된 요세프 멘델스존 은행은 베를린을 중앙유럽 금융시장의 중심지로까지 끌어올렸다.

블라이히뢰더 은행의 창설자 사무엘 블라이히뢰더의 아들 가슨 블라이히뢰더는 비스마르크 재상의 금융 고문을 지냈다.

M.M. 라보트 은행은 18세기에 함부르크에서 개점하여 크게 성공하였고, 18세기에는 쾰른에서 오펜하임 은행이 창립되었다.

히틀러가 정권을 잡으면서 유대인 은행가들은 추방되는 운명에 놓이게 되지만, 1932년까지 세 유대인 은행이 당시 독일 기업에 대한 대출의 반 이상을 공급하고 있었다.

이처럼 유럽 경제에 끼친 유대인 은행가들의 역할은 컸지만 유럽에서 유대인 차별은 몹시 심했다. 예를 들면 로스차일드가 빈에서 은행을 창설할 당시, 오스트리아에서는 유대인이 집을 소유하는 것을 금지하고 있었기 때문에, 로스차일드는 호텔에서 살아야 할 정도였다.

금융을 장악하라

러시아는 광대한 농경 국가였다. 독일에서 온 두 사람의 유대인

형제 니콜라스와 루드빅 시투리크가 상트 페테르부르크에 처음으로 은행을 열자 이 거대한 농업 국가는 서방과 금융으로 연결되었다. 이때 러시아는 예카테리나 여황제 통치 아래 있었다.

19세기 초가 되자 알렉산드르 1세는 시테이크리즈 상사를 통해 거액의 돈을 외국으로 송금하게 되었다. 1826년에 시테이크리즈는 남작의 작위를 받았고 상사는 황실 전속 은행이 되었다. 1841년 러시아에서는 최초로 시테이크리즈 상사가 1500만 루블의 외채를 모집하였다.

그 무렵 러시아에서 유명했던 유대인 은행으로 긴즈버그 은행이 있었다. 긴즈버그 은행은 요셉 긴즈버그가 1859년에 창립하였는데 후일 역시 남작의 작위를 받았다.

모리 야곱 형제, 야곱, 라자르, 사무엘 등의 이름은 러시아 철도 건설에 차관을 공여함으로써 큰 역할을 한 것으로 기록되고 있다.

폴란드에서는 1768년에 네덜란드의 암스테르담에서 온 시몬이 브래트라는 도시에 은행을 설립하였다. 그는 폴란드의 유력한 영주들인 포트키 및 포즈난 집안과 손을 잡고 크게 성장하였다.

18세기 말에 폴란드가 분할되자 러시아령 폴란드의 많은 유대인들이 철도 건설이나 새로운 산업을 진흥시키는 데 활약하였다. 그들 유대인 가운데는 허만 에프슈타인, 레오폴드 크로닌버크, 이스라엘 고프만, 스텐널 포트반, 제릭 나텐선 등이 있다.

루마니아로 눈을 옮겨보자. 루마니아에서 가장 큰 은행은 유대인이 경영한 마르말라시 프랭크 은행으로 모리스 프랭크가 창립한 것이다.

헝가리에서도 마찬가지였다. 헝가리 사람들은 상업이나 금융업을 천하게 여겼으므로 유대인은 이 분야에서 오랫동안 활약할 수 있었다.

체코에서는 은행가이자 기업가로서 베체크 집안이 유명하였다.

스웨덴과 덴마크에 유대인들이 들어간 것은 19세기 초였다. 스웨덴에서는 미셸 베네딕트 집안이 왕실 보석상과 은행을 겸하였고 왕실의 금융 고문을 지냈다. 스웨덴 경제에 공헌한 유대인으로는 L.E. 마그네스, 모리스 야콥슨, 마이클 사무엘, 아라이어스와 포크 형제, 에몬 형제 등을 들 수 있다.

거대한 발자취

1654년, 북아메리카 대서양 연안에 있는 뉴암스테르담에 23명의 유대인이 도착했다. 뉴암스테르담은 오늘날의 뉴욕이다.

그들은 모두 가난하여 뱃삯을 지불할 수 없었기 때문에 일행 중 다윗 이스라엘과 모세즈 암브로셔스 두 사람이 가지고 있던 짐을 전부 팔아서 가까스로 일행의 여비를 치렀다고 한다. 그러나 다음해 맨해튼 섬의 외벽을 쌓기 위하여 시민들로부터 모금을 했을 때, 이 23명 중 다섯 사람이 1000플로린의 돈을 기부했다(당시 뉴암스테르담은 네덜란드령이었고, 플로린은 네덜란드 은화의 단위).

이 외벽을 쌓은 곳이 지금의 월가(街)이다. 이것은 유대인이 얼마나 상업적 재능이 뛰어났는가를 보여주는 한 에피소드인데, 월가를 만드는 데 유대인이 성금을 내어놓았다는 것은 자못 흥미로운 일이 아닐 수 없다.

이 13명 중에는 뒤에 유명한 금융업자가 된 아서 다윗도 있었다. 다윗은 유럽에 있을 때에는 식육점을 했었지만, 신대륙에 도착하자 대금업을 시작하여 10년 후에는 뉴암스테르담 시에 100플로린을 빌려 주고, 10년 후에는 1500플로린의 소득세를 낼 만큼 성공했다. 1815년에는 그의 자손 야곱 다윗이 3만 달러의 소득세를 물었다. 야곱은 1820년부터 23년까지 뉴욕 은행의 중역으로 있었다.

신대륙의 미국인들은 유대인에 대하여 몹시 우호적이었는데, 이는 신대륙으로 건너온 사람들이 유럽에서 박해를 피하여 온 청교도나

신교도들이었기 때문이다.

솔로몬은 미국 역사에 그 이름이 남아 있는 유대인이다. 그는 1740년에 프로이센에서 태어나 미국으로 건너갔다. 그는 미국 독립전쟁에 자금을 공급한 미국인 로버트 모리스의 배후에서 돈을 빌려준 인물로, 미국에 있던 프랑스군의 재정을 장악하고 있었다. 프랑스는 독립전쟁이 일어나자 미국측을 지원했다. 그리고 모리스가 북아메리카 은행을 창설하자 솔로몬은 그 최대 예금자가 되었다.

솔로몬은 미국 역사에서 미국의 독립을 도운 애국자로 기록되어 있는데, 그는 미국 의회에 65만 달러를 독립전쟁 자금으로 내놓았다.

1782년에 솔로몬이 죽었을 때, 뒤에 미국 대통령이 된 제임스 매디슨은 그를 위하여 이렇게 썼다.

'만일 솔로몬이 없었더라면 미국이 독립전쟁에서 끝까지 싸울 수 없었을지도 모를 만큼 그는 큰 공적을 남겼다.'

19세기 중엽에는 구겐하임 일가가 스위스로부터 미국으로 건너와 구겐하임 재벌이 되었다.

이 무렵 셀리그먼 4형제가 미국으로 이주해 왔다. 그들은 캘리포니아주, 펜실베이니아주, 앨라배마주에서 양복점을 시작하여 돈을 벌자 은행업을 시작했다. 그들 가운데 요셉 셀리그먼은 1880년부터 1890년 사이에 유럽으로 건너가, 미국의 국채를 모집하여 미국 주식을 처음으로 유럽 증권시장에 상장시키는 데 성공했다.

남북전쟁이 일어나자 셀리그먼 은행은 슈파이어 등과 함께 북군에게 전쟁비용을 조달했다. 물론 에르랑가와 같이 남군을 지원한 유대인도 있기는 했지만, 대부분의 유대인들은 노예제도를 반대했기 때문에 북군을 지원했다.

19세기에는 쿤로브사(社)라는 유대인 은행이 번성했다. 이들 은행은 미국의 새로운 산업발달에 크게 이바지했다. 미국 산업의 발달은 철도망의 완성으로 촉진되었는데 철도에 대한 투자는 거의 슈파이어사, 라이덴부르크 커밍사, 호가트닌사 등 유대인 금융회사에 의하여 이루졌다.

죽음에 대한 첫질문

탈무드에서 랍비 라바가 다음과 같은 이야기를 하고 있다.

사람이 죽어서 하늘나라에 가면, 우선 하늘나라 문에서 "너는 거래에서 정직했느냐?"라고 심문한다. 이것은 사후에 받는 첫질문이다. 신이 제일 먼저, "너는 얼마만큼 기도를 했느냐?" "너는 얼마만큼 자선을 베풀었느냐?" "너는 얼마만큼 사람을 도와 주었느냐?"고 묻지 않고, "거래에 정직했느냐?"고 질문한다고 랍비들이 생각한 것은 매우 흥미로운 일이다.

랍비 이스라엘 서먼터는 성서나 탈무드를 비롯한 유대 도덕의 가르침을 일상생활에 깊이 심어 놓으려고 노력한 랍비로 유명하다.

랍비는 소나 양을 요리하는 데 사용하는 칼을 정기적으로 검사해야 하는 것과 마찬가지로, 상인들이 정직하게 거래하고 있는가를 조사해야 한다(유대교의 계율에 따르면, 짐승의 도살이나 요리에는 랍비가 허가한 칼만을 사용한다). 이리하여 랍비는 유대인 거리의 상점을 돌아다니면서 상품의 무게·크기·품질·가격 등을 조사했다. 말하자면 오늘날의 소비자 운동의 선구라 할 수 있겠다.

미드라시에는 상거래에서 정직을 관철하는 것은 그 자체가 성서의 계율을 실현하는 것이란 구절이 있다. 상거래에서 부정을 행하는 자는 성서를 파괴하는 자라고 경고하고 있다.

13세기의 위대한 랍비 모세 이사크는, "양복을 짓고 남은 천을 고객에게 돌려 주는 양복점, 품질 좋은 가죽으로 구두를 만드는 양화점, 그리고 무게와 분량을 속이지 않는 고깃간, 이런 사람들은 내세에서 랍비보다도 풍족한 생활을 누릴 수 있다"고 말하고 있다.

랍비 솔로몬 하쿠엠은 화폐 위조를 엄벌하는 법률을 만들면 어떠나는 질문을 받고, '그럴 필요는 없다. 장사에 있어서 모든 도덕은 인간의 도덕 그 자체이며, 그것은 인간의 명예에 관한 문제이기 때문이다. 법률보다도 명예가 훨씬 더 인간에 대한 구속력이 강하니까, 그럴 필요가 없다"고 말했다.

유대인의 도덕은 일반적이면서도 일상적인 하나하나의 예에 결부되어 있다. 성서나 탈무드에는 구체적인 예가 나오고 있는데, 신을 믿는 유대인이라면 여기에서 빠져나가지 못한다.

자기혐오에 빠져 있는 사람이라면 어떻게 해야 하는가? 우선 전제로서 자기애가 없어서는 안 된다. 자기애란 자기의 이익을 먼저 생각하는 일이다. 상업의 목적은 자기의 이익을 완수하는 일이지 결코 자선은 아니다. 자기의 물질적 이익을 더욱 확대시켜 가는 것이 그 목적인 것이다.

최대의 방패

중세의 많은 정부들은 상업을 발전시킬 때, 자기 나라에 유대인이 없으면 유대인을 데려가야 했다.

폴란드도 그런 나라 중 하나였다. 이리하여 폴란드 왕은 유대인에게 문호를 개방하여 경제를 부흥시키려 했다. 그 결과 유대인들은 폴란드 실업계에서 대단히 큰 지위를 차지하여, 폴란드에서 최초로 주조된 은화는 히브리어로 씌어 있을 정도였다.

유대인을 이용한 예는 작은 대공국(大公國)에서도 볼 수 있다. 대공이 자기 영지의 경제를 부흥시키려면 유대인을 불러들였다. 그러나 유대인이 지나치게 성공하면, 그곳 주민들이 반발하여 유대인에 대한 박해가 시작되었다. 유대인들이 중세를 통하여 주위 다른 민족에게 박해를 당한 것은 이 상업적 재능 때문이었다.

이리하여 유대인들은 같은 곳에서 재출발을 하거나, 다른 고장으로 이사하여 아무 것도 없는 상태에서 출발하여, 그곳에서 경제적으로 성공하면 다시 박해를 당하는, 이를테면 하나의 원을 맴돌아 왔다. 정부에 의한 박해는 단순히 개인적인 행위가 아니라, 법령이나 정령(政令)이라는 공적인 형식으로 행하여졌다.

그러면 중세 유대인이 가지고 있던 최대의 무기는 무엇이었을까?

우선 강한 인내력을 들 수 있다. 한 사업이 날아가버리면, 동시에 다음 사업을 생각했다. 경영하고 있던 은행이 몰수되면, 그들은 다른 고장으로 이사하여 새로운 은행을 시작했다.

둘째로, 해내고야 마는 정신이다. 이것은 살아남으려는 본능이 만들어 준 것이지만 유대인은 절대로 중도에서 단념하지 않는다. 칠전팔기(七顚八起)의 정신으로, 쓰러져도 언제나 다시 일어나고야 만다.

셋째로 자기에 대한 절대적인 신뢰, 즉 자신(自信)이다. 자기들의 재능을 믿고, 자기들이 가지고 있는 사업이 망해도 다시 그것을 만들 수 있다는 자신이다.

넷째로 높은 교육수준이다. 사업을 하는 데 교육수준이 낮고 지적 능력이 낮은 사람은 적합하지 않다. 중세 유럽에서는 일반적으로 지식이 몹시 낮았지만 유대인만은 문맹자가 하나도 없었다.

유대 가족경영

유대인들은 가족의 단결이 강하며 사업도 가족끼리 한다.

로스차일드 야콥 시프가 지배인으로 있는 쿤로브사(社)도 혈연으로 맺어져 있다. 월가에 있는 레만 브라더스 은행도, 그 이름이 말해주는 바와 같다. 레만 집안의 한 사람은 뉴욕 주지사가 된 일도 있고, 루스벨트 시대에 정계의 중진으로 있기도 했다.

유대인들은 사업이 조금 성공하면 자기의 형제를 그 사업에 끌어들이고, 더 성공하면 다른 형제들을 또 끌어들이는 등 가족의 연결을 중요시하고 있다. 그런데 이 가족끼리의 충성심이란 점은 어디까지나 부산물로 얻어지는 것이다.

유대인들은 가족 단위로 사물을 생각하는 민족임과 동시에 민족을 하나의 대가족이라 생각하고 있다. 유대인들이 민족 자체를 하나의 대가족이라고 생각하는 관념은 사업을 매우 유리하게 만든다. 이 의식은 온 세계 유대인 실업인들을 순식간에 협력관계로 만들 수 있기 때문이다.

뉴욕에 사는 유대인 실업가가 이스라엘에 간다고 가정하자.

그는 도중에서 로마에 내려 본다. 로마에 도착하자마자 먼저 시나고그가 어디에 있는지를 조사한다. 이것은 그가 독실한 유대교인이기 때문에 시나고그로 가서 기도하려는 것만은 아니다. '가족'의 한 사람이기 때문에, 그 '가족'들과 하나가 되려는 생각에서인 것이다.

시나고그에 유대인 여행자가 찾아가면 그중 누군가가 자기 집으로 초대한다. 이것은 단순한 우정일지도 모르고 또 여행자가 유대 요리 이외에는 먹지 않기 때문일지도 모른다.

예를 들어 로마의 시나고그에 간 여행자가 골드버그 씨 집에 초대되었다고 하자. 그 집으로 가 보니 초대된 여행자는 자기 한 사람뿐이 아니라, 세계 각지에서 찾아온 유대인 실업가들이 같은 자리에 초대되어 있다. 그러나 그는 조금도 놀라지 않는다. 당연한 일이니 말이다.

그 자리에서 이야기를 하고 있는 동안에 자연히 정보를 교환하고 새로운 사업의 아이디어를 상의하고, 또 거래가 이루어지기도 한다. 그 자리에서 가정적인 실업인 클럽이 이루어지는 것이다.

합리적인 검약가

'돈을 버는 것보다 절약하는 것이 어렵다.'

유대인은 역설적인 말을 좋아한다. 즉 일견 일반적인 사고방식과 반대로 말하듯 하지만 실제로는 그것을 강조하는 말을 좋아한다. 이 역설을 이용해서 검약의 어려움과 중요성을 잘 표현하고 있다.

누구나 돈을 버는 것이 어렵고 돈을 쓰는 것이 쉽다고 생각한다. 그러나 우리는 일단 품에 들어온 돈을 기분 좋게 써 버리는 경향이 있다. 유대인에게 이것은 통하지 않는다. 한 푼이라도 소홀히해서는 안 되는 것이다.

실제 돈을 버는 것은 확실히 어려운 것이지만, 그러니 더욱 돈 절약의 어려움과 중요함을 역설적으로 말하는 것이다. 돈에 대해서 관심을 갖는다는 것은 곧 그 쓰임새에 대해서도 세심해지는 것이다. 즉 유대인은 돈을 현명하고 합리적으로 쓰는 것을 생각한다.

지갑을 열기 전에 우선 그 금액에 합당한 가격과 목적이 과연 그 상품에 있는가를 꼼꼼히 검토한 끝에 지불할 단계가 되어도 값을 깎거나 서비스나 덤으로 실질적인 할인의 여지가 없는가를 교섭해서 조금이라도 절약하려고 한다.

이렇듯 유대인은 금전에 집착하는 만큼 일반적으로 검약가이다. 물론 무턱대고 단순히 돈을 아끼기만 해도 좋다는 것은 아니다. '쓰지 않으면 안 될 때는 써라. 그것도 용도를 깊이 생각해본 후에 합리적으로 지출해서 쓸데없이 쓰지는 마라'라는 속담이 의미하는 바와 같다.

미국에서는 백화점이나 통신판매, 소매점이라도 구입 후 일정기간 내에 반품하면 무조건 전액 환불해준다. 그 금액에 상당하는 상품의 교환은 절대 말하지 않는다. 따라서 유대인은 자신의 셔츠나 바지를 사고 잘 맞지 않거나 생각한 것과 다르거나 하면 주저 없이 반품한다.

또 부인에게도 어울리지도 않는 옷을 급하게 바겐세일로 사지 않도록 주의를 준다. 가령 브랜드 제품을 산다 해도 치마만 브랜드에서 사고 블라우스는 심플한 것으로 사서 색과 모양을 잘 매치시켜 맵시있게 입는다. 좋은 의미로의 합리적인 검약가인 것이다.

유대인의 금전철학
돈은 수단일 뿐 목적이 아니다

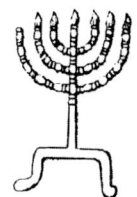

돈은 기회를 제공한다

속이 비어 있는데도 세상에서 가장 무거운 것은 무엇일까? 무엇인가 가득 들어 있는 자루는 무겁다. 그러나 빈 자루가 더 무겁다는 속담처럼 세상에서 가장 무거운 것은 빈 지갑이다.

유대에는 돈에 대한 속담과 격언이 수없이 많다. 그만큼 돈은 인생에서 중요한 것이다.

돈, 돈, 돈. 우리는 돈 없이는 살 수 없다.
성서는 빛을 주고, 돈은 따스한 온기를 준다.
돈은 어떠한 더러움도 씻어주는 비누이다.
몸은 마음에 의지하고 마음은 지갑에 의지한다.

유대인은 돈을 좋은 것이라고도, 나쁜 것이라고도 말하지 않는다. 돈이 있으면 인생에 많은 기회가 주어진다고 생각할 뿐이다.

이를테면 이름을 예로 들 수 있다. 유럽의 유대인이 이름, 다시 말해 성을 가지게 된 것은 약 170년쯤 전 일이다. 그때까지는 이스라엘 초대 수상 데이비드 벤 구리온처럼 누구의 아들 아무개라는 이름 또는 직업과 거주지, 외관상의 특징이 이름을 대신하고 있었다.

그런데 18세기 이후에 오스트리아의 요세프 2세와 프랑스의 나폴레옹 1세, 그리고 프러시아 정부가 유대인 명부를 만들기 위해 유대인에게 성을 가지도록 강요했다. 그렇다고 아무나 좋은 이름을 쓸 수 있었던 건 아니다. 각국 정부는 유대인을 수탈하기 위해 이름을 팔았다. 좋은 이름은 비싼 값에, 나쁜 이름은 싼 값에.

비싼 이름에는 꽃이나 금속의 이름이 붙여졌다. 로젠타르(장미), 아이젠버그(철), 동물 이름에서 따온 볼프강(늑대) 같은 것은 쌌다.

그렇다고 모든 나라에서 이렇게 이름까지 돈으로 정해지는 것은 아니지만, 돈이 더 많은 기회를 제공하는 건 분명하다.

돈은 힘

최악의 경우, 걸치고 있는 옷 만 하나 딸랑 입은 채로 오랫동안 살아왔던 나라에서 강제적으로 쫓겨난다 해도 환금력이 높은 다이아몬드 몇 개를 주머니에 챙기면 괜찮을 것이다. 그것만 있으면 다음 이주지에서도 새롭게 생계를 시작해 나갈 수가 있다. 따라서 유대인이 다이아몬드업에 뛰어난 재능을 보이고, 세계규모의 강대한 독점적 지위를 갖고 있는 것은 결코 우연이 아니다.

이렇게 돈을 대하는 사고방식이 유대민족의 머리와 마음에 대대로 계승되어져 지금도 그들 안에 맥을 이어 살아있다.

자신의 생존을 보장하는 만큼 유대인은 돈에 관해서는 남보다 더 냉정한 동시에 민감하며, 생명을 건 진지함으로 대한다. 그 심각함과 진지함의 정도는 우리와 근본적으로 다르다.

유대인들의 속담이 이것을 집약해 보여준다.

'돈은 모든 것을 움직인다.'

돈만 있으면 무엇이든 가능하다는 뜻이다.

미국의 유대 비즈니스맨은 비슷한 표현으로 'Money talks'를 자주 말한다. 직역하면 '돈은 말한다' 이지만, '돈은 힘이다'를 의미한다.

이 말 속에 유대인들이 가진 돈에 대한 평가의 방법과 근본적인 사고방식을 알 수 있다. 돈이 지닌 역할을 옛날부터 이해하고 그것을 실제 실행해본 경험과 그 축적이 유대인이 돈의 본질을 남보다 더 빨리, 보다 잘 이해할 수 있었던 것이라 할 수 있다.

돈의 주인은 사람이다

누구나 나름대로 돈 버는 방법을 알고 있다. 그러나 돈 쓰는 방법을 아는 사람이 몇이나 될까?

사람은 돈의 주인이어야 한다. 그러나 돈에는 신비한 마력이 있다. 이를테면, 이 세상에 있는 대부분의 물건은 사용을 해봐야 비로소 그 가치를 알 수 있다. 그런데 돈만은 쓰는 것보다 스스로 벌어보지 않으면 가치를 알지 못한다.

돈만 있으면 좋은 취미 외에는 모든 것을 살 수 있다. 그러나 현자에게 돈은 아름다운 여인에게 예쁜 옷을 입혀주는 정도밖에 쓸모 없다고도 한다. 돈은 선도, 악도, 만능도 아니다. 선악의 판단은 주인인 인간이 해야 한다. 유대인은 중용, 다시 말해 생활의 균형이 인간에게 중요하다고 믿고 있다. 그 중에서도 돈에 대한 균형 감각이 특히 중요하다.

대부분의 사람들은 돈을 버는 것이 어렵다고 생각하지만, 의외로 돈을 버는 것은 쉽다. 그것을 간직하는 것이 어려울 뿐이다. 은화는 둥글어 이쪽으로 굴러올 것 같다가도 저쪽으로 굴러가버린다. 우리는 매일 그것을 좇으며 살고 있지만, 인생에는 그것 말고도 추구해야 할 것이 많다.

돈은 결코 모든 것을 좋은 방향으로 몰고 가지는 않는다. 그렇다고 돈이 모든 일을 나쁜 쪽으로 몰고 가는 것도 아니다. 돈은 단지 도구일 뿐이다. 그러므로 돈이 인생을 밝게 빛낸다고 여기는 것도, 또는 돈이 모든 악의 근원이라고 생각하는 것도 잘못된 것이다.

인간에게 돈은 수단 가운데 하나일 뿐 목적이 아니다. 인간답다는 것은 돈에 지배당하지 않고 돈을 지배하는 것이다.

인간은 지상에서 가장 강한 존재이다. 창세기에 '신은 인간에게 지상을 지배하고 지상을 더 살기 좋게 하라고 이 세상을 준 것'으로 되어 있다.

돈은 인간보다 아래에 있지만, 세상에는 그렇게 생각하지 않는 사람이 많다. 한편으로는 돈을 필요 이상으로 경멸하는 사람들도 있다. 이것도 잘못이다. 돈은 올바르게 사용하면 좋은 것이 되고, 나쁘게 사용하면 나쁜 것이 된다. 다만 그뿐이다.

돈은 소홀히 해도, 두려워해도 안 된다. 돈은 더러운 것이어서 관심이 없다고 하며, 초연함을 자랑하는 이들(물론 유대인은 아니지만)이 있는데, 이것 역시 돈에 대한 또 다른 표현의 두려움일 뿐이다.

돈은 성스러운 것이다

유대의 축일을 살펴보면, 돈의 고귀함에 대한 의구심을 극복하는 일이 유대인을 위한 하나님의 원래 계획 속에 처음부터 있었던 것으로 보인다.

특히 돈에 초점을 맞춘 것 같은 축일이 있다. 유대인들이 8일 동안 밤마다 촛불을 밝혀 하누카(Chanukah : BC 165년 예루살렘 성전이 재봉헌된 것을 기념하는 봉헌절)를 지킨다는 것은 거의 모든 사람들이 알고 있다. 하지만 이 축하 행사와 관련된 두 가지 세부 규정은 그다지 알려져 있지 않다.

1. 촛불을 실용적인 목적으로 사용해서는 안된다.

이런 규정 때문에 대개 전기 조명을 켜놓은 방에서 촛불을 밝히는 것이 관례이다. 그에 따라 촛불은 독자적인 상징성으로 빛나게 되며, 촛불을 사이에 두고 가족 구성원들이 모여서 행사를 치루는 것이다. "방이 이미 환한데 왜 촛불을 켜놓은 거죠?"라고 묻는 이도 있을지 모른다. 어떤 이는 "촛불이 더 잘 보이게 불을 꺼도 될까요?"라고 묻기도 한다.

2. 하누카 때에는 아이들에게 돈을 선물로 주는 관습이 있다.

다른 민족들과 마찬가지로 유대인들도 행사 때에 다양한 종류의 선물을 주고받는다. 예를 들어 에스더를 기념하는 날인 부림절에는 귀한 음식을 선물로 준다. 하지만 하누카 때에는 돈을 선물로 주어도 흉이 되지 않을 뿐 아니라, 그것이 특히 아이들에게 긍정적인 영향을 미친다고 보는 유일한 축일이다.

하누카 때에는 돈에 대해 지극히 민감해야 하고 특별히 감사해야 한다. 이것은 하누카 축일의 중심적인 특징으로 축일의 촛불 앞에서 누가 돈을 세면 하누카를 기리는 축복이 돈으로 강화될 거라고 생각해 용서를 얻는다.

하누카의 촛불이 갖는 특별한 상징적 의미가 이렇듯 돈과 연관되어 있지만, 그 의미는 사실 더 고상하다. 하누카의 촛불은 오직 한 가지 목적을 위한 것인데, 그것은 바로 교육과 지식을 상징하는 일이다. 하누카라는 축일의 이름도 '교육'을 뜻하는 히브리어 단어에서 나왔다. 이 단어는 하누카라는 히브리어 단어를 구성하는 다섯 개의 문자 가운데 앞에 있는 네 개의 문자로 되어 있다. 바로 교육과 돈은 밀접한 관련이 있음을 의미한다.

촛불과 돈이라는 주제를 연관지어 보면, 하누카의 8일 동안 밤마다 아이들에게 학업 성공에 비례한 금액만큼 돈을 주는 관습이 생긴 이유를 알게 된다. 그 돈은 아이들이 지난해에 모은 '빛(light)'에 대한 보상이다.

이렇게 해서 성장 초기에 있는 아이들의 마음에 돈이 나쁘지 않을 뿐 아니라, 종종 자기 향상에 따른 결과물일 수 있다는 생각이 자리를 잡는다. 자신이 다른 사람들에게 얼마만큼 도움이 되었는가에 비례하여 돈을 받는 것이다. 하누카는 이렇게 교육이야말로 사람의 잠재력을 향상시켜 다른 사람들에게 도움을 줄 수 있는 가장 좋은 방법 가운데 하나임을 상기시켜 준다.

무거운 지갑은 마음을 가볍게 한다
어느 부자 유대인의 이야기이다. 그는 뉴욕에서 회사를 세워 성공을 거두고 지금은 맨해튼의 호화로운 아파트와 부자만 모이는 교외의 남햄프턴에 수영장이 있는 별장을 갖고 있다. 이미 꽤 많은 재산을 쌓았는데 아직도 아침 일찍부터 저녁 늦게 까지 열심히 일하고 전혀 일을 그만둘 생각이 없다.
누군가 그에게 솔직히 물은 적이 있다.
"돈이 그렇게 많은데 어떻게 할 건가요? 돈으로는 행복을 살 수 없다고 말하잖아요?"
"확실히 돈으로 행복은 살 수 없지만, 행복을 불러오는 데 많은 도움을 주지요."
그는 계속 설명했다.
"주말을 교외의 조용한 집에서 보내고 마음의 휴식을 취하고, 여름에는 유럽여행을 하고 크리스마스 휴가에는 따뜻한 플로리다에서 보내려면, 여비라던가 호텔숙박비 등 전부 돈이 듭니다. 그러니 인생을 어느 정도 즐기고 행복한 기분에 젖으려면, 돈이 없다는 것은 생각조차 할 수 없어요. 돈이 행복을 불러오도록 도와주고 있는 셈이죠."
그는 유대인 취향의 역설이 담긴 표현으로 다음과 같이 표현했다.
"돈은 확실히 모든 것을 잘 되게 하지는 않아요. 그러나 그게 없으면 모든 것이 나빠지게 될 것은 뻔하지요."

덧붙여서 "세상에는 돈이 전부가 아니다고 말하는 사람이 많지요. 자기가 돈이 없으니까 억지로 태연한 척 하는 것이거나 아니면 돈이 가져오는 효과, 즉 본질을 이해하지 못하니까 그렇게 말하는 것에 불과해요."

그는 유대인다운 기지 넘치는 금언을 이용해 이야기를 끝맺었다.

"우리들은 '돈이 인생의 전부가 아니라고 말하는 무리에게는 죽을 때까지도 돈이 쌓이지 않는다'라고 말하지요."

누구나 행복해지고 싶어 한다. 그러나 돈으로 행복을 살 수 없다는 것만은 확실하다. 사실 유복한 유대인이 아내와의 불화나 아이들의 병이라는 사적인 고민으로 푸념을 늘어놓는 일이 적지 않다. 부자라고 해도 가정적으로 반드시 행복하다고는 할 수 없다.

그러나 그런 사람이라도 돈이 없다면 더욱 불행해지는 것은 아닐까. 불평을 해대면서도 여자의 마음을 사기 위해 고급 보석이나 일류 장식품을 사주거나, 아이의 치료를 위해 돈에 구애받지 않고 그 길로 최고 권위 있는 의사에게 치료받을 수 있기 때문이다. 유대인 속담에 '무거운 지갑은 마음을 가볍게 한다'는 것은 확실하다.

돌 같은 마음은 황금망치로만 열 수 있다

이것은 돈의 힘에 대한 속담이다. 이외에도 '돈은 모든 문을 연다고도 한다', '집안에 돈이 있으면 집안에 평화가 있다' 등의 속담이 있다. 유감스럽지만, 인간사회에서 돈이 가지는 힘은 막강하다.

돈이 있으면 집안이 평화로울 가능성이 높고, 돈이 없는 집안에는 불안과 다툼이 있을 가능성이 높다.

1565년에 출판된 《유대 율법집》은 '인간은 본성적으로 부를 축적하고 싶어한다'고 했는데, 이것은 애덤 스미스가 《국부론》을 쓴 것보다 훨씬 전의 일이다. 유대인은 오랫동안 돈에 대해 생각했다. 돈은 인생에서 매우 큰 문제 가운데 하나이다.
 랍비가 거리에서 사람들에게 설교를 하는 것보다 그들에게 10달러를 주는 편이 훨씬 더 환영받으리라. 사람들은 모두 돈을 중요하게 생각한다. 인간이 동물과 다른 점 가운데 하나는 돈 걱정을 한다는 것이다.

부자를 칭찬하는 자는 그의 돈을 칭찬하는 것이다
 인간이 권력이 있거나 높은 지위에 있는 사람에게 경의를 표할 때는, 그 인간 자체를 칭찬하는 것이 아니라, 그 자가 갖고 있는 권력과 지위에 경의를 표하는 것이다.
 어느 날 두 남자가 상담을 하러 랍비를 찾아갔다. 한 사람은 마을에서 가장 부자이고, 또 한 사람은 가장 가난한 사람이었다.
 두 사람은 대합실에서 기다렸는데, 먼저 온 부자부터 랍비의 방에 안내되었다. 그리고 한 시간이 지나자 방에서 나왔다.
 다음에는 가난한 사람이 들어갔다. 그는 5분 만에 끝났다.
 "랍비님! 당신은 부자한테는 한 시간이나 할애했습니다. 그런데 저는 5분이군요. 이게 과연 공평한 겁니까?"
 랍비는 이내 대답했다.
 "아, 진정하시오. 당신이 가난하다는 것은 이내 알 수 있었소. 하지만 부자인 그 사람의 마음이 가난하다는 걸 알기까지는 한 시간이나 걸렸다오."

돈은 좋은 사람에게 좋은 것을, 나쁜 사람에게 나쁜 것을 준다
 유대인은 그리스도교인처럼 육체에 특별히 낮은 지위를 부여하지는 않는다. 그리스도교에서는 육체는 육욕의 원천이며, 따라서 육체를 죄 많은 것으로 여긴다. 그러나 유대인은 육체는 정신의 그릇이기에 소중히 해야 한다는 생각은 해도, 육체 자체가 죄를 범한다는 생각은 하지 않는다.

돈에 대한 유대인의 태도도 마찬가지이다. 돈은 그 자체로는 좋은 일도 나쁜 일도 할 수 없다. 그런데도 그리스도교인은 돈을 악으로 여기고, 죄악이라고 줄곧 가르쳐왔다.

유대인은 이런 견해를 인간으로서 자신감이 부족한 것이라고밖에 생각지 않는다. 육체와 돈이 인간보다 위에 있으며, 인간을 지배할 수 있다고 생각하기 때문에 지나치게 두려워하게 되는 것이다.

자선을 베풀 때는 제삼자가 있어서는 안 된다
탈무드에는 다음과 같은 얘기가 있다.

랍비 아시가 어느 날 친구에게 돈을 빌리러 갔다. 친구가 "차용증서를 쓰고 증인을 세워 서명해 달라"고 요구했다. 랍비 아시는 놀라면서 말했다. "당신은 나를 믿지 못하는 거요? 나는 오랫동안 율법을 연구하여 그 권위자로 이름이 알려진 사람이오." 그러자 친구는 말했다. "그러니까 걱정하는 것이오. 당신은 율법 공부만 했기 때문에 마음이 율법으로 가득 차서 빚에 대해서는 까맣게 잊어버릴 것 아니오?"

탈무드에는 이런 얘기도 있다.

한 랍비가 거지에게 돈을 주었다. 그러자 또 한 랍비가 말했다. "그렇게 남이 보는 데서 줄 바에는 차라리 주지 않는 게 좋을 텐데."

탈무드에는 '아무도 보는 사람이 없는 곳에서 남에게 자선을 베푸는 자는 모세보다 훌륭하다'고 했다.

금전의 가치와 힘에 대한 격언
① 좋은 수입보다 좋은 약은 없다.
② 지식이 너무 많은 사람은 늙지만, 돈을 많이 가진 사람은 젊어

진다.
③ 돈은 당신이 가지고 있지 않을 때는 매우 소중하게 보인다.
④ 돈은 어떤 문이라도 열 수 있는 황금 열쇠이다.
⑤ 인생에 필요한 것은 의식주와 돈.
⑥ 돈을 사랑하는 것만으로는 부자가 될 수 없다. 돈이 당신을 사랑하지 않으면 안 된다.
⑦ 자신이 가지고 있는 돈을 벌 수 있을까? 벌 수 있다. 쓰지 않으면 된다.
⑧ 부자가 되는 길이 하나 있다. 내일 할 일을 오늘 하고, 오늘 먹을 것을 내일 먹을 것.
⑨ 겨울에 장작을 사는 데 사용해야 할 돈을 여름휴가에 사용하지 마라.
⑩ 개만큼 가난해지는 사람은 없고, 돼지만큼 부자가 되는 사람도 없다.
⑪ 부자를 굶주리게 할 수 있는 것은 무엇일까? 의사의 명령이다.
⑫ 가난한 사람에게는 적이 적고 부자에게는 친구가 적다.
⑬ 돈이면 모든 것을 살 수 있지만, 단 한 가지 살 수 없는 것이 있다. 그것은 상식이다.
⑭ 만약 부자가 자기 대신 죽을 사람을 고용할 수 있다면, 가난한 사람은 풍족하게 살 수 있을 것이다.
⑮ 현금은 가장 유능한 브로커다.
⑯ 상인이 되거든 이 말을 명심하라. "나는 당신을 전적으로 신뢰하고 있습니다. 그러니 현금으로 지불해 주십시오."
⑰ 절약하지 않는 상인은 털이 나지 않는 양과 같다.
⑱ 곰이 아직 숲속에 있을 때 그 가죽을 팔아서는 안 된다.
⑲ 빚을 갚는 자는 신용을 배로 얻는다.
⑳ 빚을 갚지 않는 자는 남의 것을 훔치는 것과 같다.

㉑ 어떤 빚이든 입구는 크고 출구는 좁다.
㉒ 오리를 먹고 빚쟁이에게 쫓겨 다니는 것보다 양배추를 먹고 당당하게 다니는 편이 낫다.
㉓ 돈을 빌릴 때 웃지 말라. 그러면 갚을 때 울게 된다.
㉔ 남에게 돈을 빌려주었는데 그 사람이 도저히 갚을 수 없다는 것을 알면, 그의 집 근처에는 얼씬도 하지 말라.
㉕ 가난뱅이는 4계절밖에 고생하지 않는다. 봄, 여름, 가을, 겨울.
㉖ 의학은 가난한 사람 말고는 다 고칠 수 있다.
㉗ 가난을 이길 수 있는 미모는 없다.
㉘ 밭에 돈을 뿌리면 어리석은 자를 수확한다.

세계 최고두뇌 최대부호 성공집단 탄생시키는 유대
솔로몬 탈무드

3

유대 부자철학 78 : 22

유대인의 경영원칙
무엇보다 부드러운 교섭에 착수할 것

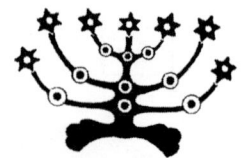

장사에 정직하라
상도의 기본은 정직이다.

흔히 유대인은 장사를 잘한다고 하는데, 장사라고 하는 것은 모두 고객이 있어야 비로소 거래가 이루어진다. 따라서 고객 제일주의여야만 한다.

밀과 같이 가격이 시세에 따라 변동하는 상품은, 상등품의 물건을 매입했을 때 100만 원이었던 것이라도 넘겨줄 시점에서의 시세가 급등하여 그것이 120만 원이 되는 경우도 있다. 그렇게 되면 파는 사람은 상등품을 넘겨주기가 아까워서 사는 사람에게 저급품을 건네줄 생각을 하게 된다. 그런 경우, 유대의 상도는 '계약은 계약 시점에서의 조건을 지켜야 한다'고 명하고 있다.

그러나 아무리 고객 제일주의가 중요하다고는 하나 고객이 부당한 이익을 취해서는 안 된다. 저급품의 매매계약을 맺었는데 판매인이 실수로 상등품을 배송했을 경우, 판매인은 상품을 교체할 권리가 있다. 혹은 계약을 철회하여 상등품에 맞는 대금 지불을 요구할 수도 있다.

히브리어의 '철회한다(라하졸)'는 '돌아가다'는 뜻이다. 따라서 계약 철회가 곧 계약을 파기하는 것은 아니다. 거래가 완료되었다고 해도 계약을 원점으로 돌려도 좋다는 의미인 것이다. 일단 계약을 했으면 약속대로 이행을 하는 것이 중요하므로 파기를 하는 것은 다른 문제다. 계약 파기가 되면 별도로 배상 문제 등이 불거져나와 문제가 확대된다. 그러므로 우선 원래의 계약 이행을 목표로 해야 한다.

모세의 경영원칙 10가지

랍비 데이비드 배런은 《경영자 모세(Moses on management)》에서 모세의 경영원칙을 말하고 있다.

모세에게 야훼는 십계명만이 아니라 인간적 애정이 담긴 613개의 계율을 주었다. 그 계율들은 성서의 처음 다섯 권에 들어 있는 명령들이다. 만일 발전하기를 원한다면, 우리는 그 계율들을 받아들여, 윤리와 비즈니스 사이의 균형을 어떻게 유지할 것인지 배워야 한다. 고난의 시기에 백성들을 인도할 때, 모세의 원칙은 다음 10가지 단어로 간추릴 수 있을 것이다.

수용하라

리더가 된다는 것이 달갑지 않고, 마음에 내키지 않고, 아직 준비가 되어 있지 않다고 느낄지라도, 리더로서의 역할을 수용하라. 누군가는 리더가 돼야 하며, 그것이 당신일 수도 있다는 사실을 수용하라. 스스로 타고난 리더라고 생각하지 않는 사람들이 때로는 가장 혁신적인 아이디어의 소유자인 경우를 흔히 찾아볼 수 있다. 리더로서의 역할을 받아들여라.

진단하라

경영자는 직원들, 경영 현황, 주변 환경, 회사의 내력 그리고 조직의 목표가 무엇인지를 진단해야만 한다. 물론 상황은 극심하게 변화하지만, 자신이 몸담고 있는 현실에 익숙해지는 것이 무엇보다 중요하다. 경영인으로서 당신이 해야 할 중요한 일 중의 하나는, 회사의 재정적인 목표와 그 회사가 감당해야 할 보다 광범위한 사회적 역할 사이의 균형을 유지하는 것이다.

접촉하라

모세가 이스라엘의 백성들과 맺은 결속은 그의 성공에 필수적인 요인이었다. 보통 성서주석가들이 모세를 '야훼의 사람'으로 부르지만, 그는 또한 '백성들의 사람'이기도 했다. 모세는 야훼의 말씀을 백성들에게 전달해 주었으며, 모세와 나란히 생존을 위한 투쟁에 나섰던 사람들도 바로 이스라엘 백성들이었다.

일상 업무에서도, 회사의 주요 업무가 담겨진 발표문을 순전히 혼자서 처리하지는 않을 것이다. 결국 사람들과 함께 처리할 것이고, 그러기에 그들과의 접촉은 무엇보다 중요하다.

전달하라

성서에서 '전달하다'는 보다 복잡한 의미를 가진다. 모세는 단지 여호와의 메시지를 백성들에게 전달한 것이 아니었다. 그는 노예 상태로부터 그들을 해방시킨 매개자였다.

관리자로서 당신은 이끄는 팀과 상급 경영진 중간에 위치한, 마치 양방향의 배관과도 같다. 직원들의 불공정한 대우, 열악한 안전 조건, 그리고 비합리적인 요구사항들을 해결해 주어야만 한다. 회사를 위해 설정한 목표를 전달하라. 하지만 그 목표의 무게는 언제나 직원들의 행복에 맞추어 정하도록 하라.

인내하라

모세는 열 가지 재앙을 겪으면서도, 파라오가 이스라엘의 백성들에게 자유를 허락할 때까지 기다렸다. 그후 그는 백성들을 인도하여 광야에서 40년을 보냈다. 그는 백성들의 타락을 견뎌냈고, 그러면서도 그들이 결국엔 약속의 땅에 들어가게 되리라는 사실만큼은 추호도 의심하지 않았다. 똑같은 방식으로, 당신도 직원들에게 그 어떤 장애가 나타나더라도 당신이 언제나 그들과 함께라는 점을 분명히 보여주어야 한다. 어려운 시기를 겪으면 겪을수록, 당신과 당신 팀은 더욱 강해지고 의연해질 것이다.

해결하라

비즈니스 세계에 있다는 것은 끊임없이 문제를 해결한다는 것과 거의 같은 의미이다. 문제는 결코 저절로 없어지지 않는다. 만일 문제들을 잠시 뒤로 미뤘다 해도, 그것들은 반드시 전면에 다시 떠오를 것이다. 스미스 앤 호킨(Smith & Hawkin)의 설립자인 폴 호킨은 지난 몇 년 동안, 자신이 마치 영구적인 해결책을 얻기 위해 토끼를 쫓는 그레이하운드 사냥개 같았다고 적고 있다. 모세는 계속해서 문제를 해결했다. 백성들에게 음식과 물을 공급했고, 그들에게 생존법을 가르쳤으며, 여행 진로를 안내했고, 그들을 이끌고 가서 약속의 땅에 정착시켰다. 그는 문제가 생기면 뒤로 미루지 않고 그 문제가 발생한 시점에서 해결했다. 그렇게 처리한 뒤 다음 문제로 넘어갔던 것이다.

탐색하라

당신의 지평을 넓히는 데 도움이 될 사람들과 그들의 아이디어를 탐색하라. 모세는 폭넓고 다양한 경로를 통해 정보를 입수했다. 거기에는 그가 자랐던 파라오의 궁전도 포함되어 있었다. 그가 무리들을 이끌어 갔던 사막의 광야도 포함된다. 당신의 분야뿐 아니라 유망해 보이는 모든 분야의 지식을 구하라. 심리학, 종교, 문학, 과학 등등. 단 하나뿐인 절대적 지식의 원천은 존재하지 않는다. 탐색자는 단 한 곳이 아니라, 여러 우물에서 물 긷는 법을 알아야 한다.

시행하라

경영인으로서 당신은 일련의 규칙들을 시행해야 한다. 만일 시행하지 않는다면, 그런 규칙들은 아무 의미도 없다. 예전에 그랬던 것처럼 오늘날에도 유혹과 마주치면, 살인하고, 훔치고, 간통한다.

십계명은 인간들이 쉽게 따르기 어려운 행위의 규범을 제안하고 있다. 하지만 모세는 그 규범을 시행하는 데 주저하지 않았다. 만일 그가 이러저러한 경우에 예외를 인정했다면, 그의 집단은 내부의 다툼으로 분열되고 말았을 것이다. 경영인으로서 당신의 역할은 조직의 정책들을 공정하고 일관되게 집행하는 것이며, 그렇게 함으로써 작업장에 평화와 예절이 자리잡을 수 있을 것이다.

전수하라

모세의 평생 목표는 단순히 이스라엘 백성들을 애굽에서 데리고 나오는 것이 아니라 그들이 자유민으로 살아가는 데 필요한 지식까지 전수하는 것이었다. 그는 그들에게 한 가지 임무, 즉 약속의 땅을 수호하라는 임무와 믿음 체계, 그리고 실질적인 생존법을 전수했다. 무엇을 물려줄 것인지 숙고할 때, 벌어들인 이윤이나 발매한 제품 같은 것은 떠나서 생각하라.

당신은 미래를 위한 임무, 회사가 지켜내고자 하는 것에 대한 일련의 믿음들, 그리고 성공하는 데 필요한 실질적인 기술들을 사람들에게 전수하고 있는가?

떠나라

떠나야 할 시간을 알라. 약속의 땅으로 들어가는 것을 거부당했기 때문에 모세는 행복하지 않았을 것이다. 그는 이미 몇 년 전에 여호수아라는 후계자를 선발했다. 그리고 가나안의 경계에 이르렀을 때 모세는 정식으로 여호수아를 인정했다. 생애의 마지막 시기에 모세가 가장 염두에 두었던 것은 자신의 사후에도 조직이 계속 번영하는 것이었다. 당신은 지금이 떠나야 할 때라는 것을 어떻게 아는가? 모 세이갈(Mo Seigal)은 최근 자신이 설립한 회사 셀레스티얼 시즈닝(Celestial Seasonings)를 22년만에 떠났다. 세이갈에 따르면, 다음과 같은 질문을 스스로에게 던져 봄으로써 자신의 느낌을 명확히 알 수 있었다고 한다.

- 나보다 일을 더 잘 할 수 있는 사람을 찾을 수 있는가?
- 나는 아직도 회사에 보탬이 될 수 있는가?
- 나는 행복한가? 내가 원하는 것이 여기서 계속 일하는 것인가, 아니면 하고 싶은 다른 일이 있는가?

대기업의 CEO이건 다섯 명의 직원을 거느린 조그만 공장의 사장이건, 이 질문들은 똑같은 가치를 지닌다. 당신이 얼마나 성공했느냐의 문제와 상관없이 떠나야 할 시간은 다가올 것이다. 만일 그 순간이라고 생각했다면, 과감하게 선택할 수 있다. 그리고 희망과 활력을 가지고 인생의 다음 국면으로 진입할 수 있다.

이들 열 단어는 모두 동사다. 즉 행동을 나타내는 말이다. 믿음은 오로지 그 사람의 행동에 나타났을 때에만 의미를 지닌다. 행동은 신념을 넘어선다. 야훼가 모세에게 한 말을 떠올려 보라.

"나의 백성들이 나를 믿지 않고 나의 계율을 준수하는 것이, 나를 믿고 나의 계율을 준수하지 않는 것보다 낫다."

믿음은 들기도 하고 나기도 한다. 하지만 행동은 가치가 있는 것이다. 당신이 임무를 수행할 때, 인간적인 애정이 담겨 있는 야훼의 계율을 행동의 지침으로 삼도록 하라. 그리하여 그것을 통해 자신과 당신이 이끄는 사람들에게 보다 평화롭고 값진 삶을 전할 수 있도록 하라.

교섭할 때는 감정을 억제한다

유대인은 오랜 경험을 통하여 교섭에 감정이 개입되면, 자기에게 불이익이 온다는 것을 알고 있다. 아무리 억울해도 교섭하는 자리에서 감정을 터뜨려서는 안 된다. 감정을 터뜨리면 상대는 자리를 박차고 떠나 버리고, 결국 교섭은 결렬되고 만다.

일이 그렇게 되면 비용과 시간이 걸리는 소송이라는 최악의 교섭 수단에 호소하지 않으면 안 된다. 결국은 자기가 손해를 보게 된다.

그러므로 교섭에서는 '감정'보다 '계산'을 택해야 한다. 교섭의 목적은 경제적 이익을 얻는 데에만 국한해야 한다. 결과적으로 많은 액수의 위자료를 받는 것으로 다소나마 감정을 풀 수밖에 없는 것이다.

어떤 사고가 발생하면 즉각 위자료 교섭에 들어가는 것이 좋다. 감정을 개입시켜 교섭이 오래 걸리면 그만큼 손해를 본다. 마라톤 교섭이 계속되면 여론의 관심은 점점 멀어지고, 증거는 흩어져 없어지고 담당자도 바뀐다.

사고가 난 직후에는 최대한의 위자료를 지불한다고 말해도 시간이 흐르면 회사의 영업 성적에도 신경을 쓰게 된다. 결국 교섭은 타결되지 못하고 만다. 그러다가 소송이라도 벌어지면 4, 5년은 족히 걸린다.

그러므로 처음부터 교섭은 경제적 이익만을 목적으로 냉정하게 진행해야 한다. 인간이라는 동물은 돈을 한 푼도 들이지 않고 끝난다면 입으로는 얼마든지 사과하는 존재이다. 이러한 작자들에게는 금전을 빼앗는 것이 가장 타격을 입히는 일이 된다. 그러므로 가능한 한 많은 돈을 받아냄으로써 골려 주면 된다.

불리한 교섭에 잘 대처한다

유대인들은 불리한 교섭을 잘 처리한다. 유대 5000년 역사를 통해 유대인들은 교섭에서 불리한 경우가 많았다. 그러나 고도로 세련된 교섭술을 발휘해 승리를 얻어낸다.

인류 역사상 가장 오랫동안 박해로 고통받아온 유대인의 교섭술이야말로 최고의 교섭 기술이다. 약점이 있는 자가 의지할 수 있는 제일 좋은 교섭술이므로 자기 입장이 불리하다고 하여 두려워할 것이 없다. 상대편이 교섭의 마지막 순간에 나왔다는 것은 교섭의 여지가 남아 있다는 뜻이다. 결국 상대방은 이쪽편을 힘으로 압박할 만큼 강하지 못하거나, 용기를 내어 힘껏 강행하면 상대방 손해도 클 수 있다는 것 중 하나인 것이다. 어느 쪽이든 교섭의 여지는 있기 마련이다.

이것을 간파하고 있으면 아무리 어렵고 큰 상대방도 두려워할 필요가 없다. 상대방도 교섭이 결렬되면 문제가 어려워지거나 곤란해지니까 교섭에 나오는 것이다. 그것을 확인하고 여유 있게 교섭에 나서는 것이 중요하다.

불리한 교섭은 구체적으로 다음과 같이 진행한다.

1. 가능한 한 관련된 정보를 많이 입수할 것.

교섭중인 테마에 관한 정보뿐만이 아니고 상대방의 경력이나 취미에 대한 정보도 필요하다. 기본적으로 협상에서 힘이 약한 경우에는 그것을 보충하기 위하여 평소보다 한층 더 철저한 정보수집이 필요하다. 어쩌면 역전 홈런이 터질 수 있는 정보를 확보할지도 모른다. 정보는 약자의 기본 무기이다.

2. 교섭하기 좋은 분위기를 만들 것.

처음 대면한 경우에는 잡담이나 취미를 이야기하기 시작하여 가능한 한 딱딱한 분위기를 없애는 것이 좋다. 정중한 말씨로 되도록이면 상대방에게 신뢰감을 줄 수 있도록 노력해야 한다. 부드러운 분위기로 인간 관계의 굴레를 만드는 것이다.

이런 식으로 몇 차례 교섭을 계속하면, 상대방은 교섭을 결렬시킬 경우, 어떤 부담을 갖게 된다. 때로는 인간관계로 붙들어 묶는 것도 필요하다.

3. 교섭은 조금씩 서서히 진행하여야 한다.

당장에 승리하려고 하면 본전도 못 찾는다. 작은 술수를 반복하면서 서서히 열세를 만회하여야 한다. 그러기 위해서는 조그마한 문제라도 쌍방이 합의한 것은 의사록에 기록한다. 이렇게 함으로써 조그마한 사항이지만 하나의 성취감이 생기고, 또 회의를 성과 있게 매듭지으려고 노력하게 된다.

4. 때로는 '도박'을 한다.

꾸준히 노력하여 좋은 분위기에서 교섭해도 유종의 미를 거둘 수 없는 상대가 있다. 이런 경우, 교섭이 결렬될 것을 각오하고 도박을 감행하는 것도 필요하다. 상대편의 작은 실수를 재빨리 알아차려 강력하게 물고 늘어지는 것이다.

예를 들면 상대편이 이쪽을 향하여 '거짓말일 것이다'라고 특별한 의미 없이 말했다고 하자. 그 순간에 '거짓말이라니 무례하다'거나 '그것은 내 인간성에 대한 중대한 모욕이다. 사과하라!'고 강력히 상대편을 되받아친다. 하나의 게릴라 전술인데, 교착된 교섭을 타개하게 되는 경우가 가끔 있다.

다시 유대교섭술의 에센스를 집약해 본다.

1. 정보를 애지중지할 것.

정보를 중요하게 생각하고 돈을 투자해야 한다. 어떤 정보가 들어

올지 알 수 없다고 투자에 인색하면 좋은 정보가 입수되지 않는다. 투자하는 금액과 정보의 질은 비례한다.

2. 대국적 견해를 가질 것.

사회적인 교섭이나 비즈니스 교섭에서는 대국적 사고방식을 갖고 대처하여야 한다. 커다란 국면을 볼 수 있는 안목을 가진 사람만이 급류를 잘 헤쳐나갈 수 있다.

3. 무엇보다도 부드럽게 교섭에 착수할 것.

딱딱한 교섭법은 상대방으로부터 반발을 초래할 수 있다. 철저하게 부드러운 교섭법을 활용할 필요가 있다. 딱딱한 수단을 활용할 때는 부드러운 언어를 구사하여 상대방이 잘 이해할 수 있도록 하여야 한다. 마지막까지도 딱딱한 교섭법은 쓰지 않는 것이 현명하다. 모든 수단을 동원해도 해결되지 못했을 때, 결국 딱딱한 교섭에 의존해야 하는데, 이 경우에 자기가 잃는 것도 많다는 것을 각오하지 않으면 안 된다.

4. 깨어 있는 눈을 가져라.

모든 일이 그렇지만, 교섭에 있어서는 특히 깨어있는 안목을 갖지 않으면 안 된다. 감정을 철저하게 억제하고 이익을 추구하여야 한다. 평소에 자기 감정을 내보이면 상대방의 반발을 불러일으킬 뿐이다. 감정은 경제적으로 전혀 도움이 되지 않을 뿐만 아니라 개운치 못한 응어리를 남긴다. 깨어있는 안목을 가지고 자기의 이해관계를 정확히 계산하면서 교섭할 것.

5. 유머를 잘 활용하라.

교섭하는 사람이 갖고 있는 특색이나 그 장소의 분위기가 결과를 크게 좌우하는 경우가 있다. 격렬하고 완강한 교섭일수록 유머로 적절히 장식해야 한다. 험악한 교섭에서는 유머가 최고의 약이 될 수 있다.

상황에 따라 변화하라

우리나라 사람들은 교섭에 있어 대응책이 하나뿐인 경우가 대부분이다. 시간과 장소뿐 아니라 교섭의 대상이 달라졌는 데도 옛날에 썼던 전술을 계속 반복한다. 교섭 중에도 상황은 시시각각 변하는데, 여전히 처음 마음속에 품고 있는 생각을 고집한다.

한 번 성공한 전투방법도 몇 차례 반복되면 상대방에게 드러나기 마련이다. 그래서 큰 손해를 보게 되는데, 이는 여름 밤 불속에 뛰어드는 곤충처럼 자살행위나 마찬가지다.

교섭에 있어서도 최초의 계획을 계속 고집하는 것은 일반적으로 효과적이지 않다. 상대방이 새로운 제안을 내놓았다면, 이쪽도 자기의 기본적 이익이 보장되는 범위에서 수정안을 제시하여야 한다. 상대방이 양보했는데, 이쪽이 전혀 변하지 않았을 때 상대방은 교섭을 중단하려고 할 것이다.

상대방이 새로운 제안을 했다는 것은 이미 새로운 변화가 나타나고 있다는 뜻이다. 상대방은 이쪽에서도 새로운 발전적 제안이 있을 것을 기대하는 것이고, 그 기대감이 무참하게 무시되면 결국 교섭은 결렬될 것이다. 그러므로 이쪽의 이익이 해를 입지 않는 양보안을 마련하는 것이 필요하다.

의논을 계속하는 것만이 능사가 아니다. 사고의 피해자가 손해를 배상받으려는 실례를 살펴보자. 흔히 있는 일이지만 상대 회사가 책임을 전혀 인정하지 않는 경우가 많다. 실제로 과실이 없는지도 모르며, 담당 간부의 해임과 관련되기 때문에 책임을 인정하지 않을지도 모른다. 그러한 경우에는 쓸데없이 교섭을 반복할 이유가 없다. 회사측에서는 가능한 한 교섭을 연장하는 소모 작전으로 나올 것이다. 심한 경우 담당 임원이나 간부가 자기 임기가 끝날 때까지 무조건 교섭을 장기화하려고 하는 경우도 있다.

그러므로 만날 때마다 상대방의 주장, 의견의 일치점, 다른 점,

교섭 담당자의 인간성 등을 잘 관찰해야 한다. 또 시시각각 변화하는 상황을 끝까지 지켜보고 확인해야 한다. 교섭을 진행하면서도 법적 소송을 제기하거나 매스컴을 통하여 호소하는 전술을 같이 쓰는 것도 필요하다.

사건의 내용이 신선한 경우일수록 여론에 호소하는 힘은 크다. 현대와 같이 계속 어지럽게 변화하는 세상에서는 반년이나 1년이 지난 다음에는 여론의 주목을 받기가 어렵다. 그러니까 맨 처음 몇 개월 동안 회사측의 태도를 확인하면서 사무적인 교섭 이외의 압력을 시도할 필요가 있다. 교섭에서는 변화하는 상황을 정확히 분석하고 이에 대응하는 방법을 찾는 쪽이 승리한다.

교섭이 어려우면 어려울수록 오히려 교섭을 결렬시킬 때 용기가 필요하다. 그리고 상대방과의 여러 가지 관계에 얽매이고 휩쓸려서 질질 끌다보면 교섭이 끝난 경우, 이쪽은 실속이나 이익이 전혀 없게 된다.

이같은 사태를 피하기 위해 처음부터 미리 교섭이 실패했을 때의 대응책을 세워두는 것이 필요하다. 가장 큰 문제는 교섭이 실패하면 뭔가 크나큰 불이익이 닥쳐올 것 같은 미래에 대한 이유없는 불안이다. 일반적으로 미래에 대한 나쁜 상상만큼 인간을 실패하게 만들기 쉬운 것도 없다. 그러니까 처음 교섭에 착수했을 때, 예정된 최종 경제적 이득을 얻을 수 없다고 해도 교섭의 실패에 대한 막연한 두려움 때문에 교섭을 결렬시켜서는 안 된다.

어떤 교섭도 결국은 경제적인 문제가 남는다. 현대 비즈니스 사회는 모두가 현금과의 연관 속에 처리되는 시스템으로 되어 있다. 그러므로 경제적 이익을 가져오지 않는 교섭을 결렬시킬 경우도 반드시 다른 대응책은 있기 마련이다.

한 장면, 한 국면만을 생각해 보면, 회사의 장래를 결정할 만큼 중요하다고 생각한 교섭도 되돌아보면 교섭을 결렬시켜 오히려 다행인 경우도 많다. 손해 보기 전에 후퇴하는 것도 훌륭한 교섭술이다. 결국 이익 없는 교섭은 마무리해도 반드시 실패한다. 계약을 맺었다고 해도 반드시 뒤에 계약을 이행할 수 없는 문제가 발생할 수 있으므로 이같은 계약은 체결되지 않는 편이 낫다.

교섭이 교착상태에 빠지면 교섭을 시작한 원점으로 되돌아가 생각해 볼 필요가 있다. 이 교섭에서 어떤 이익을 기대했는가? 그것이 불가능한 것으로 확인됐으면 미련없이 진로를 바꾸는 것도 필요하다.

어떤 교섭을 위해 무한한 시간과 비용을 들일 필요는 없다. 시간과 비용을 투자해도 얻을 것이 적으면 처음 전제가 오판이었다고 보고 방향을 바꾸는 것이 필요하다.

예를 들면 지방 전보 발령을 거부하여 해고됐다고 하자. 해고의 부당성을 주장하고 현직 복귀와 손해배상을 청구하는 것이 일반적일 것이다.

그러나 회사측도 조직상의 재편성을 이유로 정당성을 주장한다. 이쪽도 늙은 부모의 부양과 아이들의 교육문제가 있기 때문에 지방으로 전근할 수가 없다. 서로에게 주장하는 명분이 있기 때문에 쉽게 결론이 나지 않고 십여 차례의 교섭과 재판에서도 결론이 나지 않는다.

이렇게 수개월 지났다면, 가장 기본적인 문제에 대하여 생각할 필요가 있다. 결국 이 회사에 평생 근무하는 것이 과연 자기에게 이익이 있겠는가를 생각하지 않으면 안 된다.

타협을 하여 적절한 퇴직 수당을 받고, 해고 대신 자진 퇴직하는 형식을 통해 깨끗이 마무리하고 직장을 바꾸는 것이다. 재판을 몇 년 계속하는 것보다 새로운 직장에서 자기의 가능성을 살리는 것이 훨씬 유리할지도 모른다.

슬기롭게 직장을 바꿔 성공하는 경우도 많다. 항상 당장 눈앞의 현실에만 연연하지 말고 과감히 직장을 바꾸는 것도 생각해 두어야 한다. 그것이 작은 교섭에서 실패해도 큰 교섭에서 승리하는 길이다.

정보는 기회이고 돈이다

정보는 비즈니스의 기회를 가르쳐주고 부가가치를 가져온다.

그러나 정보나 데이터를 그대로 받아들여서는 위험하다. 아무리 옳은 정보나 데이터라도 그것은 과거이기 때문이다.

경제학자인 카우프만은 대차 대조표조차 액면 그대로 믿을 수 없다며, 숫자의 세계에서조차 숫자를 의심하라고 말한다.

정보라는 말은 원래 '정세보고(政勢報告)'의 줄인 말이다. 사회변화와 시장변동을 정확하고 올바르게 파악해야 비로소 정세보고가 되는 것이다.

로스차일드 집안의 성공 이야기를 비롯하여 사업에 뛰어난 유대인들은 처음부터 자신이 거래하는 범위의 정보만이 아니라 거래처의 거래처 정보까지 광범위한 동향에 관심을 갖고 직접 정보수집을 했다. 남들과 같은 정보에만 의존해서는 남의 뒤만 따르게 되는 것을 알았기 때문이다.

정보는 경제와 밀접한 관련이 있다. 그것은 말(語)과 떼려야 뗄 수 없는 일체성이 있다.

'다바르(말)'란 물건과 사물, 말을 아울러 의미하는 히브리어이다. 다시 말해 가치는 사물에 대한 이야기를 어떤 식으로 어떻게 전하느냐이다. 또한 경제행위의 대상으로 높일 수 있는 것이기도 하다. 때문에 사물(유형물질이나 상품, 그리고 무형 서비스까지도 포함한 것)을 설명하는 기능으로서의 말은 최대 상품이 될 수 있다. 더구나 가치창조의 재료가 될 수 있는 귀중한 정보는 금전 이상의 부가가치 자원으로 볼 수 있다.

유대인들 가운데는 정보산업에 종사하는 사람들이 많다. 또한 유대사회 안에서 정보산업에 종사하는 사람들은 그 지위가 높다.

단편적인 정보라도 그것을 모으고 체계적으로 정리하면, 큰 진리의 세계가 되는 것이다. 유대 법률에 관계되는 모든 의론과 판례, 그리고 여러 가지 이야기들을 수집하여 기록한 탈무드가 그 좋은 예이다.

성서주석 학자로서 명성이 높은 라시, 이븐 에즈라, 나크마니데스 등은 주석에서 의학이나 경제 행위의 인용과 해설 등 다양한 일상생활을 기술한다.

일상의 구체적이고 현실적인 사고없이 철학·신학·법학은 있을 수 없다. 더구나 시시각각 변화하는 사회에 대한 정보 없이 비즈니스는 있을 수 없다. 정보에 대한 감성이 비즈니스를 좌우한다. 이것이 유대인의 생활신조라고 해도 지나친 말이 아니다.

무엇을 원하는지 발견한다

배 부른 사람에게 맛있는 것을 권한다면 그것은 고통일 뿐이다. 아무리 뛰어난 제품이라도 구매자가 원하지 않는 상품은 부가가치를 창출하지 못한다.

물건이 팔리지 않는 원인은 공급과잉이나 강매에 있다. 따라서 물건이 팔리는 상황으로 만들려면 고객이 필요로 하는 것을 찾아 제공해야 한다. 그러려면 시장의 밑바닥부터 무엇이 부족하고 또 무엇이 남는지 관찰해야 한다.

유대인은 고객이 원하는 것이나 불만을 재빨리 찾아 문제해결 방법을 제공한다. 그렇기 때문에 유대인이 장사를 잘한다는 말을 듣는 것이다. 비록 하찮은 것이라 해도 그것은 점차 쌓여 큰 수요가 된다. 이것이 마케팅이다. 고객 한 사람의 문제라도 시장 전체로는 큰 잠재적 수요를 기대할 수 있다.

상품을 제공할 때엔 가능한 한 적은 자본 투자로 많은 이익을 기대한다. 투매품으로 시작하여 점차 고객에게 신용을 얻은 뒤, 자신의 브랜드를 구축해 가는 것이 유대인의 방식이다.

고객에게 배운다

유대 속담에 '양쪽 귀를 거리로 기울여라'는 말이 있다. 밖으로 나와 사물을 폭넓게 관찰하고 어떤 변화가 일어나는지 주목하면 비즈니스 기회를 잡을 수 있다.

유대엔 이런 수수께끼가 있다.

'사람에겐 귀가 둘, 눈이 두 개 있는데 입은 왜 하나밖에 없는가.'

'입은 소리만 내기 때문에 하나로 족하지만 귀는 두 개가 아니면 소리가 입체적으로 들리지 않고, 눈은 두 개가 아니면 사물의 위치를 정확하게 파악할 수 없기 때문이다.'

과학적인 대답일지는 모르지만 이 수수께끼가 원하는 답이 아니다. 정답은 다음과 같다.

'입으로 말하기 전에 귀를 이용해 두 배로 잘 듣고, 눈을 이용해 두 배로 잘 관찰하기 위해서다.'

판매자는 상품을 판매하는 데는 프로일지 모르지만 상품을 실제로 사용하는 데에 프로는 고객이다. 따라서 우선 고객 업무에 대해 고객에게서 배워야 한다. 유대 최고의 비즈니스맨들은 항상 고객들에게 가르침을 구한다.

거리를 두어 샛길을 찾는다

비즈니스가 부진하게 되면 '어째서 잘되지 않는가' 하며 소극적이게 된다. 물론 그것도 무의미하다고는 할 수 없다. 하지만 더 중요한 것은 불황 중에 팔릴 수 있는 상품, 잘되고 있는 비즈니스로 눈을 돌려 그쪽으로 나가려는 적극적인 논의가 필요하다.

어떤 문제가 발생했을 때 그 문제에 구애되는 일 없이 상식적인 발상에서 벗어나 다른 방향에서 문제를 점검하여 해결방법을 모색해보는 것이다.

유대인 과학자 A. 펜지어스는 자신의 발상 비밀에 대해 "난 외부에서 사물을 보는 습관이 있기 때문이다"고 말했다. 거리를 두고 사물을 보기 때문에 관찰자로서 분석할 수 있고, 넓게 볼 수 있기 때문에 결과나 의미가 보이는 것이다.

거리를 두고 전체를 분석하여 다른 각도에서 문제에 다가간다는 발상법은 창조공학의 E. 데보노가 말하는 '수평사고'이다. 영어에선 '샛길 사고'라고 하는데, 수직에 대한 수평이라기보다 사물과 거리를 두고 전체를 보면서 샛길로 빠져나갈 구멍이 있는지를 생각하는 것을 뜻한다.

문제 해결에 너무 열중하다 보면 전체를 볼 수 없게 된다. 간단한 해결책을 간과한다거나 서둘러 단념을 하게 된다. 유대인은 사물과 거리를 두는 외부성, 주변성, 혹은 방관자성과 같은 것을 자신도 모르게 익히고 있다. 그것은 유사시에 사태를 냉정하게 헤쳐나가는 지혜의 원천이다.

끝까지 절망하지 않는다

어딘가에 활로가 있을 것이다. 앞, 뒤, 또는 왼쪽, 오른쪽이 아니라면 머리 위가 남아 있을지 모른다.

랍비 요하난 벤나파하는 말했다.

"사람의 다리가 그 사람의 운명이다. 다리는 그 사람이 가고 싶어 하는 곳으로 인도한다."

절망을 생각하게 되면 다리는 사람을 절망의 방향으로 데려간다. 성공하기 위해선 성공을 믿고 헤쳐나갈 필요가 있다.

1948년 이스라엘의 독립전쟁에서 아랍 대군이 주위를 포위하고 있을 때, 후에 초대 수상이 된 D. 벤 구리온은 말했다.
"군사력의 3분의 2는 정신력이다."
승리에 대한 집념이 승리를 가져오는 것이다.

돈을 낳는 생활
가난은 수치가 아니다
그러나 명예라고도 생각지 말라

유연한 적응력은 필승의 비결

험난한 역사는 유대인들의 상술 감각을 뛰어나게 하였다. 또한 이민은 어느 민족이든 본국에 있을 때는 생각할 수 없었던 힘을 발휘하게 한다. 자기 두 손만으로 새로운 생활 터전을 만들어야 하는 이민자들은, 남보다 더 열심히 일하지 않으면 안 되기 때문이다. 중국의 화교가 그 좋은 예이다.

게토에 살았던 대부분의 유대인은 하루하루를 간신히 생활했기 때문에, 기회가 생길 때마다 먹고 살 양식을 구해야 했다. 그래서 그들은 조금이라도 파고들 틈새를 발견하면, 그곳에 공기처럼 침투했다. 여기서 생긴 것이 '공기인간'이라는 말이다.

말하자면 유대인은 생활을 위해 모든 상황에 맞추어 교묘히 파고들어, 그곳에 부족한 것을 날카롭게 판단하고 재빨리 찾아내는 능력을 몸에 붙이게 되었다. 만능선수 같은 그들의 유연한 상술과 적응력은 이렇게 해서 생겨났다.

강력한 주장 산뜻한 결말

금요일마다 예루살렘의 옛 시가지를 둘러싼 성벽 북동쪽 모퉁이 빈터에서는 새벽에 양을 사고파는 장이 선다. 그 시각이면 어디선가 양무리를 이끈 베두인족 사내들이 모여든다.

어느 여름날 그곳에서 심한 말다툼이 벌어졌다. 파는 사람과 사는 사람의 흥정에 따른 언쟁이었다. 새끼양의 값이 180세겔(약 10만 원)인가 190세겔인가를 놓고 절충이 잘 안된 게 원인이었다. 서로의 언성이 높을 대로 높아졌다. 그리고는 끝내 두 사람 다 허리에 찬 아랍 단도에 손이 가고 있었다.

아슬아슬한 순간이었다. 하지만 이쯤에서 사막 유목민의 전통이 살아났다. 장로격인 노인 한 사람과 그 보좌역인 듯한 남자 두 사람이 조정에 들어가는가 싶더니, 185세겔에 타결이 되었다. 그러자 두 사람은 환히 웃으면서 서로의 어깨를 껴안았고 언쟁의 막은 내렸다. 그만큼 거칠게 서로 말싸움을 벌였으므로 마음 한구석에 응어리가 남을 법도 한데, 예상과는 달리 언쟁의 뒤끝은 산뜻했다.

격렬한 주장, 독특한 의견, 상쾌한 결말, 이런 것들은 중동의 여러 민족에게 공통으로 나타나는 '사막성'과 관계가 있다.

신용은 재산

가장 중요한 것은 사소한 약속이라도 지키는 일이다. 작은 약속조차 지키지 않는 사람이 큰 약속을 지킨 예는 없다. 작은 약속도 지키지 않는 사람을 신용할 수는 없다. 이런 사람은 꼭 막판에 가서 배신하는 법이다.

아이에게 공원에 데리고 가겠다고 약속했으면 반드시 실천에 옮겨야 한다. 친구와 술을 마시기로 한 약속도 허술한 이유로 취소해서는 안 된다. 그 하나하나는 사소해도 큰 빚이 되어 돌아온다.

일단 승낙해 놓고 나중에 취소하면, 그 뒤에 고생하는 사람이 나온다. 약속한 상대방은 약속에 대한 기대감을 갖는 법이고, 약속을 깨뜨리면 상대방은 기대를 배반당했다는 감정을 품게 된다.

그러므로 아무리 작은 약속이라도 약속을 어기면, 일단 자기에 대한 평가를 떨어뜨리는 셈이 된다. 눈에는 보이지 않지만 이것은 자신에게 되돌아온다.

박해를 참고 견디어 이겨낸 유대인은 이 이치를 잘 알고 있었다. 그러므로 아무리 사소한 약속도 소중하게 여겼다.

유대 격언에 이런 말이 있다.

'평판은 최선의 소개장이다.'

상황에 굴하지 않는다

어느 시대에나 유대인은 사회의 최하층으로 밀려났다. 때문에 그들은 그곳에서 도약하기 위해 언제나 정열을 불태웠다. 이를테면 많은 유대인에게는 세속적인 성공이 인생의 큰 목표가 되었다. 때문에 그들은 다소 모험이 따르더라도 사업상 투기에 과감히 도전했다.

그 전형적인 예가 할리우드이다.

할리우드는 영화의 메카이다. 흥행에 성공하거나 실패하는 기복이 심하여 한번 히트하면 막대한 이익을 얻지만, 실패하면 그 영화 한 편에 부어넣은 제작비, 선전비 따위가 거액의 적자로 돌아온다. 따라서 제작자의 수완과 판단력이 사업의 승패를 결정한다.

이 할리우드를 지배하고 있는 것이 유대인이다. 할리우드의 유명한 유대인 제작자들을 열거해보면 '20세기 폭스'의 W. 폭스, '워너 브러더스'의 워너형제, 'MGM'의 S. 골드윈 등 대형 제작자들이다.

다분히 투기적 요소를 지닌 할리우드 영화산업은, 인생의 승부사를 자처하는 유대인에게는 스스로의 재치로 큰 돈을 쥘 수 있는 절호의 일터였다. 이처럼 사회 최하층에 있으면서도 그 상황에 굴하지 않는 상승 지향성은 유대인이 성공하는 가장 큰 이유라고 할 수 있다.

돈이 돈을 낳는 금전 철학

유대문화가 오래된 만큼 이자에 대해서도 시대에 따라 여러 가지 견해가 있었다. 이자에 대한 성서의 기술도 장에 따라서 상이하다. 랍비들은 한때 토라에서 이자를 받는 것을 금지하고 있다고 해석했다. 성서에 '가난한 자에게 돈을 빌려주면 그에게서 이자를 받아서는 안 된다'고 씌어 있는 것을 근거로, 하느님은 가난한 자에게 이자를 받는 것을 금지하고 있다고 주장했다.

예수 그리스도 시대에는 이자를 받는 것을 금지하고 있지는 않았다. 신약성서에 나오는 그리스도의 비유에, 주인이 여행을 떠날 때 세 고용인에게 각기 1달란트씩의 돈을 주었다는 이야기가 나온다.

그중 한 사람은 주인이 준 1달란트를 땅에 묻어두었다가 주인이 돌아오자 그대로 파내어 돌려주었다. 그런데 다른 두 사람은 저마다 돈놀이를 해서 주인의 재산을 불렸다. 주인은 돈을 땅 속에 묻어두었다가 그대로 돌려준 고용인에게 "너야말로 악하고 게으른 종이다. 내가 심지 않은 데서 거두고 뿌리지 않은 데서 모으는 사람인 줄을 알고 있었다면 내 돈을 돈 쓸 사람에게 꾸어 주었다가 내가 돌아올 때에 그 돈에 이자를 붙여서 돌려 주어야 할 것이 아니냐? (마태복음 25장 26~27절)" 하고 꾸짖었다.

유대인은 중세에 접어들어서 오늘날의 근대 자본주의 사회처럼 금리에 대해 생각하게 되었다. 즉 돈도 다른 상품과 다를 바가 없다고 생각했다.

그들은 양·소·말 따위를 번식시키는 일이나 종자를 뿌려 작물을 수확하는 일이 금전에 이자를 붙여 불리는 일과 무엇이 다르겠는가 생각했다.

중세 유대인은 경건한 유대교도였던 동시에 오늘날 말하는 '경제적 동물'이었다. 유대인들이 놓여진 상황이 유대인을 유능한 '경제적 동물'로 만들었다.

돈의 노예가 되지 말라

재물에 관한 자세를 나타내는 사례로서 성서에 씌어 있는 것은 7년째의 '빚을 없애주는 해(신명기 15장)'와 '안식년(레위기 25장)', 그리고 50년째의 '요벨의 해(禧年)' 등이다.

7년째에 모든 빚을 탕감해주는 것이 '빚을 없애주는 해'에 지켜야 할 계율이다. 이 해 말에는 빌려준 돈을 탕감해주는 일, 남에게서 받은 담보물건들을 돌려주는 것이 채권자의 의무로 정해져 있었다. 이것은 유대세계에서 가난한 사람들을 보호하기 위한 정책이었다.

이 시대의 노예는 물건으로 취급되었으므로 노예를 샀을 경우도 마찬가지로 7년째에는 자유의 몸으로 풀어주어야 한다. 이 7년째가 다가오는 것을 내다보고 재물 빌려주기를 거절하는 자에 대해서는 그 탐욕을 막는 벌칙까지 마련되어 있었다. 또한 자유의 몸으로 내보낼 때에는 빈손으로 내보내면 안 된다고 되어 있다.

'양 떼와 타작마당에서 거둔 것과 술틀에서 짜낸 것을 한밑천 마련해주어야 한다.'

6년 동안 경작한 밭을 7년째에는 완전히 쉬게 하는 것이 '안식년'이다. 이 해에는 모든 밭일을 허용하지 않는다. 경작하지 않고 자연히 열매를 맺은 작물은 이방인이나 가난한 사람들에게 나누어준다. 땅은 하느님이 주신 것이기 때문에 7년째에는 하느님에게 일단 돌려드려야 한다는 발상이다. 이것은 7일째의 안식일 개념을 연(年)에 적용한 것이라고 할 수 있다.

위의 2가지를 합쳐 확대 발전시킨 것이 '요벨의 해', 즉 희년(禧年)이다. 이 해는 안식년을 일곱 번 되풀이한 뒤 50년째에 온다. 그 내용은 앞의 2가지에 첨가해서, 매각한 부동산이 원 소유자에게 무상으로 반납된다는 획기적인 것이다. 토지가 무제한으로 매매되면 대지주와 소작농민 사이에 빈부 격차가 증대한다. 그것을 피하기 위해 타인의 토지소유권을 일정기간이 경과하면 해소시킨다는 규정이다.

요벨이라는 말은 히브리어로 '숫양의 뿔'을 뜻하는데, 희년의 시작을 숫양의 뿔피리를 불어 알렸던 일에서 이런 이름이 생긴 모양이다. 가톨릭교회에서는 이것을 '유빌레움(大禧年)'으로 선포하여 완전한 사면을 행한다.

자유롭게 산다

아브라함, 그의 아들 이사악, 또 그의 아들 야곱, 이 세 사람이 유대인의 선조라는 것은 잘 알려져 있다. 그들의 공통점은 무엇일까? 언제나 타지 사람으로서 다른 나라를 유랑한 일이다. 이것이 부족의 전통으로 후세 유대민족에게 계승되었다. 그 전통의 본질은 대체 무엇이었을까?

아브라함은 그 고장 사람들의 도움에는 전혀 기대지 않고 필요한 것에는 값을 치렀다. 야곱은 숙부 집에서 더부살이를 하면서 노동으로 체류비를 치르고, 또한 적과 평화 조약을 맺을 필요가 있을 때는 막대한 재산을 주었다. 무엇을 위한 지불이었을까? 생명의 안전을 확보하기 위한 것이었을까, 또는 상대로부터 독립하여 자유롭게 살기 위한 지불이었을까?

'살고 있는 고장에 속박되지 않는다, 그 고장의 관습이나 상식에 구속되지 않는다, 자신들의 독자적 전통을 지켜 자유롭게 살아간다' 등이 지금도 유목민의 공통된 생활 자세이다.

이스라엘과 이집트 국경에서 한 사람이 무장한 관리에게 통행세 8달러를 지불하고 있었다. 그런데 그 사람의 뒤에서 낙타를 탄 베두인 남자가 오더니 그 사람의 눈 앞을 말도 없이 지나가버렸다. 당황한 그 사람은 관리에게 물었다.

"왜 저 사람은 세우지 않습니까? 통행세를 한 푼도 내지 않았는데 말입니다 ...."

이집트 관리는 고개를 옆으로 저으며 양손을 벌려 이렇게 말했다.

"그럴 수는 없어요. 만일 통행세를 내라고 말하면 그들은 '누가 사막에 선 따위를 그었지? 알라 신이 그었다고 할 거야?' 하고 대꾸할 겁니다."

그는 말도 못하고 황야 저편으로 멀어져 가는 사나이의 뒷모습을 바라볼 뿐이었다.

무슨 일이든 고정시켜 생각하지 않는 것이 유목민의 철학이다. 세금을 받는 것은 관리의 일이고, 자기들은 대지를 자유롭게 걸어갈 권리가 있다. 단순히 그렇게 생각할 뿐이다.

요컨대 다른 사람과 자기를 비교하지 않는다. 그렇게 하면 당신도 자유롭게 살 수 있다. 공연히 겉치레를 하지 않아도 된다.

바라는 대로 남에게 해준다

이 말은 유명한 복음서의 한 구절이다. '황금률'이라는 이름으로 알려져 인간 행동의 최고 원리로 보는 사람도 있다. 또 '내가 싫어하는 일을 남에게 시키지 말라'는 말과 대비하여 더 적극성이 있는 도덕률로 해석하는 경향도 있다.

그러나 과연 그렇게 단언할 수 있는 것일까? 남으로부터 '그렇게 해주길 바라는 것'이라고 해도 그것은 본인의 기호에 따라 내용이 달라진다.

요컨대, '나는 쓸쓸해서 견딜 수 없다. 누군가 말을 걸어 주었으면 좋겠다'고 마음으로 바라는 사람도 있을 것이고, '서툰 말을 걸지 말고 그냥 혼자 있게 해주었으면……' 하고 바라는 사람도 있을 것이다. 같은 상황에서도 바라는 것이 정반대가 될 수 있다. 그럼에도 무턱대고 '해준다'는 것은 어쩌면 상대의 기분을 무시한 선의의 강요가 되기 쉽다.

따라서 남이 해주었으면 하는 것을 남에게 하라는 지시는 관념적으로 뜻은 알 수 있으나, 구체적으로 어떻게 하라는 것인지 애매모호하다. 도덕률로서 그다지 적절한 표현이라고 할 수 없다.
 '내가 싫어하는 일을 남에게 시키지 마라.'
 실제로 예수 그리스도는 이런 부정 형식으로 말했을 것으로 생각된다. 지금까지 보아왔듯이 아무리 생각해도 긍정형의 주장으로는 초점이 흐려진다. 게다가 현실에 밀착된 말을 좋아하는 유대인 예수가 이렇게 애매모호한 표현을 하는 것은 아무래도 부자연스럽다. 그래서 시험삼아 부정형으로 바꾸어 보니 표현이 명백해지고 의미도 명확해진다.
 '해주었으면 하는 것'에 비하면 '해주지 않았으면 하는 것'은 훨씬 명백하게 느껴지며 '하지 마라'는 더욱 명확하다. 처음부터 아무것도 하지 않는 것이기 때문에 잘못이 있을 수 없다. 설명도 단서도 필요하지 않다. 잘못이 있을 수 없는 표현이다. 해버린 뒤에 '아뿔싸! 잘못 착각했다'고 하는 것과, 아무튼 하지 않고 있는 것과의 차이──긍정형과 부정형에서는 그것이 다르다.
 부정형 표현이었다고 하는 이 주장은 어디까지나 가설이다. 하지만 이 가설이 전혀 근거가 없는 것은 아니다. 부정형으로 하기 위한 이유가 2가지 있다.
 첫째 이유는 본디 부정 표현을 좋아하는 것이 유대인의 경향이라는 점이다. 토라의 중심에 있는 10계명(출애굽기 20장 2~17절)을 보면 그 중의 셋이 긍정형, 나머지 일곱이 부정형으로 씌어져 있다. 특히 대인 관계에 관한 조문(6~10계)은 모두 부정문이다.
 또 구약 외전(外典)인 《토비트》에는 인용구와 꼭 같은 내용으로 부정형 표현을 볼 수 있다.
 '자기가 싫어하는 것을 누구에게도 해서는 안 된다.'

홀로 걸어간다
 유대교 중심 계율 십계에는 큰 특징이 있는데, 모든 조문이 '당신은 해서는 안 된다'라는 2인칭 단수형으로 되어 있다. 법령이란 일정한 집단에 대해 적용되는 것이 보통이고, 십계도 마찬가지이다. 대상이 집단인 이상 조문이 '당신들'이라고 복수형이 되는 것이 당연하지만, 십계에서는 일부러 단수형이 사용되고 있다.

　이것은 무엇을 의미하는가. 대답은 아주 간단하다. 남이 어떻게 하든 당신은 해서는 안 된다는 뜻이다. 타인이 무엇을 하는가는 상관없고, 당신 혼자의 문제라는 것이다.

　'모두가 하고 있으니까'라는 구실이 얼마나 인간의 마음을 망치고 있는지 설명할 필요도 없을 것이다. 사람은 자기의 책임을 '모두'에게 전가시키는 경향이 있다. 에덴 동산에서 금단의 열매를 먹은 책임을 남자는 여자에게, 여자는 뱀에게 돌렸다. 인류 최초의 죄는 이 책임전가에 있었다. 십계의 조문은 말한다. 다른 사람은 어떻든 '당신은'이라고 말이다.

　노아는 산꼭대기에 방주를 만들었다. 산 위의 배라고 하면 아무래도 비상식적이다. 어리석은 행동처럼 보인다. 모두들 그를 비웃었다. 그러나 노아는 혼자 묵묵히 배를 완성시켰다. 창세기의 홍수 전설이 말하고자 하는 바도 실은 이 점에 있다. '혼자가 된다', '혼자서 판단한다', '혼자서 행동에 나선다' 등은 모두 '당신은'이라는 발상으로 이어진다.

　집단의식이 강한 사회에서는 혼자만으로 움직이는 어려움은 확실히 크다. 아무도 스스로 먼저 손을 들려고 하지 않는다. 하지만 그렇기 때문에 첫발을 내딛는 의의도 크다. 아무도 하지 않으면 사태는 바뀌지 않는다. 먼저 내가 행동에 나서면, 이제까지 모호했던 의식도 따라서 확연해지는 것이다. 그것은 느리기는 하겠지만 주위로 파급된다. 전체는 바뀌지 않는다며 처음부터 단념하지 말고, 먼저 나부터 시작한다.

　누구 한 사람 현재 상황에 만족하지 않는데, 아무도 움직이려 하지 않는다. 집단의 실상이라는 것이 대개 이렇다. 고작 서로 상대의 발목이나 잡고 늘어진다. 조금이라도 벗어나려 하는 사람이 있으면, 독주한다거나 독단이라고 하면서 끌어내린다.

집단의식에는 애당초 대단한 의미도 내용도 없는 경우가 많다. 그렇다면 숫제 무시해 버리는 것이 옳다. 정체가 분명하지 않은 것에 휘둘림을 당하면서 보내기에는 인생이란 너무나 짧다. 비록 훌륭하지는 않더라도, 이것이 내 인생이었다고 말할 수 있으려면 자기 혼자 걸어갈 수밖에는 없다.

생각의 동맥경화를 뚫어라!

대체 어떻게 늙으면 좋은 것일까? 육체의 노화를 멈추는 일은 아무도 할 수 없다. 나는 아직 젊다고 억지를 부리며 저항하는 것은 소용없는 몸부림이다. 도리어 당연한 일로 받아들이는 편이 좋다. 문제는 정신의 노화에 있다.

정신이 늙는다는 건 어떤 상태를 말하는 것일까? 그것은 머리가 굳어지는 것을 가리킨다. 생각이 굳어지고 사물을 보는 방식이 단편적이다. 남의 말이 귀에 들어오지 않는다. 판에 박은 듯한 발상밖에 할 수 없다. 이런 상태에 있는 것을 가리켜 머리가 굳었다고 한다. 이것은 나이가 젊어도 생길 수 있으므로 특히 주의를 해야 한다. 이 완고함을 어떻게 하면 풀 수 있을까? 마음의 유연성을 유지하려면 어떤 노력을 하면 되는 것일까? 그 방법에는 3가지를 생각할 수 있다.

첫째는 무슨 일에나 흥미를 갖는 일이다. 사람은 나이를 먹으면 새로운 것에 눈이 가지 않는다. 실은 그걸 흡수하고 싶으나 거기까지 갈 에너지가 없다. 대부분의 사람들은 귀찮아서 자기 속의 낡은 것에 매달리게 되고, 그렇게 되면 흥미의 폭은 좁아질 뿐이다. 여기서 우리는 분발하여 흥미의 폭을 넓혀야 하지 않을까? 그러기 위해서는 먼저 질문하는 일이 중요하다.

유대의 랍비는 말했다.

"현자란 어떤 사람인가? 모든 사람으로부터 배우는 사람이다."

여러 사람으로부터 배우려고 하지 않는다면 그 사람은 끝이다. 그때 마음은 확실히 노인이 되고 만다. 아무튼 진심으로 질문하는 일이 중요하다. 그러면 자연히 흥미도 솟아난다. 특히 중요한 것은 자기보다 나이 어린 사람에게 질문하는 일이다. 그것을 즐겨 한다면 그 사람은 늙지 않는다.

둘째는 마음 홀가분하게 행동하는 일이다. 마음의 늙음은 몸에도 나타난다. 언제나 내키지 않는 기분으로 몸을 움직이지 않는 상태, 이것이 가장 나쁘다. 무슨 일이든 기회 있을 때마다 몸을 움직이는 일, 행동에 옮기는 일이 중요하다. 어떤 행동이든 무방하다. 취미를 더 갖는 일도 좋다. 말벗으로 이성을 갖는 일은 더욱 좋다. 아무튼 가까이에 있는 것을 닥치는 대로 받아들이는 것이 좋다.

셋째는 자기만의 시간을 갖는 일이다. 그것은 주위의 흐름을 타는 것이 아니라 주위의 도움을 받지 않고 자기 혼자 즐길 시간을 확보하는 일이다.

그렇다면 고정관념에 의한 의식의 경직화는 언제 일어나는가? 그것은 자아가 한쪽에만 기울었을 때 생긴다. 사람이 다른 모든 것을 제쳐두고 자기를 지키는 일에만 급급할 때, 그 판단에는 아무런 여유도 없다.

평상시에는 침착하고 자제심도 강하다고 자부하는 사람조차도, 일단 발등에 불이 떨어지면 가여울 정도로 당황한다. 특히 이해관계나 거취 문제가 얽혀 있는 경우, 그 상황은 자기 안에서 절대화되고 만다. 시계추가 자신을 한쪽 끝에 고정시킨다.

이런 경우 어떻게 하면 좋을 것인가?

예언자는 이렇게 말한다.

마음을 돌려 진정하라.
그것이 구원받는 길이다.
고요히 믿고 의지하는 것이 힘을 얻는 길이다.

노동은 가장 신성한 행위

유대인에게 노동은 고통을 동반하는 것이라도 신에 대한 충성의 표시이며 창조적 행위에 참가하는 것이다. 노동은 신이 천지창조 때 행한 행위이기 때문에 이것을 업신여길 수가 없다. 유대교에선 노동이야말로 신성한 행위의 으뜸이다.

히브리 대학의 학장을 역임한 S. 후고 베르그만은 '히브리어로 아보트는 노동을 의미하지만 신에 대한 예배까지도 의미한다'고 지적한다. 그것이 그들의 근로의욕을 높이고 있다.

서기 2세기에 유명한 랍비 탈폰은 '신의 위력은 노동하는 사람에게 머문다'라고 말했다. 유대인들은 일찍부터 이러한 생각에 철저했다.

그리스도교에서는 오랫동안 수도원에서 기도와 명상에 몰두하는 수도사를 세속의 서민보다 존귀하다고 생각했다. 반면에 세속에서 일에 쫓기는 민중은 업신여겼다. 그런데 종교개혁이 있고 난 뒤, 세속에서 직업을 갖고 노동을 하는 것이 신에 대한 의무이며 숭고한 사명이라고 생각하게 되었다. 다시 말해 유럽에선 종교개혁 이후인 17세기 후반부터 노동에 대한 사회적 인식이 적극적이었다.

이 변화는 루터를 필두로 하는 종교개혁의 리더들이 주장했듯 성직자라도 가톨릭 교회의 수도원을 뛰쳐나와 자활해야 살아갈 수 있다는 현실을 반영한 것이다.

탈무드는 '손을 놀려 생활할 수 있는 사람은 종교가보다 훌륭하다'라고 말하고 있다.

예루살렘에 신전이 있었던 시대에는 신전을 운영하기 위해 세습제 제사장 및 레위인이라는 직업 종교가가 있었다. 그들은 국민소득의 10퍼센트를 세금으로 거두어 생활했다. 그러나 랍비는 그런 생활을 할 수 없었기 때문에 대개 본업을 따로 갖고 생활을 꾸려가며 유대교 연구에 힘썼다.

랍비 아키바는 양치기, 랍비 메일은 경전을 베끼는 일, 랍비 힐렐은 땔나무 장사를 하면서 생활을 꾸려갔다. 그리스도교도 처음엔 자활방식으로 생활을 꾸려갔다. 예수의 본업은 목수였고 그의 제자 가운데 많은 사람들이 어부였다. 선교에 생애를 바친 사도 바울은 천막 만드는 일을 했다.

때문에 라반 가마리엘은 루터의 종교개혁이 있기 1300년 전, '세속의 일을 하면서 율법(성서)을 배우는 것은 훌륭한 일이었다. 왜냐하면 일과 학문 양쪽에서 고생을 하는 것이 죄를 잊게 하기 때문이다. 일하지 않고 율법을 배우는 것은 어떤 공부든 결국 무익하게 끝나게 되어 죄를 부르는 결과가 된다'고 선언했다.

여기서 말하는 죄란 신에 대한 반역을 뜻한다. 노동을 함으로써 신이 천지창조를 하는데 얼마나 고생했는지에 대해 공감하는 마음이 생긴다. 또한 율법을 배움으로써 일상생활에서 신의 규정에 대한 의미를 알게 되어 생활의 내면이 윤택해진다. 그러나 실생활의 경험이 뒷받침되지 않는 관념적인 공부는 학자를 오만하게 만들어 오히려 위험하다.

인간의 자유는 경제적 독립에서

유대인들은 남에게 의존하는 생활은 이집트에서 노예 생활을 할 때로 역행하는 것이라는 경계심을 가지고 있다. 동포라고 해도 남이 베푸는 자비에 익숙하다 보면 빚이 생기게 되고 상대에게 점점 속박되어 간다.

그들은 인격적 자유란 확실한 경제적 독립에서 비롯된다고 생각한다. 이것이 유대인을 상승지향으로 몰아가는 근원적 동기이다. 때문에 20세기 전반에 팔레스타인으로 이주한 시오니스트 개척자들은 유대인의 자유실현을 위해 노동에 힘썼다.

이스라엘 건국의 아버지인 D. 벤 구리온은 다음과 같이 회상한다.

팔레스타인에서 일어난 진짜 기적은 유대인들이 과수원 재배, 정원관리, 농지개척, 포도재배, 돌을 쪼개는 일과 가공, 항만노동, 수리(水利)관리, 전력설비, 공장노동, 생활용품 제조, 도로건설 등의 기술을 금세 마스터한 것이다. 이런 일은 유대인들이 세계 여러 곳에 흩어져 있을 때는 손도 댄 적이 없는 일들이다.

우리는 육체노동을 그리스도교인처럼 신이 내린 저주라든가 필요악이라고 생각하지 않는다. 또한 육체노동을 생활유지를 위해 필요한 수단이라고도 생각하지 않는다. 우리에게 있어 육체노동은 인간의 숭고한 기능이며 인간생활의 기초이며, 인간생활 가운데 가장 숭고한 것이다. 그것은 자유롭고 창조적이어야 한다. 사람들이 긍지로 여겨야 할 것이 육체노동이다.

1946년 벤 구리온이 이스라엘 건국 직전에 한 연설이다. 그는 이스라엘 수상을 사임하고 정계에서 은퇴한 뒤, 작열하는 네게브 사막의 개척지 키부츠(집단농장)로 이주하여 몸소 노동을 했다. 이 점이 노동을 기피해야 할 저주라고 생각해 노동형벌설을 주장하는 서구사회 사상가들과 시오니스트들이 다른 점이다. 사회주의 국가 소련에서조차 노동은 형벌의 수단이었다.

그러나 이스라엘의 시오니스트들은 모두 벤 구리온처럼 노동을 긍정적으로 생각했다. 개척 초기의 정신적 리더 아론 고든은 이렇게 외쳤다.

"스스로 노동을 하라. 그래야 비로소 우리 유대는 문화를 얻고 자신의 생활을 얻을 수 있다."

랍비들은 이 가르침에 덧붙여 설명한다.

"사람들은 항상 노동을 사랑하여 일에 힘써야 한다. 왜냐하면 천지를 창조하신 신도 모든 것을 끝내고 나서 휴식을 취했기 때문이다. 더구나 사람들이 하는 일은 엿새 만에 완성하지 못하기 때문에 더욱 근면하게 일해야 한다."

10계와 유대인 비즈니스 윤리

유대인에게 윤리의 기준은 무엇인가. 유대인의 모든 생활을 다루고 있는 규범은 말할 것도 없이 '10계'이다. 그 내용은 아래와 같다.

① 야훼 하느님을 숭배하라.
② 우상을 숭배하지 마라.
③ 신의 이름을 함부로 부르지 마라.
④ 안식일을 지켜라.
⑤ 부모를 공경하라.
⑥ 살인하지 마라.
⑦ 간음하지 마라.
⑧ 도둑질하지 마라.
⑨ 거짓을 말하지 마라.
⑩ 남의 것을 탐하지 마라.

10계는 종교적인 계율이지만 그 정신은 유대인의 생활에 규율을 부여한다. 유대교의 생각에선 율법이라고 불리는 모세오경이나 구약성서, 그리고 방대한 율법체계인 탈무드나 유대교의 신비사상인 카발라 등 유대교의 모든 가치체계는 이 10계에서 퍼져나간 것이다.

히브리 대학 법학부장이었던 아브라함 라비노비치 교수는 비즈니스에서의 10계 정신을 다음과 같이 설명하고 있다.

10계	비즈니스에 대한 교훈
① 신 야훼 숭배	→ 진실을 중시한다.
② 우상숭배 금지	→ 신의를 지키고 이중계약을 하지 않는다.
③ 신의 이름 남용 금지	→ 안일한 보증이나 계약을 하지 않는다.
④ 안식일 준수	→ 노동 후의 휴식이 창조로 이어진다.
⑤ 부모공경	→ 창조주에게 경의를 표하고 어른을 공경한다.
⑥ 살인금지	→ 인명을 존중하고 다른 사람의 복지에 관심을 기울인다.
⑦ 간음금지	→ 뒷거래를 하지 않는다.
⑧ 절도금지	→ 사기 및 부당한 이익을 엄금한다.
⑨ 위증금지	→ 공정함과 진실이 사회정의를 확립한다.
⑩ 남의 소유물 선망금지	→ 다른 사람의 권리를 고의로 침해하지 않는다.

가격과 품질을 일치시켜라

비즈니스의 기본은 상품매매다. 탈무드에 있는 판매자와 구매자에 대한 구체적인 지침 몇 가지를 소개한다.

탈무드에선 판매자는 사람들의 이익을 우선하여 가격결정을 할 의무가 있다고 한다. 이 의견의 대표적인 제창자는 랍비 제이다. 제이라는 다른 사람이 물색 중인 것을 모르는 척 먼저 사서 그것을 비싼 가격으로 전매하는 상인을 엄하게 나무랐다. 특히 구매층이 큰 상품을 독점하여 가격폭등을 노리는 상인을 규탄했다. 상인이 얼마의 가격으로 상품을 팔겠다는 것을 공표했다면, 설령 비싼 가격으로 판매할 좋은 기회가 생긴다고 해도 같은 날 비싼 가격표로 바꾸는 것을 경고했다.

상인은 시장질서를 유지하고 혼란시키지 말아야 할 의무가 있기 때문에 함부로 가격폭등을 꾀하지 않는 것은 물론이려니와 가격을 멋대로 내려도 안 된다. 또한 가격과 품질이 일치해야 한다는 것을 잊어선 안 된다. 이것은 수요와 공급법칙보다 훨씬 중요한 비즈니스의 기본이다.

랍비들은 지금부터 1700년 전에 '밀이 판매가격에 적합한 품질이라면 판매자나 구입자 모두 거래를 해제하지 않는다'라고 했다. 가격과 품질이 일치하면 구입자나 판매자 모두 계약해제를 하지 않는다는 생각은 마케팅의 원점이며 종착점이기도 하다.

판매자가 내놓는 것과 구입자가 지불하는 것이 같아야 한다. 친구에게 도움을 부탁할 때 "밭 가는 것을 좀 도와주게. 나도 자네가 밭 가는 것을 도와줄 테니까"라고 하는 것은 좋은데 "밭 가는 것을 도와주게. 그 대신 난 자네 밭의 풀 뽑는 것을 도와주겠네"라고 하는 것은 계약이 성립되지 않는다.

노역에서 대가를 지불하는 경우 그 고통의 정도가 동등하다면 등가교환의 원칙이 성립되지만, 한쪽이 가벼운 노동일 경우는 공평하지 않기 때문에 계약이 무효가 된다.

누구나 대등한 입장에서 거래를

거래는 판매자와 구입자가 대등한 입장에서 이뤄져야 한다. 상대가 부자든 가난하든, 혹은 비싼 상품을 사는 손님이든 염가의 상품을 사는 손님이든, 인간적인 구별이 있어선 안 된다. 탈무드는 유대인이 그런 차별에 엄격해야 한다고 가르친다.

어느 날 랍비 후나가 괭이를 메고 있을 때, 하나 바루하니라이라는 젊은이가 찾아 왔다. 하나는 선배 후나에게 괭이를 대신 메어주겠다고 했다. 그러나 후나가 보니 괭이를 멘 후배의 모습이 아무래도 어설펐다. 선배인 후나가 말했다.

"자네가 괭이를 메는 게 익숙하다면 그래주게. 그러나 그렇지 못하면 자네는 평소 괭이를 메는 농사를 가볍게 여겼다는 이야기가 되네. 그런데 내 앞에서 겉바르게 괭이를 멘다는 것은 달갑지 않은 친절일세."

차별에 엄격할 뿐 아니라 탈무드는 다른 사람의 권리를 침해하지 않기 위해 다른 사람이 하지 않은 분야를 선택하는 것도 권하고 있다. 유대엔 '모두가 한쪽으로 쏠리게 되면 세계가 전복된다'는 속담이 있다. 아무리 소수민족이라고 해도 유대인 전원이 같은 일에 빠져 있다면 비즈니스는 금세 쇠락해 쓰러지게 되는 것은 당연한 이치다.

탈무드는 "성서는 다윗 왕의 말로 '친구에게 악을 행하지 마라'라는 문구를 전하고 있다. 이 말 뜻은 이웃의 직업을 침해하지 마라는 것이다"라고 전한다.

친구가 하는 일이 아무리 잘된다고 해도 그것은 신이 그 사람에게 준 직업이기 때문이지 당신이 그것을 침해해도 좋다는 뜻은 아니다. 다른 사람이 하는 일을 침해해도 되는 때는 그 사람의 권유를 받는 경우다. 안 그러면 당신은 자신에게 적합한 일을 스스로 개척해야 한다. 이것은 다른 사람과의 경쟁이 없는 만큼 오히려 높은 이익을 기대할 수 있고, 판매자로서의 장사 착안은 여기서 시작된다.

유대 부자철학 78 : 22
돈의 노예가 되지 말고, 주인이 되라

여자를 노려라

"유대상술에 있어서의 상품은 두 가지밖에 없다. 그것은 여자와 입이다."

유대인의 말에 따르면 이것은 "유대상술 4000년의 공리(公理)"라고 한다. 게다가 "공리이므로 증명은 불필요하다"라고 말한다. 증명 대신에 약간의 설명을 덧붙인다면 대략 다음과 같다.

유대인의 역사는 구약성서 이래 유대 역사가 가르치는 바로는 남자라는 것은 일하고 돈을 벌어 오는 것이고, 여자는 남자가 벌어들인 돈으로 생활을 유지하는 것이라고 못 박고 있다. 그러므로 상술이라는 것은 타인의 돈을 우려내는 것이므로, 동서고금을 막론하고 돈을 벌려고 생각한다면, 우선 여자를 공격하고 여자가 가지고 있는 돈을 뺏는 데 있다는 것이다. 이것이 곧 유대상술의 '공리'이고, "여자를 노려라"는 것은 유대상술의 금언이다.

장사하는 재주가 보통사람 이상으로 갖춰져 있다고 생각하는 사람은 여자를 노리고 장사를 하면 반드시 성공한다. 거짓말이라고 생각하면 시험 삼아 한번 해보는 것이 좋다. 틀림없이 돈을 벌 수 있다.

이와는 정반대로 남자들을 상대로 장사를 한다는 것은 여자를 상대하는 것보다 10배 이상이나 어렵다. 왜냐하면 원래 남자는 돈을 가지고 있지 않기 때문이다. 다시 말해 돈을 쓸 권한을 지니고 있지 않다는 것이다.

그러므로 결국 여자를 상대로 하는 장사가 훨씬 쉽다.

요염하게 빛나는 다이아몬드, 호화찬란한 드레스, 반지·브로치·목걸이 등의 액세서리, 그리고 고급 핸드백. 이러한 상품들은 어느 것이든 상인의 손이 미치기를 기다리고 있다.

입을 노려라

여성용품은 손쉽게 돈을 벌 수는 있으나 이것을 취급하는 데는 어느 정도의 재능이 필요하다. 상품의 선택에서 세일즈에 이르기까지 노하우가 필요하다.

그러나 유대상술의 제2상품인 입은 보통사람이건, 보통 이하의 재능밖에 지니지 않은 사람이건 능히 할 수 있는 장사다. 입을 노리라는 것은 바로 입에 들어가는 것을 취급하는 장사를 말한다.

가령 야채가게·생선가게·술집·건어물가게·쌀집·과자가게·과일가게가 그렇고, 이 같은 식품들을 가공하여 판매하는 요릿집·음식점·레스토랑·스탠드 바·카바레·클럽 등이 그렇다.

또한 극단적으로 말해 '입'에 들어가는 것이라면 다 마찬가지이다. 입에 들어가는 것을 취급하는 장사는 반드시 돈이 생기게 마련이고, 돈을 벌 수 있는 장사인 것이다.

더구나 입에 들어가는 것을 취급하는 장사가 돈을 번다는 것은 과학적으로도 증명할 수 있다.

입에 들어가는 것은 반드시 소화되고 배설된다. 한 개 500원 하는 아이스크림도, 한 접시에 1만 원인 비프스테이크도 몇 시간 후에는 폐기물이 되어 배설된다. 즉, 입에 들어간 '상품'은 시시각각으로 소화되고 몇 시간 뒤에는 다음의 상품을 필요로 하게 된다. 팔린 상품이 그날로 소비되고 폐기되어 간다.

이러한 상품은 이것밖에 존재하지 않는다. 토요일도 공휴일도 없이 돈을 벌어 주는 것은 은행예금의 이자와 '입으로 들어가는 상품'뿐이다. 그러므로 확실하게 돈을 벌게 된다.

그러나 입으로 들어가는 상품은 여성 용품만큼 쉽게 돈을 벌 수는 없다. 유대상술에서 여성용품을 '제1의 상품'으로 하고, 입으로 들어가는 상품을 '제2의 상품'으로 정한 이유도 바로 여기에 있다.

유대인에 다음 가는 상재(商才)를 지녔다고 하는 화교 가운데는 이 제2의 상품을 취급하는 사람이 많다. 유대상인이 스스로를 '화교들보다 상재가 있다'고 자랑하는 것은 대개의 유대상인이 제1의 상품을 취급하기 때문이다.

판단의 기초는 외국어

상거래에 있어서 가장 중요한 것은 우선 판단이 정확하며 신속해야 한다는 것이다. 유대인과 거래를 해보고 놀라는 것은 그들의 빠른 판단과 정확성이다.

유대인은 세계를 제집처럼 돌아다니는 만큼, 최소한 2개 국어는 마스터하고 있다. 자기 나라의 말로 사물을 생각하면서 동시에 외국어로 사물에 대해 얘기할 수 있다는 것은, 각기 다른 각도에서 폭넓게 이해할 수 있다는 것이므로 국제적인 상인으로서는 크나큰 힘이 아닐 수 없다. 그렇기 때문에 자기 나라 말밖에 할 수 없는 상인보다 훨씬 정확한 판단을 내릴 수 있다.

예를 들어 유대인이 곧잘 사용하는 영어에 'nibbler'라는 단어가 있다. 이것은 'nibble'이라는 동사로부터 나온 단어로서, 'nibble'은 낚시질을 할 때 고기가 먹이를 톡톡 건드리는 상태를 말한다.

고기는 'nibble'의 상태에서 재빨리 미끼만을 따먹고 달아나거나, 낚시에 걸려서 낚이거나 둘 중 하나이다. 이 가운데서 재빨리 미끼만을 따먹고 달아나 버리는 수법을 쓰는 상인을 '니블러'라고 하는데, 한국어에는 이 같은 '니블러'에 해당하는 단어가 없다.

그러므로 한국어 이외에는 말할 줄을 모르는 상인은 '니블러'를 이해할 수 없으므로, '니블러'에게 미끼만을 그대로 따먹히고 만다. 이것을 거꾸로 생각하면 그런 한국인은 '니블러'도 될 수 없다.

유대상인 가운데는 '니블러'도 적지 않게 있으므로, 통역을 사이에 두고 상담을 하고 있다가는 '니블러'의 미끼가 될 뿐이다.

또한 한국어밖에 할 수 없다는 것은 그 사람의 사고방식이 겨우 유교나 불교 정신을 기초로 하는 것 이외에는 전개할 수 없다고 해도 좋을 것 같다.

그러므로 간혹 유교나 불교에 전혀 교양이 없는 상대와 부딪히면 의사소통이 안 될 뿐더러 심할 경우에는 응대방법조차 알 수 없게 되어, 그냥 허수아비 상태가 되어버리고 만다. 이래서야 상담이 원만하게 될 까닭이 없다.

모름지기 돈벌이에 뜻을 둔다면 최소한 영어 정도는 자유로이 구사할 수 있게 되기를 바란다. 영어를 할 수 있다는 것은 돈벌이의 제1조건이며, 영어와 돈은 불가분의 관계가 있다고 생각해도 무방할 것이다.

암산을 잘해야 한다

유대인은 암산의 천재들이다. 암산이 빠르다는 데에 그들의 판단이 빠르다는 비밀이 숨어 있는 것이다.

어느 유대인을 라디오 공장으로 안내했을 때의 일이다. 잠시 동안

물끄러미 여자공원의 작업을 바라보고 있던 유대인이 얼마 후에 서서히 공장 안내계에서 질문의 화살을 던졌다.

"이 사람들의 한 시간당 임금은 얼마나 되나요?"

안내원은 눈을 끔뻑이면서 계산을 하기 시작했다.

계산한 답이 나올 때까지 적어도 2, 3분은 걸린다. 그런데 유대인은 계산을 이미 마치고 있었던 것이다.

더구나 공장 안내원이 답을 할 무렵에는 벌써 여자공원의 수와 생산능력, 그리고 원가는 물론이려니와 라디오 한 대당 자기가 벌 수 있는 액수까지 완전히 계산을 마치고 있었다.

암산이 그토록 빠르기 때문에 유대인은 늘 신속한 판단을 내릴 수 있다고 하겠다.

반드시 메모하라

유대인은 어떤 장소에서도 중요한 것은 반드시 메모한다. 이 메모가 그들의 정확한 판단에 얼마나 도움이 되는지 모른다. 유대인은 유대상술에 있어서의 '애매모호함을 용서하지 않는다.' 아무리 신속하고 정확한 판단을 내릴 수 있더라도 가장 중요한 날짜, 금액, 납품기일 등이 모호하면 아무것도 안 되기 때문이다.

우리는 중요한 것을 한 귀로 흘려보내거나 애매한 기억만으로 넘겨 버리는 나쁜 버릇이 있다.

"참 그때의 이야기에서 납품기일은 확실히 ×월×일이었던가요? 그렇지 않으면 ×일이었던가요?"

이렇게 말하면서도 태연하기만 하다.

때로는 일부러 능청을 부리면서 그 순간을 이렇게 때운다.

"아, 참! 잘못 생각했습니다. ○일이었군요. 저는 그만 ×일로만 생각하고 있었기 때문에……"

그러나 상대가 유대인인 이상 절대로 이런 식의 능청은 통하지 않는다. 변명을 해보았자 이미 때는 늦다. 계약파기, 채무불이행에 의한 손해배상청구라는 방향으로 사태가 진전하지 않는다고 단언할 수 없다.

유대상술에는 '모호'하다는 것이 절대로 있을 수 없고, '변명'도 절대 있을 수 없다. 극히 자그마한 일이라도 귀찮게 생각하지 말고 메모하여야 한다.

잡학을 쌓아라

유대인과 교제하면 곧 알 수 있듯이 유대인은 '잡학박사'이다. 더구나 들은 풍월과 같은 얕은 지식이 아니라 해박한 지식이다.

유대인과 같이 식탁에 둘러앉으면, 그들의 화제가 정치·경제·역사·스포츠·레저 등 모든 분야에 미칠 정도로 매우 풍부하다는 것에 놀라지 않을 수 없다. 유대인은 상거래와 전혀 관계가 없다고 생각되는 것도 매우 잘 알고 있다.

대서양의 해저에 살고 있는 물고기의 이름, 자동차의 구조, 식물의 종류…… 등에 관한 것도 전문가에 가깝다.

이렇듯 풍부한 지식이 유대인의 화제를 풍부하게 하고, 인생을 또한 풍부하게 만들고 있다는 것은 두말할 나위조차 없겠으나, 상인으로서 가장 적합한 판단을 내리기 위해서 그 얼마나 도움이 되는가는 예측할 수 없을 정도이다. 잡학에 뒷받침된 넓은 시야(視野), 그 시야를 바탕으로 유대인은 정확한 판단을 내리고 있는 것이다.

"상인은 주판만 튀길 줄 알면 된다"라는 사고방식이 그 얼마나 시야가 좁으며, 비유대적인 사고방식인가는 새삼 논할 필요조차 없다고 하겠다.

사물을 하나의 각도로밖에 바라보지 못하는 인간은 인간으로서도 반인간이며 상인으로서도 단연 실격이다.

오늘의 싸움은 내일로 넘기지 않는다

상인은 상담하는 자리에 앉으면 언제나 싱글벙글 웃는다. 날씨가 맑은 아침에는 물론 '굿모닝'이지만 비바람이 모질게 휘몰아치는 아침에도 싱글벙글 하면서 '굿모닝'이다. 그런데 막상 상담에 들어가면 대개는 난항이다.

유대인은 유독 돈에 관한 결정은 귀찮도록 세밀하다. 마진은 물론이고, 계약서상의 별것도 아닌 서식에도 입가에 거품을 물고 때로는 언성을 높여가며 논쟁을 한다.

유대인은 적당주의는 절대로 인정하지 않는다. 의견이 서로 엇갈리는 일이 있으면 어느 쪽 의견이 타당한가를 철저하게 따진다. 격론을 벌이며 서로 욕설이 오가는 일도 적지 않다.

그러므로 상담이 하루 만에 원만히 끝나는 일은 거의 없다. 첫날은 보통 싸움으로 끝난다.

이 같은 경우, 대개 한국인은 상담을 중도에서 끊어버릴 작정으로 있다. 혹은 중단할 심산이 아니더라도 서로 격한 싸움을 벌인 이상 상당한 냉각기간을 두지 않으면, 계면쩍어서 상대의 얼굴조차 정면으로 쳐다보지 못한다.

그러나 유대인은 싸움 끝에 헤어졌더라도 다음날 언제 그랬냐는 듯이 싱글벙글 웃으며 '굿모닝'과 함께 불쑥 얼굴을 내민다.

이쪽에서는 물론 전날의 싸움을 벌인 흥분이 아직 가라앉은 것이 아니므로 아연실색하거나 혹은 당황하게 되는데, 어느 쪽이든 간에 허를 찔린 것 같은 기분이 든다.

"무엇이 '굿모닝'이냐? 이 녀석아, 어제 일을 설마 잊어버리지는 않았겠지? 이 빌어먹을 녀석" 하고 소리쳐 주고 싶은 마음을 꾹 참고 태연한 척한 표정으로 손을 내밀 수밖에 없다. 그러나 심중의 동요만은 어찌할 수 없으므로 자연히 침착성을 잃게 마련이다. 이렇게 되면 벌써 7할쯤은 적의 술책에 빠진 것과 다름이 없다.

적은 이쪽의 동요를 이미 알아차렸다는 듯이 싱글벙글 하면서도 주도권을 쥐고 다시 공격해 온다. 이때 정신 나간 사람처럼 적당히 응전을 하다가 간신히 정신을 차렸을 때에는 이미 적이 계획한 조건대로 말려 들어가 꼼짝도 못하는 형편으로 되어 버리기가 일쑤다.

유대인은 그것에 대해 대개 다음과 같이 말할 것이다.

"인간이 가진 세포는 시시각각으로 변하고 날로 새로운 것으로 바뀌고 있소. 그러므로 어제 싸웠을 때의 당신 세포는 오늘 아침 새로운 세포로 이미 바뀌었소. 만복일 때와 공복일 때의 생각은 다른 법이오. 나는 당신의 세포가 바뀌기를 기다리고 있었던 것뿐이오."

유대인은 지난 2000년 동안 온갖 박해를 당하며 쌓아올린 '인내'라는 고귀한 체험을 결코 헛되이 하지 않는다. '인내'하면서 취할 것은 취한다는 유대상술을 고안해 냈던 것이다.

"인간이란 변하게 마련이오. 인간이 변하면 사회도 또한 변하오. 사회가 변하면 유대인도 반드시 소생될 것이오."

이것은 유대인이 2000년 동안의 인내 속에서 얻은 낙관주의이며 유대인의 긴 역사 속에서 태어난 그들의 민족정신이다.

'팔리는 회사'를 만들라

2000년에 이르는 온갖 박해를 끝내 참고 견디어 온 유대인이지만 3개월이 지나도 돈벌이가 안 되는 것이 분명해지면 깨끗이 그 장사에서 손을 뗀다. 그러므로 유대인은 자신의 피와 땀의 결정으로 만들어 놓은 회사에 대해서도 통속적인 감상은 절대 품지 않는다.

장사에 이 같은 감상이 금물이라는 것은 유대상인이면 충분히 알고도 남는다.

유대인이 믿는 것은 3개월 동안의 숫자뿐이며, 개인적인 감정 같은 것은 계산에 넣지 않는다. 돈을 벌 작정으로 장사를 시작한 것이라면 냉정하게 합리주의에 입각해 철저해야 한다는 것이다.

유대인은 자기가 경영하는 회사라도, 돈을 벌기 위해서는 아무런 주저함도 없이 손을 뗀다. 유대상술에서는 그것이 높은 이윤을 낳는 것이라면 회사일지언정 충분한 상품이 되는 것이다.

유대인은 자그마한 공장에서 중견회사로 올려놓기 위해 온갖 고생을 거듭했더라도, 지금이 호기라고 생각되면 자기 회사도 팔아버린다. 호경기로 많은 수익을 올리는 때야말로 이 회사가 높은 값으로 팔릴 수 있는 유일한 기회라고 생각하는 것이 유대상술의 계산방식인 것이다.

유대인은 좋은 실적을 올리는 회사를 만듦으로써 즐기고, 이 회사를 팔아 돈을 버는 것으로써 즐긴다. 그리고 다시 돈벌이가 되는 회사를 만듦으로써 즐기는 것이다.

유대식 '회사관'이란 자기 회사를 비싼 값에 파는 것을 말한다. 회사란 사랑의 대상도 아니고, 다만 이익을 내기 위한 도구에 지나지 않는다는 것이 유대인의 냉정한 회사관인 것이다.

그렇기 때문에 자기 생명을 걸면서까지 돈벌이가 안 되는 회사를 사수하는 따위의 어리석은 짓은 절대로 하지 않는다. 유대상술의 금언으로 "오피스에서 죽으라"는 말이 있으나 이것은 '죽을 때까지 돈을 벌라. 죽을 때까지 장사의 손을 멈추지 말라'는 뜻으로 회사를 사수하라는 뉘앙스는 추호도 없는 말이다.

계약은 신과의 약속

유대인은 '계약의 백성'이라고 불리워지고 있다. 그만큼 유대상술의 골수는 역시 '계약'이다.

유대인은 일단 계약한 일은 어떤 일이 있어도 어기지 않는다. 그러므로 계약한 상대방에게도 계약의 이행을 엄격히 촉구한다. 계약에서는 달콤함도 흐리멍덩함도 있을 수 없고 또 허용되지도 않는다.

유대인이 '계약의 백성'이라고 불리워지는 것과 같이, 유대인이 신봉하는 유대교는 '계약의 종교'라고도 하고 구약성서는 '신과 이스라엘 백성과의 계약서'라고도 불린다.

"인간이 존재하는 것은 신과 존재의 계약을 하고 살고 있기 때문이다."

유대인은 이렇게 믿고 있다.

유대인이 계약을 어기지 않는 것은 그들이 신과 계약하고 있기 때문이다. 신과 교환한 엄숙한 약속이므로 어길 수는 없는 것이다.

"인간과 인간 사이의 계약도 신과의 계약처럼 어겨서는 안 된다."

유대인은 이렇게 말한다. 그런 만큼 채무 불이행이라는 말은 유대 상인에게 존재하지 않을 뿐더러, 상대의 채무 불이행에 대해서도 엄격히 책임을 추궁하고 용서 없이 손해배상을 요구한다.

유대의 계약

A가 B의 소와 B를 농장 경영을 위해 고용했다. 그런데 작업 중에 사고로 소가 죽고 말았다. 이런 경우 그 책임은 A에게 있는가, B에게 있는가. 탈무드는 B의 책임이라고 한다. A는 B와 소를 정당한 값을 지급하여 고용했으므로, 이 경우 B는 소의 관리자로서 고용된 것이다.

다음은 A가 B에게서 먼저 소를 임차하고, 그 뒤에 다시 B도 고용했다고 하자. 그런데 소가 작업 중에 죽었을 경우, A는 B에 대해서 죽은 소 값을 보상하지 않으면 안 된다. 왜냐하면 B의 소를 빌린 것과 B를 고용한 것은 각각 독립된 별개의 계약 관계이기 때문이다.

매매관계에 있어서도 탈무드는 독자적인 판단을 내리고 있다. A는 B에게 곡물을 팔았다. 그런데 A가 그 곡물을 정확히 달기도 전에 B는 그것을 모두 자기 창고로 옮겨가 버렸다. 곡물에 대한 B의 소유권은(대금 지불과는 상관없이) 이 시점에서 확정된다. 거꾸로

A가 계량을 마쳤더라도, B가 상품을 자기 창고로 옮겨가지 않은 한 (비록 대금 지불을 마쳤더라도) B는 아직 상품을 소유한 것이 아니다.

우리는 흔히 대금만 지불했으면 이미 구입한 것으로 인정하며 그 소유권이 확정된 것으로 여긴다. 그러나 탈무드는 본질적인 매매 행위의 목적이 물품의 양도에 있는데 착안하여, 오히려 구매인이 상품을 자기 창고로 옮겼는지 여하에 따라 그 매매 효력의 유무를 가늠했던 것이다. 따라서 살 사람이 대금을 지불도 하지 않고 상품을 자기 창고로 옮긴 직후에 상품이 모두 파손되어 버렸을 경우, 양도는 끝난 셈으로 산 사람은 판 사람에게 대금 전액을 지불하지 않으면 안 된다.

대금 지불에 의한 것으로 상품의 양도가 보증된다고 한다면, 간단히 옮겨갈 수 없는 대량의 상품이나 무거운 석재 같은 것이나 밭에서 아직 거두어 들이지 않고 있는 농작물의 경우에는 어찌될 것인가 하는 문제가 따르게 된다.

이에 대한 탈무드의 해답은 명쾌하다. 즉 매매계약이 성립된 그 상품이 놓여 있는 장소를 즉각 판 사람에게서 빌려 버리는 것이다. 그렇게만 하면 장소의 점유권에 의해서 사실상 상품을 산 사람의 수중에 간직하는 것이 된다. 농작물이라면 산 사람이 그 일부를 헐어내며 '자, 나는 이 농작물에 이미 낫을 댔노라' 하는 식으로 기정사실화하면 된다.

유대인에 있어서 고유의 사상은 계약사상이라고 일컬어지고 있다. 사실 계약은 불안정·불확실·불신을 배경으로 이루어진다. 그러나 그 본질은 당사자간의 합의에서 성립되며, 계약에 참가하고 있는 자가 그 이행과 완수를 위해 최대한의 노력을 기울일 것을 필수조건으로 하고 있다. 계약은 불신 사회에서 당사자의 신용과 선의를 전제로 하는 적극적이며 건설적인 제도이다.

여기서 재미있는 것은 계약은 본래 평등한 입장에서 평등한 의무를 지니기 위해 하는 것인데, 유대인 사회에서는 오히려 약자를 보호하기 위해서 계약사상이 발전해 온 것으로 받아들여지는 점이다. 하느님과 이스라엘 민족과의 관계에 있어서도, 부부간의 결혼계약서에 있어서도, 언제나 약한 자의 입장을 우선으로 배려하고 있다.

노동조건에 있어서 주인은 상대가 어른이 되어 있으면 자기 아들딸이든 집안 일손의 아들딸이든 명확히 노동의 대가를 제시하지 않으면 안 된다.

'사람은 모름지기 수고한 보람으로 먹고 마시며 즐겁게 지낼 일이다. 이것이 바로 하느님의 선물이다.' (전도서 3장 13절)

착취와 강탈을 하지 마라

유대법은 이자를 거둬들이는 것을 금한다. 그러나 그것은 경제활동을 원활히 하기 위해서이지 그 행위 자체를 반대하는 것은 아니다. 온 땅 구석구석까지 인간을 축복한 신이기에 재산 증식에 반대할 리가 없다. 하지만 유대의 신은 착취와 강탈에는 반대했다.

유대법은 보리가 귀할 때 빌려놓고 많이 날 때 돌려주는 것은 부당한 일이라 하여 금하고 있다. 이자 금지의 원칙에서 보면, 빌린 보리와 같은 양의 보리를 돌려주기만 하면 된다. 하지만 그러면 빌려준 사람의 이익을 앗아갈 가능성이 생긴다. 보리가 귀할 때 팔았으면 많은 이익을 올릴 수 있었을 텐데, 보리 수확이 끝나 시장에 넘쳐날 때는 가격이 떨어지는 것이다.

여기서 많은 랍비들은 짧은 기간이라면 가격변동이 없기 때문에 같은 양을 갚아도 상관이 없다고 판단했다. 이 판단은 이미 기원전 1세기에 확립된 것으로 보인다.

계약에 모호한 점을 남기면 뒤에 해석상의 문제를 낳게 된다. 결국 대립과 분쟁으로 발전한다. 모호한 점이 남지 않도록 하는 것이 계약을 체결할 때 가장 유의해야 할 점이다.

디리버티브 상품

주식시장을 살펴보면, 단기간이기 때문에 변동이 없다고 생각하지만 실제로는 단기간에 격변할 가능성도 안고 있다. 이웃 주부들은 빵을 빌리는 평화로운 관계처럼 보이지만, 사실은 빵 한 덩어리를 가지고 싸울 가능성도 있다.

다시 말해 상식적으로는 변화가 없을 것이라고 생각하고 있는 상황에서도 큰 변화나 대역전이 있을 수 있다. 변하지 않는다고 생각되는 것이 변한다. 그렇다면 변하지 않는다고 사람들이 안심하고 있는 사이에 그 변화를 발전의 기회로 이용할 수 있지 않을까.

유대인들은 변화가 없다고 생각되는 곳에서 변화를 찾아내, 이것을 자신의 것으로 만든다. 이런 사고를 가지고 있으면, 원래 상품으로의 가치가 없었던 채권에 새로운 변동적 부가가치를 붙여 상품화할 수도 있다.

그 좋은 예로 일반 투자가들이 방치하고 있던 정크 본드나 저당증권 등의 재판매가 있다. 금융계에서 속어로 디리버티브(derivative ; 금융파생상품)라고 불리는 상품이다. 쓰레기라고 생각했던 것이 의외의 가치를 낳는 경우이다.

임대(lease)

임대 물건은 임대주가 그 물건의 소유권과 감가상각을 부담하고, 빌리는 사람은 물건의 구입대금과 금리, 감가상각비와 수수료의 총액을 임대 기간으로 나눈 만큼을 임대료로 지불하면 된다. 경리 처리가 간단한 데다 비용을 손실금으로 처리할 수 있기 때문에 세금절약 효과가 크다.

부동산이나 점포, 기계설비나 컴퓨터, 자동차, 사무기재는 물론 호텔이나 레스토랑, 공장을 통째로 임대하는 등, 지금은 어디에든 임대방식이 정착되어 있다. 임대를 이용하면 사업자는 대형 투자자본에 의존하지 않고도 나날이 자본회전을 원활히 하며 사업을 전개시켜 나갈 수 있게 된다. 한편, 은행이나 금융기관의 입장에서 보면 융자자의 담보물건인 물품을 처음부터 차용재산으로 자기 소유로 둘 수 있기 때문에 안심하고 금리수입을 얻을 수 있다. 이런 이점에 이끌려 지금은 거의 모든 금융기관이 임대 사업에 진출하고 있다.

유대인들에게 있어 임대업은 적어도 로마시대 이래로 계속되어온 중요한 비지니스 분야였다. 그들은 임대계약에 관해서도 실무적이고 자세한 주의 사항을 성문화했다.

그들은 리스(임대)와 렌트를 엄밀하게 구별하고 있다. 즉, 그들은 임대를 수익사업을 위한 장기임대계약으로 인식했다. 단순히 물건을 상대에게 임대할 뿐만 아니라 임대물건의 운용에서 얻을 수 있는 이익에 관해서도 임대주에게 일정의 취득권리가 있다고 여겼다.

큰 숫자를 익혀라

유대인은 수치에 밝다. 상인이 숫자에 밝은 것은 당연하지만 특히 유대인의 숫자에 대한 개념은 유별나다. 유대인은 평소 숫자를 일상생활에 끌어들여 생활의 일부로 삼고 있다.

예를 들어 대부분의 사람은 '오늘은 무척 덥다', '좀 추워진 것 같다'라고 표현하는데, 유대인은 더위나 추위도 숫자로 표시한다. '오늘은 화씨 80도다', '지금은 화씨 60도다'라는 식으로 온도계의 숫자를 말한다.

숫자에 익숙하고 철저해지는 것이 유대 상술의 기초이며 돈벌이의 기본이다. 만약 돈을 벌고 싶다면 언제나 생활 속에 숫자를 끌어들여 친숙해지는 습관을 체득하라. 장사할 때만 숫자를 들고 나온다면 이미 돈을 버는 것과는 멀어진 것이다.

'원칙을 벗어나면 돈벌이는 안 된다. 돈을 벌고 싶지 않으면 무슨 짓을 하든 상관없다. 그러나 돈을 벌고 싶으면 결코 원칙을 벗어나선 안 된다.'

그들은 자신 있게 이렇게 말한다. 과연 유대 상술의 법칙이 틀림은 없는 것일까? 유대인은 언제나 이렇게 말하며 가슴을 편다.

'걱정 없다. 그것이 틀리지 않는다는 것은 유대 5000년의 역사가 증명해주고 있다.'

대개는 이론적으로 설명할 수 없는 일을 당하면 불가사의하다고 고개를 젓는다. '불가사의'는 수의 단위이다. 수인 이상 이론적으로 해명할 수 있어야 한다.

기본 숫자 1부터 시작하여 최대한의 단위를 외워 보자.

일, 십, 백, 천, 만, 십만, 백만, 천만, 억, 십억, 백억, 천억, 조, 십조, 백조, 천조, 경(京)······ 여기까지는 대개가 알고 있다. 그런데 그 위의 단위를 아는 사람이 드물다. 경 위로는 해(垓), 잡(秭), 상(穰), 융(溝), 면(澗), 정(正), 재(載), 극(極), 항하사(恒河沙), 아승기(阿僧祇), 나유타(那由他), 불가사의(不可思議) 등 숫자의 단위가 있는데, 불가사의 위가 무량대수(無量大數)이다.

그런데 숫자에 익숙하지 못한 일반인 중에서 불가사의가 숫자의 단위라고 대답할 사람이 과연 몇 명이나 있겠는가?

유대인은 반드시 가방 안에 대수 계산자(대수의 원리를 이용하여 복잡한 계산을 기계적 조작으로 간단히 할 수 있는, 자 모양의 기구)를 가지고 다닌다. 그들은 숫자에 있어서는 절대적인 자신을 가지고 있다.

돈은 다 돈일 뿐?

유대인은 돈벌이를 할 때에도 그 돈의 정체에 대해 따진다. 술장사나 콜걸, 호텔업 등으로 번 돈은 '더러운 돈', 착실하게 일하여 혹

사당하며 받은 노임은 '깨끗한 돈'이라는 식으로 구별하기를 좋아한다.

술장사로 번 돈에 '이 돈은 술장사를 해서 번 돈입니다'라고 씌어 있지 않다. 술집 마담 주머니의 만 원짜리에도 '이것은 술취한 사람한테서 울궈낸 돈입니다'라고 씌어 있지 않다. 돈에는 출신 성분이나 이력서가 붙어 있지 않다. '더러운 돈'이란 없다는 말이다.

그러나 유대인들에게는 안 통하는 말이다. 정정당당한 방법으로 돈을 벌어야 한다는 것을 단적으로 보여주는 예이다. 우리 속담에는 개같이 벌어서 정승같이 쓴다고 했는데, 과연 개같이 벌어서 정승처럼 쓰는 사람이 몇이나 있는가. 아무리 아쉬워도 돈은 깨끗이 벌어야 하고 깨끗이 쓸 줄 알아야 한다.

78 : 22의 우주법칙

그들의 상술에는 법칙이 있다. 그 법칙을 뒷받침하는 것은 우주의 대법칙이다. 인간이 제아무리 발버둥쳐도 결코 굽힐 수 없는 것이 우주의 대법칙이다. 유대인의 상술이 이 대법칙에서 벗어나지 않는 한 그들은 결코 손해를 보지 않는다.

유대 상술의 기본 법칙에 '78 : 22의 법칙'이라는 것이 있다. 엄밀히 말하면 ±1의 오차가 있으므로 이는 때에 따라 79 : 21이 되기도 하고 78.5 : 21.5가 될 수도 있다.

예를 들어 정사각형과 그에 내접하고 있는 원의 관계를 생각해 보자. 정사각형의 면적을 100이라 한다면 그에 내접하는 원의 면적은 약 78이 되고 나머지는 22가 된다.

또 공기의 성분이 질소 78에 산소와 기타가 22인 비율로 이뤄져 있다는 것은 너무나 잘 알려진 사실이다. 사람의 신체도 수분이 78, 기타 물질이 22의 비율로 이뤄져 있다. 이 '78 : 22의 법칙'은 인간의 힘으로는 도저히 어떻게 할 수 없는 대자연의 법칙이다.

인간이 인위적으로 질소 60에 산소 40인 공기를 만들었다고 해도 이 속에서 인간은 살아가지 못할 것이다. 또 인체의 수분이 60이 되면 인간은 죽고 만다. 그러니 '78 : 22의 법칙'은 결코 '75 : 25'나 '60 : 40'으로는 되지 않는 절대의 법칙이다.

이 법칙 위에 유대인의 상술이 성립되어 있다. 세상에는 '돈을 빌려주고 싶어하는 사람'과 '돈을 빌려쓰는 사람'이 있는데, 그중에는 '빌려주고 싶어하는 사람'이 단연코 많다. 은행은 많은 사람들로부터 돈을 빌어다가 일부 사람들에게 빌려주고 있다. 만일 '빌려쓰고 싶어하는 사람'이 많으면 은행은 당장 문을 닫는다.

이를 유대식으로 말하면 이 세상은 '빌려주고 싶다는 사람' 78에 '빌려쓰고 싶어하는 사람' 22의 비율이 성립된다. 이와 같이 돈을 '빌려주고 싶어하는 사람'과 '빌려쓰고 싶어하는 사람' 사이에도 이 '78 : 22'의 법칙은 존재한다.

무슨 일이든지 성공률은 78이고 실패율은 22인 것이다. 실패율 22를 생각지 말고 나도 하면 78의 성공률 속에 있다는 생각을 가지고 좌절하지 말아야 한다.

100점 만점에 64점이면 합격

유대인끼리의 상거래에서도 시비는 가끔 일어난다. 그런 때면 두 사람은 랍비에게 찾아가서 판정을 받는다. 이것은 그 옛날 분쟁 해결에 유대인은 그리스도교인의 재판소를 사용할 수 없었기 때문에 생긴 유대인의 생활 지혜인데, 그것이 오늘날까지 그대로 이어져 왔다.

랍비의 판정은 신의 판정이며 절대복종이 요구된다. 랍비의 판정에 따르지 않는 자는 유대 사회로부터 추방당하고 만다. 돈을 위해서는 마누라까지 믿지 않는 유대 상인도 유대교의 계율에는 절대복종한다. 물론 그들에게 절대적인 랍비도 때로는 잘못을 저지르는 수가 있다. 뉴욕에서 대규모 밀수단이 검거되었을 때, 치약 튜브에 보석을 넣어 밀수하던 랍비가 적발된 적이 있었다.

그런데 유대인들은 참으로 담담했다.
"랍비도 인간이다. 그러므로 실수를 할 수도 있다."
유대인에게는 랍비도 인간이며, 인간인 까닭에 합격점은 64점이라는 것이다. 유대인이 64점을 합격점으로 하는 데는 이유가 있다.
앞에서 유대인의 세계관은 '78 : 22, 플러스 마이너스 1'이라고 썼는데, 이 '78'의 78퍼센트가 바로 '64(60.84)'이다. 신이나 기계에는 100점 만점을 요구하는 유대인도 인간에 대해서는 64점밖에 요구하지 않는다.

먹기 위해서 일하라
"사는 목적이 무엇이라고 생각하느냐?"
유대인에게 물으면 매우 간단하면서도 엉뚱한 대답이 나온다.
'돈을 벌기 위해서'라고 대답할 것이라고 생각하면 착각이다. 유대인은 '사는 목적은 맛있는 것들을 마음껏 먹는 것'이라고 대답한다.
"인간은 무엇 때문에 일하느냐?"고 거듭 물으면 유대인은 이렇게 대답한다.
"인간은 먹기 위해 일하고 일하기 위한 에너지를 얻기 위해 먹는 것은 아니다."
먹기 위해 일한다고 대답할 만큼, 유대인이 가장 원하는 즐거움은 신사복을 입고 최고급 레스토랑에서 식사를 즐기는 일이다. 타인에 대한 최고의 호의 표현도 호사스러운 식사에 초대하는 것이다. 초대 장소는 자택일 수도 있고 레스토랑일 수도 있으나, 만찬에 초대하는 것은 유대인으로서 상대방에게 나타내는 최고의 접대인 것이다.
호사스러운 만찬은 유대인의 즐거움인 동시에 유대인의 돈에 대한 위력의 상징이기도 하다. 유대인은 약 2000년에 걸쳐 박해를 받으며 살아왔다. 그러나 그들은 선민이라는 자부심을 가슴 깊이 간직해 오면서, 언젠가는 자기들 앞에 이교도를 무릎꿇게 하고야 말겠다고 맹세해 왔다.

그 때문에 유대인이 무기로 손에 잡은 것은 그리스도교인으로부터 내던져진 천한 직업인 금융업과 상업이다. 그러나 이제 유대인은 금력으로 이교도 위에 군림하고 있다. 유대인에게는 그들의 금력을 과시하는 절호의 기회가 사치스러운 만찬이다.

유대인은 두 시간 가량 천천히 즐기며 만찬을 든다. 먹는 일이야말로 인생의 목적이므로 5분이나 10분에 인생의 목적을 입에다 털어 넣는 일은 절대로 하지 않는다. 유대인의 행복이란 인생의 목적인 사치스러운 만찬을 충분하게 취하는 데에 있다. 유대인은 그 행복을 즐기기 위해 어떤 수단이나 방법을 쓰더라도 돈을 벌어들인다.

아버지도 남이라고 생각해야 할 때가 있다

시카고의 데이비드 샤피로 씨의 집에서의 일이다. 샤피로 씨는 유대인으로서 고급 구두 제조업체 사장이다.

샤피로 씨의 저택은 9000평은 됨직한 넓은 집으로, 잔디를 깐 정원에는 풀장도 있다. 그 대지 끝에 인접하여 그의 소유인 크림색 제화공장 세 채가 나란히 세워져 있다.

한 사람이 샤피로 씨로부터 그의 집에서 있을 만찬에 초대를 받았다. 샤피로 씨는 곧 50번째 생일을 맞는다며, 정력적인 몸집을 가까이하면서 제화 직공을 지낸 뻣뻣한 손으로 악수를 청하고 손님을 영접했다. 그는 먼저 제화공장으로 안내했다.

두 번째로 제화 검사 공장에 갔을 때였다. 샤피로 씨는 반제품 구두의 밑창을 검사하고 있던 청년의 어깨를 두드리면서 말을 걸었다.

"이봐, 조!"

"오! 디브."

청년은 뒤돌아보고 벙긋 웃으며 대꾸했다.

손님은 놀랐다. 청년이 사장인 샤피로 씨를 '디브'라는 애칭으로 불렀기 때문이다. 놀란 그에게 샤피로 씨는 청년을 소개해 주었다.
"나의 장남 조셉입니다."
손님은 조셉과 악수하면서도 얼떨떨한 심정이었다. 자기 아들에게 이름을 막 불리면서도 아무렇지도 않은 샤피로 씨의 마음을 이해할 수가 없었다.
그러나 그 의문은 한 시간도 못 되어 풀렸다. 샤피로 씨가 유대식 자녀교육법을 세 살밖에 안 된 둘째 아들 토미를 상대로 보여주었기 때문이다.
토미는 그때 11살 된 누나 캐시와 커다란 장식장이 있는 응접실에서 뛰어다니며 놀고 있었다. 샤피로 씨는 요란스럽게 뛰놀고 있는 토미를 번쩍 안아 올려 장식장 위에 세우고 손을 내밀었다.
"토미, 자, 파파한테 뛰어내려봐."
토미는 아빠가 같이 놀아주는 것이 기뻐, 활짝 웃는 얼굴로 샤피로 씨의 팔로 뛰어내렸다. 그런데 토미가 뛰어내리는 순간, 샤피로 씨는 살짝 팔을 거두어 들였다. 토미는 방바닥에 쿵하고 떨어져 큰 소리로 울음을 터뜨리고 말았다.
손님은 크게 놀라면서 샤피로 씨를 바라보았다. 샤피로 씨는 싱글벙글하면서 토미를 바라보고만 있었다.
토미는 맞은편 소파에 앉아 있는 엄마한테로 울면서 뛰어갔다. 그런데 엄마도 생글생글 웃으면서, "오! 짓궂은 파파!" 하고 토미를 놀리는 듯 바라보고 있을 뿐이었다. 놀란 표정으로 이 광경을 바라보고 있는 손님 옆에 앉으면서 샤피로 씨는 정색을 하고 말했다.
"이것이 유대인의 교육방법입니다. 토미는 장식장에서 혼자 뛰어내릴 힘이 있습니다. 그런데도 내 말에 끌리어 뛰어내렸습니다. 그래서 나는 일부러 손을 거두어 버린 것입니다. 이것을 두 번, 세 번 거듭하는 동안 토미는 아버지라도 믿어서는 안 된다는 것을 자각하게 될 것입니다. 아버지일지라도 무조건 믿어서는 안 되며,

어디까지나 믿을 수 있는 것은 나 자신뿐이라는 것을 지금부터 가르치는 것입니다."

샤피로 씨의 장남이 아버지의 이름을 막 불렀던 까닭을 그는 이렇게 알게 되었다. 장남인 조셉은 샤피로 씨의 집에서는 한 사람의 완성된 인간으로서 인정되었던 것이다. 성인으로 인정되면 그에게는 아버지와 똑같은 인권이 주어지는 것이다. 아버지가 부자인데도 조셉이 공장에서 일하는 것은 그가 한 성인으로서 일을 해야 되기 때문이었다.

잊을 것은 빨리 단념하라

유대인은 상대방의 마음이 변할 때까지 끈기 있게 참는 반면에 수지타산이 맞지 않는다는 것을 알면 3년은 고사하고 반년도 참지 않고 단념한다.

유대인이 어떤 장사에 자금과 노동력을 투입하기로 결심하면 그는 1개월 후, 2개월 후, 3개월 후의 세 가지 청사진을 준비한다.

1개월이 지나 그 청사진과 현실의 실적 사이에 적지 않은 거리가 있어도 불안한 표정이나 동요는 전혀 보이지 않는다. 그들은 더욱더 자금과 노동력을 쏟는다. 2개월이 지났는데도 역시 전과 같이 청사진과 실적 사이에 거리가 있어도 유대인은 한층 보강된 투자를 아끼지 않는다.

문제는 3개월째의 실적이다. 여기서도 청사진 대로 일이 진행되지 않았을 때는 장래 그 장사가 호전될 전망이 서지 않는 한, 더 미련을 두지 않고 단념한다. 단념한다는 것은 그때까지 투입한 자금과 인적 노력을 포기한다는 것을 뜻하는데, 설사 그런 일이 있어도 유대인은 태연하다. 손을 뗐기 때문에 골칫덩어리가 없어졌다고 오히려 시원한 표정을 짓는다.

유대인은 최악을 생각하여 3개월 동안 투입할 자산을 미리 계산한다. 그 허용 한도 내의 예산으로 승부를 겨뤘기 때문에 실패해도 후회하지 않는다는 것이 그들의 사고방식이다.

현실을 합리적으로 판단한다

샘소나이트사의 창립자 쉬웨이더도 유대인이다. 그는 1900년대 초에 아버지를 따라 동유럽에서 미국으로 이주해왔다. 처음에 아버지는 뉴욕에서 잡화상을 차렸으나 잘되지 않았다. 그래서 시카고로 옮겨가 다른 장사를 시작했으나 이것도 실패했다. 빚 때문에 더 이상 꼼짝 못하게 되자 이곳저곳을 전전하며 도망을 다니게 되었고, 마지막으로 눌러앉게 된 곳이 콜로라도주의 덴버였다.

거기서 채소 가게를 냈으나, 또한 별 재미를 보지 못했다. 다시 도망치지 않으면 안 될 운명에 처했다. 그러나 도망을 치려 해도 이제는 더 걸음을 내디딜 곳도 없게 된 처량한 아버지를 아들 쉬웨이더가 설득했다.

"아버지, 저에게 가게를 맡겨주십시오."

그 무렵 덴버는 요양지로 유명했기 때문에 일 년 내내 찾아오는 요양객의 인파가 그치지 않았다. 채소 가게 앞에 서서 보고 있노라면 정류장 쪽에서 내린 손님들이 새 트렁크를 들고 잇따라 요양소를 향해 걸어갔다. 자세히 눈여겨보니, 돌아갈 때 손님의 트렁크는 거의가 터지거나 찢어져서 끈이나 벨트 같은 것으로 묶어 간신히 트렁크의 모양만 내고 있는 형편이었다. 그는 여기에 착안하여 아버지의 채소 가게를 가죽가방 가게로 간판을 바꿔 달았다. 가게가 정류장 근처에 있었던 것이 여간 다행한 일이 아니어서 트렁크는 날개 돋친 듯이 팔렸다.

처음에는 납품마저 주저하던 뉴욕의 트렁크 제조업체들도 이윽고 쉬웨이더 상사에 다투어 신제품을 보내오기 시작했다. 어쨌든, 불과 2년만에 트렁크류의 매상고를 전 미국에서 제일 많이 올린 가죽점포가 될 만큼 성장했다. 쉬웨이더 상회는 벽촌에 있지만 뉴욕 최신의, 더구나 톱 디자인의 트렁크를 살 수 있다는 소문이 퍼져 점점 더 유명해졌다. 그러는 동안 일류 제조업체들은 쉬웨이더 씨를 만나 그간의 감사를 표하겠다는 생각으로 그를 뉴욕으로 초대하게 되었다.

쉬웨이더가 도착하는 날, 뉴욕의 펜실베이니아 철도 중앙역에는 각 회사의 대표와 사장들이 몰려나와 무슨 총회라도 벌이는 듯이 북적거렸다. 그런데 막상 열차에서 홈에 내려선 쉬웨이더를 보자 모두는 그만 놀라 입이 딱 벌어지고 말았다. 쉬웨이더 상회의 대표가 16살의 소년이었기 때문이다.

그 뒤 쉬웨이더는 트렁크 류의 제품을 직접 만들기 시작했다. 떨어뜨려도 끄덕없고 메어쳐도 파손되지 않는 질기고 튼튼한 트렁크를 만들려고 노력했다. 그리고 그가 만든 튼튼한 트렁크에 '샘소나이트'라는 이름을 붙였다. 어렸을 때 그의 작은 가슴을 언제나 감동으로 채워 주던 성서 이야기 속에 괴력을 발휘하던 영웅 삼손의 이야기 때문이었다. 그 삼손의 이름에 연유하여 그는 자신의 사업에도 어린 날의 꿈을 기념하고 싶었다.

채소 가게 앞에 서서 바라보던 사람의 물결, 거기서 얻어진 작은 생각이 세계의 가방 샘소나이트를 탄생시킨 계기가 되었던 것이다. 유대인의 상법이라는 것이 있다면, 그것은 현실 직시와 파악, 그리고 현실에 대한 적절하고 합리적인 판단, 그 다음은 본인의 노력 여하에 달려 있다.

장사라는 것은 원래 때를 내다볼 줄 아는 안목과 정직, 이 두 가지만 갖춘다면 결코 어려운 것이 아니다.

"지혜는 유산과 같이 좋은 것이라, 해 아래 사는 사람치고 그 혜택을 입지 않은 사람은 없다. 지혜의 그늘에서 사는 것이 돈의 그늘에서 사는 것이다. 사람은 지혜가 있어야 틀림이 없다. 인생의 길을 깨친 사람이라야 이런 이득을 본다."(전도서 7장 11~12절)

순수한 상품이라야 한다

어떤 물품이든 섞은 것이 없이 순수한 상품이라야 한다. 밀이나 보리처럼 한눈에 알 수 있는 것이라면 이 원칙을 지키기에 그다지 어려울 것이 없다. 하지만 이 말은 햇밀에 묵은 밀을 섞어도 안 된다는 것을 의미한다.

유대교인은 음식물(코셔) 규정에 따라야 한다. 섞는 것은 인정받지 못한다. 유대인의 비프살라미, 비프소시지, 칠면조 고기의 햄은 특히 맛이 좋다. 돼지고기나 말고기가 섞이지 않았기 때문이다. 그 맛에 한번 맛들이면, 다른 소시지는 도저히 맛이 없어 먹을 맛이 안 난다.

코셔 규정은 술 종류에도 적용된다. 순수한 주정으로 빚어졌는가 아닌가는 랍비의 감시하에서 시음한다. 가공식품이든 술이든, 코셔로서 합격된 것은 상표 밑에 담당 랍비의 서명이 찍혀 있다.

탈무드는 포도주에 물을 타서 파는 것도 규제하고 있다. 물 탄 술이라는 것을 손님이 승인할 경우에 한해서만 술집에서 물 탄 포도주를 팔아도 된다. 그러나 다른 술집이나 중개인에게는 비록 상대가 물 탄 것을 승인하더라도 팔아서는 안 된다. 이것을 사 간 다른 술집에서 손님에게 물 탄 술이 아니라고 속여서 팔 우려가 있기 때문이다.

더구나 물 탄 포도주라면 잡균이 섞여 부패하고, 발효하여 장기보존이 어려워질 가능성도 있다. 어쨌든 이런 행위는 상업상 신용을 잃게 하는 결과밖에는 안 된다. 얼마에 팔 것인가 생각하기 전에 상품 품질관리부터 철저히 하여 정직하게 파는 것이 중요하다.

뉴욕에 있는 한 유대인 고서 상인은 손님에게 책을 건네주기 전에 떨어져 나간 장은 없는가를 확인한다. 옛책이므로 표지나 장정이 더럽혀져 있는 것은 어쩔 수가 없다고 하지만, 본문이 다 갖추어지지 않은 책을 손님에게 팔아넘겼다면 그것은 뒷날의 신용과 관계된다.

파손되었거나 결함이 있는 상품을 팔지 않는 신용으로 유대인은 고객의 수를 늘려 왔던 것이다.

하지만 반대의 경우에서도 유대인은 재능을 보인다. 즉 흠이 있는 물건을 싼값으로 대중에게 팔아넘기는 수법이다. 이 경우에 사는 쪽에서도 흠이 있는 물건이라는 것을 알고 사는 것이므로 이것도 속이는 것이 아니며 정직한 상술이다.

맨해튼 남동부에 통칭 이스트사이드라고 불리는 한 구역이 있다. 중국인 거리에 인접한 구역으로, 그곳 양복점에는 일류 메이커의 새 양복들이 죽 걸려 있는데, 모두 시중가격의 반값이다. 모두 상표를 뜯어낸 자투리 옷감으로 만든 물건이기 때문이다.

한 유대인 레코드 가게의 할인판매대에 신판이 싼값에 매겨져 놓여 있었다. 들여다보니 커버 귀퉁이에 직경 5밀리 정도의 구멍이 뚫려 있었다. 더 자세히 살펴보니 레코드판의 센터 부근에도 같은 모양의 구멍이 나 있었다. 상품에 일부러 구멍을 뚫어서 이것을 '흠이 있는 물건'으로 만들어 놓은 셈이다.

유대식 중고품의 상법은 우리나라에서 통하기는 어렵다. 왜냐하면 우리나라는 기능 본위라기보다는 외견 본위이기 때문이다. 상표를 중시하고 상품 이름에 매달려서 유명 메이커의 상품이라는 것을 자랑하고, 심지어는 그것을 일류 백화점에서 사 왔다는 것까지 자랑을 한다.

남자들은 회사 배지를 가슴에 달고, 부인들 가운데는 목에 두른 스카프 끝에 매달린 일류 디자이너의 사인을 보란 듯이 팔랑이면서 활보하고 있다. 이쯤 되면 이미 디자인 자체는 아무래도 상관이 없다. 이런 사람에게는 유명인이나 일류품에 어떤 형태로든 관계되어 있는 것만이 최대의 관심사이기 때문이다.

이 허영심의 맹점에 끼여들어 횡행하는 것이 가짜 상품이다. 핸드백·넥타이·스포츠 용품 등에서 프랑스제니 이태리제니 하고 속여

싼 물건에 비싼 값을 매겨 파는 사람들이 허다하다. 이 경우 책망해야 할 것은 가짜를 공급한 상인보다 그것을 선호하는 대중의 허영심일 것이다.

값싼 물건에 일류 메이커 상표를 달아 파는 사기상술은 유대인의 전통에는 전혀 없다.

짐작으로 상대를 믿지 마라

유대 상인의 소개로 찾아온다고 해서 그가 반드시 유대 상인이라고 할 수는 없다. 오히려 상인이 아닌 유대인인 경우가 더 많다고 할 수 있다. 그러나 상인이 아니더라도 유대인은 모두 유대 상술의 기초는 마스터하고 있다.

유대 상인의 소개로 유대인 화가가 찾아오자 어떤 사람이 그 화가를 한 카바레로 데리고 갔다. 그 유대인 화가는 스케치북을 꺼내더니 떠들썩하게 둘러앉은 호스티스 중에서 한 사람을 데생하기 시작했다. 이윽고 완성하여 보여준 그림은 정말 잘 그려졌다.

"정말 잘 그렸다."

그가 칭찬을 했더니 화가는 마주앉은 자리에서 다시 스케치북에 연필을 놀리기 시작했다. 때때로 그쪽으로 왼손을 내밀어 엄지손가락을 세워 보이곤 했다. 그 위치에서는 화가가 그리고 있는 그림이 보이지 않았지만 아마 자기를 모델로 그리고 있는 것으로 생각했다.

'그렇다면 화가가 그리기 쉽게 해야지.'

그는 옆 얼굴이 약간 보이는 포즈를 취하고 약 10분쯤 있었다.

"자, 됐다"며 화가가 연필을 놓았다.

그런데 화가가 보여준 스케치북에는 그 화가의 엄지손가락이 그려져 있었다.

납득될 때까지 묻는다

한국인은 외국 여행을 하면 안내인의 설명만 듣고 명승고적을 돌아보고 그것으로 만족하고 돌아온다. 이것은 다분히 초등학교와 중·고등학교 시절 수학여행을 다닌 버릇이 있기 때문일 것이다. 결국 유치원생 같은 여행을 하고서도 좋아하는 것이다.

동양인은 서구(西歐)를 돌아다닌다고 해도 영국인, 프랑스인, 미국인, 유대인 등을 한 번 봐서는 구별하지 못한다. 얼굴도 구별하지 못하면서 그 나라의 국민생활을 이해한다는 것은 대단히 어렵다. 그저 주마간산 격으로 돌아보고 오자는 식이 되기 마련이다. 유대인은 독특하고 날카로운 매부리코가 있다. 그 코로 구별할 수 있다.

동양인이 백색 인종들을 제대로 구별하기 어렵듯이 백색 인종도 일본인, 중국인, 한국인을 구별하는 것이 어려운 일이다. 대부분의 백색 인종은 한국인처럼 그것을 굳이 구별하려고 하지 않는다. 그러나 유대인만은 다르다. 그들은 명승고적에 대해서는 별다른 관심을 보이지 않지만, 타인종, 타민족의 생활이나 심리, 역사에 대해서는 전문가 이상의 호기심을 가지고 그 민족의 뿌리까지 알아내려고 든다. 이러한 호기심은 오랫동안 방랑과 박해의 역사로부터 온 타민족에 대한 경계심과 자기 방위 본능에 의한 슬픈 습성인지도 모르지만, 이 호기심이 유대상술의 바탕이 되어 있다는 사실은 부정할 수 없다.

외국에 간 대부분의 유대인의 모습은 이렇다.

"자동차 좀 빌려주십시오."

"명승지를 돌아보시겠다면 안내해 드리지요."

"괜찮습니다. 예비지식은 충분하니까요."

차를 빌려주면, 지도와 가이드북만을 가지고 출발한다. 며칠 후 돌아오면 그때부터가 야단이다. 차를 빌려준 데 대한 사례라고 식사에 초대하는데, 식사도 제대로 못할 만큼 질문공세를 받게 된다.

"한국 사람들은 어째서 밖에서 전통의상인 한복을 입지 않습니까?"

"왜 젓가락을 사용합니까? 포크가 먹기 편리할 텐데……."

질문, 또 질문.

유대인은 납득할 수 있을 때까지 질문의 화살을 멈추지 않는다. '질문은 순간의 부끄러움'이란 말은 해당되지 않는다. 이쪽이 모호한 지식밖에 가지고 있지 못하면 도리어 큰 망신을 당할 지경이다. 그들은 완전하지 않으면 결코 만족하지 않는다. 완전하지 않으면 납득하지 않는다는 유대인의 성격은 상거래에서도 분명히 나타난다.

무엇이든 완전히 납득한 뒤에 비로소 거래를 튼다는 것이 유대 상술의 경제 철학이다.

자기와 무관한 것을 팔아라

자기가 지나치게 좋아하는 것을 가지고 장사를 시작하면 좀처럼 성공하기 어렵다.

예를 들어 옛날 물건을 좋아하는 사람이 골동품상을 하거나, 칼을 좋아하는 남자가 도검상을 하면 장사는 잘 되지 않는다. 대상이 자기가 좋아하는 것이기 때문에 팔기가 아깝고, 거기에 매달리는 동안에 장사를 망치기 때문이다.

진짜 상인은 자기가 좋아하지 않는 것을 팔아야 한다. 자기가 싫어하는 것이니 어떻게 하면 팔 수 있을까를 열심히 생각하게 된다. 어떤 경우에는 필사적이 된다. 또한 그렇기 때문에 상품을 상품으로서 냉정하게 바라보며 평가할 수 있다.

또한 엽총을 갖고 싶어하는 에스키모인에게 자기가 갖고 있는 엽총을 파는 것은 진짜 사업이 아니다. 그건 너무 쉬워서 누구나 할 수 있는 일이다. 진짜 사업은 제빙기 따위를 전혀 필요로 하지 않는 에스키모인에게 제빙기를 파는 일이다.

사업의 길은 험난하다. 유대인은 중세유럽에서 오랜 세월 압박과 차별을 받아 정상적인 취업을 할 수 없었기 때문에, 유대인 거리 주민 대부분은 브로커가 되었다. 그들은 사업의 어려움 속에서 단련되었고, 유능한 많은 사업가들이 이렇게 해서 키워졌다.

식사 때 사업 이야기는 금물

유대인은 충분한 시간을 보내며 다양한 지식과 관심으로 온갖 일들을 화제에 올리면서 여유 있게 식사를 즐긴다. 가족 이야기, 레저 이야기, 꽃 이야기 등등 차례대로 수많은 화제가 등장한다.

그러나 모든 것을 화제로 올리면서도 역시 금기는 있다. 유대인은 음담은 거의 하지 않으니 역시 금기라 할 만하고, 전쟁과 종교와 사업에 관한 이야기는 절대로 해서는 안 된다는 묵시적인 규율이 있다.

온 세계를 전전하면서 쫓겨온 유대인으로서 전쟁에 관한 이야기는 식사 분위기를 어둡게 한다. 수많은 사상자를 낸 전쟁에 대하여 이제는 아무도 무엇이라고 말하지 않는다.

종교 이야기도 이교도와 대립하기 쉽다. 사업에 관한 이야기도 이해의 대립을 초래하게 되므로 유쾌하지 못하다. 그래서 유대인은 식사의 즐거움을 깰 우려가 있는 화제는 가까이하려 하지 않는다.

시간도 상품, 시간을 훔치지 마라

유대상술의 격언 중에, "시간을 훔치지 마라"는 말이 있다.

이 격언은 돈벌이와 연결되는 격언이라기보다는 유대상술의 에티켓을 설명한 것이라고 하는 편이 좋겠다.

"시간을 훔치지 마라"는 것은 1분 1초라도 남의 시간을 훔쳐서는 안 된다는 것을 훈계하는 말이다.

유대인은 문자 그대로 시간은 돈이라고 생각하고 있다. 하루 8시간의 근무시간을 그들은 늘 '1초에 얼마' 일하고 있는 것으로 알고 있다. 타이피스트만 하더라도 퇴근시간이 되면 나머지 10자만 치면 완전한 서류가 된다는 것을 알고 있으면서도 그대로 일을 멈추고 돌아가 버린다.

'시간은 돈이다'라는 사고방식이 철저한 그들로서는 시간을 빼앗긴다는 것은 그들의 상품을 도둑맞는 것과 다름이 없으며, 결국은 그들의 목숨과도 같은 금고 속의 현금을 도난당하는 것과 같은 셈이 된다.

가령 월수 20만 달러의 유대인이 있다고 한다면, 그는 하루에 8000달러, 1시간에 1000달러씩 버는 셈이 된다. 그러므로 1분은 약 17달러 정도에 해당한다.

따라서 근무시간 중에는 비록 1분 동안이라도 쓸모없는 인간과 같이 있을 수는 없다. 이 유대인의 경우 5분 동안 시간을 빼앗겼다고 한다면 현금 85달러를 도난당한 것과 같은 계산이 된다.

에누리 없이 판다

유대상인은 어떤 상품을 값비싸게 파는 일에 대해서 모든 자료를 사용한다. 값비싸게 파는 일이 왜 정당한가를 설명하려 든다. 통계자료, 팸플릿 등등 온갖 것들이 값을 비싸게 받는 데에 활용된다. 유대인들은 매일같이 그러한 자료들을 거래처에 보낸다.

유대인은 이처럼 자료를 보낸 다음, "보내드린 자료로 소비자들을 교육시켜 주십시오" 하고 말한다. 그리고 절대로 "에누리해 드리지요"라고는 하지 않는다.

그들은 "상품에 자신이 있으니까 에누리를 하지 않는다"라고 한다. 유대상인들의 "에누리를 할 정도라면 차라리 팔지 않겠다"라는 말은, 바로 자신들이 취급하는 상품에 대해서는 대단한 자신이 있다는 것을 입증하는 것이라 하겠다.

좋은 상품이니까 에누리를 하지 않는다. 에누리를 하지 않으면 그만큼 이윤도 크다. 유대상술이 돈을 버는 비법이 바로 여기에 있다.
 소위 동업자끼리 박리다매 경쟁을 하여 쌍방이 같이 망해 버리는 예는 얼마든지 있다.
 옆집 가게보다 조금이라도 싸게 하여 조금이라도 많이 팔려는 기분은 충분히 알겠으나, 조금이라도 싸게 팔려고 생각하기 전에 왜 알뜰한 이득을 보려고 생각하지 않는 것일까. 메이커나 상사도 이익이 박하면 언제 쓰러질지 모르는 위험 속에 빠져 들어가거늘, 하물며 동업자끼리 박리경쟁을 한다는 것은 마치 서로의 목에 밧줄을 걸고 신호와 동시에 서로 힘껏 잡아당기는 것과 같다. 이 얼마나 어리석기 짝이 없는 상술이겠는가.

부자들을 이용한다

 어떤 상품을 유행시키려면 역시 요령이 필요하다. 유행에는 부자들 사이에서 시작되는 것과 대중 속에서 자연적으로 일어나는 것이 있다.
 이 두 가지 유행을 비교하여 보면 부자들 사이에서 일어나는 유행이 압도적으로 수명이 길다. '훌라후프'라든가 '아메리칸 크래커'처럼 대중 사이에서 폭발적으로 일어난 유행은 곧 사라져 버리고 만다.
 그러나 부자들 사이에서 먼저 유행한 것이 대중이 있는 곳까지 흘러 들어오려면 적어도 2년은 걸린다. 이 사실은 부자들 사이에 어떤 '액세서리'를 유행시켜 놓으면 줄잡아서 2년은 같은 상품으로 장사를 할 수 있다는 것을 말해 준다.
 부자들 사이에 유행시킬 상품은 뭐니 뭐니 해도 고급 외제품이 제일이다. 부자가 되면 될수록 외제품 콤플렉스는 더욱 뿌리 깊고 강하다.
 품질은 오히려 국산품이 좋다는 것을 충분히 알고 있으면서도 배 이상이나 비싼 돈을 치르고 외제품을 사려고 든다.

이처럼 고마운 돈벌이가 어디 또 있겠는가?

인간은 누구나 자기보다 한 계단 위의 계층을 보고 최소한 그 정도의 생활을 하고 싶다고 생각하는 법이다. 부자나 상류계급은 일반 대중으로서는 동경의 표적이다.

"돈방석에 올라 앉는다"는 말이 있듯이 인간은 이상한 동물이라 자기보다 지위가 낮고 재산도 없는 자에게는 결코 동경의 감정 같은 것은 품지 않는다. 금전이 아닐지라도 상류계급이 유행에 미치는 영향력은 부정할 수가 없다. 상류계급을 동경하는 경향은 특히 여성에게 강하지만, 남성이라 할지라도 상류계급을 좋아하고 호화판을 즐기며 귀족처럼 행세하려는 이가 의외로 많다.

이 같은 심리를 이용하여 우선 최상의 계층인 부자에게 어떤 고급 수입품 액세서리를 유행시킨다. 이 계층을 동경하고 있는 다음의 부자계층――수(數)에 있어서 2배 정도 있다고 한다면――이 유행품을 손에 넣을 무렵에는 상품은 당초의 2배 정도가 팔린 꼴이 된다. 그리고 다음의 계층에 이 같은 유행이 전파되었을 때 상품의 매상은 무려 4배로 늘어난다. 이같이 하여 고급품은 점차로 일반 대중 속까지 흘러 들어가게 마련이지만, 그 기간은 거의 2년이나 지속된다.

물론 유행이 대중화함에 따라 가격도 점차 떨어지게 마련이지만, 벌써 회사는 이 무렵에 그 상품으로부터 손을 뗀다.

부자들 사이에 유행시키는 것을 장사의 모토로 하고 있는 이상 재고가 생겼다든가, 바겐세일을 하는 일 등은 있을 수가 없다. 특히 박리다매 같은 노력이 많이 들고도 오히려 이윤이 적은 장사와는 인연이 멀다.

돈 있는 사람이 훌륭한 사람

유대인이 말하는 '훌륭한 사람'이란 호화로운 만찬을 매일 밤 즐길 수 있는 사람이고, 매일 밤 호화로운 저녁 식사를 하는 사람을 몹시 존경한다. 유대인의 입장으로서는 청빈을 감수하는 학자 같은 존재는 훌륭한 사람도 아닐뿐더러 존경할 만한 가치가 있는 사람도 아니다. 학문이나 지식이 제아무리 뛰어나더라도 가난하다면 경멸하고 멸시한다.

'이 세상에서는 돈을 많이 가지고 있는, 또 그것을 마음껏 쓸 수 있고 사람이 훌륭한 사람이다'라고 말하는 유대인 특유의 가치관은, 유대인으로 하여금 돈에 대한 악착스러운 집념을 불러일으키지 않고는 못 배기게 한다.

유대인의 돈에 대한 집념을 말해 주는 재미있는 이야기가 있다.

어느 유명한 유대인 부자가 임종 때에 집안사람들을 모두 불러 놓고 말했다.

"내 재산을 전부 현금으로 바꿔 달라. 그리고 그것으로 제일 비싼 모포와 침대를 준비하라. 그러고도 남는 현금은 머리맡에 쌓아 두었다가 내가 죽거든 관 속에 넣어라. 모두 저 세상으로 가지고 갈 작정이다."

집안 식구들은 그 말대로 모포와 침대, 그리고 현금을 준비했다. 부자는 호화로운 침대에 누워서 부드러운 모포를 몸에 둘렀다. 그리고 머리맡에 쌓아 놓은 현금을 만족스럽게 바라보면서 숨을 거두었다.

막대한 현금을 그의 유언대로 유해와 함께 관 속에 넣어 주었다.

바로 이때 이곳에 달려온 친구가 있었다. 친구는 집안사람들로부터 전 재산을 유언에 따라서 현금으로 만들어 관 속에 넣었다는 말을 듣자, 주머니에서 수표장을 꺼내더니 빠른 솜씨로 금액을 쓰고 사인을 한 다음 그의 관 속에 넣었다. 그리고 그 대신 현금을 전부 관에서 꺼내고는 친구의 유해를 툭 치며 이렇게 말했다.

"현금과 같은 액면가를 넣어주었으니까 자네도 만족할 걸세."

저 세상에서 현금을 가지고 가려는 유대인들의 금전에 대한 집념, 그리고 그 현금을 수표로 교환하면서까지 송두리째 손에 넣으려는 친구의 집념, 죽은 사람이나 산 사람이나 결국 마찬가지이지만, 아무튼 유대인의 금전에 대한 집념을 여실히 나타낸 이야기로서는 이보다 더한 것이 없을 것이다.

아내라도 믿지 마라

유대인은 사업을 할 때 "피는 물보다 진하다"고 하여 유대인 이외에는 신용하지 않는다. "유대인은 계약서가 있건 없건 간에 일단 입 밖에 낸 것은 꼭 지키므로 신용할 수 있으나, 이방인은 계약에 신빙성이 없으므로 신용할 수 없다"는 것이 유대인의 사고방식이다.

만일 계약을 지키지 않는 유대인이 있다고 한다면, 그는 유대사회로부터 매장되어 버린다. 유대인이 유대사회로부터 매장되어 버린다는 것은 유대상인으로서 사형선고를 받는 것과 다름이 없으며, 두 번 다시 상인으로서 재기하는 것도 허락되지 않는다. 이러한 엄격한 규율이 있기 때문에 유대인은 약속을 꼭 지킨다. 유대인이 이방인과 거래할 때 매우 엄격한 조건을 내세우는 것은 바로 이 때문이다.

사업이나 상거래에 있어서 같은 유대인끼리는 "피는 물보다 진하다" 하여 신용하는 유대상인도, 금전문제에 있어서만큼은 갑자기 태도가 바뀐다. 같은 유대인 사이에 있어서는 물론이려니와 비록 자기 아내라 할지라도 신용하지 않는다.

시카고에 사는 한 유대인 변호사는 정색을 한 얼굴 표정으로 이렇게 말한 일이 있다.

"아내를 가지면, 그녀는 틀림없이 내 재산을 노리게 된단 말일세. 어쩌면 나를 죽이고서라도 재산을 손아귀에 넣으려는 계획을 세울지도 모르는 일이 아니겠는가. 나는 생명과 재산을 희생하면서까지 결혼할 생각은 추호도 없네."

휴식은 반드시 취하라

돈을 아끼지 않고 마음껏 먹어두면 결과적으로 건강하게 된다. 이 건강이 유대상인의 최대 밑천, 즉 기본재산이다. 2000년 동안이나 온갖 박해를 당하면서도 유대인의 피가 결코 끊긴 일이 없었던 이유는 유대민족이 얼마나 건강을 중요시했는가를 입증해 주고 있다.

유대인은 금요일 밤부터 토요일 저녁까지 금주·금연·금욕으로 모든 욕망을 끊고 휴식에 전념하여 신에게 경건히 기도를 올린다. 이때는 뉴욕 자동차 교통량이 반으로 줄어든다고 한다. 그만큼 유대인은 엄격히 휴식 규칙을 지키고 있다.

유대인의 주말은 24시간 동안 충분한 휴식을 취한 후인 토요일 밤부터 시작된다. 휴식을 충분히 취한 다음이기 때문에 그들은 더욱 유유히 주말을 즐길 수 있는 것이다.

일만 하고 있다가는 언젠가는 건강이 손상될 뿐더러, 인생의 최고 목적인 쾌락 또한 맛볼 수 없게 된다는 것을 유대인은 긴 역사를 통하여 알고 있는 것이다.

유대의 안식일에는 미래를 효과적으로 응시할 수 있도록 시간적으로나 공간적으로 고요한 오아시스를 만들어내는 효과가 있다. 유대인이라면 매주 25시간은 일과 관련된 모든 물건과 활동을 제쳐두어야 한다. 자동차, 텔레비전, 컴퓨터, 그리고 전화기처럼 과학기술이 만든 기계라면 어떤 형태의 것이라도 작동을 삼가야 한다. 사실은 외부 세계와 접촉하고 거기에 영향을 미치도록 돕는 모든 장치들이 사용 금지 대상이다.

유대인들은 일상적인 창조 활동 및 세계에 영향을 미치는 행동을 스스로 제한함으로써, 행동을 하는 창조의 주체가 되는 것을 피한다. 대신 세계의 마술에 걸리는 객체가 된다. 주위 환경에 창조적인 힘을 가하지 못하도록 막는 이유는 그렇게 할 때 환경이 제시하는 바를 보다 잘 흡수할 수 있는 위치가 되기 때문이다. 일주일의 7분의 1에 해당하는 이 쪼개진 시간은 대단한 호사이기도 하지만 그 주의 나머지 시간 동안 창조적인 사고를 하는 데 필수적인 도움을 준다. 일주일에 한 번씩 정기적으로 그들의 존재는 '송신 상태'가 아닌 '수신 상태'가 된다.

창조성에 불을 붙이고 미래에 대한 전망을 강화하기 위해 얼마만큼의 시간을 마련하기로 결심했든지 간에 세 가지 원칙의 지배를 받아야 한다.

일을 한 다음에는 반드시 쉬어야 한다는 것을 잊어서는 안 된다.

'돈벌이'는 '이데올로기'를 초월한다

유대인은 전 세계에 흩어져 있는 유대인끼리 언제나 긴밀한 연락을 취하고 있다. 특히 유대인에 관한 한 미국계 유대인도, 소련계 유대인도 동포이다. 그러므로 런던도 워싱턴도 모스크바도 연결이 되어 있다.

유대인의 세계에는 예나 지금이나 자본주의도 공산주의도 없다.

"예수도 마르크스도 사람을 죽이라고는 하지 않았습니다. 어떻게 하면 인간이 행복하게 살 수 있는가 하는 견해에 약간 차이가 있을 뿐입니다. 두 사람이 모두 유대인이니까 사람을 죽이라는 그런 터무니없는 말은 하지 않았습니다."

그러므로 냉전시대에도 소련의 유대인과 미국의 유대인이 스위스계 유대인을 이용하여 장사를 하는 것은 당연한 상식이었다.

"소련 사람들과 거래를 하면 무엇이 나쁘다는 것입니까."

유대인이 머리를 갸우뚱한다. 전 세계를 상대로 장사를 하고 있는 유대인으로서는 상대편의 국적 같은 것은 문제가 안 되는 것이다. 유대인 이외의 사람과 거래를 할 때 일일이 독일인이라든가, 프랑스인이라든가 하는 식으로 상대를 구분하여 부르지 않고, 모두 이방인으로 처리해 버리는 것도 그들이 국적 같은 것은 염두에 두지 않기 때문이다.
 돈을 벌 수 있는 상대라면 국적 같은 것을 굳이 따질 필요는 없다는 것이다.

역경을 떨치고 일어서라
다섯 화살 붉은 방패, 세계에 도전하라

로스차일드 '붉은 방패'

로스차일드 가문은 조상 대대로 프랑크푸르트의 유대인 지역 게토에서 고물상을 하면서, '붉은 방패(독일어로 로트실트)'를 집 앞에 내걸었다. 그것이 영어식 발음 '로스차일드'의 어원이며, 마이어가 훗날 이것을 성으로 사용했다.

아버지는 어린 시절부터 두뇌가 명석한 마이어를 랍비로 키우기 위해 유대 신학교에 보냈고, 탈무드를 공부하게 했다. 하지만 마이어는 12살 때 부모가 사망하는 바람에 학업을 중단하고 유대인이 경영하던 오펜하임 은행에 견습생으로 들어갔다.

300년의 번영을 자랑하는 로스차일드 집안을 탄생시켰다고 할 수 있을 정도로 '탈무드'와 '은행'은 자못 유대인다운 배합이었다. 마이어는 유대 신학교에서 탈무드를 공부하여 중동과 유럽의 역사와 어학에 상당한 지식이 있었다. 그러던 중 옛날 돈에 흥미를 느껴 수집하기 시작했다. 마이어는 20살이 되자 오펜하임 은행을 그만두고 고향으로 돌아가 화폐수집상이 되었는데, 그것이 세계 최대의 금융왕국을 건설하는 첫걸음이었다.

마이어는 옛날 돈의 유래를 설명한 안내서를 만들어 고객이 될 만한 지배층 사람들에게 우송했다. 그리고 흥미가 없는 사람에게서 옛날 돈을 공짜나 다름없이 사들여서, 부유한 귀족들에게 팔러 다녔다. 그러다가 프로이센 왕 프리드리히 대왕의 아들인 명문귀족 빌헬름 공과 직접 거래를 하게 되었다.

그즈음 유대인에 대한 박해가 심했던 프랑크푸르트에서 한낱 상인에 지나지 않은 유대인 청년이 영주와 귀족을 직접 만나 거래한다는 것은 그야말로 획기적인 일이었다.

빌헬름 공은 군대를 양성하여 영국 등에 용병으로 빌려주는 장사를 하여 수많은 왕족들이 빚에 허덕이는 가운데서도 유럽에서 손꼽히는 부자가 되어 있었다.

화폐 수집상뿐만 아니라 환전상도 겸했던 마이어는 빌헬름 공의 재정담당에게 줄을 넣기 위해 애쓴 끝에, 런던에서 보내오는 환어음을 현금화하는 사업을 시작하게 되었다. 그리하여 국가재정에까지 관여하게 되었다.

게다가 1785년 빌헬름 공이 아버지 프리드리히 대왕의 뒤를 이어 빌헬름 9세로 즉위하여 그의 자산이 더욱 늘어나게 되었다.

이때 영국은 산업혁명으로 섬유를 대량 생산하기 시작했고, 프랑스혁명으로 독일에서도 면제품 가격이 급등하고 있었다. 이에 주목한 로스차일드 상회는 빌헬름 9세가 영국에서 용병대금으로 받은 수표를 단순히 현금화하는 데 그치지 않고, 수표를 영국에서 구입한 면제품 대금 지불로 충당했다. 또한 다시 주식과 채권에도 투자하여 막대한 이익을 거두기 시작했다.

유럽 최대 갑부인 빌헬름 9세의 제1금고지기가 된 마이어는 여기에 만족하지 않고 보다 더 가문을 위한 일로서 국경을 초월한 금융

네트워크를 구상했다.

　마이어에게는 암셸, 잘로몬, 네이션, 카를, 야코프(나중에 개명하여 제임스) 등 다섯 명의 아들이 있었다. 그는 이 다섯 아들들을 엄격한 유대 교육하에 상인으로 단련시켜, 장남 암셸은 독일 프랑크푸르트 본가의 후계자로, 잘로몬은 오스트리아 빈, 네이션은 영국 런던, 카를은 이탈리아 나폴리, 야코프는 프랑스 파리로 보냈다.

　로스차일드는 유럽 주요도시에 포진한 다섯 아들들의 견고한 협력체제하에서 19세기 유럽 최강의 금융기관으로 성장해갔다. 마이어와 다섯 아들들의 눈부신 활약과 사투는 장대한 드라마이며, 그 자체만으로도 격동의 유럽 역사라 할 만하다. 나오는 등장인물만 나열해도 나폴레옹, 웰링턴 장군, 오스트리아의 재상 메테르니히, 합스부르크 집안, 히틀러 등 역사의 한 획을 그은 인물들이다.

　로스차일드 집안의 성공비결을 몇 가지 들어보면, 첫째는 로스차일드 일가의 견고한 결속력을 들 수 있다. 초대 마이어가 유서로 남긴 가훈은 로스차일드 가문은 아들만이 계승하며, 딸과 사위는 경영에 참여해서는 안 된다는 것이다. 또 로스차일드 집안의 자손은 마이어의 유언을 지키며 서로 도와야 한다고도 했다. 이 마이어의 유지를 거스르는 자는 사업을 계승할 권리를 잃는다. 이리하여 유럽 각지에 흩어져 있는 자녀들은 초대 마이어가 사망한 뒤에도 한 혈통이라는 강점을 최대한 살려 결속을 유지했다.

　두 번째로 국경을 넘나드는 빠른 정보력이다. 남보다 빠른 정보는 막대한 투기이익으로 연결된다. 당시 로스차일드 집안은 영국과 프랑스를 가로막는 도버 해협에 자가용 범선을 여러 척 대기시켰는데, 이 로스차일드 집안 전용 범선은 다른 어느 수단보다 빨리 달리면서 전 유럽을 누비고 다녀 독자적인 정보망을 구축했다. 마이어는 보안을 유지하기 위해 정보를 전달하는 편지에도 이디시어와 암호를 조합한 것을 사용했다. 300년 전부터 이미 로스차일드 집안은 정보가 돈을 낳는다는 사실을 알고 있었다.

세 번째는 뛰어난 정보분석력이다. 로스차일드 집안이 융자를 제공할 때는 사전에 당시 유럽의 정치정세를 분석한 정보를 토대로 엄밀하고 독자적으로 조사하여 변제능력을 철저하게 검증했다. 특히 전쟁이 끊이지 않았던 격동의 유럽에서는 정치정세의 분석이 생존의 관건이었다. 다른 은행들이 격변하는 시대의 물결 속으로 사라져 갔지만, 로스차일드 집안은 다섯 아들들이 서로 정보망을 치고 분석하는 로스차일드 시스템을 탄생시켰다.

유대 상인을 대표하는 로스차일드 집안의 역사는 유럽에서 유대인 박해의 역사와 그대로 겹치고 있지만, 어떤 박해 속에서도 로스차일드 집안은 유대교를 끝까지 지키며 유대인의 자긍심을 버리지 않았다. 박해를 받아도 몇 번이고 다시 일어서는, 유대인 특유의 알 수 없는 힘이 일가의 강인한 결속을 지탱했다고 할 수 있다.

로스차일드 집안의 창시자인 마이어는, 임종 자리에서 자녀들에게 스키타이(기원전 6세기부터 기원전 3세기, 흑해 북안에 건설되었던 강대한 유목국가) 왕에 대한 이야기를 한 것으로 전해지고 있다.

스키타이 왕이 죽음을 눈앞에 두고, 자녀들을 불러 눈앞에 묶어 놓은 화살다발을 내밀며 그 다발을 꺾어보라고 명령했지만, 아무도 할 수 없었다. 그러자 왕은 함께 묶여 있던 화살을 하나하나 풀어서 하나씩 꺾어보였다. 그런 다음 자녀들에게 말했다.

"너희들은 이 화살다발처럼 하나로 뭉치면 강력한 힘을 발휘할 수 있을 것이나, 결속이 무너지면 그 힘을 잃고 번영도 사라질 것이다."

21세기의 오늘날에도, 런던시에 있는 로스차일드 집안의 은행에는 일가의 결속을 나타내는 '다섯 개의 화살'이 그려진 방패가 장식되어 그 일가의 번성을 나타내고 있다.

로스차일드 가문은 전세계에 이름을 떨치며, 세상에 영향을 끼친 세계 최대재벌이 되었다. 그 가문은 창업한 지 약 300년이 지난 오늘날에도 변함없이 번영하고 있다.

지금의 로스차일드 집안은 로스차일드 은행을 비롯하여, 다이아몬드의 드 비어스, 석유의 로열 더치 셸, 홍차의 립턴 등의 재정에 관여하고 있으며, 와인, 호텔, 백화점 경영에도 진출하여 그 명성과 세력은 견고하기 이를 데 없다.

네이선 로스차일드 주식투자의 비밀

마이어의 셋째 아들 네이선 로스차일드는 영국으로 건너가 솜·털실·담배·설탕 등의 상품 거래에 손을 대어 잠깐 동안에 큰 부를 쌓았다. 이 전설적인 사나이는 겨우 몇 시간의 주식 매매로 그때 돈으로 수백만 파운드라는 천문학적 벌이를 했다. 그리고 여느 때처럼 거기에는 큰 비밀이 있었다.

1815년 6월 20일, 런던 증권거래소에는 아침부터 긴장된 분위기가 감돌고 있었다. 사람들은 몇 번이고 '로스차일드의 기둥'을 보았다. 일약 명사가 된 네이선 로스차일드가 주식을 팔고 살 때면 늘 기대어 있는 기둥을 사람들은 '로스차일드의 기둥'이라고 불렀다.

전날인 6월 19일, 대영제국과 프랑스 사이에서는 두 나라의 명운을 건 워털루 전투가 벌어지고 있었다. 영국이 이 싸움에서 이기면 영국 공채는 폭등하고, 나폴레옹이 이기면 영국 공채는 폭락한다.

증권거래소에서는 모두 숨을 죽이고 승패의 뉴스를 기다렸다. 남보다 한순간이라도 빨리 결과를 알게 되면 확실하게 돈을 벌 수 있었다.

이때는 무선도 철도도 없었고, 겨우 일부에서 증기선이 쓰이고 있었다. 벨기에 수도 브뤼셀 남쪽에서 벌어진 워털루 전투의 뉴스도 말을 사용한 파발꾼으로 보내는 수밖에 없었다. 워털루 전투에 앞서서 벌어진 전투에서는 영국군이 패했고 이번에도 형세는 매우 나쁘다는 소식이었다.

그런데 네이선은 로스차일드의 기둥에 기대어 천천히 영국 공채를 팔기 시작했다.

"네이선이 팔았다!"

뉴스가 거래소 안에 일제히 퍼졌다.

주는 매도세다! 영국군이 패했다! 추종자들이 뒤따랐다. 영국 공채는 대뜸 크게 폭락했다. 네이선은 투매를 계속했다. 네이선의 둥그마한 얼굴은 여느 때처럼 무표정했고, 그의 손가락이 팔라는 신호를 보낼 때마다 주가는 뚝뚝 폭락했다.

그리하여 값이 극한까지 폭락하여 마지막 한계선까지 내린 순간, 네이선의 손가락은 별안간 바뀌어 대량 매입 신호를 되풀이했다.

한순간 거래소는 숨을 죽였다. 이것은 무엇을 뜻하는가? 시세차 따먹기인가? 추종자들이 조심조심 뒤따랐다. 네이선은 사고 또 샀다. 폭락한 공채를 바닥값으로 마구 사들였다. 아무래도 단순한 시세차 따먹기는 아닌 모양 같았다. 사람들이 눈치를 챈 것과 거의 동시에 정부 소식통에서 '워털루 전투 영국군 대승리'라는 뉴스가 거래소에 들어왔다.

공채는 대뜸 폭등이 계속되었다. 네이선은 이 모양을 로스차일드의 기둥에 기댄 채 태연히 구경하고 있었다. 그는 묵묵히 기둥에 기대고만 있었다. 큰 도박을 한 뒤의 승리감을 맛보고 있으면 되었다.

만일 영국이 워털루 전투에서 패했더라면 네이선은 한 푼 없는 빈털터리가 되었으리라. 분명히 네이선은 큰 도박을 한 것처럼 보였다. 그러나 이것은 도박이라기보다는 로스차일드 가문 특유의 어마어마한 계산의 결과에 지나지 않았다. 네이선에게는 도박이 아니라 냉정한 계산에 의한 승리였다.

워털루 전투에서 이기면 공채는 폭등하고 패하면 폭락한다는 것은 누구나 알고 있었다. 때문에 사람들은 영국 정부측의 정보를 한 시라도 빨리 손에 넣으려고 다투었다.

다만 네이선 혼자만 달랐다. 그는 정부를 앞지를 생각이었다. 이것이 네이선의 비범한 점이다. 그는 영국 정부보다 빨리 전황을 알기 위해 정보 네트워크를 자기 스스로 만들어 놓았다.

마이어의 다섯 아들들이 유럽 각국으로 흩어진 시기부터 로스차일드 가문은 빈번히 정보를 교환했다. 장사에 관한 일부터 세상 일반의 관심사까지 로스차일드들은 서로 정보를 교환했다. 그것이 변혁과 동란의 시대에 유대 출신 일족의 안전과 번영을 지키기 위한 명줄이었기 때문이다. 어느 시대에도 정보는 명줄이었다. 정보는 곧 돈이었다.

정보 교환이 빈번해짐에 따라 파발꾼에만 의지할 수는 없었다. 그래서 그들 일족은 유럽 전역에 걸쳐서 빠르고, 안전하고, 믿을 수 있는 자기들만의 정보 네트워크를 만들어 놓았다. 로스차일드 집안의 마차는 큰길을 전속력으로 달렸고, 어떤 악천후에도 전용 범선은 출항했다.

로스차일드 정보 시스템은 해마다 정비되고 충실해졌다. 이 정보 시스템은 지금까지의 역전(驛傳)우편을 훨씬 능가하는 기동성을 갖고 있었고, 영국 정부의 정보망조차도 능가했다. 로스차일드의 파발꾼은 현금·증권류·편지 그 밖의 뉴스를 휴대하고 유럽 각지를 달렸다.

이런 상황이었기 때문에 네이선은 로스차일드의 정보 시스템을 얼마쯤 손질해서 영국 정부보다 몇 시간 앞서 워털루 전투의 승리를 알고 있었던 것이다.

6월 19일 밤, 네이선 정보기관의 한 사람이 영국군의 승리를 전한 네덜란드의 신문 속보판을 입수했다. 그는 네덜란드 항구에서 특별히 세낸 범선을 타고 도버 해협을 건너 영국의 포크스턴 항구에 닿았고, 기다리고 있던 네이선에게 그 신문을 넘겼다. 영국군의 승리를 전하는 톱뉴스 몇 줄을 본 네이선은 곧 런던으로 전력을 다해 마차를 몰았다.

네이선은 바로 증권거래소에 갔으나 거기서도 그는 독특한 상업적 재능을 발휘했다. 보통사람이었다면 곧 영국 공채를 사러 달려갔을 것이다. 그것만으로도 그는 한 재산을 벌 수 있었을 터였다.

그러나 아무도 영국군의 승리를 모른다는 것을 눈치챈 네이선은 함정을 팠다. 먼저 공채를 팔자고 내놓은 것이다. 팔고 팔아 마구 판 뒤, 서서히 영국군이 승리한 정보가 들어오기 직전에 사들이기 시작했다. 값을 폭락시키고 바닥값에서 샀다. 폭락시키는 함정을 파 놓음으로써 네이선은 처음부터 사는 경우의 몇 배나 되는 돈을 번 것이다.

네이선은 큰 도박을 건 게 아니었다. 냉엄하게 계산한 결과였고, 연극을 한 것에 지나지 않았다. 동업자 중 누구 한 사람도 정부보다 먼저 전황 뉴스를 입수할 수 있다고 생각한 이는 없었다. 또한 이를 두고 경쟁할 사람도 없었다. 단지 네이선만이 할 수 있었다.

반유대주의를 물리친 '부드러운 교섭'

철혈 재상 메테르니히의 오스트리아는 완고하고 강력한 반유대주의를 취하고 있었다. 유대인의 토지 소유가 금지됨은 물론이고, 정부·법원의 직원이 될 수 없었고 변호사가 되는 것도 금지되었다. 결혼할 때도 특별한 허가를 얻지 않으면 안 되었다.

19세기 초가 되어서도 오스트리아는 최악의 반유대 정책을 유지하고 있었다. 그러나 재정난에 처한 오스트리아는 점차 로스차일드 집안에 공채 발행이나 군사비 조달을 의존할 수밖에 없었다. 때가 되었다고 본 로스차일드는 둘째아들 잘로몬을 오스트리아에 보냈다.

반유대 풍조가 심한 오스트리아에는 상냥하고 부드러우며 자세가 겸손한 잘로몬이 적격이었다. 셋째아들 네이션을 보내는 것은 너무 앞뒤를 생각지 않은 일 같았고, 다섯째아들 제임스는 너무 멋쟁이여서 도리어 위험했다.

잘로몬은 유연한 교섭자였다. 딱딱한 교섭 자리도 그가 대화를 풀어나가면 대뜸 화기애애한 분위기가 되어버리기 일쑤였다. 그는 하찮은 교섭 테크닉보다 사람을 기쁘게 하는 기술 쪽이 훨씬 효과가 있다는 것을 알고 있었다. 잘로몬을 만나면 누구나 자존심을 버리고 금방 그의 팬이 되어버렸다.

오스트리아 이주(移住)에 있어서도 잘로몬은 교묘한 작전을 세웠다. 그는 처음부터 중앙 돌파를 하는 무리한 수단 따위는 취하지 않았다. 그러한 수단은 오히려 반유대 풍조의 불에 기름을 부을 뿐이며 곧 자기에게 공격으로 돌아온다는 것을 알고 있었다.

'우물에 침을 뱉는 사람은 언젠가는 그 물을 마시지 않으면 안 된다.'
―유대 격언

잘로몬은 부드럽게 움직였고, 로스차일드 집안을 일으킨 프랑크푸르트 게토에서 다른 고장으로 옮길 예정임을 오스트리아 고관에게 귀띔했다. 극비 뉴스는 금방 오스트리아 정부를 움직였고, 로스차일드 가문에 대해 특별히 관대한 이주 허가가 나왔다. 오스트리아는 로스차일드 가문의 이주에 수반되는 막대한 세금과 파급 효과에 굴복했다. 그러나 오스트리아 정부의 기대에 반하여, 빈에 옮겨온 사람은 잘로몬 단 한 사람뿐이었다. 오스트리아 정부는 속임수에 넘어간 셈이었다.

한편 잘로몬은 그 사태를 봉합할 방법을 생각하면서 오스트리아 국채 공모를 청부받았다. 이 국채는 단순한 국채가 아니었다. 잘로몬은 복권부라는 독창적인 국채를 고안해 냈다.

반유대 감정이 뿌리 깊은 오스트리아 민중은 높은 이율이나 복권 형식의 국채에 격노하고 판매금지 운동을 시작했다. 그러나 잘로몬은 이번에도 부드럽게 움직여 이 반대를 진정시켰다. 신문을 통하여 절약을 권장하고 투자를 장려했다.

모든 것은 잘로몬의 생각대로였다. 복권부라는 대중의 사행심을 부채질한 방법과 로스차일드의 이름이 부합되어 국채는 폭등했다. 오스트리아 정부는 만족했고 국채를 구입한 대중도 이익을 얻었지만, 누구보다도 큰 벌이를 한 사람은 수수료 이외에 국채값 폭등에 따른 엄청난 프리미엄을 얻은 잘로몬이었다.

'돈으로 열리지 않는 문은 없다.'

—유대 격언

이리하여 반유대 감정이 뿌리 깊은 오스트리아의 수도 빈에 기반을 쌓았고, 이윽고 그는 빈의 명예시민이 된다.

잘로몬은 그 교묘한 프로젝트 수행 능력, 사회 교섭술을 더욱 충분히 발휘할 수 있는 사건과 만나게 되었다. 그것은 일명 '악마의 강철기계 사건'이다.

스티븐슨이 증기기관을 발명하자 영국에서는 철도의 장래성이 화제가 되었다. 그러나 그 무렵 철도사업이란 미친 짓이며 네이선 같은 사람도 마차보다 나은 수송 수단은 없다고 믿고 있었다. 네이선의 예상과는 반대로 영국에서는 철도가 순조롭게 발전해서 그 장래성이 확실해졌다. 그러나 벌써 그때는 네이선이 영국 철도에 손을 내밀 기회를 잃은 상태였다.

네이선에게 정보를 얻은 잘로몬은 즉시 이 아이디어를 검토했다. 그러나 무슨 일에 대해서든 보수적인 오스트리아 제국은 '말 없는 탈 것' 이야기는 엉터리 정보라 보고 있었다.

철도 소문을 들은 일이 있는 지식층도 철도는 악마의 강철기계라고 생각하고 있었다. 철도사업을 추진하려면 세상의 몰매를 맞을 것은 뻔한 일이었다. 더욱이 유대인이 하려 하다니.

잘로몬은 조용히 진행시켰다. 영국에 조사단을 파견하고 철도사업을 기술·금융면에서 검토시켰고, 운수사업에 침투하기 위해 오스트리아 여러 곳의 역마차 사업을 매수했다. 운송 노선 예정지들을 도보로 조사시키는 한편 신문에 철도에 관한 계몽기사를 계속 연재했다.

이와 같이 5년 동안의 신중한 준비 기간을 거쳐 잘로몬은 오스트리아 황제 페르디난트 1세에게 100킬로미터에 걸친 유럽 대륙 최고의 대규모 철도건설 사업을 신청했다. 이미 메테르니히 재상에게는 충분히 사전 교섭을 했으므로 잘로몬은 별다른 어려움 없이 황제로부터 면허를 획득했다.

그러나 계획이 발표되자 잘로몬에게 심각한 비난이 쏟아졌다. 빈의 신문들은 잘로몬의 반대편에 섰다. 이것은 이제까지의 신중한 준비를 파산으로 전락시킬 것 같았다. 빈의 신문들에는 의사와 전문가들의 투고가 계속되었다.

'인간의 육체는 시속 24km 이상에는 견딜 수 없다. 악마의 강철기계가 오스트리아를 달리게 되면 승객의 코와 눈, 입, 귀에서 피가 터져나올 것이다. 터널에서는 승객들이 질식할 것이다. 철도는 흉폭한 영구차로 변할 것이다.'

의사들은 이렇게 주장했다. 정신병에 대한 권위자들도 경고했다.

'지금처럼 스트레스가 많은 사회에서 인간은 이미 정신적으로 과로상태이다. 더구나 철도에 승차하여 긴장하면 인간은 완전히 발광하고 말 것이다.'

악마의 기계로 신성한 제국을 오염시키지 마라! 유대인의 음모를 분쇄하자! 잘로몬은 그야말로 사면초가였다.

잘로몬은 평소부터 신문기자들과의 교우관계에 노력해 왔으나 여론의 거센 반대에는 돌파구를 찾기 어려웠다. 더 큰 문제는 오스트리아 금융업자들이 외국인의 철도투자는 위험하다고 강조하면서 잘로몬을 적대시한 일이었다.

잘로몬은 메테르니히 재상은 물론 오스트리아 정부의 고위층과도 친밀한 인간관계를 가지고 있었으므로 한번에 중앙돌파하는 것도 가능했을 것이다. 또 제임스가 프랑스에서 성공한 것처럼 반대세력을 매수하는 것도 가능했을 것이다.

프랑스에서 철도사업을 시작했을 때, 제임스는 반대파의 주요인물——신문기자, 의사, 각료, 지방의 반대파 유력자들——들을 철저하게 매수했다. 인색한 매수가 아니었다. 로스차일드 가문과 권위에 알맞는 대규모적인 매수 공작이었다. 업계의 3류 신문들이 갑자기 경제력이 풍부해지는 사태까지 속출할 정도였다. 제임스가 프랑스에서 시도한 바와 같은 매수공작과 건설 강행으로 중앙 돌파를 성공시킬 수도 있었다.

그러나 잘로몬의 방법은 달랐다. 딱딱한 전술을 취하면 반드시 딱딱한 반응이 되돌아온다. 그것은 비경제적이다. 잘로몬은 항상 부드러운 전술을 최선의 방법이라고 생각했고, 반드시 부드러운 방법으로 타개하는 길이 있으리라 믿었다.

유대인이 살아남은 것은 돈의 권력 때문이 아니라 위기를 참고 견디는 지혜를 갖고 있었기 때문이다. 지혜를 활용하면 반드시 길은 열리게 마련이다.

잘로몬은 먼저 부드러운 방법으로 여론의 반대에 대처하였다. 바로 주식의 인기를 부추기는 일이었다. 그는 철도건설 자금을 충당하기 위하여 주식을 1만 2000주 발행하여, 8000주를 로스차일드 집안이 보유하고, 나머지 4000주를 선착순으로 모집하였다. 잘로몬의 계산대로 철도에 반대하던 자들도 막상 로스차일드 집안이 나섰다고 하니 서로 앞다투어 신청하였다. 잘로몬의 철도건설에 반대하던 금융업자들도 몰려들어 응모하였다.

　결과는 대성공이었고, 4000주의 공모에 8배 가까운 신청이 쇄도하였다.

'금화가 소리를 내면 욕설은 조용해진다.'

―유대 격언

　이 대성공의 그늘에는 잘로몬의 눈에 보이지 않은 황금의 손이 은밀하게 움직이고 있었다. 그는 꼭두각시를 써서 응모하게 함으로써, 주식의 인기를 최대한으로 부추겨 올렸다. 물론 세상은 이같은 사실을 알지 못했다.

　이 성공으로 반대운동은 약간 수그러들었지만 그 힘은 아직 가볍게 보기 어려웠다. 교섭의 천재 잘로몬은 절묘한 아이디어를 생각해 냈다. 오스트리아 황제를 받들어 모시기로 한 것이다.

　그 방법은 황제의 허영심을 부추기면서 세상에 대한 정서적 설득효과도 만점이었다. 그는 황제에게 '페르디난트 황제 북방철도'로 철도의 정식 명칭 허가를 얻었다.

　이것이 역전의 아이디어가 되었다. 황제는 유럽 최초, 최대의 철도에 자신의 이름을 붙이면 자신의 이름은 영원한 것이 된다고 생각했다. 지도, 역, 차량마다 모두 페르디난트 황제의 명칭이 붙는 것이었다.

　황제 이하 모두 잘로몬에게 감복했다. 잘로몬은 정성을 다했다. 추밀원의장과 재상에게는 이 국가적 사업의 후계자가 될 것을 의뢰하고, 후세에 전하기 위해 철도 표지판과 서류에는 항상 두 사람의 이름을 올려놓을 것을 제안했다. 또한 메테르니히에 대해서는 철도의 명예보호관에 취임하도록 의뢰하였다.

이것은 마술 같은 효과를 가져왔다. '페르디난트 황제 북방철도'라는 명칭은 마치 로스차일드 집안의 철도에서 오스트리아제국의 철도가 된 듯한 인상을 주었다. 아무도 이 황제의 명칭을 받드는 철도건설에 반대할 수가 없었다. 이렇게 잘로몬은 부드러운 접근으로 위기를 극복했다. 4년 뒤 철도 일부가 개통되고, 오스트리아는 당당하게 유럽 다른 어떤 제국보다 앞서는 명예를 누릴 수 있었다.

기회를 포착한다

하얗게 빛나는 조개껍질 마크는 셸 석유의 상징이다. 창업자 마커스 새뮤얼은 1853년 런던에서 태어났다. 아버지는 손수레를 끌고 런던 뒷골목을 다니며 잡화를 파는 행상이었다. 마커스는 11형제 중 열 번째로 태어났다.

마커스가 유대인 학교에 잘 적응하지 못하자, 아버지는 그가 19살 되던 해 아시아로 여행을 보냈다.

아버지는 얼마 안 되는 수입에서 아들에게 3등칸 배표를 사주며 여행을 보내는 대신에 두 가지 조건을 제시했다. 매주 금요일 안식일 전에 반드시 어머니에게 편지를 쓸 것과, 아버지가 이미 연로한 데다 열 명의 형제자매가 있으니, 가족에게 장차 도움이 되는 장사를 찾아보라는 것이었다.

마커스는 혼자 배에 올랐다. 배는 인도와 싱가포르, 필리핀, 샴(태국), 홍콩, 중국 등 곳곳의 항구에 기항했는데, 그는 마지막 기항지인 일본의 요코하마 항에서 내렸다.

1872년 당시 일본은 외국에 나라를 개방한 지 얼마 안 되는 시점이었다. 19살 소년 마커스는 이 신천지에서 뭔가 기회를 잡을 수 있을 것으로 생각했지만, 의지할 만한 친척이나 친구가 있는 것도, 자금을 빌릴 수 있는 신용이 있는 것도 아니었으므로 외롭고 불안한 마음이었다.

마커스는 요코하마를 정처없이 걸어다니다 쇼난[湘南]이라는 곳의 바닷가에 도착하여, 빈 오두막에 들어가 며칠을 보냈다. 매일 많은 어부들이 해변의 모래밭에 와서 모래를 파헤치고 있는 것을 자세히 살펴 보니, 그들은 물이 빠진 뒤 모래 속에서 조개를 채집하고 있었다.

마커스는 그때, 조개는 식용으로 가져가면서 껍질은 그대로 버리는 어부들을 보았다. 그는 갑자기 번쩍 머릿속에 무언가가 스치고 지나가는 것을 느꼈다.

마커스는 거저나 다름없는 조개껍질을 수집하여 단추와 커프스 단추, 어린이를 위한 장난감을 만들 것을 생각했고, 곧 그 아이디어를 실행에 옮겼다. 또 커다란 조개껍질 안쪽에 옻칠을 하여 문이나 책상을 장식할 수 있도록 이름을 새겨넣거나, 여러 가지 아름다운 조개를 입힌 세공품을 만들었다. 당시 일본에 있던 민예품을 모방해서 예쁜 조개껍질을 박아넣은 담배와 바느질용품을 넣는 작은 상자 등도 만들었다.

마커스는 그렇게 만든 물건을 런던에 보냈고, 아버지는 그것을 손수레에 싣고 거리를 돌아다니며 팔았다. 얼마 뒤 연락이 왔다. 단추와 어린이용 장난감, 조개명패 같은 것은 아름답기는 하지만 사려고 하는 사람이 없다는 응답이었다. 그러나 검은 옻칠을 한, 동양의 이국적인 정서가 담긴 상자는 굉장히 반응이 좋다고 했다. 그 상자는 거실에 있는 빅토리아풍으로 장식된 피아노와 차 탁자 위에 두고, 시가와 담배, 자잘한 물건을 넣는 데 안성맞춤이었다.

마커스가 머나먼 일본에서 보낸 상품이 크게 인기를 끌자 아버지는 동양에서 건너온 수입상품을 파는 작은 가게를 열었는데, 금방 큰 전문점으로 발전했다.

마커스는 25살이 되던 해에 요코하마에서 마커스 새뮤얼 상회를 창업하고, 일본에서 여러 가지 상품의 제작을 의뢰하거나 사들이는 한편, 취미로 일본 판화를 보는 대로 사 모았다. 마커스가 수집한 이 판화들은 오늘날 19세기 일본 목판화의 최대 컬렉션으로 유명하다.

마커스는 일본의 잡화를 영국에 수출하는 것 외에 다음 단계의 도약을 생각했다. 그즈음 미국에서는 록펠러가 석유사업에 뛰어들었고, 러시아는 국내에서 유전을 개발하는 등 석유시대의 막이 열리고 있었다. 그러나 일본에서는 난방을 위한 연료로 목탄밖에 사용하지 않았고, 중국도 마찬가지였다.

마커스는 일본과 중국에 경유와 등유를 조명과 난방용으로 팔 것을 생각했다. 그는 이미 아버지가 경영하는 상회를 위해 OEM상품을 영국으로 보내 상당한 목돈을 모아놓고 러시아와 거래하기로 결심했다.

그런데 러시아에서 극동을 비롯하여 세계 각지의 소비지까지 석유를 운반하는 것이 관건이었다. 당시 석유를 운반하는 데는 5갤런짜리 깡통이 사용되었는데, 선주들은 배가 더러워지기 때문에 석유 운반을 꺼려했다. 또 배를 청소할 때도 비용이 많이 들고, 5갤런짜리 깡통을 밧줄로 묶어야 하는 번거로움도 있었다. 마커스는 이런 문제들을 해결하고자 연구한 결과, 배 전체가 하나의 떠 있는 유조(油槽)가 되는 석유운반 전용선을 착안해 냈다. 즉시 마커스는 조선 전문가에게 의뢰하여 설계도를 그리게 한 뒤, 영국의 조선소에 발주하여 마침내 세계 최초의 유조선이 건조되었다.

마커스는 최초의 유조선이 완성되자, 그 배를 청년 시절 요코하마 해변에서 조개를 주웠던 자신의 여명기를 기념하여 '뮤렉스(뿔고둥)'라고 명명했다. 유조선 제1호는 처음 우려했던 것처럼 화재가 발생하지도 않았고 별다른 사고도 없이, 기름을 가득 싣고 전세계를 순조롭게 항해했다.

하지만 '뮤렉스'가 러시아에서 대량의 기름을 싣고 수에즈 운하를 통과하려 했을 때, 위험하다는 이유로 거부당한다. 마커스는 '뮤렉스'가 운하를 빠져나갈 때까지 다른 배가 운하에 들어오지 않을 것을 조건으로 내걸고 할증요금을 지불하기로 합의했다.

석유로 마커스가 기대 이상의 성공을 거두게 된 것은 시대가 석유를 필요로 하게 되었기 때문이기도 하지만, 그에게 선견지명이 있었기 때문이었다. 새로운 시대가 미소를 보냈던 것이다.

그러나 당시 러시아에서는 유대인에 대한 박해가 심했으므로 마커스는 러시아에 석유공급을 의존하고 있는 것에 불안을 느꼈다. 또 러시아 정부는 러시아 원산의 석유를 외국배가 운반하는 것을 금지하려는 움직임을 보이고 있었다.

당시 인도네시아에서는 이미 소규모 유전이 가동되고 있었으므로 그는 인도네시아의 유전개발에 투자했다. 그러나 좀처럼 석유가 나오지 않아 애를 태우다가, 가까스로 석유가 솟아나는 유전을 찾아냈다.

마커스가 발굴한 유정(油井)은 인도네시아에서 생산량이 가장 많은 곳이었다. 그는 '뮤렉스'가 성공한 것에 힘입어 8척의 유조선을 잇따라 발주·건조했으며, 이 배들은 세계 최초이자 최대 유조선단이 되었다. 뒤이어 마커스는 1897년 셸 무역운송회사를 설립했다. 마커스에 의해 세계 최초의 유조선 산업이 출현한 것이다.

새로운 삶을 찾아 동양의 해안을 헤맸던 고독한 유대인 소년은, 마침내 세계적인 대부호가 되었다. 마커스는 유럽과 아시아의 석유시장을 석권하여 '석유의 나폴레옹' 또는 '유럽의 록펠러'로 불리게 되었다.

하지만 마커스의 석유사업이 성공하면 성공할수록 영국인들 사이에서는 유대인이 석유산업에 군림하고 있는 것에 대한 반발이 높아졌다. 결국 마커스는 회사를 네덜란드와 영국의 기업에 매각하기로 결정했다. 그리하여 마커스가 쌓아올린 회사는 '로열 더치 셸'이라는 이름으로 바뀌게 되는데, 그는 회사를 팔 때 몇 가지 조건을 제시했다. 그 하나는 소수주주라 하더라도 반드시 마커스의 혈통을 이은 사람을 임원에 앉히고, 또 하나는 사업발상의 역사적 상징으로 조개껍질 마크를 영원히 사용해야 한다는 것이었다.

그래서 지금도 셸 석유 영업소에는 반드시 조개껍질 마크가 걸려 있으며, 로열 더치 셸 사의 유조선에는 조개의 이름을 명명하고 있다.

영국으로 돌아간 마커스는 그 명성이 널리 알려져 1902년 런던시장이 되었다. 시장 취임식에서 그는 그때까지의 관습을 깨고, 유대인 거주지역인 이스트엔드를 통해 시청으로 가는 용기를 보였다. 그다운 발상이었다. 그 뒤 마커스는 런던의 부동산에 집중적으로 재산을 투자했다.

오늘날에도 마커스가 창립한 부동산회사인 런던랜드사를 방문하면, 창립자 마커스가 수집한 조개껍질 컬렉션이 전시되어 온갖 고난을 참고 뜻을 이룬 그의 사업전력을 보여주고 있다.

인도의 패자 데이빗 사순

수세기 동안 사순 집안은 이라크 바그다드에서 대대로 오스만투르크의 총독 밑에서 은행가로 재산을 이루었다. 오스만투르크 제국은 발칸 지방에서 아프리카 북부까지 광대한 영역을 지배하다가, 제1차 세계대전 때 독일과 동맹하여 싸우다가 패했다.

사순 벤 살레는 이라크에서 사순 집안의 마지막 사람이었다. 그는 유대인 지역사회의 지도자였으며, 상인으로 투르크 총독의 출납책임자와 세수책임자를 겸임하기도 했다.

그러나 1829년에 느닷없는 박해를 받고 일족은 체포당하는 지경에 이르렀다. 이때 사순 벤 살레의 나이 79살이었다. 그의 일곱 아들 중에서 37살이었던 데이빗은 생명의 위험을 무릅쓰고 야음을 틈

타, 11살의 장남 엘버트와 8살의 차남 엘리어스를 데리고 이웃나라 페르시아(이란)로 탈출하는 데 성공했다.

이미 이 무렵 바그다드는 지난날의 영화를 추억하는 도시로서만 존재했기에 그곳에서 박해를 받은 것은 그들에게 오히려 전화위복이 되었다.

이듬해 아버지 벤 살레도 무사히 페르시아로 도망쳐 왔지만, 해가 바뀌기 전에 사망했다. 데이빗은 2년 뒤에 인도의 봄베이에 가서 행상을 하면서 부지런히 일하여 재기를 도모했다.

이윽고 데이빗은 천부적인 재능을 발휘하여 얼마 안 있어 봄베이에 데이빗 사순 상회를 일으킨 뒤, 거대한 상사로 키워냈다. 바다를 건너 운반할 수 있는 금은과 비단, 향료, 고무, 아편, 목면, 밀 등 모두 상품이 되었고, 지사가 유럽에서 멀리 중국, 극동의 일본까지 발을 뻗어갔다. 데이빗 사순은 대영제국이 전세계의 패자 지위를 구축하여 아시아에서 인도의 지배를 굳힌 데 힘입어 중국에까지 세력을 크게 확장시켰다.

사순 일가는 유럽에서도 눈부시게 활약했다. 1858년 데이빗의 8명의 아들 중 셋째인 사순 데이빗 사순은 몸에 익숙하지 않은 양복을 처음으로 입고 영국으로 건너갔다. 그때까지는 일가 전원이 아랍의 민족의상을 입고 머리에는 터번을 두르고 있었다.

영국 땅을 밟은 것은 36살 때였다. 그때까지 상하이〔上海〕에서 아버지 회사의 지사장으로 일하고 있던 사순 데이빗 사순은 영국에 지사를 개설하는 임무를 띠고 있었다.

얼마 뒤 영국에 뿌리를 내린 사순 일가 중에서, 두 사람이 영국 국왕으로부터 남작 작위를 받고 사순가의 아들들은 옥스퍼드 대학에 다닌다. 뒤이어 사순 일가는 영국에서 뛰어난 상인과 정치가, 학자, 언론인, 예술가를 잇따라 배출하였다.

데이빗은 이렇게 사순 재벌을 일으키고 1853년 61살 때 영국 국적을 취득했지만, 평생 영어를 할 줄 몰라 영국으로 귀화할 때 서류에 히브리어로 서명했다.

세계 화장품 시장의 슈퍼우먼 헬레나

헬레나는 가난한 집안의 여덟 자매 중 장녀로, 1872년 폴란드의 아우슈비츠 부근에 있는 크라쿠프의 유대인 지역에서 태어났다. 1965년에 93살의 나이로 파란만장한 생애를 마쳤을 때, 그녀는 화장품 산업에 군림하는 억만장자가 되어 있었다.

화장품 산업의 여왕이 된 헬레나는 태어난 고향 폴란드에서 스위스, 호주, 영국, 미국까지 전세계를 돌아다니며 시야를 넓혔다.

상당한 재력이 있었던 숙부가 학비를 대주어 크라쿠프 대학에 다닌 뒤 헬레나는 스위스의 의학교에 유학했다. 거기서 사귄 남자와 결혼하려 했으나 부모의 강력한 반대에 부딪쳐 뜻을 이루지 못한다.

1903년 30살의 그녀는 학교를 그만두고 호주에 사는 숙부를 찾아 폴란드의 친척이 만들어준 화장품 크림 12병을 가지고 신천지로 갔다.

호주에 도착하자 그녀는 유럽에 비해 덥고 건조한 대륙 기후로 피부가 건조하고 거칠어졌다. 그래서 자신이 가지고 온 크림을 바르다가 그 크림이 거친 피부에 효과가 있다는 사실을 발견했다.

그때 헬레나는 영어를 한 마디도 하지 못했고, 화학에 대한 지식도, 장사 경험도 전혀 없었지만, 이 크림이 장사가 될 거라고 예측했다. 그녀는 폴란드에 있는 어머니에게 매월 이 수제(手製) 크림을 큰 병으로 12개씩 보내달라고 부탁하고, 호주로 건너오는 배에서 알게 된 사람에게 약간의 돈을 빌려서 멜버른에 작은 미용실을 열었다.

손님 중에는 피부가 거친 사람이 있는가 하면 지성 피부를 가진 사람도 있었다. 그녀는 피부 상태에 따라 성분이 다른 크림이 필요하다는 것을 깨닫고, 고객의 피부에 맞춰 헬레나 크림을 제조하자 큰 호평을 받아 폭발적으로 팔려나갔다. 헬레나는 크림 제조법을 누구한테도 가르쳐주지 않았다.

당시는 대영제국의 절정기였고, 런던은 그야말로 세계의 중심이었다. 헬레나는 1908년에 런던에 진출하여 미용실을 열었다. 영국인은 보수성이 강하기 때문에 주변 사람들은 헬레나가 고객의 피부에 맞춰 만든 크림이 성공하지 못할 것으로 예상했다.

하지만 유럽에서, 아니 전세계 최초의 현대적인 미용실인 헬레나의 런던 가게는 대성공이었다. 에드워드 7세의 알렉산드라 왕비도 단골손님이 되었다. 사업이 확장됨에 따라 점포수가 늘어갔으므로 그녀는 폴란드에서 동생들을 불러들여 일을 거들게 했다.

1912년 그녀는 화려한 유행의 도시 파리에 진출했으며, 유럽의 주요 도시에 잇따라 가게를 냈다.

항상 검은머리가 등에 찰랑거리고 있던 헬레나는 거의 모든 시간을 실험실에 틀어박혀서 크림을 제조하는 데 보냈다. 그리고 정력적으로 일해 평생 자신의 이름을 상품에 붙인 1000종 이상의 화장품을 직접 만들어냈다.

미국 화장품은 유럽에 비해 크게 뒤떨어져 질이 나빴다. 1914년 헬레나는 미국으로 건너가서 당시 뉴욕 맨해튼에 미용실 제1호를 여는 것을 시작으로 잇따라 전미의 주요도시로 진출했다.

이 무렵까지 그녀는 모든 제품을 직접 제조했는데, 그렇게 하지 않으면 직성이 풀리지 않는 성품 때문이었다. 헬레나는 물로 씻어도 지워지지 않는 화장품과 약용 페이스크림 같은 새 상품을 잇따라 만들어내고, 여성을 세일즈에 활용하여 집집마다 방문하는 직접 판매 방식을 시작했다.

헬레나는 미국에서도 부유한 계층의 여성들만 쓸 수 있었던 화장품을 중산층의 여성들도 쉽게 구할 수 있도록 하는 등, 판매 대상을 중산층의 보통 여성들로 삼았다.

　1929년 월가의 주식시장이 대폭락하여 대공황이 시작되었다. 이때 그녀의 예민한 사업감각을 증명하는 사건이 일어난다.

　헬레나는 대폭락 직전에 자신의 회사 주식 70%를 733만 달러에 유대인 투자은행인 레먼 브라더스에 매각했는데, 이것은 회사의 경영권을 양도한 것이나 다름없는 위험한 일이었다. 하지만 주가가 폭락하자 그녀는 여성주주 전원에게 편지를 보내, 남성은 여성의 아름다워지고 싶어하는 본능을 이해하지 못하기 때문에 회사를 정리해 버리게 될 것이니, 주식을 되사는 것에 협조해 달라고 호소했다. 헬레나는 이렇게 여론을 조성하여 투자은행에 압력을 가한 뒤, 폭락 후 팔았던 주식을 150만 달러라는 헐값에 같은 은행에서 몽땅 되사서 단기간의 거래로 막대한 이익을 챙겼다.

　이로써 그녀는 1941년 미국 굴지의 억만장자가 되었다.

　그녀는 뉴욕의 고급주택가인 파크 애버뉴에 있는 방 30개짜리 초호화 아파트를 사려다가 유대인이라는 이유로 거절당하자, 곧 부동산업자에게 손을 뻗어 빌딩 전체를 매수한 일도 있었다. 실로 여걸다운 기개를 보인 것이다.

　헬레나 루빈스타인사는 단 한 종류의 수제크림에서 출발하여 5만 품목 이상의 화장품을 시장에 내놓았다. 수많은 신규 참여자들을 유혹하여 백화점에서 잡화점까지 고수익 상품을 쉴새없이 만들어냈다.

　이윽고 전세계 여성들을 유혹하고 있는 헬레나 루빈스타인 화장품은 전세계 일류백화점에 거의 진열되었다.

　그뿐만이 아니었다. 그녀가 쌓아올린 거대한 화장품 산업은 전세계에 패션과 광고, 신문, 잡지, 라디오, 텔레비전 산업을 발전시키는 데 큰 공헌을 했다. 헬레나는 작은 몸집의 여성이었지만, 세계 상업의 역사에서는 위대한 거인으로 기록되었다.

존 구트프로인트의 영광과 좌절

유대인은 금융업에 강하다는 통념이 있다. 그러나 모든 유대인이 금융업자라든가 유대인이 금융업계 전체를 좌지우지한다는 생각은 옳지 않다. 하지만 유대인이 미국 금융업계에서 무시 못할 영향력을 가진 것만은 사실이다.

금융업계의 거물이 된 인물, 솔로몬 브라더즈사를 다시 일으킨 존 구트프로인트를 둘러싼 드라마를 소개하겠다.

솔로몬 브라더즈사는 1910년에 솔로몬 3형제가 설립했다. 1950년대까지는 그다지 눈에 띄는 회사가 아니었으며, 연방정부가 발행하는 채권이나 주(州)정부 등에서 발행하는 지방채권을 취급했었다. 60년대로 들어서자 솔로몬 브라더즈사는 사업확대로 노선을 변경하고 주식발행의 인수업무 등에 적극적으로 나섰다. 그때 반세기에 걸쳐 이루어온 채권취급 실적이 솔로몬의 신용이 되었다.

솔로몬사가 주식을 거래하는 방법은 주식은 발행 때 전부를 사들이고 정부채권은 한도액까지 대량 낙찰했다. 그후 타협 주도권을 쥐겠다는 상당히 적극적인 공격전략이었다.

미국 채권시장은 1981년에 하루 매상고가 약 280억 달러였는데, 90년에는 1180억 달러까지 급성장했다. 그 거대 시장 안에서 솔로몬사의 자금력은 상당했다. 83년 솔로몬사의 주요 증권보유고는 하루 평균 79억 달러였다. 게다가 그 두 배에 이르는 채권이나 주식을 재고로 보유하고 있었던 데다, 자본금이나 준비금이 가산되기 때문에, 대충 계산을 해도 미국 채권시장의 25퍼센트를 지배하는 능력이 있었다.

1983년엔 모건·스탠리·골드만삭스에 이어 세계 3위의 투자은행으로 성장했고, 그해 솔로몬사의 자본 조달액은 160억 달러였다. 그리고 90년의 총수입은 89억 5000만 달러, 총자산 1098억 달러에 이르렀다.

회사를 여기까지 끌어올리는 데 공헌한 중심적인 리더는 1991년 8월까지 회장을 역임한 존 구트프로인트였다.

그는 1951년에 오벌린 대학에서 미술을 전공하고 졸업 후 2년 동안 한국전쟁에 참가했다. 귀국 후 친구의 권유로 솔로몬사에 입사하여 종군지방채권담당 인턴사원으로 출발했다. 지금은 증권업계가 엘리트업계가 되어 있지만, 그때만 해도 경제학이나 경영학을 전공하지 않은 사람이라도 들어갈 수 있는 이류 업계였다.

하지만 그는 1963년에 벌써 솔로몬의 파트너가 되어 있었으니 결코 평범한 사원은 아니었다. 구트프로인트는 그 이야기를 매우 겸허하게 말하고 있다.

"내가 솔로몬사에 입사할 무렵은 특별한 교육을 받은 일도 없이 갑자기 선배 옆에 배치를 받았고, 선배가 하는 대로 흉내를 내면서 저절로 터득해 일을 배웠습니다. 단, 일을 할 수 있는 남자의 조건으로 다음 다섯가지를 들겠습니다.

① 계산에 밝아야 한다.
② 같은 실수를 되풀이하지 않을 정도의 기억력이 있어야 한다.
③ 상황변화에 바로 대처할 수 있는 판단력이 있어야 한다.
④ 광범위한 정보망을 갖고 있어야 한다.
⑤ 무슨 일이 일어날지 정확하게 예측할 수 있는 능력이 있어야 한다.

그런데 나는 다행히 그런 능력이 있었던 것 같습니다. 내가 성공을 할 수 있었던 것은 남보다 영리해서가 아니라 넓은 인맥 덕분에 남보다 많은 것을 알 수 있었기 때문입니다. 거기다 난 최상의 조건을 추구했습니다. 항상 파느냐 마느냐, 사느냐 마느냐를 확실하게 했습니다. 타협이란 그 순간에 어느 쪽인가에 거는 것입니다. 그런 의미에서 인간의 판단과 인간관계의 요소가 내 능력의 대부분입니다."

증권업계에서 성공하기 위한 가장 기본적인 자질과 조건은 분명 구트프로인트가 한 말이 맞다. 그 사람은 이 능력들을 발휘하여 솔로몬사를 세계 최대의 증권회사로 키워낸 것이다.

그러나 스스로 지적한 인간의 판단과 인간관계의 요소를 가볍게 여기기 시작했을 때, 거인 구트프로인트는 그 지위에서 쫓겨나 모든 영광을 잃게 된다.

1991년 4월, 그는 부하 직원에게서 같은 해 2월에 있었던 미국 국채 입찰에 부정이 있었다는 보고를 받았다. 그러나 그는 이것을 그대로 넘기고 SEC(미국증권거래위원회)와 재무성에 보고나 사죄도 하지 않았다.

솔로몬 브라더즈사가 고객명의를 무단으로 빌려 1회 입찰에서 낙찰할 수 있는 한도액 35퍼센트를 넘는 많은 양의 국채를 낙찰했을 뿐만 아니라 발행일 거래에서 2억 달러를 넘는 것은 재무성에 보고해야 하는 의무를 소홀히 했던 것이다. 1990년 12월에서 91년 5월까지 4번에 걸쳐 부정입찰을 했다.

사건은 구트프로인트가 직접 지시하지는 않았지만 직속부하가 관계되었기 때문에 그가 관여하지 않았다는 변명이 받아들여지지 않았다.

사건이 드러난 것은 1991년 6월 22일이었다. 그로부터 2개월도 지나지 않은 8월 16일 구트프로인트 회장, 토마스 스트라우스 사장 등 경영관계자 4명이 사표를 제출했다. 동시에 그때까지 사외(社外)임원이었던 워렌 바훼트가 회장에, 해외근무에서 막 귀국한 데릭 몬이 사장에 취임했다. 새로운 경영진은 모두 유대인이 아니었다. 그리고 바훼트는 회장에 취임하자마자 사임한 구 경영진에 대한 퇴직금을 지불하지 않겠다는 통고를 함은 물론이고 회사설비를 무료로 사용하는 것조차 금지했다.

증권금융업계에서 활약하기 위해서는 재능보다도 우선 비즈니스 윤리에 충실해야 한다. 그렇지 못하면 유대인이든 그리스도교인이든 인종이나 국적이나 종교에 관계없이 비즈니스 사회로부터 책임을 추궁받고 추방당한다. 이것이 유대인이 사는 구미사회의 규칙이다.

사실검증을 중시하는 헨리 카우프만

솔로몬사의 성장기를 무대 뒤에서 받쳐준 이론가는 경제학자로 유명한 헨리 카우프만이었다. 콜롬비아 대학 졸업 후, 민간은행, 뉴욕연방은행을 거쳐 1962년 솔로몬에 입사하여 수석 경영자, 부회장으로까지 승진을 했지만, 구트프로인트의 사고(思考)에 동의하지 않아 87년 퇴직했다.

그는 사실에 입각하여 데이터를 검증하고, 데이터 뒤에 있는 사상을 냉정하게 파악하여 신중하게 발언하는 타입의 인간이었기 때문이다.

카우프만은 1927년 독일에서 태어나 히틀러의 나치스 정권이 대두한 37년 가족과 함께 미국으로 이주했다. 이유는 제1차 세계대전 후 독일을 강타한 인플레였다.

제1차 세계대전 전인 1914년엔 1달러가 4.2마르크였는데, 전후인 20년 7월엔 39.5마르크, 23년 7월엔 35만 3412마르크로 독일 마르크의 화폐가치가 천문학적으로 떨어졌다. 이 인플레는 그의 가족 자산을 단번에 없애버렸고, 사회의 대부분을 차지하는 중산계급의 평화로운 생활을 파괴했다. 또한 중산계급의 가치관과 도덕관을 송두리째 뽑아버렸을 뿐만 아니라 유대인을 희생물로 삼았다. 이 체험이 경제정책은 인플레 없는 성장을 목표로 해야 한다는 그의 사상 배경이 되었다.

카우프만은 민간은행 융자부문에 근무하고 있을 때, 서류나 데이터 뒤에 있는 사실 직시의 중요성을 배웠다. 여러 재무표가 반드시 기업의 참모습을 나타내고 있는 것이 아니라는 것을 깨닫게 된다.

그는 현장에 가지 않는 동안은 융자신청 서류도 의심해봐야 한다고 말한다.

그리고 치밀한 데이터 분석에서 현대의 기업경영자, 국가경영자, 금융기관 경영자의 자세를 완곡하면서도 예리하게 비판했다.

카우프만은 1980년대 중반 다음과 같은 경고를 했다.

"기업경영자는 자신들의 보수나 퇴직금만 생각하고 주주자본을 경시해선 안 된다. 정부나 기업이나 안일한 채권발행에 의존하여 과대한 부채를 떠안아선 안 된다. 금융기관은 채무를 단기차입으로 바꾸고 자기자본의 유동성이 건전한 것처럼 가장해선 안 된다. 더구나 질 낮은 증권을 구입하여 위장자본을 만들어서도 안 된다. 금융기관은 기업가 정신으로 행동해야 한다. 안 그러면 도산을 불러 사회와 경제를 혼란시키고 민주주의를 그르치게 된다."

카우프만의 이런 신중론은 채권매매로 급성장을 지향하던 사람들의 의견에 정면으로 대립하는 것이었다. 사실을 확인한 후 데이터를 분석하는 철저한 객관주의는 오히려 '투철한 현실주의'라고 불려야 할 것이다. 카우프만은 구약성서의 예언자 이사야나 엘리야처럼 나라를 염려하고 국민을 가엾이 여기고 지도자를 비판하는 경세가(警世家)의 느낌을 준다.

구트프로인트는 시시각각으로 변하는 거래 속에서 상황판단이 뛰어났지만, 카우프만은 장기 데이터 속에서 사물의 본질을 읽으려 했다. 이런 점에서 그는 솔로몬사에 입사 권유를 했던 선배 지드니 호마와 방법을 같이 했다.

호마는 기원전 2000년에서 현대에 이르기까지의 금리 데이터를 다룬 《금리의 역사》라는 책을 출판했다. 그런 영향도 있을 테지만 사물의 원인을 사건 직전의 과거의 영향에서 근시안적으로 판단하지 말고 거시적인 시점에서 생각하라고 권했다.

1929년 대폭락 이전에 살던 사람들은 자신들이 위험한 시대에 살고 있다고는 생각하지 못했을 것이다. 또한 공룡의 전성기인 옛날 시대라면, 공룡에게 최고의 등급을 매기고 연약한 포유류는 최하위의 평가밖에 받지 못했을 것이다. 다시 말해 현재 중요시되고 있지 않은 것, 혹은 실현되지 않은 것의 방향에서 사물을 재평가해야 한다는 것이다.

그는 지구 전체에서의 생산과 부의 확대를 생각해 보라고 말한다. 이 말에는 그가 자각했든 아니었든 예수 그리스도, 막스, 슘페터 등에 흐르는 유대인 특유의 휴머니즘이 느껴진다.

사회파인 펠릭스 로하틴

카우프만을 금융 책임성과 논리성을 말하는 예언자라고 칭송한다면, 금융의 복음을 실천한 사도는 펠릭스 로하틴이다. 그는 뉴욕시가 파산하기 시작한 1975년 뉴욕을 구한 남자로 유명해졌다.

1974년 무렵부터 뉴욕시의 재정이 심각할 정도로 악화되어 75년이 되자 파산 직전의 위기상태로 이어지고 있었다. 시 당국은 세금을 최대한으로 올렸다. 번 시장은 시민이나 기업의 반감을 사 비판의 목소리가 높아져갔다. 〈월스트리트 저널〉지의 논설주간 로버트 바트리는 뉴욕시가 파산하기를 바란다는 요지의 논설까지 올렸다.

그때, 시의 재정재건을 위해 자원봉사로 등장한 사람이 로하틴이었다. 그는 1960년부터 71년 월가를 덮친 증권위기 때 뉴욕증권거래 위기대책 위원회 위원장으로 활약하여 냉정한 두뇌로 침착하게 진두지휘했던 모습으로 잘 알려져 있었다. 그는 주지사 자문위원회의 한 멤버 입장에서 MAC(Municipal Assistance Corporation)라는 뉴욕시 재정지원공고 설립을 제안하고, MAC가 발행하는 비과세 지방채를 판 대금으로 시의 재정을 재건하도록 했다.

파트너가 된 라잘 프렐사는 견실하게 거래를 해왔기 때문에 뉴욕시 지원채를 발행한다는 말을 듣게 된 다른 증권회사도 발매에 협력해 주었다.

로하틴의 예지로 뉴욕시는 구사일생으로 위기를 벗어날 수 있었다. 다음해 3월, 뉴욕 주지사 케어리는 그의 공적에 감사하며 불독 장식품을 보냈다. 장식품에 걸린 목걸이엔 '미팅 올 크라이시스 (MAC)', 즉 모든 위험을 이겨내고 일어섰다고 새겨져 있었다.

비즈니스 세계는 냉철하다. 뉴욕시가 파산하여 살기 어려워지면 환경이 좋은 교외로 이사를 하면 그뿐, 시민에게 매력을 잃은 도시는 비록 뉴욕이라고 해도 버림받는다. 그러나 로하틴은 뉴욕의 현 상황을 남의 일처럼 보고만 있을 순 없었다.

로하틴은 말했다.

"난 난민이었습니다. 난민인 나를 받아들여 인생설계를 할 기회를 준 뉴욕시에 은혜를 갚고 싶었던 겁니다."

로하틴은 1928년 빈의 명문인 로하틴 은행 창립자의 손자로 태어났다. 1934년 나치스의 위협이 더해 갈 때, 할아버지는 가족을 프랑스에 피난시켰고, 거기서 부모가 이혼을 하였다. 1942년, 나치스의 프랑스 점령 아래서 어머니와 계부에게 이끌려 스페인, 카사블랑카, 리우데자네이루를 거쳐 미국으로 도망친 것이다.

뉴욕에 도착한 그는 빈손으로 다시 시작했다. 무일푼인 난민, 파산을 한 것이나 마찬가지인 외국인에게도 시민과 차별하지 않고 따뜻한 온정의 손길을 내밀어 생활설계를 할 수 있게 해준 뉴욕시의 은혜에 감사하는 마음이 로하틴을 움직였다.

로하틴은 〈뉴욕 타임스〉 기자에게 다음과 같이 말한 적이 있다. "이미 반세기 이상이나 된 일이지만 난 어머니와 새아버지와 함께 피레네 산맥을 넘어 히틀러로부터 탈출했습니다. 피레네 산맥을 넘기 전날 밤, 우리는 호텔에서 치약튜브 밑을 펼치고 남은 금화를 숨겼습니다. 가족에게 남은 유일한 재산이었습니다. 덕분에 무사히 탈출할 수 있었습니다. 하지만 그것밖에는 가져올 수가 없었습니다."

금화는 미국에 도착하기도 전에 바닥이 나버렸다. 돈을 의지해 망명한 것이기 때문에 그는 누구보다 돈이 얼마나 소중한 것인가를 잘 알고 있었지만, 그렇다고 해서 돈이 전부라는 생각은 하지 않았다.

그 이후 그는 영원한 부(富)란 머릿속에 넣고 다닐 수 있는 것밖에는 없다는 것을 깨달았다. 그런데 요즘 세상을 보고 있으면 10년 뒤, 20년 뒤엔 돈이 어떤 가치를 갖고 있을지 알 수 없다는 생각을 하게 되었다고 한다.

그는 금융상품이 범람하고 사람들이 줏대없이 놀아나는 것을 경고했다.

"사람들은 투기를 하고 있으면서 그것을 투자로 착각하고 있다."

월가에서 자신이 성공한 것에 대해 로하틴은 이렇게 말했다.

"나는 미들베리 대학에서 물리학을 전공했습니다. 내가 투자업계에서 성공할 수 있었던 것은 경제학을 전공하지 않았기 때문입니다. 그래서 가혹한 지적 작업을 견딜 수 있었던 겁니다."

냉철하고 논리성이 풍부한 두뇌가 개인이나 조직을 위기로부터 구하고, 휴머니즘에 가득 찬 애정이 사회를 구한다는 것이 로하틴의 삶의 방식이다.

골드만삭스의 로버트 루빈

빌 클린턴 행정부는 1980년부터 1992년 사이 로널드 W. 레이건과 조지 W. 부시 행정부가 만든 거대한 연방예산적자, 비교적 높은 자연실업률 그리고 증가하는 인플레이션 압력 등 상당히 불리한 조건 아래 취임하였다. 그러나 이러한 불리한 조건에도 클린턴 경제팀이 손대는 것들은 황금으로 변했다.

대통령의 자문역, 나중에는 재무부장관을 맡았던 유대 출신 로버트 루빈이 지휘한 클린턴 경제팀은 레이건, 부시 대통령 시절에 형성된 막대한 적자를 흑자로 돌려 놓았다. 그들은 미국에 대한 높은 투자, 높은 생산성 향상의 회복에 성공했으며, 무역장벽을 줄이는 데 줄곧 앞장섰다.

로버트 루빈은 1938년 뉴욕에서 태어났다. 플로리다 마이애미에서 성장했고, 아버지는 부동산 거래 관련 전문변호사였다. 그는 하버드에서 경제학을 전공했고, 최우등으로 졸업했다. 다시 하버드 법대에 입학했으나, 런던의 스쿨 오브 이코노믹스에서 공부하기 위해 3일 만에 자퇴한다.

런던에서 석사학위를 받은 루빈은 예일대 법대를 졸업하고 변호사가 되었다. 1964년부터 2년간 뉴욕의 합동법률사무소에서 변호사로 일한 그는 1966년에 투자 고문 회사 골드만삭스에 입사한다. 이후 26년간 투자와 금융의 최고 전문가로 평가받으며 월가의 베테랑으로 활약하게 된다. 그는 주식·채권 투자에서 10년 연속 최고수익률을 올린 기록을 가지고 있으며, 1992년 한 해에는 2600만 달러의 개인 소득을 올린 '월가의 신화'이기도 하다.

루빈은 탁월한 법률 지식을 발휘하며 정부의 통상위원회 고문이나 FRB의 국제자본시장위원회 위원, 증권거래위원회 시장감시위원 등 여러 공직을 역임했다. 또한 공화당 지지자가 많은 금융계에 몸담고 있으면서도 민주당을 위해 선두에 서서 선거 자금을 모집했다. 그것을 계기로 로버트 루빈은 민주당 의원들과 돈독한 관계를 맺게 된다.

그는 증권계의 명문 골드만삭스의 회장직까지 오르지만 20만 달러의 연봉을 과감히 버리고 1993년 국가 주요 경제 정책을 총괄·집행하는 NEC(국가경제회의) 의장으로서 클린턴 전 미국 대통령을 보필하게 된다. 루빈은 이어 1995년 클린턴 행정부의 제70대 재무장관에 발탁된 이후, 과감한 재정 적자 축소 정책을 펼쳐 미국 경제를 대활황으로 이끄는 등 탁월한 재능을 유감없이 발휘했다.

로버트 루빈은 재임기간 멕시코 페소화 위기, 아시아 금융위기, 러시아 대외채무동결 등으로 촉발된 세계경제위기를 뛰어난 리더십으로 극복해냈다. 그 중에서도 뛰어난 업적을 꼽는다면 단연 멕시코 경제 재건일 것이다. 당시 미국은 과거 멕시코에 무려 120억 달러나 되는 융자를 해줬다. 때문에 멕시코의 경제 파탄이 현실화된다면 미국도 연쇄 도산 위기에서 벗어날 수 없는 상황이었다.

로버트 루빈은 골드만삭스에 있을 때 멕시코 투자를 담당하고 있었으므로 멕시코의 경제 사정을 훤히 꿰뚫고 있었다. 그런 루빈의 경력을 높이 산 클린턴이 그를 재무장관에 임명한 것이다.

그는 인구 8000만 명의 멕시코 내에 300만 명의 실업자가 나올 정도로 멕시코 정부의 긴축 정책을 조종했다. 그 결과 멕시코는 최악의 경제 위기를 모면할 수 있었고 해외로부터의 개인 투자도 늘릴 수 있었다. 그 사이 미국은 멕시코에 융자해 준 120억 달러의 4분의 3을 회수했다.

로버트 루빈의 실력은 예산 운영에서 더욱 빛을 발하는데, 때는 1996년 대통령 선거를 앞두고 있었다. 공화당 돌 후보는 부자든 가난한 자든 일률적으로 15%를 감세하겠다는 공약을 내걸었다. 일률적인 15% 감세는 언뜻 듣기에 공평해 보이나, 가난한 사람이 15% 감세로 생활이 나아지는 것은 아니었으며, 부자도 그 정도의 감세로 투자 의욕이 높아지는 것은 아니었다.

그 무렵 민주당 후보 클린턴의 수석경제고문이었던 로버트 루빈은 더욱 실효성 높은 예산 운영을 강구했다. 다름 아닌 분야별 감세였다. 투자를 필요로 하는 분야에 대해서는 감세 조처를 취하고 적자 분야에 대해서는 철저한 예산 삭감을 실시했다.

예컨대 장기간 생활보호 대상자를 고용하는 기업에 대해서는 고용주에게 세제상의 우대를 해주었고, 저소득자가 많은 지역에 진출하는 기업에 대해서는 세제 개선을 통한 장려책을 내놓았다.

나아가 그는 주택 매각으로 얻은 이익 가운데 최대 50만 달러까지 과세 대상에서 제외시키자고 제안했다. 자본 소득(capital gain) 없이 활발한 자본 투자는 있을 수 없고, 섣불리 자본 소득에 대해 과세를 강화했다가 그 징세에 필요한 인건비나 사무비로 세금을 날리는 것보다는 차라리 과세하지 않는 쪽이 낫다고 판단했기 때문이다. 이 또한 월가 출신 투자 고문다운 발상이었다.

루빈은 재정이 적자냐 흑자냐도 중요하지만, 정부 기관이 국민의 기대에 충분히 부응할 만한 활동을 하고 있느냐도 중요하게 생각했다. 그래서 그는 재무부 관할 법무관리 부문, 즉 세관국, 기밀국, 술·담배·화약 관리국의 활동을 직접 재점검하여 지금까지 묵과하고 있었던 부문에도 국민의 기대가 집중되고 있다는 것을 보여주었다.

그 결과 마약 거래나 마약 거래를 통한 부정 자금의 돈 세탁에 대한 감시가 강화되었고, 서서히 그 효과가 나타나기 시작했다.

미국 정계와 증시는 로버트 루빈이 미국 역대 재무장관 가운데 최고의 장관이었다는 찬사를 아끼지 않는다. 그는 1999년 5월 가족과 함께 더 많은 시간을 보내기 위해 재무장관직을 사임했다. 그리고 같은 해 7월 그는 세계 최대 금융회사인 시티그룹의 이사로 추대되었다.

조지 소로스의 투자 철학

오늘날 세계 금융시장에서 활약하고 있는 유명한 유대인 투자은행가나 상장사(上場師)의 경력을 보면, 대부분이 1930년 전후에 태어나 제2차 세계대전의 어려움을 겪었다.

상장이나 투자는 잘하면 많은 이익을 낼 수 있지만 수익이 확정될 때까지 이만저만 위험한 것이 아니다. 위험을 극복하면서 금융시장 전체의 동향을 냉정하게 읽고, 매매하는 타이밍을 잘 판단해야 한다. 그런 면에서 소년 시절 생사를 가르는 위기를 체험한 것이 도움이 된 것이다.

조지 소로스의 인생은 위기를 체험하고 밑바닥에서 출발했다는 점에서 로하틴보다 훨씬 극적이다. 그는 대학시절 아르바이트를 하던 레스토랑에서 손님이 남긴 음식을 식사 대신 먹을 정도로 가난했다.

소로스는 1930년 헝가리 부다페스트의 변호사 가정에서 태어났다. 1944년 헝가리가 나치스의 지배를 받게 되자 가족들은 알고 지내던 사람들의 집으로 흩어져 숨었다. 많은 헝가리계 유대인들이 나치스에게 학살당했던 때라 그는 살아남은 것만으로도 행운이었다. 그러나 1947년 공산권 헝가리에서 런던으로 이주했다.

소로스는 1952년 런던대학 경제학부를 졸업했지만 받아주는 회사가 없었다. 몇 달 동안 하층계급의 노동자를 상대로 행상을 하며 생활했다. 이것은 계급사회인 영국에서 대학 출신인 인텔리의 자존심이 상하는 굴욕이었지만, 그후 이 경험이 그에게는 성공으로 이끌어주는 정신적 지주가 되었다.

소로스는 런던의 투자은행에 견습사원으로 취직하여 1959년 뉴욕의 F.M. 메이어사로 옮겼다. 증권업자로서 발을 내디딘 후, 그는 와사임사, 드레스덴은행 등을 거쳐 1969년 독립했다.

소로스가 다른 투자가와 다른 점은 위험이 많은 분야가 어떤 것인가를 알아보고 그런 불확실한 점을 이용해 자신의 영역을 넓혔다는 점이다.

그런 방법은 런던 대학 재학 중에 유대인 철학자 칼 포퍼에게 영향을 받은 것이었다. 포퍼는 과학은 자신만이 절대로 옳다는 권위주의적인 고정된 가치체계를 가져서는 안 된다고 생각했다. 그리고 과학은 형이상학적인 아이디어의 가치를 인정하고, 미래에 대한 불확실성을 수용할 수 있고, 반론을 허용할 수 있는 세계여야 한다고 생각했다.

소로스는 포퍼의 불확실성과 창조적 진화 사상에 영향을 받아 금융시장의 권위주의적 상장관(上場觀)에 가담하지 않았고, 시장의 흐름에 반론재료를 제공하는 등 상품개발이 과학적인 투자를 자리잡게 할 것이라 생각했다.

소로스가 운용하고 있는 펀드를 '퀀텀(양자)'으로 명명하고 있는 점에서도 반(反)주류파 의식이 드러난다. 이 이름엔 눈에 보이지 않는 수면 아래의 자금 유동성과 축적된 자본력의 폭발이라는 의미가 있다.

소로스는 '양자는 빛의 운동에서 보듯 전체적으로는 파동으로 규칙적으로 퍼져 가는 것처럼 보이지만, 사실은 꺾이기도 하고 간섭을 하기도 한다. 더 세밀하게 보면 에너지 덩어리가 되어 전자와 충돌을 하기도 한다. 금융이나 경제라는 활동도 수면 아래의 자금이 규칙적인 동향을 드러내 간섭과 충돌을 하며 갑자기 강대한 에너지를 내는 때도 있어야 할 것'이라고 생각했다.

그래서 그는 미국의 법률로 보호를 받는 것이나 규제를 받는 것이 싫어 자유활동으로 움직이는 양자운동처럼 운용조건이 자유로운 해외 국적 자금으로 네델란드령 큐라소섬에서 퀀텀 펀드를 시작했다.

소로스가 관리운용하고 있는 퀀텀 펀드만도 순자산이 현재 43억 달러, 이외에도 쿼서 인터내셔널 펀드는 16억 달러, 퀀텀 이머징 그로스 펀드는 11억 달러, 쿼터 펀드는 7억 달러, 합계 77억 달러의 운용자산이 있다.

거기다 부동산 투자를 하는 퀀텀 부동산 트러스트G 소로스 부동산이 관리하는 자산 10억 달러를 더하면, 실로 90억 달러에 가까운 자산을 관리하고 있다는 이야기가 된다.

이 높은 수익의 주된 투자분야는 위험부담이 높은 금융선물, 옵션 거래로 이루어지고 있다. 쉽게 설명하자면 퀀텀 펀드시장에서 인정하고 있는 신용한도는 자금의 약 4배가 상한이므로 한도껏 투자하면 1회에 172억 달러의 거래가 가능하다. 이것을 선물거래로 활용하면 금세 몇 배의 게임이 되는 것이다. 오로지 자본의 논리만으로 행동하고 거래에 정실(情實)을 전혀 개입시키지 않는다.

돈을 벌었다던가 손해를 입었다는 감정적인 평가는 사후의 생각에 지나지 않는다. 소로스가 투자은행가로 추구하는 조건은 선행(先行)을 읽을 수 있어야 하고, 거래의 합법성을 검증할 수 있는 능력, 그리고 매매의 결단을 한정된 시간 내에 내릴 수 있어야 하는 것이다.

그 한 예가 1992년 유럽 통화위기 때, 상세한 데이터에 기초해 영국 파운드의 하락을 예언하고 대량으로 내다 판 것이다. 그럼으로써 10억 달러의 차익을 손에 넣었지만, 동시에 파운드를 ERM(유럽 외환상장 메커니즘)에서 이탈시켰다. 93년 6월 독일 마르크의 하락 예상을 발표, 8월에는 마르크화를 내리고 달러화를 높이는 일을 실현시켰다.

소로스는 여기에 대해 약한 파운드가 허세를 부리고 있기 때문에 그 잘못된 판단을 지적하고, 또 강한 마르크가 자기 비판을 하지 않아 반성을 촉구하려 한 것이라며 자신의 행위를 정당화했다. 탈무드는 투자가들에게 분명 돈벌이와 사회윤리의 조화라는 과제를 요구하고 있다. 그러나 소로스의 행위가 옳았는지에 대해선 의문이 남는다.

1994년 2월 소로스가 시장 부정 조작 혐의로 영·미 양국 금융사찰관의 조사를 받았다는 보도가 있었다. 어제의 영웅이 오늘은 경제 윤리의 책임을 져야 하는 피의자가 될지 모른다. 투자고문업에 종사하는 사람 모두에겐 부여된 윤리적 책임이 있다. 바로 자기 자신을 생각하고 겸허하게 수정하는 것이다.

소로스는 자신도 많은 과오를 범한다고 말했다. 이는 끊임없이 긴장되는 투자에 지친 영웅의 고백일지 모른다.

소로스는 1984년 고국 헝가리에 소로스 재단을 세우고, 수많은 학자와 연구인을 서방 여러 나라에 유학을 보내고, 헝가리 문화풍토를 선진 여러 나라에 친숙하게 했다. 최근엔 구 소련 과학자들의 두뇌유출을 방지하기 위해 1억 달러 기금으로 러시아와 우크라이나 등에도 학술진흥자금을 원조하고 있다.

탈무드에 의하면 예루살렘의 멸망은 사람들이 학자를 존경하지 않았기 때문에 생긴 결과라고 한다. 소로스만이 아니라 유대인 실업가는 학문진흥을 위해 사재를 아끼지 않는다. 그것은 전쟁이 없는 세상을 진심으로 바라고 있기 때문이다.

대기업 뒤퐁의 샤피로

록펠러나 뒤퐁이 유대계라는 소문이 있지만, 이 두 명문재벌은 유대인과는 상종도 하지 않는다고 공언하는 자존심 강한 집안이다. 하지만 그 중 하나인 뒤퐁사가 1974년에 유대인 어빙 샤피로를 회장으로 선출했다. 그는 유대인이라는 것을 숨기지도 않았다.

세계 최대의 화학기업 뒤퐁사는 1802년에 뒤퐁화약회사로 출발했다. 1970년, 샤피로의 전임자 찰스 맥코이가 회장이 되기 전까지 뒤퐁 집안이 군림해 온 기업이다. 맥코이의 회장 임명도 전례를 깬 대사건이었다. 그런데 다음 회장이 유대인이라니, 충격적인 사건이 아닐 수 없었다.

어빙 샤피로는 1916년 세탁소를 하는 유대인 가정에서 태어났다. 아버지는 리투아니아 태생이었다. 집에서는 독일계 유대인의 말인 이디시어를 썼다고 하니, 전형적인 유대인 이민 가정이었다.

집안은 세 형제가 학교까지 편도 8km의 길을 걸어서 통학해야 할 정도로 가난했다. 그래도 아버지는 세 아들 중 가장 똑똑한 큰아들을 법률가로 만들기 위해 있는 돈을 모두 털어 대학에 진학시켰다.

그는 1941년에 미네소타대학 법학부를 4등의 성적으로 졸업했다. 하지만 유대인 샤피로는 어느 법률사무소에도 취직할 수 없었다.

샤피로라는 이름만 보아도 유대인이라는 것을 알 수 있었기 때문이다. 당시 미국에는 뉴욕이나 시카고 등 일부 도시를 제외하고 아직 반유대감정이 높았다.

법학부 교수들은 취직을 하고 싶으면 이름을 바꾸라고 권했지만 그는 거절했다.

"부모님은 나를 대학에 보내기 위해 모든 고생을 감수했습니다. 그런데 졸업과 동시에 샤피로라는 조상 대대로 내려온 이름을 버리라니, 전 그런 짓은 못합니다. 자신만을 위해 사는 것은 스스로도 용서할 수 없습니다."

이 말은 탈무드의 위대한 현자 힐렐의 말을 생각나게 한다.

"만약 내가 자신만을 위해 존재하는 것이 아니라면, 나는 누구인가. 내가 자신만을 위해 존재하는 것이라면 나는 또 누구인가. 만약 지금 내가 아니라면 언제 나는 내가 되는 것일까."

자신의 주체성과 원칙을 관철하는 것이 유대교가 지향하는 세계이다. 아무도 고용해 주지 않는다면 내 일을 하면 된다. 그는 작지만 자기 법률사무소를 열었다.

제2차 세계대전이 시작되자 그는 워싱턴의 전시물가통제국에 들어갔다. 그때 그의 옆자리에서 일한 사람이 뒤에 대통령이 된 리처드 닉슨이다.

1943년, 법무성으로 옮긴 그는 눈에 띄는 실적을 올렸다. 샤피로의 손을 거치면 어떤 어려운 문제라도 정부의 입장에 입각한 공소장이 기초되었던 것이다.

1950년에 선배 오스카 프로포스트의 권유로 그는 뒤퐁에 입사했다. 당시 뒤퐁사는 GM 주식의 23퍼센트에 해당하는 6300만 주를 보유하고 있어, 반 트러스트법 위반으로 고발당해 있었다.

입사하고 처음 6주 동안 샤피로는 오로지 반 트러스트법의 연구에만 몰두했다. 이 분야는 처음이었기 때문에 먼저 법률의 체계나 논리적 약점 등을 면밀히 분석했다. 법정논쟁의 기초가 되는 부분을 완벽하게 터득하는 것이 샤피로의 강점이었다. 입사 2개월이 지나자 그는 반 트러스트법에 가장 정통한 변호사가 되어 있었다.

그러나 뒤퐁사의 법무실에서 그가 처음 맡은 일은 법무실과 중역실 사이를 오가며 변호사단의 의견을 중역들에게 전하고, 중역들의 의견을 변호사단에 전달하는, 일종의 전달자 역할이었다.

중역들이 법률에 대한 설명을 요구하면 그는 즉석에서 명쾌하게 답변했다. 필요하다면 그 자리에서 중역들의 입맛에 맞는 제안서를 작성할 수도 있었다. 무엇보다 그는 언제나 어떻게 하면 문제를 해결할 수 있을까를 말했다. 왜 문제를 해결할 수 없는지를 변명하기에 바쁜 다른 변호사들과는 달랐다. 그는 승진을 거듭했고, 1965년에는 수석법률 고문대리가 되었다.

그리고 1970년 가을에는 선배를 제치고 부사장이 되었다. 1973년에는 그를 위해 신설된 부회장직에 오르고 다음해 1월에 회장에 취임했다. 그리고 1981년에 퇴직할 때까지 종업원 11만 3000명의 세계적 화학회사 뒤퐁의 최고 의사결정의 책임을 졌던 것이다.

이는 미국 사회에서 유대인이 착실하게 뿌리를 내리고 있는 모습을 보여준다. 유능하다면 이제 유대인이라도 국무장관, 재무장관, FBI의장 등 중요한 직책에 기용될 수 있게 된 것이다.

그러나 아직 뒤퐁사에 제2의 샤피로가 등장할 조짐은 없다. WASP(백인 앵글로색슨족 프로테스탄트교인)가 주류를 이루는 미국 사회에서는 어디까지나 다수파인 백인 그리스도교인에게 능력을 인정받은 사람이 아니면 소수파 출신이 등용되는 일은 없다.

실력위주라고 하면 공정하게 생각될지 모르지만 소수파 출신이 그 실력을 인정받기 위해서는 역시 다른 사람의 두 배의 노력과 재능을 필요로 한다. 그런 만큼 유대인 중 요직에 오른 사람은 다른 사람보다 뛰어난 논리성과 상상력을 지녔다고 할 수 있다.

아몬드 해머

유대인 중 톱의 자리를 차지하는 인물은 샐러리맨·출신보다 스스로 사업을 시작한 독립자형이 많다. 그중에서도 자기 대에서 세계에서 손꼽히는 부를 쌓은 금세기 최대의 유대인 실업가라고 하면, 1992년 1월에 타계한 아몬드 해머를 꼽을 수 있다.

그의 아버지 줄리어스는 러시아 오데사 태생의 유대인으로 갓난아이 때 양친을 따라 미국으로 이주했다. 그는 15살 때 일하기 시작한 철공소에서 사회주의 사상을 접하고, 후에 미국 공산당으로 알려진 사회노동당의 일원으로 열심히 조직활동을 했다. 줄리어스는 사회노동당의 창설자 다니엘 드 레옹과 친교를 가지며 사회주의 이상을 평생 버리지 않았다.

해머의 어머니 로즈는 러시아 비테브스크 출신으로, 줄리어스와 그녀는 노동운동 대회에서 만났다. 두 사람 모두 사실상 무신론자로, 가정에서 종교적 행사 같은 것은 전혀 하지 않았다. 근처에 유대 시나고그가 있었지만 그곳의 예배에도 얼굴을 내밀지 않았다.

1898년, 아몬드 해머는 그 두 사람 사이에서 태어났다.

그는 비즈니스에 관한 한 조숙했다. 초등학교 때 가족 모두 아버지의 친구가 하는 농장에 놀러 가면, 혼자 그곳 주인을 따라 밭작물을 시장에 내다 팔러가곤 했다. 그리고 시장 안을 돌아다니며 가격을 알아보고 와 그곳 주인에게 보고했을 뿐만 아니라 가지고 온 상품가격까지 조언했다. 장이 파한 뒤 팔고 남은 것이 있으면 시장을 한 바퀴 돌며 싼 가격으로 팔아버리는 것이 이익이라고 제안하기도 했다.

그리고 16살 때, 그는 185달러를 빌려 중고 오픈카를 샀다. 처음부터 갚을 방법을 생각하고 빌린 돈이었다. 한 사탕 제조회사가 세일을 위해 하루 임금 20달러에 차를 소지한 배달원을 모집하는 광고를 보았기 때문이다. 그때는 포드가 종업원에게 일급으로 5달러나 지불해 화제가 되었을 때였으니, 20달러라면 아주 높은 급료였다.

그는 겨울방학 때 2주간의 아르바이트로 빌린 돈을 모두 갚았다. 계획을 세우고, 계약서를 교환하고, 열심히 일하면 원하는 것을 얻을 수 있다는 비즈니스의 교훈을 그는 이미 그때 터득한 것이었다.

1917년 여름, 그의 아버지는 파트너와 공동으로 경영하고 있던 제약회사를 매입해, 컬럼비아 대학 의학부 예과에 재학중인 아들을 사장에 앉혔다. 해머는 성적이 좋은 동급생에게 대학 강의노트를 빌려, 낮에는 경영에 전념하고 밤에는 그의 노트를 보고 공부하는 방법으로 학생 겸 경영자의 생활을 빈틈없이 해나갔다.

뿐만 아니라 채 1년도 지나기 전에 회사의 매출을 10배나 급성장시켰다. 그 비결은 눈에 띄는 샘플케이스 개발과 높은 급료를 주는 조건으로 많은 세일즈맨을 고용한 것이다. 급료가 좋으면 세일즈맨이 열심히 일한다는 것은 직접 사탕 배달을 하며 깨달은 진리였다.

그는 경영은 부하에게 맡겼지만 현장에서는 눈을 떼지 않았다. 주문전표를 점검하고 품절된 상품을 파악하기도 했다. 그렇게 현장을 돌면서 생강을 원료로 한 알코올 용액의 주문이 급속히 늘고 있다는 것을 알게 되었다. 그는 그 원인을 알기 위해 발주를 한 버지니아주까지 직접 조사를 하러 갔는데, 그곳에서 진저에일에 약용 생강 알코올을 넣어 즉석 하이볼로 바꾸고 있는 것을 알게 되었다. 그것은 1919년 1월부터 시행된 금주법 때문에 술꾼들이 알코올을 합법적으로 손에 넣는 지혜였던 것이다.

해머는 시장에 민감했다. 재빨리 약용 생강을 증산하기로 하고 세계의 주요 생강 생산국인 인도, 피지, 나이지리아에 대리인을 보내 생산지의 생강을 전매했다. 이렇게 해서 금주법이 해제되는 1933년까지 해머는 미국내의 생강액 공급을 독점하고, 막대한 이익을 올렸다. 미국인의 평균 연봉이 625달러였던 19년에 그의 연봉은 100만 달러였다.

1922년, 그는 컬럼비아대학 의학부를 우수한 성적으로 졸업하고 이후 '의사 해머'로 불리게 되었다.

이때 그는 개업할 때까지의 짧은 시간을 이용해 소련으로 여행을 떠났다. 그것은 여행이라기보다 양친의 모국에 사회주의 정권이 들어서고, 때마침 유행한 티프스로 소련 국민이 곤란을 겪고 있다는 말을 듣고 의료봉사를 자원한 것이었다.

현지에서 해머가 목격한 것은 식량부족이었다. 의협심으로 그는 소련의 혁명위원회에 식량조달을 제의했다. 미국에서 보리를 보낼 테니 대금은 소련 특산 모피 등으로 지불하라는 조건이었다. 이 이야기가 레닌의 귀에 들어가 그는 레닌에게서 소련 경제재건을 위한 자본가로 소련에 남아줄 것을 제안받았다.

이 결과, 해머는 미국과 소련 사이의 무역중개를 시작하게 되었고, 그것은 곡물의 조달에만 국한되지 않았다. 유대인을 싫어하는 헨리 포드를 끈질기게 설득해 소련을 겨냥한 포드 차의 수출업무 대리권을 획득했다. 또한 소련 국내에서 석면채굴사업의 개발, 연필공장의 설립 등 몇 개의 일을 수주받았다. 1930년까지 10년간이나 소련에 머물렀던 그는 소련을 떠날 때 외화부족으로 곤란을 겪고 있는 소련 정부로부터 제정 러시아 시대의 미술품을 대량으로 사들여 이를 파리나 뉴욕에서 판매해 이익을 올리기도 했다.

1933년에 금주법이 해제되자 이번에는 위스키 제조용 재료가 부족하게 되었다. 그것을 알고 소련에서 재료를 수입, 이것만으로 최초 2년간 100만 달러의 순이익을 남겼다. 또한 순도 20%의 값싼 위스키 'J.W. 단트'를 만들어 막대한 이익을 남기기도 했다.

그러나 일벌레로 인생을 보낸 해머는 너무나 지쳐 있었다. 결국 1956년, 그는 은퇴하고 요양을 위해 캘리포니아로 갔다.

은퇴한 뒤에도 그에게는 두통의 씨앗이 남아 있었는데, 바로 소득

세 문제였다. 그 대책으로 공인회계사가 오일 셀러를 권유했다. 석유굴착사업에 투자를 하면 그만큼의 금액이 공제되기 때문이었다. 그래서 그는 썩 내키지는 않았지만 옥시덴탈석유라는, 적자로 도산 직전에 몰려 있던 회사의 석유굴착사업에 투자하기로 했다.

하지만 시굴한 유전에서 하루 250배럴의 석유가 생산되기 시작하면서 해머는 석유채굴의 매력에 빠지기 시작했다. 1957년에는 옥시덴탈석유의 대주주가 되어 사장에 취임함으로써 결국 현역에 복귀했다.

해머가 사장이 되자 옥시덴탈석유는 차례로 유망한 유전을 파기 바빴다. 특히 샌프란시스코 동부에서 발견한 라스로프 가스유전은 매장량이 2억 달러에 상당하는 거대한 가스유전이었다.

성공은 그것으로 끝나지 않았다. 1966년 말 리비아의 석유굴착에 성공해 9개의 유전에서 하루 생산량 9만 7500배럴을 생산했다. 이것은 당시 캘리포니아 전체 석유생산량의 10%가 넘는 막대한 양이었다. 다음해에는 하루 생산량 4만 3000배럴의 유맥을 팠을 뿐 아니라 두 번째 유맥이 하루 생산량 1만 7000배럴, 세 번째 유맥이 하루 생산량 7만 5000배럴이라고 하는, 상상할 수조차 없는 거대유전의 굴착에 성공했다.

1973년에는 북해유전, 그리고 84년에는 남미 라유카 유전의 굴착에도 성공했다. 그러면서 옥시덴탈석유는 세계 7대 석유회사에 이은 여덟 번째 석유회사, 미국내에서도 제12위에 링크되는 공업회사로 성장해 있었다.

세계 최고두뇌 최대부호 성공집단 탄생시키는 유대
솔로몬 탈무드

4

돈 버는 방법, 돈 쓰는 방법

유대식 협상
포도송이는 탐스럽게 익을수록 아래로 처진다

유대인은 어떻게 최고의 협상 노하우를 발견했을까?

자폐증적 인간과 대조적인 것이 유대인이다.

유대인은 2000년 전에 젖과 꿀이 흐르는 땅에서 쫓겨나 전세계를 유랑해왔다. 돈도, 권력도, 명예도 없이, 이국땅에서 협상술에만 의지하여 살아가지 않으면 안 되었다. 그래서 언어도, 문화도, 종교도, 사고방식도 다른 이국땅에서 천민으로 멸시받으면서도 끈질기게 살아남을 수 있었던 것이다.

조국을 잃은 민족이 2000년 동안이나 멸망하지 않고 살아남은 것은 세계 역사상 유례가 없는 일이다.

우리는 이제 유대식 협상술을 배우지 않으면 안 된다. 그들이 게토에 갇혀 수많은 박해를 견디며, 과학, 실업, 예술, 정치, 그 밖의 모든 분야에서 천재적인 업적을 보여준, 세상에 대한 유대식 협상술의 비밀을 배워야 한다.

유대식 협상술에는 유랑 2000년의 민족 경영의 진수가 들어 있다. 현대 최고의 이 협상술을 배우면 반드시 변화무쌍한 미래를 용감히 헤쳐 나갈 수 있을 것이다.

모든 문제를 자신에게 유리하게 해결하는 기술

테이블에 앉아서 회의하는 것만 협상이 아니다. 협상 테이블에 앉지도 않고 100퍼센트 이기는 것이 최고의 협상술이라 할 수 있다.

우리는 매일 세상과 협상하면서 살고 있다. 자동차 구입이나 회사와 조합 사이의 임금인상 협상 등이 가장 전형적인 협상이고, 회사에서 새로운 기획안을 통과시킬 때 상사에게 설명하는 것도 협상이다. 신혼여행을 괌으로 갈지 하와이로 갈지 결정하는 것도 신혼부부 사이의 협상이다. 자식을 꾸짖거나 상을 주고, 가르치는 것도 부모와 자식간의 오랜 기간에 걸친 복잡한 협상이다.

즉, 살아가는 것은 모두 사회와의 협상이다. 어떤 식으로든 협상의 요소를 내포하지 않는 활동은 없다.

여기서는 협상을 널리 '평화적 수단을 통해 어떤 문제를 자신에게 유리하게 해결하는 기술'이라고 정리해두자. 이것은 비즈니스 협상을 중심으로, 더 넓은 의미에서 세상과 협상하는 기술도 포함된 개념이다. 그러므로 이제부터 얘기할 협상술은 타인과 접촉하는 모든 경우에 이용할 수 있다.

협상할 줄 모르는 자는 낙오한다!

1960년대 후반, 그때까지 전세계를 마치 제 것인 양 뒤흔들던 미국을 제치고 소련이 초강대국으로 대두하기 시작했다.

당사자들 사이에 압도적인 힘의 차이가 있을 때는 협상이 필요하지 않다. 우위에 선 자는 상대방을 위협하고, 강요하고, 억압할 수 있다. 열세에 있는 자는 오직 굴종하는 수밖에 없다.

하지만 양쪽의 힘에 균형이 잡히면, 상대를 일방적으로 굴종시키는 것은 무리다. 그때는 설득과 협상이 모든 대립을 해결하는 유일한 수단이 된다.

닉슨이 대통령이 되었을 때는, 바로 소련 군사력이 미국 군사력을 따라잡은 시기였다. 닉슨은 변화를 재빨리 간파하고 있었다.

"이제 대립의 시대는 끝났고 협상의 시대에 들어섰다."

닉슨은 외교의 마술사 키신저와 콤비를 이루어, 국제정치의 여러 문제를 '협상'을 통해 하나하나 해결해 갔다. 눈에 보이지는 않지만, 이런 역사적인 전환은 개인생활에서도 일어나고 있다.

지금은 일하겠다는 마음만 있으면 먹고 사는 게 그리 힘든 시대가 아니다. 자유도 얼마든지 보장되고 있다. 그러나 한때, 먹을 것이 부족하고 자유도 제한되어 있어 강자와 약자의 차이가 뚜렷했던 적이 있었다. 그럴 때 강자는 명령하고 약자는 복종하는 수밖에 없었다.

하지만 현대 사회에서는 강자와 약자의 차이도 상대적이다. 거시적으로 보면 사람들이 지닌 힘은 거의 균형을 이루고 있다. 가치관이 다양해져 사람들 사이의 의견대립이 더 많아졌는데, 이러한 현대의 대립은 '협상'으로 해결할 수밖에 없다. 예전처럼 억압에 의한 해결은 불가능하다. 우리는 자신도 모르는 사이 어느새 '협상의 시대'에 살고 있다.

앞으로의 시대에는 아무리 재능이 뛰어나도 협상력이 없는 사람은 세상을 헤쳐 나갈 수 없다. 협상력이 없는 사람은 가공하지 않은 다이아몬드와 같다. 그대로는 영원히 빛을 보지 못한다.

사고방식이 다른 사람과도 잘 사귈 수 있는가?

공장에는 로봇이 진출하고, 사무실에는 컴퓨터와 여러 종류의 사무자동화기기가 책상을 차지하고 있다. 현대를 살아가는 우리는 로봇화, 사무자동화로 상징되는 직장혁명의 한가운데에 있다. 공장과 사무실에서는 철저한 무인화가 진행되어 대부분의 단순노동은 기계가 하고 있다. 자동번역기, 음성인식 워드프로세서, 팩시밀리, 화상전화 등은 무인화를 더욱 촉진한다.

이렇게 도도하게 진행되는 기계화 속에서 살아남는 것은 가장 인간적인 부문, 즉 대인절충과 대인협상이 많은 부문이다. 협상이야말로 기계화에 가장 물들지 않은 부문이며, 비즈니스맨의 마지막 성역이다. 누군가(무엇인가)와 협상할 수 있느냐 없느냐가 가까운 미래의 중요한 자격 요건이 될 것이다.

컴퓨터로 모든 일을 처리하는 사회는 '자폐증 사회'라고들 말한다. 현대를 살아가는 젊은이들은 대체로 대인관계에 서툴다. 핵가족 속에서 자랐기 때문에 어릴 때부터 사람과의 접촉이 적은 데다가 그들이 가지고 노는 것이라고는 비디오, 컴퓨터게임 같은 '나홀로 놀이'이다. 어릴 때부터 자기만의 방이 주어져 그 속에서 자라고, 식사도 햄버거나 프라이드치킨, 컵라면, 따끈따끈한 배달 도시락 등 혼자 끼니를 때울 때가 많다.

또 입시전쟁 속을 헤쳐 나오느라 친구를 사귀는 것이 서툴다. 직장상사, 선배와는 사고방식이 너무 다르다. 생각이 다른 사람과 잘 사귀는 것이 바로 협상력을 기르는 첫걸음인데 아예 교류 자체를 포기해버린다. 유감스러운 일이지만 이런 젊은이들이 점점 늘어나고 있다.

이런 젊은이들은 가까운 미래사회에서는 반드시 낙오될 수밖에 없다. 협상력이 전혀 없는 자폐증적 인간은 살아남을 수 없기 때문에 협상할 수 있는 능력이야말로 대변동의 시대에 살아남을 수 있는 중요한 열쇠이다.

흥정하지 않으면 이 세상을 살아갈 수 없다

유대인이 사업에 성공을 거둘 수 있었던 것은 능수능란한 협상 기술에 있다. 유대인들이 얼마나 흥정을 좋아하는지에 대한 예가 있다.

대금 지불이 좋지 못한 고객이 있었다. 그 고객이 거래처를 상대로 왕성하게 거래를 하고 있었다. 그것을 곁에서 보던 친구가 그에게 "어차피 지불도 안 할 거면서 왜 그렇게 심각하게 흥정을 하는 거지?" 하고 물었다. 그러자 그는 "난 거래 상대를 좋아하거든. 그의 손해를 어떻게든 줄여주고 싶네" 라고 태연하게 대답을 했단다.

유대인들이 흥정하는 것을 얼마나 좋아하는지 보여주는 또다른 예가 있다.

어느 날 유대인 여자가 드레스를 사러 갔다. 여자는 가게 주인에게 딱 잘라 말했다.

"내가 여기에 온 건, 흥정하는 데 질렸기 때문이에요."

주인은 기뻐하며 "정말 부인께 딱 맞는 가게에 오셨군요. 이 가게에서는 엄격한 정가를 지키며 판매하고 있으니까요" 하고 대답했다.

그러자 유대인 여자는 평소에 좋아하던 드레스를 손가락으로 가리키며 물었다.

"이건 얼마에요?"

"저희 가게에서는 흥정은 사절입니다. 그러나 손님께만은 정가 150달러인 이 옷을 135달러도 아닌, 120달러에 드리겠습니다."

"당신처럼 이야기가 잘 통하는 가게에 와서 다행이에요. 6, 70달러에 달라는 말은 않겠어요. 100달러라면 사지요."

"그럼, 부인. 110달러는 어떠세요?"

그녀는 주저 없이 대답했다.

"그럼 사겠어요!"

유대인들은 정가 판매가 엄격히 지켜지고 있는 가게라 해도, 어떻게든 값을 깎을 수 있는 구실을 찾아낸다. 그 상품에 손상이나 문제가 있다면, 이 약점을 드러내 가격 흥정을 요구한다. 그것이 불가능할 때는 뭔가 다른 실질적인 가격 흥정을 요구한다. 예를 들어 전자상가라면, 플로피 디스크나 마우스팩, 그 외의 IT기기를 청소하는 각종 데스크 샘플 등이 많이 있을 것이다. 또 산 상품의 가격 흥정이 불가능하였을 경우, 반드시 상품을 구입한 것에 대한 서비스를 요구할 터이다.

유대인이 오랜 세월 꽃피워 온 장사 비결이라 할만한 이 흥정 방법은 비즈니스뿐만 아니라 '속지 않고, 속이지 않고' 살아가는 데도 큰 도움이 된다.

유대인들은 흥정하는 것을 아무런 거리낌 없이 자신을 가지고 한다. 거리낌은커녕 적극적으로 흥정에 응하지 않으면, 비즈니스는 물론이고 세상을 살아갈 수 없다고까지 생각하고 있는 듯하다.

희망 가격을 처음부터 내비치지 않는다

유대인이 바이어일 경우, 그들이 상품을 사들일 때는 십중팔구가 다음과 같은 단계를 밟고 흥정을 걸어온다.

처음에는 상품의 규격과 등급, 거기다 납기일 같은 무난한 사항을 확인한 뒤에, 천천히 수량을 떼어내기 시작한다. 여기서는 실제 사는 수량보다 훨씬 많이 말하는 게 보통이다. 미국에서는 '1갑이면 싸진다(Cheaper by the dozen)'는 관용구가 있을 정도로, 사들일 양이 많아지면 당연 흥정 가격이 낮춰지는 것이 인지상정이기 때문이다.

파는 입장에서 보면, 양이 많으면 생산한 제품이나 그 재고를 줄일 수 있기 때문에, 다소 제 살을 깎는 가격이라 해도 낮춰진 흥정 가격에 응하게 마련이다. 그러나 처음에 제시된 양으로 사 줄 것이라 생각한다면, 감쪽같이 상대방이 놓은 덫에 걸리고 말게 된다.

이는 자주 쓰이는 유대인들의 상투적인 흥정 수법이다. 다시 말해 처음에 큰 수량으로 상대를 낚아두고 가격 흥정을 붙인다. 그런데 사업 이야기가 최종 단계로 일단락이 끝날 쯤 되면, 사들이겠다던 양을 대폭 줄여 처음 싸게 책정된 가격을 완고하게 요구한다.

유대인은 무슨 일이 있어도 자신이 원하는 가격을 처음부터 내비치지 않는다. 그렇다고 너무 차이가 나는 헐값을 부르는 일이 많은 것은 아니다. 물건을 팔 생각이 아예 없어지지 않게 상대방의 능력이 미칠 수 있는 한도 내에서 가격을 제시하고, 만약 상대가 고개를 숙이고 들어오면, 그것에 맞춰 자기들 쪽에서도 서서히 고개를 숙이고 들어간다. 그런 식으로 타협점을 찾아내는데, 상대를 설득하기 위해 사람의 감정을 흔드는 다양한 테크닉을 구사한다. 게다가 이 같은 흥정을 하는 것을 당연하게 여긴다.

그런데 그들이 좋아하는 이 같은 흥정 방법은, 유대인 어머니로부터 아이에게로 대대로 이어온다. 유대인 여성들에게 정당한 거래란, 부른 값을 그대로 내고 절대 살 수 없음을 뜻했다. 어떤 경우라 할지라도, 설령 정가 표시가 붙어 있다 해도, 표시된 가격은 예외 없이 값을 깎을 교섭의 여지가 있음을 의미했다. '값을 깎는다, 즉 흥정한다'는 것은 여성들이 물건을 살 때에 취했던 지극히 자연스럽고 상식적인 절차였다.

예를 들어, 청과물 가게에서 "이 오이는 얼마예요?" 하고 손님이 물었다 하자.

"부인, 5개에 2달러입니다."

그럼, 그녀는 그 중에 하나를 가리키며, "그럼 이건 얼마예요?" 하고 묻는다.

"50센트입니다."

가게 주인이 대답하면, 영락없이 그녀는 "그럼, 처음 말한 대로 주세요" 하고 말한다. 이것이 아주 당연하게 여겨진다.

WIN-WIN 협상전략

협상은 단순히 서로 토의하는 디스커션(Discussion)을 뜻하지 않는다. 협상과 토론은 근본적으로 다르다. 유대인에게 교섭의 목적은 토론하고 승패를 가르는 것이 아니라 설득을 통해 쌍방에게 만족할 만한 해결을 도모하는 데 있다.

물론 합의나 타협에 달하면 그것을 뛰어넘는 경우는 있으나, 특히 어려운 사업 이야기로 나가면 나갈수록 일을 깔끔하게 결말짓는 경우가 드물고, 계약에 다다를 때까지 시간과 절차가 복잡해진다. 또한 특별한 일이 있지 않고서는 끝나는 일도 흔치 않다.

유대인은 거래를 할 경우 사업 이야기에 진전이 보이지 않거나 난항을 겪으면, 화제를 바꿔 자신들의 재치가 번뜩이는 에피소드나 우스갯소리를 자주 피력한다. 이것은 서로의 긴장감을 풀고, 그 곳의 분위기를 완화시키며, 교섭을 유리하게 전개하는 데 효과적으로 만드는 그들의 상투적 수법이다.

이런 예가 있다.

한 유대인이 대기업 바이어와 사업 이야기를 할 때, 그는 매수 상품이 가끔 부족했던 이유로 상대와의 가격 흥정 요구를 딱 잘라 거절당했다. 그러자 그는 다음과 같은 예를 들어 이야기를 꺼냈다.

형제가 남은 파이를 서로 나누는 것 때문에 심하게 싸움을 하고 있었다. 둘 다 큰 쪽을 갖고 싶어 했기에, 누가 그것을 먹을지로 옥신각신했다. 형이 칼을 들고 자기 몫을 먼저 크게 자르려 하자, 그 순간 아버지가 오셨다.

그래서 그 둘 사이를 말리려 아버지가 말을 꺼냈다.

"잠깐 아버지 말 좀 들어보렴. 누가 먼저 파이를 자르던 상관없으나, 한 사람이 파이를 자르면, 다른 한 사람이 두 조각 중 하나를 먼저 고르기로 하자."

그 말을 듣자, 형제는 자신의 이익을 지키기 위해 마지못해 파이를 정확하게 두 조각으로 잘랐다고 한다.

이 이야기는 교섭의 본질을 정확하게 꼬집고 있다. 교섭은 일방적으로 이익을 쟁취하는 것이 아니라 둘 다가 만족할 수 있도록 해결해야 함을 뜻한다. 한쪽 당사자가 100% 만족하려는 생각으로는 상대방과 합의하기 어렵지 않겠는가. 둘 다 완전히 만족스럽지 못하게 끝날 수도 있으나 서로 양보하는 것이 바로 교섭이라 가르치고 있는 것이다.

이 이야기를 바이어에게 꺼내자, 꿀 먹은 벙어리가 되어 타협의 길을 다시 모색하지 않을 수 없었다. 공평을 기하는 것이 유대인이 생각하는 교섭, 더 나아가 흥정의 본질이다.

계약은 반드시 이행해야만 한다

사생활에서도 그렇지만, 특히 비즈니스에서 다른 사람에게 신뢰받는다는 것은 필수불가결하다. 더 구체적으로 말하면, 일단 약속을 한 것은 어떤 일이 생길지라도 기필코 지켜야 한다.

왜냐하면 약속을 어기는 행동을 하면 주위로부터 신뢰를 잃게 되고, 다른 사람이 상대하기를 꺼리게 되기 때문이다. 다른 사람이 상대하기를 꺼리게 된다면, 생각대로 거래는 성사되기 힘들다. 이렇게 되면 그 뒤는 연속성을 필요로 하는 비즈니스에서 정말 불 보듯 뻔한 일이다.

사람과 사람 간의 약속으로 성립되는 계약은 법적으로 뒷받침되어 보호받고 있을 정도로 중요한 행위이다. 다시 말하자면, 법적 뒷받침을 바탕으로 계약되어 있기 때문에 바로 비즈니스가 성립된다고 할 수 있다.

일단 계약이 성립되면 쌍방에 각각 권리와 의무 관계가 생긴다. 예를 들어 매매 계약의 경우, 판매자는 상품을 계약 기한까지 넘겨야 하는 반면, 매입자는 그 대금을 약속 기일까지 지불해야 한다. 계약을 체결한 이상 준수하지 않으면, 비즈니스가 매끄럽게 진행되지 않는다.

　미국 비즈니스에서는 "Contract is contract"같은 말을 하곤 한다. 계약을 체결하고, 그것을 나중에 계약 상대에게 취소하고 싶어 말하려 하면, 어김없이 듣게 되는 말이 이것이다. 이것은 간단히 '계약은 계약이다'라는 뜻이 아니라 '계약은 어디까지나 계약이다', 즉 '일단 계약을 맺으면, 반드시 이행해야 한다'는 뜻이다. 그만큼 계약은 사람과 사람 사이에서 중요한 의의를 가진다.

　유대인에게 계약에 관한 이야기는 각별한 의미를 가지고 있다. 그들은 '계약의 민족'인 만큼 역사적으로 계약과 관계가 깊다. 여기에는 유대교의 유일신과의 계약으로 인해 자신들이 신으로부터 선택받은 민족이며, 그 대신에 율법을 엄수하는 것을 명받았다는 사상이 담겨 있기 때문이다.

　유대인은 신을 숭배하고, 율법과 법률을 엄격하게 준수하며 존경하는 법을 어렸을 때부터 학교나 부모에게서 귀에 못이 박히도록 듣고 익히게 된다. 더욱이 유랑 민족으로 세계 각지에서 끝없이 주위의 박해 속에서 살아왔기 때문에, 약속을 지키는 일이 자신들의 생존을 걸만큼 중대한 문제였다. 다시 말해 그 땅에서 다른 사람과의 약속이나 계약을 어기면, 오랫동안 터를 잡고 있던 땅에서 추방되거나 살해될 위험성이 있었다. 그만큼 더 한층 계약을 지키는 일의 중대성을 실생활에서도 직접 피부로 느끼며, 익혔다고 할 수 있다.

속이지 말고 속지 마라

　유대인의 교섭이나 흥정의 본질은 결국 이 '속이지 말고 속지 마라'는 말로 설명된다. 교섭을 하고 있는 상대를 속이지 않는 것은 누구나 가능한 비교적 쉬운 일이다.

　특히 사업가에게는 다른 사람에게 신용을 받는다는 것은 사업상의 거래를 존속시키는 데 필수불가결한 조건이다. '그한테 속았으니, 그는 믿을 수 없다'는 평판이 한 번이라도 돌게 되면, 아무도 상대해 주지 않기 때문이다. 그렇기 때문에 되도록 정직하게 거래하려고 한다.

그러나 상대에게 속지 않도록 거래하는 일은 말처럼 간단하지 않다. 앞 사람의 의도나 진의를 속속들이, 그것도 빠른 시간 내에 간파해야 한다. 그것을 간파하지 못하면 자칫 잘못하여 상대의 페이스에 말려들어, 속은 뒤에야 크게 후회하게 될 것이다.

상대의 속임수도 다양하다. 거기서 머리를 굴리지 않으면, 이것들을 판별해 내기란 어려울 것이다. 그러므로 지혜란 지혜는 모두 짜내야만 한다.

이것에 대해 교훈을 주는 우스갯소리가 있다.

사장이 늙어 은퇴하고, 가업을 아들에게 물려줄 단계가 되었다.
"내가 이만큼 성공을 거둔 데는 2가지 신조를 지켰기 때문이다. 즉, 정직함을 지키고, 지혜를 썼기 때문이다. 정직함은 중요하다. 예를 들어 손님에게 3월 말까지 물품을 인수하기로 약속했다면, 회사에 무슨 일이 일어난다 해도 약속한 3월 말까지는 물건을 건네야 한다."
그러자 아들이 물었다.
"잘 알겠습니다. 그럼 아버지, 지혜란 도대체 무엇을 뜻하나요?"
"지혜란, 순진하게 그런 약속은 하지 말아야 한다는 말이다."

요컨대 정직함도 중요하나, 상황 판단도 못하는 정직함이라면 있느니만 못하다는 뜻이다. 납기일을 무리하게 지켜 큰 손해를 보지 않도록 해야 한다. 또 반대로 상대가 먼저 약속을 깨는, 다시 말해 속는 경우도 내다볼 줄 알아야 한다.

그래서 약속을 한다고 해도 그 전에 상대가 품고 있는 진의를 속속들이 읽은 후에 하라는 것. 또 약속을 끝낸 뒤에도 이후의 시장

상황이나 시장 동향도 주의 깊게 지켜볼 필요가 있다.
 머리를 쥐어짜 잘 생각한 뒤에 약속을 하되, 그 뒤에도 정세 판단을 계속하라는 것이다. 협상에서는 정직할지언정 순진해서는 안 된다.

신용만으로 살아가는 사람은 길을 헤맨다

 유대인은 오랜 세월 박해를 받았고, 온갖 세상살이의 고통을 다 겪어 왔던 경험으로 사람을 머리로 신용해서는 안됨을 가르치고 있다.
 유대인 격언에 '신용만으로 살아가는 사람은 길을 헤맨다'는 훈계처럼, 사람을 무조건 믿고 의지하는 것만으로는 자신의 인생이나 일의 방향을 제대로 잡기 어렵고, 다른 사람에게 속기도 쉽다는 말이다. 적의로 가득 찬 환경에서 자란 유대인들은 아무 일이나 그냥 받아들이는 법 없고, 다른 사람이나 사태를 의심하는 버릇이 본능적으로 몸에 배어 있다.
 "내가 사람을 신용하지 않는 것은 다른 사람에게 배신당하지 않기 위해서가 아니라 내게 남겨진 유일하며 최대의 방어책이기 때문이다"라고 유대인들은 말한다.
 다른 사람에게 배신당하고, 나쁜 일을 당한 경험은 누구나 가지고 있다. 특히 비즈니스계에서는 이런 일은 매일 밥 먹듯 일어난다. 그래서 어떤 상대라 해도 머리로 믿는 것이 아니라 처음부터 의심의 눈초리로 대하다 보면, 다른 사람에게 배신당하고 속을 가능성이 낮아지게 마련이다.
 아무나 신용하지 않는다는 것은 상대가 내뱉은 말이나 제안에 의문에 의문을 거듭해, 앞 사람의 생각이나 의도를 간파함을 뜻한다. 그럼에도 속아 넘어간다면 단념하라는 말이다. 어쨌든 어떤 상대라도 무조건 믿지 않는 것이 속아 넘어가지 않기 위한 최대의 방어책이라는 말이다.

사업은 신용에 달려있다

유대인들은 다른 사람에게 고용되는 것보다 독립해 스스로 사장이 되는 일을 택하는 성향이 상당히 강하다. '용의 꼬리, 뱀의 머리'라는 격언이 있듯, 샐러리맨이 되기보다 아무리 작은 규모라 할지언정 자신이 '머리'가 될만한 일을 택하는 것이다.

그 때문에 유대인들은 실제로 독립한 비즈니스가 아니라도 독립해 있는 듯 착각을 불러일으키는 직업에 종사하고자 하는 듯하다. 그래서 그 전형이라고도 할 수 있는 택시 운전수 중 유대인이 많다는 데 수긍이 갈 정도다. 예를 들어 뉴욕 택시 운전수 중 약 60%나 유대인이 차지하는 경우도 있었다.

이처럼 독립적인 경향과 신용과는 밀접한 관계가 있다. 독립적으로 생계를 유지하는 데는 무엇보다 신용이 중요하기 때문이다. 자신이 '회사' 그 자체이며, 매입부터 판매, 뿐만 아니라 회계를 비롯해 모든 것을 혼자서 처리해야만 한다. 그래서 모든 신용이 한 사람에게 집중되게 된다.

일단 신용이 떨어지면 어느 누가 반기며 거래를 하려 하겠는가. 그 뿐만 아니라 때에 따라서는 아예 상대해 주지 않아 비즈니스 영업에 난항을 겪게 된다. 그만큼 유대인이 신용을 극도로 중시하는 데는 이유가 있는 것이다. 따라서 사람을 속이지도, 또 한 번 맺은 계약은 절대 어기지 않는 성실함을 유대인들은 당연한 전제로 간주하고 있다.

유머를 사용한다

유대인은 농담을 하는 데 매우 능숙하다. 게다가 그 효용을 잘 알고 있다. 사업 이야기가 잘 풀리지 않거나 분위기가 딱딱해지거나 하면, 분위기를 완화시키며 긴장감을 풀기 위해 유대인은 농담이나 우스갯소리를 종종 한다.

농담이 가져오는 웃음은 인간관계를 매끄럽게 하는 윤활유 같은 효과가 있다. 그 중에서도 비즈니스 세계에서는 금전문제가 얽힌 만큼 종종 이러쿵저러쿵 인간관계가 삐거덕거린다. 그럴 때 농담 하나로 그 곳에 맴돌던 긴장감은 한꺼번에 사라지고, 서로에게 인간미와 친근감을 느끼게 한다.

또한 유머는 상대에게 좋은 인상을 남게 하는 이점도 가지고 있다. 그럼으로써 교섭, 더 나아가서는 비즈니스 전체에 필요한 신뢰감이나 우호관계를 만들어 낼 수 있다.

탈무드에 이미 '수업을 시작할 때는 재미있는 예를 들어가면서 하라'는 말이 있듯, 유머의 뛰어난 효용을 권장하고 있을 정도다.

이런 재밌는 이야기가 있다.

프랑스인과 이탈리아인, 유대인이 총살형에 처해지게 되었다. 사형 집행인이 마지막 식사에 뭘 먹고 싶은지 한 사람씩 물어 보았다.

프랑스인은 "맛있는 프랑스 와인에 프랑스빵이 먹고 싶다"고 말했다.

그는 자신의 바람대로 식사를 마치고 처형되었다.

다음 이탈리아인은 "파스타를 푸짐하게 먹고 싶다"고 했다.

이탈리아인 역시 그가 바라던 대로 식사를 한 후에 처형되었다.

이번에는 유대인 차례였다. 그는 "큰 접시 위에 가득 놓인 딸기가 먹고 싶다"고 말했다.

이 말에 사형 집행인은 놀람을 금치 못했다.

"뭐라고? 딸기? 지금이 어느 땐데! 지금 어디서 딸기를 구해!"

그러자 유대인은 이렇게 말했다.

"그럼, 딸기가 날 때까지 기다리죠."

유대인들의 재치는 인간미와 페이소스로 가득하고, 지적이며 기지로 넘치기 때문에 그 재미에는 깊은 맛이 있다. 거기다 조소와 야유, 게다가 역설 등을 스스럼없이 평소에 쓰고 있기 때문에 더욱 재 있는 것이다.
그 뿐만 아니라 화제도 구체적으로 일상생활 속의 이야기가 많은 것도 큰 특색이다. 예를 들면 식사, 가정, 건강, 섹스, 종교, 반 유대인 사상, 특히 돈에 관련된 장사나 빈부문제 등 풍부하다. 유머는 유대인 문화에서 오랫동안 함께 해 떼려야 뗄 수 없는 중요한 존재가 되어 왔다.

언제나 '먼저 자신을 사랑함'에서 출발하라!

탈무드에 기본적으로 깔려 있는 것은 현실과 밀착한 합리적 정신과 현세철학이다. 인생에 대한 비관주의와 어중간한 이상주의와는 거리가 멀다. 가혹한 현실과 인생을 정면으로 직시하고 살아가는 태도다. 이는 사람은 현실에 잘 적응해야 잘 살 수 있다고 하는 현세철학이다.

사랑의 종교라고 하는 그리스도교와 달리, 탈무드는 먼저 자기 자신을 사랑하는 것부터 가르친다. 자신을 사랑하는 사람이 남도 사랑할 줄 안다고 생각한다. 자신을 사랑하지 않고는 '이웃을 사랑할' 수 없다는 것이다.

탈무드에서는 이렇게 '자기애'를 소중히 여기기 때문에, 자신의 이익을 목적으로 하는 비즈니스도 소중하게 여긴다. 비즈니스에 대해서까지 확고한 철학을 가지고 있는 것에 유대식 상법의 비밀이 있다.

현대 심리학에 의하면, 가족을 잃은 슬픔은 아무리 짧아도 2, 3년은 간다고 한다. 물론 유대인도 예외가 아니다. 하지만 가족의 죽음을 한탄하고 슬퍼하더라도, 자신에게 상처를 주어서는 안 된다는 것이 유대인의 사고방식이다. 이들은 그 슬픔이 너무 오래 계속되면, 슬픔 때문에 현실에 대응하는 정신력을 잃어버린다고 생각한다.

그래서 가족을 잃었을 때의 복상 기간도 30일이 원칙이다. 유대인은 너무 긴 복상은 바람직하지 않다고 생각하기 때문이다.

탈무드는 광신과 지나친 행위를 경계한다. 그 가르침은 균형감각으로 가득 차 있어 동양의 중용정신과 비슷하다.

군대가 나아가고 있다. 길 오른쪽은 얼음, 왼쪽은 불바다다. 군대가 오른쪽으로 가면 추위에 얼어붙고 왼쪽으로 가면 불타버린다. 한가운데의 길만이 덥지도 춥지도 않은 적당한 길이다.

탈무드는 이런 비유를 사용하여 중용의 소중함을 가르쳤다.

손님과 물고기는 사흘만 지나면 썩은 냄새가 난다.

이것은 친구의 집에 초대를 받더라도 너무 오래 있어서는 안 된다는 것을 가르치고 있다. 너무 빨리 돌아가는 것도 실례지만 너무 오래 있는 것도 좋지 않다. 초대를 받으면 적당한 때 돌아갈 줄 아는 균형 감각이 중요하다는 것이다.

돈과 지혜의 조크
가장 중요한 건 돈에 대한 균형감각

무리한 얘기
"랍비 코펠, 자네도 장례식에 참석할 건가?"
"안 가. 내 장례식에 와주지도 않을 사람 장례식에 뭐하러 가나?"

기특한 욕심
한 유대인이 간절히 기도하고 있었다.
"하느님, 제발 1만 루블짜리 복권에 당첨되게만 해주십시오. 그렇게 해주신다면 그 10분의 1은 반드시 가난한 사람들을 위해 기부하겠습니다. 하느님, 만약 믿지 못하시겠거든 10분의 1을 원천징수하셔도 상관없습니다."

염치없는 소망
한 가난한 유대인이 말했다.
"아, 난 이 마을에서 단 한 명의 거지가 되고 싶네."

이 말을 듣고 친구들이 깜짝 놀라 물었다.
"아무리 그래도 스스로 원해서 거지가 되려는 사람이 어디 있나, 이 사람아!"
"이 마을에서 자선사업을 위해 1년에 돈을 얼마나 사용하는지 알고들 있나? 자그마치 1만 루블이야. 그게 몽땅 나에게 돌아오는데도?"

훈장의 가치

러시아 황제 휘하의 유대인 군인이 공을 세워 훈장을 받게 되었다. 그런데 그 명예로운 훈장과 100루블 중에서 원하는 쪽을 고르라고 했다.
유대인은 장교에게 물었다.
"그 훈장은 값이 얼마나 나갑니까?"
"무슨 소리야. 훈장은 명예의 표시지, 돈으로 따지면 1루블의 가치도 없는 거라네."
"그렇다면 99루블과 훈장으로 주시면 안 될까요?"

틀림없이 돈을 벌 수 있는 투기의 요령

돈을 잘 버는 유대인에게 한 남자가 물었다.
"투기의 요령이란 도대체 어떤 겁니까?"
"글쎄, 예를 들자면 계란값이 올라 양계장을 시작했다고 치세. 그런데 큰 비가 계속되어 홍수가 져서 닭이 전부 물에 빠져 죽고 말았네. 투기를 잘하는 사람은 그것을 예상하고 오리를 사육한다네."

사람들의 생각

유대인 가게 주인이 아내에게 얘기했다.

"매상이 좋지 않을 때는 가게 문을 닫은 뒤, 전등을 환하게 켜고 화려하게 있어야 해. 그리고 매상이 좋은 날은 촛불 하나만 켜고 쥐 죽은 듯이 있어야 하고."

아내가 이해할 수 없다는 표정으로 물었다.

"하지만 여보, 그 반대가 아닐까요?"

'이 멍청이!' 하는 듯한 표정으로 남편이 말했다.

"그러니까 여자는 생각이 짧다는 거야. 우리 장사가 형편없을 때는 남들도 실망하게 해야지. 그러니 전등을 환하게 켜고 있어야 사람들이 틀림없이 우리가 돈을 번 줄 알고 화를 낼 것 아닌가? 하지만 촛불을 한 개밖에 켜두지 않으면 장사가 안 된 줄 알고 기분 좋게 생각할 거야. 그러면 우리가 기뻐할 때 남들도 기뻐하게 되는 거잖아?"

어린이를 자라게 하는 옷

유대인 가게에 아동복을 사러 온 남자가 물건을 살펴보면서 주인에게 물었다.

"이 천은 세탁해도 줄어들지 않는 겁니까?"

"예. 이건 저희 상품 중에서도 최고의 품질을 자랑하는 것으로, 절대로 줄어들지 않는다는 걸 보증합니다. 염려 붙들어 매십시오."

그런데 일주일쯤 지나, 아이 옷을 세탁하니 형편없이 줄어들고 말았다.

화가 난 남자가 아이를 데리고 유대인 가게에 들이닥쳐 소리쳤다.

"그래, 틀림없이 보증한다는 옷이 이 모양이란 말이오? 자, 이제 어떻게 할 거요?"

유대인은 조금도 당황하지 않고, 깡총한 옷을 입은 아이를 유심히 보면서 말했다.

"아이구, 정말 귀여운 도련님이군요. 게다가 일주일 사이에 이렇게나 자라다니!"

뛰는 놈 위에 나는 놈!
사장이 판매부장을 불러 의논했다.
"여름 바지가 200벌이나 남았는데 처리할 방법이 없을까?"
"그렇다면 지방으로 발송하는 게 어떨까요?"
"시골에서도 계절이 지난 옷은 사지 않을걸?"
"아닙니다. 짐을 교묘하게 잘 꾸리는 겁니다. 10개를 한 꾸러미로 해서 소매상에 견본으로 보내는데, 청구서는 8개 값만 매기는 겁니다. 물론 손해를 보지 않도록 값을 올려서요. 소매점에서는 실수로 2개가 더 왔다고 생각하고 견본을 살 겁니다. 바로 그 점을 노리는 거지요."
사장은 이 아이디어에 감탄하여 당장 바지와 청구서를 발송하라고 지시했다.
일주일쯤 지나 사장은 판매부장을 불러 호통을 치고 있었다.
"자넨 해고야! 도대체 이게 뭔가? 누가 사주기는커녕 모두 2개를 슬쩍하고 8개만 반송했단 말일세!"

이런 게 바로 유대인의 상술
작은 가게를 가진 유대인이 큰 병에 걸려 언제 숨을 거둘지 모르는 상태였다. 가족 전원이 침대 머리맡에 모여 엄숙한 표정으로 병상을 지키고 있었다.
이윽고 죽어가는 남자가 힘없는 목소리로 말했다.
"여보, 여보, 어디 있소?"
"네, 저 여기 있어요."
"아들아, 너도 있니?"

"예, 아버지, 절 알아보시겠어요?"
"딸아이는 어디 있지? 여기 있느냐?"
"네, 아버지. 아버지 손을 잡고 있는 게 저예요."
그러자 남자는 마지막 안간힘을 짜내 일어나려 했다. 그리고 가쁜 숨을 몰아쉬며 화난 듯 혀를 찼다.
"그럼 가게는 도대체 누가 보고 있는 거야!"

사는 쪽의 철학
"이 옷은 얼마요?"
"12길더입니다."
손님은 머릿속으로 주판알을 튕겼다.
'12길더에 값을 매겼다면 사실은 10길더가 정가일 거야. 그렇다면 8길더까지는 깎아줄 각오를 하고 있다고 봐도 돼. 그런데 난 아무리 많아도 4길더밖에 낼 생각이 없으니…… 좋아, 그렇다면 2길더라면 사겠다고 말해야지.'

훌륭한 장사꾼이 되는 길
가게 주인이 새로 들어온 점원에게 장사의 요령을 가르치고 있었다.
"가게에 손님이 원하는 물건이 없다고 해서, 두 눈 뻔히 뜨고 손님을 빈손으로 돌아가게 해선 안 돼. 훌륭한 장사꾼은 반드시, 뭔가 대신할 만한 것을 손님에게 팔아야 하는 거야."
점원이 가게를 보고 있는데 손님이 들어왔다.
"화장실 휴지를 사고 싶은데."
"죄송합니다, 손님. 마침 그게 떨어지고 없군요."
이때 주인이 하던 말이 생각난 점원.
"저, 화장실 휴지는 떨어졌지만……, 사포는 좋은 것이 있는데 그걸로 쓰시겠습니까?"

잘하는 장사!
"당신 가게의 청어는 한 마리에 40페니인데, 건너편 가게에서는 20페니에 팔고 있소."
"그렇다면 그쪽에서 사면 되지 않소?"
"그런데 지금 다 팔리고 없단 말이오."
"아, 그래요? 그렇다면 나도 다 팔리면 20페니에 팔죠, 뭐."

굉장한 해수목욕
페르시아의 유대 상인 맨델케른 씨는 휴양을 위해 바닷가 호텔에 묵기로 했다. 요금을 더 내고 바닷물을 데워달라고 해 목욕을 하고 잠시 쉰 뒤, 베란다에 나가 바다를 바라보니, 마침 썰물 때라 물이 빠져나가고 없었다.
자기도 모르게 한숨을 쉬는 맨델케른 씨,
"굉장한 규모로군. 장사가 이 정도는 돼야지."

그렇게까지 하지 않아도
임종을 앞두고 돈을 빌려준 사람들의 이름과 금액을 아들에게 불러 주고 있던 유대인, 완전히 기운이 다하여 목소리도 나오지 않게 되었다.
그 아버지를 격려하며 아들이 말했다.
"아버님, 만약을 위해 우리가 돈을 빌린 사람의 이름도 적어두었으면 하는데요."
그러자 아버지는 힘이 없으면서도 분개하며 말했다.
"그렇게까지 할 필요 없다. 스스로 나설 테니까."

가장 믿을 수 없는 보증인
"지금 자금 조달에 무척 어려움을 겪고 있다네."
"걱정 말게, 곧 하느님이 도와주실 거야."
"물론이지. 그래서 말인데 그 하느님을 담보로 그때까지 잠시 돈을 빌려 줄 수 없겠나?"

손님 대접하는 법
거래를 마친 브로호 씨가 상대에게 따지듯이 말했다.
"내 경쟁상대인 레비 씨의 말로는 당신은 무척 예의 바른 사람이라 손님이 돌아갈 때는 촛불을 들고 문 밖까지 배웅한다고 하던데, 나와 거래했을 때는 왜 배웅을 하지 않는 거지요? 어음으로 지불한 레비 씨는 배웅하면서 현금을 지불한 나를 배웅하지 않는다는 건 이해할 수 없군요."
"어음 발행인이 혹시 문턱에 발이 걸려 넘어져서 목뼈라도 부러진다면 큰 손해를 볼 것 아닙니까?"

말도 안 되는 최신식 기계
영국 섬유산업의 중심지 리즈에서 온 유대인이 폴란드 섬유산업의 중심지인 우지에서 온 유대인에게 자랑스러운 얼굴로 말했다.
"우리 마을 공장의 최신식 기계는 양털을 넣으면 바로 양복이 완성되어 나오지."
그 말을 들은 우지의 유대인은 경멸하는 표정으로 대꾸했다.
"그건 벌써 한물간 기계일세. 우리 마을 공장의 기계는 양털이 들어가면 이 부도난 어음이 나온다네."

슬픈 조건반사
등산광인 브라우와 그린이 아이거 북벽을 정복하려고 200미터쯤 기어 올라가다 발을 헛디뎌 미끄러지고 말았다. 다행히 자일이 바위 끝에 걸려 두 사람은 허공에 매달리게 되었다.

스위스 구조대의 헬리콥터가 출동하여 확성기로 두 사람을 격려했다.

"여기는 적십자 구조댑니다……."

두 사람은 입을 맞춰 대답했다.

"벌써 기부했는데요."

훌륭한 '샘플'

유대 요리 음식점은 지저분하기로 유명하다.

한 음식점에서 웨이터가 손님에게 메뉴판을 갖다 주자 손님이 말했다.

"메뉴는 필요 없네. 우선 국수를 넣은 수프부터 갖다 주게. 그리고 삶은 쇠고기하고, 디저트는 살구 설탕조림."

"손님, 저희 집 요리에 대해 잘 아시는군요."

"그 정도야 테이블보를 보면 한눈에 알 수 있지."

움직일 수 없는 '증거'

음식점에서 손님이 지배인에게 물었다.

"이 집 주방에서 일하던 그 예쁜 금발 아가씨는 이제 그만둔 모양이군."

"어떻게 아셨습니까, 손님?"

"오늘 수프에는 금발이 아니라 검은 머리카락이 들어 있었거든."

배려도 지나치면

유대인 세 사람이 음식점에서 주문을 했다.

"난 홍차를 주게."

"난 홍차에 레몬을 넣어 주고."
"나도 홍차로 하는데, 컵을 깨끗하게 씻어야 하네."
한참 뒤 웨이터가 홍차를 석 잔 가지고 왔다.
"씻은 컵은 어느 분이시죠?"

그러니까 전보는 짧게

흥분한 남편이 장인 장모에게 전보를 쳤다.
'레베카 경사스럽게도 아들 순산.'
나중에 장인이 사위를 나무랐다.
"무슨 전보를 그렇게 치나? 자네는 레베카라고 썼는데, 그 아이 말고 또 누가 출산한다고 그러나? 남의 아내가 아이를 낳았다고 전보 치는 사람 봤나? 그리고 경사스럽게는 또 뭔가? 경사스럽지 않을 수도 있단 말인가? 게다가 순산은 또 뭐고. 황새가 아기를 갖다 주기도 한다고 생각하나? 또 이 아들이라는 말도 쓸 필요가 없어요. 딸이라면 경사스러울 리가 없으니까. 자네 전보를 보고 아들이 태어났다는 것쯤 짐작 못할 바보가 어디 있단 말인가?"

무서운 절약정신

여행간 남편이 아내에게 전보를 쳤다.
'서부역 17시 30분 도착. 방울뱀을 가지고 감.'
역에 남편을 마중 나간 아내는 짐을 수상쩍은 듯 바라보면서 물었다.
"여보, 방울뱀은 어디 있어요?"
"아, 그거? 아니야, 전보요금이 같아서 그냥 덧붙인 것뿐이야. 우체국에 헛돈 쓸 필요 없잖아?"

가장 비싼 식사

시골에서 올라온 유대인이 도시에서 가장 싼 음식점에서 30코페이카로 식사를 한 것까지는 좋았는데, 밖에 나간 순간 배가 아프기 시작했다.

설사를 참지 못한 유대인이 하는 수 없이 공원의 나무 밑에서 실례를 하다가 그만 경관에게 걸려 벌금 3루블을 물게 되었다.

유대인은 연신 투덜거렸다.

"들어간 것이 30코페이카인데 나온 것이 3루블이라니, 말도 안 돼."

밥줄

변호사 콘이 사위인 젊은 변호사에게 말했다.

"내 딸 레베카에게 별다른 혼수를 해보내지 못했기 때문에, 자네한테 특별히 돈이 될 만한 유산상속 소송을 한 건 양보하겠네."

한참 지나 사위는 장인에게 자랑스럽게 말했다.

"장인어른, 그 소송에서 제가 이겼습니다."

콘은 깜짝 놀라 소리쳤다.

"이런 바보 같은 사람을 봤나? 그 소송 덕분에 난 15년이나 먹고 살았는데."

행복한 부자 되는 법
성공에 대해 잊을 수 있는 사람만이 행복할 수 있다

돈에 집착하지 마라

　행복해지고 싶으면 자기답게 사는 인생에 정신을 집중하고, 돈이나 성공에 대해서는 잊어버리는 것이 중요하다. 돈에 집착하면 행복한 부자가 될 수 없다. 행복한 부자는 마음이 백지인 상태로 사는 사람이다. 모든 것을 있는 그대로 보고, 듣고, 느끼며 산다.
　대다수 사람들은 자신이 보고 싶은 것을 보고, 듣고 싶은 것을 들으며, 자기답게 산다고 생각하면서 남이 원하는 삶을 살고 있다. 그들은 돈을 찾아 헤매며, 돈을 위해서는 무슨 짓이든 한다. 하지만 결과적으로는 일시적으로 손에 넣은 돈을 잃어버리고, 마음의 평화와 행복, 때로는 건강마저 놓치게 된다.
　성공에 대해 잊어버릴 수 있는 사람만이 행복할 수 있다. 사회적 존경과 권력, 애정, 우정을 성공과 돈으로 산 사람은 불행해진다. 왜냐하면 그렇게 하여 성공에 도달했을 때, 거기에 마음의 평화와 행복이 없다는 걸 깨닫기 때문이다.

자기 정체성을 찾아라

행복한 부자가 되기 위해서는 자신을 알아야 한다. 대부분의 젊은 이들은 자기가 누구인지 모르는 채, 자기가 아닌 다른 누군가가 되려고 혼란에 빠진 채 삶을 살아간다. 사실은 디자인에 재능이 있는데 머리가 좋다고 법률학교에 가버린 결과, 인생이 점점 지루해져서 영혼이 빠져버린 사람처럼 되어버린다.

자기를 알고 좋아하는 일을 추구하면 그렇게 되지 않는다. 꿈을 추구하는 것을 잊어버리고 안정된 삶을 선택한 사람은, 말하자면 스스로에게 '지루한 인생의 종신형'을 선고한 것과 마찬가지다. 처음에 자신을 알려고 하는 작업을 게을리한 대가는 생각했던 것보다 큰 법이다. 왜냐하면 자기가 누구인지 모르면 사회적으로 아무리 성공해도 행복해질 수 없기 때문이다. 자신의 적성을 고려하지 않고 인생에서 유리한 일을 찾은 결과가 지루한 인생의 종신형이라는 말은 좀 비정하게 들릴지 모르지만, 그것이 현실이다.

이렇듯 '행복한 부자'가 되기 위한 비결은 자신이 좋아하는 일을 직업으로 선택하는 것이다. 자신이 온 마음을 기울여 몰두할 수 있을 만큼 좋아하는 일을 하면 성공할 확률이 훨씬 높아진다. 그런데 유감스럽게도 대부분의 사람들은 이 과정을 거치지 않는다. 그리고 자신이 불행하고 가난한 것을 사회와 부모, 교육시스템이 잘못되었기 때문이라며 남의 탓으로 돌린다.

주위에서 바라는 대로 인생을 살아온 사람은 자기가 누구인지 모르는 게 당연하다. 그런 사람은 좋아하는 일을 하며 사는 것에 대해서는 상상도 하지 못한다. 말하자면 자신과 타인의 경계선이 없는 것이다. 그것은 질병이다.

대부분의 사람들이 월급이 많고 안정적이며 휴가가 많다는 이유로 일을 선택하고 있다. 그리고 그런 식의 선택이 사실은 자신의 인생을 비참하게 만들고 있다는 걸 깨닫지 못하고 있다.

싫어하는 일을 하며 사는 사람은 기분전환을 위해 하찮은 일에 돈을 쓴다. 그것은 은연중에 보수를 위자료로 생각하기 때문이다. 그래서 융자를 내어 차와 집과 가구, 옷 따위를 아무 생각 없이 사들이고 만다.

그러나 좋아하는 일을 하다 보면 에너지가 솟아나고, 여러 가지 기회도 잇따라 찾아온다. 자기가 좋아하는 일을 하는 것은 세계 평화에 공헌하는 가장 좋은 방법이 될 수 있다. 왜냐하면 자기가 좋아하는 일을 하는 사람은 남을 시기하거나 비판하지 않기 때문이다. 그럴 시간이 있으면 차라리 좋아하는 일을 더 하고 싶다. 이 사회의 모든 사람들이 다 자기가 좋아하는 일을 하고 있다면, 세상이 얼마나 평화로울까?

좋아하는 일을 하면 그 사람은 곧 행복해진다. 행복한 사람에게는 주위까지 행복하게 만드는 파워가 있다. 표면적으로는 평범한 제빵사에 지나지 않는 사람도, 영혼을 담아 구운 빵으로 수많은 사람을 행복하게 해줄 수 있다. 그의 웃는 얼굴과 빵은 사람들을 행복하게 하고, 기분 좋게 만들어준다. 평화를 위한 시위를 한 뒤 거리에 쓰레기를 버리는 사람보다 훨씬 더 평화에 공헌하고 있다.

좋아하는 일을 하고 있으면 반드시 길이 열린다. 시간은 조금 걸리더라도 언젠가 돈도 찾아올 것이다. 만에 하나 돈이 찾아오지 않더라도, 좋아하는 일을 하고 행복하다면 그것으로 충분하다.

자유롭게 일하라

자유롭게 일하는 사람들은 어떤 사람들일까? 사업가는 자신이 일하지 않아도 부하 직원들이 대신 일해 준다. 가게를 가지고 있다면, 우수한 매니저가 가게를 관리하고 종업원 교육도 대신해 준다. 사장이 전세계 어디에 있든, 회사는 그들이 알아서 경영해 주는 것이다. 사장은 그들이 즐겁고 행복하게 일할 수 있는 시스템을 만들어주면 된다. 거기에 우수한 매니저가 있으면 사장이 없어도 아무 걱정이 없다. 물론 매니저에게는 보수를 듬뿍 지불해야 하지만, 그럴 가치가 충분히 있다. 그렇게 하면 사장의 은행계좌에 돈이 자동적으로 들어온다.

성공한 화가와 작가, 음악가도 자신의 작품이 팔릴 때마다 인세가 들어온다. 그들이 감기에 걸려 자리에 들어 눕든, 하와이에서 한가롭게 놀고 있든, 지중해에 띄운 요트에서 휴가를 즐기고 있든, 은행예금의 잔고는 차곡차곡 쌓여가는 것이다.

성공한 운동선수는 자격증과 광고 계약으로 같은 처지에 설 수 있다. 그들의 이름이 새겨진 농구화가 팔릴 때마다 일정한 금액이 그들의 계좌에 쏟아져 들어온다. 그런데 일하지 않고 부자가 된다는 건 떳떳지 못한 일이 아닐까?

지금의 세상은 경제가치와 즐거움을 주는 사람이 풍요로워지게 되어 있다. 남을 즐겁게 해주는 것에 대한 대가가 돈이 되어 돌아온다고 생각하면 된다.

멀티상법에 있어서도 마찬가지다. 일단 사업을 시작하여 유통망을 구축할 수 있으면 마찬가지로 자유인이 될 수 있다.

멀티상법이라는 건 미국에서도 아직 오해가 많은 사업스타일로, 개인이 상품의 판매망을 넓혀서 그 유통금액에 따라 수입이 들어오는 시스템을 말한다. 이건 흔히 말하는 피라미드계와는 다르다. 피라미드계는 먼저 들어온 사람이 모든 돈을 차지하지만, 멀티상법은 그 사람이 발생시킨 유통금액에 의해 수입이 정해진다. 그러므로 반드시 먼저 들어왔다고 해서 많은 수입을 올리는 것이 아니다. 이런 스타일의 사업은 앞으로 계속 늘어날 것이다. 시대의 흐름이 개인으로 향하고 있기 때문이다.

부동산과 주식을 소유하고 있는 사람이 즐기며 자유롭게 일하는 것은 두말할 필요가 없다. 그들이 어디에 있든, 그들의 통장에 배당

금이나 이자의 형태로 돈이 들어온다. 그들 중에는 세금을 싫어하여 국적을 버리는 자까지 있다. 그들 정도가 되면 세금을 내지 않아도 되는 온갖 방법도 훤히 꿰뚫고 있다.

부자는 많은 사람에게 즐거움을 줌으로써 부자가 된 것이다. 미래의 정보화 시대에는 이런 경향이 더욱 늘어날 것이다.

실제로 "행복한 부자가 되기 위해서는 시간을 들여 자신의 내면을 지그시 응시할 필요가 있다"고 말하면, 대부분의 사람들은 "한가롭게 그런 생각할 시간이 어디 있어!" 하고 소리를 지를 것이다. 바로 그게 문제이다.

스스로 인생을 바꾸려고 진지하게 결심하기 전에는 아무것도 변하지 않는다.

자기 사업을 하라

회사원이 된다면 정년 무렵이 되어야 간신히 생활에 보탬이 될 정도의 급료를 받을 수 있다. 그렇게 하면 평생 걸려도 부자가 될 수 없다. 운동선수나 가수, 화가가 되는 것은 현실적으로 아무에게나 가능한 일이 아니다. 따라서 돈을 벌 수 있는 사업을 하는 것이 보통사람들에게는 가장 빠른 방법일 것이다. 잘하면 5, 6년 만에 평생 먹고 살 수 있는 재산을 모을 수 있기 때문이다.

한 가지 사업에 성공하기 위해 배워야 할 것, 해야 할 일이 무수히 많다. 성공하기 위해서는 그것들 모두를 배워야 한다. 그 가운데 80퍼센트를 배우면 평균적인 성공밖에 할 수 없다.

경마에서도 1위와 2위는 상금액에 몇 배의 차이가 있다. 마지막 10퍼센트가 몇 배의 수입 격차를 낳는다. 그렇다고 1위의 말이 몇 배의 빠르기로 달리는 것도 아니고, 몇 배의 거리를 달리는 것도 아니다. 더할 나위 없이 미세한 차이가 승부를 가른다는 것을 꼭 기억하기 바란다.

출발은 가능한 한 작게 해야 한다. 다니고 있는 회사를 덜컥 그만 둬버리거나, 갑자기 커다란 가게를 시작해서 위험을 무릅쓰는 것은 좋지 않다. 작게 출발하면 실패해도 손실이 크지 않고, 다시 준비해서 새로 시작할 수도 있다. 또 잘되기 시작했다고 해서 갑자기 확장해서도 안 된다. 급하게 성장하면 커다란 균열이 생기게 마련이다.

보통 사업이 잘되면 크게 벌어야겠다고 생각할 수도 있는데, 그것은 빈곤의식에서 비롯된 사고방식이다. 기회는 얼마든지 있다. 또 그 기회의 문은 잠깐 열렸다가 닫히는 것이 아니다. 옳은 일을 하고 있다면, 문은 저절로 당신 눈앞에 나타나 활짝 열릴 것이다.

사업을 시작하면 고객을 어떻게 기쁘게 해줄 것인가에 집중해야 한다. 그리고 서비스를 지속하기 위한 시스템이 필요하다. 일과 돈의 자연스러운 흐름을 만드는 것이다.

그 시스템이란 새로운 손님이 상품과 서비스를 사고 돈을 내면, 다시 다음 손님이 오는 흐름을 말한다. 잘되는 사업에는 이 흐름이 있다.

보석상의 경우, 손님이 다이아몬드를 사고 돈을 지불한다. 다이아몬드를 산 손님은 당연히 자기가 산 물건을 자랑하고 싶어한다. 만약 손님이 그 물건에 만족한다면 그는 좋은 광고탑이 되어줄 것이다. 사업을 잘하는 사람은 이들을 자신도 모르는 사이에 세일즈맨으로 만든다.

만약 이들이 친구를 소개해주면, 이들과 친구들에게 1년 한정의 대폭 할인쿠폰을 준다. 그렇게 하면 다음 선물시즌에도 새로운 다이아몬드를 사기 위해 줄을 설 것이다. 한번 고객이 된 사람이 내내 당신의 고객이 되어 친구를 소개해 준다면, 당신은 평생 손님이 없어서 고민할 일은 없을 것이다. 그러기 위해 소개 시스템도 탄탄하게 만들어두어야 한다. 즐거운 마음으로 기꺼이 손님을 소개해줄 수 있는 시스템이 되어 있으면, 당신의 비즈니스는 성공한 것이나 마찬가지다.

손님을 기쁘게 한 만큼 돈이 들어온다. 절대로 단기간에 돈 벌 생각을 해서는 안 된다. 손님을 기쁘게 하면 그는 평생 돈을 들고 당신을 찾아올 것이다.

일단 돈이 벌리는 시스템을 만든 뒤에는, 누가 관리하든 그 시스템이 잘 돌아가도록 해야 한다. 그렇게 하면 당신은 이미 자유롭게 일을 할 수 있게 된 것이다.

일을 그만두라는 얘기가 아니다. 언제 그만둬도 상관없는 상태로 만들면, 자신이 선택해서 일을 하는 셈이 된다.

성공한 사람의 리듬을 터득하라

비즈니스에 성공하려면 두 가지만 하면 된다. 새 고객을 확보하고 그 고객을 놓치지 않는 것이다. 최고의 세일즈는 물건을 한 번 사면, 계속해서 그의 물건을 사게 만드는 것이다.

내가 한번 물건을 판 사람은 절대로 다른 데서 사지 않고, 또 친구를 많이 소개해 준다면, 나중에는 고객들이 줄을 서게 되는 것은 당연한 이치이다.

최고의 세일즈맨은 절대 세일즈를 하지 않는다. 일단 이 사이클이 생기고 나면 손님이 줄을 서서 팔아달라고 부탁하게 되기 때문에, 그때부터는 순조롭게 일이 풀리는 것이다. 나머지는 '고맙습니다'를 연발하며 웃고 있으면 된다. 가장 힘든 것은 최초의 핵이 되는 고객을 만드는 일이다. 일단 이 시스템이 가동하기 시작하면 그때부터는 아무것도 하지 않아도 된다.

비즈니스로 성공하는 것은 사람들이 생각하는 것처럼 그렇게 어려운 일이 아니다. 오히려 실패하는 것이 훨씬 더 어렵다. 언제까지나 신규고객을 개척하는 데 매달려 있다가는 스트레스로 견디지 못한다. 정상에 단숨에 올라서면 나머지는 그리 힘들지 않다. 필요한 것은 폭발적인 순발력이다.

1900년 무렵부터 사람이 왜 물건을 사는지에 대해 활발하게 연구해 왔고, 그 결과도 많이 나와 있다. 그것을 배우면 누구나 판매왕이 될 수 있다. 세일즈를 모르고서는 아무리 수준 높은 경영이론도 무용지물이나 마찬가지다.

세일즈의 요령은 말주변이 있든 없든 상관없지만, 감정이 없는 사람은 성공하기 어렵다. 그 사람의 내면에 뜨거운 정열의 불꽃이 없으면 안 된다. 사람은 감정적으로 타인의 영향을 받기 쉽기 때문이다. 어떤 일이든 전력을 다해 부딪히면 반드시 그것에 반응하는 사람이 있다.

다른 사람을 기쁘게 하라

사랑을 뜻하는 히브리어 단어 아하브(ahav)는 문자 그대로 '나는 준다(I give)'는 뜻이다. 사랑에 대한 옛 유대의 모델은 '내가 당신에게 가져간다(I take from you)'가 아니라 '내가 당신에게 준다(I give to you)'이다. 다른 사람을 사랑한다는 것은 단순히 가슴속에서 솟아나는 감상적인 감정들을 느낀다는 뜻이 아니다. 오히려 그보다 더 중요한 것은 그들에게 내어준다——그들을 섬긴다——는 뜻이다. 하느님은 우리가 다른 사람들을 사랑하기 원하신다. 우리는 서비스를 통해 그렇게 할 수 있다. 그리고 그분은 그것에 대해 우리에게 상을 주신다.

사람들에게 서비스를 제공하는 일에서 즐거움과 충족감을 누리는 법을 배워라. 그러면 성공으로 가는 길 위에 놓인 주요한 장애물 하나를 제거한 셈이다. 어떻게 그럴 수 있을까. 새 사람이 되어야 한다고 했던 나의 경고를 기억한다면 그것은 쉬운 일이다. 사람들을 기쁘게 섬기는 방법을 배우는 비결은 '겸손'이라는 인격적 자질을 개발하는 데 있다.

겸손한 사람은 많은 친구를 얻을 수 있고, 원래 있던 친구들에게는 기쁨을 준다. 겸손이란 자기가 쓸모없는 사람이라고 믿는 것이 아니다. 자기가 아무것도 아니라고 믿는다면 오늘의 나를 있게 한 수 년간의 노력이 모두 거짓이 될 것이다.

좋은 인맥을 만들어라

남보다 먼저 성공하는 사람은 인간관계가 가지는 힘을 능숙하게 이용하고 있다. 기회와 좋은 정보, 돈은 대개 인간을 통해서 찾아온다. 주위에서 신뢰할 수 있는 사람이라고 인정해주면, 그는 이미 성공의 길을 반쯤 간 것이나 마찬가지다.

알고 지내는 사람이 당신의 응원단이 되어주면, 눈 깜짝할 사이에 당신을 성공한 사람들의 세계로 밀어 올려 줄 것이다.

성공하는 사람들은 사람을 무척 소중히 여긴다. 보잘것없는 사람도 가족처럼 상담에 응해주고, 자신의 인맥 중에서 가장 적당한 인물을 소개해 준다. 그 뒤에도 정중하게 대하며, 마치 당신이 그들에게 가장 중요한 거래 상대인 것처럼 느끼게 한다. 그런 대접을 받으면, 언젠가 반드시 무언가의 형태로 보답해야겠다는 마음이 들게 마련이다. 그러나 그들은 전혀 보답을 기대하지 않는다. 다만 한 젊은이를 도와주고 싶어할 뿐이다. 그것이 그들 삶의 방식이다. 그들이 가장 중요하게 여기고 있는 것은 '신뢰할 수 있는 인간이 되는 것'이다.

사람을 사귀는 데 있어서 가장 중요한 것은 당신이 만나는 모든 사람들에게 풍요와 행복이 찾아오기를 기원하는 것이다. 누군가 새로운 사람을 만났다고 하자. 그러면 당신은 마음속으로 중얼거린다. "이 사람과 만날 수 있어서 나는 행운아이다. 이 사람에게 많은 행복과 풍요가 찾아오기를!" 하고 기원하면서 그에게 빙긋 웃음을 보낸다.

남과 애기를 하거나 비즈니스를 할 때는 언제나 상대방의 입장에 서서 생각하라. 상대에게 득이 되는 것, 자신에게 득이 되는 것, 그리고 제삼자에게 득이 되는 것을 생각하면서 모든 행동을 결정하라. 그것이 가능하게 되면 무엇을 하든 성공할 수 있다. 그리고 '이 사람과 사귀면 성공할 수 있다'는 고귀한 명예도 손에 넣을 수 있다.

인맥 리스트에 유력한 인물이 얼마나 많이 올라 있는지가 당신의 성공을 예상할 수 있는 열쇠가 된다. 유력한 인물이란 당신이 무리한 부탁을 할 수 있는 친구를 말한다.

여러 부류의 사람들과 친구가 되라. 그들은 당신의 인생을 즐겁고 풍요롭게 만들어 줄 것이다. 그 인맥을 만드는 방법은 여러 가지가 있다. 예를 들어 자원봉사 단체에 가입하는 것도 한 가지 방법이다. 그렇게 하면 평소에 만나기 힘든 톱클래스의 사람들을 만날 수 있다. 그들과 대등하게, 그리고 예의 바르게 교제하라. 그러면 당신의 성공은 보장 받은 것이나 다름없다.

인맥을 만드는 것은 지금 당장은 이익이 되지 않는다고 생각할지도 모른다. 하지만 그것은 조금씩 밀려오는 밀물과 같은 것이어서, 어느새 당신은 그 인맥의 후원을 받으며 단숨에 높이 올라가 있을 것이다. 여러 모임에 얼굴을 내밀어 자신보다 뛰어난 사람과 사귀면, 당신도 자연히 그 사람들 가까이 가 있을 것이다.

서로 교류하고 정보를 전달할 수 있는 기회가 많을수록, 참여한 모든 사람들이 더 많은 부를 창출한다. 먼저 사람들과의 교류를 극대화해야 한다.

분명 현대에 들어와서는 장거리 통신의 발달로 인해 지리적 고립에도 불구하고 비즈니스를 할 수 있지만, 그렇다고 해서 작고 외진 동네로 옮겨가는 일이 경제적 성공이라는 새 삶을 준비하기 위한 최선의 방법은 아닐 것이다. 게다가 여가 시간이 날 때 혼자서 좋은 책을 읽거나 텔레비전 수상기 앞에 딱 붙어서 지내기를 즐긴다면,

바로 지금이 이용할 수 있는 시간을 총동원하여 새로운 관계를 쌓아 나갈 적기일 것이다.

우리에게 그 일이 편안하게 받아들여질까? 아마 처음에는 그렇지 않을 것이다. 내성적인 성격이라면 특히 더 그렇다. 하지만 돈에 대해 진지하게 생각한다면 변해야 한다. 주소록이 빼곡히 차야 하고 그 리스트에 있는 사람들과 관계를 강화해야 한다.

새로운 친구를 사귀고 기존의 친구를 살필 수 있는 기회를 절대로 놓치거나 무시하지 마라. 사람들이 기쁜 행사에 초대하면 항상 수락하라. 슬픈 행사에도 언제나 빠지지 않도록 하라. 바꾸어 말하자면 공동체를 이루는 지속적인 활동에 참여하라는 것이다.

유대 전승에 의하면, 다음 세 가지 정보는 겉으로는 무관해 보이지만 서로 관련이 있다. ①아브라함은 적어도 2만에 달하는 친구들을 가까운 사교 영역 안에 두었고, ②손님들을 끊임없이 집으로 초대했으며, ③그의 커다란 장막에는 네 방향으로 난 각각의 문이 있었다. 역사적으로 실제 그러했는지는 제쳐두고라도 이는 비즈니스를 하는 데 강력한 교훈을 제시하고 있다. 오늘날에는 대형 백화점들도 아브라함의 세 번째 교훈을 받아들여 손님들이 안으로 쉽게 들어올 수 있도록 건물을 짓는다. 그 백화점들은 모두 각기 다른 방향과 다른 도로 쪽으로 난 여러 개의 입구가 있다.

또한 우리도 아브라함처럼 손님을 초대하고 환대를 베풀어서 친구의 폭을 넓힐 수 있다. 친절한 대접은 관계를 확립할 수 있는 가장 좋은 방법이다. 식당에서 계산서를 먼저 집는 것도 한 방법이고, 새로운 친구를 초대하여 집에서 함께 저녁 식사를 하는 것도 한 방법이다. 식당보다는 집에서 즐기는 편이 값도 훨씬 저렴할 뿐 아니라 유대 관계를 형성하는 데에도 훨씬 더 효과적이다.

이런 이유 때문에, 전에는 회사들이 중역을 고용할 때 후보자와 폭넓은 면담도 했지만 그의 아내하고도 면담을 하곤 했다고 한다.

인간관계를 소중히 하는 것은 꼭 비즈니스에서 성공하기 위해서만은 아니다. 이해관계를 초월한 우정은 인생에서 가장 중요한 것 가운데 하나다. 모든 것을 내던져도 좋다고 생각하는 소중한 친구가 있는 사람은 행복하다. 만약 당신이 그런 사람이라면 똑같은 생각을 하는 친구가 주위에 많이 있을 것이다.

전문가의 협조를 얻어라

유감스러운 일이지만 인간은 고작 70년 또는 80년밖에 살 수 없다. 또 그 중에서도 자기 마음대로 할 수 있는 시간은 결코 많지 않다.

제대로 모르는 사람은 '시간은 무한한 것'이라 생각하고, 소중한 시간을 낭비해버린다. 행복하게 사는 일에 성공하는 사람은 '시간에는 한계가 있다'는 걸 알고, 할 수 있는 최선의 것, 다시 말해 좋아하는 일을 하며 그 재능을 사람들과 함께 나눈다. 하지만 그때 필요한 모든 것을 직접 다 배울 수는 없다.

그러므로 전문가의 지식을 잘 활용하는 기술을 터득하는 것이 좋다. 그것은 법률뿐만 아니라 투자, 건강, 의학, 설계, 디자인, 모든 전문분야에서 마찬가지이다. 당신은 팀의 감독이지 팀의 일원이 아니다. 만약 경영자를 지향한다면, 한 선수로서의 기술을 연마하는 동시에, 감독으로서의 역량을 키우는 것을 첫 번째 목표로 삼아야 한다. 그것을 위해서는 많은 사람들의 지원을 받을 수 있는 인격을 갖춰야 하는 것은 물론이다.

사업을 하든 투자를 하든, 법률과 세무에 밝지 않으면 부자가 되기 어렵다. 법률은 힘이다. 그렇다고 변호사와 회계사가 되라는 말은 아니다. 그것은 당신에게는 오히려 멀리 둘러가는 길이 될 것이다. 하지만 기본적인 것을 알지 못하면 부자가 되는 속도는 훨씬 느려진다.

우수한 변호사와 회계사, 세무사를 고용하여 그들을 잘 활용하라. 처음에는 너무 유명한 사람을 고용할 생각은 하지 않는 것이 좋다. 그보다도 당신과 함께 게릴라전을 치러줄 수 있는 젊고 유능한 사람을 고용하라.

단, 어떤 상담을 할지에 대해서는 주의해야 한다. 세무사와 변호사는 모험을 좋아하지 않는다. 그들에게 새로운 비즈니스와 아이디어를 얘기하면 찬성하지 않는 경우가 많다. 그러므로 상담 내용은 법률과 세무에 한정하라. 그들은 비즈니스 경험이 없으면서도 그럴 듯한 조언을 한다. 가장 좋은 방법은 전에 변호사나 세무사로 일하다가, 지금은 사업을 시작하여 성공한 사람에게 조언을 구하는 것이다. 그들은 공격과 수비, 양쪽에 대해 잘 알고 있다.

부자는 우수한 세무사를 활용하여 합법적으로 세금을 내지 않는 방법을 강구한다. 변호사와 세무사에게 지불하는 보수는 경비로 처리할 수 있다. 말하자면, 세금으로 빼앗길 돈으로 우수한 사람들을 고용하여, 세금을 빼앗기지 않는 지혜를 사는 것이다. 그러니 부자가 더욱더 부자가 되는 것은 당연한 일이다.

실패를 극복하라

보통사람들은 성공하기 위해서는 한 번의 실수도 해서는 안 된다고 생각한다. 미국의 평균적인 억만장자들은 부를 이룰 때까지, 대개 한 번쯤 파산한 경험을 가지고 있다고 한다.

실패했다는 것은 적어도 도전했다는 뜻이므로 그것만으로도 대단한 것이다. 중요한 것은 거기서 제자리로 다시 돌아올 수 있는 정신력이다.

실패란 포기해버렸을 때 일어나는 현실이다. 성공하지 못한 현실을 받아들였을 때 비로소 실패가 되는 것이다. 실패를 성공하기 위한 방법을 찾는 과정일 뿐이라고 생각할 수 있게 되면, 본격적인 성공이 머지않았다고 할 수 있다.

실패는 미래에 절망했을 때와 과거의 경험을 헛일이라고 판단했을 때 결정된다. 인생은 지금 이 순간 눈앞에서 일어나고 있는 일들이다. 소중하고 멋진 인생이 바로 눈앞에 있는데, 미래의 계획에만 매달려서는 지금을 즐길 수가 없다.

그것은 저녁 해가 지금 눈앞에서 지고 있는데, 내일의 저녁 해를 보러 가는 것에만 정신이 팔려 눈앞의 장대한 광경을 놓치는 것과 같다. 과거만 생각하고 현재를 놓치는 것도 마찬가지다.

성공하기 위해서는 많은 에너지가 필요하다. 그것이 무엇이든 현재에 집중함으로써, 가장 빨리 목표를 달성할 수 있다.

지금 마음으로 즐길 수 있는 것에 전력을 기울여라. 그런 삶의 방식은 당신에게 영혼의 기쁨과 경제적인 풍요를 동시에 가져다줄 것이다.

돈을 부려라

왜 부자보다는 돈과 인연이 먼 사람이 더 많은 것일까? 부자가 될 재능을 가진 사람이 적어서일까? 돈을 버는 데는 지성과 용기, 행동력, 세심함, 인간적인 매력, 운 등 여러 가지가 필요하다. 하지만 돈을 쓰는 데는 그 어느 것도 필요하지 않다. 그리고 이 세상은 돈을 쓰지 않고는 못 배기게 만드는 구조와 함정으로 가득하다. 세상은 명백한 사기술을 부리며 당신의 돈을 노리고 있다. TV광고, 백화점 진열 등 곳곳에 돈을 쓰게 만드는 구조가 무수하다.

흔히들 "돈이 뉘 집 애 이름이냐?"라고 말하는데, 대부분의 사람들은 어린 시절에 '돈을 낭비하지 마라. 그런 것에 돈을 쓰는 건 바보짓이다'는 말을 듣고 자란다. 또 돈이 없다, 벌이가 시원찮다, 지출이 늘었다 하며 가족끼리 아옹다옹하는 모습을 보고 자란다. 부부의 사이가 벌어지는 원인도 대부분 돈 때문이다.

그런 가정에서 자란 어린이는 돈이란 사랑하는 사람을 몰아세워도 될 만큼 강렬한 힘을 가지고 있는, 싸움의 원인으로밖에 보이지 않을 것이다. 게다가 돈만 있으면 행복해질 수 있을 거라고 생각하게 될 것이다. 이러한 사정이니 어릴 때부터 무의식중에 돈에 대해 여러 가지 부정적인 의미를 부여한다.

돈은 낭비해서는 안 되는 것, 잘못 사용하면 부모에게 혼나는 골치 아픈 것, 사용하기에 따라 가족끼리 싸우는 원인으로 생각하는 것이다.

그래서 사람들은 돈을 원하면서도, 돈을 골치 아프게 여기고 두려워하고 있다. 그들로서는 돈에는 어마어마한 힘이 있다고 생각되기 때문이다. 그 힘의 본질을 이해하고, 그것을 조절할 수 없다면, 돈만 긁어모으는 단순한 벼락부자는 될 수 있을지언정 행복한 부자는 될 수 없다. 그 돈에 대한 감정적인 응어리를 풀지 않으면 돈에 대해 생각하는 것조차 피하고 싶어진다.

부자가 되는 것에 대한 가장 큰 오해는, 많이 벌면 부자가 될 수 있을 거라는 잘못된 관념이다. 그것이 진실이라면 왜 수백만 달러나 버는 대스타가 갑자기 파산해 버리는 일이 일어나는 것일까?

많이 벌면 벌수록 부자가 빨리 될 것 같지만, 반드시 그런 것은 아니다. 왜냐하면 많이 벌면 씀씀이도 그만큼 커져서 수입에 맞춰 돈을 써버리기 때문이다.

아무리 많은 돈을 벌어도 지출을 조절하지 못하면, 다시 빈털터리로 돌아간다. 뿐만 아니라 돈을 쓰는 버릇이 남아서 흔히 말하는 빚쟁이가 되고 만다. 어느 정도의 수입이 생길 때까지는 지출을 수입의 3분의 1 정도로 제한하는 것이 좋다. 수입이 늘어나도 지출을 그대로 유지하지 않으면 다음 단계로 올라갈 수 없다.

이 돈 잘 쓰는 법칙에는 돈을 보람 있게 쓰는 것도 포함된다. 부자는 돈과 뭔가를 교환할 때, 반드시 그 가치 이상의 것인지 아닌지를 따진다. 예를 들어 부자는 그림이 아무리 비싸더라도 평가액보다 싸면 과감하게 구입한다. 반대로 아무리 5달러짜리라도 그만한 가치가 없다고 생각하면 절대로 돈을 쓰지 않는다. 돈과 인연이 먼 사람은 5달러 정도는 괜찮다고 생각해버린다. 이 차이가 수십 년 동안 쌓이면 큰 것이 된다. 평생 동안 들어오는 수입을 끊임없이 그보다 가치가 높은 것(주식, 부동산, 그림)으로 바꿔 가면, 그 가치가 자꾸자꾸 올라가 막대한 금액이 된다.

이 세상에는 물건을 사도록 하는 유혹이 도처에 널려 있다. 당신이 부자가 될 수 있을지 없을지는 무엇이 필요한 것이고, 무엇이 그저 낭비하는 것인지 아는 데서 비롯된다.

원하는 것이 생기면 일주일을 기다려라. 그래도 원하는 마음이 있으면 일주일을 더 기다린다. 그래도 원한다면 그때 사면 된다. 이 약간의 시간을 기다리는 습관이 붙으면 쓸데없는 것을 살 확률이 훨씬 줄어들 것이다.

돈을 현명하게 쓴다고 하면, 사람들은 무조건 돈을 쓰지 않는 것이 현명하다고 착각한다. 현명하게 쓴다는 것은 남에게 기쁨을 줄 수 있도록 쓰는 것이다. 행복한 부자가 되는 데 성공한 사람들은 선물하는 것을 좋아한다. 그래서 쇼핑을 할 때도 자신보다 남을 더 생각하는 일이 많다.

센스 있게 선물하는 방법을 마스터하면, 당신의 성공 속도는 단숨에 올라갈 것이다. 선물을 받고 싫어하는 사람은 아무도 없다. 중요한 것은 선물을 주는 방법이다. 상대방이 기분 좋게 받을 수 있는, 감정상의 변명을 준비해 두는 것이다. 그리고 상대방에게 부담이 되지 않는 정도에서 하는 배려가 필요하다.

당신이 교제하는 사람이 무엇을 원하고 있는지 평소에 잘 관찰하라. 그리고 타이밍을 잘 맞춰 선물하는 것이다. 그러면 당신은 주는 기쁨을 맛볼 수 있을 뿐만 아니라 마음이 통하는 친구도 얻을 수 있다. 선물을 잘할 수 있게 되어야 비로소 당신은 성공하는 인생의 입구에 설 수 있다.

또한 투자가의 길을 거치지 않고 부자가 되기는 어렵다. 또 투자가로서의 지식 없이 돈을 유지하기도 어렵다. 스포츠 선수와 연예인이 큰 빚을 지게 되는 것도 실은 이 돈에 대한 지식이 없기 때문이다. 투자가로서 성공하는 것은 부자 게임의 마지막 단계이고 가장 중요한 관문이다.

부자가 되고 싶으면 사업을 소유하고 신용을 만들 것. 그리고 그것을 잘 운용할 것. 이것을 마스터하면 당신은 5년 안에 부자가 될 수 있다.

그런데 옛날부터 미국의 부호들은 자신의 부를 사회에 환원하는 것을 중요하게 여기고 있었다. 록펠러, 카네기, 포드 같은 사람들은 재단을 설립하여 해마다 거액의 돈을 사회에 환원했다. 그들은 부자가 되는 궁극적인 목적은 함께 나누는 데 있다고 생각했다. 사회에 재능을 함께 나눔으로써 얻은 돈을 다시 사회에 환원한다. 여기에 성공하면 비로소 사이클이 완성되는 것이다.

돈에 대해 배워야 하는 것은 단순히 부자가 되기 위해서가 아니다. 자유로운 인생을 살게 될 때 돈의 힘에 방해받지 않기 위해 배워야 한다. 부모가 돈에 대해 건전한 관념을 가지고 자식을 가르친다면, 그는 인생과 돈에 대해 좋은 생각을 하게 된다. 행복하게 사는 사람들은 일상생활에서 돈을 의식하지 않는다. 그만큼 돈에 방해받지 않고 살아갈 수 있는 것이다.

살고 싶은 곳, 입고 싶은 옷, 하고 싶은 일, 먹고 싶은 것, 가지고 있는 모든 것을 자기 마음대로 결정할 수 있으면, 그 이상으로 돈을 가지는 것은 의미가 없다. 돈을 자유롭게 다룰 수 있으면 자신이 살고 싶은 대로 인생을 살 수 있다.

그런데 사실 한 개인이 돈을 소유하는 것은 불가능하다. 돈은 사회 속에 흐르는 강물과 같고, 부자는 그 강물의 흐름을 독점할 수 없다는 것을 차차 알게 된다.

또 흐르는 물을 가두어만 놓으면 그 물은 썩어버린다. 실제의 돈은 썩지 않지만, 자산가로서 아무것도 하는 일이 없는 사람은 대체로 병에 걸리기 쉽다. 행복한 부자가 된 사람들은 이것을 경험적, 직관적으로 이해하고, 자신에게 찾아오는 돈의 흐름을 긍정적인 방향으로 흘려보낸다. 그렇게 함으로써 돈의 힘에 당하지 않고, 거꾸로 강물의 흐름을 키우게 된다는 것을 경험적으로 알고 있다. 부자가 되는 가장 빠른 방법은 그 흐름을 만드는 것이다.

자신의 일을 사랑하라

처음 만난 사람들이 서로에게 던지는 첫 번째 질문 가운데 하나는 "무슨 일을 하십니까?" 또는 "어떤 분야에 계십니까?"이다. 우리는 이 질문에 대해 약 20초간의 설명만으로 대답할 수 있어야 한다. 뿐만 아니라 그 대답은 반드시 매력적으로 들려야 하며 질문한 사람이 더 자세히 묻지 않을 수 없게끔 만드는 것이어야 한다.

만일 우리 대답이 "아, 저는 애크미 볼 베어링 회사에 다닙니다"에 그친다면, 부를 생산할 수 있는 잠재적인 기회를 낭비한 셈이다. 정말로 관심을 끌 만한 얘기를 하나도 말하지 않았으니까 말이다. 애크미 사에서 무슨 일을 하는가? 회장인가? 영업부나 생산부, 혹은 회계부에서 근무하는가? 만일 함박웃음을 지으면서 "아, 저는 제조회사들 중에 주로 애크미 사에게 온 우주에서 가장 부드럽고 빛나며 단단한 작은 공을 어떻게 만드는지 가르쳐 줍니다"라고 대답했다면 당연히 관심을 끌었을 것이다.

풍부한 표정을 지으며 무언가에 대해 열정적으로 얘기하는 사람들과 나누는 대화는 다른 어떤 일보다도 즐겁다. 그러므로 회사나 조직에서 어떤 일을 하든, 스스로 무언가 매력적인 일을 하고 있다고 생각하라. 단순히 무언가를 하고 있는 것이 아니라, 스스로 비즈니스를 하고 있다고 여겨라.

자기 일에 의욕이 없으면 어떡하냐고? 싫어하는 일을 하면서 돈을 벌겠다는 것은 한쪽 손을 뒤로 묶고 권투를 하는 것과 같다. 자기 일에 흥미를 키우기 위해 할 수 있는 모든 일을 해야 한다. 그것이 불가능하다면 열정적으로 일할 수 있는 자리를 찾아보라고 말하고 싶다. 어떤 일이 되었든 자극이 사라지는 순간들은 분명히 있게 마련이다. 그럼에도 불구하고 자기 일에 대해 열정을 느껴야 한다. 그것이 햄버거를 뒤집는 일이든 수십억 원짜리 회사를 운영하는 일이든 상관없다.

하고 있고 또 좋아하는 일이 수지가 맞지 않는다면 어떻게 해야 할까? 돈 걱정 없는 운 좋은 소수에 속하지 않는다면, 취미나 자원봉사 활동을 하는 여가 시간에 의욕을 충족시켜야 할 것이다. 그리고 그러는 동안 예전에는 생각조차 해보지 않았던 분야에 대해 열정을 키워라. 너무나 많은 사람들이 지극히 적은 숫자의 직업에만 고착되어, 일의 세계가 제안하는 셀 수 없을 정도로 많은 놀라운 기회들을 놓치고 있다.

달변가가 되라

성공하는 사람은 모두 얘기를 잘한다. 자신의 생각을 상대방에게 전달하는 능력이 탁월하다. 생각하고 있는 것을 잘 전달하지 못하면 성공하기 어렵다. 커뮤니케이션 능력을 높이는 것이 성공을 향한 지름길인 것이다.

회사의 중역들은 스피치 재능을 갈고 닦는다. 매끄럽게 얘기하지 못해도 상관없다. 내용이 정연하지 않아도 된다. 그런 것보다 사람의 마음을 울리는 스피치를 하는 것이 훨씬 중요하다. 그럼 어떤 스피치가 좋은 것일까?

좋은 스피치는 그 사람의 온몸에서 뿜어져 나오는 에너지를 느낄 수 있다. 느끼는 대로 자신의 감정을 눈앞에 있는 사람들과 함께 나눌 수 있으면 최고의 스피치라고 할 수 있다. 거창하게 말하면, 영혼의 일부를 함께 나누는 것처럼 말하는 것이다. '이것이 내 인생에서 마지막으로 하는 얘기이다'라는 열정으로 조용히, 그리고 힘차게 얘기하라. 훌륭한 스피치는 사람의 인생까지 바꿀 수 있는 힘을 가진다.

흔히 스피치라 하면 막힘없이 유창하게 얘기하는 것이 이상적이라고 생각하기 쉽지만 꼭 그렇지는 않다. 더듬더듬 어눌한 목소리라도 진심을 담아 얘기하는 것이 오히려 감동을 준다. 커뮤니케이션의 열쇠는 감정이다. 먼저 자기가 무엇을 느끼고 있는지 파악하고, 그것을 정확하게 전달하는 사람이 커뮤니케이션의 달인이다.

어디에 가든 자신의 생각을 1분 안에 확실하고 명쾌하게, 감정에 호소하여 얘기할 수 있도록 준비하라. 비즈니스와 별로 상관없는 것 같지만, 실천적인 비즈니스의 기술이라는 면에서는 이것이 가장 중요하다.

여기에도 역시 훈련이 필요하다. 자신의 생각을 무조건 종이에 적어본다. 무엇을 생각하고 있고 무엇을 느끼고 있는지 종이에 토해내듯 쓰는 것이다. 잘 쓰려고 생각하지 말고 아이디어가 떠오르는 대로 곧바로 기록하라. 그러면 자신이 무엇을 생각하고 있는지 잘 알 수 있게 된다.

그리고 말을 할 때는 진실만을 말하라. 모호한 얘기를 함부로 해서는 안 된다. 진정으로 확신하고 있지 않은 것을 말해서는 안 된다. 진실을 얘기하지 않으면 말의 힘이 사라져 버리기 때문이다.

목표를 만들어라

목표를 정하는 것은 무척 중요한 일이다. 사람들은 대부분 인생의 방향을 정하지 않고 있다. 그래서 바다를 떠다니는 해파리 같은 삶을 사는 것이다. 물결이 일렁이는 대로 눈앞에 있는 먹이와 쾌락을 즐기며 흐느적거리고 떠다닐 뿐이다. 그런 인생에 만족하고 있다면 아무 문제가 없다. 하지만 자신이 태어난 진정한 목적을 발견하고, 역동적이고 멋진 인생을 보내고 싶다면, 목표가 필요하다.

당신은 10년 뒤, 또는 20년 뒤 어떤 삶을 살고 있을까? 당신이 아무것도 생각하지 않는다면 10년 뒤 어떻게 되어 있을지 상상할 수 있을까? 아마 어느 회사에 취직하여 매일 열심히 일하고 있는 정도일 것이다.

평범한 삶을 살고 싶다면 목표 같은 건 없어도 된다. 하지만 평범하지 않은 삶을 원한다면, 명확한 목표를 세워야 한다. 예를 들어 우주 레스토랑에 들어가 주문하는 장면을 상상해보자. 레스토랑에 들어서면 웨이트리스가 "뭘로 하시겠습니까?" 하고 묻는다. 당신이 아무 의사도 표현하지 않으면 다른 사람들과 같은 정식을 갖다 줄 것이다. 만약 보통사람이 먹는 정식이 싫다면 다른 것을 주문해야 한다.

무엇을 원하는지 정확하게 말해주지 않으면 웨이트리스도 난처해지지 않을 수 없다. 어떤 일을 좋아하는지, 어떤 삶을 원하는지, 하나하나 분명히 설정해 가야 한다. 그리고 주문을 하면 웨이트리스가 그 인생의 가격을 말해줄 것이다.

우주 레스토랑의 가격은 돈이 아니라 행동으로 지불하게 되어 있다. 원하는 것을 위한 행동 목록을 작성하고 그것에 따라 행동하면 주문한 대로 삶이 나오는 것이다.

직관력을 길러라

직관력을 기르는 것은 무척 중요한 일이다. 성공한 사람들은 최종적인 결단을 직관에 의지한다. 미국의 회사 중역들도 과학적으로 보일지 모르지만, 최종적으로는 자신의 직관에 따라 중요한 일을 결정한다.

성공하는 사람일수록 이 직관이 잘 발달해 있다. 사업에 투자할 때도, 사람을 사귈 때도, 자신의 직관을 신뢰하라. 머리로 아무리 생각해도 소용없는 일이 많다. 크게 성공한 사람들 가운데 정규교육을 받지 않은 사람이 많은 것도 이 때문이다. 교육을 받으면 받을수록 머리로 생각하는 습관에 젖기 쉽다. 인생과 비즈니스의 실전에서 중요한 것은 어떤 경우에도 헤쳐 나갈 수 있는 동물적인 감각이다.

직관은 단순한 느낌과 어떻게 다를까? 직관은 흔들림 없는 감각이고, 느낌은 변하기 쉬운 감각이다. 이 직관을 키우는 방법은 오직 훈련뿐이다. 사용하면 할수록 근육이 발달하는 것과 같은 이치이다.

멋진 인생을 살고 싶으면, 머리에 행복의 기초가 되는 사고방식을 담아야 한다. 머리에 들어간 것이 그 사람의 사고를 만들고, 사고가 인생을 결정하기 때문이다. 책에서 읽는 메시지, 텔레비전과 교류하는 사람들이 얘기하는 내용에 주의하라. 평소에 생각하는 것이 실제로 인생을 결정한다는 것은 성공한 사람들 대부분이 인정하고 있는 사실이다.

그러나 사고와 마찬가지로 감정이 보통사람의 인생을 통제하고 있다. 예를 들어 자신이 좋아하지도 않은 일에 늘 쫓기면서 살고 있는 사람이 있다고 하자. 이 사람은 왜 노예도 아니면서 아침부터 밤까지 싫어하는 일을 하고 있는 것일까? 그것은 회사를 그만두는 것이 두려워서이다. 변화를 두려워하기 때문이다. 그래서 가능한 한 현재의 생활에 안주하려 한다.

두려움 외에도 또 다른 감정들이 인생을 통제하고 있다. 분노, 슬픔, 우울한 감정, 이 모든 것들이 인생을 실패로 만들어버린다. 말하자면 이런 감정에 인생을 빼앗기고 있는 거라고 할 수 있다.

감정에 인생을 통제당하지 않기 위해서는 우리가 감정에 지배당하고 있다는 걸 알기만 해도 반은 그 영향에서 벗어날 수 있다.
 '자신이 무엇을 느끼고 무엇을 생각하고 있는지'에 의식을 집중하면서 자신의 인생에는 좋은 일만 있을 거라고 생각하는 사람에게는 정말 좋은 일만 계속해서 생기는 법이다. 그러므로 자신의 생각이 무엇에 초점을 맞추고 있는지 늘 의식해야 한다.
 인간의 감정과 사고는 인생의 통제력을 압도할 만큼 강하다. 그러므로 자신의 인생을 신뢰해야 한다. 일시적으로 절망에 빠질 때가 있어도 반드시 구원은 있다. 행복은 인생을 신뢰하는 자에게만 찾아온다.

좋은 부부관계를 유지하라

 삶의 행복 가운데 사랑과 신뢰가 있는 부부관계는 대단히 가치 있는 것이다. 좋은 부부관계는 기적도 낳는다. 역사상 훌륭한 위인들에게는 그를 지원하는 파트너가 있었다. 에디슨, 포드, 록펠러도 모두 아내들에게는 고개를 숙일 정도였다고 한다. 그들은 새로운 아이디어가 있으면 반드시 아내와 의논했다. 또 아내는 그런 남편을 진심으로 존경하고 믿어주었다. 그 깊은 신뢰관계가 아무나 꿈꿀 수 없는 성공을 낳게 한 것이다.
 좋은 부부관계는 부자가 되는 데도 매우 중요하다. 왜냐하면 사람들은 불행해지면 돈을 씀으로써 마음의 위안을 얻으려 하기 때문이다. 하지만 돈을 아무리 많이 쓴다고 해도 기분이 좋아지는 것은 아니다. 특히 여성에게 이런 경향이 강하다. 당신의 연수입이 몇 억이 되어도, 아내가 불행하면 아내는 당신 대신 그 돈을 왕창 다 써버릴 것이다. 그리고 그런 아내가 마음에 들지 않는다면 당신은 이혼하는 것밖에 선택의 여지가 없다.
 하지만 이혼에는 거액의 위자료가 기다리고 있다. 두세 번 이혼하여 아이가 다섯쯤 되면 아무리 벌어도 수입의 몇 분의 1밖에 손에 남지 않는다. 그러면 언제까지나 부자가 될 수 없다. 부를 쌓고 싶다면 가장 사랑하는 사람과 결혼하여, 영원토록 행복하게 살아야 한다. 그것은 어떤 부보다 멋진 것이다.

돈이 어느 쪽에서 들어오든 부부 공동의 것이라고 생각해야 한다. 왜냐하면 풍요로움은 두 사람의 사랑과 유대에 의해 들어오기 때문이다. 들어온 입구가 어느 쪽인지는 중요하지 않다.

있는 그대로 받아들여라

인생에서 일어나는 모든 것을 받아들이는 것은 매우 중요한 일이다. 대부분의 사람들은 좋은 것만 받아들이고, 나쁜 것, 바람직하지 않은 것은 받아들이고 싶어하지 않는다.

인생에서 일어나는 일은 좋은 것도 나쁜 것도 없다. 의식을 집중하면 할수록, 그것을 끌어당기는 법칙이 있다는 것을 알아야 한다. 이상한 것은 보통사람들은 무의식 속에서는 바라지 않는 것을 밤낮으로 원하기 때문에 결과적으로 자신이 싫어하는 나쁜 일만 실현해 버리고 만다.

운이 좋아지기를 바라는 사람들이 있다. 그렇지만 그들 대부분은 마음의 자세가 잘못되어 있기 때문에 운이 없는 인생을 보내고 있다. 원인은 생각하지 않고, 그저 '운만 좋았더라면' 하고 생각하는 사람들은 점점 나쁜 운을 끌어들인다. 한편, 운이 좋은 사람은 '나는 운이 좋다'고 믿으며, 운이 더 좋아지기를 바라지 않는다.

이 미묘한 차이가 운이 좋은 인생, 또는 운이 나쁜 인생을 실현시킨다. 이렇게 말하면 좋은 인생과 나쁜 인생이 따로 있는 줄 알고, 좋은 인생을 선택해야겠다고 생각할 것이다. 그러나 실은 인생에는 좋은 것도 나쁜 것도 전혀 없다는 것을 알아야 한다.

왜냐하면, 어떤 사람에게 있어서는 멋지고 좋은 일이 다른 사람에게는 몹시 나쁜 일일 수도 있기 때문이다. 단순히 일어나는 중립적인 사건을 어떻게 해석하여 자기 인생에서 살려 나가는가에 따라 당신의 인생이 정해지는 것이다.

나쁜 일이 일어나지 않기를 바라며 공포 속에서 살아가는 것과, "나에게 일어나는 일은 모두 최고다. 그러니 모든 것을 받아들이자"는 태도로 사는 것은 마음의 안정감이 완전히 달라진다. '좋은 것도 나쁜 것도 없다'고 생각하고, 일어나는 모든 것을 받아들이려는 자세만이 마음의 평화를 가져다 준다.

다가오는 현실에서 무엇을 할 수 있는지 생각하고, 눈앞에 닥친 일을 하나하나 처리해가는 자세가 되어야 비로소 행복하고 풍요롭게 살 수 있다. 좋은 것만 선택하여 사는 것은 불가능하다.

세계 최고두뇌 최대부호 성공집단 탄생시키는 유대
솔로몬 탈무드

5

유대 역전의 발상

창출하는 머리, 선택하는 눈
운명은 지혜가 없는 사람에게 미소를 보내지 않는다

유대인의 발상법

500데나리온을 갚을 기한이 다음날 아침으로 다가왔다. 야곱은 우리 안에 있는 백곰처럼 방안을 서성거릴 뿐이었다. 아내 레베카가 옆 침실에서 하품을 하면서 소리쳤다.
"아직도 안 주무세요?"
"내일 그 돈을 갚아야 하는데……불안해서 잠이 오나!"
"그러면, 당신 갚을 방법이 있어요?"
"없지! 있으면야 불안할 리가 없지!"
"그래요! 그렇다면 주무세요. 잠 못들어 서성거리는 쪽은 받을 사람일 테니까요."

이것은 《유대인 조크》에 나오는 이야기인데, 유대인적인 발상(發想)의 특징을 잘 표현하고 있다.

이 세상에 골치아픈 일은 너무나 많다. 대부분의 사람들은 가슴 속에 두세 가지 고민을 갖고 있기 마련이다. 고민에 빠지면 머리가 뒤숭숭해져 마음도 굳어진다. 출구가 없는 터널에 들어선 것처럼 주위를 충분히 볼 수 없게 된다.

이 굳어진 머리와 마음을 풀기 위해서는 어떤 방법이 효과적일까. 유대인들은 무엇보다도 먼저 자기발상을 바꾸는 데 전력투구한다. 한쪽 편에선 고정된 머리를 무조건 반대 방향으로 돌려버리는 것이다. 그러면, 지금까지 굳어져 있던 사고방식이 자연스레 풀어진다.

이런 유대인의 역전 발상법은 흔히 '흔들이(추) 발상'이라고 부른다. 인간의 사고방식이나 심리적 활동을 하나의 흔들이〔추 : 錘〕로 보고, 이 추가 고정된 상태에 빠졌을 때는 즉시 자기의 흔들이(추)를 흔든다. 한쪽으로 편중되지 않도록, 자기가 있는 곳에서 볼 때 항상 반대편으로 흔들어 본다는 발상법인 것이다.

인생을 충실하게 그리고 풍요롭고 윤택하게 살려면, 무엇보다도 우선 마음의 흔들이(추)를 부드럽게 흔드는 것이 필요하다. 이 흔들이를 흔들면 그만큼 자기의 활동 범위가 넓어진다. 이같은 넓은 범위나 정도가 조만간에 여러 가지 여유를 만들게 되고, 여유만 갖게 되면 인간은 어떤 환경에서도 살아갈 수 있다.

눈에는 눈으로, 이에는 이로

눈은 눈으로, 이는 이로'라고 하신 말씀을 너희는 들었다. 그러나 나는 이렇게 말한다. 앙갚음하지 말아라. 누가 오른뺨을 치거든 왼뺨마저 돌려대고, 또 재판에 걸어 속옷을 가지려고 하거든 겉옷까지도 내주어라. 누가 억지로 오 리를 가자고 하거든 십 리를 같이 가 주어라. (마태복음 5장 38~41절)

'눈은 눈으로'라는 이 구절은 잘 알려져 있을 뿐만 아니라 때때로 쉽게 차용해 쓰이기도 한다.

단 그 사용 방법으로는 어느 경우나 예외없이 '앙갚음'의 형용구로서 등장한다. 또한 이쪽에서 받은 해를 같은 정도로 상대쪽에 앙갚음한다는 동태복수(同態復讐)의 원리로 일반적으로 이해되었다. 그러나 이것은 터무니없는 오해이다. 인용구인 '눈은 눈으로'는 실제로는 앙갚음과는 전혀 반대의 뜻을 지닌 표현이다.

이 구절의 출전(出典)은 〈출애굽기〉 21장 23절 이하에 있다. 그것도 여기에 인용해 두겠다.

'그러나 다른 사고가 생겨 목숨을 앗았으면 제 목숨으로 갚아야 한다. 눈은 눈으로, 이는 이로, 손은 손으로, 발은 발로, 화상은 화상, 상처는 상처로, 멍은 멍으로 갚아야 한다.'

문장 끝을 잘 보기를 바란다. '갚아야 한다'로 되어 있다. 눈은 눈으로 갚으라고 되어 있다. 앙갚음이 아니라 자기가 가한 해를 같은 것으로 갚으라는 결론이다. 피해자는 자기가 아니라 상대편이고, 자기는 가해자로서 전에 상대에게 해를 가했던 상황에 맞는 말이다. 보복이 아니라 실은 '보상(補償)'의 원리였던 것이다.

번역문 중의 '보상'이라는 말은 히브리어 원문에서 natan(나탄)이다. 이것은 '준다'는 뜻의 동사이며 스스로 자진해서 준다는 능동성을 나타낸다. 할 수 없이 주는 태도와는 성질이 다르다. 하물며 앙갚음이나 보복의 뜻과는 전혀 다르다. 상대방에게 가한 손해나 고통을 그냥 그대로 이쪽에서 받아들여서 보상하는 자세가 그 밑바닥에 있는 것이다.

'눈은 눈으로'라는 구절의 맨 끝에 '……갚아야 한다'는 결말이 붙어 있는데, 이 부분은 일반적인 해석에서는 거의 눈길을 끌지 못했다.

유대교에서는 토라의 중심으로서 이들 한 자, 한 구절을 소중히 취급한다. 유대인이었던 예수 그리스도에게도 이 구절이 중요한 것이었음은 두말할 것도 없다. 말하는 사람의 속뜻을 이해하려면 맨 먼저 '눈은 눈으로'의 뜻을 정확하게 파악할 필요가 있다.

남의 의견에 반대 않는 사람은 유대인이 아니다

탈무드는 랍비들 사이에서 이루어진 여러 가지 논쟁을 모았다. 그곳에 수록된 견해나 해석은 종종 모순되고 일관성이 결여되어 있다. 이것은 유대인이 다양성을 존중하고 개인주의적 성향이 강하다는 것을 나타낸다.

한 인간에게는 하느님이 창조한 전 우주와 마찬가지로 가치가 있다.

한 인간은 소우주이며 우주의 질서, 아름다움, 영광 등을 모두 한몸에 갖추고 있다.

사람은 누구나 다른 사람과 다른 전혀 새로운 존재로 태어난다. 그리고 세계에 어떤 공헌을 할 수 있느냐에 의해서 그 사람의 가치가 결정된다.

일반적으로 사람들은 자신의 평소 생각과 일치하는 책을 읽고 자신의 생각이 옳음을 확인하지만, 유대인은 일부러 자기와 견해를 달리하는 책에 도전한다. 이런 책이 평소 알지 못했던 새로운 세계에 대한 이해를 깊게 하는 데 도움을 준다고 믿기 때문이다.

그들은 '자신'이든 '다른 사람'이든 개인을 소중히 여긴다. 그것은 그들이 자기 의견을 소중히 하기 때문이다. 그렇다고 남의 의견을 듣지 않는 것은 아니다. 상대 의견을 제대로 다 들은 다음 자기 의견을 말하고, 납득이 될 때까지 논쟁한다.

탈무드 중에서 가장 유명한 논쟁은 1세기 팔레스타인에서 랍비 힐렐과 샤마이 사이에서 벌어진 것이다. 두 사람은 저마다 한 파(派)를 이루어 힐렐파와 샤마이파로 알려졌다. 힐렐이 성서를 유연하게 해석하는 것을 주장하는 것과 달리 샤마이는 보수적이었다.

샤마이파와 힐렐파의 논쟁은 3년 동안이나 계속되었다. 그러자 하늘에서 소리가 울렸다.
"양쪽 다 나를 대변하고 있느니라!"
결국 양쪽 다 옳다고 결말이 난 것이다.
이와 같이 유대인은 먼 옛날부터 자유로운 논쟁을 존중해 왔다. 오늘날에도 상대편 의견에 반대하지 않으면 유대인이 아니라고 할 정도이다.
자기 생각을 제대로 갖고 있기 때문에 언제나 반대의견을 말할 수 있고, 또 그러기 위해선 항상 머리를 움직여야 한다. 유대인은 반대의견을 말하기 위해 언제나 생각하고 고민한다.

지혜가 없는 사람에게 운명의 여신은 미소를 보내지 않는다!

우리는 권위 있는 선인(先人)들의 가르침에서 많은 것을 배워야 하지만, 그렇다고 해서 많은 책을 등에 쌓아올린 당나귀가 되어서는 안 된다.

이 말은 지식을 아무리 쌓아도 자기 나름의 발상을 할 수 없으면 아무 의미도 없다는 것을 가르치고 있다.
지혜는 지식보다 중요한 것이다. 지혜를 지니지 않으면 지식을 아무리 쌓아도 올바른 선택을 할 수 없으며, 따라서 아무 의미도 없다.
지식은 시대에 따라 변한다. 그러나 지혜는 몇 세대를 걸쳐서 얻은 체험에서 생겨난 것이기 때문에 지혜를 소중히 하면 인생에서 실패하는 일이 적다. 이처럼 대대로 전해온 민족의 지혜가 유대인을 뒷받침해 왔다. 아무리 많이 쌓은 지식도 지혜로 바꿀 수 없는 한 그 가치는 없다.
성서는 지혜에 대해 다음과 같이 말한다.

집은 지혜에 의해 세워지고 예지에 의해 탄탄하게 된다.
방은 지혜라는 소중한 보물로 채워져야 한다.
지혜가 있는 사람은 힘이 세진다.
학자가 초대되지 않은 식탁은 하느님의 축복을 받을 수 없다.

유대인 사회에서 지혜가 얼마나 존중되었는가를 나타내는 예로 다음과 같은 이야기가 있다. 랍비 솔로몬에 의하면 고대 유대에서는 지혜 있는 사람들 중에서도 특별히 탈무드에 정통한 사람은 세금을 면제받았다. 뿐만 아니라 사회가 도와주어야 할 사람으로 특별히 대우해 주었다. 왜냐하면 지혜 있는 사람은 그 존재만으로 이미 사회에 은혜를 주고 있다고 보았기 때문이다.

또한 유대인 사이에서는 한낱 서민이라도 철저히 공부를 하고 지혜를 얻는다면 현인이 될 수 있다고 생각한다.

탈무드는 '사람은 지혜에 의해 존경받고 친절에 의해 사랑받는다'고 가르치고 있다.

유대인은 세계로 흩어진 뒤 각지에 작은 공동체를 만들어 살아왔다. 이들 공동체는 모두 랍비라는 현자의 지배 아래 있었고, 현자들은 토라나 탈무드의 가르침을 존중했다.

아둔한 자는 태형에 처해져도 곤장을 쳐드는 동안에 전에 맞은 아픔을 잊어버린다.
나귀가 사닥다리를 오를 수 없는 것과 마찬가지로 어리석은 자는 지혜를 얻지 못한다.
현자의 질문은 그 속에 이미 대답을 담고 있다.
당신을 싫어하는 현자를, 당신을 좋아하는 어리석은 자보다 소중히 여겨야 한다.

새로운 것을 창출하는 '머리', 옳은 것을 선택하는 '눈'

하느님은 태초에 단 하나의 인간인 아담을 창조했다. 왜 처음부터 10명, 100명, 1000명의 인간을 창조하지 않았을까? 그것은 한 인간을 죽이면 모든 인류를 죽이는 것과 같다는 것을 가르치기 위해서였다. 그리고 누구나 하느님이 자기를 위해 세계를 창조했다고 믿도록 하기 위해서였다.

사람에게 구비되어 있는 가장 큰 힘은 이와 같은 연상력에 있다. 연상력은 2가지 다른 것을 하나로 결부시킨다. 사람은 때때로 자기도 놀랄 만한 연상을 하는데, 모든 창조적 발상은 이 연상에 의해 생겨난다. 즉, 우리가 배우는 큰 목적 가운데 하나는 이 연상력을 연마하기 위한 것이다.

유대인의 게토나 유대인 마을에서는 모든 사람이 평상시에 다음과 같은 가르침을 배운다.

기도하는 일은 하느님을 자기 속에 영접하기 위해서이다.
기도하는 목적은 하느님과 단둘이 되는 일이다.
하느님에게 기도드리는 것은 하느님에게 탄원하기 위한 것이어서는 안 된다. 하느님의 말씀을 받아들이기 위한 것이다.
사람은 하느님의 부름을 받아 살고 있다는 것을 잊어서는 안 된다. 그러므로 사람을 소홀히 대해서는 안 된다.
사람은 조부모와 손자의 존재를 알고 있는 유일한 생물이다.
사람 주위에는 온갖 동물과 벌레가 살고 있다. 쥐를 노리개로 삼는 고양이, 닭장에 숨어드는 족제비, 시늉을 잘하는 원숭이, 아양을 떨며 꼬리를 흔드는 개, 자기 꼬리를 자랑하는 여우, 거미줄을 치고 먹이를 기다리는 거미……. 이렇게 사람 주위에는 동물과 벌레가 살고 있다. 그러므로 행동할 때는 자기가 동물이나 벌레를 닮지 않았는가를 자문하지 않으면 안 된다.

남들이 당신의 말을 옳다고 인정하면, 당신은 아무것도 배우는 것이 없다. 남들이 당신의 잘못을 지적하면, 새로운 것을 배움으로써 자기를 향상시킬 수 있다.

남의 마음에 상처를 주는 자는 동시에 자기 마음에도 상처를 입는다. 그러므로 남의 마음에 상처를 주는 자는 그 마음이 거칠어진다.

완전히 불운한 사람은 없다. 살아가노라면 행운도 반드시 찾아온다. 인생에서 행운과 불운은 배의 밸러스트(배의 안정을 위해 배 밑에 싣는 모래나 돌)와 같은 것이다.

마음과 몸 어느 쪽이 더 중요할까? 사람의 몸은 작다. 그러나 전세계를 덮을 만큼 큰 마음을 가질 수 있다.

자기 마음 밑바닥까지 알아낼 수 있다면 전 우주의 비밀을 밝혀낸다고 할 수 있다.

하느님은 왜 사람에게 죽음을 주었을까. 만일 사람이 불사신이라면 자기가 하느님이라고 착각할 것이기 때문이다.

살아 있어도 죽은 사람이 있다. 죽었어도 살아 있는 사람이 있다.

인류는 사람을 영원하게 한다.

마지막 격언은 그 사람이 죽었어도 다음 세대가 신념이나 업적을 계승함을 뜻한다.

무엇을 위해서

한 남자가 한눈 팔지 않고 급히 가고 있었다. 랍비가 그 사나이를 불러서 물었다.

"왜 그렇게 급히 서두르고 있습니까?"

"삶을 쫓아가려고 합니다."

"어떻게 그걸 할 수 있습니까?"

랍비는 계속해서 말했다.

"삶을 쫓아가기 위해서 달려가고 있단 말이죠? 그러나 실제 삶은 당신 뒤에 있고 당신을 쫓아오고 있습니다. 그러니까 당신은 가만히 기다리면 되는 겁니다. 그렇게 서두르면 오히려 삶에서 도망치는 게 되지 않겠습니까."

일에 열중한 나머지 본래의 인간다운 생활에서 멀어져 버리는 사람이 많다. 바쁘다는 것은 얼핏 보기에 근면하니까 칭찬해야 할 것 같지만, 사실은 그렇지가 않다.

인간은 때로 일손을 멈추고, '자기가 왜 태어났는가. 어떤 사명을 띠고 있는가. 인생의 목표는 무엇인가' 생각해 볼 필요가 있다. 그러한 근본적인 문제를 생각한다는 것은, 설령 답이 나오지 않는다 하더라도 인간에게 중요한 의미를 준다.

자신을 해방시키는 날이 휴일

창세기에는 신이 6일에 걸쳐서 이 세계를 창조하셨다고 되어 있다.

신은 제7일째에 행하시던 창조행위가 끝났음을 고하셨다. 즉 제7일째에 이르러서야 하던 일을 중단하셨다. 신은 그 7일째를 축복하여 그날을 성스런 날이라고 하셨다. 그것은 그날 신이 행하시던 모든 창조행위를 쉬셨기 때문이다.

우리는 흔히 일주일은 일요일부터 시작된다고 알고 있지만, 그 근본을 찾아보면 안식일에 끝난다고 되어 있다. 그래서 제7일째는 휴일이 되었다. 영어로 말하면 '홀리데이(holiday)'인 것이다. '홀리데이'는 본래 '성스러운 날(holy day)'로 불렸던 것이 짧아진 것이다.

출애굽기에는 '안식일을 기억하고 그날을 성스러운 날로 하라. 그러니 6일 동안에 당신의 모든 일을 끝내지 않으면 안 된다. 제7일째는 당신의 신이신 주님의 안식일이다. 당신은 어떤 일을 해도 안 된다'고 명하고 있다.

유대인은 이 계명을 철저하게 지켜왔고, 이것이 유대인에게 큰 힘이 되었다.

이 안식일(사바트)에 일한다는 것은 유대교의 계율로 엄격하게 금지되고 있다. 안식일의 24시간 동안은 사업 이야기를 해서도 안 되며, 일에 대해서 생각해서도 안 된다. 일에 관한 책을 읽어도 안 되며, 일에 관계되는 계산 따위를 해도 안 된다. 또 요리를 하는 일조차 금지되어 있다. 그래서 금요일날 해가 지기 직전에 만든 요리를 불을 피운 난로 위에 얹어놓는다. 불을 붙이거나 때는 행위조차도 금지되어 있다.

이날에는 교통수단을 이용해서도 안 된다. 친구 집을 찾아갈 때는 걸어서 가야 한다. 하지만 일을 위해서 이 금기사항을 깨뜨리지 않을 수 없는 사람에게는 허락된다.

이날은 신성한 날이다. 그리고 진짜 휴일이다. 여자들은 이날이 시작되기 전에 집안 곳곳을 깨끗이 청소하고, 음식을 준비한다. 안식일이 가까워지면 유대인 가정에는 모두 불이 환하게 밝혀진다. 그리고 금요일 저녁 식사는 일주일 가운데 가장 정성을 들인다.

안식일이 시작되기 전에 먼저 목욕을 하고, 가장 좋은 옷을 입고, 온 가족이 시나고그(예배당)에 간다. 집에 돌아오면, 테이블 위에 촛불이 켜지고 특별히 포도주가 곁들여진다. 남편은 아내의 아름다움을 찬미하는 말을 성서에서 골라 읽는다. 그리고 이튿날부터 시작되는 일주일이 보다 좋은 일주일이 되기를 모두 함께 기도한다. 그런 다음에 온 가족이 함께 안식일을 찬미하는 노래를 부른다.

안식일에는 가족이 일에서 떠나 여러 가지 이야기를 나눈다. 부모는 자녀의 공부를 보아주거나 학교에서 무엇을 어떻게 배우는가에 대해서 자녀에게 묻는다. 부모와 자녀의 대화의 날이기도 하다.

또 안식일에는 친구의 집을 방문한다. 사업 이야기나 일에 관한 이야기를 하지 못하도록 되어 있기 때문에 인생관이나 예술에 대해서 대화를 나눈다. 일로부터 확실히 해방되는 것이다.

탈무드에는 '휴일은 인간에게 주어진 것이지, 인간이 휴일을 준 것이 아니다'라고 씌어 있다. 휴일에도 일에 관해서 고민하는 사람들, 집에까지 일거리를 가지고 가서 그 일에 매달리는 사람들은 불행하다. 또는 휴일에 일하는 날과 마찬가지로 정력적으로 노는 사람도 있다. 그러나 휴일은 쉬는 날이다.

해 저물면서 하루가 시작된다

성서의 창세기는 다음과 같은 말씀으로 시작하고 있다.

태초에 하느님이 하늘과 땅을 창조했다. 땅은 형체가 없어 아무것도 없었다. 어둠이 깊은 물 위에 있고 하느님의 영혼은 물 위에서 움직이고 있었다. 이때 하느님이 '빛이 있어라' 하고 말씀하셨다. 그러자 빛이 나타났다. 하느님께서는 그 빛을 좋다고 보셨다. 그리하여 하느님은 그 빛과 어둠을 구별하셨다. 하느님은 그 빛을 낮이라고 이름짓고 어둠을 밤이라고 불렀다.

이렇게 하여 저녁이 있고 아침이 있었다. 제1일에 이어 하느님은 '창공이여, 물 사이에 있어라. 물과 물 사이에 구별이 있는 것처럼'이라고 말씀하셨다. 이렇게 하여 신은 하늘을 만들고 하늘 아래의 물과 하늘 위의 물을 구별하셨다. 그러자 그대로 되었다. 하느님은 그 창공을 하늘이라 이름지었다. 이렇게 하여 저녁이 있고 아침이 있었다.

이와 같이 하느님이 세계를 창조한 6일간은 꼭 저녁에서 시작하여 아침을 맞이하는 것으로 하루를 끝내고 있다.

탈무드 가운데는 랍비들이 어째서 하루가 일몰부터 시작되는가에 대하여 논쟁을 벌이고 있다. 랍비들의 결론은 밝을 때 시작하여 어두워서 끝내기보다는 어두울 때 시작하여 밝을 때에 끝내는 편이 좋다는 것이었다. 이것은 유대인이 낙관적이라는 사실을 나타내고 있는 것이며 진실로 유대적인 생각이다.
그리하여 유대력에서는 새해가 가을 티슈리(그레고리력의 9~10월)로부터 시작된다.

강철도 속에서는 활동하고 있다

쇳조각을 손에 들었다고 하자. 그것은 딱딱하여 얼핏 보기에 죽은 것으로 생각될지도 모른다. 그러나 쇳조각 내부에서는 미립자가 활발하게 움직이고 있다. 그들 자신의 법칙이 있고, 그것에 따라서 바쁘게 운동하고 있는 것이다.

이 쇳조각을 다른 금덩어리에 대고 세게 눌러보자. 그리고 잠시 뒤에 떼어본다. 물론 외견상 쇳조각은 조금도 달라지지 않았다. 그러나 과학적으로 조사해 보면 확실한 차이가 있다. 금의 미립자가 쇳조각의 미립자 구조 속에 몇 개인가 들어가기 때문이다.

사람과의 만남도 이와 같은 일이라고 볼 수 있다. 당신의 일부분이 상대방 속에 들어가고, 상대방의 일부가 나 자신 속으로 들어온다. 헤어진 뒤 아무런 영향을 받지 않았다고 생각할지도 모른다. 상대방의 얼굴도 이름도 금방 잊어버리는 수가 있다. 그러나 금속이 서로 접촉했던 것처럼 미묘한 변화가 일어난다. 그의 이름이나 얼굴을 잊더라도, 어딘가 당신 속에 그가 남아 있을 것이기 때문이다.

이런 일을 생각해 본다는 것은 두려운 일이다. 당신이 미워하는 인간, 두려워하는 인간, 또는 싫어하는 인간들도 모르는 사이에 당신 속에 파고들어와 버리고 만다. 그러므로 만나는 사람에게 얼마나 시간을 쓸 것인가, 어디까지 말려 들어가야 하는가에 신중을 기하지 않으면 안 된다. 금속과 금속이 영향을 미치는 것처럼, 사람 사이에도 똑같은 일이 일어난다.

사람은 서로 영향을 미친다. 인간은 혼자서 성장할 수도 없으며,

혼자서 타락할 수도 없다. 자신에게 맞는 사람을 찾는다는 것은 인생에서 매우 중요한 일이다.

좋은 사람을 만나면, 그를 모방해야 한다. 모방을 두려워해서는 안 된다. 사람은 누구에게서나 좋은 것을 모방하면서 성장할 수 있다. 훌륭한 예술가나 작가도 처음에는 모두 모방함으로써 자신을 형성해간다. 아무리 다른 사람을 흉내를 내더라도 그 사람이 될 수는 없으므로, 그 위에 서서 뻗어가면 되는 것이다.

모방은 훌륭한 사람을 표본으로 하는 게 좋다. 어차피 인류가 진보한 것은 선인의 업적을 계승해왔기 때문이다. 학습도 바로 모방이다.

인간은 모방할 의사가 있느냐 없느냐에 관계없이, 앞서 금속 이야기처럼 자신도 모르게 영향을 받고 있는 것이다.

그러므로 교제하는 사람들에 대해서는, 특히 젊은 날에는 세심한 주의를 하지 않으면 안 된다.

밀이 익었으면 낫을 들어라

사람이 가장 범하기 쉬운 잘못이 무엇일까? 그 가운데 가장 전형적인 잘못이란 또 무엇일까?

그것은 자신이 무엇인가 좋은 일을 하지 않더라도 누군가 다른 사람이 좋은 일을 해주기 때문에 세상은 잘 돌아간다고 생각하는 것이다. 이것은 비겁한 태도이다. 기생충이 아니고 무엇이란 말인가. 자기가 시작하지 않는 한, 결코 사회가 잘 돌아갈 리 없다.

"좋은 가정을 만들고 싶다. 좋은 지역사회를 만들고 싶다. 좋은 나라를 만들고 싶다……" 이런 말을 들으면 대부분의 사람들이 '물론이죠' 하고 대답할 것이다. 대개는 좋은 가정, 좋은 지역사회, 좋은 나라를 만들기 위해서 어떻게 하면 좋은가를 알고 있다.

그러나 단지 방법만 알고 있는 것으로는 아무런 의미가 없다. 무엇이 좋고, 무엇이 나쁜가를 판단할 수 있는 것만으로는 충분하지 않다. 다른 사람에게 좋은 일을 하라고 권하는 것만으로도 충분하지 않다.

'물론이죠'라고 대답하기 전에 비를 들고 걸레를 들어야 한다. 구슬이 서말이라도 꿰어야 보배가 되는 것이다. 해야 할 일을 알고, 그 일이 옳음을 안 뒤 행동해야 한다. 이런 행동가들에 의해 세상은 멈추지 않고 돌아가는 것이다.

이웃의 아픔을 함께 느낀다

러시아의 삿소프에 살고 있는 랍비가 제자들에게 이런 말을 했다.
"나는 이웃을 사랑한다는 일이 어떤 것인지 마을 사람 두 명이 나누는 이야기를 듣고서야 비로소 알았네. 첫 번째 남자는 '자네는 내 친구이지만 나를 귀중하게 여기는가?' 하고 물었지. 두 번째 남자는 '물론 자네를 귀중하게 여기지'라고 대답했네. 그러자 첫 번째 남자는 '하지만 내가 아픔을 느낄 때 자네는 알 수 있는가?' 하고 물었네. 그러자 두 번째 남자는 '자네가 아픔을 느낄 때 자네가 무엇 때문에 아픈가를 어떻게 안단 말인가?' 하고 되물었지. 그 말에 첫 번째 남자는 '무엇 때문에 내가 아픈가를 모르면서 어떻게 나를 귀중하게 여긴다고 말할 수 있는가?'라고 말하는 것이었네."
랍비는 제자들을 향해서, "이제 알겠나?" 하고 물었다.
"진실로 남을 귀중하게 여긴다는 것은 그 사람이 무엇 때문에 괴로워하고 있는가를 알지 않으면 안 되는 것이네."

부지런한 버릇을

'성공이나 실패도 버릇이다'라는 유대인의 속담이 있다. 여기에는 깊은 뜻이 숨어 있다. 근면과 인생에서의 성공은 안팎의 관계로 맺어져 있다. 부지런해서 성공한 사람은 있어도, 게을러서 성공한 사람은 없을 것이다. 물론 근면만으로는 성공할 수 없다. 그러나 무엇보다도 부지런하다는 것은 성공을 가져오는 기본 조건이다.

근면에는 두 가지가 있다. 외부로부터 강요된 근면과 스스로 실천하는 근면이다.

예전처럼 가난했을 때 사람들이 논밭이나 작업장의 나쁜 노동 조건 밑에서 오랜 시간 기계적으로 일한 것은 먹고 살기 위해서였다. 그렇게 하지 않으면 생계를 이어 나갈 수 없었던 것이다.

월급이나 일당을 받는 사람이 회사에서 시키는 대로 잔업까지 하는 것도 외부로부터 부과된 근면이다. 이런 근면은 외부의 압력이 없어지면 아무것도 남지 않게 된다.

그러나 스스로 부여한 근면은 자신의 것을 낳는다. 한 걸음 한 걸음 자신을 키우는 일이 된다. 그리고 시간이 흐름에 따라 자기를 확립하게 된다. 그러나 의외로 스스로 부과하는 근면도 습성일 때가 많다.

개성은 사람을 끌어들인다

어떤 사람이든 자신을 소중하게 생각해야 된다. 스스로를 귀하게 여길 때에 비로소 개성이라는 것이 태어난다. 그리고 개성을 통하여 세계에 공헌할 수 있다. 개성을 키운다는 것은 인간의 의무라고 할 수 있다.

탈무드는 '만일 모든 사람이 한 방향으로만 향하고 있다면, 세계는 기울어져 버릴 것이다'라고 가르치고 있다. 모든 것이 똑같다면 세계는 중심을 잃고 우왕좌왕할 것이다.

개성이 얼마나 중요한가를 한 가지 쉬운 예를 들어서 생각해 보자. 우리 주변에는 음식점이 많다. 음식점들은 기껏해야 1킬로미터 주위의 손님들을 상대로 하고 있다. 이같은 환경에서는 상권, 즉 장사하는 범위가 너무 좁다. 월급쟁이의 점심 식사를 주로 하는 식당도 상권이 좁아, 거리가 가까워서 오는 손님밖에 없다.

그러나 식당이나 음식점에 특색이 있고, 전문화되어 있을 경우에는 장소에 상관없이 사람들이 모이게 될 것이다. 그런 식으로 상권이 넓어진다.

인간도 마찬가지다. 정말 개성 있는 사람은 자신의 상권이 넓어진다. 그 사람의 개성을 찾아 멀리서부터 사람들이 찾아온다.

3일에 한 번 마시는 술은 황금

탈무드에는 '아침 술은 돌, 낮술은 구리, 저녁술은 은, 3일에 한 번 마시는 술은 황금'이라고 씌어 있다.

유대인은 어릴 적부터 포도주 맛을 알고 있다. 안식일에 술은 빼놓을 수 없는 기쁨의 일부가 되기 때문이다.

성서에도 술의 효용은 여러 번 되풀이해서 나온다. 그리고 성서 가운데 비유의 대상으로 술이 널리 사용되고 있는데, 주로 즐거운 일이나 풍족함을 나타낼 때 쓰이고 있다.

탈무드에서는 적당하게 술을 마시면 머리를 좋게 한다고 가르치고 있다. 동시에 지나치게 마시면 지혜를 잃게 된다고 금하고 있다. 랍비들은 '술은 인간에게 훌륭한 약이며, 술이 있는 곳에는 약이 조금만 있어도 된다'고 말하고 있다.

랍비 이스라엘은 '술은 마음을 열리게 하고 남을 편하게 만든다'고 말하고 있다. 그러나 현자들은 술의 즐거움을 설명하면서 동시에 과음하지 말라고 경고한다.

노아가 포도나무를 심으려고 할 때, 사탄이 찾아와서 물었다.
"무엇을 심고 있습니까?"
"포도나무입니다."

"포도나무라는 것은 어떤 나무인가요?"
"포도는 아주 달고 또 신맛도 알맞게 가지고 있는 과일이지요. 그리고 이것을 발효시키면 인간의 마음을 즐겁게 하는 술이라는 것도 되지요."
"그렇게 좋은 것이라면 나도 좀 거들까요."
노아는 사탄에게 감사했다.
사탄은 양과 사자, 돼지, 원숭이를 죽여 그 피를 밭에 뿌려서 거름을 하였다. 그래서 노아가 술을 마시면 먼저 양처럼 유순해지고, 좀더 마시면 사자처럼 강해지며, 더 마시면 돼지처럼 지저분해지고, 더 마시면 원숭이처럼 시끄럽게 되었다.

신이 가장 의로운 사람이라고 불렀던 노아도 이렇게 되었는데, 보통사람이 마시면 어떻게 될지 짐작할 수 있을 것이다.

잡초나 녹도 쓸모가 있다
어떤 것이든지 쓸모가 있다.
언젠가 한 농부가 뜰의 잡초를 뽑고 있었다. 허리를 굽히고 한참 뽑으니 얼굴에서 땀방울이 뚝뚝 떨어졌다.
"이 잡초가 없으면 뜰이 좀 더 아름다워질 것인데, 어째서 신은 이렇게 쓸모없는 잡초를 만들었단 말인가!"
그는 혼자서 불평을 늘어놓았다.
그러자 이미 뽑힌 잡초가 농부에게 이렇게 대답했다.
"당신이 나를 쓸모없고 귀찮은 존재라고 말하니, 한 마디 하지 않을 수 없소. 당신은 모르고 있지만 우리도 도움이 되고 있소. 우리는 뿌리를 진흙 속에 내림으로써 땅을 갈고 있소. 그러니까 우리를 뽑은 땅은 흙이 잘 갈아져 있을 것이오.
또 비가 내릴 때에는 흙이 물에 씻겨 내려가는 것을 방지하고, 땅이 말랐을 때에는 바람에 흙모래가 날리는 것을 방지하고 있소.

그러므로 우리는 당신의 뜰을 지켜왔다고 할 수 있소. 만일 우리가 없었다면 당신이 꽃을 키우려고 해도 빗물이 흙을 흘려보내고, 바람이 흙을 날려버릴 것이요. 그러니까 꽃이 아름답게 피었을 때는 우리를 생각해주시오."

농부는 잡초의 이 말을 듣고 고개를 끄덕이며 이마의 땀을 닦고 미소지었다. 그는 그 뒤부터는 잡초를 소홀히 할 수가 없었다.

녹 역시 아무 짝에도 쓸모가 없다고 생각할지도 모른다. 그러나 그렇지 않다. 신의 창조행위는 계속해서 진행되고 있고 인간도 이 창조행위에 참가하고 있다.

먼저 창조하기 위해서는 낡은 것을 파괴하지 않으면 안 된다. 녹은 낡은 것을 제거하고, 새로운 것을 준비하는 것이다. 만일 낡은 것을 파괴하지 않으면 세계는 쓸모없는 것으로 가득차게 될 것이다. 인간에게도 녹과 같은 현상을 볼 수 있다. 기억이 희미해지는 것이 그것이다. 우리는 오래전에 행했던 일을 잊을 수 있기 때문에, 모든 과거의 기억을 지니고 있지 않아도 된다. 그러므로 새로운 문제에 대해서 분명하게 생각할 수 있다.

나이를 먹으면 기억력이 나빠진다고 하지만, 신은 나이 많은 사람에게 안락을 주기 위해서 기억을 희미하게 하고, 부드러운 것만 섭취할 수 있도록 치아가 약해지게 했다.

21세기 가장 우수한 이노베이션 유대
컴퓨터·신문·라디오·TV·영화·마이크로프로세서

노이만을 빼고 누가 컴퓨터를 말하는가

컴퓨터는 21세기의 가장 우수한 발명품이라 할 수 있다. 컴퓨터는 1946년에 제1호기 '에니악'이 발명된 순간부터 성능개선과 신형 개발이 숙명으로 정해져 있었다. 에니악은 진공관 1만 8000개로 움직이는 거대한 계산기였다. 기억장치는 10행의 숫자를 20개밖에 기억할 수 없었다. 따라서 기계에 내리는 명령은 프로그램을 바꿀 때마다 직접 키 조작에 의해 내부의 배선을 바꾸어 전달해야 하는, 손이 많이 가는 기계였다.

이 결점을 극복해 컴퓨터 실용화의 길을 연 사람이 J. 노이만(1903~57)이었다. 그는 미국 원자력 위원회의 멤버로 프린스턴 고등연구소의 수학교수였다.

헝가리 부다페스트 태생의 유대인인 그는 1931년에 미국으로 이주했다. 어릴 때부터 탁월한 수학적 재능을 보인 노이만은 특히 양자역학의 수학적 기초 연구로 유명해졌지만, 7개 국어에 능통한 언어학자이기도 했다. 경제학자 모르겐시타인과 공저로 《게임의 이론과 경제행동》이라는 책도 저술했다.

노이만은 프로그램을 기억장치에 내장함으로써 원활하게 기계에 명령을 내릴 수 있는 방법을 제안했다. 그 결과 지금의 컴퓨터가 순서대로 한 개씩 기술된 명령문의 체계(프로그램)를 기억할 수 있게 되었다. 이 방식을 채택한 최초의 컴퓨터는 1949년 영국에서 개발된 '에드삭'이고, 미국에서는 51년의 '에드박'으로 실현되었다.

그후 1960년대 컴퓨터의 작동이 진공관에서 트랜지스터로 바뀜에 따라 컴퓨터의 성능을 향상시키는 개발경쟁에 한층 박차를 가하게 되었다.

1955년, IBM이 컴퓨터 개발에 착수하며 연구개발 부문의 최고책임자로 외부에서 영입한 사람은 임마누엘 피오레였다. 그는 해군연구소의 주임연구원으로 냉전에 대응하기 위한 군사연구 분야에서 활약한 실적을 바탕으로 MIT(매사추세츠 공과대학)의 추천으로 스카우트되었다. 뒤에 그는 유대인으로는 처음으로 IBM의 부장에까지 오른다.

물론 소형 퍼스널 컴퓨터의 프로그램 개발 분야에서도 유대인의 활약은 눈부시다. 《실록! 천재 프로그래머!》라는 책에 소개되어 있는 세계적으로 저명한 프로그래머 19명 중 적어도 다음 7명은 유대인이다.

찰스 시모니······ 멀티플랜의 개발자
단 브리크린······ VisiCalc의 설계자
봅 프랑크스턴······ VisiCalc의 개발자
조나단 삭스······ 로터스 1·2·3의 개발자
피터 로이젠······ T/Maker의 개발자
제프 래스킨······ 매킨토시의 아버지

앤디 헤르츠펠드……매킨토시 OS의 개발자

이 7명 중 시모니를 제외한 6명의 공통점은, 모두 뛰어난 프로그래밍 언어를 개발했고, 그 프로그램을 개발했을 때, 근무하고 있던 회사를 나와 독자적인 생활을 개척했다는 것이다. 같은 천재라도 베이직 언어의 개발자 빌 게이츠가 마이크로소프트사 회장으로 슈퍼 경영자로서의 재능을 발휘하고 있는 것과는 대조적이다. 이것은 자유분방함을 좋아하는 유대인과 지위 확립을 중요시하는 청교도와의 기질 차이에서 오는 것일지 모른다.

컴퓨터 조작에 없어서는 안 될 프로그램 개발은 말하자면 갓난아이에게 말을 가르치는 작업과 비슷하다.

유아에게 어른의 말을 이해시키는 것은 쉬운 일이 아니다. 유아에 대한 애정과 인내심이 필요하기 때문이다. 기계어밖에 이해할 수 없는 컴퓨터에게 인간의 의사를 전달하고 실행시키는 작업, 다시 말해 프로그래밍 언어나 컴파일러의 개발 또한 기계에 대한 애정과 인내심을 필요로 한다.

매킨토시를 낳은 제프 래스킨

컴퓨터라는 말만 들어도 알레르기 반응을 보이는 사람이 있는 것은 한국만의 현상이 아니다. 미국에서도 중장년층의 대부분은 컴퓨터 알레르기가 있다. 컴퓨터는 조작부터 간단치 않다.

사람들이 멀리할 정도로 사용법이 어려워서야, 이건 도구로서 실격이라고 할 수밖에 없다. 그 점에 착안한 사람이 애플사에서 출판 부문 매니저를 하고 있던 제프 래스킨이다.

'세탁기는 빨래를 넣고 버튼 하나만 누르면 다음은 전부 알아서 해준다. 컴퓨터도 똑같이 정보를 넣기만 하면 다음은 버튼 하나로 무엇이든 해 줄 수 있게

되어야 한다. 그것이 도구라는 것이다.'

그는 이 생각을 발전시켜 텍스트(문장)와 그래픽(도형)이 간단하게 믹스되고, 게다가 사용하기도 편리한 컴퓨터 개발을 시작했다. 그것을 실현한 것이 '매킨토시'이다.

래스킨은 1943년 뉴욕에서 태어났다. 다재다능했던 그는 멀티미디어 퍼스널 컴퓨터의 아버지다. 뉴욕주립대학에서 수학, 물리, 철학, 음악을 공부하고, 펜실베이니아 대학에서 컴퓨터 과학을 전공해 학위를 취득했다. 샌디에이고 캘리포니아 대학에서 시각예술을 가르쳤고, 스탠포드 인공지능연구소에서 범용 키보드, 그래픽스 등을 대상으로 한 연구원을 거쳐 78년에 애플사에 들어갔다.

그가 매킨토시 개발을 제안했을 때 애플사의 경영진은 한 목소리로 반대했다. 텍스트와 그래픽을 동일화면에 띄우는 아이디어 자체가 얼토당토않는 소리라는 것이었다.

유대인은 불가능에 도전하는 것을 좋아한다. 영화제작으로 크게 성공한 S. 골드윈은 "불가능이라는 단어 임파서블은 im-possible(불가능)이 아니라 in-possible(가능성 속으로)이다"라고 말했다.

래스킨은 기존의 상식에서 벗어나지 못하는 대기업의 병적 체질에 염증을 느끼고 1982년에 애플사를 퇴직했다.

래스킨은 예술가이지만 사용자를 방관한 비즈니스가 성공할 수 없다는 것을 깊이 깨닫고 있었다. 그의 말에 의하면 컴퓨터 업계가 실적 부진에 빠지는 이유는 단 두 가지다.

"첫 번째 이유는 컴퓨터를 필요로 하는 사람들은 이미 다 구입을 했기 때문에 당분간 신규 수요를 바랄 수 없다는 것. 두 번째 이유는 메이커가 그런 기존 사용자만을 대상으로 판매하기 때문에 기존 사용자는 싫증이 나 더 이상 사지 않는다는 것이다. 하지만 사용자가 정말 사용하기 편리하고, 게다가 응용성이 뛰어난 컴퓨터라면 누구나 살 것이다. 그러니까 단순명쾌하고 사용자의 숙련도에 상관없이 같은 효과를 기대할 수 있는 제품이야말로 항상 시장성을 확보할 수 있는 제품이다."

래스킨의 이 말은 컴퓨터에만 국한되는 것이 아니라 모든 가전제품이나 설비기기에 공통되는 진리다.

자본보다 창조성을

오라클사의 창업자 로렌스 엘리슨은 1944년 시카고의 가난한 유대인 이민가정에서 태어났다. 시카고 대학에서 수학과 물리학을 전공했지만 프랑스어 시험을 치르지 않아 졸업자격을 박탈당하고 대학을 중퇴했다. 그리고 실리콘밸리로 들어가 고생 끝에 프로그래밍 기술을 독학으로 익히고 암탈사에 입사했다. 여기서 IBM의 메인프레임 호환기 제1호의 제작에 참여했다.

그는 1977년에 친구인 봅 마이너와 오라클사를 창립해 범용 컴퓨터 사용자를 위한 RDBMS(리레이셔널 데이터베이스 관리 시스템)을 개발했다.

본디 RDBMS는 IBM의 연구자들이 데이터 관리의 미래상으로 제안한 아이디어였다. 엘리슨은 생각했다.

'언젠가 IBM은 시스템을 개발할 것이다. 그렇다면 IBM보다 한 발 앞서 프로그램을 개발해, 이것을 팔면 업계 표준판을 노릴 수 있지 않을까.'

곧바로 봅 마이너와 협력해 독자의 RDBMS를 완성했다. 그것도 범용기기용 RDBMS에 그치지 않고 유닉스(UNIX)계로 메이커에 상관없이 대형에서 소형 퍼스널 컴퓨터까지 모든 종류의 컴퓨터를 접속할 수 있는 시스템을 만들어냈다.

그 결과, 오라클사는 현재 RDBMS의 미국시장 34%, 전세계 유닉스 시장의 50%라는 점유율을 자랑하며 매상고 12억 달러, 순수익 1억 6900만 달러로 급성장하고 있다.

그러나 엘리슨의 야망은 현재의 RDBMS 판매로 회사를 키우는 것이 아니다. 그는 하루빨리 미국 전역을 쌍방 고속 통신망으로 연결하여 빌 게이츠가 이끄는 마이크로소프트사보다 먼저 초고속정보망으로 압도적인 영역을 구축하려 하고 있다.

지금도 케이블 TV 회사는 수백만 가정에 다수의 방송을 동시에 배급하고 있다. 그래도 배급할 수 있는 방송 수는 자연히 채널수에 의해 제한된다. 그러나 초고속정보망을 사용하면 현재의 한계를 깨는 것은 간단한 일이다.

그것은 1987년에 오라클사의 산하로 들어온 N큐브사의 초병열처리 컴퓨터와 미디어 서버의 조합으로 실현될 수 있다.

이것을 사용해 광케이블로 비디오를 배급하면, 일단 15만 가정에 각각 보고 싶어하는 다른 방송을 동시에 배급할 수 있는 쌍방향 시스템이 실현된다.

이 시스템은 가정용 어댑터에 텔레비전을 연결하는 것만으로 가능하고, 퍼스널 컴퓨터 등 다른 기계는 필요하지 않다. 지금은 억세스코스트가 한 대에 600달러나 하지만, 수년 내에 250달러로까지 내려갈 것이다. 장래에는 미국 전체 가정의 반수가 이 쌍방향 비디오 서비스를 이용하게 될 것으로 내다보고 있다.

이에 대해 라이벌인 빌 게이츠는 그렇게 성급하게 비디오 배급을 위한 멀티미디어 망을 건설할 필요가 없다고 한다. 그것은 퍼스널 컴퓨터 사용자를 대상으로 성장해 온 빌 게이츠의 마이크로소프트사가 범용기기 시장을 기반으로 하는 엘리슨의 오라클사에게 고속정보망 구상이라는 점에서 한 발 늦었기 때문일지 모른다.

이제 가까운 장래에 고속정보망 시스템을 둘러싼 범용기기용 소프트의 패자 엘리슨이 퍼스널 컴퓨터용 소프트의 제왕 빌 게이츠를 제치고 미국 제일의 고소득자로 뛰어오를지 모른다.

하지만 지금 엘리슨의 사업목표는 오락영역에서의 패자가 되는 것이 아니다. 그의 목표는 고대 이집트 시대에 전세계 문헌을 모은 알렉산드리아 도서관처럼, 전세계의 문서와 영상, 음성, 동화상 등 모든 정보를 망라하는 데이터베이스의 구축에 있다. 이름하여 '알렉산드리아 프로젝트'라고 하는 '정보도서관 시스템'이 꿈이다.

탈무드는 '자본이 없는 것은 문제가 아니다. 중요한 것은 창조성이다'라고 가르친다. 자본이 없어도 거대한 부를 쌓는 것은 개인의 창조성에 좌우된다.

신문을 장악한 유대인

저널리즘 세계에서도 유대인의 활약이 두드러진다. 〈뉴욕 타임스〉의 사주인 옥스 찰스버거는 유대인이다. 전세계 보도 관계자의 명예인 퓰리처상은 〈포스트 디스패치〉, 〈뉴욕 월드〉의 유대인 사주 퓰리처를 기념하는 것이다.

제2차 세계대전 전의 독일에서 영향력이 있었던 〈벨리나 게브라트〉는 루돌프 모제스가, 〈프랑크푸르터 차이퉁〉은 레오폴드 존네망이, 발행부수가 60만에 달했던 〈모르겐 포스트〉는 레오폴드 울슈타인이 창간했다. 그들은 모두 유대인이었다.

영국의 세계적 통신사 로이터의 창립자 줄리어스 로이터도 유대인이었다. 〈데일리 익스프레스〉의 창간자 랄프 블루맨필드, 〈데일리 텔레그래프〉의 창간자 레비 반함 등도 보도 관계에서 기억되는 유대인이다.

물론 보도 관계자가 전부 유대인으로 채워진 것은 아니다. 예를 들면 미국 전체의 일간지 1800개 중 유대인이 소유한 신문은 50개에 불과하다. 또 미국 전체의 신문기자 중 유대인이 차지하는 비율은 6퍼센트를 밑돈다. 이 소수파 유대인 중에서 유명한 저널리스트가 이렇게 많이 나온 것은 유대인 기자가 대중의 고른 지지를 받는 기사를 제공하고 있다는 사실을 입증하고 있다.

퓰리처의 센세이셔널리즘

미국의 여론조사에 의하면, 유대인 대통령 후보에게는 표를 주지 않겠다고 대답한 사람이 1937년 46퍼센트에서 1983년 7퍼센트로 격감했다. 또 1940년에는 유대인이 싫다고 대답한 사람이 63퍼센트나 되었지만, 1981년에는 81퍼센트의 미국 시민이 유대인에게 호감을 갖고 있었다.

조지프 퓰리처(1847~1911)는 미국 대통령이 되고 싶었던 이민 1세대 유대인이었다. 그러나 대통령 후보가 되려면 미국 태생의 미국인이어야 했기 때문에 퓰리처에게는 불가능한 일이었다. 그래서 퓰리처는 세간에 자신의 의견을 펼치려 했고, 그 방법이 신문을 소유하고 신문왕국을 건설하는 것이었다.

그는 열 여섯에 단신으로 헝가리에서 이민해 왔다. 남북전쟁에서 북군을 지원하고 신문기자 등을 거쳐, 31살에 경매에 부쳐진 신문사 세인트루이스 디스패치를 샀다. 1878년 이것을 친구가 경영하고 있던 웨스트리히 포스트와 병합해 〈포스트 디스패치〉를 창간했다.

그즈음 신문은 모두 소수 엘리트를 대상으로 한 정치평론이나 과학기사를 주로 다루는 등 일반 대중에게는 재미없는 내용 일색이었기 때문에 부수가 늘어나지 않았다.

퓰리처는 편집방침으로 '민중 이외의 어떠한 것에도 봉사하지 않는다'라는 슬로건을 내걸었다. 이는 링컨의 게티스버그 연설의 유명한 구절 '민중의, 민중에 의한, 민중을 위한 정부'를 더욱 집약한 이념이었다.

그는 깨어 있었다. '아무리 훌륭한 논문을 써도 대중은 읽지 않는다. 대중이 이끌리는 것은 감각적인 기사다.' 센세이셔널리즘을 신문발행의 기본으로 한 점에서, 그는 그때까지의 신문이 가지지 못했던 새로운 시대를 열었다.

그의 신문은 사회의 부패와 정치의 타락을 규탄하고, 지도자의 악덕을 폭로하는 기사로 채워졌다. 사건을 날카롭게 파헤침으로써 대중의 관심도를 높였다. 민중의 정의를 위해 만든 기사는 문장도 드라마틱하여 발행부수가 나날이 늘어났다. 사원의 처우도 좋아 퓰리처의 기자들은 열심히 일했다.

1883년 발행부수 1만 5000부에 불과했던 〈뉴욕 월드〉를 인수한 그는 3년이라는 짧은 기간에 발행부수 25만 부로 미국 제일의 신문으로 키워냈다. 그 성공의 비밀은 그때까지의 상식을 깨고 정치만화, 자극적 그림, 컬러 인쇄 등을 신문에 대담하게 게재한 것이다.

1885년 프랑스에서 자유의 여신상이 도착했을 때, 합중국 정부에는 그 설치비용조차 없었다. 퓰리처는 〈뉴욕 월드〉 독자에게 5센트씩 모금운동을 해서 5개월 만에 목표액 10만 달러를 모으는 개가를 올렸다.

중도주의의 〈뉴욕 타임스〉

경영에서 성공한 퓰리처였지만 사람들은 센세이셔널리즘을 '옐로우 저널리즘'이라 하며 경멸했다. 뿐만 아니라 세간의 사람들은 신문기자를 주정뱅이에 여자를 밝히는 저급한 직업으로까지 인식하고 있었다.

이런 상황에서 신문의 사회적 권위를 확립하는 데 공헌한 이가 아돌프 옥스(1858~1935)이다. 그는 파파리아 출신의 유대 가정에서 태어나 11살 때 테네시 주 녹스빌 마을신문의 급사로 일하고, 열 일곱에 켄터키 주 루이스빌 신문의 식자공이 되었다. 신문사에서 일하며 문장을 익히고, 세련된 기사란 어떤 것인가 하는 감각도 익혔다.

스무 살 때 테네시 주의 쓰러져가는 신문사 〈채터누가 타임스〉를 250달러에 사들인 그는 몇 년 후에 이를 재건한 것은 물론, 〈채터

누가 타임스)를 남부에서 가장 권위 있는 신문으로 끌어올렸다. 그는 퓰리처처럼 대담한 성격이 아니었다. 이런 진지한 태도 때문에 그는 미국의 유대교를 대표하는 혁명파의 수장인 랍비 아이작 와이스의 딸과 결혼할 수 있었다.

1896년, 두 번째로 사들인 신문사는 설립된 지 45년이 되는 명문이지만, 연간 적자 25만 달러, 발행부수가 9000부까지 떨어진 뉴욕 타임스사였다.

옥스는 '진지하게, 간결하고 상식에 입각한 편집을 하고, 아무도 겁내지 않고, 누구의 편에도 서지 않으며, 정당·종파에 상관없이 공평하게 뉴스를 제공하고, 인쇄할 가치가 있는 뉴스만 게재한다'는 방침을 세우고, 신뢰성 높고 온건한 기사로 지면을 구성했다. 그 결과 고정독자가 늘어나 당초 9000부였던 신문을 조간 46만 6000부, 일요판 73만 부의 세계 제일의 신문으로 키웠다.

다만 그는 공평을 취지로 했기 때문에 무슨 일이 있어도 유대인 편을 드는 기사는 피했다. 그 때문에 제2차 세계대전 전 나치 히틀러가 대두하기 시작했을 때, 이미 히틀러가 유대인 학살의 무서운 계획을 진행시키려 한다는 것을 알고 있으면서 이를 공표하지 않았다. 지금 생각해보면 이것은 옥스가 범한 과오, 즉 역차별이었다고 할 수 있을 것이다.

옥스가 죽은 후 뉴욕 타임스사는 그의 사위 아서 H. 슐츠버거에게 상속되어 지금도 슐츠버거 일족이 소유하고 있다.

사물의 핵심을 꿰뚫어 본 리프만

현대적 저널리즘의 확립이라는 점에서 신문과 독자의 관계를 날카로운 눈으로 관찰하고 참다운 저널리즘의 상을 보여준 사람은 월터 리프만(1889~1974)이다.

그는 인간은 자기 마음속에 있는 가치관이나 바람을 통해 사물을 보려 하는 경향이 있다고 지적했다. 그러므로 '신문에 보도된 뉴스와 진실은 동일한 것이 아니라 확실히 구별되어야 하는 것이다'라고 그는 경고한다.

자칫 신문이 세론을 대표하는 '법정'인 것처럼 생각하기 쉽지만, 뉴스 자체가 '편견에 치우친 관찰에 좌우될' 가능성이 있기 때문에 이 법정이 늘 공평하고 옳은 것은 아니다. 오히려 신문은 어둠 속에서 여러 방향으로 비치는 회전식 '서치라이트'에 지나지 않는다. 빛이 닿지 않는 곳의 진실까지 발굴할 수는 없다. 최종적으로는 독자 자신의 판단이 가장 중요하다고 그는 지적했다.

리프만은 유복한 독일계 유대인의 외아들이었다. 하버드 대학 철학과를 최우수 성적으로 졸업했지만, 당시 하버드 대학은 유대인에게 냉담했기 때문에 그는 어떻게든 자신이 유대인이라는 것을 숨기려 했다. 20대 초반에는 사회주의 운동에 공감해 사회당원까지 되었다.

제1차 세계대전 중 정보담당 장교로 육군에 임관되어, 거리를 두고 사물의 배경을 보는 경험을 한 것이 정보에 대한 그의 자세를 냉담하고 객관적으로 만들었다.

그리고 1922년 발표한 《여론(Public Opinion)》으로 일약 언론인으로 각광을 받게 되었다. 그해 그는 〈뉴욕 월드〉의 논설위원으로 영입되었고, 폐간되는 31년까지 논설주간으로 일했다.

리프만은 신문 독자는 대체로 15분 만에 신문을 다 읽기 때문에 간결하고 알기 쉽게, 오해의 소지가 없는 문장을 쓰는 것이 중요하다고 말하고 있다.

서민에게 사랑받는 신문

리프만의 고상함과 대조적으로 실용적 신문으로 대중에게 봉사한 것은 1897년에 유대인 이민자를 위해 뉴욕에서 발행되기 시작한 이디시어(語) 노동신문 〈포워드〉이다.

이것은 리투아니아 출신의 사회주의자 아브라함 칸(1860~1951)이 발행했는데, 그는 1882년에 러시아에서 망명했다. 이 신문은 처음에 유대인 노동운동의 기관지로 발간되었다. 하지만 자본주의에 대한 공격기사만 실으려는 동료들에게 질려 그는 일단 〈포워드〉를 떠났다.

예상대로 그런 이데올로기 논쟁뿐인 신문은 팔리지 않았다. 그래서 칸이 복귀해 연재소설, 스포츠기사, 영어회화 입문, 미국생활 입문 등 생활에 도움이 되는 기사를 중심으로 실었다. 노벨문학상을 수상한 아이작 B. 싱어도 이 신문의 연재소설 작가로 기용되어 세간의 주목을 받게 되었다.

가장 인기가 있었던 것은 독자 상담 코너 '빈텔 브리프'였다. 이것은 칸의 생각으로 시작된 세계 최초의 기획이었다. 저명인사가 아니라 독자가 신문에 자유롭게 투고할 수 있다는 자체가 무엇보다 히트의 큰 원인이었다. 생활상의 어떤 질문이나 고민을 투고해도 좋았다. '빈텔 브리프'란에서는 유대인 이민자의 새로운 생활에 대한 여러 가지 문제가 논의되었다. 포워드사 앞에는 투고를 위한 대서실이 생길 정도였다. 이것이 발단이 되어 그 후 다른 신문에서도 독자상담실이나 가정란을 마련하게 되었다.

'서민의 생활에 감동을 주고 활기찬 기사를 제공하는 것이 최선의 방법이다.' 이것이 칸의 신문철학이었다. 거기에 사람들과의 공감대가 있어 제1차 세계대전 후의 최전성기에는 발생부수가 20만 부에 달했다.

라디오 TV 패권자 사노프

보도의 세계에서 잊어서는 안 되는 것이 라디오와 텔레비전 방송계이다. 사실 미국은 유대인의 독무대에 가깝다. 대조적으로 유럽의 방송계에서는 유대인의 활약이 거의 없다. 이것은 미국의 방송망은 민간기업의 자주적인 투자로 발달했지만 유럽에서는 방송망의 개발이 대부분 국가주도형으로 추진되어 왔던 것에 기인하는 것 같다.

1877년 마이크로폰을 발명한 것은 독일에서 온 유대인 이민자 에밀 베를리나였다. 에디슨이 발명한 레코드를 평판 레코드로 개량한 것도 그의 공헌이다. 이로 인해 빅터 레코드회사가 생겼다. 그후 베를리나는 헬리콥터의 개발에 몰두해 결국 이익식(二翼式) 헬리콥터를 개발했다.

미국의 3대 네트워크──NBC, CBS, ABC──는 모두 창립자가 유대인이다. 특히 NBC(내셔널방송회사)의 창립자 데이비드 사노프(1891~1971)의 등장은 소설을 방불케 하는 드라마틱한 것이었다.

사노프는 러시아의 민스크에서 태어나 1900년에 가족과 함께 미국으로 이주해 왔다. 뉴욕에 도착하자마자 열 살 때 신문팔이 소년이 되었다.

그는 신문을 팔기보다 어떻게든 신문기자가 되고 싶었다. 열다섯에 굳은 결심을 하고 무조건 신문사를 찾아가 취직하고 싶다고 하였고, 주급 5달러에 고용되었다. 하지만 취직된 곳은 전보회사였다. 그는 입구을 잘못 알고 신문사 건물에 있는 전보회사에서 면접을 봐버린 것이다.

그래도 그에게는 큰 기쁨이었다. 급료를 모아 전신기를 사고, 집에서 모스 기호를 열심히 외웠다. 다음해 그는 마르코니 무선회사로 전직해 보스턴 남동쪽에 있는 넌터게이트 섬의 무선기지에 지원해 부무선사로 2년간 실무 경험도 쌓았다.

그러던 1912년 4월 14일, 뉴욕의 워너메이커국(局)에서 야근을 하고 있는데, 갑자기 "뚜 뚜 뚜, 뚜뚜뚜뚜…" 하는 SOS 통신음이 들려왔다. 그것은 2400km나 떨어진 대서양 위에서 신형 호화여객선 타이타닉호가 빙산에 부딪혀 조난당하고 있다는 전파였다.

그후 3일 밤낮을 그는 침몰해 가는 타이타닉호와 교신하며, 구조에 나선 배와도 교신해, 생존자의 이름이나 구조의 진행상황을 쉬지 않고 파악하게 되었다. 당시의 무선전파는 미약했기 때문에 일단 사노프가 수신하기 시작한 것을 도중에 다른 사람과 교체할 수도 없던 것이다. 게다가 사노프는 조난의 정황도 구조의 상황도 모두 파악하고 있었기 때문에 더욱이 도중에 무선 담당을 바꿀 수 없었다.

혼선을 피하기 위해 태프트 대통령은 구조활동이 끝날 때까지 워너국 이외의 모든 무선국을 폐쇄했다. 타이타닉호의 조난으로 1513명이 생명을 잃었지만, 사노프가 구조신호를 알아들었기 때문에 그래도 700여 명의 승객이 구조되었다. 사노프는 일약 미국의 영웅이 되었다.

제1차 세계대전 때문에 마르코니사가 미해군에 접수되고, 전후 그 기술을 계승해 1919년에 RCA(아메리카라디오방송회사)가 발족되었다. 사노프는 이 RCA에 초대 영업부장으로 초빙되었다.

RCA는 라디오 수신기 판매회사로, 모(母)회사인 GE(제너럴일렉트릭사)와 웨스팅하우스가 라디오 제조를, AT&T(미국전화전신회사)가 송신기의 제조판매를 맡고 있었다. 이 무렵부터 미국에서는 소규모의 상업라디오국이 개설되기 시작했다.

라디오 수신기의 보급을 확대하기 위해 사노프는 1921년 여름에 프로복싱 세계 타이틀전을 실황중계해 폭발적인 인기를 끌었다. 야구의 실황중계도 전파에 싣는 등, 그는 여러 가지 오락방송을 기획했고, 라디오수신기의 판매고는 급속도로 올라갔다.

이 성공을 본 모회사인 AT&T는 다음해 자사의 전신망을 사용해 미국 동부에서 중서부에 걸친 광역 방송망을 개시했다. 정보통신의 네트워크 전쟁은 통신기술의 개발과 동시에 시작된 것이다.

사노프는 반 트러스트법 위반의 용의가 농후한 AT&T를 계약위반으로 재판에 회부했다. 1926년, RCA가 승소했다. 뿐만 아니라

AT&A의 네트워크를 인계받아 미국 전 지역에서 수신할 수 있는 라디오 방송망 NBC를 개업하게 되었고, 그는 초대사장에 취임했다.

사노프는 음악방송에도 힘을 기울여 값싼 대중의 오락 수단으로 라디오를 팔았다. 축음기 제조사인 컬럼비아사가 1928년에 페일리의 지휘하에 CBS(컬럼비아방송회사)라는 방송사업을 시작한 것도, 빅터가 29년에 RCA 산하에 들어간 것도 실은 새로운 미디어의 출현에 따른 창조적 파괴현상의 하나였다.

CBS 페일리와 ABC 골든슨

방송의 발달로 대중은 라디오 수신기를 구입했다. 한편, 화장품 제조업체나 식품 제조업체 등은 라디오 방송의 사이사이에 선전을 넣게 되었다. 라디오 방송을 통해 소개되는 상품 선전의 효과는 경이적이었다.

시카고의 시가 제조회사가 그 지방의 작은 라디오국의 권유로 새로나온 시가의 선전을 해보았다. 그 결과 선전을 하기 전에는 하루 40만 개피 생산으로 충분하던 것이 6개월 후에는 매일 100만 개피를 생산하게 되었다. 이것을 본 시가 제조회사 사장의 아들은 1927년에 그 라디오국을 매수하고, 또 그 다음 해에 컬럼비아 레코드사와 동부의 방송망 15개를 45만 달러에 매수해 CBS로 개명했다. 이 시가 제조회사 사장의 아들이 CBS의 초대 사장 윌리엄 페일리(1901~1990)이다.

페일리의 CBS는 번번이 NBC에 대항하며 크게 성장해 갔다. 1926년에 NBC가 할리우드의 RKO를 매수하자 다음해 CBS는 파라마운트와의 제휴를 발표했다. NBC는 26년에 19개국으로 발족하여 46년에는 159개국으로 성장했다. CBS는 27년에 16개국으로 출발해 46년에는 62개국으로 성장했다. 이 두 회사는 전속 탤런트를 두어

오락방송에의 충실을 기했지만 40년대 말에 CBS가 NBC의 탤런트를 데려가 청취율에서도 정상에 올랐다.

1939년의 뉴욕세계박람회 개시에 맞추어 NBC는 재빨리 상업 텔레비전 방송을 개시했다. CBS도 바로 그 뒤를 쫓았다. 그리고 제2차 세계대전 뒤인 1948년경부터 급속히 텔리비전 방송이 확대되면서, 이번에는 컬러텔레비전 방송에서 경쟁했다.

선발 주자는 CBS였지만 CBS의 방식은 컬러 수신기에서만 영상을 볼 수 있었다. 한편 늦게 개발에 성공한 RCA=NBC 방식은 컬러 수신기에서도, 모노크로 수신기에서도 방송을 볼 수 있었기 때문에 결국 RCA=NBC 방식의 승리로 끝났다.

세 번째로 설립된 전국 네트워크 ABC(아메리카방송회사)는 1953년에 파라마운트 극장과 파라마운트의 사장 레오나르드 골든슨이 NBC의 일부를 사들여 할리우드를 본거지로 하는 독립 네트워크로 만든 것이다.

후발주자인 ABC에는 불리한 조건뿐이었다. 유명한 탤런트는 NBC나 CBS에 전속되어 있었기 때문에 그들을 쓸 수 없었다. 광고 스폰서도 중요한 곳은 전부 광고 대리점이 쥐고 있었기 때문에 웬만해서는 ABC로 오지 않았다.

그래서 골든슨은 지혜를 짜냈다. 첫째, 방송 전체를 스폰서에게 판 것을 개정하여 분단위로 잘라 팔기로 했다. 그에 따라 광고 스폰서의 요금 부담이 줄었을 뿐 아니라 황금 시간대를 많은 스폰서가 이용할 수 있게 되었다.

둘째, 스포츠방송에 힘을 실어 개인 탤런트에 의존하지 않고도 시청률을 올리는 방향으로 갔다. 스포츠방송의 시청률을 수위로 끌어올리면 다음에는 인기 드라마를 만들었다. 영화제작의 경험을 살려 《행복한 나날》 등의 명작을 완성했고, 1975년에는 드디어 염원하던 황금 시간대 시청률 1위를 달성했다.

생각해보면 할리우드 영화산업도 원래는 뉴욕에서 유대인이 값싼 오락을 제공한 것에서 발달한 것이다. 그것은 가난한 예술가와 노동자가 희로애락을 나누는 세계이고, 상류 사람들이 경멸한 세계였다.

보도나 미디어의 세계에서는 유대인의 참여가 두드러지지만 유대인이 전략적인 의도를 가지고 거기에 참여한 것은 아니었다. 예전에는 천대받던 그 세계가 유대인에게는 친근한 세계였던 것이다.

그후 반세기가 지나 사회가 변하고, 신문도 텔레비전도 영화도 존경받는 직업이 되었다. 변한 것은 세상이었다. 하지만 뉴스의 공평함과 객관성을 추구하는 유대인의 정신만은 변하지 않는다.

드림웍스—스티븐 스필버그

스필버그는 어렸을 때부터 영화 감독이 되는 꿈을 꿨다. 그는 소년 시절 구식 카메라를 들고 여동생을 주인공으로 아마추어 영화를 만들기 시작했으며, 항상 꿈을 포기하지 않았다.

학생 시절 스필버그의 아버지는 전기 기사였는데, 연달아 규모가 큰 회사에서 관리직을 맡게 되었다. 그 때문에 스필버그에게는 모처럼 친구가 생겼어도 얼마 안 있어 다시 다른 도시로 이사할 수밖에 없는 일들이 반복되었다. 그리고 스필버그가 16살이었을 때, 스필버그의 가족은 샌프란시스코에서 아주 가까운 캘리포니아의 사라토가로 옮겨갔다.

스필버그가 새로 전학간 이 고등학교에서도 유대인이라고는 자기 한 사람 뿐이었다. 유대인은 그 무렵 '이질적'인 존재라는 생각이 지배적이었다. 때문에 동급생들이 왕따를 시키거나 편견을 보이는 것이 낯설지 않았다. 복도에서 지나칠 때 일부러 들으라는 듯이 빈정대는 반유대적인 중상을 받거나 짓궂게 괴롭히는 아이들에게 머리를 분수에 처박히기도 하였으며, 얼굴에 흙을 문질러 발라버리는 경우를 당하기도 했다.

스필버그는 그때 겪은 일들을 이렇게 말했다.

"나를 괴롭히는 상대방을 때릴 수 없다면 차라리 내 편으로 만들기 위해 노력하자."

그즈음 제2차 세계대전에 관한 영화를 만들고 있던 스필버그는 자신을 괴롭힌 상대방 아이에게 '주인공을 해주었으면 좋겠다'며 말을 걸었다.

"나는 카메라 뒤에 있으면 안심이 되었다. 그래서 나를 괴롭히는 그 아이를 카메라 앞으로 끌고 나왔다."

스필버그에게 카메라는 자기를 표현하는 수단이었을 뿐만 아니라 자기를 방어하는 수단이기도 했던 것이다.

스필버그는 고등학교를 졸업한 뒤 캘리포니아의 로스앤젤레스 대학교에 입학하고 싶었다. 그러나 아마추어 영화제작에 열중하고 있던 그는 결국 캘리포니아 주립 롱비치 대학교에 입학하고, 독학으로 영화 3편을 찍었다. 그 영화 중에 하나가 바로 《앰브린》이다.

스필버그와 관련된 유명한 에피소드 가운데 하나는 스필버그가 유니버설 스튜디오 투어(영화 산업을 소개하기 위한 상품)를 이용한 이야기다. 이 투어에서 손님들은 스튜디오 행사장 내부를 순환하는 노면 전차를 타고 스튜디오 안을 빙빙 돌았다. 스필버그는 도중에 전차에서 살짝 내려 투어가 끝날 때까지 음향 스튜디오 뒤에 숨어 있었다.

그리고 여름방학 3개월 동안 스필버그는 매일같이 스튜디오에 다녔다. 경비를 맡고 있는 수위 옆을 통과할 때는 일부러 손까지 흔들면서 인사를 했는데, 수위도 같이 손을 흔들면서 맞장구를 쳐주었다고 한다. 스필버그는 언제나 신사복으로 말쑥하게 차려입고 서류 가방을 들고 있었기 때문에 경비원도 스필버그를 스튜디오에서 여름방학 아르바이트를 하고 있는 청년이라고 생각했던 것이다.

스필버그는 이렇게 스튜디오에 다니면서 감독이나 각본가, 그리고 편집자들과 친해지게 되었다. 그는 사용하지 않는 사무실을 발견하면 빌딩 안내판에 자기 이름을 걸어놓고 그 방을 무단으로 사용하기도 했다.

이런 식으로 다른 사람들에게 외부인이라는 사실을 들키지 않는 동안, 스필버그에게는 아주 좋은 기회가 찾아 왔다. 그때 텔레비전 부문에서 제작부장을 맡고 있던 샤인버그에게 《앰브린》을 보여 주었더니, 감명을 받은 제작부장이 스튜디오와 계약을 맺자며 제의해 온 것이었다.

아직 대학교에 다니는 학생 신분이었던 스필버그는 '자네는 대학을 졸업하고 싶은가 아니면 영화감독이 되고 싶은 건가?' 하는 질문을 받고 일주일 동안 고민했다. 그리고 스필버그는 계약하기로 결정했다.

유니버설에 입사한 스필버그는 3년 동안 텔레비전 프로그램을 기획하고 감독하는 일을 했으나 그의 꿈은 역시 영화에 있었다. 그래서 1974년 《슈거랜드 특급열차(The Sugarland Express)》를 감독하게 되었다. 그러나 완성한 영화는 평론가들에게는 호평을 받았지만 흥행 성적은 안 좋았다.

그뒤 《조스》로 대단한 인기 감독이 되었으며, 《E.T》로 조스가 벌어들인 흥행 수입기록을 갱신했다. 또 《쥬라기 공원》으로 총 8억 5000만 달러라는 이익을 올렸다.

대성공을 이룬 뒤 스필버그는 평소 늘 만들고 싶어했던 영화 제작에 착수했다. 스필버그에게는 몇 년 전부터 구상을 해놓고 아이디어가 생각나면 다시 고치는 식으로 줄곧 구상을 다듬어 온 기획이 있었는데, 바로 《쉰들러 리스트》였다. 어린 시절 유대인이라는 이유만으로 이단 취급을 받고 괴롭힘을 당했던 스필버그는 "나 자신이 유대인이라는 삶을 확인할 수 있는 무언가를 해보고 싶었다. 아이들에게 유대인이 역사상 가장 오래된 부족 가운데 하나였다는 사실을 자랑스럽게 받아들일 수 있도록 해주고 싶었다"고 말했다.

1994년 영화 제작회사(Dream Work SKG)를 설립한 스필버그는 이렇게 말한다.

"꿈을 크게 가지자. 결코 도중에 포기하면 안 된다. 부정적인 사고 방식으로 자기 자신을 별 볼 일 없는 사람으로 만들지 말자. 오늘만 사는 게 아니라 내일을 기대하자. 자신을 성공으로 인도하는 습관을 기르자."

학생시절 스필버그는 괴롭힘을 당했어도 결코 자신이 못났다고는 생각하지 않았다. 그 이유는 카메라를 들고 있는 자신은 자신감에 차 있었으며 신념을 가지고 있었기 때문이었다. 실제로 처음 만든 영화로 거의 흥행 수입을 올리지 못했을 때에도 스필버그는 단념하지 않았다. 또한 사람들이 성공하지 못할 것이라고 예상했던 《쉰들러 리스트》도 신념이 있었기에 영화로 만들 수 있었던 것이다.

인텔-앤드류 그로브

매년 세계적으로 어마어마한 수의 컴퓨터가 생산되고 있다. 이들 컴퓨터 하나하나에는 '작고 얇은 칩(마이크로프로세서=CPU)'이 내장되어 있다. 현재 인텔사는 전세계 CPU 시장의 90%를 점유하고 있으며 97년도에만 매출액 251억 달러를 올린 거대 기업이다.

그러나 불과 30년 전만 해도 인텔사는 직원 20명으로 출발한 작은 회사였다. 그로부터 종업원 3만 명 이상에 이르는 대기업으로 성장시킨 사람이 앤드류 그로브이다.

지금은 이렇게 성공한 그로브도 어린 시절에는 나치 독일의 유대인 박해 때문에 난민 신세가 되어 쓰라린 고통을 겪었다는 사실을 아는 사람은 많지 않을 것이다.

앤드류 그로브는 1936년 헝가리에서 유대인 그로브 집안의 장남으로 태어났다. 제2차 세계대전 중에 아버지가 강제 수용소로 끌려

가자 앤드류와 어머니는 유대인이라는 사실을 숨기고 어쩔 수 없이 시골에서 어렵게 살아야 했다. 그리고 가족이 재회할 수 있었던 것은 7년 뒤의 일이었다.

전쟁이 끝나고 아버지가 무사히 풀려 나오게 되자 온 가족은 부다페스트에서 작은 빵가게를 시작했다. 그러나 또다시 불행이 덮쳐왔다. 그무렵 헝가리는 공산당이 지배하고 있었는데, 그들에 대항하는 반 정부 운동 때문에 혼란스러운 상황이었다. 공산주의자들은 아버지의 빵가게 경영을 자본주의라고 생트집을 부리며 괴롭혔다.

1956년 드디어 구 소련은 헝가리에 전차를 투입하여 폭동을 진압했다(헝가리 혁명). 그무렵 대학생이던 그로브는 대학내 신문기자를 하고 있었는데 항상 위험 속에서 숨을 죽이고 생활하였다. 혁명이 일어난 그 다음 해, 스무살 청년은 입고 있던 옷 그대로 미국으로 도망쳤다.

그로브는 뉴저지에 있는 캠프에서 이민 수속을 마치자마자 뉴욕의 브롱크스에 방을 빌렸다. 꿈과 희망을 안고 미국으로 건너왔지만 주머니에는 겨우 2, 3달러밖에 들어 있지 않은 상태인 데다가 영어도 할 줄 몰랐다.

그는 웨이터 일을 하면서 학비를 벌어 뉴욕시립대학 화학공학 과정에 입학했다. 일을 하면서도 공부는 계속하여 드디어 1등으로 졸업을 하였고, 1963년에는 캘리포니아 버클리 대학에서 화학공학 박사 학위를 취득했다.

얼마 지나지 않아 그로브는 대규모 반도체 제조업체인 페어차일드 컨덕터(Fair Child Conductor)사에 입사하여 연구 개발 부문에서 5년 동안 근무했다. 그러다가 68년에 같은 회사에서 일하던 고든 무어·로버트 노이즈와 함께 인텔사 설립 계획에 참여하게 되었다. 그 후 순조롭게 실적을 쌓아서 79년에 사장이 되었으며, 87년에는 사장 겸 최고 경영 책임자, 이어서 98년에는 회장 겸 최고 경영 책임자로 승진했다.

젊은 시절 가혹한 환경에서 고생한 그로브였지만 '조국을 버렸다'는 쓰라린 체험이 그로브에게 '포기하고 물러나는 일은 있을 수 없다'는 강한 정신력을 갖게 했고, 세계적인 규모를 자랑하는 거대 기업의 최고 경영자가 되게 한 것이다.

그로브는 〈석세스 매거진〉과의 인터뷰에서 이렇게 대답했다.

"하고자 하는 의욕은 업적을 달성했을 때 느끼는 만족감에서 생긴다. 승리를 하고 나면 또다시 고난도의 승리를 목표로 세우려는 자신감이 생겨난다. 업적 하나를 달성하면 그 다음 업적도 달성하게 된다.

이렇게 되기 위해서는 목표에 도달하기까지의 과정을 몇 단계로 나누어서 단계별로 기한을 정한다. 그리고 한 단계를 성공적으로 달성하고 나면 조촐하게라도 축하하는 시간을 갖자."

365일 용기가 필요하다
하루하루 오늘이 그대의 마지막 날이라고 생각하라.

콜리플라워는 자기가 자라는 곳을 온 세계라 생각한다

비행기를 타고 10여 시간이면 미국까지 가는 시대가 되었다 해도, 세상은 역시 넓고 큰 곳이다. 그런데 자기가 살고 있는 곳이나 자기 나라밖에 모르는 사람이 있다. 이런 사람은 자기가 사는 작은 세계가 전부라고 생각하기 쉽고, 그래서 자기의 작은 세계의 습관이나 사물에 대한 관찰력만을 가지고 세상의 일과 크기를 판단해 버린다. 콜리플라워(양배추의 일종)처럼 자기가 뿌리내린 곳을 세상의 전부라고 생각하는 것이다.

영역을 한정시킨 이들에겐 더 넓은 세계로 열릴 가슴이 없다. 그리고 자유 의지도 희박하다.

유대인은 전세계로 흩어져 유랑하였기 때문에 하나의 세계에 매달려 포로가 되는 일이 적었다. 하지만 이 격언처럼 유대세계 역시 콜리플라워가 많이 있었던 것이 사실이다.

콜리플라워로서 안주하는 것도 하나의 인생살이다. 거기에서 벗어나려면 용기가 필요하다. 어쩌면 안주하고 있는 편이 좋을지도 모른다. 그것이 노인의 경우라면…….

길을 열 번 묻는 편이 길을 잃는 것보다 낫다

유대인은 '율법의 민족'이라고도 한다. 율법이란 것은 누구나 납득할 수 있는 인생의 기본적인 원칙이다. 그러나 인간은 기본을 가볍게 여기기 쉽다. 걷는 법, 달리는 법, 먹는 법, 앉는 법에서부터 살아가는 법에 이르기까지 어떻게 하는 것이 더 좋은가는 옛날이나 지금이나 별로 변한 것이 없다.

한 번 일어난 것과 똑같은 일은 다시는 일어나지 않는다고들 자주 말한다. 하지만 인간의 역사는 어느 시대나 변함없이 결국은 같은 일이 형태를 바꾸어 반복되고 있다. 따라서 옛 가르침을 지킨다는 것은 몇천 년에 걸친 인간의 행동을 통계로 잡아, 이런 경우는 이렇게 하는 것이 낫다는 가르침을 지키는 것이라 할 수 있다.

'기본이 얼마나 중요한가'라는 말이 탈무드에 실려 있다.

어느 마을에 영리한 사나이가 있었다. 그는 닭이 알을 품어 부화를 시키는 것처럼 똑같은 온도를 만들어준다면 얼마든지 병아리를 만들어내어 부자가 될 수 있다고 생각했다.

마침내 연구가 완성되자, 그는 그 장치 안에 사가지고 온 갓 낳은 달걀을 넣으려고 하였다. 그러나 실수로 달걀상자를 떨어뜨렸다. 달걀은 떨어뜨리면 안 된다는 기본을 잊어버린 것이다.

소가 아무리 젖을 많이 내놓아도 젖을 짜 담은 양동이를 걷어차면 아무 소용도 없다. 수준 높은 지성에 의해 이루어지는 일도 언제나 기본을 잊으면 안 되는 것이다.

매일 오늘이 당신의 마지막 날이라고 생각하라

인간이 100년을 산다고 해도 단번에 100년을 살 리가 없다.

인간은 누구나 하루하루를 살아간다. 한 시간 한 시간, 일 분, 또

일 분을 살고 있는 것이다. 그러므로 하루하루가 모든 인생이고, 나아가서는 1분, 1초가 전 인생인 것이다.

오늘 하루가 자기에게 주어진 마지막 날이라고 생각한다면, 인간은 그날을 더욱 충실하고 알차게 보내기 위해 힘쓸 것이다. 그리고 오늘이 바로 자신이 태어난 날이라고 생각한다면, 힘차고 신선한 하루를 보내려고 힘쓸 것이다. 당신에게는 지금 이 순간밖에 없다. 한순간 한순간을 살고 있는 것이다.

시간은 여벌이 없다. 그것을 잘 알고 있으면서도 우리는 시간을 헛되이 보낸다. 그러나 만일 시간을 유익하게 쓰지 않으면, 시간이 자신을 처리하게 된다. 시간은 재빠르고 값진 짐승과 같은 것이다. 잘 잡는 사람이 성공한다.

인간이 동물과 다른 점은 인간은 시간을 알고 있고, 그것을 어떻게 쓸 것인가를 미리 계획하는 데 있다. 동물에게는 현재밖에 없다. 그들은 잡는 일밖에 모른다. 그러나 같은 인간이라도 현재만 생각하고 살아가는 인간과, 미래를 생각하며 살아가는 인간 사이에는 큰 차이가 있다.

우리는 때를 한 번밖에 경험하지 못한다. 만일 우리가 인생을 두 번 보낼 수 있다면 사정은 크게 달라질 것이다.

0에서 1까지 거리는 1에서 1000까지 거리보다 길다

인간은 1000을 너무 열심히 바란 나머지 1을 가볍게 여기고 결국은 0밖에 얻지 못하는 경우가 있다.

1000을 가지고 싶으면 1을 소중히 여겨야 된다. 일확천금을 노려서는 안 된다. 1을 만드는 데는 인내가 필요하다. 0으로부터 1을 만들어 그것을 소중히 여긴다면, 1000을 만드는 것은 의외로 쉬운 일이다.

위대한 상인을 보면 모두 0으로부터 1을 만드는 것이 얼마나 소중한가를 잘 알 수 있다. 0에서 1을 만드는 일이 1에서 1000을 만드는 것보다 어렵다는 것을 아는 사람만이 1000에서 1만, 10만, 100만을 만들 수 있다.

너무 걸으면 눈에 나쁘다

'너무 걸으면 눈에 나쁘다'는 말은 사람들이 쉽게 납득하기 어려울지 모른다. 이스라엘은 사막의 나라였기 때문에 너무 오래 바깥에서 걸어 다니면 모래가 눈에 들어갔기 때문에 이런 말이 생겼다.

유대인의 처세술을 압축해 보면 무엇이나 '알맞게 하라'는 것이다. 유대인의 힘은 어디에 있는 것인가?

여기에 대한 대답은 여러 가지가 있다. 그러나 모든 일에 균형잡힌 생활을 하는 것이 그 힘의 원천이라 할 수 있다. 이것이 비결이고 양식이다.

'이상주의자는 장미 냄새를 맡고, 그 향기에 취하여 호박으로 맛있는 수프를 만들 수 있다고 속단하는 사람이다'는 경구가 있다. 이것은 극단적이거나 과격한 행위를 하지 말라는 뜻이다.

인생은 중용이며, 그것이 양식이요 안전이다. 무의미한 모험을 해서는 안 된다. 인간의 현실 세계와 생활은 여러 요소로 이루어지고 있어서 어떤 것에 치우치면 안 된다. 그러므로 장미를 먹고 살아가려는 이상주의자는 웃음거리가 된다.

행운에 의존 말고 행운에 협력하라

전세계를 유랑한 유대인만큼 행운을 갈망한 사람들은 없을 것이다.

한 곳에 오래 정주하여 확고한 사회를 이루고 있는 사람들은 그다지 행운을 필요로 하지 않는다. 그러나 압박을 당하고 차별을 받으며, 가난하기 때문에 일정한 직업을 갖지 못한 유대인은 행운을 동경하였다. 그러나 행운은 나비 같은 것이다. 산들거리며 눈앞을 날

아다니는 나비 같은 행운을 붙잡지 못하면 아무 의미도 없다.

그저 나비가 날아오기만 기다리고 있어서는 안 된다. 행운은 모든 사람에게 찾아오지만 저절로 손안에 들어오지는 않기 때문에 행운을 자기 것으로 만들려면 역시 노력이 필요하다. 행운이 찾아오는 것을 알아내는 것도 훈련이 필요하다.

착한 일의 최대 보수는 또 하나의 선행을 할 수 있는 것

악을 두려워하는 사람이라도 한 번 잘못을 저지르고 나면 두 번째부터는 나쁜 짓을 하기가 쉬워진다. 그래서 그 뒤에는 너무 쉽게 악의 포로가 되어 나쁜 길로 빠지고 만다. 인간은 어떤 상황이든지 쉽게 적응할 수 있는 것이다.

잠시 만나지 않은 동안에 너무나 변해버린 사람이 있다.

"야, 자네가?"

"그 사람이 설마……"

"너무나 변해 버렸어!"

우리는 이와 같은 대화를 일상생활에서 종종 듣는다.

그리고 사람들은 악에 대하여 두려움을 가지고 있는 것과 같이 선에 대해서도 두려움을 품고 있다.

'착한 일은 어려운 것이 아닌가. 나와는 인연이 없는 것이 아닌가. 나 같은 사람이 할 수 있을까…….' 사람들은 그런 생각을 하면서 꽁무니를 뺀다.

그러나 착한 일도 하고 나면 간단한 것이다. 그리고 두 번째로 선을 행하는 것은 더욱 손쉬운 일이다. 이제부터 한번 해보면 어떨까?

좋은 짓보다 나쁜 짓이 더 빨리 소문난다

랍비는 제자로부터 이런 질문을 받았다.

"어째서 경건한 사람이 주위 사람에게 옳은 일을 하도록 강력히 권하지 않는 것입니까?"
랍비는 반문하였다.
"우리는 항상 좋은 일을 하고, 옳게 살도록 사람들에게 권하고 있지 않소?"
제자가 말했다.
"그러나 악한 자가 사람들을 나쁜 길로 유혹하는 힘이 훨씬 강하고, 또 사람을 나쁜 데로 유혹하여 끌어들이는 못된 무리가 우리보다도 더 열을 올리고 있습니다."
그러자 랍비는 이렇게 대답했다.
"옳은 일을 하는 사람은 혼자 걷는 것을 두려워하지 않소. 그러나 나쁜 짓을 하는 사람은 혼자 걷는 것을 무서워하기 마련이오."

악인은 눈을 보면 알 수 있다.

악인은 남 앞에서 처음에는 아름다운 세계를 그려낸다. 그것은 새하얀 눈에 덮인 광경이 눈앞에 펼쳐진 것과 비슷하다.

그러나 현실이라는 태양이 비치면 눈은 녹아 없어지고 일대가 진창으로 변해 보기 싫은 세계가 펼쳐진다. 악인이 아름다운 세계를 눈앞에 펼쳐 보인다고 해서 속아서는 안 된다. 다음날 눈을 떠 보면 진창 세계가 되어 있을지도 모르니까.

고대에 살았던 랍비 리치나는 이렇게 말했다.

"나는 자기 일을 눈처럼 깨끗하다고 하는 사람을 좋아하지 않는다. 눈은 곧 녹아서 진창으로 변하기 때문이다."

위대한 학자도 상인은 될 수 없다

이것은 한 가지에 뛰어나다고 해서 다른 것도 뛰어나다고 할 수는 없다는 뜻이다.

이를테면 탈무드 전체를 통해서 가장 현명하다고 정평 난 랍비라도 열쇠를 넣어둔 곳을 잊을 수가 있다. 그리고 전세계에서 가장 큰 부자가 된 대상인이라도 학문 쪽은 전혀 모르는 경우도 있다.

이와 같이 인간에게는 모두 한계가 있다. 한 분야에서 정상에 이르렀다고 다른 것도 그렇게 된다고는 할 수 없다. 하나의 뛰어난 전문성을 가졌다고 해도 그 전문분야 이외의 의견을 물어보면 전혀 모르고 있는 경우가 많다.

그러므로 한 가지 일에 아무리 뛰어난 사람이라고 해도 자만심을 가져서는 안 된다.

아무리 훌륭한 쇠사슬이라도
고리 하나만 끊어지면 쓸모없게 된다

이것은 유대인에게 가장 중요한 속담이다.

유대인은 성서의 가르침을 수천 년 동안 꾸준히 지켜왔다. 그래서 오늘날도 수천 년 전과 같은 유대인이다. 만일 유대인이 유대인이라는 것을 포기한다면 이 쇠사슬이 아무리 훌륭하다고 하더라도 이미 쇠사슬로서는 쓸모없이 되어버린다.

또 하나의 의미는 유대인은 모두 한 가족이며 전세계에 흩어져 있어도 대가족으로 단결하고 있다는 것이다. 이것도 유대인의 크고 훌륭한 쇠사슬로 간주된다. 만약 한 유대인이 유대인임을 포기하여 고리 하나가 끊어진다면, 이미 유대인 대가족은 성립될 수 없다.

그래서 유대인은 어려서부터 이 속담을 배우면서 커간다.

열쇠는 정직한 사람을 위해서만 존재한다

집을 비울 때 문에 자물쇠를 채우는 것은 어째서인가? 이것은 정직한 사람이 안으로 들어가지 않도록 하기 위해서이다.

왜냐하면 악인이 그 집 안으로 들어가 물건을 훔치려고 한다면,

자물쇠가 채워져 있거나 말거나 어차피 들어가고야 말 것이다. 그러나 만일 문이 열려 있으면 정직한 사람이라도 들어가 보고 싶은 유혹을 받을지도 모른다.

그래서 우리가 집을 비울 때나 혹은 차에서 내릴 때에 자물쇠를 채우는 것은 정직한 사람을 유혹하지 않도록 하기 위해서다.

우리는 남을 유혹하면 안 된다. 유혹하지 않기 위해서는 자물쇠를 채울 필요가 있다.

성공의 절반은 인내이다

유대인은 이 말을 할 때, 이런 생각을 한다.

'과연 성공하기 위해서는 인내가 필요하지만, 동시에 인내만으로는 성공할 수 없다는 것을 가르치고 있다.'

유대인은 지적으로는 솔직하지 않다. 그들은 언제나 호기심에 불타고 있으므로 사물을 여러 각도에서 보려고 한다.

유대인은 질문을 많이 한다. 그래서 이런 조크가 있을 정도다.

"유대인은 어째서 그렇게 질문을 많이 하는 거지?"

"어째서 질문을 많이 하면 안 된다는 거지?"

실제로 유대인에게 질문을 던지면 질문으로 되돌아오는 경우가 많다. 끈기 있게 많은 질문을 하지 않으면 성공할 수 없다.

성공의 문을 열려면 밀든가 당기는 수밖에 없다

빌딩의 문이 자동이 아닐 경우 밀든가 당기라는 표시가 있는데, 성공의 문도 그냥 앞에 서 있다고 해서 자동으로 열리지는 않는다. 인간이 성공의 문을 열기 위해서는 스스로 밀거나 당기지 않으면 안 된다.

현명한 사람과 어리석은 사람

현명한 사람과 어리석은 사람의 7가지 특징이 있다.

1. 현명한 사람은 자기보다 지혜로운 사람 앞에서는 말하지 않는다.
2. 현명한 사람은 다른 사람이 이야기하고 있는 동안에는 그의 말을 가로채 끼어 들지 않는다.
3. 현명한 사람은 다른 사람의 말에 귀를 기울여 한 마디도 흘려보내지 않는다.
4. 현명한 사람은 적절한 질문을 하고 적절한 대답을 한다.
5. 현명한 사람은 조리 있게 말한다.
6. 현명한 사람은 자기가 알지 못하는 문제에 대해서는 '저는 그것에 대해서는 아는 바가 없습니다'라고 말한다.
7. 현명한 사람은 자기와 반대 입장에 서 있는 사람이 말하는 것이 진리라고 인정되면 주저하지 않고 그의 말을 인정한다.

어리석은 사람은 현명한 사람의 이런 특징과 반대되는 특징을 가진 사람이다.

세계 최고두뇌 최대부호 성공집단 탄생시키는 유대
솔로몬 탈무드

6

유대정신 어떻게 솟아나나

유대의 힘

"돈도 신이 창조한 것임에 틀림없지만, 다만 충분히 만들지 않았던 것이 문제다." - 하인리히 하이네

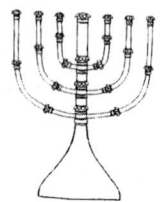

질문하라. 그래야 배운다

이 말에 유대인 삶의 철학이 녹아 있다. 성공하려는 사람은 얼마나 진지하고 끈질기게 기초를 단련하느냐에 그 성공여부가 달려 있다. 그 전념하는 정도가 앞으로의 발전과 깊이 연관된다. 기초가 되어 있지 않고도 성공한 예는 없다.

그러나 아무리 재능이 있다고 해도 자기 만족만으로는 그 재능을 살릴 수 없다. 사람들로부터 폭넓은 공명과 공감, 비평을 받아야만 재능을 꽃피울 수 있다.

적극적으로 배워야 한다. 유대인에게 배운다는 것은 무조건 지식을 주입하는 것만은 아니다. School(학교)은 그리스어의 schole(한가함)에서 온 말이다. 여유를 갖고 배운 사항만이 피가 되고 살이 된다.

망설이지 않고 질문해야 확실히 배울 수 있다. 어설프게 폼을 잡고 질문을 하려 하기 때문에 질문을 할 수 없는 것이다. 앎을 위하여 두려움 없이 질문을 하는 것이 배우기 위한 첫 번째 조건이다.

유대인의 성공은 '탈무드 교실'에서

탈무드에서 볼 수 있는 치밀한 발상은 비즈니스 세계에서도 큰 힘을 발휘한다.

그 옛날 영국의 웰링턴 공작이 "워털루 전투는 이튼교의 교정에서 이겼다"고 말한 유명한 일화가 있는데, 거기에 비유하면, 유대 상인의 성공은 탈무드 교실에서 시작되었다고 할 수 있을 것이다.

웰링턴은 워털루에서 영국군을 이끌고 나폴레옹을 격파했다. 그것은 영국군 사관들이 영국의 명문고등학교 이튼교에서 익힌 용기와 냉철함, 관찰력, 협상력 등을 실전에서 살렸기 때문이라는 뜻이다.

마찬가지로 유대인이 성경을 다양한 각도에서 분석 연구하고, 특히 논쟁을 좋아했던 것은, 모든 분야에서 그들에게 커다란 성과를 가져다주었다. 그들이 지혜를 중시하는 민족이었던 것이, 비즈니스 세계에서 성공할 확률을 높이고 실패할 확률을 낮게 하는 데 도움이 된 것이다.

탈무드에는 비즈니스 세계의 다양한 계율이 실려 있다. 몇 가지 예를 들어보자.

상인은 싸게 살 수 있는 모든 상품을 사서 적은 이문을 남기고 가능한 한 빨리 팔아야 한다.

가능한 한 물처럼 유연하게 대응하라.

상인은 될 수 있는 한 입을 다물고 있는 것이 좋다. 사람들에게 현명하게 보이기보다 어리석게 보여야 한다.

또 장사를 너무 크게 벌이는 것을 경계하는 말이 있다.

하나의 뜰을 잘 손질하는 것이 많은 뜰을 소유하면서 방치해 두는 것보다 낫다. 하나의 뜰을 가진 자는 새를 먹을 수 있지만, 많은 뜰을 가진 자는 새에게 먹히고 만다.

아무리 현명한 자라도, 너무 많은 다른 일에 관계하면 머리가 혼란스러워진다.

탈무드는 이 지상에 신의 나라가 실현될 때, 모든 사람은 세 가지 질문을 받게 될 거라고 했다. "정직하게 장사했는가? 매일 시간을 정해놓고 공부했는가? 결혼하여 가정을 이루었는가?" 유대교의 신앙에 의하면, 지상에 '신의 나라'가 세워지면 죽은 사람도 모두 소생하게 되어 있다.

성서와 탈무드에는 장사를 할 때 사람을 속여서는 안 된다는 경고가 많다. 이것은 당시 유대인 사이에 악덕상인이 드물지 않았음을 간접적으로 보여준다. 당시 대부분의 유대인은 게토에 갇혀 생계 수단을 빼앗기는 혹독한 상황에 놓여 있었다. 그러므로 악덕상인이 되는 것은 어쩌면 살아남기 위해서 어쩔 수 없는 선택이었을지도 모른다.

장사에 대한 계율 몇 가지를 더 들어보자.

자와 저울과 분량에 어떠한 부정도 있어서는 안 된다. 바른 저울, 정확한 추를 사용해야 한다.

이웃에게 땅을 팔거나 이웃으로부터 땅을 살 때는 서로 손해가 되지 않도록 하라.

푼돈을 소중히 하고 계산을 틀리지 않는 자는 큰돈에 대해서도 신뢰할 수 있다.

마지막 심판 때 맨 먼저 묻는 것은 '정직했는가?' 이다.

자신이 파는 상품에 결함이 있으면 손님에게 설명해야 한다.

쓸데없는 '금욕'은 금물

유대교가 금욕적이지 않은 것도 뛰어난 상인을 낳는 요인이 되었다. 탈무드는 금전욕을 금하지 않는다. '식사를 하는 것은 웃기 위한 것. 포도주는 인생을 즐겁게 한다. 금전은 모든 필요를 해결해

준다'고 하는 말은 참으로 유대인답다.

그리스도교인과 마찬가지로 한국과 일본에서도 유교의 영향으로 돈은 더러운 것으로 간주되었다. 금전이나 성에 대해서 갖는 이런 태도는 조금은 위선적인 것이었다.

돈 자체는 더러운 것일 수가 없다. 랍비들은 돈과 성에 대한 사람들의 사고방식이 더러울 뿐이라고 생각했다.

상인은 돈의 세계에 살고 있다. 그래서 성공하면 할수록 선망의 대상이 되기 쉽다. 19세기 독일 최고의 시인 하인리히 하이네는 독일의 뒤셀도르프에서 태어난 유대인이었다. 시 이외에도 뛰어난 평론을 많이 남긴 그는 '돈도 신이 창조한 것임에 틀림없지만, 다만 충분히 만들지 않았던 것이 문제다'라고 했다.

젊은이부터 말하게 하라

유대인의 윤리적 능력은 단순히 탈무드를 배운다는 지적 호기심만이 아니라 생존을 위한 중요한 수단이었다.

유대인 두 사람이 모이면 의견 세 가지가 나오고, 세 사람이 모이면 의견 다섯 가지, 아니 일곱 가지가 된다고 하는 까닭이 여기에 있다. 그들은 자신들이 발언을 하면서도 머릿속 어딘가에선 다른 가능성을 찾고 있다. 이러한 사고 유형은 유대인 모두에게 공통적으로 나타난다.

유대인이 활발하게 의견을 펼칠 수 있는 것은 우선 유대인 사회가 원칙적으로 젊은이부터 발언하게 하는 구조로 되어 있기 때문이다. 그 원형은 산헤드린(고대 유대의 대법원)으로 거슬러 올라간다. 탈무드는 '산헤드린에서 사건 심리에 임할 때 젊은 법관부터 순서대로 발언해야 한다'고 명하고 있다.

젊은이가 미숙하다고 선배나 장로 앞에서 사양한다든가 송구스러워할 필요는 없다. 젊기 때문에 새로운 아이디어나 새로운 방법으로 접근할 수 있는 것이다.

그러나 기존의 것에 대한 양보나 배려가 없다는 것이 선배나 주위 사람들의 인격을 무시해도 된다는 의미는 아니다. 탈무드에서는 '어떤 사람에 대해서도 경멸해선 안 된다'고 말한다. 누구도 개인의 인격적 존엄과 존재의의를 박탈하거나 침해해선 안 된다. 유대교에서 신은 악인의 죽음조차도 슬퍼한다고 했다. 악인이라고 해도 그 인격을 경멸해선 안 된다. 악인은 나쁜 짓에 대한 책임을 질 뿐이다. 책임을 지는 행위는 존경하는 마음의 한 표현이다. 남을 존경하고 남의 존재를 존중해야만 자유롭게 경쟁할 수 있는 것이다.

여러 가지 일을 하다보면 점차 남의 영역과 접하는 경우도 생기게 된다. 그럴 경우 남의 분야를 침해하는 일이 있다고 해도 그것은 상대가 시장관리를 소홀히 한 결과이지 이쪽 책임은 아니다.

창조가 파괴를 하는 것이 아니다. 파괴는 스스로의 부주의가 가져오는 결과이며, 계속 창조하는 자에게 파괴란 없다.

'탈무드적 발상'이란?

18세기에 들어 유대인이 해방되자, 그때까지 축적된 힘이 둑이 터진 듯 한꺼번에 폭발하기 시작했다. 유대인들은 새로운 분야에 대담하게 진출했다.

그들은 대량판매와 염가판매를 고안한 근대적 유통업의 선구자이다. 오늘날 한 건물 안에서 여러 가지 다양한 상품을 판매하는 백화점을 최초로 시작한 것도 유대인이었다. 유대 상인은 질이 조금 떨어지더라도 많은 사람들이 대량으로 살 수 있는 상품을 만들어 팔았다. 이것은 오늘날에는 당연한 것이지만, 그 무렵 그리스도교 사회에서는 생각할 수도 없는 발상이었다.

그때까지 서양에서는 구두는 구둣가게, 냄비는 철물점 식으로 전문점을 운영하는 방식이었다. 그러나 유대인은 기존의 상업세계에서 배제되고 있었기 때문에 그리스도교도처럼 전문점을 열 수 없었다.

이 약점을 역이용하여 그들이 고안한 것이 바로 백화점이라는 개념이었다.

백화점에서는 그때까지 행했던 것처럼 처음에는 정육점에 갔다가 다음에 양복점에 가는 식으로 여러 군데의 가게를 돌아다닐 필요없이 한 가게에서 사고 싶은 물건을 모두 살 수 있다. 또 상품을 대량으로 구입할 수 있어서 그만큼 단가를 낮출 수도 있다.

이 백화점이라는 개념은 전문점 제도의 틀에서 소외당했던 유대 상인이 어떻게든 장사를 해보기 위해 고안한 아이디어였다.

유대인은 줄곧 박해를 받아옴으로써, 뜻밖에도 이렇게 여러 분야에서 개척자 역할을 하는 일이 많았다.

상품을 광고하는 것도 유대인이 시작한 것이다. 18세기 유럽에서는 프랑스를 비롯하여 쇼윈도를 설치하고 광고지를 나눠주며 상품을 선전하는 것을 금지한 나라가 많았다. 광고와 선전을 부도덕한 것으로 보았기 때문이다.

그래서 유대인은 중세의 봉건경제를 타파하고 근대 자본주의를 불러오는 데 커다란 역할을 할 수 있었다. 유대인은 게토에 살고 있는 동안 뭐든지 하지 않을 수 없었기 때문에, 새로운 기획을 하는 데 뛰어났다. 고객의 요구를 가장 우선하는 사고방식은 유대인이 처음으로 고안한 것이다.

유대인은 어릴 때부터 탈무드적인 독특한 발상법을 단련해왔다. 그리고 전세계로 흩어진 뒤부터는 자신이 몸담고 있는 나라의 전통과 사회적 제약에 속박되지 않고, 자유로운 발상을 할 수 있었다.

계약의 민족

유대인들을 '계약의 민족'이라고 한다. 그들 신앙의 원천인 구약성서는 '신과 유대인과의 계약서'이다.

성서의 무대가 되는 유프라테스강과 티그리스강 유역의 '비옥한 초승달 지대'에서는 5000년 전부터 수학·의학·철학 등이 발달하고 상업활동도 활발하게 이루어졌다. 점토판에 새겨진 세계 최초의 상거래 계약서도 이 지방에서 발견되었다.

여러 민족이 뒤섞여 찬란한 문화를 꽃피웠던 이 지역에서 일찍부터 계약이 이루어진 것은 당연한 일이었다. 특히 반쯤 유목생활을 하면서 유랑하는 유대민족으로서는 토착민과 정확한 계약을 맺지 않으면 안심하고 살 수가 없었다. 다른 데로 이동할 때마다 주거지역, 우물 사용, 부족간의 다툼 처리 등에 대하여 상세한 계약이 이루어졌다.

유대인이 얼마나 교섭과 계약에 능숙한가는 성서 속에 계약에 관한 이야기가 많은 것으로도 알 수 있다.

어느 날 신은 인간들이 신을 배신한 벌로 큰 비를 내려 멸망시키기로 했다. 다만 노아와 그 가족만은 새로운 인간의 선조로 살려 두기로 했다. 노아는 거대한 방주를 만들어 모든 짐승들을 한 쌍씩 태웠다.

장마가 40일간이나 계속되었고, 육지는 물에 잠겼으나 노아와 그 일족만은 살아남았다. 물이 빠진 뒤 노아는 제단을 쌓고 공물을 바쳐 신에게 감사를 드렸다. 야훼는 이것을 받아들여 이후 다시는 생물을 멸종시키는 일은 하지 않겠다고 약속했다. 그 계약의 표시로 신은 하늘과 땅 사이에 무지개를 걸었다.

"내가 구름 사이에 무지개를 둘 터이니, 이것이 나와 땅 사이에 세워진 계약의 표가 될 것이다."(창세기 9장 13절)

이렇게 해서 신과 인간 사이에 화해의 계약이 맺어졌다. 신이 하늘과 땅 사이에 걸어둔 무지개는 그 계약의 표시였다. 인간은 신의 가르침을 따르기로 하고, 그 대가로 신은 인간에게 행복을 보장한 것이다.

이처럼 유대인들에게는 신과 인간 사이조차도 하나의 계약 관계였다. 계약이란 권리와 의무를 주고받는 관계다. 이것은 의리나 인정의 세계와는 다르다. 유대민족은 까마득한 옛날부터 이것을 깨달은 합리주의자들이었다.

신과의 흥정

계약을 맺기 위해서는 먼저 흥정을 해야 한다. 노아의 10대 자손이며 유대민족의 신앙의 아버지로 추앙받는 아브라함은 놀랍게도 신을 상대로 수차례 교섭을 해서 계약을 맺었다. 신이 그를 유대민족의 지도자로 선택해 그의 이름을 아브람에서, 많은 백성의 아버지라는 뜻을 가진 아브라함으로 바꾸었을 때의 상황을 성서는 이렇게 적고 있다.

"내가 너와 계약을 맺는다. 너는 많은 민족의 조상이 되리라. 내가 너를 많은 민족의 조상으로 삼으리니, 네 이름은 이제 아브람이 아니라 아브라함이라 불리리라. 나는 너에게서 많은 자손이 태어나 큰 민족을 이루게 하고 왕손도 너에게서 나오게 하리라."(창세기 17장 4~7절)

아브라함은 신과 계약을 맺을 때, 그 표시로 3년 된 암염소, 수양, 산비둘기, 집비둘기를 한 마리씩 두 동강으로 갈라 제물로 바쳤다. 동물을 죽여 제물로 바치는 의식은, 자기가 그 계약을 어겼을 경우에는 그렇게 찢겨도 좋다는 뜻을 가지고 있다.

이렇게 해서 신과 아브라함 사이에 전면적인 계약이 이루어졌다.

그런데 세월이 한참 흐른 어느 날, 신은 소돔과 고모라에 사는 인간들이 자신과의 계약을 어기고 타락하고 있음을 보고 크게 노하여, 이들을 멸망시키겠다고 하였다. 인간들이 신과의 계약을 어긴 벌이었다.

아브라함은 신 앞에 겸허하게 엎드려 청원했다.

"저 도시 안에 죄없는 사람이 50명이 있다면 그래도 그곳을 쓸어 버리시렵니까? 죄없는 사람 50명을 보시고 용서해 주시지 않으시렵니까?"

그래서 신은 조금 양보하여, 만약 소돔에 착한 자들이 50명만 있어도 소돔을 멸하지 않겠다고 약속하였다.

성서는 이러한 신과의 흥정을 생생하게 전하고 있다. 하지만 아브라함의 노력도 헛되어 소돔과 고모라에는 착한 자가 10명도 되지 않았다. 결국 신은 하늘에서 불과 유황을 내려 소돔과 고모라를 멸하였다. 사람들은 신과의 계약을 위반한 책임을 문책당한 것이었다.

신과 몇 번이고 계약을 다시 맺으면서도 유대인들은 그 계약을 되풀이해서 어겼고, 신은 그때마다 엄한 벌을 내렸다.

성서에 나오는 '아멘'은 결정한 것을 다시 한 번 확인한다는 뜻이다. 즉 계약한 것을 확인하고, 그것에 대하여 의무를 진다는 뜻이 들어 있다.

유대인들은 어려서부터 성서를 공부하고 그 말씀을 지키며 산다. 한번 계약한 것은 꼭 지켜야 한다는 것을 그 누구보다도 철저히 교육받고 행하는 것이다.

그래서 유대인 사업가들은 계약을 엄격히 지키며, 상대방에 대해서도 그만큼 엄격히 지킬 것을 요구한다. 따라서 유대인과의 계약은 안전하지만, 다른 민족이 보기에는 완고하고 융통성이 없어 보일 정도다.

다른 사정이 생겼다면 다소 융통성 있게 대할 만도 한데, 유대인들의 경우에는 그것이 통하지 않는다. 그들은 융통성이 지나쳐도 실패한다고 생각한다.

성서에 의하면 신과의 계약을 철저하게 지키지 않으면 당장 엄벌이 내려졌다. 목숨까지 잃는 일도 많았다. 하지만 그들은 착실하게 지키기만 하면 신은 유대인들을 보호하고 행복을 보장한다고 굳게 믿었다.

유대인들이 '계약의 민족'이라고 불릴 정도로 약속에 엄격한 것은, 종교적인 전통과 더불어 너무 융통성이 있어도 크게 실패한다는 경험에서 비롯된 것이다.

'인간들끼리의 계약도 신과의 계약과 마찬가지로 깨뜨려서는 안 된다.'

그래서 상거래에서 채무불이행이라는 말은 유대상인에게는 존재하지 않으며, 또한 상대의 채무불이행에 대해서도 냉정하고 엄중하게 책임을 추궁하여 가차없이 손해배상을 요구한다.

경제를 다루는 사고방식

로마법에서 소유권은 그것을 점유 또는 점령하느냐 않느냐에 따라 결정되며, 노동이나 도덕적인 정당함으로 결정되는 것은 아니다.

이에 대해 유대율법에서는 정의가 결정요인이며, 점유하고 있거나 정규 소유권이 있어도 결정적인 것은 아니다. 단 소유권이 정식으로 정해져 있지 않은 토지의 경우는 그곳을 점유하고 있으면 유효하다. 또 점유하고 있어도 정당한 권리가 없으면 인정되지 않는다. 노동도 소유권의 중요한 요소이다.

소유권은 결코 절대적이지 않다. 공동체의 복리를 위해 필요할 경우에는 재판소가 소유권의 무효를 선언하여 재산을 박탈할 권리를 갖고 있었다. 다툼을 없애고 조화를 유지하기 위해 사유재산권에는 제한이 있었고, 재산권보다도 도덕적인 권리나 인권이 우선된다.

옛날로 거슬러 올라가 토지가 부족간에 나뉘어 있던 눈의 아들 여호수아 시대(이집트에서 나온 뒤 이스라엘에 정착했던 시대)부터 이미 사유재산에 많은 제한이 따라다녔다.

예를 들면 사유지에서 우물이 발견됐을 때, 마을 안의 모든 사람이 이용할 수 있다고 되어 있었다. 티베리아해(갈릴리호)는 나프타리족의 영내에 있었지만, 이 바다에서 고기를 잡을 권리가 모든 사람에게 있었다. 다만 낚싯바늘의 사용밖에 인정되지 않고 그물 사용은 금지되어 있었다.

랍비들은 상거래 세계에도 같은 원칙을 적용했다. 우리들이 '사기업'이라 부르는 것에도 무시할 수 없는 공공적인 측면이 있었다. 랍비들에 의하면 수익은 제한되어야 한다. 매상 수익은 6분의 1을 넘어서는 안 된다고 되어 있다. 후세의 주해자는 이 제한을 '필수품'에만 적용하는 것이라고 했다. 필요성이 적은 물품에 대해서는 좀더 높은 수익을 얻어도 좋다고 되어 있고, 사치품에 대해서는 이익에 아무런 제한도 없었다.

이런 분류는 물건이 공동체에서 필요로 하는 정도가 높으면 높을수록 한 사람이 그것을 개인의 이득 대상으로 하는 권리는 적어진다는 원칙에 기초를 두고 있다. 그리고 물건에 대해 매겨지는 액수는 그 물건의 공동체에서의 필요도에 반비례한다.

랍비 시대에는 재판소에서 감찰관이 임명되어 상인이 폭리를 탐하는 것을 막고 있었고, 무게나 길이를 감시하는 사람이 공동체마다 정해져 있었다.

팔레스타인에서는 특정 필수품에 대하여 농민과 소비자 사이에 중개인이 끼어드는 것을 금지하고 있었다. 거래과정에 중개자가 끼어들면 비용이 높아질 우려가 있기 때문이었다. 공동체는 상품의 최고가격이나 임금을 정할 권리도 보유하고 있었다. 부당하게 비싼 값이 붙여질 경우, 판매중지를 요구하는 일이 있었다.

전통을 안고 가는 생활
실패에는 성공의 씨앗이 들어 있다

지난 일을 묻어버리지 않는다

'사람은 실패 없이 성장할 수 없다. 실패에는 성공의 씨앗이 들어 있다. 그러므로 실패를 두려워할 필요는 없다. 그러나 실패를 반복하는 것은 두려워해야 한다.'

유대인들의 가장 큰 특징은 민족의 실패나 굴욕, 패배까지도 기념하며 과거를 과거로서 매장하지 않는다는 점이다. 그것은 패배나 실패를 영원히 망각하지 않아야 새로운 힘이 생긴다고 믿고 있기 때문이다.

대부분의 사람들은 패배의 기억이 마음을 어둡게 한다고 믿고, 승리의 날만을 기념하면서 실패를 범한 날짜는 잊으려고 노력한다.

그러나 유대인들은 실패를 잊어서는 안 된다고 생각한다. 실패가 귀중한 교훈이 되고 인간을 단련시켜 주는 것이므로 실패의 고통이 많았다면, 그만큼 더욱 기억하도록 노력하지 않으면 안 된다고 생각한다.

사람은 시행착오를 겪으면서 살아가지만, 같은 실수의 반복은 용납될 수 없다는 것이다. 그것은 더 이상 실수가 아니라 잘못이기 때문이다.

유대 상인 중에는 과거에 실패했을 때의 계약서를 교훈으로 삼기 위해 액자를 만들어 방에 걸어 놓고 있는 사람도 있다. 실패는 성공하기 위해 반드시 올라가야 할 계단인 것이다.

태어난 이상 살아야만 한다

18세기 중엽의 일이다. 신비사상인 하시디즘의 흐름을 잇는 현자가 유대 3대 축제의 하나인 '유월절' 만찬 중에 갑자기 정신을 잃었다. 식사를 즐기던 손님들이 놀라 새파래졌다. 그의 영혼은 육체를 떠났고, 그대로 지상의 목숨이 끊어질 것 같았다. 그때 그의 하인이 달려와 쓰러져 있는 그의 귓가에 작게 속삭였다. "너의 뜻에 반하더라도!" 그러자 현자는 다시 숨을 내쉬었고 만찬은 계속되었다.

텔아비브 대학(이스라엘)에서 유대사상을 가르치고 있는 A. 샤필라 교수는 이 일화는 유대교의 인간관을 나타낸 것이라며 다음과 같이 해설하고 있다.

"하인이 당시 속삭였던 것은 미슈나 아보트의 한 구절인 '너의 뜻에 반하더라도 너는 살고, 너의 뜻에 반하더라도 너는 죽는다'(4장 22절)이다. 이 구절이 말하고자 하는 것은 인간이 원하건 원하지 않건 간에 땅 위에서 살아가도록 목숨을 받은 이상 계속 살아야만 한다는 것이다. 아무리 영혼의 세계가 편안하다 하더라도 그곳으로 도피해서는 안 된다. 비록 삶이 어려움으로 가득 차고, '악한 충동'의 포로가 될 것 같더라도 그것과 싸워야만 한다. 왜냐하면 그것이 인간의 위대함이며, 그것이 천사와 다른 점이기 때문이다. 현자는 말한다. '천사에게는 악한 충동은 없다'(레위기 26

장 5절)고."

랍비들에 따르면 인간에게는 좋은 행위를 하고 싶어하는 '선한 충동'과 나쁜 행위를 하고자 하는 '악한 충동' 2가지 본능이 있는데, 사람은 이 2가지 충동이 서로 대립할 때 선악의 갈등에 휩싸인다고 한다.

악한 충동은 허영심, 분노, 강한 욕심, 집착, 질투심 등을 초래하는데, 현자들은 모세를 비롯해 종교적으로 뛰어난 인물들도 내부에 강렬한 '악한 충동'을 갖고 있었다고 한다.

즉, 인간의 위대함은 외적인 업적 이상으로 내적인 욕구와 충동과 어떻게 싸웠는가에 따라 좌우된다는 것이다. 현자는 "용감한 사람이란 누구인가? 자기의 충동을 정복하는 자이다"(미슈나 아보트 4장 1절)라고 말한다.

아브의 달 추방의 날

여름 '티샤 아브'(히브리어로 아브 달의 9일)는 예루살렘이 두 번에 걸쳐 같은 날 파괴되었기 때문에 유대인에게 축제일이기보다는 상을 당한 복상일(服喪日)이다. 기원전 56년 바빌로니아에 의해 정복됐을 때 대신전이 파괴되었고, 로마에 의하여 서기 70년에 신전이 파괴되었다. 또한 1492년에 30만 명의 유대인이 에스파냐에서 국외로 전원 추방된 날이기도 하므로, 이날은 유대민족 최대의 비극일이며 패전기념일이라고도 할 수 있다.

이날 유대인들은 희미한 촛불이 켜진 시나고그에 모인다. 평소처럼 의자에 앉지 않고 마루에 그대로 앉아, 기도문을 장례식 때처럼 슬픈 억양으로 노래하듯 암송한다. 24시간 동안 음식을 먹지 않으며 물도 마시지 않는다.

이날부터 9일 동안은 깊은 슬픔을 나타내기 위해 축하의 말이나 음악 연주, 노래도 전혀 없으며 9일 동안 계속 금식한다. 유대인들은 이 '티샤 아브'날에는 자아(에고)를 상징한다고 생각해 구두도 신지 않는다. 이같은 습관은 자기 존재보다도 더 중요한 것을 상실했다는 것을 나타내는 것이다.

자기의 얼굴을 거울로 보면 스스로를 의식하게 되므로, 집안에 있는 거울을 모두 천으로 덮는다. 이것은 '자아'를 무시함으로써 자기 존재를 작게 만든다는 의미가 함축되어 있다.

유대인은 '속죄일'이란 뜻의 '욤키푸르'에도 금식을 한다. 유대력에서는 새해 첫날을 '로시 하샤나'라고 부르고 가을부터 새해가 시작되는데, 새해의 10일째가 '욤키푸르'이다.

이날 유대인들은 가장 좋은 옷을 입지만 해가 지면 그때부터 24시간 동안 일을 중단하고 일체 음식을 끊는다. 그러고는 겸허하게 지난해의 잘못을 뉘우치고, 부모·형제·자녀들을 포함하여 자기가 상처를 준 모든 사람들이나 하느님으로부터 용서를 구하는 마음으로 기도한다.

유대교에서는 죄의 종류를 두 가지로 분류한다. 하느님에 대한 죄와 인간에 대한 죄이다. 하느님에 대한 죄는 랍비의 중개 없이 직접 하느님 앞에서 참회하고 용서를 빌지만, 인간에 대한 죄는 죄를 지은 상대편에게 직접 용서를 빌게 되어 있다.

그날 사람들은 시나고그에서 집회를 갖고 '하느님이여! 우리들을 용서하십시오'라고 용서를 빈다. 새해이기에 회개하여 죄의식에서 벗어나 새로운 마음으로 한 해를 보내고자 하는 것이다.

금화 유데아 데비크타

서기 73년 로마 제국이 이스라엘을 멸망시켰을 때, 로마 시내에는 개선문이 세워지고, 로마 제국은 유대인에 대한 승리를 축하하는 금화를 만들어 냈다. 그 화폐에는 라틴어로 '유데아 데비크타', '유데아 카프타'라는 글자와 함께, 기고만장한 로마 병사의 발아래 무릎을 꿇고 있는 유대인 부인의 모습이 새겨져 있다. '유데아 데비크타'란 '유대인을 쳐부셨다'는 뜻이고, '유데아 카프타'란 '유대인을 잡았다'라는 뜻이다.

이때부터 유대인들은 전세계로 흩어져 유랑민이 되어야 했다. 로마인들은 승리의 달콤한 술에 취했고, 유대인들은 패배의 쓴 잔을 마셨다. 그러나 오늘날 로마 제국은 남아 있지 않지만, 유대인은 남아 있다.

지난날 수많은 나라들이 생겨나고 번영했다. 모든 제국들도 그 출발은 작았으나, 전쟁에 승리함에 따라 영토를 넓히고 세력을 증가시켜 역사상 유명한 대제국이 되었다. 그러나 그 제국들은 또 멸망해 갔다.

그동안 유대인들은 패배에 패배를 거듭했는데도 세계 곳곳에 살아 남았다. 그리하여 오늘날 자연과학·사회과학·예술·실업·정치 등 모든 인간활동의 영역에서 눈부신 업적을 거두어, 가장 성공한 민족으로 손꼽히고 있다.

유월절과 퓨림 축제

유대인의 제일(祭日) 중에서 가장 성대한 축제는 유월절이다. 일찍이 이집트의 노예에서 해방되어 이스라엘 땅으로 돌아온 기념일이므로, 전세계 유대인은 이날만큼은 모두 모여서 해방된 날을 축하한다.

유대인은 모세의 인도로 사막을 건너 이스라엘 땅에 도착했다. 먼 옛날에 있었던 역사상의 일이지만 오늘날 유월절을 기념할 때에 옛날 이집트에서 노예로 있을 때 먹었던 무교병이라는 누룩 없이 만든 딱딱한 빵을 먹는다. 이것은 민족이 한 번 맛본 굴욕을 문자 그대로 되씹어본다는 뜻을 지니고 있다.

또 이 유월절에는 이집트에서 노예로 붙들려 학대받고, 갖은 모욕을 당한 체험을 마치 어제 있었던 일처럼 이야기한다.

　유월절의 식탁에는 무교병과 함께 쓰디쓴 채소가 나온다. 이것은 전에 패배했던 때를 회상하기 위하여 나오는 것이다. 딱딱하게 삶은 계란이 나오고 마지막에 알라차라는 술을 마시는데, 이것은 최후의 승리를 뜻한다.

　어째서 삶은 계란을 먹는 것일까. 그것은 다른 음식물은 삶으면 모두 부드러워지지만 계란은 삶을수록 딱딱해지기 때문에, 고난에 부딪칠수록 패배를 거듭할수록 강해진다는 뜻이 담겨 있다.

　봄에 앞서서 열리는 '퓨림'은 유대인들의 축제 중에서 가장 흥청거리는 축제이다.

　에스더서에는 기원전 5세기의 페르시아 왕 아하수에로스의 아름다운 왕비 에스더와 그 사촌인 모르드개의 드라마틱한 이야기가 기록되어 있다. 에스더 왕비와 모르드개는 모두 유대인이다.

　재상 하만이 유대인을 학살하여 전멸시키려고 했던 계획을 이 두 사람이 알아채고, 왕비가 국왕에게 직접 호소하여, 하만과 그 일당들은 교수형에 처해졌고 유대인들은 민족 전멸의 위기에서 구원받는다.

　'퓨림'이란 페르시아말로 제비(추첨)란 뜻이다. 하만은 제비뽑기를 뜻하는 '퓨림'으로 유대인 전원을 죽이려고 하였는데, 이것을 '퓨림 축제'라고 부른다. 유대인들은 퓨림 축제 동안 시나고그에 모여 에스더서가 낭독되는 도중에 하만의 이름이 나올 때마다 '부! 부!' 하고 분노의 소리를 지르면서 다리를 쾅쾅 구른다. 그날 밤 각 가정에서는 친척이나 친구들을 초대하여 모든 참석자가 가장을 하고 '퓨림 세다'(세다는 연회란 뜻)라고 하는 축하 연회를 베풀고 포도주를 취하도록 마신다.

　유대인들은 '바루후 모르드개(모르드개를 찬양하라)! 아루루 하만(하만을 저주하라)! 아루루 제레시(제레시를 저주하라)!'라고 하는 반복적인 노래를 히브리 말로 합창하면서 식사를 한다.

이날 밤 식탁에는 '하만의 포켓'이라고 부르는 삼각형 과자가 나오는데, 그속에는 과일이나 치즈가 들어 있으며, 이것은 하만의 포켓이 항상 뇌물로 두둑했다는 것을 상징적으로 표현하고 있다. 삼각형을 불에 태우는 것은 하만이 삼각형 모자를 쓰고 있었기 때문이다.

조상들의 고생을 교훈으로

유대인들은 아이들에게 역사와 전통이라는 둥근 고리 안에서 살고 있다는 것을 인식시키는 것이 자녀들의 인격 형성에 중요하다고 생각한다. 과거의 역사를 모르고는 미래에 대한 전망을 가질 수 없고 과거를 망각한 사람에게는 미래도 없다고 생각한다.

따라서 이런 경우에 "너희는 백발인 할아버지 앞에서 일어나야 된다. 그리고 노인을 공경하고 네 하느님을 두려워하지 않으면 안 된다. 나는 주이다"라는 레위기의 말씀을 인용하며, 어렸을 때부터 조상과 노인들을 존경하도록 교육한다.

아이들에게 옛사람들의 즐거움이나 고생, 긍지와 굴욕에 대하여 가르친다는 것은 매우 중요하다. 인간에게 과거란 땅과 비슷하기에 그 위에 두 다리를 확실히 세우고 일어서야 된다. 과거를 파괴하는 것만큼 큰 죄는 없고, 과거를 소홀하게 생각하는 사람은 기억을 상실한 몽유병자와 같다.

삶의 마무리

죽은 사람에게 경의를 표하기 위해 먼저 몸을 씻기는 일은 그 지역사회에서 가장 학식 있고 덕망 있는 사람이 하는 것으로 유대사회에서는 큰 영예로 여긴다.

시체는 화장하지 않고 가능한 한 죽은 다음날 매장한다. 죽은 이를 알고 있는 사람은 모두 장례식에 참석해야 하며, 랍비가 조사(弔

詞)를 읽고, 상주는 기도문을 읽는다. 그들은 그 뒤 1년 동안 매일 시나고그에 가서 똑같은 기도문을 읽는다.

매장이 끝나면 가족들은 집으로 돌아와 거울은 모두 가려둔 채 일주일 동안 촛불을 계속 켜두고, 10명의 친지가 모여 마루에 앉아 기도문을 낭독한다.

상주는 일주일 동안 집 밖에 나가지 않고 친지들은 일주일 안에 그 집을 방문한다. 일주일이 지나면 가족들은 집을 나와서 집 주위를 한 바퀴 돈다.

한 달 동안 얼굴을 씻지 않으며 1년 동안은 화려하고 떠들썩한 곳에 가지 않는다. 해마다 기일(忌日)이 되면 제사를 지내는데, 1년 상을 지내는 것은 부모상의 경우뿐이며, 다른 사람은 한 달 또는 일주일로 상을 마친다.

장례에서 돌아온 가족들이 달걀을 먹거나 원을 그리며 집 주위를 도는 관습은 원이 처음도 끝도 없는 것처럼 생명도 끝없이 돌고 있다는 것을 상징한다. 그리고 살아 있는 사람은 다시 기운을 차리고 살아가지 않으면 안 된다는 것을 함축하고 있다.

탈무드는 다음과 같이 규정하고 있다.

"우는 것은 3일간, 탄식은 7일간, 머리나 수염을 깎지 않는 것은 30일간, 그 다음은 하느님께서 말씀하신 바 '내가 하는 것 이상으로 돌아간 분에 대하여 동정하면 안 된다.'"

정신의 자유를 가져라
하지만 웃지 마라. 다른 사람이 모두 울고 있을 때

'나를 알아주지 않는다'고 탄식하기 전에

사람은 원래부터 고독하다. 태어날 때는 물론 죽을 때도 혼자서 죽는다. 그러나 살아 있는 동안에는 어떻게 해서든 그 고독을 멀리 하려고 애쓴다. 아무리 버둥거려도 어쩔 수 없다는 걸 알면서 이도 저도 아닌 상태에서 자기를 속인다. 아무튼 불안에서 도망치려는 일념에서 우선 눈앞에 있는 것에 매달린다.

그러나 이윽고 결과는 속임수에 지나지 않는다는 걸 깨닫게 된다. 아무리 가도 출구는 없다.

제 설움 저밖에 모른다.
제 기쁨 남이 어찌 알랴. (잠언 14장 10절)

'남이 어찌 알랴'고 했다. 그렇다. 처음부터 자기 괴로움은 자기만이 아는 것이다. 그것으로 좋다. 자기밖에 모른다. 그렇기 때문에 가치가 있다.

아우슈비츠에서 생환한 정신과 의사 V.E. 프랭클은 그의 저서 《죽음의 수용소에서》 속에서 '아무도 그 사람 대신 고통을 견디어낼 수는 없다'고 똑같은 취지의 말을 했다. 운명이 그에게 준 고통을 자신이 짊어지는 일이야말로 그가 그로서 존재하는 유일한 가능성이란 뜻이다.

'내 일을 아무도 알아주지 않는다'고 한탄할 필요가 없다. 알아주지 않는 것이 당연하다. 사람들이 이쪽 기분을 모르기 때문에 안심하고 살아갈 수 있다고 할 수 있다. 알아주지 않아서 도리어 고맙다고 생각한다면 고독에 대한 대응 또한 달라질 것이다.

정신의 자유를 가져라

유대인은 자신의 에너지를 인간성 및 인간생활을 연구하는 데 쏟았으며, 지혜를 습득하는 데 힘썼다. 그것은 인내와 더불어 이스라엘 민족이 역사에서 받은 또 하나의 선물이었다.

성서에 들어 있는 이들 지혜는 서기 원년 무렵, 처음으로 탈무드의 랍비들에 의해 상세히 설명되었다. 특히 18세기에 접어들어 많은 종교적인 민중사상가들이 나타났고, 그들에 의해 지혜는 보다 문학적이며 심미적이며, 정확한 권위를 가지고 설명되었다.

호주머니에는 언제나 두 가지를 적어두는 것이 좋다.
하나에는 '나는 먼지와 재에 지나지 않는다.'
또 하나에는 '이 세상은 나를 위하여 창조되었다.'

부남 드 프시케

손으로 눈을 가리면 높은 산이 숨듯
매일의 생활이 세계 도처에 있는 아름다운 빛과 비밀을 가려버린다.
눈앞의 방해물을 없애버리면 마음속에 빛이 보인다.

나만 드 브라슬라우

현명하다 함은?
'누구에게서나 반드시 무엇인가를 발견해낸다.'
강하다 함은?
'자기 감정을 억제할 수 있다.'
부자라 함은?
'지금 갖고 있는 것으로 만족한다.'
존경받는다 함은?
'하느님이 창조하신 것을 존중하는 사람.'

랍비의 말

현혹은 하나의 시험
네 속에 있는 강철 같은 의지를 보여주어라.

이차크 메일 게일

누구에게나 자유의지가 있다. 좋은 길을 걸어 올바른 일을 하려 함은 그 의지에, 나쁜 길을 걸어 나쁜 일을 하려 함 또한 자신의 의지에 달려 있다.

마이모니데스

사물의 생명과 그 관계를 밝혀내려고 하면 할수록 알 수 없게 된다.
사물의 생명과 그 관계를 밝혀내려고 하면 할수록 무(無)에 도달한다.
만물을 성화(聖化)하면 살아 있는 하느님을 만난다.

마틴 부버

기쁨 속에 사는 것이 좋다. 사랑 속에 사는 것이 좋다.
결국은 같은 하나의 것.

모세 드 고블린

적어도 공상 속에서 날마다 춤추라.

　　　　　　　　　　　　　　　　　　　　나만 브라슬라우

랍비 여호수아 벤 하나니아에게 왕이 말했다.
"나는 너의 하느님을 보고 싶다."
"그것은 무리한 일입니다. 보실 수 없습니다."
"그래도 보고 싶다."
랍비는 왕을 여름 햇빛 속으로 안내했다.
"저 해를 보십시오."
왕은 말했다.
"그건 무리한 일이야."
그러자 랍비가 말했다.
"태양은 성스러운 하느님의 시종입니다. 그것도 볼 수 없는데, 어떻게 하느님을 볼 수 있겠습니까?"

　　　　　　　　　　　　　　　　　　　　　　　　　탈무드

세계는 이렇게 만들어졌다.
누구나 줄 수 있고, 받을 수 있다.
어느 쪽이든 잘하지 못하면 열매맺지 않는 나무와 같아진다.

　　　　　　　　　　　　　　　　　　　　이차크 아이심 치다쇼프

교만한 눈, 거짓말을 하는 혀, 무고한 피를 흘리는 팔, 부정(不正)을 품은 가슴, 악을 향해 서둘러 가는 발, 뻔한 거짓말을 하는 증인, 그리고 형제간에 싸움을 붙이는 패거리들.

　　　　　　　　　　　　　　　　　　　　　　　　속담집 제6장

위대함을 뒤쫓으면 도망친다.

위대함에서 도망치면 그것이 뒤에서 쫓아온다.

탈무드

랍비 엘레아자르가 말했다.
"단식은 자선보다 더 중요하다. 왜냐하면 단식은 자기 몸으로 행하지만 자선은 오로지 돈으로 하기 때문이다."

탈무드

탄생할 때는 양손을 꼭 거머쥐고 있다.
이제 이 세상은 내 것, 절대 내놓지 않겠다는 것처럼.

이 세상을 떠날 때는 양손을 힘없이 펼치고 있다.
이제 이 세상의 모든 것이 내 것이 아니라는 것처럼.

전도서에 대하여 미드라하 라바의 말

어린이는 세 가지 것을 가르쳐준다.
이유도 없이 즐거울 수 있다.
잠시도 쉬지 않는다.
바라는 것은 꼭 손에 넣는다.

투브 벨 판 메첼리추

고마움을 가져라

랍비 벤 조마는 성전으로 올라가면서 계단에 수많은 장사꾼들이 여러 가지 물건을 펴 놓고 팔고 있는 것을 보며 이렇게 말하곤 했다.
"이 사람들이 모두 나를 위해서 이렇게 애를 쓰고 있구나. 최초의 인간인 아담은 자기가 먹을 빵을 만들기 위해 어느 정도의 일을 해야 했을까?

먼저 밭을 일구고, 씨를 뿌리고, 그것을 가꾸고, 거두어들이고, 갈아서 가루를 만들어 반죽을 하는 등 최소한 15단계의 과정을 거치지 않으면 안 되었다. 그러나 지금은 돈만 있으면 빵집에 가서 다른 사람이 만들어 놓은 빵을 얼마든지 사 올 수 있다. 옛날 같으면 혼자서 해야 했던 여러 가지 복잡하고 힘든 일을 다른 사람들과 나누어 하고 있다. 그러므로 빵을 먹을 때에는 타인에게 고마워하는 마음을 잊어서는 안 된다.

최초의 인간인 아담은 자기가 걸칠 옷을 만들기 위해 어느 정도의 일을 해야 했을까?

양을 키우고, 털을 깎고, 깎은 털을 손질하여 옷감을 짜고, 바느질을 하여 옷을 만들어 입기까지 여러 과정을 거치면서 일해야 했으리라. 그러나 지금은 돈만 있으면 아무 옷 가게에서나 옷을 사 입을 수 있다. 옛날 같으면 혼자서 해야 했던 여러 가지 복잡하고 힘든 일을 다른 사람들과 나누어 하고 있다. 그러므로 옷을 입을 때에도 다른 사람들에게 고마워하는 마음을 잊어서는 안 된다."

선입관으로 흐려지지 않는 눈

사람의 겉모양이란 무서운 것이다. 그것으로 사람을 판단하는 것은 어리석은 일임을 알고 있으면서도, 우선 겉모양의 좋고 나쁨에 이끌리는 예가 많다. 모리배나 사기꾼들은 거의 훌륭한 옷차림으로 나타난다. 영화 '형사 콜롬보'의 콜롬보 반장은 그와 반대로 꾸깃꾸깃한 바바리코트에 다 낡은 차를 타고 등장한다. 상대편의 경계심을 누그러뜨리고 상대편에게 자기를 과소평가시키는 효과까지 계산한 것이라 하겠다.

듣기는 들어라. 그러나 깨닫지는 말아라.

보기는 보아라. 그러나 알지는 말아라. (이사야 6장 9절)

　'듣다'와 '보다'의 차이는 있으나 두 문장이 똑같은 뜻을 말하고 있다.
　이와 같이 같은 내용을 다른 표현으로 바꾸어 되풀이하는 것이 동의(同義)반복법이라고 불리는 유대 문학의 각운법(脚韻法)이다. 시에서는 물론이고 산문에서도 종종 즐겨 쓰는데, 문장의 격조를 높이고 그 주장을 강화하는 효과가 있다.
　그런데 이 문장이 히브리 원문에는 어떻게 씌어 있는가.

　　듣고 들어라. 그리고 깨달으려 하지 마라.
　　보고 보아라. 그리고 알려고 하지 마라.

　'듣다' '보다'라는 동사를 왜 두 번이나 되풀이하는 것일까. 그것은 선입관을 없애는 일과 관계된다.
　무엇이든 한 번 얼핏 보아서는 정확히 알 수 없다. 물론 보지 않는 것보다는 낫지만 대상을 충분히 파악하는 데까지는 이르지 못한다. 그것으로 그치면 괜찮지만 자칫하면 자기가 얻은 조그만 정보를 그 대상의 전부인 듯이 생각하고 빗나간 판단을 내리기도 한다. 이것이 선입관을 만드는 재료가 된다.
　텍스트에는 다시 한 번 '보아라'고 말한다. 두 번 봄으로써 전에 보았을 때는 깨닫지 못했던 새로운 것이 보인다. 지금까지 희미했던 부분이 명확하게 수정된다. 그렇게 되면 자기 선입관을 정정하지 않을 수 없다.
　같은 장소에 두 번째 여행을 했을 때 이런 감상을 느낄 때가 있다. 자기가 생각하고 있었던 지난번의 인상과는 전혀 다른 부분이 세밀한 부분까지 보이게 된다. 보는 것은 같지만 그 내용이 더 풍부하고 정확해진다.

'존경하다'를 영어로는 'respect'라고 한다. 라틴어의 'respicere'에서 온 것인데, 직역하면 '다시 보다'가 된다. 충분히 두 번 본다. 즉 대상을 가능하면 그대로 보는 것이 존경의 바탕이라는 것을 잘 말해 주고 있다. 공연히 겉모양이나 신분 등에 현혹되거나 쓸데없는 기대 속에 상대를 몰아넣는 것과는 다르다.

맺는 말 '깨달으려고 하지 마라'란 어떤 뜻일까.

사람들이 흔히 저지르는 잘못 중에 모르면서 아는 체하는 경우가 있다. 흔히 '겉똑똑이'가 되는 경향이다. 무엇이나 빨리 알려고 한다. 별로 급할 것도 없는데 왠지 알려고 서두른다. 그 결과 내용에 대한 정확한 이해는 결여된 채 어설픈 지식으로 자기 속에 고정되어 버린다.

되풀이하여 본 다음 아는 체하지 말 것——자기가 틀렸을 가능성을 언제나 남기고 한 번은 자기 이해와는 반대방향으로 진자(振子)를 흔들어 보아야 한다. 그렇게 하면 지금까지 생각하지 못했던 새로운 다른 면이 보이기 시작할 것이다.

너희 가운데 죄 없는 자 돌을 던져라

등의 침묵은 보는 사람에게도 똑같이 침묵을 요구한다. 등의 표정을 읽으려면 깊은 침묵 가운데 있어야 한다. 등은 침묵의 장소이다.

어느 때 간통 현장에서 붙잡힌 여자가 군중들에 의해 한 랍비 앞에 끌려왔다. 유대에서는 이런 경우 랍비의 판단을 바라는 관습이 있다.

"간통한 사람은 돌로 쳐 죽이라고 토라에 써 있습니다만, 어떻게 하면 좋을까요?"

군중들의 이 질문에 대해 랍비는 한 마디 말도 없이 몸을 수그린 채 손가락으로 땅바닥에 뭔가를 쓰고 있을 뿐이었다.

율법의 결정은 명백하다. 결과를 물을 필요도 없다. 일부러 랍비에게 물으려는 데는 양심의 가책이 있기 때문이다. 랍비에게 한 마디 하게 하면 그것으로 벌써 자기들이 짊어질 짐은 가벼워진다.

한편 율법의 세부적 결정에 별로 구애받지 않고, 여느 때부터 온정을 우선해야 한다고 제창한 이 랍비로서는 그가 놓여진 입장이 미묘해진다.

사람은 자기 마음에 생각이 있을 때 반드시 말이 많아진다. 일이 자신의 입장을 좌우할 만한 경우에는 더욱 그렇다.

그러나 그 랍비는 그릇된 질문에는 대답하려고 하지 않고 무방비한 등을 군중에게 보인 채 여자 옆에 몸을 웅크리고 있었다.

말없이 등을 보이고 있는 그. 그 뒷모습에는 깊은 표정이 담겨져 있었다. 사람들의 호색적인 눈길 속에서 피고의 자리에 끌려온 여자의 고독, 어쩔 수 없는 부끄러움, 군중들의 손에 쥐어진 운명의 가없음 등 이들의 무게를 자기의 무게로 느끼고 있었음에 틀림없다.

그것은 단순한 동정이 아니라 스스로를 피고와 같은 위치에 놓은 자세이다. 안전지대에 몸을 둔 채 상냥하게 손을 내미는 것과는 경우가 다르다. 자신을 훌쩍 내던지고, 여자에게 던져진 군중들의 비난과 그의 침묵에 대한 군중의 초조한 분노를 부드럽게 받아들이는 그의 등이 거기에 있었다.

이 장면에서 만일 그가 처음부터 입을 열고 군중을 설득하려고 했다면 사태는 어떻게 되었을지 알 수 없다. 아마도 두 사람 위에 돌멩이가 비같이 날아왔을 것이다. 설득에 따르게 마련인 인위적인 모습이 군중들의 노여움을 불러오리라는 것은 상상하기 어렵지 않다.

게다가 끈질기게 묻는 군중에게 그가 어쩔 수 없이 대답한 것은 얼마 동안의 침묵 뒤였다.

"너희들 중에서 죄 없는 사람이 먼저 이 여자에게 돌을 던져라——. 이것이

나의 판정이다."

이렇게 말하고 그는 등을 돌리고 전의 자세로 돌아가 다시 입을 열려고도 하지 않았다. 기묘한 고요함이 사람들을 에워쌌다. 이윽고 한 사람 두 사람 사라지고, 정신을 차리고 보니 그와 여자만 남고 모두 사라지고 없었다. 거기서 랍비는 일어나 물어본다.

"여자여, 모두 어디로 갔느냐?"

군중들이 없어진 것을 알면서도 여자에게 묻는 것은 그녀에게 다시 일어설 여유를 주기 위한 것이다. 여자가 사방을 둘러보고 스스로 확인하기까지 기다려 준다. 그런 깊은 배려가 이 질문의 뒤에 숨어 있다. 친절하지만 배려가 모자라는 사람은 이것과는 다르며 성급하고 제멋대로다.

"저것 봐라. 군중들을 내가 쫓아버렸어!"라고 말하고 싶어할 것이다. 자기의 공이 어떠냐는 듯이 자랑한다. 그러나 이 랍비는 상대가 자연히 느낄 때까지 기다린다. 깨닫지 못하면 그것으로 좋다. 필요도 없이 말참견을 하거나, 형편이 나쁜 상황에서 몸을 빼거나, 무엇이든지 자기 형편대로 일을 서두르든가 하는 것은 이 랍비의 자세와는 전혀 관계가 없다.

이 유대인 랍비의 이름이 예수였다. 그가 나타낸 태도에서 요약할 수 있는 것은 다음과 같다.

1. 침묵하고 말하지 않는다. (세세하게 설명하지 않는다)
2. 상황의 모든 것을 등으로 받아들인다.
3. 최후까지 떠나지 않는다.
4. 상대편의 반응을 기다린다.

이것은 그대로 등이 지닌 뜻에 합당하다. '등은 말이 없고, 얼굴은 말한다.' 당연하다는 표정과 몸짓, 독단적인 설명의 울타리, 그런 것으로 얼마나 자기 둘레를 굳힐 수 있는지 생각해 볼 일이다. 이 뜻을 정확하게 파악하면 지금까지 깨닫지 못했던 반대편——등의 표정——도 자연히 보일 것이다.

진실을 꿰뚫는 지혜

저녁에 왕궁 옥상을 산책하던 다윗은 매우 아름다운 한 여인이 목욕하고 있는 모습을 보게 되었다. 왕은 사령을 보내어 그 여인이 누구인지 알아보게 하였다. 밧세바라는 이름의 유부녀였다. 남편 우리야는 병사로서 싸움터에 갔고 아내 혼자 집을 지키고 있다고 하였다. 왕은 다시 사령을 보내어 그 여인을 데려다가 정을 통하고는 돌려 보냈다. 밧세바는 몸에 태기가 있자 다윗에게 자기가 임신 했다는 것을 알렸다.

난처해진 다윗은 전선의 지휘관 요압에게 사람을 보내어 밧세바의 남편 우리 야를 예루살렘으로 보내라고 하였다. 우리야가 당도하자 다윗은 요압과 병사들 의 안부를 묻고 싸움터의 형편을 알아보고 난 뒤, 집에 돌아가 푹 쉬라고 하였 다. 우리야가 궁에서 물러나갈 때 왕은 술상까지 딸려 보냈다. 다윗은 '우리야 가 아내와 동침하면 임신한 것을 어물쩍 넘길 수 있겠지' 하고 생각했던 것이다.

그러나 우리야는 그날 밤 집으로 가지 않고 대궐 문간에서 근위병들과 함께 잤다. 다음날 다윗은 우리야가 집에 돌아가 자지 않았다는 말을 듣고 그 까닭을 물었다. 우리야가 다윗에게 대답하였다.

"제 상관 요압 장군이나 임금님의 부하들도 들판에 진을 치고 있습니다. 그런 데 저만 집에 가서 편히 쉬며 먹고 마시고 아내와 더불어 지내다니, 도저히 그렇게는 할 수 없었습니다."

다윗은 단념하고 우리야에게 요압 앞으로 쓴 편지를 들려 보냈다. 왕은 그 편 지에 이렇게 썼다.

'우리야를 가장 전투가 심한 곳에 앞세워 내보내고, 너희는 뒤로 물러나서 그

를 맞아 죽게 하여라.'

요압은 다윗 왕의 지시대로 실행하였고 우리야는 전사했다. 우리야가 전사했다는 전갈을 받고 밧세바는 남편을 위하여 곡을 했다. 다윗은 곡하는 기간이 지나자 예를 갖추어 그 여인을 궁으로 맞아들여 아내로 삼았다.

이상은 에피소드인데, 흥미로운 것은 이것이 성서 속에 다윗 왕의 사적으로 수록되었다는 것이다. 일반적으로 영웅의 전기는 시간이 흐를수록 미화되기 쉽다. 그 인물에 대한 존경심이 깊으면 깊을수록 좋은 업적은 강조되고 나쁜 행적은 삭제된다. 그런데 유대 민족은 이 점에서 전혀 반대 경향을 보인다. 즉 위대한 예언자와 지도자의 결점이나 업적을 오히려 적나라하게 언급한다. 다윗에 관한 일화도 그 한 보기이다.

훔쳐본다는 것은 유대인에게 최악의 부류에 속한다. 본다는 감각, 곧 시각을 싫어하는 습관이 유대인에게는 있기 때문이다. 노아가 벌거벗은 것을 본 아들 함의 이야기(창세기 9, 22)나 눈에 보이는 우상을 섬기지 못한다는 것(출애굽기 20장 4절) 등도, 시각을 낮은 감각으로 생각하는 특징의 표출이다. 예수가 '음란한 생각을 품는 사람'(마태복음 5장 28절)은 벌써 마음으로 그 여자를 범했다고 한 것은 이와 같은 관점에 입각한 유대적 감각에서 나온 발언인 것이다.

다윗이 유부녀의 나체를 훔쳐보았다──이것은 유대의 영웅으로서는 상당한 오점임에 틀림없다. 그러나 그것이 성서 속에 당당히 언급되고 있다. 그뿐만이 아니다. 그 여자와 정을 통하여 임신시키고, 이를 은폐하기 위해 남편을 죽음에 이르게 했다고 하면, 이건 체면이 말이 아니다. 존경의 대상을 여지없이 깔아뭉갠다. 결코 절대시하지 않는다. 이것이 문학에 나타난 유대인의 기본자세이다.

다윗의 무덤은 지금도 시온의 높다란 언덕 위에 있다. 세월의 무게가 장중하게 느껴지는 왕의 석관 앞에 서 있노라면, 남녀노소가 잇따라 찾아와 손을 얹거나 볼을 비비며 기도하는 모습을 볼 수 있다. 그 모습이 너무나 진지해서 보는 사람들마저도 가슴이 뭉클해진다. 다윗에 대한 그들의 존경과 친밀의 정은 3000년의 세월이 흐른 오늘날에도 그렇게 생생하게 맥박치고 있다.

영웅이라 하더라도 절대시하지 않고 도리어 상대화하는 방식이 유대에서 배워야 할 교훈의 하나이다.

누구에게나 존경하는 대상을 미화하는 경향에 빠질 위험은 있다. 특히 상대에 대한 의존도가 높은 경우에는 더욱 과대평가하려고 한다. 반복적으로 입에 올려 말함으로써 자신에게 납득시키고, 그리하여 고정화된 우상을 만들어낸다. 이때 떠받들어진 자의 고독감 따위는 말할 것도 없이 거들떠보지 않는다.

이것이 개인 내면의 현상이라면 괜찮지만, 한 집단 내부에서 우상이 된다면 더욱 골치 아파진다. 우상은 움직이지 않는 것으로 굳어져 문답이 필요 없다는 것이 대전제가 된다. 모든 대화는 이 전제 위에서 이루어지고, 그것이 집단 내에서의 '상식'이 된다. 결론은 처음부터 나 있고, 다른 의견 따위는 끼어들 여지가 없다. 개인의 자유로운 발상은 알지 못하는 사이에 제약되고, 조직의 틀만이 굳건히 자리잡는다.

이같은 우상을 자신의 내면에서 파괴하는 일이 '상대화'이다. 우상이라는 존재 자체는 어느 정도 부득이하지만 사람마다 각각 다르게 이것에 휘둘린다는 점에 문제의 핵심이 있다.

'우상을 파괴하려면 빠를수록 좋다.'

그러므로 무엇인가 자기 속에서 고정화할 기미가 보이면, 우선 그것을 의식해 보면 어떨까. 의식하는 것만으로도 상당히 달라진다. 그 다음에 어떤 한 점을 잡고 단상에서 끌어내린다. 고정화된 뒤에는 작업이 어려워지므로 그 전에 가능한 한 빨리 상대화하는 길밖에 없다.

어째서 그렇게 할 필요가 있는가. 흐름에 거슬러 가면서까지 그렇게 노력해서 대체 무슨 이득이 있다는 것인가. 감히 그렇게 하는 의미가 과연 어디에 있는가. 이유는 상대를 있는 그대로 받아들이는 것에 있다. 또 그것을 현실로 의식하는 어려움과 충분히 터득하는 일이 매우 어렵다는 점에 있다. 이것을 조금이라도 실현 가능한 방향으로 돌리기 위한 수단으로서, 모든 것을 상대화해서 받아들이는 작업에 중요한 의미가 있다.

낳아라, 불려라, 채워라, 그리고 만물을 지배하라!
성서의 창세기 가운데서 신은 최초의 인간인 아담을 만든 뒤 명령했다.

"많이 낳아 온 땅에 가득히 불어나거라. 들짐승과 공중의 새와 땅 위를 기어 다니는 길짐승과 바닷고기가 다 두려워 떨며 너희의 지배를 받으리라."

신은 스스로 만든 세계를 인간에게 맡겨 보다 나은 세계를 만들도록 명했다. 여기서 세계를 진보시키기 위해서는 자신을 먼저 진보시키지 않으면 안 된다고 하는 유대인의 사명감이 생기게 되었다.

또한 세계는 반드시 진보하고 머지않아 지상에 낙원이 온다는 종말관이 오랫동안 유대인의 기본적인 인생관, 사명관이 되었다고 말할 수 있다.

아브라함을 비롯하여 유대 민족은 끝도 없는 사막을 여러 번 건넜고, 길을 잃었을 때는 별을 쳐다보았다. 그래서 별은 희망의 상징이고 목표를 나타내는 이상이 되었다.

밤이나 낮이나 끝도 없이 계속되는 광대한 모래 한가운데 몸을 두게 되면, 사람들은 무력감에 휩싸여 천지가 우주의 수수께끼를 간직하고 있는 것처럼 생각된다. 목적지를 향하려고 하는 강한 결의와 희망으로 그 무력감은 극복되는 것이다.

태고적 유대인도 희망이나 꿈이 없으면 사막을 건널 수 없었을 것이다. 황량한 사막을 걸어가는 자는 앞길에 기름진 땅이 기다리고 있기를 바란다. 그래서 유대인은 먼 옛날부터 미래의 꿈을 그리는 습성을 가진 '꿈꾸는 민족', '희망의 백성'인 것이다.

탈무드는 말한다.

'메시아가 올 때에 병든 자는 고쳐질 것이다. 그러나 어리석은 자는 계속 어리석을 것이다.'

그래서 유대인은 언제 메시아가 나타나도 준비가 되어 있도록 평소 자신을 향상시키는 노력을 하고 있으며, 메시아가 오면 어리석은 자 이외에는 모두가 구제되고 병든 자는 다 낫는다고 생각하고 있다.

또한 유대인은 메시아가 올 것을 그냥 기다리는 것이 아니라 자기들의 손으로 메시아를 불러오지 않으면 안 된다는 열망에 가득 차 있다.

이상을 소홀히 하지 마라

인생이라는 길을 가면서 누구나 여러 난관에 부딪치게 되지만, 이상은 상처받는 일이 없기에 가장 좋은 반려자이다.

이상을 가진 사람은 자신이 실패하더라도 좌절하지 않는다. 이상은 본래의 모습 그대로이기 때문이다. 그러나 너무 실리에 치우친 사람은 참다운 '나'를 갖고 있지 못하기 때문에, 순조로울 때는 좋지만 역경에는 아주 약하다. 또 공리에 얽매인 인간은 실패를 매우 두려워한다.

유대인처럼 실패에 강한 인간은 역경에 강하므로 언젠가는 성공을 잡는다. 그와 반대로 성공하는 것만을 생각하고 사는 사람은 실패하면 곧 좌절해 버린다.

그러나 인간이란 실패할 때도 있다는 것을 알고 있으면 실패했다고 큰 충격을 입는 일은 없을 것이다. 유대인들은 이것을 잘 알고 있다. 말하자면 지우개가 달려 있는 연필을 쓰고 있는 사람이 지우개가 달려 있지 않은 연필로 인생이라는 설계도를 그리고 있는 사람보다 훨씬 훌륭한 설계도를 그릴 수 있는 것이다. 그것은 실패를 염두에 두고 있기 때문이다.

'잘 안다'고 말해서는 위험하다

슬픔의 수렁에 빠져 있는 사람에게 말을 건네는 것은 유대인에게도 어려운 일이다. 뭐라고 말하면 좋을지 아무도 모른다.

그러나 말해서는 안 되는 것이 무엇이냐고 묻는다면 조금은 생각하기 쉬워진다. 어떻든 대답이 나올 것이다. 그것을 말하지 않고 있으면 된다. 상대방의 성격이나 처해 있는 상황을 고려하여 이것만은 말해서는 안 된다는 걸 깨달아야 한다. 정해진 법칙은 없다. 애초부터 말하지 않을 테니까 자기가 내린 판단이 가령 후하다 하더라도 실제로 해를 미칠 위험이 적다.

그러나 무엇을 말해야 하느냐고 할 때 일은 쉽지 않다. 아니, 지극히 어려운 일이다. 자칫 판단을 잘못해서 안 하는 것보다 못한 말을 하면 고통받고 있는 상대방을 도리어 상처주는 일이 된다. 그러니까 무슨 말을 했으면 좋을지 모를 때에는 섣불리 말하지 않는 편이 좋다.

병자를 문병할 때에는 특히 이 말이 들어맞는다. 흔한 격려의 말이나 충고 따위를 하기보다는 묵묵히 손을 잡아주는 것이 좋다. 그러는 편이 얼마나 병자의 고통을 덜어 주는지 새삼스럽게 말할 필요가 없다. 잘 알지도 못하는 사람이 '잘 안다'고 말하는 것만큼 상대를 모욕하는 행위도 없기 때문이다.

"앞으로 나가서 야훼 앞에 있는 산 위에 서 있거라." 그리고 야훼께서 지나가

시는데 크고 강한 바람 한 줄기가 일어 산을 뒤흔들고 야훼 앞에 있는 바위를 산산조각내었다. 그러나 야훼께서는 바람 가운데 계시지 않았다. 지진 다음에 불이 일어났다. 그러나 야훼께서는 불길 가운데도 계시지 않았다. 불길이 지나간 다음 조용하고 여린 소리가 들려왔다. (열왕기상 19장 11~12절)

엘리야라는 예언자가 포악한 왕 아합과의 싸움에 지쳐서 실의 속에 혼자 시나이 산 위에 선다. 도대체 하느님은 어디에 계십니까? 마음속으로 이렇게 외치는 고독한 예언자 앞에 3가지 것——'바람·지진·불'이 지나간다.

바람은 가장 하느님을 연상하기 쉬운 것이다. 사람을 포함하여 자연계에 미치는 하느님의 영향을 유대인은 신령과 동일한 말로 파악하고 있다. 지진도 마찬가지로 대지를 다스리는 하느님의 분노의 연상(聯想)이라고 할 수 있다. 불은 아합 왕의 부정(不正)을 태워버리는 하느님의 임하심을 기대하는 것으로 볼 수 있다.

그런데 그 어느 곳에도 하느님은 모습을 나타내지 않는다. 엘리야의 기대는 모두 어긋난다. 그런데 그 직후에 예언자는 '조용하고 여린 소리'를 듣는다. 원문에서 이 구절은 콜 데마마 다카(Kôl demamah dakah)이며, 직역하면 '작은 침묵의 소리'가 된다. 어디에 계시느냐는 물음에 대하여 하느님은 조용하고 여린 소리가 되어 임했던 것이다.

사람들은 아무리 보아도 불공평한 참을 수 없는 현실을 눈앞에 두고 말한다. '하느님도 부처님도 있을 게 뭐야'라고. 그렇다. 본디부터 하느님은 없다. 사람이 안이하게 도움을 기대하는 그런 장소에는 없다. 그런데 웬일인지 마지막에 조용하고 여린 소리로 나타난다.

유대인은 그것이 잘 들리든 안 들리든 이 침묵의 속삭임에 귀를 기울인다. 스스로의 결정으로 만족하지 않고 겸손함으로 침묵 가운데 내면의 속삭임으로 배우는 것이다.

죄를 두려워하라

죄를 짓지 않을까 두려워하는 마음이 지혜에 대한 자신감보다 큰 사람은 점점 더 지혜가 성장한다. 하지만 지혜에 대한 자신감이 죄를 짓지 않을까 두려워하는 마음보다 큰 사람은 지혜가 말라 버린다.

'야훼를 경외하는 것이 지혜의 근원이요 그대로 사는 사람이 슬기를 깨친 사람이다.'(시편 111편 10절)

랍비 하나는 말한다.

"지혜보다 행위가 큰 사람의 지혜는 말라 버리지 않을 것이다. 그러나 행위보다 지혜가 큰 사람의 지혜는 말라 버릴 것이다."

사람들이 랍비 요하난 벤 자카이에게 물었다.

"죄를 짓지 않을까 두려워하는 마음을 가지고 있는 현자를 무엇에 비유할 수 있을까요?"

랍비가 대답했다.

"그런 사람은 손에 연장을 들고 있는 기술자와 같습니다."

"그러면 죄를 짓지 않을까 두려워하는 마음이 없는 현자는요?"

"그런 사람은 연장이 없는 기술자와 같지요."

"그렇다면 현자는 아니지만 죄를 두려워하는 마음을 가지고 있는 사람은요?"

"기술자는 아니지만 손에 연장을 들고 있는 사람이지요."

기술자가 연장을 가지고 있다면 무엇이든지 만들 수 있다. 그러나 연장이 없는 기술자는 아무리 만드는 법을 알고 있더라도 만들 수가 없다. 연장은 있지만 기술이 없는 사람은 만들기는 하여도 제대로 만들지 못할 것이다.

이 이야기가 주는 교훈은 이렇다. 이스라엘 백성이 위를 바라보고 하늘에 계신 아버지께 마음을 다하여 순종하면 점점 강해질 것이지만, 그렇지 않고 땅에 묶이면 쇠퇴하리라는 것이다.

스스로가 최선을 위하여

자기가 감당할 수 없는 일은 참견하지 말라!
자기가 할 수 있는 범위에서 정해진 것,
이것만 깊이 생각하라. (벤 시라의 지혜 3장 21~22절)

여기에서 말하는 '감당할 수 없는 것'이란 무엇인가? 문맥으로 볼 때, 이해할 수 없는 범위를 의미한다. 여기에 관하여는 더 이상 추구하지 말고, 자기의 영역만 깊이 생각하라는 뜻이다.

자기가 맡고 있는 범위 안에서는 자칫 발전도 연구도 없이 같은 일만을 반복하고 있는 것이 아닌지 스스로 반성할 일이다. 충분히 심사숙고하고 있는가? 어물어물 시간을 낭비하는 것이 아닌가? 이제까지 그렇게 해왔는데도 큰 불편이 없었으니까 적당히 현실에 안주하는 경향은 없었는가?

그뿐이 아니다. 자기가 맡은 일이 아닌데도 사람이 변한 것처럼 잘난 체하는 것이다. 이제까지의 방법상 미비점을 몇 가지 지적하면서 실제로는 어리석은 아이디어를 엉뚱하게 주장하기 시작한다.

직접적인 책임도 의무도 없으므로 이렇듯 마음 편한 일은 없다. 본인보다도 제삼자가 더욱 사물의 옳고 그름을 더 정확하게 안다는 말처럼 결과에 대하여 연연하지도 않는다. 문제는 자기의 전문 영역에서는 특별한 발상이나 실적도 없으면서 남 못지 않은 비평가인 체한다는 데 있다.

이렇게 안이한 방향으로 흐르는 이유는 무엇인가? 자기의 판단 수준 이내에서만 다른 사람을 측정할 수 있기 때문이다. 자기보다도 상대편이 훨씬 우수하고 열심히 노력하고 있다는 인식이 부족하다. 그러니까 자기가 맡은 분야에 대하여도 성의껏 노력하지 않는다. 자기 수준 이상에 대하여는 스스로가 판단할 수 없기 때문에 타인이 그 이상의 수준이라는 것을 알지 못한다. 따라서 노력하지 않는 결과가 된다.

한편, 자기의 전공이 아닌 분야에서는 같은 이유에서 뻔뻔스럽게 아는 체한다. 타인이 사실상 훌륭해도 자기에겐 그것을 정당하게 평가할 능력도 없고 그것을 깨닫지도 못하기 때문이다.

중요한 것은 두 가지다. 하나는 자기를 초월할 경우도 있다는 것을 깨닫는 솔직한 자세다. 평소와 같이 생각하면 알 수 없으므로 의식적으로 깨달으려고 하는 정신적 자세와 노력이 필요하다.

또 한 가지는 평소부터 마음을 유연하게 갖도록 노력한다. 마음이 유연한 상태라면 어떤 문제에 대하여도 부드럽게 반응할 수 있다. 동시에 자기에 대한 정확한 질문도 가능하다. 그리고 이 질문이 진실하고 정상적인 방향으로 진행되느냐 여부가 결정적이다.

미국 보스턴의 유대교회에 해럴드 S. 크슈너라는 랍비가 있었다. 그는 외아들을 조로증(早老症)으로 잃었다. 조로증은 어렸을 때부터 작은 노인 같은 체격이 되어 10살 정도에 사망하는 희귀한 질병이다. 그는 이 가슴 아픈 경험을 다음과 같이 기록하고 있다.

'우리들이 할 수 있는 것은 '무엇 때문에 이런 끔찍한 일이 일어났는가?'의 질문을 초월하여 다시 '지금, 나는 어떻게 하는 것이 현명한가?'라고 묻는 자세이다.'

여기에는 사실 훌륭하면서도 완벽한 질문 방향이 나타나고 있다. 무엇 때문에 나만 괴로움을 당하고 있는가의 해답을 구하는 것이 아니라, 이 고통을 뜻있게 만들려면 어떻게 해야 되는가 하는 '응답 방식'을 모색하여야 된다는 것이다.

자신을 중심으로 세계를 꾸민다

인간은 누구나 불완전하다. 다만 완전해지려고 노력하고 있는 자와 노력할 것을 포기한 자가 있을 뿐이다. 그러므로 가끔 자신을 가지는 것이 중요하다고 탈무드는 설파한다.

 인류가 시작되었을 때에 아직 인간은 죄를 범하지 않았기 때문에 그는 완전했다. 그러다 세계의 끝이 오면 구세주가 찾아와 사람들은 다시 완전함을 되찾는다. 그러나 그때까지 당신이 완전할 수는 없으며 또 당신의 이웃사람이 완전해지는 일도 없다. 그러나 완전하지 않다고 해서 자신을 잃어서는 안 되고 이웃사람이 완전하지 않다고 하여 멸시해서도 안 된다.

 '개인'이 확립되지 않은 사람은 운이 좋을 때는 어찌할 바를 모르고 좋아한다. 그리고 행운은 자신의 힘에 의하는 것이라고 생각해 버린다. 그러나 조금이라도 역경을 만나면 대번에 의기소침해져 버린다. 그러므로 '개인'을 확립하지 않은 채 인생에서 사명감을 지닐 수는 없다.
 '개인'을 확립한 사람은 어떤 환경에 놓이더라도 항상 변함이 없다. 가령 운명이 그 사람을 높은 지위에 올려 앉히거나, 혹은 낮은 자리에 떨어뜨리는 일이 있어도 그는 태연히 변하지 않는다.
 '개인'을 확립하는 일은 이치로 납득만 해서는 아무런 힘이 되지 못한다. 머릿속에서 행하는 일이 아니기 때문이다. 우선 자신의 존재를 크게 보는 것부터 인식하고, 그 다음에는 자기 것을 소중히 하는 일을 습관으로 하지 않으면 안 된다.
 자신의 것에는 가족으로부터 소유물, 그리고 시간까지 매우 다양한데, 이러한 것을 소중히 해야 비로소 자신의 생각이라는 것도 소중히 할 수 있다.
 자신의 세계를 만들지 않고 어떻게 자신의 견해나 생각이 나오게 될 것이며, 또 어떻게 자신을 소중히 할 수가 있겠는가. 그러나 자칫 사회보다도 자신이 더 위대하다고 생각해서는 안 되겠지만, 그렇다고 자신을 비하해도 안 된다. 자신과 주위 사람들을 대등하게 보는 일이 중요하다.

성공이라는 꿀벌은 자신이라는 향기에 유인되어 날아드는 것이므로 스스로를 약자라고 생각하는 사람은 성공하지 못한다. 그러기 위해서는 자신을 존중하지 않으면 안 된다. 스스로를 존중하지 않는 사람을 어떻게 타인이 존중해 줄 것인가.

자만심에 대하여

'태양은 너희 없이도 뜨고 진다'는 유대 격언이 있다. 자만하면 과오를 저지르기 쉽다. 그래서 탈무드에서는 자만하는 일을 죄로 삼지는 않았지만 자만을 어리석음이라고 규정했다.

또한 지나친 자기 혐오도 자만의 일종이라고 할 수 있다. 주위 사람들이 자신에게 별로 관심을 가지고 있지 않음에도, 자신이 이 세상의 중심이라고 생각하기 때문에 지나친 자기 혐오가 생긴다. 이것은 터무니 없는 착각이다.

자신이 자신만으로 충족되어 있는 것 가운데 신은 머무를 곳이 없다고 한다. 다른 사람을 칭찬하기 전에 자신을 칭찬하고 잘난 척해서는 안 된다.

이러한 자만심을 경고할 때에, 유대인은 자녀에게 성서의 창세기를 가르친다. 창세기에서 인간은 맨 나중에 만들어졌다. 처음에 신은 빛과 어둠을 나누고, 하늘과 땅을 나누고, 물과 불을 나눴다. 그 다음에 동물을 만드시고, 마지막에 아담이 만들어졌다. 인간이 먼저 났다고 잘난 체할 수는 없는 것이다.

긍지와 자만심은 분명히 구별하지 않으면 안 된다. 긍지는 건전한 것이지만 자만심은 일종의 병이며, 무엇보다도 어리석음이다.

고대의 유대사회 예시바 안에서는 1년생은 '현자(어진 자)'라고 불렸고, 2년생은 '철학자'라고 불렸다. 그리고 마지막 학년인 3학년이 되어야만 비로소 '학생'이라고 불렸다.

겸손하게 남에게서 배우는 자가 가장 지위가 높기 때문에 학생이 되기 위해서는 몇 년이라는 세월 동안 수업을 쌓지 않으면 안 된다고 생각했다. 학생이 되는 것이 인생의 마지막 목표라고 생각했던 것이다.

겸손해야 한다는 것의 엄격함을 탈무드에서는 '현자라 하더라도 지식을 자랑하는 자는 무지함을 부끄러워하는 어리석은 자만 못하다'고 경고하고 있으며, 자기 도취의 위험에 대해서는 '돈은 자기 도취의 지름길, 자기 도취는 죄로 가는 지름길'이라 경고하고 있다. 동양에서는 '벼는 익을수록 고개를 숙인다'는 말이 있는데, 이것은 아는 것이 많을수록 겸손해야 한다는 것을 가르치는 말이다.

인생은 바이올린의 줄

어떤 역경에도 굴하지 않는 용기라는 것은 역경을 체험한 자가 아니면 모른다고 할지도 모른다.

유대인 사이에서는 바이올린의 줄에 비유한 격언이 종종 사용되는데, 바이올린의 줄은 팽팽하게 당겨 매지 않으면 소용이 없다. 줄을 걸고 끊어지지 않을 정도로 당겨 맨다. 이런 줄에는 많은 가능성이 숨겨져 있기 마련이고, 바이올린을 타는 사람에 따라서는 훌륭한 음색이 나온다. 인간도 마찬가지로 어려움을 겪음으로써 비로소 아름다운 음색이 나온다.

자기 속에 숨겨져 있는 가장 아름다운 음색을 내기 위해서 괴로움이나 인내, 어떤 때는 실패라는 대가를 치르는 일도 필요하다. 진실한 아름다움이나 기쁨은 절실한 고생과 추악함을 안 사람일수록 그 맛을 제대로 알 수 있기 때문이다. 자신의 한계상황까지 긴장하고 괴로워한 일이 없는 사람은 마치 팽팽하게 매지 않은 바이올린 줄같이 자신 안에 있는 가능성을 신이 꺼낼 수 없게 된다.

탈무드에는 다음과 같은 구절이 나온다.

인간은 곤경을 견뎌냄으로써 쇠가 불구덩이 속에서 단련되는 것처럼 성장한다.

집중력은 인내력이 있고서야 비로소 발휘되는 것이고, 성공한 자란 집중력을 지속할 수 있는 사람이다.

원래 인간의 힘은 눈앞에 펼쳐지는 현실을 어떻게 받아들이는가에 따라 결정된다. 어려움을 만나면 좌절해 버리는 사람도 있고 오히려 분발하는 사람이 있는 것처럼 세계는 마음에 따라 그 자리가 정해지는 것이다.

인간은 사명감에 뒷받침된 목적을 가질 때에 가장 큰 힘을 발휘할 수가 있다. 그리하여 어떤 어려움도 넘어설 수 있는 것이다.

탈무드에는 다음과 같은 수수께끼가 실려 있다.

'인간의 눈은 흰 부분과 검은 부분으로 되어 있는데, 어째서 신은 검은 부분을 통해서만 사물을 보게 만든 것일까?'

그리고 이런 해답이 적혀 있다.

'인생은 어두운 곳을 통하여 밝은 곳을 보아야 하기 때문이다.'

균형감각은 남을 존중하는 사상

유대계 미국 작가 버너드 맬러머드의 소설 《어시스턴트》의 줄거리이다.

프랭크가 친구의 유혹에 따라 조그만 식료품 가게에 침입하여 강도질을 했다. 그때 친구가 가게 주인 모리스의 머리에 부상을 입힌다. 결국 가게는 폐점 직전에 이른다. 자책감에 사로잡힌 프랭크는 자기가 강도의 동료라는 것을 숨긴 채 무보수에 가까운 숙직점원으로 모리스의 가게에서 일을 한다. 유대인인 모리스는 예순 살이라 상처의 회복이 더디었다. 프랭크는 더욱더 노고를 아끼지 않고 주인을 돕는다.

이렇게 줄거리가 전개되는데, 소설 중간쯤에 감자 껍질을 벗기면서 나누는 두 사람의 대화가 나온다. 화제는 유대교의 음식에 관한 율법(음식물의 종류, 도살, 요리에 관한 세칙 등 합법적인 음식물은 코셔라고 함)에서 시작되어 유대인이란 어떤 것인가, 왜 그렇게 괴로워해야 하는가 하는 문제로 좁혀진다.

프랭크는 말했다.
"아무튼 내가 모를 것은, 왜 유대인은 이렇게 괴로워해야 하느냐는 거예요, 모리스. 뭔가 유대인은 괴로워하는 걸 좋아하는 것 같은데, 그렇지 않나요?"
"자네는 괴로워하는 걸 좋아하나? 유대인은 유대인이기 때문에 괴로워하는 거야."
"문제는 그것입니다. 유대인은 그럴 필요가 없을 때도 괴로워하는 것 같아요."
"살아 있는 한 사람이란 괴로운 것이야. 어떤 사람은 타인보다 더 괴로워하는데, 그것도 괴로움을 바라서가 아니야. 내가 생각하기로는 만일 유대인이 율법을 지키는 괴로움을 견디지 못한다면 무엇 하나 견디지 못할 거야."
"모리스, 당신은 무엇 때문에 참고 견디고 있는 거지요?"
프랭크가 물었다.
모리스는 조용히 대답했다.
"나는 당신 때문에 참고 견디고 있어."
프랭크는 테이블에 요리용 식칼을 올려놓았다. 놀란 듯이 입을 크게 벌리고.
"그건 무슨 뜻이죠?"
"바꾸어 말하면 네가 나를 위해 괴로움을 참고 있다는 뜻이지."
프랭크는 모르는 체 잠자코 있었다.

괴로움이라는 것은 흔히 일방통행로처럼 생각하기 쉽다. 괴롭히는 사람과 일방적으로 괴로워하는 입장에 놓인 사람이 있어서, 괴롭히는 쪽은 오로지 상대를 괴롭힐 뿐이고, 괴로워하는 쪽은 그냥 말없이 괴로움을 참고 있을 뿐이라는, 일방통행로처럼 양쪽의 역할 분담이 뚜렷하게 정해져 있다고 생각하기 쉽다. 그러나 여기서 작가는 유대 노인의 입을 통해 그렇지 않다고 말해 준다.

모리스 노인이 프랭크 청년을 위해 괴로워하고 있다. 어떤 뜻일까? 그것은 프랭크가 모리스를 위해 괴로워하고 있다는 것이다.

타인을 괴롭혔을 때, 그것으로 끝나는 일은 거의 없다. 상대가 괴로워한 몫만큼 괴로움을 준 쪽도 괴로워한다. 상대방의 아픔이 절실하게 자기에게도 전해져 와 어떤 아픔이 자기 안에도 생기기 때문이다. '내 탓으로 괴로움을 주게 되었다'는 생각에서 완전히 도망칠 수는 없다.

이것은 당연히 반대 입장에도 해당된다. 괴로워하는 측이 자기만 괴로워한다고 생각하는 것은 아직 생각이 모자라는 것이다. 자기만 괴로워한다고 생각하는 바로 그것에 의해 그 시점부터 상대의 괴로움도 시작된다. 일방적인 피해자 의식에서 탈출하려면 그것을 민감하게 알아차릴 수 있는지 어떤지가 해결의 열쇠가 된다. 괴로움을 상호적인 것으로 보는 발상, 작가가 노인의 입을 통해 이야기하는 뜻도 이 점에서 우리의 주목을 촉구하는 데 있다.

하느님은 말한다. '그래 나도 교회에 간 적이 없어'

워너브라더스사의 영화에 '오, 하느님'이라는 작품이 있다. 슈퍼마켓 채소 매장에서 일하는 청년에게 하느님이 작달막한 노인의 모습을 빌려 나타난다. 사람들의 종교에 대한 그릇된 선입관을 없애기 위해 하느님이 그 청년을 자기의 메신저로 만든다는 것이 영화의 설정이다.

처음에 청년은 완강하게 하느님의 말을 듣지 않으려고 한다.
"저는 일이 바쁩니다. 그렇지 않아도 매장 감독에게 욕만 먹고 있어요. 개인적으로 여유 따위는 없고 종교에는 아무 관심도 없어요. 아무리 봐도 저는 적임자가 아닙니다."

그는 계속 거절하고 있다.

"하느님, 무리입니다. 누군가 다른 사람으로 바꾸어 주세요. 도대체 나는 교회에 간 적이 한 번도 없어요…… 알고 있잖아요?"

그러자 하느님은 말한다.

"그래, 나도 교회에 간 적이 없어."

하느님의 인품에 마음이 끌린 주인공은 메신저 역을 맡아서 활동을 시작한다. 어느 날, 청년은 유명한 목사의 설교 중에 일어나 말했다.

"여러분, 저 사람이 말하고 있는 것은 거짓말뿐입니다. 속아서는 안 됩니다."

설교자는 눈을 부릅뜨고 그를 노려보며 외쳤다.

"입 닥쳐! 이 어린 것아, 나를 누구로 생각하는 거냐. 응? 너같이 아무것도 모르는 녀석이 감히 나에게 그런 건방진 말을 하다니!"

청년은 태연히 대답했다.

"하지만 당신은 자신이 무엇을 알고 있다고 생각하고 있을 뿐 진짜는 아무것도 몰라요. 하느님이 그렇게 말씀하셨어요."

청년은 목사를 모욕했다는 죄로 법정에 끌려 나갔다. 그는 재판관의 요청에도 변호인을 세우지 않았다. 처음부터 아무도 변호할 수 없을 거라고 체념했기 때문이다.

검사는 그에게 물었다.

"그런데 하느님은 어떤 모습이었습니까?"

"어떤 모습이라니? 여러 가지였어요. 웨이터의 옷을 입기도 했고, 거리미화원의 모습이기도 했고……, 때에 따라 달랐어요."

검사는 크게 고개를 끄덕이고는 말했다.

"호오, 거리청소부라구……."

방청석에서 일제히 웃음이 터졌다.

"그런데 얼굴은?"

"어디나 흔히 있는 노인과 같았어요. 참 그래요, 돋보기 안경을 쓰고 있었어요."
(웃음소리)
"증인으로 불러 와요."
"그건 무리입니다. 어떻게 부르면 좋죠?"
그때 소리 없이 법정 문이 열리고 하느님이 등장한다.
청년이 펄쩍 뛰며 외친다.
"하느님!"
"마음 놓아라. 내가 변호해 주마."
어리둥절 놀라는 사람들 앞을 지나서 노인은 증언대에 선다.
"이름과 주소를 말하시오."
재판관이 물었다.
"나는 하느님이오. 적어도 지금까지는 그렇게 불려 왔소. 주소는 정해져 있지 않소."
그 뒤 하느님은 차분히 사정을 설명했다.
"모두 모여서 이 청년을 괴롭히고 있는데, 사람을 재판하는 것은 내 일이 아니었던가요? 여러분들 하나하나의 교만이 싸움과 증오의 세상을 만들고 있어요. 모두 이 청년처럼 순수한 마음으로 돌아가지 않으면 세상은 나빠지기만 합니다……."
이야기가 끝나자 노인의 모습이 보이지 않았다. 다만 통로 한가운데를 걸어가는 발소리와 문을 여닫는 소리만 잠시 들릴 뿐이었다. 재판관은 무죄를 선고한다.
영화는 그 노인과 청년의 대화로 끝난다.
"하느님, 가실 겁니까?"
"오냐, 사람들과 함께 있는 것은 이제 진저리가 나. 이제부터 아프리카에 가서 기린이나 얼룩말들과 한가하게 살겠네."
"그러시면 저는 쓸쓸해져요."

"그러나 잊지 마라. 만일 네가 말하고 싶은 것이 있거든 무엇이라도 좋으니 이야기하거라. 나는 언제나 네 이야기를 들어 주마……."

모세가 하느님께 아뢰었다. "제가 이스라엘 백성에게 가서 '너희 조상들의 하느님께서 나를 너희에게 보내셨다' 하고 말하면 그들이 '그 하느님의 이름이 무엇이냐?' 하고 물을 터인데 제가 어떻게 대답해야 하겠습니까?"
하느님께서는 모세에게 '나는 곧 나다' 하고 대답하셨다. (출애굽기 3장 13~14절)
모세는 처음 미디안 사막에서 양을 치고 있었을 때, 전달자로서 하느님의 부름을 받는다. 이집트에 노예로 있는 이스라엘 민족을 파라오의 손에서 해방시키라고 명령받지만, 모세는 "저에게는 그럴 자격이 없습니다"라고 거절한다. 마치 이 영화의 주인공과 마찬가지로 반응하는 것이 재미있다.
사람은 흔히 하느님이 있을 법한 장소를 설정하고 싶어한다. 그러고는 그럴 만한 곳에 하느님을 억지로 밀어넣는다. 하지만 그것은 사람 멋대로의 생각에 지나지 않는다.
영화 속에서도 하느님은 말한다.
"나도 교회에 간 적이 없다."
그렇다. 잘 생각해 보면 누구나 알 수 있는 일이다. 하느님은 사람의 생각과는 관계없이 자기가 좋아하는 곳에, 좋아하는 때에, 좋아하는 대로 접촉하신다.
출애굽기 후반 부분에 하느님의 의지가 나타나 있는 곳도 있다.
"나는 돌보고 싶은 자는 돌보아주고, 가엾이 여기고 싶은 자는 가엾이 여긴다."(33장 19절)
하느님이 인간이 제멋대로 생각하는 모든 예상이나 기대를 벗어나 접촉해오는 것이 토라(율법)에서 말하는 유대 일신교의 기본자세이다.

적어도 하느님은 한 사람 한 사람의 마음속에 '스스로 있는 자'로서 자신의 장소를 갖고 계신다. 또는 사람이 알아채지 못할 때도 그 장소에 나타나신다.

사무엘 울만의 〈청춘〉

청춘이란 인생의 어떤 기간이 아니라 마음가짐을 말합니다.
장미의 용모, 붉은 입술, 나긋나긋한 손발이 아니라
씩씩한 의지, 풍부한 상상력, 불타는 정열을 가리킵니다.
청춘이란 인생의 깊은 샘의 청신함을 말합니다.

청춘이란 두려움을 물리치는 용기,
안이함을 선호하는 마음을 뿌리치는 모험심을 의미합니다.
때로는 스무 살 청년보다도 60살 노인에게 청춘이 있습니다.
나이를 더해 가는 것만으로 사람은 늙지 않습니다.
이상을 잃어 버릴 때 비로소 늙습니다.
세월은 피부에 주름살을 늘려 가지만
열정을 잃으면 마음이 시듭니다.
고뇌, 공포, 실망에 의해 기력은 땅을 기고
정신은 먼지가 됩니다.

60살이든 16살이든 인간의 가슴에는
경이에 이끌리는 마음,
어린애와 같은 미지에 대한 탐구심,
인생에 대한 흥미로부터 아름다움, 희망, 기쁨, 용기,
그리고 힘의 영감을 받는 한 그대는 젊습니다.

영감이 끊기고, 정신이 아이러니의 눈에 덮이고,
비탄의 얼음에 갇혀버릴 때
스무 살이라도 인간은 늙습니다.
머리를 높이 치켜들고 희망의 물결을 붙잡는 한,
80살이라도 인간은 청춘으로 남습니다.

사무엘 울만은 이 시를 78살 때 썼다. 그는 평생 인생교사인 랍비였다. 그는 하루하루의 삶을 어떻게 살아야 하며, 어떤 의미를 가져야 하는지에 대해서 이렇게 말했다.

지구와 그 위에 실현된 모든 충만, 태양, 달, 여러 행성 및 창공을 장식하는 셀 수 없는 별들은 시간이라는 육지 위에 하느님의 손이 가꾼 정원에 지나지 않으며, 우리는 하느님의 사랑으로 시간이라는 자궁으로부터 불려나와 이 세상이라는 정원에서 자리를 잡았습니다. 우리는 이성의 존엄과 자유의지의 신성한 힘을 부여받았습니다. 시간을 정복하고 제압하여 그 광대한 원료로부터 우리의 인생을 창조하라는 명령을 받았습니다. 해가 서쪽에서 질 때 자랑스럽게 하루하루의 날들을 가리키며, '보라! 이것들은 우리가 주인인 하루하루의 날들이었다'고 말할 수 있도록, 날들이 지나갈 때 하나씩 차례로 장악하고 그 하루하루의 날들을 미덕의 하인이 되게 하고, 활동의 머슴이 되게 하며, 그 하루하루의 날들에 우리 품행의 신성한 생활을 표시하는 도장을 찍으라는 명령을 받았습니다.

맥아더는 1952년 한국전쟁에서 퇴역한 뒤 16년 만에 귀환하여 미 상하원의회에서 "노병은 죽지 않는다. 다만 사라질 뿐"이라는 구절로 끝맺는 명연설을 하여 미국민들을 열광케 했다.
75회 생일인 1955년 1월 26일 캘리포니아주 로스앤젤레스에서 열린 한 집회에서 맥아더는 울만의 시를 인용하며 '청춘은 절대 인생의 한 시기가 아니다——그것은 마음의 한 상태이다'라는 신념으로 일흔다섯에도 아직 젊다고 선언하는 연설을 했다.

청춘이란 인생의 어떤 기간이 아니라 마음가짐이라는 사무엘 울만의 시는 인생의 절창(絕唱)이 아닐 수 없다.

사무엘 울만은 유대인으로 1840년 독일에서 태어나 프랑스 알자스에서 어린 시절을 보냈다. 11살에 미국으로 이민을 왔고, 미시시피주 포드 깁슨에 정착하였다. 일찍 동생을 잃은 그는 아버지의 푸줏간 일을 도우며 학교에 다녔다. 1년 반 동안 다닌 학교생활이 그가 받은 정규교육의 전부였다.

그는 남북전쟁이 일어나자 남군의 병사로 싸우던 중 왼쪽 귀의 청력을 영원히 잃게 되었다. 25살에 엠마와 결혼하여 여덟 아이를 낳았으나 두 아이를 잃고 56살에 상처한 뒤로는 딸의 가족과 함께 살았다. 그는 앨라배마주 버밍햄으로 이사한 뒤에 직물회사를 경영하며 토지회사 사장 등을 지냈다.

한편 지역사회의 시교육위원으로서 교육 발전에도 많은 노력을 기울였고, 그 결과 사람들의 칭송을 받았다. 유대교 개혁과 전교에 힘써 시나고그 의장이 되었던 그는 미국 시나고그 역사 최초로 평신도 율법사가 되었다.

사무엘 울만은 학교교육을 충분히 받지 못했으나 평생 탈무드 연구를 게을리하지 않아 높은 수준의 학자 경지에 이르렀다. 그는 일상생활을 소재로 시를 썼고, 자기 주장을 논리정연한 글로 표현했다.

세계 최고두뇌 최대부호 성공집단 탄생시키는 유대
솔로몬 탈무드
7
유대인 세상살이 방법

여자 다루는 법 남자 다루는 법
연애와 결혼은 요람인가 무덤인가?

정열은 결혼만큼 오래 지속되지 않는다

유대인은 격렬한 연애를 별로 칭찬하지 않는다. 인간이기 때문에 연애를 하지만, 어디까지나 냉정한 눈으로 남녀관계를 바라본다.

탈무드에는 다음과 같은 말이 씌어 있다.

'다음 세 가지를 인간은 숨길 수가 없다. 기침, 가난, 사랑.'

동시에 '정열 때문에 결혼하더라도 정열은 결혼만큼 오래 지속되지 않는다'라고 경고하고 있다. 사랑은 열렬할수록 그 생명이 짧다. 흥분은 오래 지속되지 않는 법이기 때문이다.

또한 유대인은 현실주의자이므로 탈무드에서는 이렇게 말하고 있다.

사랑은 잼이다. 그러나 인생이라는 빵과 함께 먹지 않으면 살아갈 수 없다.

사랑은 정신을 혼동시킨다.

가볍게 사랑을 하면 중대한 결과를 낳는다.

사랑과 증오는 언제나 과장되고 있다.

신혼여행은 일주일이면 끝난다. 그러나 인생은 일주일로 끝나지 않는다.

결혼은 여섯 가지 요소로 이루어져 있다고 한다. 하나는 '애정'이고, 나머지 다섯 가지 전부가 '믿음'이라고 한다. 또 결혼은 처음 3주일간은 서로 관찰하고, 다음 3개월간은 서로 사랑하며, 그 다음 3년간은 싸우면서 지내고, 그리고 30년간은 서로 용서하며 보낸다고 한다. 더 고약한 소리를 하는 사람은 '독신자는 공작처럼 행동하고, 약혼한 사나이는 사자처럼 행동하고, 결혼하면 마소가 된다'고 한다. 그러니 결혼이란 신중하게 하지 않으면 안 된다.

남자의 갈비뼈로 여자를 만든 이유
유대인은 부계사회를 만들어 왔다. 유대인의 가정에서는 아버지가 가장 큰 권위를 가지고 있다. 그렇다고 여성이 소홀히 다루어진 적은 없다.

성서는 남녀를 평등하게 다루고 있다. 이스라엘인을 이집트에서 해방시킨 선두에 미리암이 있었고, 고대 유대의 독립 영웅으로 드보라가 있다. 특히 잠언 속에서는 여성이나 어머니가 찬양되고 있다.

히브리어로 가장 높은 가치가 있는 말에 '라하마라트'라는 것이 있는데, 이것은 '어머니의 사랑'이란 뜻이다.

유대 속담에는 '신은 모든 곳에 다 있을 수 없으므로, 어머니를 만들었다'는 말이 있다.

또 유대사회에서 이상적인 사나이는 남성적인 강함과 여성적인 부드러움을 겸비한 사람이라고 한다. 탈무드에는 다음과 같은 아름다운 말이 있다.

"아내를 자신을 사랑하듯이 사랑하고 귀중하게 지켜라. 여자를 울려서는 안 된다. 신은 그녀의 눈물을 한 방울씩 셀 것이다."

여성은 유대인의 전통에서 귀하게 여겨진다.

예를 들어, 매주 가족 모두가 모여서 식사를 하는 안식일의 만찬 때, 남편은 아내에게 다음과 같은 노래를 부르도록 되어 있다.
"힘과 부드러움을 갖춘 이여, 그대 입을 열면, 지혜로운 말이 흐르네. 신이 당신을 축복하고 아이들을 지켜주시길."
그런 다음에 아내는 촛불을 켠다.
또한 탈무드에는 '만일 남녀 고아가 있으면, 먼저 여자아이를 구하라. 남자아이는 고아로 구걸을 해도 되지만, 여자아이는 그렇게 할 수 없다'고 가르치고 있다.
탈무드에서는 이렇게 쓰고 있다.

신은 여자를 남자의 머리 부분으로 만들지는 않으셨다. 왜냐하면, 남자를 지배해서는 안 되기 때문이다. 또한 신은 남자의 발로 여자를 만들지도 않으셨다. 그것은 남자의 노예가 되어서는 안 되기 때문이다. 남자의 갈비뼈로 여자를 만든 이유는, 여자를 언제나 남자의 가슴 곁에 두기 위함이었다.

탈무드에서는 악처에 대한 경고의 말로 다음과 같이 기록하고 있다.

남자에게 불운한 것은 어리석은 자식을 갖는 것과 악처를 갖는 일이다.
강한 비바람은 남자를 집 안에 있게 하고, 악처는 집 밖으로 남자를 밀어낸다.

성서에도 이런 말이 쓰여 있다.

다투길 좋아하는 여자와 집에 있는 것보다는 천정 위 다락방에 사는 편이 낫다.
착한 아내는 남편에게 왕관과 같지만 고약한 아내는 그의 뼈를 썩게 한다.
어떤 남자에게 악처는 돌과 같다. 석공이 돌을 사랑하는 것처럼 사랑하는 마음으로 아내를 다루는 사람도 있다.

질투는 천 개의 눈을 가지고 있다

고대부터 유대인에게 전해지고 있는 수수께끼에 다음과 같은 것이 있다.

"랍비여, 당신은 모든 것을 다 알고 있습니다. 그러므로 아담이 낙원에서 아침이 되어 돌아오면, 이브가 어떻게 하는가를 가르쳐주십시오."
랍비는 대답했다.
"이브는 아담의 갈비뼈 수를 세어본다."

여자는 질투심이 많다. 사랑은 맹목이란 말처럼 질투야말로 맹목으로 사리분별을 어둡게 한다.

유대 속담에 '질투는 천 개의 눈을 가지고 있다'는 말이 있다. 눈이 없으면 볼 수 없지만, 눈이 천 개가 있다면 사리분별이 더욱 어려울 것이다. 그런데 여자의 질투도 무섭지만, 남자의 질투도 만만찮다.

'사랑은 맹목이지만 질투는 보이지 않는 것까지 보아버리기에 맹목인 것보다도 더 나쁘다'는 속담처럼 질투만큼 무서운 것은 없을 것이다. 성서의 잠언은 '증오는 무자비하며, 분노는 격한 흐름과 같은 것이다. 그러나 누가 질투를 참아낼 수 있단 말인가'라고 말해 질투를 제어하는 것이 어렵다고 강조한다.

질투는 보이지 않는 것까지 본 것처럼 착각하게 해서 꼬리에 꼬리를 물고 혼란스럽게 한다. 성서의 창세기에는 신이 인간에게 먹지 말라고 한 금단의 나무 열매를 따먹은 뒤부터 불행이 비롯되었다고 씌어 있다. 이 금단의 나무 열매는 지식의 나무에 자란 것이기에 인간은 앎으로써 불행해진다는 것을 경고하는 것이다.

하지만 서로 사랑하는 두 사람에게는 질투가 애정의 척도가 되기도 한다. 질투의 불까지 꺼져 버리면 이별할 날이 멀지 않았음을 알아야 할 것이다. 그러므로 탈무드에서도 이렇게 말하고 있다.
'초조하고 속상하지 않는 연인은 진심으로 사랑하고 있는 것이 아니다.'

유대인은 돈과 섹스를 소중히 생각한다

유대인은 성기도 하느님이 만드신 것이기 때문에 좋은 것이라고 생각한다. 돈에 대해서 탈무드에서는 이렇게 말한다.

돈은 하느님의 선물을 살 기회를 준다.
사람에게 상처를 주는 것이 셋이 있다. 고뇌, 다툼, 빈 지갑이다. 그 가운데서 빈 지갑이 가장 큰 상처를 준다.
몸의 모든 부분은 마음에 의존하고 있다. 그리고 마음은 지갑에 의존하고 있다.

탈무드에서 유명한 랍비가 자기 딸들에게 노골적인 묘사를 해 가며 성교육을 시키는 장면도 나오고, 부부간의 성행위에 대한 구체적인 권면 사항도 나온다.
탈무드에는 이런 말도 있다.

남편과 아내 사이에 행해지는 성행위는 신성한 것이다. 추하고 꺼려야 하는 것으로 생각하면 안 된다. 만일 성행위가 꺼려야 하는 것이라면 성기도 마찬가지로 꺼려야 하는 것이다. 그러나 성기는 하느님이 만드신 것이다. 만일 성기를 꺼려야 하는 것으로 생각한다면 하느님이 하신 일을 불완전한 것이라고 여기는 것이다. 그것은 신성 모독이다. 문제는 성기를 어떻게 쓰느냐이다. 손도 마찬가지이다. 성서를 옮겨 쓰고 있을 때 그 손은 찬양받아야 한다. 그러나 뭔가 나쁜 일을 하고 있다면 그 손은 불결한 것이 된다. 신체의 어느 기관이라도 좋은 일을 할 때는 명예로운 것이 되며, 나쁜 짓을 할 때는 꺼리는 것이 된다.

평소 남편은 수탉이 암탉에 붙어 다니는 것처럼 너무 아내 가까이에 붙어 다니지 마라. 아내에게 늘 가까이 붙어 있으면 정력이 약해지고 성기뿐만 아니라 신체의 다른 기관도 약해진다. 정력을 과도하게 소모하면 안 된다.

현자들은 금요일 밤을 성행위를 하기에 가장 적당한 날로 꼽는다. 이 날이 성스러운 안식일이기 때문이다. 성행위에는 정신적인 기쁨이 따라야 하며, 성행위는 육체를 새롭게 소생시키는 휴식과도 같아야 하기 때문이다.

섹스도 적극적 노골적으로 하라

탈무드에는 쾌락을 동반하지 않는 성교섭을 갖는 것을 금하고 있다. 여기서 탈무드의 성에 관한 6가지 가르침을 인용해보자.

1. 성적인 의무를 게을리하는 자는 죄를 범하는 것과 같다.
2. 남편은 아내의 성적인 욕망을 충족시켜야 한다.
3. 여자쪽에서 성적 욕망을 밝히는 것은 좋은 일이다.
4. 성행위를 갖는 경우 여성부터 절정에 이르러야 한다.
5. 여자가 깨끗한 날(멘스가 없는 날)에는 성행위를 언제나 가져도 좋다. 몸의 어느 부분에도 키스해도 좋고 어떤 체위를 취해도 좋다. 노골적일수록 좋다.
6. 욕망을 느끼더라도 때에 따라서 며칠간은 참는 편이 좋다.

탈무드가 이렇게까지 노골적으로 성에 관해 설명했다는 것은 놀라운 일이다. 이것은 예선이나 지금이나 성생활이 얼마나 중요한가를 알 수 있는 구절이다.

탈무드는 성을 '생명의 강'에 비유하면서, 모자라지도, 넘치지도 마라고 가르친다. 강은 물이 넘치면 홍수를 일으켜 여러 가지 것을 파괴하지만, 물이 적절히 흐르면 열매를 맺게 하고 사람을 살려준다.

성서에는 '아담이 그 아내 이브를 알게 되었다'라고 씌어 있다.

히브리어로 '야다(알았다)'라는 말을 쓰고 있는데, '야다'는 남녀가 성관계를 맺는 것도 의미한다. 성적으로 사랑하는 것은 아는 일이며, 아는 것은 사랑하는 일이라는 것이다.

탈무드에는 '성은 창조행위이다. 이것 없이는 자기 완성을 얻을 수 없다. 성 교섭은 올바르게 이루어지면 기쁨이다. 성은 자연의 일부이다. 때문에 성교섭에 부자연스런 일이 있을 수 없다'고 가르치고 있다.

가정은 유대 사회의 요람

탈무드에서는 말하고 있다.

'가정은 가장 작은 사회단위이다. 가정에 소홀한 사람은 사회에 도움이 될 수도 없고, 거대한 사회의 진정한 일부가 될 수도 없다.'

성서나 탈무드에 의하면 남자가 일로 성공하든가 사회에 공헌한다고 하는 것은 어디까지나 가정에서의 책임을 다한 뒤의 일로 간주되므로, 남자의 첫 번째 책임은 가정에 있다고 여긴다.

특히 오랜 세월 국가를 갖지 못하고 세계로 뿔뿔이 흩어져 사는 것을 강요받아 온 유대인의 의지처는 가족과 동포뿐이었다. 혹독한 현실에 직면할 때마다 가족 전원이 일체가 되어 서로 돕고, 격려하며 위로해왔다. 그러므로 가족의 끈을 유지하는 것이야말로 적의에 가득찬 세계에서 살아남는 가장 좋은 방어망이었다.

유대인의 결혼계약

탈무드에는 다음과 같은 말이 있다.

아내를 갖지 않은 남자는 남자라고 부르지 않는다.
모든 교사는 아내가 있어야 하며, 모든 랍비는 결혼하지 않으면 안 된다.

아이를 한 명밖에 갖지 않은 사람은 한 눈으로 세계를 보고 있는 것과 같다.

새로운 가정을 탄생시키는 결혼은 신성한 일이다.
유대 사회에서는 남자가 독립하여 아내를 맞아들이지 않는 한 진정한 한 남자로 인정하지 않는다. 아내가 없는 사람은 기쁨이 없고 신으로부터의 축복이 없고 선행도 계속되지 않는다고 여기고 있다. 그리고 적어도 두 명의 자녀를 낳는 것을 의무로 여겨왔다.
히브리어로 결혼을 '키두싱'이라고 하는데 이는 '성별(聖別 : 성화하는 것)'과 같은 말로서, 결혼에는 신이 함께 한다는 것으로 신성시한다.
유대인 사회에서는 오랫동안 '샤도쿤'이라는 직업적인 중매인이 활약해 왔는데, 가장 유능한 '샤도쿤'은 신이라고 생각해 왔으며 지금도 '샤도쿤'은 신의 일을 하는 사람으로 명예를 부여받는다.
유대에서는 결혼할 때 상거래 계약서와 마찬가지로 서로 내용을 합의하고, 또한 만약의 경우 분쟁을 피하기 위하여 결혼계약서를 작성한다. 일반적으로 결혼계약서는 결혼식 때 읽는다.

일부다처제에 대하여
탈무드는 성경처럼 일부다처제를 인정하나 적극적으로 찬성하지는 않는다. 그러면서도 '남성은 원하는 수만큼 아내를 택할 수 있다. 그러나 4명을 초과할 수는 없다'고 주장하기도 한다. 또한 '남성은 아내를 맞이할 때에 자기 아내가 원하면 이혼을 해 줘야 한다. 다만 대제사장은 일부일처이어야 한다'고 기록되어 있다.
대중들간에는 다처제가 실행되고 있었으나 랍비가 권장했다는 기록은 없으며 그러한 제도가 혐오의 대상이 되었다는 이야기가 있다.
유다 왕자의 아들이 아내와 떨어져 12년 동안 수학하고 돌아왔을 때에 그녀는 불임이었다. 이 소식을 듣고 아버지가 말했다.

"어떻게 해야 한다? 이혼하면, 사람들이 신앙심이 돈독한 여성이 그 오랜 세월을 헛수고했다고 말할 것이고, 새로운 아내를 구해 주자니 한 사람은 아내요, 다른 사람은 첩이라고 할 것이 아닌가?"

그 후 그녀를 위해 기도하였고 기도가 이루어져 자식을 낳게 되었다.

이혼할 것인가 말 것인가

때때로 부부가 잘못 만나는 경우가 있다. 이런 경우 다음과 같은 익살스런 말이 있다.

팔레스타인에는 한 남성이 아내를 받아들일 때, 사람들은 그 결혼이 아짜인지, 모쩨인지 묻는다.
다음 두 구절 속에서 위의 말뜻을 알 수 있다.
아내를 얻는 것은 행복을 얻는 길이다. (아짜)
여자란 죽음보다 신물나는 존재이다. (모쩨)
이 말 속에서 모든 아내는 완전하지 않음이 증명된다.
아내의 다스림을 받는 사람의 인생은 인생이 아니다.
아내의 지배를 받는 사람은 아무도 관심을 두지 않는다.
탈무드법에서는 부부가 어렵지 않게 이혼할 수 있다.
나쁜 아내란 남편에게는 문둥병과 같으므로 그 치료를 위해 이혼을 하게 하라.
나쁜 아내를 가졌다면 이혼하는 것은 종교적 의무이다.

탈무드 율법은 '간음한 여성은 이혼 당해야 한다'고 주장한다. 그러나 이러한 실수 외의 이혼은 권장되지 않는다.

누구든지 첫 아내와 이혼하는 자에게는 제단(祭壇)조차 아내 편을 들어 눈물을 흘리리라.

네가 다시 이런 일을 하게 되면, 너는 울고불고 눈물로 주님의 제단을 적시리라. 왜냐하면 네가 배반한 조강지처, 약조를 맺고 혼인한 아내, 너의 짝과 너 사이에 주님께서 증인으로 나서시기 때문이다.

무분별한 이혼을 방지하기 위해 결혼 위자료인 케투바를 아내에게 꼭 지불하게 했다. 또 이혼에 있어서 남편은 절대적 권위를 행사할 수 있었다.

여성은 본인의 동의 여하에 상관없이 이혼당할 수 있지만, 남성은 반드시 자신의 동의가 있어야만 이혼할 수 있다.

이혼하자면 남편이 직접 또는 신용 있는 대행자를 통하여 케투바를 아내에게 제시하면 되므로, 실제적으로 남편은 아내와 이혼할 수 있지만 아내는 남편의 동의 없이는 이혼할 수가 없었다.
만약 아내의 행실이 나쁘다고 소문나면 케투바를 지불하지 않아도 된다.

다음은 케투바를 지불치 않고 이혼할 수 있는 경우이다. 유대법을 거역한 여성, 즉 머리를 가리고 대중 앞에 서지 않았을 때나, 거리에서 방황하거나 다른 남성과 대화하거나, 남편 앞에서 자녀들에게 욕했을 때나, 집안에서 이웃이 들을 수 있을 만큼 큰소리로 말하는 여성의 경우, 케투바를 지불하지 않고 이혼할 수 있다.
결혼의 목적은 가족 부양이므로 여성측의 불임은 그 목적을 상실하게 된다. 따라서 남성이 여성과 결혼하여 10년간 자식이 없어 기다렸다면, 더 이상 자식 없이 살아선 안 된다. 남편이 아내와 이혼했을 때 아내는 재혼할 수 있으며 새로운 남편은 10년간 기다려야 한다. 그녀가 유산한 경우에는 유산한 시간부터 10년을 계산한다.

아내를 선택할 때 한 단계 낮춰라

결혼은 인생에서 더할 나위 없이 중대한 일이다. 때문에 결혼 상대는 신중히 찾지 않으면 안 된다.

아내를 선택하는 일은 사람이 자유의사로 선택하는 일 가운데서도 가장 어려운 일이다.

땅을 살 때는 서둘러라. 그러나 신부를 선택할 때는 충분한 시간을 들여라.

성품이 좋고 미인이며 현명한 아가씨를 아내로 삼으려는 사람은 마치 세 사람의 신부를 바라는 것과 같다.

사랑은 결점을 감추며 증오는 장점을 감춘다.

이것은 '증오는 싸움을 일으키고, 사랑은 모든 죄를 덮는다'는 잠언과 비슷하다.

'세상에서 가장 행운아는 누구일까. 좋은 아내를 맞은 남자이다.'

탈무드는 아내 선택에 대한 현명한 충고를 한다. 그 예로 연령의 심한 차이는 절대 금지한다. 자기 딸을 늙은이와 결혼시킨 사람이나 젊은 아들에게 늙은 아내를 맞도록 하는 사람을 '목마른 자에게 갈증을 더하듯이 주님은 용서치 않으리라' 했다.

성서는 형이 자식이 없이 죽었을 경우에 시동생이 대를 이을 의무가 있다고 말한다. '그러면 그 성읍의 장로들이 그를 불러서 말해 준다.' 여기에 대해 탈무드는 이렇게 말하고 있다.

"이것은 장로들이 시동생에게 적절한 충고를 해 주는 것임을 가르치고 있다. 그가 젊고 형수가 늙었거나 그 반대라면 장로들은 그에게 말할 것이다. '너보다 훨씬 젊거나 늙은 사람과 결혼할 이유가 무엇인가? 가서 자네 나이에 맞는 사람과 결혼하여 가정 분란을 일으키지 않도록 하라.'"

랍비 율법은 또 이렇게 주장한다.

'남성은 훗날 반대할 만한 점이 발견되어 혐오감이 나타나지 않도록 사전에 여성을 만나보고 아내를 맞도록 해야 한다.'
'키 큰 남성은 자녀들이 홀쭉하지 않도록 키 큰 여성과 결혼하지 말고, 키 작은 남성은 난쟁이를 낳지 않도록 키 작은 여성과 결혼하지 말며, 지나친 미인이 되지 않도록 미남은 미녀와, 피부가 검은 남성은 자녀들이 너무 검지 않도록 피부가 검은 여성과 결혼하지 말아야 한다는 우생학적 원리를 간과해서는 안 된다.'
그리하여 다음과 같이 권장하고 있다.
'아내를 선택하는 데 한 단계를 낮춰라.'

신은 새 부부가 탄생할 때마다 새 언어를 만든다

'두 남녀가 맺어지면 지금까지 어느 곳에도 없었던 새로운 세계 하나가 탄생한다.'

이 세계에는 두 사람만이 통하는 새로운 언어가 생기는 법이다.

결혼하면 남자가 잃는 것이 있다. 물론 여자도 잃는 것이 있지만 탈무드 시대는 남자를 더 존중했기 때문에 여자가 잃는 이야기는 나오지 않는다.

어느 날, 로마 황제가 랍비 가브리엘에게 물었다.

'여자는 남자에게 얼마나 소중할까? 유대의 신은 아담을 잠들게 한 뒤에 갈비뼈 하나를 떼어내어 여자를 만들었다고 한다. 도둑질이 아닌가.'

창세기에는 분명히 이브는 아담의 갈비뼈로 만들었다고 씌어 있다. 랍비는 황제에게 그 자리에 있었다면 경찰을 불러야 했을 것이라고 대답하고, 이렇게 덧붙였다.

"어젯밤, 저의 집에 도적이 들어와 은수저를 훔쳐갔는데, 금잔을 놓고 갔습니다."

"뭐야, 그건 대단한 행운이었군."

"네, 신이 여자를 준 것도 마찬가지 이야기가 아니겠습니까."

남자가 여자와 함께 살게 되면 잃는 것이 생긴다. 수입과 제멋대로 지내던 자유 같은 것이다. 그러나 그 대신 황금의 술잔 같은 귀중한 짝을 얻는다.

결혼식은 두 사람이 전장으로 나가는 것

결혼식에 초청을 받으면 귀를 기울이자. 더구나 자기의 결혼식이라면 더 말할 나위가 없다.

결혼식장엔 결혼행진곡이 울린다. 그런데 잘 들어보라. 아름답기보다 장중하다는 생각이 들지 않는가.

결혼식은 두 사람의 전사가 싸움터로 나가는 것과 같다. 이제부터 두 사람은 싸우고 상처를 입을 것이다. 그렇게 나이가 들면, 두 사람은 상이군인처럼 서로 위로하며 살게 될 것이다. 결혼식 음악이 화려하면서도 장중한 군악대의 음악과 비슷한 것은, 결혼하는 두 사람이 싸움터로 나가는 것과 흡사하기 때문이다.

연애와 결혼은 무덤인가 요람인가

'결혼은 치킨 수프보다 큰힘이 있다.'

치킨 수프는 유대인에게 친숙한 가정 요리 가운데 하나이다. 그리고 예로부터 뜨거운 치킨 수프는 유대인의 대표적인 민간 요법으로 감기, 배앓이, 실연(失戀) 등 모든 병을 고치는 힘을 갖고 있다고 믿었다.

그러나 결혼에는 치킨 수프 이상의 만병의 치유력이 있다고 한다. 또 결혼해서 2년이 지나면 연애라는 무서운 병까지 고칠 수 있다고까지 한다.

유대인에게 결혼이란 사람이 이 세상에 태어난 목적 가운데 하나이다. 이와 같이 결혼은 중대사이기 때문에 연애 같은 일시적인 충동이 개입해서는 안 된다. 그들은 성급한 연애가 행복한 가정을 만드는 입구가 되지 않는다는 걸 잘 알고 있었다.

탈무드나 유대인의 속담에는 연애에 찬물을 끼얹는 경구가 많이 나온다.

지옥은 배반당한 연인들이 흘린 눈물의 바다 위에 떠 있다.
서로 연애를 하고 있는 두 사람에게는 바늘구멍조차도 좁게 보이지 않는다. 그러나 일단 서로 미워하게 되면 전세계라도 너무 작아 보인다.

그렇다고 연애를 부정하는 것은 아니다. 성서에도 연가(戀歌)가 많이 나온다.

성서의 아가(雅歌)서는 종교로서는 어울리지 않는 애절하게 호소하는 연가만을 모은 시집이다.

아가는 '그리워라 뜨거운 임의 입술, 포도주보다 달콤한 임의 사랑, 임의 향내, 그지없이 싱그러운 임의 이름, 따라 놓은 향수 같아'라는 시로 시작되고 있다.

'아무리 물을 뿌려도 사랑의 불꽃을 끌 수는 없다. 홍수도 나의 사랑을 흘려버릴 수는 없다.'

'당신의 사랑은 얼마나 아름다운가. 당신의 사랑은 포도주보다 더 달콤하고, 당신의 향유 냄새는 모든 향료보다 좋다.'

유대 속담에 '사랑없는 결혼은 돈이 들어 있지 않은 지갑처럼 차디차다'고 했다. 그리고 연인들의 뜨거운 사랑보다도 부부 사이의 은근한 사랑을 더 존중한다.

교훈을 따르면 실패가 없다

결혼 이후의 생활에 대해서도 조언하고 있다.

결혼의 행복은 주어지는 것이 아니다. 결혼은 행복을 얻는 기회를 줄 뿐이다. 결혼은 실험이 아니라 남녀가 힘을 합쳐 원만한 가정을 만들고 경제적 안정을 이루려고 노력하는 일이다.

자기에게 어울리는 배우자를 얻었다고 행복해지는 것은 아니다. 자기가 상대방에게 어울리는 배필이 되도록 매일 노력함으로써 행복해진다.

결혼에 대한 교훈을 들어보겠다.

결혼을 하는 동기는 4가지가 있다. 육체적인 쾌락, 경제적인 안정, 사회적인 형편, 가정의 원만 등이다. 그 가운데 네 번째 동기가 가장 중요하다. 이것 없이는 어떤 결혼도 실패한다.

돈이나 명예를 위해 결혼하는 사람은 아들이나 딸이 나쁜 짓을 저지른다.

남자는 결혼하기 전까지 어버이를 사랑한다. 그러나 일단 결혼하면 남자의 사랑은 아내에게 향하지 않으면 안 된다.

양과 범은 같은 집 속에서 같이 살 수 없다. 시어머니와 며느리가 한 지붕 아래서 살 수 없는 것과 같다.

아내에 관한 조언에는 다음과 같은 것이 있다.

포도주 한 잔은 아내를 아름답게 한다. 두 잔째는 아내를 밉게 한다.
장마 때 새는 물은 불평이 많은 여자와 같다.

결혼은 세계 어느 민족에게도 쉬운 일이 아니다. 남녀관계는 인간에게 가장 친근하면서 가장 어려운 이문화(異文化)가 뒤섞이는 일이기 때문이다.

네 아내를 공경하라

아내를 자신처럼 사랑하고, 자신보다 더 존중하며, 자녀들을 올바른 길로 인도하여 사춘기 후에 곧바로 결혼을 주선해 주는 사람에게 탈무드는 '너의 장막엔 평화가 깃드는 것을 알 수 있느니라'고 말한다.

너의 아내를 공경하라. 그럼으로써 네 자신이 풍요케 된다. 아내에 대한 공경을 성실히 해야 한다. 가정 속에는 아내에 대한 축복만이 있기 때문이다.

남성은 자신을 위한 음식이나 의복에 보다 적은 비용을 들이고 아내와 자식들의 공경에 재산을 써야 한다. 그가 우주를 창조하신 하느님께 의존하듯이 그들은 남편에게 의존하기 때문이다.

부부는 서로 인생의 동반자로 생각할 것을 권장한다.
'네 아내의 키가 작거든 허리를 굽혀 그녀에게 속삭여라.'
남편은 자신이 우월하다고 생각하여 자기 문제에 대해 아내와 협의하지 않아도 된다고 생각하면 안 된다.
동시에 이에 반대되는 의견이 나타나는 것도 사실이다.
'아내의 충고에만 의지하는 사람은 누구든지 지옥으로 떨어진다.'
하지만 이것은 아합이 아내 이세벨의 충고를 따라서 신세를 망친 특별한 경우를 지적한 것이다.

자녀의 독립을 중시한다

탈무드는 말한다.
'젊은 남자가 결혼하면 모친과의 관계를 끊어 버린다.'
토라 중에는 신이 '남자는 그 부모를 떠나 아내와 맺어라'며 자식에게 부모와 헤어져 생활하라 명하고 있다. 이는 자립할 것을 중시하는 것으로 자녀가 일단 결혼하여 독립한 뒤 부모는 그 생활에 간섭해서는 안 된다는 말이다. 아이가 아무리 귀엽다고 해도 가족 안에 매몰시킬 수는 없으므로 자녀교육에서도 '개인의 독립'에 비중을 두고 있다.

　유대인은 개인의 힘을 최대한으로 발휘하기 위하여 자유를 존중하며, 자립함으로서 이 자유를 얻을 수 있다고 생각한다.

　특히 유대에서는 장인과 남편, 시어머니와 며느리가 한 지붕아래 사는 것을 좋아하지 않는다. 시부모와의 동거가 새 가정을 파괴하고 결과적으로 자녀의 자립을 막는 경우가 많기 때문이다.

　그렇다고 유대인이 조부모를 경시하고 있다는 것은 아니다. 토라나 탈무드에는 부모나 조부모, 연장자나 노인에게 예의를 지키고 소중히 대할 것을 설법한 무수한 말이 산재해 있다. 부모를 공경하는 것을 사람의 의무로 여기고 있다.

　부모를 공경하라. (출애굽기)
　'저마다 자신의 모친과 부친을 공경하지 않으면 안 된다. (레위기)

중용을 걸어라

　유대인에게 처세술의 요체는 균형을 잡는 데 있다고 할 수 있다. 건전한 가정생활을 영위하는 데에도 적당한 수준으로 평형을 이루며 지나치지 않도록 하는 것이 중요하다.

　만약 인간이 강인하기만 하다면 어떤 요구를 부과해도 괜찮다. 그러나 인간은 누구나 나약한 면을 갖고 있으므로 때로는 적당히 나약함을 나타내는 것이 당연하지만, 나약함을 장려하는 것은 아니다. 사람이 긴장만 하고 있다면 오래 견딜 수 없으므로 어느 정도까지의 탐욕, 태만한 마음은 허용해야 한다는 것이다. 그러므로 유대인은 나약함을 혐오하기보다는 어느 수준까지 나약함을 허용하면 좋을까를 문제삼는 것이 현실적이라고 생각한다. 인생의 톱니바퀴가 잠시 어긋나는 것을 두려워할 것이 아니라 평생 맞물리지 않는 것을 두려 위해야 한다. 그러므로 돈이나 여자, 술이 결코 인생의 목적은 아니지만, 때로는 인생에서 그것이 필요하다.

유대인의 보물창고

유대인이 유대인임을 포기하지 않은 것은 사회의 가장 작은 단위인 가족이 굳건하게 결속해 있었기 때문이다. 또한 개개의 가정이 뿔뿔이 흩어지는 일 없이 하나로 뭉쳐 있었기 때문에, 그들은 2000년 이상 전세계에 흩어져 작은 공동체를 만들고 가혹한 박해를 견디면서도 유대인이라는 긍지를 버리지 않았다. 유대인은 한 가정뿐만 아니라 유대교의 가르침 대로 전체에 대해 가족의식을 확대해왔다.

유대인은 상인이든 학자든 예술가든 가정 안에서 같은 틀로 교육받았기 때문에 그 존재방식이 비슷하다. 그래서 유대인은 어느 분야에서 입신하려 해도 성공할 확률이 매우 높은데, 이 틀을 지탱하고 있는 것이 가정이므로 가정이야말로 성공의 씨앗이 흠뻑 뿌려져 있는 보고인 것이다.

히브리어로 '크랄 이스라엘──유대인은 같은 뿌리에서 출발한 한 가족'이라는 말대로 세계의 유대인은 한 장의 천처럼 짜여져 있으며, 그들은 누구나 이 천을 떠나서는 존재할 수 없다고 주장해 왔다.

유대인은 개인으로 분리되어 독립하고 있는 것이 아니라 공동체의 구성원 모두에 대해 사회적인 연대책임이 있다는 견해를 취해 왔다. 본래 국가라면 가족의 연장선 위에 있어야 할 것이다. 그러나 유대인이 가족의 결속과 동포와의 연대감이 강한 것은 오랫동안 국가가 없었기 때문이며, 이처럼 유대인이 전세계에 걸쳐 단결하고 있는 것은 거대한 힘이 되었다.

이마에 땀 흘리고 빵을 먹어라
일을 사랑하라

일하기 싫으면 먹지도 마라

인간은 자기의 양식을 얻기 위해서 뿐만 아니라 사회질서 유지에 할당된 자기의 몫에 공헌하기 위하여 맡은 바 의무를 감당해야 한다. 우리가 이미 관찰한 바와 같이 토라를 연구하는 것이 유대인에게는 가장 존경받을 만한 직업이었다. 그러나 랍비는 모든 이들이 항상 그런 관념적인 일에만 종사한다면, 이 세상이 유지될 수 없다는 것을 인정할 만큼 현실적이었다.

'가장 훌륭한 직업이란 토라의 연구와 세속적인 일을 합친 직업이다. 랍비들이 노동을 해야 하는 것은 그 두 가지 죄를 범하지 않게 해주기 때문이다. 노동하지 않고 토라만 연구할 때 마침내 무익하게 되고 죄를 범하게 된다.'

다음은 평범한 사람들이 취할 수 있는 행복한 중용이다.

'만약 아침과 저녁에 두 가지 율법을 배우고 낮에는 종일토록 일하는 사람이 있다면, 그는 토라 전체를 지킨 사람으로 인정받을

수 있다.'

신을 경외하는 자보다 노동의 결실을 기뻐하는 자가 더 위대하다. 왜냐하면 신을 경외하는 자에 대하여서는 '주를 두려워하는 자는 복이 있다'고 씌어 있고, 자기 노동의 수확을 즐기는 자에게는 '네 손의 수확을 먹을 때 그것이 너를 만족하게 하리라'고 되어 있기 때문이다. 신을 경외하는 자에 대해서는 '네가 만족하게 될 것이다'라고 표현하지는 않았다.

탈무드 문학은 노동의 존엄성을 확인한다. '일하는 자에게 영광을 가져다주는 노동은 위대하다'라는 말은 이런 주제를 꿰뚫는 핵심이다. 인간에게 주신 신의 계획 가운데 중요한 부분은 노동이다. '일을 사랑하라'는 랍비의 격언에서 이것을 배울 수 있다.

아담이 손수 일을 할 때까지 음식을 먹을 수 없었을 때에도 야훼께서는 아담을 데려다가 에덴 동산을 돌보게 하시며 이렇게 이르셨다.

"동산에 있는 나무 열매는 무엇이든지 마음대로 따먹어라."

만약 실직한 사람이 있다면 그는 무엇을 할 수 있는가? 그가 터나 밭을 가지고 있다면 거기서 바쁘게 일하도록 하라.

'엿새 동안 힘써 네 모든 생업에 종사하고'라는 말에서 '네 모든 생업에 종사하고'라는 구절을 덧붙인 것은 무슨 의도인가? 그것은 도태된 상태에서 뜰이나 밭을 가지고 있는 사람을 염두에 두고, 그가 바쁘게 일하라는 것이다. 인간은 게으름을 피울 때 죽게 될 뿐이다.

이런 이야기가 있다.

신이 아담에게 알려 주시기를 '땅은 가시덤불과 엉겅퀴를 내리라' 하셨다. 아담이 눈물이 글썽해서 신께 말했다.

"우주의 주재자시여, 나와 내 나귀가 똑같은 구유에서 먹어야 합니까?"

그때 신이 대답했다.

"이마에 땀을 흘려야 낟알을 먹으리라."

아담의 마음은 곧 편안하게 되었다.

모든 동물의 왕국 안에서 인간만이 노동을 함으로써 다른 동물보다 우월하게 된다는 사실은 매우 교훈적이다. 물론 노동은 인간에게 가장 중요한 기본 요소이다. "너희 후손을 잘 살게 하려거든 생명을 택하라"는 구절에서는 수고를 의미하고, 그 개념을 간결하고 강력하게 표현하였다. "인간이 손으로 수고한 것에 축복이 내린다"라는 말은 노동이 행동에 이르는 길이라는 사실을 암시한다.

만약 어떤 사람이 자기 아내에게 백 명의 하인을 주었다 하더라도, 그의 아내는 손수 얼마간의 집안일을 해야 한다. 왜냐하면 게으름을 피우면 음란에 이르게 되고, 음란은 정서적 불안을 가져오기 때문이다. 노동이 온 우주 질서 안에서 가장 중요한 위치를 점유하고 있다는 사실을 다음 절에서 잘 지적해 준다.

"그날 밤 아랍 사람 라반의 꿈에 하느님께서 나타나시어 야곱과 시비를 따지지 말라고 이르셨다."

이는 라반의 집에서 무리한 요구를 묵묵히 감당하며 일한 야곱의 노동에 대한 대가를 하느님께서 인정하신 것이다. 야곱이 그랬던 것처럼 우리는 노동을 함으로써 조상들이 남겨 주신 공적으로 얻을 수 없었던 지위를 얻게 된다.

"만일 제 할아버지 아브라함의 하느님, 아버지 이삭을 돌보시던 두려운 분이 제 편이 아니셨다면, 장인은 저를 빈털터리로 내쫓았을 것입니다."

위의 말이 사실이라면 조상들의 공적이 자기의 부를 지키는 데 소용될 뿐이다.

"그러나 하느님께서는 내가 얼마나 보람없는 고생을 하였는지를 살피시고 어젯밤에 판결을 내리신 것입니다."

이 구절은 야곱이 손수 수고한 공적을 생각한 신이 야곱을 해하지 말라고 경고한 것을 설명해 준다. 그러므로 신께서는 인간이, '신이 나를 불쌍히 여기고 계시니까 나는 손수 수고하지 않고 먹고 마시고 번영하겠다'라는 말을 하지 마라는 교훈을 주신다. '그가 손으로 하는 모든 일을 축복해 주셨고'라고 주장하였다.

인간은 손수 노력해야만 신께서 축복을 내리신다. '일하기 싫은 자는 먹지도 마라'는 속담이 있다.

더구나 인간은 개인의 필요 때문에 노동을 한다고 생각해서는 안된다. 랍비는 손으로 하는 수고를 높이 평가하였으며, 자기들이 설교한 내용을 몸소 실천하였다.

몇 사람의 랍비가 부유한 가문 태생이었지만, 대부분의 랍비는 일용할 양식을 벌기 위해 겸손히 노동하는 사람들이었다. 아키바는 날마다 나뭇단을 주워 모아 내다가 판 값으로 생활을 했다.

요수아는 숯을 구웠으며, 자기의 일 때문에 더러워진 방에서 살았다. 메이어는 서기였고 요게 할랍타는 피혁공이었다. 요하난은 구두직공이었고 유다는 빵굽는 사람이었으며, 아바 사울은 빵반죽 빚는 사람으로 천한 지위에 있었으며 한편으로는 무덤 파는 자였다고도 한다.

탈무드가 모든 사람에게 권유한 노동을 농업에 비유하여 말한 것은 특기할 만한 일이다. '저녁때 들에서 돌아온 사람'에 대하여 언급한 것을 볼 수 있고, 또 야브네의 랍비는 '나는 도시에 있고 그는 들에 있다'고 표현하였다.

수공업이나 상업에 비교하여 농업의 상당한 공적을 인정하는 데 대하여 날카로운 견해 차이를 볼 수 있다. 한편은 '모든 종류의 노동자들은 결국 땅으로 돌아간다'고 말한다. '땅을 갖지 못한 인간은 참인간이라고 할 수 없다', '주께서 지우신 멍에가 어찌나 무거운지 그만 지쳐 버렸다오'라는 구절은 자기 돈으로 살며 농사짓지 않는

유대인 세상살이 방법 491

팔레스타인 사람에게 적용된다.

이에 대하여 반대의 의견도 강력하다. '백 명의 사람이 사업에 종사할 때 날마다 고기와 술을 준비해 주지만, 백 명의 사람이 농업에 종사할 때는 사람들로 하여금 소금과 야채에 순응하게 해줄 뿐이다. 게다가 밤에 이삭을 지키기 위해서 땅에서 잠자게 되며 자기의 이웃과 분쟁을 일으키게 될 것이다.'

어떤 랍비는 이런 권고를 하며 타협안을 내놓았다.

'사람은 반드시 자기의 돈을 삼등분해서 삼분의 일은 땅에, 삼분의 일은 사업에 투자하고, 나머지 삼분의 일은 자기의 소유로 두어야 한다.'

특히 토지의 소유가 불확실할 때 수공업에서 얻을 수 있는 안정된 생활은 대단히 매력적이다. '7년 동안 계속되는 가뭄도 장인(匠人)의 대문 앞까지는 올 수 없다'라는 속담도 있다.

기근이 농부들에게 무섭게 닥친다 해도 수공업자는 별로 영향을 받지 않는다. 이 문제에 대하여 랍비는 이렇게 가르쳤다.

"누구든지 자기의 아들에게 기술을 가르쳐 주어야만 한다. 자기 아들에게 기술을 가르치지 않는 사람은 도둑이 되라고 가르치는 것과 같다. 자기 손으로 일하는 직업을 가진 사람은 담을 둘러친 포도밭과 같아서 가축과 들짐승이 침입하거나 지나가는 사람들이 들여다보고 따먹지 못한다. 그러나 자기 손으로 일하는 직업이 없는 사람은 담이 무너진 포도밭과 같아서 가축과 들짐승이 침입하고 지나가는 사람들도 들여다보고 따먹을 수 있다."

사람이 배울 수 있는 여러 가지 직업 사이에 구별이 있는데, 여기에 대해서도 랍비는 어떤 것은 추천하였고 어떤 것은 비난하였다.

"누구든지 자기 아들에게 노새몰이나 낙타꾼이나 선원, 의사, 백정 기술은 가르칠 수 없다. 왜냐하면 그것은 도둑질하는 직업이기 때문이다."

다른 랍비는 이렇게 말했다.

"대부분의 노새몰이꾼은 악한이며, 대부분의 낙타꾼은 정직하고, 대부분의 선원은 경건하다. 가장 훌륭하다는 의사는 고난의 땅에 갈 것이며 대부분의 정직하다는 백정들은 아말릭과 동조자이다."

이 문제에 대하여 다른 의견을 볼 수 있다.

'이 세상에서 사라지지 않는 직업은 없다. 부모가 고상한 직업에 종사한다고 생각하는 사람은 복 있으며, 부모가 마음에 들지 않는 직업에 종사한다고 생각하는 사람은 화 있을 것이다.'

탈무드는 왜 인간이 자기의 직업을 좋아하지 않는다고 해도 일을 계속해야 하는가에 대하여 설명하였다.

"하느님께서는 모든 것이 제때에 알맞게 맞아 들어가도록 만드셨다."

이 구절은 무슨 의미인가? 신께서는 사람들에게 자기가 종사하는 직업이 마음에 들도록 하셨다.

랍비는 생활비를 버는 방법 중에 고리대금업을 신랄히 비난하였다.

"그런 직업을 가진 자는 법정에서 증언을 할 수 없다."

이자 없이 돈을 꾸어주는 사람에 대하여 이런 말이 있다.

'돈놀이를 하지 않으며 뇌물을 받고 무죄한 자를 해치지 않는 사람, 이렇게 사는 사람은 영원히 흔들리지 아니하리라.'

'이것으로 너희는 만약 어떤 사람이 자기 소유를 빌려주고 이자를 받는다면 비난받아 마땅하다는 것을 알 수 있다.'

고리대금업자는 피를 짜내는 사람에 비유할 수 있다.

성서에서는 이자를 받는 사람을 모든 악한 행동과 범죄를 저지른 사람처럼 취급하였다.

'또 물건을 세놓았고 돈놀이를 했다고 하자. 이런 온갖 역겨운 짓을 하고는 결코 살 수 없다. 그런 자는 자기의 죄를 쓰고 죽을 수

밖에 없다.'

현실에 만족하지 마라

'네 고향과 친척과 아비의 집을 떠나 내가 장차 보여 줄 땅으로 가거라.'(창세기 12장 1절)

이것은 유대 민족의 조상인 아브람이 태어난 땅 메소포타미아에서 약속의 땅 가나안으로 떠날 때 하느님이 준 계시의 내용이다. 히브리어 원전에서 이 부분은 다음과 같은 어순으로 되어 있다.

떠나가거라, 너를 향하여. 네 고향에서, 네 친척으로부터, 네 아비의 집에서, 내가 장차 보여 줄 땅으로.

앞에 나온 번역에서는 분명하지 않지만, 이 히브리어 원문은 강조점이 분명하다. 즉, '떠나가거라' 하는 동사가 문장 첫머리에 나와 있어, 이 점에 강한 인상을 받도록 하는 문체로 되어 있다.

어째서 '나오라'고 의도적으로 지시하는 것일까. 이유는 간단하다. 인간은 현재의 상황에서 나오기 싫어하는 존재이기 때문이다.

누구나 기댈 장소를 가지고 있고, 또 그것을 갖고 싶어한다. 거기에 있는 것만으로도 저절로 마음이 평안해지는 장소에 안주하기를 바라며, 어떤 그룹에 소속되어 있음으로써 안도의 숨을 쉬고 싶어한다. 얼마쯤의 응어리나 망설임이 있어도 달라붙어 있고, 온실 같은 환경이 그리워서 그 자리에 눌러앉게 된다. 요컨대 떠나가기를 싫어하는 경향이 있다.

되도록이면 안락하게 지내고 싶은 것이 인간의 꾸밈 없는 마음이다. 현재 상황에 안주하여 일상적인 흐름에 몸을 내맡기는 한, 쓸데없이 풍파에 시달리지 않고 안락한 나날을 보낼 수가 있다. 일부러 주위와 마찰을 일으킬 필요가 있는가.

하지만 과연 이것을 본마음이라 할 수 있을까. 사실은 나가고 싶지만 나갈 수가 없는 것이다. 나감으로써 쏟아지는 비난이나 입게 되는 불확실한 미래가 불안한 것이다. 결국은 혼자가 된다는 것, 타인과 달라지는 일이 무서운 것이다.

내가 나이기를 망설이고 네가 너이기를 두려워한다면, 이건 이미 자신의 삶을 산다고 할 수 없다. '나는 나'이고 '너는 너'이다. 내가 나이기 위해서는 어떤 점에서 나는 혼자가 되어야 한다. 거기에는 아무래도 '나간다'는 행동이 뒤따라야 하는 것이다.

현대사회에는 남이 하니까 나도 한다는 식으로 사는 사람이 많다. 그러나 이렇게 살아서는 아무런 성장도 기대할 수 없다. 이렇게 되는 요인에는 크게 두 가지가 있다.

하나는 자신으로부터 나올 수가 없는 것이다. 자기를 부드럽게 감싸주고 있는 것으로부터 아직도 떨어지지 못하고 독립하여 홀로서기를 하지 못하는 상태에 있는 것이다.

또 하나는 자신을 향하여 나갈 수가 없는 것이다. 자기로부터 나갈 줄을 모르므로 본래의 자신으로 향할 자세를 잡지 못한다. 자기의 껍데기가 너무나 딱딱해서 내가 나일 수 없게 된 것이다.

유대인의 생활규범인 율법은 너는 '떠나가거라' 하고 말한다. 우리는 내가 놓여 있는 현재 상황에서 '떠나간다'는 것이 무엇을 뜻하는가를 생각해야 한다. '떠나가거라로부터 나와서 내게로 간다'는 것이다.

용서할 것인가 말 것인가

공동체 속에 유지되어야 하는 조화가 때때로 개인 사이의 의견차로 어지럽혀지는 일이 종종 생긴다. 따라서 선량한 시민은 그런 싸움이 빨리 끝나고 평화로운 관계가 회복되기를 원할 것이다. 그러기 위해서는 두 가지 조건이 필수적이다.

첫째는 잘못한 사람쪽이 자신의 과오를 진심으로 인정하고 죄를 범한 사람에게 용서를 빌어야 한다.

이 점에서 탈무드는 강경하여 뒤에 따르는 절차까지 기술하고 있다. 친구에게 죄지은 사람은 그에게 "내가 너에게 나쁜 짓을 했다"고 말해야 한다. 그가 용서를 받아들인다면 다행이지만 만일 받아들이지 않는다면 그는 사람들을 데리고 가서 그들 앞에서 그와 화해하되 이렇게 말해야 한다. "나는 이 사람에게 죄를 지었다. 그런데 그는 나의 죄를 벌하지 않았다."

만일 그가 그렇게 한다면, 성서는 그에 대해서 "무덤 어귀에서 나의 목숨을 살려내시어 나의 생명이 다시 빛을 보게 되었다"고 할 것이다. 자신이 죄를 범했던 사람이 죽었다면 그는 그 무덤에 엎드려 "내가 너에게 몹쓸 짓을 하였다"고 위로해야 한다.

또 다른 랍비는 말하기를 "만일 누가 잘못해서 다른 사람을 의심하게 되면 그를 달래야 한다. 아니 그보다도 그를 찬양해야 한다." 그러나 이렇게 달래는 횟수에는 한도가 정해져야 한다. 어떤 견해에 따르면 세 번 이상은 하지 말라고 한다.

어떤 랍비가 '잠자리에 들어서는 절대로 나의 친구를 저주하지 않는다'라고 썼다. 그렇게 함으로써 쉬려고 자리에 들기 전에 그날 자신이 다른 사람에게 범했던 잘못을 깨우칠 수 있다는 것을 뜻한다.

두 번째로, 괴롭힘을 당한 쪽의 의무는 그가 사과할 때 그것을 받아들이고 불만을 품지 말아야 한다는 것이다. 이런 충고가 있다.

'사람은 삼목처럼 단단하지 말고 갈대처럼 부드러워야 한다.'

'네가 받은 모욕을 용서하라.'

어느 랍비는 잠자리에 들면서 "나를 곤경에 처하게 한 어느 누구라도 용서해 주옵소서"라고 기도드리곤 했다.

말다툼을 줄이고, 말다툼이 일어났을 경우 빨리 화해시키기에 좋은 현명한 충고가 있다.

"만일 네가 친구에게 작은 잘못을 했다면 그것을 크게 생각하고, 만일 네가 친구에게 크게 좋은 일을 했다면 그것을 마음으로 작게 생각하며, 만일 그가 네게 작게라도 좋은 일을 했다면 그것을 크게 생각하고, 만일 그가 네게 큰 잘못을 했다면 그것을 마음으로 작게 생각하라."

레위기에 나오는 '동족에게 앙심을 품어 원수를 갚지 마라'는 명령은 이런 정의로 받아들여진다. 원수란 무엇을 뜻하며 앙심이란 무엇을 뜻하는가?

원수란 어떤 사람이 친구에게 "낫 좀 빌려줘"라고 말했다가 거절당한 상황에서, 그 다음에 거절했던 그 친구가 "도끼 좀 빌려줘" 하고 찾아왔을 때, "네가 내게 거절한 것처럼 나도 네게 아무것도 빌려주지 않겠다"라고 대답하는 것이다.

앙심이란 어떤 사람이 친구에게 "도끼 좀 빌려줘"라고 말했다가 거절당한 뒤, 그 다음날 그 거절했던 친구가 "외투 좀 빌려줘" 하며 찾아왔을 때, "옛다! 나는 너처럼 남이 원하는 것을 빌려주기를 거절하는 사람이 아니야"라고 대답하는 것이다.

모욕을 당하고도 그것을 앙갚음하지 않는 사람들과 자기를 비난하는 것을 듣고도 응수하지 않는 사람들, 사랑으로 하느님의 뜻을 행하는 사람들과 역경에서도 기뻐하는 사람들에 대해서 성서는 "하느님을 사랑하는 사람들은 해처럼 힘차게 떠오르게 하소서"라고 기원하고 있다. 보복하지 않는 사람은 그가 죄가 있다면 용서받을 것이고, 그가 용서를 빌면 관대하게 받아들여질 것이다.

'파괴한 것을 보상하기를 거부하거나, 요청받았을 때 거절하는 것은 책망받을 태도이다. 동포에게 자비로운 사람은 하늘에서 그에게 자비를 보여줄 것이다. 또한 동포에게 자비롭지 못한 사람은 누구에게나 하늘에서 자비를 보여주지 않을 것이다.'

1세기의 어떤 랍비가 즐겨 인용한 문구가 있다.

'원수가 넘어졌다고 좋아하지 말고 그가 망했다고 기뻐하지 말아라. 야훼께서 그것을 못마땅하게 보시고 네 원수에게서 노여움을 돌이키신다.'

그것은 용서하지 않고 적의를 품어 간직하는 사람이나 남에게 재난이 닥쳤을 때 기뻐하는 사람은, 그로 인해 죄인이 되어 하느님의 노여움이 남으로부터 방향을 바꾸어 곧장 자신에게로 온다는 뜻이다.

원죄란 무엇?

그리스도교에서는 인간은 이미 씻을 수 없는 죄에 더럽혀진 몸으로 이 세상에 태어났다는 설을 강조한다. 즉 하느님의 개입이 필요하다는 것이다. 어린이들이 배우는 노래에도 '아담이 죄를 지어서 우리들은 모두 죄인이다'는 내용이 있다.

성 아우구스티누스는 '생식이라는 행위…… 그 자체가 죄이며, 죄는 그대로 새로운 창조물에게 전해지게 된다'고 말한다. 모든 아이는 태어나면서부터 인간의 죄를 이어받으며, 모든 인간은 이 근절할 수 없는 죄에 의해 완전히 더럽혀져 있다는 것이다.

그 때문에 인간은 속죄를 위하여 하느님의 자비에 완전히 의지하게 된다. 어떤 일을 하고, 어떤 성격을 갖고 있든지 인간은 구제받을 수 없다. 하느님의 은혜만이 인간의 죄를 속죄할 수 있다. 사도 바울이 로마 신자들에게 보낸 편지에서 말한 것처럼 '그것은 인간의 의사와 노력에 의한 것이 아니라 하느님의 뜻에 의한다'는 것이다.

원죄라는 개념은, 유대 신학에서는 아무런 역할도 하지 못한다. 랍비문학에는 원죄에 대해 언급한 곳이 몇 군데 나오지만, 인간의 타락에 의해 기본적인 교리가 생겼다는 말도 없고, 선조 대대로 내려오는 죄라는 내용도 없다. 유대교는 인간이 죄에 더럽혀져 태어났다고 하는 비관주의나 그러한 사상의 흐름을 따르는 운명론을 배척

하고 있다. 왜냐하면 그와 같은 사상으로는 인간이 아무리 노력해도 구제받을 수 없기 때문이다.

그리스도교 신학자 제임스 파크스 박사는 이 점에 대한 유대교와 그리스도교의 차이를 대비시켜 이렇게 썼다. "유대교에서는 신이 인간에게 '나의 창조 계획을 성취해라'고 명하고, 인간은 '예'라고 대답한다. 그리스도교에서 인간은 하느님에게 이렇게 대답한다. '당신의 창조과업을 성취해 주십시오. 어리석고 죄 많은 우리들은 할 수 없습니다'라고. 그리고 하느님은 '그래, 그렇게 하지'라고 대답하신다"는 것이다.

유대인이 매일 외는 기도에는 '당신이 내려주신 영혼의 순수함이여'라는 구절이 있다. 인간은 선조로부터 물려받은 죄의식에 얽매어 있지 않다. 감정대로 판단하며, 또한 자신의 의사로 감정을 조절할 수도 있다. 그렇게 선택의 자유를 갖고 있으므로 언제나 선을 선택한다고 할 수는 없다. 때로는 악을 따르기도 한다. 그러나 그와 같이 흔들리는 것이 무의미한 것은 아니므로 그 연약함에 굴복할 필요는 없다. 인간은 높은 이상과 목표달성을 향해 인생을 걸어갈 수 있는 힘을 갖고 있다.

창세기에 있는 "하느님은 …… 계속 이루기 위하여 창조하셨다"는 말로부터 랍비들은 하느님이 창조와 관계있는 모든 요소를 완성시킨 것이 아니라는 의미로 받아들인다. 하느님은 미완성된 부분을 인간이 완성시키기를 원한다는 것이다. 그리고 인간 자신이 미완성이다. 인간은 하느님이 시작한 창조 과정을 완성시킬 책임이 있다. 그러므로 랍비들은 인간을 '쉬타후 라코디쉬 발루후 후', 즉 '하느님과 함께 창조 과업을 이루는 사람'으로 본다. 말하자면 하느님은 그 자녀들에 의해 힘을 얻고 있는 것이다. 하느님의 자녀들은 하느님의 뜻을 행함으로써 하느님에게 힘을 주기 때문이다.

인간의 자유는 그 본성에 어떤 속죄할 수 없는 결함이 있다 해도 그것 때문에 잃는 것은 아니다. 인간은 외부의 힘에 의해 죄 많고 어리석은 길을 가는 운명체로 정해진 것은 아니다. 인간의 선택 가운데는 선과 악이 있다. 성서에도 '보아라. 내가 오늘 생명과 번영, 죽음과 파멸을 너희 앞에 내놓는다'고 씌어 있다. 인간의 속죄는 스스로의 힘으로 할 수 있는 것이다.

가난과 도움에 대하여

랍비 아키바는 "이스라엘에서 가장 가난한 사람일지라도 고귀한 인간으로 이 세상에 태어났다"고 말했다. 왜냐하면 그들은 아브라함과 이삭과 야곱의 자손이기 때문이다. '가난한 사람을 착취하지 말고, 가난한 것을 좋게 여겨라'는 성경 말씀은 역설로밖에 생각되지 않는다. 아무것도 갖고 있지 않은 사람에게서 착취할 것이 없기 때문이다. 그러나 탈무드의 대답은 단순명쾌하다. "가난한 사람에게 주라고 하느님이 명령한 것은 아낌없이 주라"는 것이다.

가난한 사람들은 고통스러운 나머지 반발을 일으키기 쉬운 것도 당연하다. 그들은 이렇게 외치고 싶을 것이다. '왜 내 생활은 다른 사람들보다 힘든 것인가? 왜 다른 사람들은 집이 있고 필요한 것이 생기는데, 나는 집도 없고 아무도 돌봐주지 않는 것인가?'라고. 하느님은 '가난한 사람을 돕는 사람은 가난한 사람과 나 사이에 중간 역할을 해서 가난한 사람의 영혼을 진정시켜 주는 것과 같은 것이다'라고 말씀하셨다.

탈무드에서 말하는 것처럼 가난한 사람에게 베푸는 사람은 자신을 위한 재산을 천국에 쌓는 것이 되지만, 자신이 궁핍하게 될 때까지 자선을 베풀 필요는 없다. 현자들은 현실을 충분히 이해하고 있으므로 빈곤이 죽음처럼 괴로운 것이라는 것을 알고 있었다. 자신이 가난하게 되어 누군가에 의지하게 될 만큼 많이 베풀었다 해서 사회에 어떤 이익이 되겠는가?

예수는 일찍이 한 젊은 사람에게 "당신이 갖고 있는 모든 것을 팔아서 가난한 사람에게 주라"고 충고했지만, 랍비들은 이 충고에 동의하지 않을 것이다. 가난한 사람에 대한 의무를 다한 결과, 자기 가족에 대한 의무가 소홀해져서는 안 된다. 남에 대한 사랑 때문에 사회적으로 자기가 파멸하는 것을 요구하지는 않는 것이다. 사람은 가지고 있는 것의 5분의 1 이상을 베풀어서는 안 된다고 랍비들은 말한다. 다른 동네의 가난한 사람을 돕기 전에 먼저 자신이 살고 있는 공동체의 가난한 사람에게 손길을 펴야 한다는 것을 랍비들은 철칙으로 삼고 있다.

부자가 되려면

우리가 결코 잊어서는 안 되는 사실은 '부자는 궁핍하지 않다'는 사실이다. 부의 불균형 위에 부자가 생기기 때문에 부자는 영원히 부자 그룹에 속하며, 가난한 사람은 영원히 가난한 사람들의 그룹에 속하게 된다.

그러나 때로 가난한 사람과 부자 사이에 있는 거대한 벽을 뛰어넘는 사람은, 설사 겉모습은 가난하게 보일지라도 그 행동은 부자의 행동을 취하게 되며, 부자의 마지막 줄에라도 서게 되는 것이다.

부자의 마지막 줄에 선 사람이 가난한 사람들의 가장 앞 줄에 선 사람보다 실제로 부자가 아닐 수도 있다. 설사 그렇더라도 부자의 줄에 서는 것이 낫다. 왜냐하면 마지막 줄이라도 부자의 줄에 서 있는 사람은 부자의 사고 방식을 갖게 되지만, 가장 앞 줄이라도 가난한 사람들의 줄에 서 있으면 영원히 가난이라는 사고 방식에서 벗어나지 못하기 때문이다. 유대인 중에 부자가 많은 이유는 그들이 부자의 사고 방식을 가지고 있기 때문이다. 이는 실용적 기술이 아닌 철학이다. 유대인들은 그 철학을 일상 생활 속에서 실천한다.

그 실천의 기본 덕목은 '부자가 되기를 원한다면 베풀어라'이다.

부자가 되기 위해서는 자신보다 가난한 자에게 기꺼이 베풀어야 한다는 뜻이다. 남에게 베풀 수 있는 것은 그 사람의 마음이 넉넉하기 때문이다. 마음이 넉넉하고 너그러운 사람의 주변에는 많은 사람들이 모여들기 마련이며, 사람들이 모여들면 그만큼 비즈니스 기회가 많아진다. 대부분의 사람들이 '복(福)을 주신 신(神)'하고만 거래하기를 원한다. 그러나 다른 사람에게 복을 주기 위해서는 마음이 풍요롭고 넉넉해야 한다. 욕심만으로는 결코 부를 축적할 수 없는 것이다.

일하며 공부하며
문제는 지식의 양이 아니라 현명한가 어리석은가이다

평생의 스승

책이 없는 집은 영혼이 없는 몸과 같다.
책과 양복이 동시에 더러워지면 먼저 책부터 닦아라.
생활이 궁핍하여 물건을 팔아야 한다면, 금, 보석, 집, 토지의 순서로 팔아라. 마지막까지 팔아서는 안 되는 것은 책이다.
여행을 하다가 고향 사람들이 모르는 책을 만나면, 반드시 그 책을 사서 고향으로 가지고 돌아가라.

유대교 시나고그 안 맨 앞 중앙에는 '성궤'가 있고, 그 안에는 성서를 손으로 쓴 양피지 두루마리가 들어 있다. 천으로 싸여 있는 매우 큰 이 두루마리는 그 위에 왕관이 씌워져 있다. 성궤 앞에는 아름다운 커튼이 드리워져 성서 두루마리가 보이지 않도록 되어 있다.
유대인에게 책은 성스러운 것이었다. 온 역사를 통해 책을 베끼거나 빌리고, 또는 사서 읽음으로써 배워온 민족으로서 유대인만큼 책을 소중히 하는 민족은 없다.

기원전 5세기에 페르시아 왕 아르타 크세르크세스 1세의 유대 총독이었던 느헤미야는 이렇게 기록했다.

'이 지방에는 도서관이 곳곳에 있을 뿐만 아니라, 그 안에는 늘 사람들로 가득하다.'

1736년에는 라트비아(발트해 연안에 있는 나라)의 유대인 지역에서 책을 빌려달라는 사람에게 책을 빌려주지 않은 자에게는 벌금이 부과된다는 조례가 결정되었다. 유대인 가정에서는 책장을 침대 다리 쪽에 두지 않고 항상 머리 쪽에 두고 있다.

책은 유대인에게 보물이었다. 고대 유대에서는 책이 낡아도 버리지 않았고, 책장이 다 닳아서 글자가 희미하여 읽을 수 없게 된 경우에도, 책을 불태우는 짓은 결코 하지 않았으며, 사람들이 모여서 성인을 매장하듯 정중하게 땅을 파고 묻었다.

그러나 중세를 통해 그리스도교인은 유대의 책을 불태우는 것을 되풀이해 왔다. 1240년 로마교황 그레고리우스 9세는 탈무드를 불태울 것을 명령했다. 13세기에는 교황청에서 이런 명령이 여러 번 내려졌다. 1265년 클레멘스 4세가 탈무드를 불태우라는 조칙을 발표했을 때 전 유럽에서 수만 권의 탈무드가 불길에 휩싸였다.

손으로 쓴 탈무드가 처음으로 활자에 의해 인쇄된 것은 1482년 스페인의 과달라하라에서였다. 10년 뒤 스페인에서 유대인이 일제히 추방되었을 때, 스페인 국왕은 만약 히브리어로 씌어진 책을 가지고 있는 자가 발각되면 누구를 막론하고 사형에 처한다는 포고를 내렸다.

하지만 유대인은 자신들의 성전(聖典)을 지키기 위해, 탈무드를 땅속에 묻음으로써 오늘날까지 남아 있게 된 것이다.

책은 지식을, 인생은 지혜를

지식과 지혜가 다르다는 것을 현대인은 잊고 있는 것 같다. 100년, 500년, 1000년 전에 비하면 인간이 갖고 있는 지식의 양은 엄청나게 불어났다. 그러나 탈무드를 비롯한 유대의 고전을 읽으면 인생을 살아가는 지혜는 도리어 퇴보한 것 같다.

유대인 가정에서는 한 주일에 하루뿐인 안식일에 가족이 모여 아버지가 아들에게 성서나 탈무드를 가르친다.

유대인은 학교 같은 공공 교육시설보다는 가정에서의 교육을 중요시한다. 왜냐하면 아이들은 학교에서 지식을 배우지만, 가정에서는 지혜를 배우기 때문이다.

이런 지혜가 탈무드를 낳았다. 유대인은 지식이란 진보하는 것이지만 지혜는 옛날과 변함없는 것으로 확신한다. 때문에 5000년 이상이나 되는 성서나 탈무드를 존중한다. 지식에 대해 쓴 책과 지혜에 대해 쓴 책을 분명히 구별하며, 지식의 책과 함께 지혜의 책도 읽어야 한다고 생각한다.

그렇지만 유대의 고전은 지혜는 책으로 읽기보다는 아버지가 아이에게 전하는 것이 가장 효과적이라고 가르친다.

읽는 것이 배우는 것

유대인은 고대부터 '책의 민족'으로 알려져 왔다. 역사적으로 세계에서 가장 교육에 열성적인 민족이었다. 물론 고대에는 책이 많지 않았다. 그런데도 이런 경구가 생길 만큼 유대인은 책을 많이 읽었다.

책을 읽는 것과 책에서 배우는 것, 이 두 가지는 다른 것이다. 이를테면 성서는 읽는 것이 아니라 배우는 것이다.

현대를 살아가는 사람들은 수없이 많은 신문·잡지·책들과 같은 정보의 홍수 속에서 생활하고 있다. 그러나 그들은 책을 읽더라도 자기 스스로 생각하는 것에는 익숙하지 않다.

기도할 때는 짧게, 배울 때는 긴 시간을 들여라
이것은 유대인이 하느님을 찬양하는 기도 자체가 배우는 일이라고 오랫동안 생각해왔다는 데에서 온 말이다. 하지만 '하느님은 가장 위대하시다'라고 하는 민족이 왜 기도는 짧게, 배울 때는 긴 시간을 들이라고 한 것일까?

하느님에게 기도드릴 때는 사람이 하느님에게 말을 거는 것이고, 진리를 추구하여 여러 가지 가르침을 배우고 있을 때는 하느님이 말해주고 있기 때문이다.

그러므로 기도드릴 때는 올바른 정신을 가지고 올바른 마음으로 짧은 시간만 기도드리고, 다른 시간에는 하느님이 여러 가지로 지시한 진리에 대해 배운다. 그리고 그 진리를 탐구하는 것이 또한 하느님을 찬양하는 일이 된다고 유대인은 생각해왔다. 유대인이 오랫동안 지식과 지혜를 존중해온 것은 배움이 하느님을 찬양하는 기도와 같다고 생각했기 때문이다.

아주 어리석은 사람보다 반쯤 어리석은 사람이 더 어리석다
탈무드는 이야기하고 있다.

'완전히 침몰한 배는 다른 배의 항해에 방해가 되지 않는다. 그러나 반쯤 침몰한 배는 다른 배의 항해에 방해가 된다.'

세상에는 '완전히' 어리석은 사람은 존재하지 않으며, 자기가 완전히 어리석다고 스스로 인정하는 사람도 없을 것이다. 사람은 자기를 완전히 부정하고 자존심 하나 없이 살 수는 없다. 누구나 자기는 소중한 것이다. 그러나 설익은 지식을 자랑하면 자기도 남도 다치게 된다는 사실을 경계하고 있다.

사람은 때때로 여러 사람 가운데서 인정받고 싶어서 설익은 지식을 피력한다. 그러나 이런 경우 대부분의 사람들은 자신이 설익은 지식밖에 없다는 걸 깨닫게 된다.

아이에게 가르치는 가장 좋은 방법은
스스로 본보기가 되는 일이다

19세기에 살았던 유대 현자의 한 사람인 야라슈니르는 이렇게 말했다.

"모든 아버지는 자식이 교양을 쌓고 경건한 유대인으로 자랄 것을 바라고 있다. 그리고 그 자식이 성장해서 아버지가 되면 또 그 자식도 좋은 유대인으로서 성장할 것을 바란다. 그러나 아버지들 가운데 교양을 쌓으며 경건하고 좋은 유대인이 되려고 노력하는 아버지는, 아들이 그렇게 되기를 바라는 아버지보다 적다."

자식은 아버지가 책임져라

유대인들은 아이들의 나이가 13살이 되기까지 가정을 교육의 중심이라고 생각하고 있다. 역사적으로 볼 때 유대인 가정은 핵가족이었다. 성서의 '창세기'에는 '남자는 어버이를 떠나 아내와 어울려 한몸이 되었다'고 씌어 있다.

유대인 가정은 남편이 지배자이다. 때문에 아이들 교육은 아버지가 한다. 유대 성전(聖典)에서는 어머니도 아이에게 성서를 가르칠 의무가 있다고 하지만 어디까지나 아버지를 도울 뿐이다. 어머니는 육아와 가사를 담당한다.

유대교의 가르침에는 "아버지는 아들이 13살이 되기까지 아들 교육의 모든 책임을 진다. 그리고 아들이 13살 생일을 맞으면 '하느님이 이 무거운 책임에서 나를 해방시켜 주시는 것을 감사합니다'라고 부르짖는다"는 말이 있다. 사내아이는 13살이 되면 성인으로 간주하므로 그 뒤에는 하느님의 손에 맡기면 된다고 생각하고 있다.

오늘날에도 유대인 아버지는 자식교육에 모든 책임을 진다. 유대인 아버지에게는 자식교육이 그날그날의 양식을 벌어들이는 일보다 더 중요하다. 자식교육은 하느님이 준 성스런 의무 가운데 가장 중요한 것이다.

이와 같이 아버지는 아이가 어른으로 성장하기까지 아이의 가장 가까운 스승으로서의 역할을 하느님으로부터 부여받고 있다.

안식일이 되면 아버지는 언제나 자녀들을 한 사람씩 방으로 불러서 조용히 대화를 나눈다. 한 주일 동안 있었던 일, 공부에 관해 들어보고 조언을 해준다.

물론 이런 대화들은 아버지와 자녀 사이의 관계를 벗어난 것일 수도 있다. 그러나 자녀들에게는 한 가정의 가장에 대한 존경과 아버지 상(像)의 이미지가 확고하게 확립되는 한편, 그러한 아버지야말로 산 교육을 행하는 '선생님'으로 생각하게 되는 것이다.

그래서 유대의 자녀들은 아버지를 '나의 아버지이자 선생님'이라고 부르기도 한다.

이 만남의 시간은 대개 30분 정도가 보통이지만, 자녀들에게 있어서는 일주일 동안 겪은 일들에 대해 아버지의 의견을 듣고 총정리하는 중요한 시간이다.

세계 최고두뇌 최대부호 성공집단 탄생시키는 유대
솔로몬 탈무드
8
남보다 뛰어나게 아닌, 남과 다르게 키우는 교육

아이에게 삶의 지혜를 가르쳐라
스스로 좋아서 하는 일이 곧 잘하게 된다

아인슈타인은 어떻게 자랐을까

앨버트 아인슈타인은 초등학교 시절 학습 지진아였다. 그가 10살이 되어 김나지움(중고등학교)으로 올라갈 때, 부모님은 그를 가톨릭계 명문학교에 넣었다. 그곳을 졸업하면 대학진학 자격을 얻을 수 있기 때문이었다. 여기까지는 아인슈타인의 부모님도 보통의 부모와 다르지 않다.

그러나 아인슈타인은 그 명문학교의 주입식 교육을 견뎌내지 못했다. 부모님은 그 모습을 보다 못해 아인슈타인의 숙부 야곱을 수학 가정교사로 들였다. 아인슈타인은 숙부의 가르침으로 수학의 재미를 알게 되었고, 그것을 계기로 15살 무렵에 독학으로 미적분을 마스터했다.

아인슈타인은 또 매주 집에 식사 초대를 받고 있던 의대생 막스 탈마이로부터 자연과학을 배우게 된다. 이 학습 지진아는 단번에 자연과학에 흥미를 지닌 소년으로 변하기 시작했다.

소년의 부모는 아들에게 주입식 학교수업이 별로 도움이 되지 않는다는 것을 알고 그 대신 재미있게 공부할 수 있는 기회를 마련해 주었다. 부모의 이런 배려가 있었기에 천재 아인슈타인의 출현이 가능했던 것이다.

탈무드에 나오는 현자들 가운데 랍비 유다 하 나시는 "공부가 즐거워야 비로소 잘 기억한다"라고 말하며 제자들에게 가르치는 방법에 주의하도록 경고하고 있다.

독일의 심리학자인 에빙하우스에 의하면 기억의 70퍼센트는 이틀 뒤면 잊어버린다고 한다. 그러나 자신에게 흥미가 있어 즐겁게 배운 30퍼센트는 언제까지나 기억하고 있다는 것이다.

흥미 있는 분야에 대해 더욱 열심히 공부하고 연구하는 게 대학의 본래 모습이다. 아인슈타인은 수학과 물리학에 흥미를 갖고 있었기 때문에 취리히 공과대학에 입학했다.

유대인은 대학선택을 할 때 그 대학을 졸업하면 좋은 회사에 들어갈 수 있느냐 하는 것은 문제삼지 않는다. 자신이 무엇이 되고 싶은가, 또 어떻게 되고 싶은가, 진로에 맞는 강좌를 갖추고 있는가 하는 것이 대학선택의 기준이 된다.

구미에선 오랫동안 유대인이라는 이유만으로 입학이나 취직의 기회에서 배제되고 있었다. 때문에 오히려 그런 점이 교육의 본질을 찾는 자세를 강화시켰는지 모른다.

아인슈타인은 취리히 공과대학에서 성실한 학생이라기보다는 제멋대로인 학생이었다. 그러나 아인슈타인은 광양자 가설이나 원자의 브라운 운동론, 상대성 원리라는 중요한 이론으로의 착상을 연구해 갔다.

좋아서 하는 일이 곧 잘하게 된다. 좋아서 익힌 지식이야말로 개인의 일생을 지탱하는 지혜나 기술이 되는 것이다.

율법과 일과 수영

아인슈타인의 아버지 헤르만은 엄격한 유대교인은 아니었지만 유대전통에 무관심하지도 않았다. 의대생 탈마이를 매주 식사에 초대한 것은 그가 친척이 없는 러시아계 유대인 유학생이었기 때문이다. 의지할 곳 없는 사람을 돌보아주는 것이 유대교 부자들의 사회적 의무였다.

헤르만은 아들의 교육에 있어서도 유대교의 방침을 참고로 했을 것이다. 유대의 규정에선 다음과 같이 명한다.

아버지는 아들에게 율법을 가르치고 일을 가르치라. 그리고 수영도 가르쳐라.

유대인에게 있어 성서를 공부한다는 것은 영원한 목숨을 손에 넣는 절대조건이다. 일은 생활양식을 얻게 할 뿐만 아니라 인생을 완수하기 위해선 없어서는 안 되는 것이고, 수영은 위기 때에 익사하지 않도록 하기 위해 필요한 기술이다.

아버지는 자식들에게 정신적으로나 육체적으로 그리고 생활하는 면에서 자기를 지키는 방법을 가르쳐야 한다. 직접 전수를 하든지 아니면 그것을 가르치는 교사를 찾아야 한다. 이것이 유대인 자녀교육의 원칙이다.

여기서 교육에 관한 유대인의 실천을 중시하는 자세를 엿볼 수 있다. 교육이란 관념적 지식을 주입하는 것이 아니라 실제로 도움이 되는 것을 가르치는 것이고, 교육의 결과가 실제로 도움이 되는 것으로 이어지도록 해야 한다.

아인슈타인도 "교육의 목적은 독립하여 행동할 수 있도록 하는 것이며 개개인을 배려하도록 훈련을 하는 것이다"라고 말했다.

기원 2세기 중반쯤에 활약한 랍비 유다 벤이라이는 "자식한테 일을 가르치지 않는 것은 도둑질을 가르치는 결과가 된다"고 경고했다.

해답은 스스로 찾는다

아인슈타인이 학교를 가기 싫어한 데는 그럴 말한 배경이 있었다.

유대인도 초등학교 때까지는 주입식 수업을 한다. 초등학교에 해당하는 전통적 유대인 학교를 헤델(교실)이라 하는데, 이곳은 한 학급 정원은 20명이 원칙이며, 그 이상이 되면 보조 교사를 둔다.

주입식이라고 해도 학생들의 능력에 따라 지도하는 것이 교사들의 의무로, 능력 있는 학생에게는 응용문제를 풀게 함으로써 앞서가는 교육을 시킨다. 교사는 그 사이에 능력이 떨어지는 학생을 돌보는 것이다. 유대교에선 이때는 교과서를 한 줄씩 알기 쉽게 설명을 하고 그것을 몇 번이나 되풀이하며 가르치는 것이 교사의 의무라고 명한다.

아인슈타인은 획일적인 수업에 맞지 않는 전형적인 학생이었다. 그래서 가정교사가 필요했고 가정교사를 두는 것은 유대교가 장려하는 일이었다. 19세기 초에 리투아니아에서 활약한 비루너스의 현자 랍비 엘리아는 유대인에게 "자식을 위해 가정교사를 들여라. 그리고 보수를 충분히 지급하라"고 명한다.

그러나 가정교사에게 배우는 것은 고작 소년시절까지다. 청년기로 접어들면 유대인은 자력으로 배우게 된다.

학교 다니기를 싫어했던 아인슈타인이 청춘을 만끽했던 학교는 취리히 공과대학에 들어가기 위해 1년 동안 다녔던 아라우 고등학교일 것이다. 이 학교 수업은 학생과 선생님 사이에 대화가 있고 선생님은 학생들에게 자유롭게 사고할 것을 장려했다. 우울한 아인슈타인은 이때 창조적이고 활발한 성격으로 바뀌었다.

이 학교는 아인슈타인의 유대인 성격을 만족시켰다. 왜냐하면 유대인 자녀가 헤델을 졸업하고 상급학교인 이시버로 올라가면, 학급의 인원수가 더욱 적어져 10~15명이 된다. 그리고 학생은 두 사람씩 한 조가 되어 탈무드를 연구하고 서로 이해한 것을 의논하고 의견을 맞춰가도록 되어 있는 것이다. 학생들끼리 진리를 발견한다는 것이 고등학생과 대학생의 차이다.

유대인은 정답을 쉽게 찾기 위해 사고하는 과정을 무시하거나 선생님의 의견에 무조건 따르지 않는다. 제 힘으로 실험을 하고 실천을 하여 착실히 답을 찾는다. 그것이 자유인을 민족의 기본 이념으로 하는 유대 교육의 진면목이다. 이것은 학교만이 아니라 사회훈련에서도 마찬가지다.

누구나 가지고 있는 것

야훼가 맨 처음에 새나 짐승을 만들었을 때 새에게는 아직 날개가 없었다. 그래서 새는 신에게 적으로부터 자신을 지킬 수 있는 것을 아무것도 가지지 못했다고 불평했다.

"뱀은 독을 가지고 있고, 사자에게는 날카로운 이빨이 있고, 말에게는 발굽이 있습니다. 그러나 새에게는 아무것도 없습니다. 자신을 어떻게 지키면 좋을까요."

야훼는 새의 불평을 그럴듯하게 여기고 깃과 날개를 주었다. 그러나 얼마 뒤, 새는 돌아와서 또다시 불평을 늘어 놓았다.

"날개는 쓸데없는 것이고 무거운 짐이 될 뿐입니다. 날개를 몸에 달고 있기 때문에 전과 같이 빨리 뛸 수가 없습니다."

"어리석은 새여."

신은 말씀하셨다.

"그 몸 위에 있는 날개를 어떻게 썼으면 좋은가 생각해 보는 것이 어떨까. 너희들에게 두 날개를 준 것은 결코 무거운 짐을 지고 걷게 하려고 한 것이 아니다. 날개로 하늘 높이 날아서 너희에게 해를 끼치려고 하는 것으로부터 자유로이 도망칠 수 있게 하기 위해서 준 것이다."

인간은 가끔 자신에게 능력이 주어지지 않았다고 불평할 때가 많다. 그러나 오히려 자신에게 주어진 능력을 충분히 이용하고 있지 않을 때가 많다.

그 가장 좋은 예가 머리다. 근대 의학에서도 인간은 뇌세포의 극히 일부밖에 쓰고 있지 않다고 말하고 있다.

이 창세기의 새 이야기는 머리를 쓰라는 뜻의 비유로 자주 쓰인다. 자신이 가난하다든가, 학력이 없다, 빽이 없다고 탄식할 필요가 없다. 그래서는 이 창세기 이야기에 나오는 새와 다를 바 없지 않은가.

당신에게는 몸도 있고, 무엇보다 머리가 있다. 그리고 누구에게나 평등하게 주어진 시간이라는 것도 있다.

아인슈타인은 "현재는 어떤 때일까. 현재는 항상 새로 출발할 수 있는 때이다"라고 말하고 있다. 살아 있는 한, 하늘은 우리에게 항상 현재를 부여해 주고 있지 않은가. 그는 또 탈무드의 애독자이기도 했다. 그는 자주 탈무드에 있는 말을 발췌해서 쓰는 습관이 있었는데, 그가 남긴 노트 속에는 '현재는 항상 미래를 향한 출발선이다'라고 씌어 있었다.

인간은 자신의 실패를 다른 사람 탓으로 돌리는 경향이 있으며, 자신이 아무것도 가지고 있지 않기 때문이라고 자기 변명을 하고 만족해 버린다. 그러나 그 전에 자신이 가지고 있는 것을 점검해 보아야 한다.

누구나 가지고 있는 것일수록 쓰지 않게 마련이다. 다시 말해, 해 보겠다는 의욕과 용기, 자신을 다스리는 의지, 인내력, 남에게 지지 않으려는 정신 같은 것을 쓰느냐, 쓰지 않느냐에 성공과 실패가 달려 있는 것이다.

인간은 많은 무기를 가지고 있으므로 그것을 어떻게 써야 하는가, 그 방법을 알아야 한다.

마사다를 기억하라

마사다는 이스라엘 남동부에 있는 고대 산상 요새이다. 그곳은 이스라엘 젊은이라면 반드시 한 번은 견학을 해야만 하는 불굴의 유대 민족 애국의 상징이다. 유대인들은 이곳의 아픔을 생생하게 기억하며 유대의 정신과 지혜를 잇기 위해 마사다에서의 전투를 경험한 청년 다윗의 이야기를 아이들에게 가르친다.

난공불락의 깎아지른 절벽 산, 마사다 요새 함락을 둘러싼 유대인과 로마제국의 마지막 싸움이 눈앞에 다가왔다. 그러나 나는 이것이 이스라엘 자손들의 마지막이라고는 생각지 않았다. 야훼와의 계약을 우리는 깰 수 없으며, 언제까지나——불행한 때에도——야훼의 백성으로 머물러야 하는 것과 마찬가지로, 야훼도 계약을 어기고 유대인을 멸망케 할 수는 없을 테니까.

나는 물가로 걸어가 바위에 걸터앉아 옷을 입을 수 있도록 몸이 마르기를 기다렸다.

그러자 그림자처럼 따라붙어 다니던 문제가 다시금 머리에 떠올랐다.

"너는 무엇이냐, 다윗?"

나는 몸이 떨렸다. 추웠기 때문이 아니라, 어째서 내가 그 물음의 답을 알고 싶어하는지 알지 못했기 때문이다. 어찌하여 그런 일을 아는 것이 내게 중요한가? 어찌하여 나는 아버지와 두로에 머물며 포도주 상인이 될 수 없었던가?

아버지는 아브라함이 이스마엘(유대인 선조 아브라함과 아내 사라의 계집종인 이집트인 하갈의 사이에 태어난 아이. 뒤에 아내인 사라에게 이삭이 태어나자, 아브라함은 두 사람의 싸움을 두려워하여 이스마엘을 사막으로 떠나가게 한다. 아라비아인은 이 이스마엘의 후예라고 한다)을 쫓아냈듯이 나를 쫓아낸 것은 아니었다. 아니, 그렇기는커녕 나는 내 발로 직접 찾아온 것이다. 저 그림자, 저 의문 때문에 나는 여기에 오게 된 것이다. 자신을 안다는 것, 자신을 찾는다는 것이 헛된 일은 아니지 않는가?

나는 일어섰다. 몸은 다 말랐지만 옷은 입지 않았다. 몸을 굽히고 연못에 비친 자신의 모습을 바라보았다. 소년의 얼굴이 더부룩한 머리카락 밑에서 나를 바라보고 있었다. 그 얼굴에는 구레나룻은 전혀 없고 코 밑에 수염이 조금 나 있을 뿐이었다. 한 손으로 물을 휘젓자 얼굴이 없어졌다. 나는 몸을 일으켜 옷을 입었다.

오두막에 되돌아오자 해가 떨어지려 하고 있었다.

로마군단이 만들어 올라오는 비탈길은 점점 길어졌지만, 우리는 그 공사를 막을 힘이 없었으므로 팔짱을 끼고 내려다볼 수밖에 없었다. 마침내 비탈길의 토대가 굳혀졌다고 여겨지자 로마군은 그 위에 돌을 깔아 거의 완전한 길을 만들어 냈다.

로마 제10군단의 공성용 무기가 성벽 정면에 다가섰다. 실파 장군이 예루살렘에서 가져온 나무 망루가 코앞에 운반되었고, 공성기가 성벽을 쉴새없이 세차게 때렸다. 우리는 몇 차례 망루를 공격하려고 시도했지만 모두 실패했다.

운명은 정해져 있었다. 야훼만이 우리를 구할 수 있었지만, 야훼는 그렇게 하지 않았다. 그래도 인간에게는 끝까지 선택의 여지가 주어져 있다. 우리는 모두 죽게 되었지만, 똑같은 모양으로 죽을 필요는 없다. 더구나 짐승처럼 죽어서야 되겠는가? 야훼가 우리를 불행에 떨어뜨렸지만, 우리를 타락시킨 것은 아니었다.

희망은 전혀 없지만 그래도 우리는 싸웠다. 헤롯의 성벽이 파괴되었을 때, 또 다른 성벽을 만들었다. 우리는 다른 사람의 행위나 자연의 변덕 속에서 야훼의 의지를 시험해서는 안 된다는 것과, 정의의 칼을 손에서 떨어뜨리거나 진실을 말하지 않고 입을 다물어서는 안 된다는 것을 생각하고 있었다. 로마인은 자기들의 운명을 새의 내장 속을 보고 이해하지만, 유대인은 야훼가 말을 걸어 준다.

새 성벽은 교묘하게 만들어졌다. 우리는 성벽을 단 하룻밤 사이에 만들었다. 헤롯의 궁전에서 기둥을 뽑아 파괴된 성벽 갈라진 틈 사이에 세로로 평행이 되게 두 줄로 늘어 세웠다. 기둥 사이 공간에는 나뭇조각과 흙을 가득 채웠다. 성벽은 다소 물렀지만 그런대로 버틸 만했다. 공성기가 성벽을 때릴 때마다 새 성벽은 부서지기는커녕 오히려 견고해졌다. 그러나 나무로 된 헤롯의 기둥은 결코 우리를 구할 수 없었다.

"엘리아자르께서 부르신다."

나는 적에게 던질 돌을 나르고 있었다. 엘리아자르는 한밤중에 산 제물을 바친 날 뒤로 나에게 말을 걸지 않았다.

심부름 온 사람은 사령부로 이용했던 작은 궁전으로 나를 안내했다. 첫 번째 방에 들어가자, 처음 엘리아자르를 만나려고 기다리던 일이 생각났다. 그때 엘리아자르는 내가 꿈에 그리던 영웅이었고 나는 그 꿈에 이끌려 온 젊은이였다.

"다윗……."

그의 얼굴은 엄했지만 노여움이나 슬픔은 엿보이지 않았다. 그것은 하나의 가면이었다. 만일 내가 좀 더 많은 그리스 연극을 보았다면 그것이 비극의 가면임을 알았을 것이다. 그것은 자신의 의지로는 바꿀 수 없는 운명의 힘을 깨달은 인간의 표정이었다.

"우리는 졌다. 아주 작은 희망도 남아 있지 않다. 나무는 베어져 우리의 십자가가 될 것이다. 여자와 아이들을 묶을 노예용 사슬도 만들어져 있다. 나는 계획을 세웠다. 로마군이 손을 뻗어 나무 열매를 따려는 순간, 로마군에게서 나무 열매를 빼앗아 버리는 것이다."

나는 엘리아자르에게서 얼굴을 돌렸다.

"우리는 우리를, 아내와 아이들을 죽여야 한다. 그러나 먼저 태울 수 있는 것에 불을 지르고, 파괴할 수 있는 것을 파괴해야 한다."

나는 큰 소리로 외쳤다.

"당신은 목숨을 소중히 해야 합니다!"

"소중한 것은 목숨이 아니다. 영혼이다. 야훼는 우리에게 영혼을 주셨다. 만일 아내와 아이들을 노예로 만드는 길을 택한다면, 야훼가 주신 영혼을 더럽히는 것이 되고 만다."

"십계명에는 '살인을 해선 안 된다'고 씌어 있습니다."

"사울은 자신의 칼 위에 몸을 내던져 죽었다."

집단자결하려는 엘리아자르의 이야기를 듣고서야 비로소 나는 우리가 죽는다는 것을 진정으로 믿지 않고 있었음을 깨달았다. 갑자기 살고 싶다는 욕망이 봇물처럼 넘쳐 흘렀다. 그러나 반대할 수는 없었다. 우리가 싸움에 패한 뒤 살아남은 사람은 모두 십자가에 못박히거나 노예로 팔리거나 둘 중 하나임이 확실했기 때문이다.

'나는 자살 같은 건 하지 않아. 차라리 살해되거나 노예가 될지언정 끝까지 살아남겠어.'

갑자기 엘리아자르의 목소리가 평온해졌다.

"다윗, 넌 죽고 싶지 않은 거지?"

"그렇습니다! 그래요! 죽고 싶지 않습니다!"

그는 다정함을 가득 담은 눈길로 나를 바라보았다.

"너는 죽지 않는다. 우리의 의무가 죽는 일이듯이, 너의 의무는 끝까지 살아남아 우리의 죽음을 전하는 일이다. 만일 누군가가 기록해 전하지 않았다면, 삼손의 용기와 그 절망의 이야기를 누가 들을 수 있었겠는가? 우리 이야기는 너를 통해 역사에 전해진다. 너는 배신자 요셉 벤 마티아스를 알고 있지? 너는 로마군에게 항복한 저 요타파타 사령관에게 마사다 요새의 사령관 엘리아자르 벤 야이르가 어떻게 요새를 지켰으며, 어떻게 죽어 갔는가를 전하라!"

"하지만 내가 책형(죄인을 널빤지나 기둥에 못박아 창으로 찔러 죽이는 형벌)을 당하면 글을 남길 수 없습니다!"

엘리아자르는 여전히 입가에 야릇한 미소를 띠고 말했다.

"너는 책형당하지 않는다! 우리의 죽음이 너의 생명을 지켜 줄 것이다. 너는 마사다 요새를 이야기하기 위해 가이사랴로, 어쩌면 로마까지 끌려갈지도 모른다. 그 이야기는 로마 황제의 귀를 즐겁게 하여 한동안 황제 자신이 엘리아자르 벤 야이르라도 된 것처럼 공상하게 만들 것이다. 우리는 진정한 승리를 얻는 것이다. 온 세계에 우리의 이름을 퍼뜨리는 것이다. 미래 아이들이 우리의 이야기를 할 때마다 파괴된 마사다 요새는 끝없이 되살아난다. 우리는 내일의 세계를 푸르게 하고자 땅에 떨어지는 가랑잎이 되는 것이다. 목숨을 걸고도 얻을 수 없던 유대의 독립을 죽어서 획득하는 것이다!"

나는 머리를 숙였다. 내 마음은 포도주를 마시는 것처럼 엘리아자르의 말을 삼켰다. 그리고 그 말에 취하고 말았다.

"나는 이 계획을 로마군이 까마득한 저 아래에서 작은 벌레처럼 나타났을 때부터 생각해왔다. 그러나 내내 계획이 실행되지 않기를 빌었다……. 남자는 자신의 가족과 친척을 죽인다. 그 다음 서로 상대편의 목을 찌르고, 맨 마지막에 남은 단 한 사람은 사울이 했듯 자신의 목숨을 끊는다."

"그렇지만 사람들이 자기 아내나 아이들을 죽이려 하지 않는다면?"

이윽고 엘리아자르가 대답했을 때 그 목소리는 비장했다.

"그때는 우리는 짐승이 살해되듯이 죽게 되고, 로마군은 우리를 도살한 자가 된다. 그리고 마사다 요새는 사해 가까이에 있는 한낱 흔해빠진 버려진 산이 되고 만다. 그뿐이다."

라헬이 생각났다. 남동생의 아이들을 찾으러 잠시 마사다에 올라온 그녀가 자결을 받아들일 것인가?

"라헬은…… 라헬은 받아들이지 않을지도 모릅니다……."

"라헬도 살아남는다……. 죽을 생각도 없는 라헬을 죽일 수는 없다. 설사 어느 날엔가 우리와 함께 죽지 않은 것을 후회할지라도……. 숨을 곳을 생각해 두었다."

엘리아자르는 빙긋 웃었다.

"두 아이도 살아남는다. 둘 다 마사다 요새에 부모가 없으니 우리가 죽이는 것은 이치에 맞지 않겠지. 그리고 내 아내를 거들어 주던 할멈도 놓아 주겠다. 삶과 죽음의 구별도 못하는 할멈의 마음은 벌써 옛날에 죽었다. 본디 할멈은 유대 백성이 아니라 사마리아인이다."

밖에서 외침 소리가 들려왔다. 엘리아자르가 칼에 손을 얹었다. 우리 둘은 귀를 기울였다.

"다시 한 번 이야기할 기회가 있을 것이다. 그때 엘리아자르 벤 야이르가 세상을 향해 무엇을 말하는지 잘 들어 두어라!"

또 다시 성벽에서 외침 소리가 들렸다.

엘리아자르는 방문을 열고 서둘러 궁전을 나갔다.
내 옆에 있던 사나이가 의기양양하게 소리쳤다.
"녀석들이 망루를 끌어내린다! 성벽을 때려부술 수가 없는 모양이다."
"그렇지 않아요."
나는 실파 장군이 어떤 공격 계획을 짜고 있을까 생각하며 화살이 닿지 않는 곳까지 걸어가서 성벽으로 기어올라갔다.
로마군은 거대한 망루를 도르래로 끌어내리고 있었다. 비탈길은 요새 쪽이 높으므로 요새 쪽으로 움직이는 것보다 끌어내리는 편이 훨씬 쉬웠다. 두 장교가 작업을 지휘하고 있었다. 나는 장교의 고함소리 한 마디 한 마디를 똑똑히 알아들을 수 있었다. 망루가 20발자국쯤 끌려내려 멈추었다.
사수들이 또다시 망루의 감시대로 올라와 쉴새없이 화살을 쏘아댔다. 망루 맨 아래 부분에는 공성기가 굵은 사슬에 매달려 있었다. 쇠뇌(큰 화살, 큰 돌 따위를 적진에 쏘아 넣는 데 쓰였던 무기)를 쏠 준비를 하던 병사들이 우리를 향해 돌을 던지기 시작했다. 돌이 성벽 위로 원을 그리며 날아왔다.

나는 방으로 돌아왔다. 벌써 오래도록 이 방에서 일을 하지 않아서인지 잉크가 말라붙어 있었다. 잉크병 속에 물을 따르고 갈대 펜을 담궈 손등에 '희망'이라는 글자를 썼다.
언젠가 양피지를 만들려고 직접 양가죽을 몇 장 무두질해 보았지만 잘되지 않았다. 그 양가죽이 방 한편 구석에 매달려 있는 것이 눈에 띄었다. 문득 엘리아자르의 계획이 떠올랐다. 내가 마사다 요새의 이야기를 쓸 수 있을까? 글로 마사다 요새를 다시 세울 수 있을까? 살아남아 수비대의 시체를 다시 살아나게 할 수 있을까?
"오오 야훼시여, 나도 죽게 하소서."
이미 나는 자신이 어떻게 될지 알고 있었기 때문에 너무나도 괴로웠다.
'어째서 당신은 나를 엘리아자르와 같은 사람으로 만들어 주시지 않았습니까?'

새 성벽 저편에서 연기와 불길이 솟구쳤다. 로마군이 기둥에 불을 질러 새 성벽을 태워 버리려는 것이다.

우리가 할 수 있는 일은 아무것도 없었다. 처음에는 물로, 다음에는 흙으로 불을 끄려고 했지만 헛일이었다. 불은 눈 깜짝할 사이에 활활 타올라 버렸다. 레바논산 삼나무는 100년 가까운 사막의 바람 속에서 바짝 말라 있었고, 불을 바라보는 사람들의 눈 속에는 또 다른 불이 타오르고 있었다.

서풍은 불을 더욱 거세게 만들었다. 독수리가 죽은 양의 시체를 뜯어 먹듯이 불길이 성벽을 삼켜 버렸다. 어느덧 밤의 장막이 드리워지고 바람은 멎었으나, 새 성벽은 없어지고 말았다. 타다 남은 불이 이리의 눈처럼 반짝거렸다.

우리는 서로 얼굴을 마주보았다. 아무도 말이 없었다. 누구나 해가 솟아오르는 것이 적의 공격 신호라는 것을 알고 있었다. 로마군은 성벽의 갈라진 틈을 지나 수천 명씩 떼지어 침입해 올 것이다. 그리고 한낮의 열기가 내리 퍼붓기 전에 마사다 요새는 적의 손에 들어갈 것이라는 것을 우리는 이미 알고 있었다.

작은 궁전 옆에 사람들이 모여 있었다. 모닥불이 타고, 여러 겹으로 둥글게 늘어선 남자들 뒤에 여자와 아이들이 있었다. 요새의 모든 사람이 모인 것이다. 로마군이 밤에 공격해 오는 일은 거의 없기 때문에 엘리아자르는 경비병들도 모두 모임에 참석하도록 했다.

"나를 충실히 따라 주었던 병사들이여, 우리는 야훼 외에는 로마인이나 다른 누구의 부하도 되지 않겠노라고 결심했었소. 야훼만이 진실로 정당한 주인이시오."

엘리아자르 벤 야이르는 모닥불 옆에 서 있었으므로 모두가 그 모습을 볼 수 있었다.

"지금 노예가 되는 길을 택해서는 안 되오. 우리가 로마군의 손에 떨어지면 모든 것이 소용없게 되는 것이오. 우리는 저항을 할 수 있었던 맨 처음 사람들이었고, 그 저항을 끝내는 마지막 사람들이기 때문에……."

모인 사람들 모두 진지한 얼굴로 귀를 기울이고 있었다. 엘리아자르가 집단자결 계획을 이야기한다면 어떻게 될 것인가? 로마군에게 능욕당하지 않기 위해 자살하라는 설득을 할 수는 있겠으나, 사랑하는 가족을 죽이도록 설득한다는 것은 아무리 엘리아자르라도 어려운 문제일 것이다.

"우리 모두의 적인 로마군이 아니라 야훼께 보상받읍시다. 그것도 우리 손으로. 여러분의 아내를 적이 농락하게 하는 대신 목숨을 끊읍시다. 아이는 노예가 되게 하지 말고 죽게 해줍시다. 그런 다음 명예로운 수의로 자유를 입으며 서로 후회 없는 친절을 상대에게 베풉시다. 그리고 요새 전체를 불길로 만들어 버립시다. 우리가 저들의 손이 미치지 못하는 곳으로 가 버리고 저들이 약탈할 것이 아무것도 남아 있지 않다면, 로마군에게는 호된 일격이 될 것입니다. 단 한 가지만은 남겨 둡시다. 그것은 식량입니다. 우리가 죽은 것은 식량이 없어서가 아니라, 노예가 되기보다는 죽음을 택했기 때문이라는 증명으로 말입니다."

엘리아자르가 연설을 멈추자 찬성하는 말소리가 여기저기서 나왔다. 그러나 그것은 절망과 패배의 중얼거림이기도 했다. 엘리아자르의 말은 불길을 타오르게 했지만, 그 불길은 세찬 바람이 불어 닥치면 꺼지고 말 정도로 약한 것이었다.

"내가 착각을 했던 것 같군요. 나는 독립을 위한 싸움을 하면서 내겐 충실한 지지자가 있다고, 이 병사들은 명예롭게 살든지 명예롭게 죽든지 그 어느 쪽일 거라고 생각했소. 그러나 내 병사들은 용기라든가 담력에서는 보통 폭도와 조금도 다를 바 없소. 어리석게도 모두 죽음을 두려워하고 있소. 죽음으로써 비참한 생활이 완전히 끝나게……."

엘리아자르는 죽음, 영혼, 영원에 대해 이야기했다. 모두 엘리아자르의 열정에 찬 외침으로 머리가 꽉 찼고, 마음이 가득해졌다. 그리고 끝내는 모두가 엘리아자르 벤 야이르가 되고 말았다. 엘리아자르는 동포가 어떻게 양과 같이 살해되어 갔는지를 얘기했다. 다마스쿠스에서 1만 8000명, 이집트에서 5000명, 그리고 가이사랴에서 안식일에 어떻게 유대인의 피가 냇물이 되어 흘렀는지를 말했다. 그가 노예에 대해 이야기할 때 모두는 자기 발목에 족쇄가 채워진 것처럼 느껴졌다. 그리고 패배를 눈앞에 두고도 한동안 승리의 영광에 취해 있었다.

"노예 대신 죽음을 택합시다. 아내와 아이를 데리고 자유로운 인간으로 이 세상을 떠납시다. 그것이 율법이 정한 일이고, 진정 아내와 아이들이 우리에게 바라는 일입니다. 그것이 야훼께서 우리에게 부여하신 필연이며, 로마군의 야욕을 쳐부수는 일입니다. 로마군은 요새를 점령할 때까지는 누구도 죽는 것을 원치 않습니다. 따라서 자신의 몸을 산 제물로 바쳐 쾌락을 얻으려는 적의 소망을 꺾어 줍시다. 자유인으로 죽음으로써 적을 놀라게 하고, 참된 용기로 적을 두려움에 떨게 해줍시다!"

적이 아니라 사랑하는 사람을 죽인다! 아주 어린아이도, 말도 채 익히지 못한 갓난아이의 숨도 끊기는 것이다.

엘리아자르의 연설이 끝나고 외침이 일었을 때 나는 죽을 결심으로 칼을 움켜쥐었다. 그러나 그때 엘리아자르 벤 야이르가 나를 뚫어지게 쏘아보고 있다는 것을 깨달았다. 나는 함께 죽게 해 달라고 말하기 위해 모여 있는 사람들을 밀어내고 엘리아자르에게 돌진했다.

그러나 그의 앞에 섰을 때 아무 말도 할 수 없었다.

"내 말을 기억하고 있겠지?"

엘리아자르의 눈은 뻘겋게 타다가 꺼진 불처럼 번쩍거렸다.

"이 전쟁에서 우리는 여러 번 패배를 맛보았다. 로마군의 손에 의해서뿐만 아니라 우리 유대인의 손에 의해서도 패배했다. 반드시 마사다 요새의 패배를 승리로 승화시켜야 한다. 야훼께선 그렇게 정하셨다."

엘리아자르는 눈길을 돌렸다. 옆에 그의 아내와 아이들이 있었다. 칼을 쥔 엘리아자르 벤 야이르의 손에 붉은 힘줄이 솟았다. 기절이라도 할 것처럼 속이 메슥거리고 정신이 아득했다. 나는 비틀거리면서 사람들 속을 빠져 나왔다.

"살아남아야 한다."

나는 소리내어 말했다. 내 가까이에서 그림자 같은 것이 언뜻 움직였다. 나는 무서움으로 온몸이 떨렸다.

누구나 볼 수 있도록 하기 위해서 나는 돌에다 적었다.

'모든 남자가 자기 가족을 죽이고 자신도 죽었다.'

나는 동굴을 나와 성벽 꼭대기까지 올라갔다. 중병에 걸린 것처럼 손이 떨리고 다리가 후들거렸다.

밤하늘이 빨갛게 물들어 있었다. 마사다 요새 북쪽 건물이 모두 불타고 있었다. 나는 칼자루를 만져 보았다.

'너는 아이가 아니다!'

칼집에서 칼을 뽑았다. 그러나 나는 자살하지 못한다는 것을 알고 있었다. 나는 작은 소리로 속삭였다.

'너는 자신의 마음을 소중히 해야 한다.'

칼을 다시 허리띠에 차고, 그 자리에 앉아서 궁전이 불타는 것을 지켜보았다.

나는 오래도록 성벽 위에 앉아 있었다. 마침내 달이 지고 불이 꺼지기 시작했다. 나는 죽은 사람들의 영혼을 위해 기도를 드렸다. 그리고 마사다 요새 산중턱에 칼을 내던졌다. 아득히 먼 곳에서 로마군이 밤의 시간을 알리는 소리가 들렸다. 머지않아 동녘 하늘에 태양이 모습을 보일 것이다. 나는 동굴로 돌아와 라헬을 불렀다. 아이들과 할멈은 잠들어 있었다.

'죽는다는 것은……'

그 이상 말이 나오지 않았다. 죽는 일이 살아 있는 일보다 쉬운지 어떤지는 결코 알 수 없다. 나는 사는 길을 택했고, 라헬도 그랬다.

날이 밝아 햇살이 동녘 산 위에서 비쳐올 때까지 라헬과 나는 동굴 어귀에 앉아 있었다. 그저 멍하니 앉아서 황량한 황야를 지그시 바라보고 있었다. 로마군이 요새로 들어오면서 승리의 함성을 질렀다. 한동안 말없이 바라보던 라헬과 나는 일어나서 아이들에게 갔다. 나는 가장 작은 아이를 안아 올렸고, 할멈은 어린아이처럼 훌쩍훌쩍 울었다. 연기가 건물에서 일고 있었다. 로마군 수천 명이 한데 모여 있었고, 금 갑옷을 입은 실파 장군도 있었다. 우리는 그쪽으로 걸어갔다. 살아남은 사람은 우리뿐이었다.

아아 헤롯, 이제 너의 영광은 사라져 버렸다! 네가 눈길도 주지 않았을 신분이 낮은 자들이 너를 능가한 것이다. 이제 마사다 요새는 너의 것이 아닌 엘리아자르 벤 야이르의 것이 되었다. 앞으로 이 궁전을 찾는 사람들은 너의 궁전이 있던 터를 보러 오는 것이 아니라 폐허의 먼지 속에 남은 엘리아자르의 발자국을 보러 올 것이며, 그가 흘린 피는 왕관처럼 빛날 것이다.

"너는 자유의 몸이다. 네가 좋아하는 곳으로 가도 좋다. 이미 네 아버지가 보내준 돈으로 충분한 몸값이 치러졌다. 저 여자도, 여자와 함께 있는 두 아이도 자유의 몸이다. 네 아버지에게 감사해야 한다."

나는 로마 변두리에 있는 요셉 벤 마티아스의 별장에 있었다. 요셉 벤 마티아스는 플라비우스 요세푸스라는 로마 이름을 쓰고 있었다. 모든 것이 다 엘리아자르가 예언했던 그대로 되었다. 나는 마사다 요새 이야기를 하기 위해 로마 황제 앞에 끌려나가야 했다.

"너는 어리다. 이제부터 어쩌려는가? 아버지처럼 상인이 되려느냐?"

"모르겠습니다. 먼저 두로의 집으로 돌아갈 겁니다."

이제는 어리지 않다는 것을 요셉 벤 마티아스에게 설명하는 것은 소용없는 일이었지만, 나는 이미 어른이었다.

"너는 자신에게 일어난 일을 언제까지나 잊지 않고 생각하며 배워야 한다. 황제를 떠받들어라. 그러나 황제가 몰락할 때 황제와 함께 몸을 멸망케 할 만큼 떠받들지는 말라. 야훼는 언제나 왕을 멸망케 하신다. 황제 옆에서 섬겨라. 그러나 황제가 안장에 올라앉기 위해 발을 걸치는 등자는 되지 말라. 그리하면 야훼는 너에게까지 벌을 내리실 테니까."

나는 요셉 벤 마티아스에게 충고해주어 고맙다고 했다.

"엘리아자르는 유대왕이 되고 싶어했다. 그는 이미 유대에는 왕이 존재하지 않는다는 사실을 알지 못했다. 안장에 등자가 없었던 것이다. 엘리아자르는 바보였다. 너는 로마의 광대한 영광을 보고 있다. 유대의 황폐한 구릉에서 태어난 사람이 어찌 이 세계를 뒤엎을 수 있다고 생각하는가?"

나는 큰 소리로 요셉 벤 마티아스에게 말했다.

"엘리아자르 벤 야이르는 죽었습니다. 라헬과 내가 써 두었던 엘리아자르 벤 야이르의 마지막 연설을 당신께 드리겠습니다. 당신께서 쓰고 계시는 역사책

속에 넣어 주십시오."

요셉 벤 마티아스는 자기가 쓰고 있는 역사책이 죽은 뒤에도 남는다는 말을 듣자 만족한 미소를 떠올렸다.

'멍청이.'

하늘이 여기보다 훨씬 대지에 가까운 예루살렘 언덕이 그리워졌다.

"그 연설은 써 넣겠다. 그 속에는 훌륭한 말이 들어 있으니까. 그러나 엘리아자르의 부하들에 대해 말한다면, 그 사람들은 어느 산적에 지나지 않았다. 그 사람들에 대해 내가 호의적으로 쓰리라곤 생각지 마라."

나는 또 한 번 웃지 않도록 자신을 억제해야 했다. 맞대놓고 플라비우스 요세푸스를 냉소하는 일은 위험스런 일이었다. 플라비우스 요세푸스는 로마 황제의 귀에 뭐든지 들려줄 위치에 있었고, 어떤 거짓말이라도 태연하게 황제의 귀에 대고 소곤거릴 수 있기 때문이다.

"용기가 없다는 것이 아니다. 질 것이 뻔한 편에 붙는다는 것은 어리석은 자가 하는 짓이다."

나는 고개를 숙이고 생각에 잠겨 있었다.

'내일 모레, 두로로 가는 배가 한 척 있다. 상쾌한 바닷바람이 불겠지. 어머니는 나를 보고 소리내어 울음을 터뜨릴 것이고, 아버지는…… 아버지도 여자처럼 눈물을 흘릴 것이다. 얼마 동안 부모와 살다가 그 다음…….'

요셉 벤 마티아스의 목소리에 문득 정신을 차렸다.

"상인이 되는 것은 훌륭한 일이고, 부자가 되는 것도 기막히게 좋은 일이다."

나는 고개를 젓지 않을 수 없었으나 요셉 벤 마티아스는 그것을 알아차리지 못했다. 요셉 벤 마티아스의 말이 바닷물결처럼 언제까지나 시끄럽게 계속되고 있었다.

'야훼께서 무엇을 바라시는지 찾는 것은…….'

예언자가 할 일이다. 나는 예언자가 아니다. 나는 예루살렘에 가서 살고 싶을 뿐이다. 문득 둘이서 산 제물을 바친 밤, 엘리아자르 벤 야이르가 한 말이 생각났다.

"우리가 강하면 우리를 비웃고, 우리가 약하면 우리를 위로한다."

나는 또 그 사람들에 대한 모든 것을 기억해내어 후세에 전해야 한다고 마음을 다졌다. 이것이 나의 의무이다.

로마인은 마사다의 엘리아자르 벤 야이르를 격파하고 유대를 멸망시켰다고 생각했다. 그러나 유대인이 그 뒤에도 세계의 수많은 사람들 속에 자신들의 문화를 침투시키면서 생존해 나아가리라는 사실을 미처 알지 못했다.

(요세푸스의 《유대전기》에서)

전란, 전란, 전란, 국가의 멸망, 이산과 방랑, 핍박, 추방, 인간 우리 게토, 그리고 홀로코스트……. 그때마다 유대인들은 이렇게 외쳤다.

"너희들은 살아 있다. 그러므로 배워야 한다!"

생활 속에서 추상적인 관념을 기른다

유대 민족은 추상적 사고력을 필요로 하는 학문이나 비즈니스에 수많은 인물들을 배출했다. 물리학자로 알베르트 아인슈타인, 심리학자로 지그문트 프로이트가 있고, 비즈니스 계통에도 금융이나 유통 등 돈이나 물건의 흐름에 관계된 비즈니스에서 성공을 거두고 있다. 뉴욕의 금융가나 월가에서 일하는 금융 브로커에서 유대인은 반수나 된다.

이처럼 유대인의 추상 능력이 우수한 것은 어릴 때부터 '추상적인 개념으로서의 하느님'에 대해 생각하는 습관이 길들여져 있기 때문이라고 할 수 있다.

유대인들은 우상 숭배를 배격한다. 따라서 늘 추상적인 영역 속에서 하느님을 생각하게 된다. '구상화할 수 없는 하느님'을 생각하게 되는 습관이 어릴 때부터 훈련되는 것이다. 이렇게 해서 사물을 논리적, 추상적으로 생각하게 된다. 특히 어린이들에게 하느님은 보이지 않지만, 존재한다는 생각을 떠올리게 한다는 것이 큰 지적 자극이 되는 것도 중요하다.

유대 어린이들이 자주 듣는 이야기 중에 하나가 최초의 유대인 아브라함이다. 아브라함은 아버지 데라가 우상을 만들어 파는 것을 보면서 '하느님은 무엇인가'라는 생각을 했다. 아버지의 손으로 만든 우상은 하느님이 될 수 없었기 때문이었다. 여러 생각 끝에 그는 하느님은 물질이 아니라 정신이라는 데에 생각이 미쳤다. 그리고 하느님을 이해하려면 추상적인 사고를 갖추지 않으면 안 된다는 생각을 갖게 된다.

어린이에게 추상적인 사물을 가르치는 것은 어려운 일 중의 하나인데, 초등학교에 입학해서 산수 공부에 짜증내는 이유는 추상에 대한 무관심이 원인일 수도 있다. 그러나 유대의 어린이들에게 하느님은 추상적인 개념을 알아가는 열쇠가 되며, 어린이들의 사고력을 활발하게 만드는 활력소가 되고 있다.

무엇이 되라는 말 절대 하지 마라
놀 때는 마음껏 놀게 한다

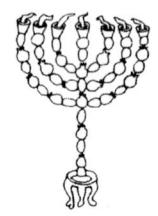

한 가지라도 특성을 길러라!

유대인 어머니들은 모두가 한결같이 '교육의 어머니'라고 할 수 있다. 유대인 어머니란 말은 여러 가지 뜻이 있지만, 그중 하나가 '자녀들에게 배움의 필요성을 지겹도록 강조하는 극성스런 어머니'란 뜻이 있다.

그러므로 유대인들은 이 말을 그다지 좋아하지 않지만, 한편으로는 이것을 어머니로서의 당연한 의무라고 생각하고 있다.

구약성서의 출애굽기 19장에 다음과 같은 구절이 나온다.

모세가 하느님 앞에 올라가니 야훼께서 산에서 그를 부르셨다. 너는 야곱 일족에게 이렇게 말하여라.

야곱은 유대인의 조상이다. 하느님이 후세에 유대인의 일상생활의 기본이 되는 십계를 가르치라고 모세에게 명령한 이 성서 구절에서 주목할 점은, 하느님께서 처음에는 아주 부드럽게 말씀하셨지만 나중에는 매우 엄하게 이 말을 되풀이했다는 사실이다.

이 일로 인해서 십계의 구상은 먼저 여성에게 전해졌고, 다음에 남성에게 주어진 것이라고 랍비들은 생각했다. 하느님의 가르침을 먼저 듣게 된 여성은 그것을 가족들에게 전달할 의무를 지니게 되었다. 그렇기 때문에 유대인 어머니들은 여성이야말로 최초의 교사이며, 당연히 자녀들을 가르치는 의무를 지닌다는 자부심을 가지고 있다.

유대인 어머니들은 자신의 자녀들이 다른 집 아이들과 똑같이 뛰어놀고 함께 공부하며 행동하는 고정적인 틀에 속해 있는 것을 바라지 않는다.

왜냐하면 다른 어린이와는 어딘지 다른 뚜렷한 개성을 지니고 성장하는 것이 좋은 장래를 약속할 수 있다고 믿기 때문이다.

우열을 다투는 경우 승자는 언제나 소수에 지나지 않지만, 저마다 남과 다른 능력을 지니고 있다면 모든 인간은 서로의 능력을 인정하고 존경하며 함께 살아갈 수 있는 법이다.

내성적인 어린이는 잘 배우지 못한다

우리나라 어머니들은 대개 '댁의 아이들은 어쩌면 그렇게 얌전하고 착한가요?'라는 말로 칭찬하기 일쑤인데, 유대인들은 절대로 그런 식으로 말하지 않는다.

왜냐하면 '얌전하다, 착하다'라는 말은 '진취성이 없어 공부를 잘할 수 없다'라는 말과 다를 바 없기 때문이다.

유대인의 속담에 '내성적인 어린이는 잘 배우지 못한다'라는 말이 있다. 이 말은 내성적인 아이는 공부를 잘 못할 것이라는 말이 아니라, 수줍음을 잘 타서 남 앞에 나서지도 못하고 말도 제대로 못하는 성격이라면 참다운 학문을 깊이 터득하기 어렵다는 뜻이다. 다시 말하면, 어린이는 의심스러운 것이 있으면 서슴없이 닥치는 대로 질문하도록 길들여져야 한다는 의미이다.

유대인은 말에 의해서 배우는 것이 어려서부터 습관화되어 있기 때문에, 침묵이란 배우는 것을 거부하는 것이라고밖에는 달리 생각되지 않는다. 그것은 지식에 대한 욕구의 결여라고 생각한다.

매사를 분명하게 이야기한다는 것은 자신의 속마음을 털어놓는 것이다. 남에게 '나는 진정 배우고 싶다'라는 사인을 보내는 것에 다름 아닌 것이다.

배움에 즐거움을 느끼게 하라

어린이가 공부하기를 싫어하는 책임의 태반은 어른인 부모에게 있다.

사람들은 보통 공부를 '하지 않으면 안 되는 것', 학교나 유치원은 '다니지 않으면 안 되는 곳'이라고 생각한다. 그래서 어린이들은 당연히 의무감에 사로잡히게 되고, 의무인 만큼 하기 싫어도 해야만 하는 것이 공부이고, 또한 가기 싫어도 가야만 하는 곳이 학교라고 생각한다. 그러니 공부를 좋아할 까닭이 없다.

'공부하는 것이 싫다고 고개를 저으면, 어른들은 대개 '공부를 안 하다니, 말도 안 되는 소리'라며 강요만 한다. 이렇게 되면 어린이는 더욱 공부가 싫어질 수밖에 없다.

유대인의 눈에는 이런 일들이 이상하게 보인다. 왜냐하면, 유대인들은 본디 인간에게 있어서 배운다는 것은 매우 즐거운 일이라고 생각하기 때문이다. 스스로 인생을 개척하기 위해 지혜를 터득하는 것이 즐겁지 않을 까닭이 없지 않은가.

무엇이 되라는 말을 하지 마라

유대인 부모들은 자녀들의 장래에 대해서 엉뚱한 꿈이나 기대를 하지 않는 것이 통례이다. 예를 들어, '너는 앞으로 의사가 될 각오로 공부하라'는 식의 말은 결코 하지 않는다.

물론 공부를 잘하라고는 말하지만, '의사나 어떤 사람이 되기 위해서' 잘하라는 것은 아니다. 학문 자체가 목적이지 수단이 아니기 때문이다.

또한 장래의 선택은 어린이 자신의 행복과 밀접한 관계가 있으므로 어른들이 관여할 바가 아니라는 생각을 가지고 있다. 따라서 공부 이외의 어떤 예능이든, 전혀 강요하거나 권하지 않는다.

어린이가 피아노나 바이올린을 배우고 싶어하면 가르치고, 싫다면 그것으로 그만이다. 즉 '어떤 어려움이 있더라도 꼭 가르쳐야 되겠다'는 식의 생각은 하지 않는다.

부모가 자녀들에게 할 수 있는 말은 '싫은 것은 할 필요도 없다. 그러나 하고 싶은 것은 최선을 다해 열심히 하라'는 것으로 족하다. 만약 어린이 스스로 선택해서 하고 싶다고 할 때는, 그렇게 하기 위해 후회 없는 노력을 하라고 충고해 줄 뿐이다.

이처럼 어린이의 생각과는 관계없이 어버이가 자기 마음대로 가르치지 않는 것이 유대인 부모들의 교육방식이다.

죽으면 그것으로 끝이란다

어린이들이 가장 호기심을 갖고 있음에도 도저히 이해시키기 어려운 관념 중의 하나가 바로 '죽음'이다. 예를 들어, 가까운 친척이나 어른들이 죽으면 어린이들은 그 이유를 물어본다.

"왜 죽었어요?"

'나이를 많이 먹었기 때문'이라고밖에 달리 대답할 말이 없다. 젊은 나이에 죽었을 경우에는 '응, 큰 병이 들었기 때문이지'라고 대답한다. 그러나 어린이들은 여전히 이해가 안 된다. 그래서 다시 캐묻는다.

"죽으면 어디로 가나요?"

"응, 죽으면 그것으로 끝이란다."

유대인은 사후 세계에 대한 여러 가지 이야기를 어린 자녀들에게 들려주려 하지 않는다.

어린이들의 상상력은 그들 자신이 자유롭게 펼치거나 비약시키면 그것으로 족한 것이지, 부모들이 끼어들 여지가 없다고 생각한다.

죽음에 대해서는 앞의 예처럼 대답할 수 있지만, 어린이들이 직접 자신들의 눈으로도 확인할 수 없는 그런 관념, 예를 들면 하느님에 대해서는 대답하는 각도나 방식이 달라질 수밖에 없다.

유대인 어머니들은 자녀들을 무리하게 가르치려고 하지 않는다. 사고의 방향을 잘못 잡아 어린이들의 미숙한 상상력으로는 도달하지 못하는 단계까지 어버이 멋대로 이끌어가면 안 되기 때문이다. 그런 까닭에 항상 명심해야 될 것은 첫째, 어린이에게는 절대로 거짓말을 해서는 안 되고 둘째, 어린이에게는 절대로 공포감을 주어서는 안 된다는 것이다.

그래서 유대인 부모들은 '하느님은 저 어딘가에 살고 계시단다'라는 식의 말을 하지 않는다. 그리고 '나쁜 짓을 하면 하느님이 오셔서 혼내주신다'라는 식으로 공포감을 자아내는 말도 하지 않는다.

이처럼 유대인들은 어려운 관념에 대해 질문하는 어린이에게 이해하기 쉽도록 간단명료하게 대답해 주는 전통을 가지고 있는데, 그 근원을 캐보면 그러한 전통이 구약성서에서 유래되었음을 알 수 있다. 구약성서에서 아브라함의 죽음에 대한 기록을 보면, 매우 간결하다는 것을 알 수 있다.

'아브라함은 175년을 살았다. 아브라함은 백발이 되도록 천수를 누리다가 세상을 떠났다.'

사후의 세계에 대하여 이야기하는 대신에 아브라함의 업적과 가르침이 '그 열조(백성)에 돌아가니 지금까지 계속 살고 있다'라는 뜻이다.

죽음이라든가 하느님에 대해 억지로 꾸며내거나 공포감을 불러일으키는 이야기를 해줌으로써 어린이들을 일시적으로 만족시킬 수 있을지는 모른다. 그러나 그런 것들이 어린이들 마음속 깊이 뿌리내린, 진실을 알고자 하는 노력을 흐려놓는다면 어찌 되겠는가.

유대인들은 업무에 골몰한 나머지 가정을 내팽개쳐 버릴 정도의 주관적 자세를 싫어하며, 식욕·성욕·음주·금전에 대해서도 지나치게 집착하거나 탐하지 않는다. 이런 성격은 관념의 세계에 있어서도 마찬가지이다. 지나치게 자극을 주거나 흥분을 자아내는 것들은 건강을 위해서도 좋지 않다고 생각한다.

그렇기 때문에 유대인 부모들은 어린이의 상상력을 무시한 지나친 요구를 절대 하지 않으며, 적당한 자극을 통해 어린이의 마음을 단계적으로 개발시켜 줌으로써 구김살없이 키우려는 세심한 배려를 아끼지 않는다.

과보호가 반드시 나쁜 것만은 아니다

유대 격언에, '하느님은 언제, 어디에나 계신 것은 아니다. 그래서 하느님은 어머니를 만들었다'라는 말이 있다.

아버지가 한 가정의 지도자인 것은 틀림없으나, 어머니의 애정은 자녀들에게 하느님 못지않게 절대적이다. 때로는 애정이 너무 지나쳐 '유대의 어머니'라는 말이 마치 과보호의 대명사처럼 되어버렸다.

랍비 요셉은 이러한 어머니의 슬하에서 자라났는데, 자기 어머니가 가까이 다가오는 발자국 소리를 듣고 잽싸게 자리에서 일어나 "성령이 가까이 오시는구나, 빨리 일어나야지"라고 말했다는 기록이 탈무드에 남아 있다.

일반적으로 과보호는 어린 자녀들의 장래를 그르친다는 것이 통상적인 관념이어서, 응석을 부리는 아이를 보면 '엄마가 귀엽다고 떠받들어 주었기 때문'이라는 비난을 받기 일쑤다.

그것은 사리에 맞는 말이기도 하지만, 과보호가 반드시 어린이의 성격 형성에 나쁜 영향을 끼치는 것만은 아니다. 부모의 과보호가 어린이의 독창적인 재능을 개발시킨 사례도 흔히 있기 때문이다.

프랑스의 유대계 작가 마르셀 프루스트는 대단한 응석받이로 자라났다고 한다. 어렸을 때 어머니가 집을 보라고 하면 신경질을 부리며 울부짖었다고 한다. 그가 13살 때의 일이다.

어느 날, 그의 엄마가 물었다.

"너에게 가장 비참한 일은 무엇이냐?"

그러자 프루스트는 "엄마와 헤어져 있는 것"이라고 대답했다. 그는 33살 때까지 편지의 첫머리에 '진정으로 좋은 어머니'라고 썼을 정도로 응석받이였다고 한다. 그런 그가 하루에도 두세 번씩 어머니에게 안부전화를 한 것은 그다지 신기한 일이 아니었다.

프루스트가 어머니에게 보낸 편지에는 '어머니와 나는 언제나 무선전화로 연결되어 서로 곁에 있건, 멀리 떨어져 있건 항상 긴밀하게 마음이 오가며 서로 마주보고 있는 것처럼 느껴진다'고 적혀 있을 만큼 마치 연인들 사이에 오가는 연애편지 같은 분위기를 풍기고 있다.

프루스트는 이렇듯 어머니와 친밀하게 지냄으로써 다른 아이들과는 전혀 다른 감성의 소유자로 자라날 수 있었다. 대학 예비학교인 리세에 다닐 때도 방자하리만큼 무분별한 행동을 하는 급우들과 달리, 프루스트는 마치 여자처럼 차분했다고 한다.

그리고 어머니의 영향으로부터 비롯된 이런 차분한 성격이 그의 문학적 소양과 연결되어 《잃어버린 시간을 찾아서》와 같은 불후의 명작을 쓰게 된 것으로 여겨진다.

프루스트뿐 아니라 아인슈타인과 프로이트도 과보호라 할 정도로 어머니의 '열정적인 애정'의 비호 밑에서 성장했다.

《꿈의 해석》으로 유명한 프로이트는 어렸을 때, 날카로운 부리를 가진 기묘한 새를 닮은 남자들이 침대에 조용히 누워 있는 어머니를 죽이려고 대드는 꿈을 꾼 적이 있다고 한다.

프로이트는 워낙에 특이한 성격이기는 했지만, 그가 위대한 업적을 남길 수 있었던 것은 어머니의 열정적인 애정이 밑바탕이 되어주었기 때문이었다.

어머니의 자식에 대한 과보호는 확실히 어린이의 정신적인 균형을 무너뜨리지만, 한편으로는 독특한 재능을 최대한으로 키워주는 초석이 되기도 한다. 개성을 무엇보다도 중요시하는 유대 어머니들은 다른 아이들과 똑같기보다는 개성이 뚜렷한 어린이가 되는 쪽을 바람직하게 생각한다.

형제가 비교대상이 되면 개성을 기르기 어렵다

유대인들은 형제 자매를 서로 다른 인격체로 인정한다. 그렇기 때문에 형과 동생을 비교하는 일 따위는 절대로 하지 않는다.

"형은 저렇게 공부를 잘하는데 너는 도대체 누굴 닮아서 그 모양이니?"

이런 식으로 형제간의 우열을 비교하는 것은 동생에게 어찌할 수 없는 것을 강요하는 셈이 되고, 그렇게 따진다고 동생의 성적이 오를 리도 없다. 그것은 오히려 그를 점점 더 절망의 구렁텅이로 밀어넣어, 형과는 개성이 다른 인간으로 성장할 수 있는 싹마저 자르는 결과를 낳기 십상이다.

다시 말하면 형제를 한 가지 능력, 예컨대 학교 성적만으로 비교한다는 것은 두 사람 모두에게 해독만 끼칠 뿐 아무런 이득이 없다.

유대인 부모들이 자식들을 대할 때 가장 관심을 갖는 것은, 그들 사이의 능력의 차이가 아니라 '저마다의 개성'이며, 서로를 비교하는 것이 아니라 각자의 개성을 개발하고 발전시키는 일이다.

그러므로 유대인들은 자식들이 친구집에 놀러 갈 때도 형제를 함께 보내지 않는다. 서로 취미가 다를 것이므로 같은 장소에 가기보다는 다른 장소로 가서 서로 다른 세계를 접하는 편이 그들의 장래에 훨씬 좋은 결과를 가져올 것이라는 생각에서이다.

그렇다고 유대인들의 형제 자매가 우애가 나쁜 것은 결코 아니다. 그것은 부모들이 그들의 관계를 느긋하고 경쾌한 관계로 만들어주기 위해 여러 가지로 배려하기 때문이다.

유대인들은 자식들이 개성에 따라 성장하는 한편, 서로를 아끼는 마음을 평생 유지해 나가기를 바라고 있다.

껴안아주는 것은 최고의 사랑 표현

자녀를 기르면서 이따금 벌을 주는 엄마의 행위는 어린이가 잘 성장하도록 도와주는 수단이 되기도 한다. 구약성서의 잠언 22장에, "마땅히 따를 길을 어려서 가르쳐라. 그러면 늙어도 그것을 떠나지 아니하리라"는 구절이 있는데, 유대인들은 자녀들을 '그들이 마땅히 따를 길'을 가도록 하기 위해서만 벌을 준다.

그렇기 때문에 벌을 줄 때에도 애정이 수반되지 않으면 안 된다. 벌을 주는 것만으로 그친다면 그 벌은 어버이의 권위에 의존해서 어린 자식들을 억누르고 지배하는 것일 뿐이며, 결과적으로 자녀들은 개성을 자유롭게 살려나가지 못하고 위축되고 말 것이다. 이렇게 된다면 벌은 어린이의 성장을 돕는 수단이 되지 못한다.

유대인의 옛 격언 '오른손으로 벌을 주고 왼손으로는 정답게 껴안아줘라'는 벌은 반드시 애정을 수반한 것이라야 한다는 사실을 잘 나타내는 말이다. 사실 유대인은 도구 같은 것을 써서 어린 자녀를 때리는 따위의 끔찍한 짓은 하지 않으며, 오직 손으로만, 그것도 머리는 피해서 때린다.

한편 유대인에게 껴안는 행위는 최고의 사랑 표현이다.

이스라엘에는 농업 생산을 축으로 삼고 있는 '키부츠'라는 공동생활체가 있는데, 이 키부츠는 이스라엘 국가 탄생에 크게 기여했다.

키부츠에는 그들만의 독특한 육아 방법이 있는데, 그것은 바로 부모가 어린이를 돌봐주는 것이 아니라 주로 '메타페레트'라고 불리는 잘 훈련된 육아전문 여성이 아이들을 기르는 것이다. 따라서 어린이들은 부모가 있는 자기 집이 아닌 '어린이 집'에서 협동생활을 하며 성장한다. 그러나 하루 종일 '어린이 집'에 있는 것은 아니고, 오후 4시부터 잠자리에 들기 직전까지는 자기 집에서 보낸다. 너무 어려서 아직 걷지 못하는 아이는 부모들이 와서 데려가는데, 이때 볼 수 있는 광경은 제일 먼저 어머니가 자녀를 포근하게 껴안는 모습이다. 그러고는 그 아이가 기거하는 방으로 가서 한 손으로는 자녀를 껴안은 채 다른 한 손으로 서랍을 열고는 옷가지와 기저귀 등을 챙긴다.

이런 광경은 키부츠뿐 아니라 유치원 등으로 아이를 마중나가는 유대인 어머니들에게서도 흔히 볼 수 있는 모습이다.

이처럼 오른손으로는 때리고 왼손으로는 정답게 껴안아주는 것은, 유대의 어머니가 자녀들을 길들이는 상징적인 모습이라고 할 수 있다.

놀 때는 마음껏 놀게 하라

인간은 죽을 때까지 배우지 않으면 안 된다는 것이 유대인의 기본적인 사고방식이다. 그러므로 놀 수 있는 시기에는 마음껏 놀게 한다. 다시 말해서 어린 시절에 놀 기회를 빼앗아버리면 배움의 길에 들어섰을 때 놀 수 있는 시간을 얻지 못하게 된다.

사람이라면 누구나 그렇지만, 특히 아이들에게 놀이는 정신 형성 과정에서 중요한 역할을 한다. 그것을 빼앗으면서까지 공부만을 강요한다는 것은 긴 안목으로 볼 때 절대 현명한 방법이라 할 수 없다.

진정한 학문은 어른이 된 다음부터 이루어진다고 유대인들은 생각하고 있다. 어떤 어머니들은 '대학에 들어갈 때까지가 중요하므로 그때까지만 가르치면 된다. 그 후는 그다지 학문의 필요성이 없으므로 될 수 있으면 어렸을 때 공부에 열중하도록 해서 유명한 대학에 들여보내면 그만이다'는 식으로 생각하는 경향이 있다.

그러나 자녀들의 미래가 진정으로 행복하기를 바란다면, 놀고 싶을 때 마음대로 놀게 하라.

남의 간섭을 받지 마라

누구나 어려운 것보다는 쉬운 쪽을 택하게 마련이다. 어린이들은 더더욱 그렇다.

만약 부모가 '가정교육'에 대한 권리를 포기한다면, 자녀들은 가정교육보다 엄격하지 않은 방법을 찾아 그쪽으로 따라가게 될 것이다. 남들이 시키는 대로 하는 것은 자녀들의 입장에서 보면 하기도 쉽고, 즐거운 일일지도 모르기 때문이다.

그러므로 가정교육에 간과하지 말아야 할 것이 남의 간섭이다. 다른 사람의 간섭을 받게 된다면, 하루하루 들인 정성이 순식간에 무너져버리고 만다. 빗나간 자녀들을 다시 정상 궤도에 올려놓으려면 여태까지 투자한 시간보다 훨씬 더 많은 시간이 걸릴 것이다. 더구나 자녀의 정신적인 성장은 정지되고 말 것이며, 그것은 자녀들의 앞날에도 큰 손해를 끼친다.

자녀들을 사리를 분별할 줄 아는 인간으로 키우기 위해서는 남의 간섭에 대해 엄격해야 한다. 그렇지 않으면 아직 판단력이 미숙한 자녀들은 의지가 약한 어린이로 성장할 위험성이 많아진다.

유대인은 남들이 완고하다고 생각할 정도로 자신의 주장을 굽히지 않는다. 이처럼 자신의 신념을 굽히지 않는 어머니는 자녀들에게 심리적인 거점이 되는 동시에, 신념의 중요성을 심어주는 대단히 좋은 본보기가 된다.

물고기 잡는 법을 가르쳐라

똑같이 머리를 쓰는 방법에도 지식을 가르쳐 주는 것과 지식을 얻을 수 있는 방법을 가르쳐 주는 것과는 상당한 차이가 있다. 이를 단적으로 표현한 유대 속담에 '물고기 한 마리를 주면 하루를 살지만, 물고기를 어떻게 잡는가를 가르쳐 주면 한 평생 살아갈 수 있다'는 말이 있다. 다시 말해 어린이에게 학문을 가르치는 것만으로 어른들의 의무가 끝나는 것은 아니다. 배움을 얻는 방법을 가르쳐 주는 것이 필요하다.

우리나라의 경우 남들이 알아주는 좋은 고등학교, 일류 대학교에 입학시키는 데에 부모들의 관심이 쏠려있는 것처럼 보인다. 이것은 물고기 한 마리를 주는 것과 마찬가지로, 합격을 해서 그 학교에 입학은 하겠지만, 그 이후에는 아무 쓸모가 없게 될 수도 있다.

무엇보다 지식을 어떻게 자기 것으로 만드는지 그 방법에 주목하여 학생들을 이끌어 갈 수 있다면, 학생은 그 방법을 다른 일에도 응용할 수 있어 학문에 대한 흥미가 증대될 것이다.

유대 학교에서 학생들에게 보고서를 작성시킬 경우, 그들에게는 우선적으로 자료를 수집하는 것이 중요하다. 그리고 그 자료를 합치고 정리하여 자신의 머리로 보고서를 작성하게 된다. 보고서의 평가는 그 내용이 아니라 자료의 처리 방법이 포인트가 된다.

이처럼 유대인들은 일상 생활을 통해 머리를 최대한 활용하도록 하는 체계 속에서 길러지고 있다.

이야기나 예화를 통해 생각을 정립한다

유대인만큼 이야기를 좋아하는 민족도 드물 것이다. 구약성서는 알려진 바와 같이 장대한 이야기이며, 성전 탈무드는 기원전 5백 년에 걸쳐 구전된 것으로 2천 명의 학자가 편찬한 총 1만 2천 페이지나 되는 문학이다. 일생이 걸려도 독파하지 못하지만, 그럼에도 유대인들은 새로운 이야기를 창작하여 남들에게 들려주는 것을 취미로 삼고 있다.

이야기를 좋아하는 유대인의 부모들이 자녀들에게 들려주는 이야기에는 반드시 교훈적인 것이 포함되어 있고, 어린이는 이야기를 들으면서 그 교훈을 이해하기 위해 노력한다. 이야기의 출처로 흔히 사용하는 것이 탈무드인데, 그 속에는 사고력을 기르기 위해 고안된 이야기들이 많이 있다.

자주 인용되는 '두 개의 머리를 가진 사람'을 예를 들면, "만약 머리가 두 개인 아이가 태어났다면, 그 아이는 두 사람인가 한 사람인가?"라는 질문을 한다. 이 질문에 대한 답을 하면서 아이들을 상상력을 키워간다.

유대인의 어떤 랍비는 이 이야기에서 "이스라엘의 유대인이 박해를 받거나 세계 각국의 유대인이 고통을 받을 때, 그 고통을 느끼고 소리 지르면 유대인이고 그렇지 않다면 유대인이 아니다"라고 말해 그 사고의 다양성과 교훈을 말하기도 했다.

어린이들은 한 문제에 대해 토론하면서 스스로 이치를 생각하는 방법을 배우게 된다. 그러나 유대의 이야기나 예화들은 단지 정답 하나를 찾아내는 데 의미가 있는 것은 아니다. 오히려 여러 가지 생각을 하게 하는 과정을 중요하게 생각한다.

친구를 잘 선택한다

유대인은 친구와의 교제를 중요하게 생각한다. 이 말은 누구하고나 친구가 된다는 것은 아니다. 물론 많은 사람과의 교제는 바람직하지만, 유대인은 참다운 친구를 선택할 때는 오히려 가능한 신중을 기하려고 한다.

친구는 우선 자기를 이끌어 줄 사람이 아니면 안 된다. 탈무드에도 '친구를 선택할 때는 한 단계 높여서'라고 표현하고 있다. 유대인 어머니는 자녀가 친구를 집에 데려오는 것을 권장하지만, 그 친구가 바람직하지 않을 경우에는 "엄마는 네가 그 친구와 교제하는 것을 반대한다"고 분명하게 말해 준다.

유대인들은 철저한 개인주의자인 만큼 개성을 중시한다. 유대인에게 한 단계 높은 친구라는 것도 바로 공부는 잘하는 편이 못 되더라도 자녀의 개성과 가능성을 끌어올려 줄 수 있는 상대를 말한다. 또 하나 친구를 평가할 때 어머니 자신의 좋고 싫음으로 판단하지 않는다. 자녀가 그 친구의 영향을 받아 개성이 향상될 수 있다면, 설령 어머니가 좋아하지 않는 형의 친구라도 반대할 이유는 없는 것이다. 어디까지나 자녀의 입장에서 판단한다.

'저 애는 시끄럽게 떠들어서', '저 애는 물건을 이리저리 흩어 놓으니까' 등등 사소한 일로 판단하면, 아이는 훌륭한 친구를 선택하기는커녕 그 능력조차 상실할 것이다.

자선을 통해 삶을 가르친다

옛날 어떤 왕이 백성 중 한 명에게 사자를 보내, 곧 입궁하라는 전갈을 했다. 그 사람에게는 세 명의 친구가 있었는데, 그 중 한 명은 아주 친하게 지냈고, 두 번째 친구는 첫 번째 친구처럼 그렇게 친하게 지낸 사이는 아니지만 가까운 친구라고 생각했다. 세 번째 친구는 친구이기는 하지만 그다지 가까이 지내는 사이는 아니었다.

그 사람은 왕의 사자가 왔으므로 분명 무엇인가 문책 받을 것이 분명하다고 생각했다. 곰곰 생각하던 그는 두려운 마음에 세 친구에게 동행을 해달라고 부탁하기로 했다. 평소 제일 친하게 지내던 친구에게 부탁을 했으나 그는 냉담하게 거절을 했다. 두 번째로 친하다고 생각했던 친구는 '왕궁 문 앞까지만 같이 가 주겠네'하고 말했다. 그러나 대단치 않게 생각했던 세 번째 친구는 "같이 가세. 자네는 아무 잘못도 없을 테니 나와 함께 임금님을 만나러 가세나" 하고 말했다.

탈무드에 의하면 첫 번째 친구는 재산이다. 아무리 친하더라도 죽을 때는 가지고 갈 수 없는 것이다. 두 번째 친구는 친척이다. 겨우 화장터까지만 함께 가 준다. 최후까지 함께 가는 세 번째 친구는 선행이다. 평소에는 눈에 잘 띄지 않지만 죽은 후에도 남는 것은 이것뿐이라고 탈무드는 설명하고 있는 것이다.

가난한 사람, 비참한 사람을 위한 선행과 자선은 탈무드가 집대성된 고대로부터 유대인에게는 재산이나 친척보다 훨씬 중요한 것이었다.

유대 속담에는 '세상은 배움과 일하는 것과 자선을 위해 성립되어 있다'는 말이 있다. 제아무리 배우고 제아무리 많은 일을 한다고 해도 자선을 잊어서는 세상이 제대로 돌아가지 않는다는 말이다.

가난한 사람에게 물건이나 돈을 주는 자선은 유대인에게는 어렸을 때부터 어린이에게 가르쳐야 하는 사회 교육이다. 어느 가정에서든 어린이에게는 조그마한 자선용 저금통을 주고, 돈을 저금하는 것을 가르친다. 어린이들은 교회당(시나고그)에 갈 때마다 저축했던 그 돈을 가지고 가서 자선함에 넣는다. 어릴 때부터 자선을 의무로 알고 자라는 것이다.

이 습관은 어른이 되어서도 계속된다. 풍족한 사람은 수입의 5분의 1을, 평균적인 생활을 하고 있는 보통 사람이라면 10분의 1을 자선에 바친다. 어린이들은 조그만 저금통으로 자신의 생활이 사회와 연결되어 있다는 사실을 의식하면서 성장해간다. 유대인들이 남에게 선물을 잘 하는 것도 그들에게는 당연한 일이기 때문이다.

어린이의 지능 개발에만 급급하기보다 사회에 눈을 돌리게 하는 동기를 만들어 주는 것이다.

헛된 꿈을 갖게 하지 않는다

유대인들은 합리주의자이다. 예를 들어 탈무드의 해석을 두고 오래도록 논쟁이 벌어졌을 경우, 서로 따지고 토론하는 것을 바른 원칙으로 삼는다. 이런 경향 때문에 '유대인은 추상적이다'는 말을 듣게 되기도 한다.

그러므로 유대인 어린이들은 '산타클로스가 있다'는 등의 공상적인 이야기는 듣지 못한다. 그런 이야기는 일시적으로 어린이들에게 상상력을 불어넣을 수 있을지는 모르지만, 긴 안목으로 본다면 그저 '헛된 꿈'이기 때문이다.

또 합리주의를 부르짖는 유대인은 기적을 기대하지 않는다. 구약성서에 나타나는 많은 기적에 대해서 의문을 제기할지 모르지만, 구약성서의 기적들은 과학적으로 입증할 만한 것들이다. 모세가 유대인들을 이끌고 이집트를 탈출할 때 일어난 홍해가 갈라지는 사건 역시 과학적으로 입증이 된다. 1백 년에 한 번 정도 지중해에서 강풍을 받아 조류가 빠지면서 홍해는 사람이 걸어 다닐 수 있을 정도로 얕아진다는 것이 입증되었다.

어린이에게 근거도 없는 무의미한 야담을 들려주기 보다는 현실 속의 지난 추억들을 들려주는 편이 훨씬 어린이의 상상력을 향상시킬 수 있다. 유대인들은 근거 없는 망상을 부정하고 보다 현실성이 높은 상상력을 관철하는 데에 힘을 쏟는다. 어릴 때부터 이런 환경에 영향을 받아 과학이나 상업 방면에서 일할 수 있는 조건을 길러가는 셈이다.

부모의 침묵은 때로는 최고의 벌

자녀에게 어떤 벌을 줄 것인가? 다시 말해 어떤 벌을 어떻게 주어야 효과적일까 하는 문제이다. 예를 들어 자녀가 잘못을 했을 때, 말로 꾸짖을 때가 있고, 손으로 때리면서 저지시킬 수도 있다. 이처럼 자녀가 한 행동이 얼마나 잘못된 일인가를 알려 주기 위해 여러 가지 벌을 주는 방법이 있다. 그러나 이 벌이 강력하지 않을 경우, 엄마가 주는 주의나 경고는 자녀에게 아무런 영향력을 미치지 못하고 결국 제멋대로 행동하는 아이로 자라게 된다.

밖에서 들어온 아이가 코트를 내팽개친다거나 잘못된 행동을 했으면 체벌을 할 수도 있다. 그러나 그 위에 추가하는 벌로 침묵은 위력적이다. 경우에 따라서는 엉덩이를 때려주는 것보다 훨씬 아이들의 마음에 부담을 주는 벌이 된다.

유대인들은 세계에서 제일 말이 많은 민족이라고 할 정도로 대화의 교류를 중요시한다. 탈무드에도 입과 말에 관한 경구가 수없이 나와 있다.

'이스라엘은 누에와 같다. 언제나 입을 움직이고 있다'라는 구절도 그 가운데 하나이다. 이스라엘을 지도상으로 보면 마치 길쭉한 누에가 지중해에 연하여 옆으로 누워있는 듯한 형상이다. 누에는 언제나 뽕잎을 먹음으로 항상 입을 움직이고 있다는 것이 원래 의미이기는 하나, 유대인은 언제나 말이 많다는 의미도 된다.

이런 이유로 침묵을 지킨다는 것은 자녀에게는 어머니와의 대화가 끊어져 최고의 벌이 될 수 있다. 또 자녀에 대한 침묵은 스스로에게 벌을 줌과 동시에 자녀를 향한 자신의 사랑도 확인할 수 있다. 침묵이 주는 벌의 효과는 벌을 주는 쪽과 받는 쪽의 대화를 단절시킴으로써 독특한 심리작용을 일으킨다.

시간 관념을 길러준다

유대의 아이들은 아버지가 귀가하는 저녁 시간이 되면 깨끗이 샤워를 하고 옷을 갈아입도록 되어 있다. 그 이유는 아버지가 귀가를 하게 되면 바로 샤워를 끝내고 가족의 단란한 저녁 식탁이 마련되기 때문이다.

유대 어린이들은 이처럼 규칙적으로 시간 내에 일을 마치는 훈련을 철저하게 받는다. 금요일 저녁부터 시작되는 안식일의 경우, 학교에 간 어린이들은 서둘러 돌아와서 숙제를 마치고 목욕을 한 다음, 재빠르게 제일 좋은 옷으로 갈아입는다. 이 모든 일은 일몰과 동시에 어머니가 양초를 켤 때까지 마치게 되어 있기 때문이다. 이런 이유로 어린이들은 항상 규칙적인 생활을 하는 습관을 몸에 익혀 간다.

유대인의 성인식은 13세가 되면 행해지는데, 그때의 선물로는 대개 손목시계를 준다. 손목시계를 줌으로써 시간관념이 철저한 사람이 되게 하기 위함이다.

'내일엔 또 내일의 바람이 분다'는 식의 사고방식은 유대인에게는 없다. 오늘이라는 시간 내에 오늘을 어떻게 보내야 할 것인가의 계획된 습관이 들어 있으므로, 그 일을 진행해 감으로써 즐거움을 느끼는 것이다.

매일 머리 훈련하는 유대인
배운다는 것은 순간적인 통찰력을 얻기 위한 준비

유대교는 기도하는 종교가 아니라 공부하는 종교

유대인은 '성서의 백성'으로 불려왔다.

유대인이 성서를 믿어왔기 때문에 이 이름이 붙여진 것은 아니다. 유대교의 큰 특징 가운데 하나가, 그리스도교처럼 '기도하는' 종교가 아니라 한 사람 한 사람이 '배우는' 종교라는 점이다.

믿는 것과 배우는 것 사이에는 큰 차이가 있다. 단순히 하느님에게 기도하는 것만으로 종교 생활을 한다고 할 수는 없다. 성서에 있는 생각을 나름대로 소화·발전시켜야만 일상생활에 보탬을 줄 수 있다. 유대인이 경건한 유대교도이면서 결코 공허한 이상론에 빠지는 일 없이 현실세계에서도 성공의 길을 걸어갈 수 있는 이유가 여기에 있다.

유대인이 성서를 공부하는 일은 하느님에게 기도하는 일이다. 다른 많은 종교에서는 기도문을 낭송하든가 나름의 말로서 하느님을 찬양하는 것을 기도로 보고 있다. 반면 유대교에서는 성서를 배우고 연구하는 일을 하느님을 찬양하는 일로 여긴다.

의문을 가지면, 앎의 길이 열리리라

그러면 사고력을 키우기 위해서는 어떤 학습을 하면 좋을까?

이것 역시 유대민족의 생활 속에서 찾아볼 수 있다.

사고력을 키우는 가장 효과적인 방법은 언제나 자기 나름의 의문점을 갖는 일이다. 즉, 대상에 상관없이 의문을 갖는다는 것은 그만큼 많은 생각을 하고 있다는 것을 증명한다. 때문에 유대인 어린이들은 어릴 때부터 질문하는 습관을 기르게 된다. 자기 나름대로 생각하고 의견을 갖지 않는다면 질문할 수 없다. 그래서 어린이들은 자연히 '생각하는 일'을 몸에 익히게 된다.

의문을 갖는 일은 지성의 입구이다. 알면 알수록 의심하게 된다. 질문은 인간을 진보시키는 길잡이다.

아인슈타인은 저서 《만년에 생각하다》에서 '교육이란 학교에서 배운 것을 모두 잊어버린 뒤, 자기 속에 남는 것을 말한다'고 서술했다. 그는 이 책에서 교육의 목적에 대해 '교육이란 타인으로부터 독립하여 생각할 수 있는 인간을 만들기 위한 훈련이다. 그리고 그 힘을 사회가 직면한 문제 해결에 요긴하게 활용해야 한다'고 말하고 있다.

공부하는 노력을 '꿀맛'으로 알라

과연 공부한다는 것은 달콤한 것일까?

대부분의 민족은 그렇게 생각하지 않는다. 쾌락과 부와 세속적인 성공을 달콤한 것으로 보고 있기 때문이다. 그런데 유대인에게는 학문과 공부야말로 달콤한 것이다.

유대인은 어린이가 철이 들 무렵이 되면 토라의 책장을 펴고 그 위에 꿀 한 방울을 떨구고는 어린이에게 입맞춤하도록 한다. 말하자면 어린이에게 학문이 가져다주는 성과가 달콤한 것임을 가르치기 위해서이다.

이것은 유대인이 어린이 교육을 어떻게 보고 있는가를 나타내는 상징적인 관습으로, 흔히 어린이가 5살이 되었을 때 실시한다.

어릴 때부터 공부가 가져다주는 달콤한 꿀맛을 배운 유대인은, 어른이 된 뒤에도 배운다는 것을 괴로움으로 여기지 않는다.

성서는 여러 가지 어린이 교육에 대해 가르치고 있다. '어린이가 가는 길에 적합하도록 가르쳐라. 그러면 어른이 된 뒤에도 그 길에서 벗어나는 일이 없다'고 말한다.

미슈나에는 '유년기와 소년기에 배우는 것은 새 종이에 글을 쓰는 것과 같으며, 늙어서 배우는 것은 구겨진 낡은 종이에 글을 쓰는 것과 같다'고 씌어 있다.

배우는 과정이 결과보다 중요하다

유대인 어린이들은 어릴 때부터 배우는 것이 인생의 목적이라는 가르침을 받고 그렇게 길들여진다.

그래서 다음과 같은 격언이나 수수께끼를 되풀이해서 듣게 된다.

만일 책과 옷을 더럽혔을 때에는 먼저 책부터 닦아라.

복습은 외우기 위한 것이 아니다. 몇 번이고 복습하는 동안에 새로운 발견을 할 수 있기 때문이다.

100번 복습하는 것과 101번 복습하는 것에는 큰 차이가 있다.

모르는 것을 부끄러워하는 사람은 좋은 학생이 될 수 없다. 사람은 탐욕스럽게 배워야 한다.

만일 눈앞에 갑자기 천사가 나타나 토라의 모든 것을 한순간에 가르쳐준다고 해도 나는 거절하겠다. 사람에게는 배우는 과정이야말로 결과보다 중요하기 때문이다.

어릴 때부터 철저하게 배우는 삶의 지혜

유대인은 어린이 교육에 수수께끼를 응용한다. 수수께끼는 유머와 비슷해서 기지가 필요하다.

탈무드에도 많은 수수께끼가 나온다.

어떤 집에서 손님 셋을 저녁 식사에 초대했는데 손님이 돌아간 뒤 값진 촛대가 없어졌다. 이튿날 집 주인은 전날 밤의 세 손님과 함께 랍비를 찾아갔다.

랍비는 주인의 호소를 듣자 오랫동안 긴 턱수염을 만지며 깊이 생각한 뒤 이윽고 입을 열었다.

"나는 비법을 알고 있소. 이제부터 옆방을 캄캄하게 해두겠소. 그리고 중앙의 테이블 위에 촛대를 올려놓겠소. 당신들은 차례로 한 사람 한 사람 방에 들어가 촛대를 손으로 만지도록 하시오."

네 사람은 의아한 얼굴로 랍비를 바라보았다.

"나는 기도를 드려 그 촛대에 특별한 힘을 주겠소. 만일 어젯밤 촛대를 훔친 사람이 그걸 만지면 번개를 맞은 것처럼 온몸이 마비되어 큰 비명을 지를 것이오."

한 시간가량 지나자 랍비가 돌아와서는 옆방에 준비를 해놓았다고 알렸다. 먼저 주인이 옆방으로 들어갔다. 주인도 거짓말을 한 것인지 모르기 때문이다. 그리고 세 사람이 차례 차례 옆방으로 들어갔다. 기다리고 있는 사람들은 언제 비명소리가 날 것인지 침을 삼키며 기다리고 있었다. 그러나 아무도 비명을 지르지 않았다.

대체 랍비는 어떻게 범인을 찾아낼까? 이것이 수수께끼이다.

랍비는 네 사람에게 양손을 내밀도록 명령했다. 그러자 한 사람의 손만 깨끗했다. 그 사나이가 범인이었다. 랍비는 범인을 찾기 위한 어떤 술책도 쓰지 않았다. 단지 촛대에 검댕을 칠해 놓았을 뿐이었다. 이렇게 위협받으면 범인은 촛대를 만지지 않을 걸로 짐작했던 것이다.

유대인 남자 아이가 성인이 되는 날

유대 남자 아이는 13살이 되면 '바르 미츠바(bar mitzvah)'라는 의식을 치른다. 이것은 성인식에 해당하는 것으로 시나고그에서 거행된다. 유대인 사회는 남자가 13살이 되면 한 인간으로서의 책임감과 자립심을 요구했다.

오늘날에도 전세계 유대인 사회에서는 '바르 미츠바'를 거행하고 있고, 소년은 이날 '이것으로 나는 한 남자가 되었다'고 선언한다.

이날 소년은 시나고그에 모인 여러 사람 앞에서 토라의 한 구절을 낭독하고, 성서 또는 탈무드에 나오는 가르침에 대해 자기 나름대로의 해석을 해야 된다. 그러려면 상당한 학습이 필요한데, 암기하거나 스승의 말을 되풀이하는 것만으로는 부족하다.

성서에는 '하느님이 나에게 말씀하셨다. 사람의 아들아, 너의 두 발로 일어서라. 그러면 나는 너에게 말하리라'고 씌어 있다.

탈무드에는 '그 사람이 아니고선 가질 수 없는 힘을 끄집어 내는 것이 교육'이라고 씌어 있다.

유대교의 가르침 가운데 '사람은 잘 배워야 한다. 그러나 수동적으로 배우는 자세를 취해서는 안 된다'라는 말이 있다.

이처럼 유대인은 수동적인 학습을 결코 환영하지 않는다. '바르 미츠바' 의식이 상징하듯이 유대인은 교전(教典)을 자기 힘으로 해석하고 거기에서 새로움을 창조하는 것을 참다운 학습으로 본다. 그래서 유대인은 어릴 때부터 탈무드를 통해 하나의 현상을 다양한 시각으로 바라보는 능력을 키운다.

탈무드는 인간 생활에 관한 온갖 지식을 모든 분야에서 설명한 책이기 때문에 유대 어린이들은 어릴 때부터 탈무드와 친숙하게 지낸다. 그렇게 함으로써 사물을 바라보는 관점은 여러 각도에서 연구가 가능하며 또한 그것이 필요하다는 가르침을 받는다.

그리고 그 졸업식이라고 할 수 있는 '바르 미츠바'에서는 어떤 문제도 결국은 혼자서 해결할 수밖에 없다는 것을 배우게 된다.

그들은 이 두 가지를 배움으로써 사람과 공부에 대해서 진지한 태도를 취해야 한다는 것을 당연하게 받아들인다. 즉, 유대인은 탈무드에 의해 인생의 모든 문제에 관한 학습법을 자연스럽게 배운다.

유대에는 현자는 없다. '현명하게 공부하는 사람'이 있을 뿐이다.

'사람은 평생 배우게끔 만들어진 것'이라는 생각이 유대인들이 갖고 있는 기본적인 사고방식이며 신념이기도 하다. 아무리 지혜가 있는 사람일지라도 배움을 중단하는 것은 허락되지 않는다. 중지한다면 그때부터 지금까지 배워온 것을 모두 잃고 만다고 생각하기 때문이다. "20년 배운 것을 2년에 잊는다"고 하는 우화가 있는 것도 그 까닭이다.

다시 말하면, 인간은 현명한 사람과 어리석은 사람으로 구별되는 것이 아니라, '배우고 있느냐, 배우고 있지 않느냐'에 따라 구별된다는 것이다.

다음은 뉴욕시에서 있었던 바르 미츠바에 참석한 로이 윌리엄스의 글이다.

아론 그로스버드는 모세오경을 띄엄띄엄 읽어 나갔고 우리들은 그를 향해 사탕을 던졌다. 그 사탕이 땅에 떨어지기도 전에 아이들은 사탕을 받으려고 교회 통로에 뒤엉켰다. 이 작은 소란으로 웃음과 사탕이 방안에 가득 찼다. 이내 아이들은 모두 자리에 앉았고 의식은 계속되었다.

내 옆에 앉은 아주머니가 몸을 구부려 당황스러울 정도로 내 얼굴을 바라보면서 말했다.

"아론이 모세오경을 읽는 순간에 미츠바는 시작되었고, 아론은 이제 성인이 된 겁니다."

아론을 위한 환영회가 있던 날 저녁, 정장차림의 나와 페니는 수많은 어린이들, 노인들, 부모들, 청소년들이 아론이 성인이 된 것을 축하하며 춤추는 것을 보았다. 공동체로 하나가 된 그들의 행동을 경험하고 나서 유대인에 대한 우리의 경이로움은 완전히 새롭게 발전했다.

당신은 어디에서 누구와 함께 살아가는가? 당신의 직업을 이야기하는 것을 제외하고 인생에 대해서 구체적으로 기술한다면, 당신은 무엇을 말하겠는가? 기억하라. 누구도 당신이 하는 일로 당신을 정의내릴 수 없다. 한 사람으로서 당신의 본성은 당신의 명성으로 증명되고 당신이 아는 사람들을 통해 표현된다.

왜 당신이 누구인가에 대해 조사하는 것에 짧은 시간도 투자하지 않는가? 종이에 적어 보라. '나는 …의 친구이다. 나는 …와 아주 친한 친구이다. 나는 …의 애인이다. 나는 …을 감상하고 즐긴다.' 당신은 얼마나 많이 적을 수 있는가?

이런 연습을 하면서 당신은 일에만 묻혀 살기 때문에 자신을 다른 이들에게 좀더 열어 놓는 것이 필요하다는 것을 배울 것이다.

또한 당신이 아주 괜찮은 인생의 한복판에 서 있다는 것도 배울 것이다.

잠들기 전 책을 읽어주는 것은 지적 교육의 한 방법

유대인 어머니가 아기에게 주는 중요한 시간은, 아기를 침대에 누이고 그 곁에서 아기가 잠들 때까지 함께 있는 짧은 시간이다. 이것은 어린이에게도 마찬가지다.

낮 동안 어린이가 아무리 야단을 맞더라도, 또 저녁 식탁에서 태도가 나쁘다 하여 아빠에게 심한 꾸중을 들었어도, 일단 침대에 들면 가능한 한 정답게 대해준다. 어린이가 덮고 있는 이불을 여며주면서 '내일이면 무엇이든 걱정하지 않게 된다'라고 말해준다. 그것은 어린이가 잠을 잘 때 불안감이나 근심거리를 갖지 않게 하기 위함이다. 어린이의 하루를 평안하게 마무리해 주고 내일도 평안할 것을 기원하는 예로부터의 습관이다.

 그리고 어린이가 깊이 잠들 때까지 잠시나마 엄마는 어린이에게 책을 읽어준다. 이것은 유대인 어머니들이 어린이에게 직접 주는 지적 교육의 하나라고 볼 수 있다.

 어머니가 읽어주는 책은 유대의 전통에 따라 대개의 경우 구약성서다. 물론 성서에는 어린이가 이해할 수 없는 곳이 많이 있으므로, 그것을 어머니가 쉽게 풀어서 동화적인 이야기로 들려준다. 어린이들이 가장 좋아하는 것은 영웅들의 이야기이다. 모세의 '출애굽기', '다윗 왕과 거인 골리앗'의 이야기 등에 수천 년의 먼 역사를 단숨에 거슬러가서, 마치 자신이 그곳에 있는 것처럼 상상의 나래를 편다.

행동이 뒤따르지 않는 배움은 헛것일 뿐

 랍비 엘레아자르 아자리야는 말한다.

 "토라를 배우지 않는다면 적절히 행동할 수 없다. 또 적절히 행동하지 못하는 사람은 토라를 배우지 못할 것이다. 지혜가 없다면 하느님을 공경하지 못하고, 또 하느님을 공경하지 않는다면 지혜를 얻지 못할 것이다.

 선한 행위를 하고 토라에 대한 공부도 깊은 사람은 바위 위에 벽돌을 쌓아 집을 짓는 사람과 같다. 그런 집은 홍수가 나도 무너지지 않는다. 토라를 열심히 공부하지만 선한 행위를 하지 않는 사람은 흙벽돌 위에 돌을 쌓아 집을 짓는 사람과 같다. 그런 집은 비가 조금만 와도 기초가 허물어져 무너져 버린다.

 선한 행위를 하고 토라를 열심히 공부하는 사람은 물가에 뿌리를 깊이 내리고 있는, 가지가 많지 않은 나무와 같다. 그런 사람은 사방에서 바람이 불어와도 흔들리지 않는다. '물가에 심은 나무처럼, 개울가로 뿌리를 뻗어 아무리 볕이 따가와도 두려워하지 않고 잎사귀는 무성하며 아무리 가물어도 걱정없이 줄곧 열매를 맺으리라'(예레미야 17장 8절)는 말씀이 바로 그런 사람을 가리키는 말이다.

　토라를 열심히 공부하지만 선한 행위가 뒤따르지 않는 사람은 가지는 많지만 뿌리가 깊지 못한 나무와 같다. 그런 나무는 바람이 불어오면 뽑혀서 날아가 버린다. '벌판에 자라난 덤불과 같아, 좋은 일 하나 볼 수 없으리라. 소금쩍이 일어나서 아무 것도 자라지 않고 뙤약볕만이 내려 쬐는 사막에서 살리라'(예레미야 17장 6절)는 말씀이 바로 그런 사람을 가리키는 말이다."

남을 초월하기 전에 먼저 자신을 초월하라

　사람은 누구나 어머니의 태내에서 태어난다. 이것은 생물학적인 삶이다. 그 뒤에 인간은 다시 한 번 태어나지 않으면 안 된다. 스스로 자신을 태어나게 하는 것이다. 그러므로 인간은 생애를 통하여 두 번 태어난다.

　모든 인간은 그 사람 나름대로 창조력을 갖추고 있다. 그러나 대부분의 사람은 스스로 갖추고 있는 창조력을 끌어내려고 하지 않는다.

　탈무드는 '다른 사람보다 뛰어난 사람은 정말 뛰어나다고 할 수 없다. 이전의 자기보다 뛰어난 사람을 정말 뛰어난 사람이라고 할 수 있다'고 말하고 있다. 다른 사람을 뛰어넘으려고 하기보다 자기 자신을 초월하려고 노력하는 사람이, 언젠가는 남들보다 훌륭하게 된다.

모르는 사람에게 친절한 것은 천사에게 친절한 것

　유럽의 어떤 유대인거리에 유명한 랍비가 있었다. 랍비는 아들 역시 자신만큼이나 경건하고 정직하게 키웠다. 어느 날 아들은 아버지에게 부탁했다.

　"성서에 나오는 현자나 성인을 만나 뵙고 싶어요."

아들이 이렇게 말한 것은 구전에 의하면, 고대의 사람들이 1년에 며칠 동안 지상에 돌아온다고 했기 때문이다. 그래서 아버지는 약속했다.

"네가 경건하게 올바른 생활을 하면 만나게 해주겠다."

그 뒤부터 아들은 열성적으로 모든 것을 올바르게 생활했다. 어느덧 반년이 지났다. 그러나 랍비는 아무것도 하지 않았다.

"인내력, 인내력을 가져라."

아버지는 이런 말만 되풀이할 뿐이었다.

"아침에 올바른 행동을 했다고 해서 저녁때 모세를 만날 수 있는 건 아니지 않느냐?"

아버지의 말을 믿고 아들은 날마다 기다렸다.

드디어 1년이 지났다.

어느 날, 시나고그에 누더기를 걸친 한 거지가 와서 하룻밤 묵고 가도 좋으냐고 부탁했다.

아들은 이곳이 호텔도 레스토랑도 아닌 시나고그라면서, 먹을 것이라도 달라는 거지의 부탁을 뿌리치고 쫓아버렸다.

그날 밤, 랍비는 아들에게 여느 때처럼 물었다.

"오늘은 어땠느냐?"

아들은 거지가 왔기에 쫓아버렸다는 말을 했다. 아버지는 하늘을 우러르며 탄식했다.

"그 사람이 네가 오랫동안 기다리던 성서의 인물이란다."

아들은 당황하며 안타까운 목소리로 말했다.

"아버지. 그럼 저는 평생 오늘 일을 뉘우치면서 살아가야 합니까? 어떻게 돌이킬 수는 없을까요?"

랍비는 이렇게 말했다.

"아니다, 애야. 반드시 또 오실 거야. 그러나 언제 어떤 모습으로 오실지는 아무도 모른단다."

남의 말을 듣고 한 선행은 반쯤 값어치밖에 없다

어느 날, 앞 못 보는 거지가 길모퉁이에 앉아 있었다. 그곳에 두 사나이가 걸어 왔다. 한 사나이는 동전을 꺼내주었는데, 다른 한 사나이는 아무것도 주지 않았다. 그때 죽음의 신이 나타나 두 사람에게 말했다.

"이 가엾은 거지에게 동전을 적선한 사람은 나를 두려워하기를 앞으로 50년만 하면 된다. 그러나 다른 한 사람은 곧 죽게 될 것이다."

그러자 동전을 주지 않았던 사나이는 당황하며 말했다.
"이제라도 돌아가서 그 거지에게 동전을 적선하겠습니다."
그러자 죽음의 신은 말했다.
"아니다. 배를 타고 바다로 나갈 때, 그 배 밑바닥에 구멍이 뚫렸는지 어떤지를 바다로 나간 뒤에 조사해 보겠단 말이냐?"

최고의 지혜는 친절과 겸손

어떤 경건한 사나이가 랍비에게 말했다.
"나는 하느님을 찬양하기 위해 힘이 닿는 한 열심히 노력해 왔습니다. 그런데 오늘 뒤돌아보니 아무런 노력도 하지 않은 것 같습니다. 나는 전과 전혀 다를 바 없는 무지한 사람일 뿐입니다."
랍비는 이 말을 듣고 기뻐했다.
"당신에게 1000번의 축복이 있기를 바랍니다. 당신은 전과 변함없는 사나이로 아직도 무지할 뿐이라고 말했습니다. 당신은 크나큰 지혜를 배웠습니다. 그건 바로 겸허함입니다."

대체 겸허함이란 무엇일까? 자기를 주장하지 않고 상대편이 말하려고 하는 것, 바라는 것들을 되도록 인정하려고 하는 일이다. 그리고 친절은 겸허함과 같다. 겸허하게 되지 않으면 친절해질 수 없고, 친절하지 않으면 겸허할 수 없다.

자기 관점에 갇힌 사람은 타인의 마음을 모른다

인간이란 어리석은 동물이다. 자기의 행동에 대해서는 그럴듯한 이유를 들어 상대편에게 이해를 강요한다. 나아가 이것을 상대방이 긍정하거나 즐거워한다고까지 생각하기도 한다.

그러나 상대방의 진실된 느낌을 이해한다거나 그의 본심을 읽는 것에는 이해력을 발휘하지 않는다. 모두가 자기 중심적인 발상 때문이다.

흔히 '내 친구들이……'라는 말을 많이 사용한다. 타인을 가볍게 '친구'라고 부른다. 이같은 습관이 과연 합리적인가? 어떤 이유 때문에 쉽게 친구란 단어를 쓰는 것일까? 그 이유는 간단하다. 우정관계는 일방적으로 상대편을 '친구'라고 생각하면 무조건 성립된다고 믿기 때문이다. 이만큼 상대편을 수용하고 있으니까 상대편도 당연히 자기와 같은 느낌일 것이라고 생각하는 것이다. 물론 실제로 그런 경우도 있겠지만, 그렇지 못한 경우도 있을 수 있다.

일방적으로 친구라고 선택하는 것만으로는 불충분하다. 진실한 친구라고 부를 수 있는가 아닌가의 여부는 그쪽이 이쪽을 친구로 선택하는가 여부와 관련된다. 결국, 그를 자신의 친구라고 인정하는 것이 중요한 문제가 아니고 오히려 자신이 참으로 그의 친구노릇을 할 수 있는가의 여부, 그쪽에서 자기를 친구로서 받아들이겠는가의 여부가 최종적인 결정수단이다.

무엇보다 이 맹점을 타개하려면 평상시 자기에게만 주목하던 시선을 상대방을 향해 돌리는 것이 필요하다. 상대편이 어느 정도 자기를 친구로 대하는가 하는 의식을 자기 안에 주입시키는 것이 중요한 핵심인 것이다.

친구란, 상대방이 자기를 친구로서 선택하는 것, 가령 자기를 선택하지 않았다고 해도 오히려 당연하다고 인식하는 것이 중요하다.

자기 결점에 열중하는 사람은 남의 결점이 보이지 않는다

탈무드에는 '세계에서 가장 불행한 사람은 지나치게 자기를 의식하는 사람이다'라고 말하고 있다.

자기의 실패를 언제나 남이 비웃고 있다고 생각하는 사람은, 자기가 세계의 중심에 있으며, 남이 하루 24시간 자기를 주시하고 있다고 잘못 생각하고 있다.

이와 같은 일로 자신감을 잃은 사람은 추할 정도로 자신감이 지나친 것과 다를 바 없다. 말하자면 자기 중심적이고 교만하다. 교만에서 오는 잘못된 생각이다.

그 반대도 역시 그렇다.

사람은 넘어지면 돌멩이 탓부터 한다

'나는 언제나 정당하다.'

이런 생각은 겸허함이 부족하기 때문이다.

물론 자기 잘못으로 돌리는 일은 어려운 일이다. 자신을 정당화하려면 누군가 남이 잘못했다고 하지 않을 수 없다.

'나는 언제나 정당하다. 그리고 남은 언제나 잘못했다.'

모든 사람이 계속 이렇게 말한다면 어떤 사회가 될 것인가? 안타까운 일이지만 인간은 이런 함정에 빠지기 쉽다.

우리는 조금이라도 살기 좋은 사회를 만들지 않으면 안 된다.

서로 겸허해지는 일, 자기 잘못을 솔직히 인정하는 일——이 말은 아무리 강조해도 좋다.

마음을 가꾸는 일이 중요하다

어떤 랍비가 저녁 식사에 한 학생을 초대했다. 그런데 랍비가 그 학생에게 "포도주를 마시기 전에 기도문을 낭송해 보아라" 하고 말하자, 학생은 처음 몇 행밖에 외우지 못했다. 다른 기도문에 대해서도 모두 그랬고 여태까지 가르친 것도 거의 외우지 못했다. 랍비는 그 학생을 나무랐다. 학생은 식사를 마치자 머리를 깊이 떨구고 돌아갔다.

며칠 뒤에 랍비는 그 학생이, 병자가 있으면 그 집에 가서 거들어 주고 가난한 사람이 있으면 자기가 일해서 번 돈을 갖다 주는 등 많은 선행을 하고 있다는 말을 들었다.

랍비는 자신을 부끄럽게 여기고 제자들을 모아 이렇게 말했다.

"마음으로 생각한 일은 곧 행동으로 나타난다. 그러나 만 권의 책을 읽고 많은 것을 알고 있을지라도 마음을 가꾸지 않으면 알고 있는 것에서 그치고 만다."

하느님은 먼저 사람의 마음을 보고 다음에 두뇌를 본다

인간은 마음에 의해 판단된다. 무엇보다 먼저 마음이 아름다운 것이 중요하다. 지성은 그 다음이다. 아무리 학식을 쌓은 대학자라도 마음이 가난하면 추하다. 하느님은 사람의 지성보다 마음을 본다. 탈무드는 이렇게 가르치고 있다.

'탈무드 전권을 암기하기보다 작은 덕을 몸에 지니는 편이 낫다.'

'지혜가 덕보다 중요하다고 생각하는 사람은 결국 지혜도 잃고 만다.'

비누는 몸을 위하여, 눈물은 마음을 위하여

'사람들은 비누로 몸을 씻고 눈물로 마음을 씻는다.'

또 하나 아름다운 속담이 있다.

'천국 한구석에는 기도드리지는 않았지만 우는 사람을 위한 장소가 마련되어 있다.'

희로애락. 울 수 없는 사람은 즐길 수 없다. 밤이 없으면 밝은 낮도 없다. 우는 것을 부끄러워하는 사람은 기뻐할 때도 진실로 기뻐하지 않는다. 일부러 가장할 뿐이다.

울고 난 뒤에는 마음이 맑아진다. 목욕한 뒤의 몸과 같다. 하느님은 메마른 영혼에 비를 뿌리듯 인간에게 눈물을 주셨다. 울고 난 뒤는 마치 기다리던 비가 내린 땅과 같다. 그 땅엔 씨앗이 눈트고 초록빛으로 무성해진다.

오늘날의 사회는 기계화되어 몹시 위험하다. 눈물이 무용한 것이 되었고 수치스런 것이 되었다. 인간은 울고 싶을 때는 울어야 한다. 사람들을 위해, 또 자기 자신을 위해.

아무리 기도드려도 효과가 없다면 더욱더 기도에 열중하라
랍비 코레차는 말했다.
"금과 은은 열을 가함으로써 순화된다. 만일 당신이 기도해도 발전할 수 없다면, 당신은 값싼 금속으로 만들어졌거나 기도에 열성이 부족하거나 그 어느 쪽이다. 그러나 인간은 누구나 금이나 은과 같다. 하느님은 인간을 그렇게 만드셨다."

매일 조금씩 자살하는 사람은 세상에 속할 수 없다
매일 조금씩 자살한다는 말은 무슨 일에 너무 고민하거나 또는 너무 자중하여 활기를 잃고, 그 일 때문에 서서히 정신적인 건강이나 육체적인 건강을 망치고, 마지막에는 무너져버리는 인생을 가리킨다.

유대인은 매일의 생활을 즐기지 않으면 안 된다고 가르치고 있다. 사람은 매일 새로운 기회의 혜택을 받고 매일 그 기회에 의해 제공되는 도전으로 가득차 있다. 똑같은 날은 하루도 없다. 때문에 너무 비관하거나 너무 뉘우치거나 해서는 안 된다. 그러나 매일 조금씩 자기를 죽이는 사람은 전혀 반대의 생활 태도를 취하고 있다.

유대인 세계에서 자살만큼 큰 죄는 없다. 예전 유대에서는 자살한 사람은 무덤에 매장하지도 않았다. 무덤에 매장되지 못한다는 건 유대인 사이에서는 완전히 말살된다는 뜻이다. 매일 조금씩 자살하는 사람은 이 세계를 즐기지 않으므로 이 세상에 살고 있다고 할 수 없다. 또한 자살한 사람은 말살되기 때문에 저 세상에도 속할 수 없다.

하느님은 올바른 사람을 시험하신다
이것은 성서에 나와 있는 속담이다.
미드라시에서 랍비 요나단은 이렇게 말했다.
"도자기를 만드는 사람은 망가진 도자기를 손가락으로 두드려서 시험해보지는 않는다. 그러나 좋은 도자기를 만들었을 경우 손가락으로 두드려 시험해본다. 때문에 하느님은 올바른 사람을 시험한다."
랍비 벤 하나나는 말했다.
"모시를 파는 장사꾼은 만일 그 모시가 좋은 것이라면 계속 두드린다. 모시는 두드리면 두드릴수록 좋아지고 더욱 빛나기 때문이다. 그러나 만일 그 모시가 나쁜 경우에는 두드리지 않는다. 잘못 두드리면 부서지기 때문이다. 그러므로 하느님은 합당한 사람만을 시험하신다."
랍비 엘레아자르는 이렇게 말했다.
"만일 어떤 남자가 소 두 마리를 갖고 있는데, 한 마리는 힘이 세고 다른 한 마리는 약하다면 어느 쪽에 쟁기를 메울까? 물론 힘 센 쪽이다. 그러므로 하느님은 합당한 사람에게 무거운 짐을 지우신다."

인생의 최대 의무
많은 지식을 습득하고 판단력을 갖춘 사람에게 주어지는 책임의 무게에 대해 다음과 같은 얘기가 있다.

대규모의 장사를 하고 있는 어느 상인이, 여러 대의 마차에 물건을 가득 싣고 한 도시를 향해 가고 있었다. 도중에 눈이 내리기 시작하여 광야는 눈 깜짝할 사이에 3, 40cm의 눈으로 쌓였다. 설상가상으로 마을로 간다는 것이 깊은 숲 속으로 들어가고 말아, 일행은 눈 속에서 그만 길을 잃고 말았다.

그는 오랫동안 이리저리 헤매며 고생한 끝에 가까스로 도시로 가는 길을 발견할 수 있었다. 그때 상인이 깊은 한숨을 내쉬며 탄식하자 옆에 앉아 있던 마부가 이상한 듯이 물었다.

"이렇게 길을 찾았는데, 어째서 그리 탄식하는 겁니까?"

"언제나 한 대의 마차만 몰고 있는 자네는 아마 이해하지 못할 것이네. 나는 지금까지 여러 번 길을 잃은 적이 있었지. 그때마다 한 대의 마차가 남기는 바퀴 자국은 바람이나 눈에 금방 지워져버리지만, 이렇게 무거운 짐을 실은 여러 대의 마차가 눈길을 가면 깊은 바퀴 자국이 남게 되네. 그러면 이제부터 내 뒤에 오는 마차는 이 길이 도시로 가는 길인 줄 알고, 내 마차의 바퀴 자국을 따라가다 길을 잃어버리게 될 것 아닌가?"

상인은 앞으로 일어날 일을 걱정하면서 대답했다.

이 이야기처럼 지성이 뛰어난 사람이 실수를 범하면, 수많은 무지한 사람들이 그 뒤를 따르게 되므로 그만큼 사람을 이끄는 입장에 있는 사람의 책임은 무거운 법이다.

많이 배운 사람에게는 책임이 주어진다. 지적인 사람에게 그만큼 무거운 책임이 부여되며 또한 자기보다 아래에 있는 사람을 이끌어야 하는 책임이 주어진다. 그들은 당연히 이상을 가져야 하며 지적인 자유를 존중하는 동시에, 탈무드에 들어 있는 정신을 소중히 하는 것이 요구된다.

인간이란 아무리 천재라도 완전함은 있을 수 없으며 어딘가 한 군데는 부족한 데가 있는 존재이다. 하지만 완전한 사람이 없다는 걸 알면서도, 완벽함에 매료되어 그곳으로 다가가기 위해 노력한다. 그렇게 함으로써 인간은 향상되어 가는 것이다. 그럼 인간은 어떻게 하면 완전한 것에 다가갈 수 있을까?

그 답은 역시 '공부'밖에 없다.

세계 최고두뇌 최대부호 성공집단 탄생시키는 유대
솔로몬 탈무드

9
눈물과 웃음의 예지

한바탕 배꼽 잡고 웃어라 길이 열리리라
그것은 모든 사람을 하나로 묶는 끈

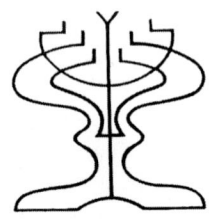

유머를 언어로 웃음을 무기로

유머는 유대인을 살아남게 한 강력한 구실을 해왔다. 웃음이란 승리자가 가지는 특권이다. 그런데 유대인들은 패배해도 웃음으로써 그 패배로부터 벗어난, 유머를 좋아하고 웃기 좋아하는 민족이었다. 유대인에게 유머는 온 세계에 흩어져 있는 유대인들을 결합시키는 언어와 같다. 유대인에게 유머는 이디시어와 히브리어에 이은 제3의 언어인 것이다.

유대인의 농담은 그저 우스갯소리일 뿐 아니라 유대인들이 어떤 생활을 해야 했는가를 반영하는 것들이 많다. 예를 들면 이런 농담이다.

유대인이 처음 미국으로 이민했을 무렵, 야구는 처음 보는 새로운 시합이었다. 한 유대인 가족이 저녁 식사를 마친 후 얘기를 나누고 있었다.
"아버지, 오늘은 다저스가 양키즈를 이겼어요."

"그래? 그게 유대인에게 좋은 일이냐?"

여러 고장으로 이리저리 쫓겨다니며 살았던 유대인들에게는 무슨 일이든 '그것이 유대인에게 좋은 일인가' 하고 묻는다.

히틀러가 유대인을 대량 학살하기에 앞서 그는 우선 유대인의 재산을 몰수하고 그들을 독일이나 오스트리아에서 추방했다. 이 무렵 유대인들은 추방되는 고통뿐만 아니라 유대인을 받아들이는 나라가 거의 없다는 이중의 고통을 당하고 있었다. 미국에서조차 유대인 이민의 수를 제한하고 있었기 때문에 여간해서 들어갈 수 없었다. 팔레스타인은 영국의 위임 통치령으로 영국은 유대인 이민에 대해서는 문호를 굳게 닫고 있었다.

다음의 이야기는 유대인 가족이 국경에서 독일의 출입국 관리관과 대화하는 장면이다. 이 독일인 관리인은 유대인을 동정은 하고 있지만, 직무를 수행해야 했다.

유대인 가족의 가장이 물었다.
"우리는 어디로 가면 좋을까요?"
그러자 그 관리는 자기 옆에 있는 지구본을 돌리면서 "이 나라에서는 이민을 억제하고 있으니까 안 되고, 이 나라에서는 경기가 좋지 않아 외국인의 입국을 금지하고 있어서 안 되고, 또 여기는 사막이니까……"라고 여러 나라를 차례차례 가리키면서 말했다. 그러자 유대인 가족의 어린이가 말했다.
"아저씨, 이것 말고 다른 지구는 없어요?"

이와 같이 유대인은 반유대주의자들 때문에 세계를 전전하며 방랑해야만 했다. 그리하여 유대인들은 국경을 가지고 있지 않았다. 그러나 20세기 후반을 지나면서 인류는 국경이 얼마나 인공적인 것인가를 깨닫고 있다.

유대인에게 주어진 괴로움은 다른 각도에서 보면 미래에 대한 투자였다고 할 수 있다. 처음부터 국경을 모르는 유대인은 오늘날의 세계화 물결 가운데 세계의 시민으로서의 자격을 가장 잘 갖추고 있다고 할 수 있기 때문이다.

유대인들은 모이면, 으레 새로 들은 해학을 서로 털어놓으며 웃거니와 그들이 어려운 고통과 극한 상황 속에서 얻어낸 해학은 인생에 대한 여유를 나타낸 것이었다. 괴로울 때에 그만큼 웃을 수 있다는 것은 유대인들의 강함을 보여주는 것인 동시에 인간의 존엄을 지키는 최후의 수단이었다.

아무리 위대한 왕도 무력한 사람으로 조소를 받는 일이 있고, 아무리 무력한 사람이라도 무서운 폭군을 비웃을 수 있다. 이와 마찬가지로 아무리 어려운 역경 속에서도 그 역경을 웃을 수 있고, 또 웃음으로써 그 괴로운 처지에 대한 우월감을 되찾을 수 있다.

지나치게 진지하게 생각하는 사람은 멸망하기 쉽고, 또 멸망하지 않을 수 없다. 사람은 세상을 웃을 뿐 아니라 자기 자신까지 웃을 수 있는 마음의 여유를 가지고 있어야 한다. 자신을 확고하게 지니고 있음으로써 세상을 냉정하게 바라볼 수 있고, 고도의 문화를 가진 사람일수록 유머를 느낄 수 있다.

유머는 사물을 과장하거나 비웃기만 하는 것이 아니다. 그 가운데는 재미있는 진실이 숨겨져 있다. 문화나 교육정도가 낮은 사람은 사람을 꾸짖거나 폭력에 호소하기를 잘한다. 그러나 교육 수준이 높은 사람일수록 상대를 꾸짖거나 때리는 대신 웃음으로써 만족한다. 유대인의 유머는 이런 면을 지니고 있다.

자기 마음에 드는 꽃을 꺾도록

당신은 사람을 그의 포도주잔, 분노, 지갑, 이 세 가지로 알 수 있을 것이다.

또 어떤 이들은 그 사람의 웃음으로 알 수 있다고도 말한다.

유대인의 해학에 담긴 대중철학은 위와 같은 속담에서 잘 나타나고 있다. 이디시어의 낙관적인 조언 "마음이 아픈가? 그러면 웃어 버려라!"는 말이 좋은 예가 될 것이다.
'랍비께서 모든 사람에게 즐거워하라고 말씀하셨다.'
이것은 농담을 존중하는 하시딤의 잘 알려진 속담이다. 다음의 일화에도 같은 사상이 들어 있다.

유명한 랍비인 디노프의 제비 엘리멜렉에게는 도비들이라는 아들이 하나 있었다. 그 역시 하시딤의 랍비로서, 많은 제자들을 거느리고 있었다. 도비들 랍비는 안식일과 성일에 제자들 사이에 앉아 있을 때는 율법을 주석하는 것보다는 재미있는 이야기와 농담으로 사람들을 즐겁게 해주었다. 그러면 수염이 허연 사람까지도 마음껏 웃곤 했다.
한번은 이케즈켈 할버스탐 랍비가 도비들 랍비를 방문했을 때, 그의 이상한 행동에 매우 놀랐다.
그래서 할버스탐 랍비는 화를 내며 입을 열었다.
"하시딤 랍비와 그의 제자들이 그런 얼토당토 않은 식으로 행동했다는 사실을 누가 들었단 말이오? 하느님의 안식일을 농담과 우스갯소리와 익살을 하면서 지켜도 좋단 말이오? 도비들 랍비여, 부끄러운 줄 알아야 하오! 이제 우리를 위하여 율법을 설명해 주시오!"
"율법!"
도비들 랍비는 소리쳤다.
"당신은 지금까지 죽 내가 무엇을 설명했다고 생각하시오? 랍비여, 내 말을 믿으시오. 내가 하는 모든 익살과 우스갯소리에는 하느님의 거룩한 진리가 담겨 있다오."

보통 유대인은 이야기나 농담을 섞지 않고서는 대화를 계속 나눌 수 없다. 사실상 이런 유대인의 대화는 때때로 지나치게 충동적이기도 했다. 때문에 탈무드에 근원을 둔, '누가 영웅인가? 농담을 말하려는 충동을 억누르려는 사람'이라는 우스갯소리마저 생겨날 정도였다.

해학을 만드는 탁월한 기술

유대인들은 감정을 다루는 기술의 대가들이기 때문에 해학을 만드는 탁월한 기술을 가지고 있다. 그들은 진지하지만 또한 인생을 쾌활하고 열정적으로 살아가도록 훈련받았다.

이디시어의 '눈물을 통한 웃음'이란 표현에도 나와 있듯이, 혼돈스런 인생은 울기도 하고 웃기도 해야 하는 이중적인 성격을 띤다. 항상 빛과 어두움은 조화를 이루며 공존한다. 유대인들은 현실적이고 사려 깊게 만든 경험을 통하여 비꼬기 잘하는 그 눈으로 인생이라는 해학에 담긴 어리석음과 부조리를 바라본다. 해학은 사람이 균형 잡힌 식견을 유지할 수 있는, 일종의 건전한 방어 기제인 것이다.

디오니소스로 시작되는 사려 깊은 비극 작가들은 '어떻게 웃느냐' 그 방법을 터득하고 있었다. 아마 가장 중요한 것은 자신에 대해 웃을 줄 아는 방법을 배우는 일이었을 것이다. 이로써 그들은 마음을 편안히 하고 모든 고통을 덜 심각하게 받아들일 수 있었다. 또한 불우한 상황에서 기인되는 고통을 없애는 데 도움을 받았다.

유대인의 재치와 해학은 단지 재미있다거나 웃음을 유발시키는 것에만 그치지 않는다. 그것은 종종 날카로운 풍자와 맞물려 있고, 삶과 인간에 내재된 한계성을 지적해 주는 부드럽고 애절한 철학이 있다.

유대인의 해학에 드러난 뛰어난 특징 가운데 하나는 성격 묘사에 집중한다는 사실이다. 그것은 단순한 기계적인 말장난과는 거리가 멀다. 유대인의 농담과 이야기 속에서 인간은 집단으로 그려지지 않고, 아주 개별화된 상태로 심리적으로 음미되며, 그 특징과 약점을 드러낸다. 이로써 등장인물은 재미를 주는 마네킹이 아니라 생명을 부여받게 된다. 그래서 모든 사람들은 그런 대상과 일체감을 느낄 수 있는 것이다.

철학적 따뜻함의 풍자

유대인의 해학은 거의 잔인하다거나 야만적인 경우가 드물고, 따뜻하고 철학적이며 뜻이 깊다. 거기서는 분명히 어리석음과 천박함, 그리고 탐욕과 위선, 협잡이 계속 웃음거리가 된다. 또한 가식적인 무지와 허영심을 통쾌하게 폭로한다. 그러나 독선적이지는 않고, 전반적으로 인간의 약점에 대하여 너그러운 태도를 취한다.

예언자, 특히 아모스와 이사야의 글에서도 풍자와 역설이 발견된다. 그들은 그즈음 사람들의 약점과 어리석음을 놀랄 만한 솜씨로 드러내어 준다. 그들은 위선자, 인색한 사람, 구두쇠, 난봉꾼, 요부(妖婦) 등 독선적이며 이기적인 사람들을 풍자하고 있다. 많은 유대인의 전승은 바로 이러한 날카로운 묘사에서 영감을 얻고 주제를 발견했다.

웃음은 모든 사람을 하나로 묶는 끈이다. 유대인의 해학에는 아주 다양한 웃음이 포함되어 있다. 거기에는 쓴웃음도 있고, 달콤한 웃음도 있으며, 이 둘이 결합된 웃음도 있다. 또 역설적인 웃음, 냉소적인 웃음, 칼날처럼 날카로운 웃음도 있다. 또 자애로운 웃음, 세상을 걱정하는 웃음, 겉다르고 속다른 웃음, 회의적인 웃음, 비꼬는 웃음도 있다. 자기에게 반성이 될 만한 웃음도 있다. 마찬가지로 세속적인 격정과 육욕적인 웃음도 있고, 기쁨의 표시로 육체와 마음과 감정을 뒤흔들어 다른 사람에게도 전달될 정도로 배꼽을 잡고 웃게 할 만한 웃음도 있다.

　유대인의 해학은 매우 활기차고 다양하기 때문에 모든 사람이 그 안에서 자기 마음에 드는 것을 발견할 수 있다. 그것은 한 민족의 웃음을 5000년 동안 모아 둔 보고(寶庫)이다. 그 다양한 특성은 13세기 시리아계 유대인 전승 기록자인 바르 헤브레우스의 책 《웃을 만한 이야기》의 서문에서 찾아볼 수 있다.

　모슬렘에게든, 유대인에게든, 아르메니아인에게든, 어떤 나라와 민족에 속한 사람에게든 이 책이 충실한 친구가 되게 하라. 그리고 학식 있는 사람, 총명하고 이해력을 가지고 있는 사람과 우쭐대며 조잘거리는 사람, 그리고 다른 모든 사람들로 하여금 자기에게 가장 알맞는 것을 선택하도록 하라. 저마다 자기 마음에 드는 꽃을 꺾도록 하라. 그러면 이 책은 서로 비슷한 것들을 하나로 어우르는 데 성공하게 될 것이다.

단 한 번뿐인 인생이 아닌가
웃으면 행운이 온다

농담

작은 마을 강 위에 흔들거리는 다리가 놓여 있었다. 한 나이든 유대인 여자가 다리를 건너고 있을 때 다리가 심하게 흔들거렸다. 그러자 여자가 말했다.

"하느님, 만일 내가 이 다리를 안전하게 건넌다면, 자선금 모금함에 재산의 반을 넣겠습니다."

곧 바람이 그치고, 다리가 흔들리지 않았다. 그녀는 거의 다리 끝부분에 도달해 있었다. 그러자 그녀가 말했다.

"다리를 안전하게 거의 다 건넌 것 같으므로, 돈을 한 푼도 낼 필요가 없다고 생각합니다."

그러자 다시 바람이 불기 시작해서 다리가 흔들렸다. 그녀는 비명을 지르며 말했다.

"오! 주여, 그저 농담을 했을 뿐입니다. 당신께서 제 농담을 너무 심각하게 받아들이셨습니다."

문맹인

한 이민자가 직장을 구하고 있었다. 그는 앤쉬 에무나 교회에서 총무를 구하고 있다는 말을 들었다. 그는 교회의 담당자를 찾아가 총무가 하는 일에 대해 물었다. 그러자 담당자가 말해주었다.

"총무의 의무는 교회를 청소하는 것, 예배 볼 때 문을 열어두는 것, 기도서를 나누어주는 것, 기도 수건을 나누어주는 것, 그리고 교회에 낸 헌금에 대한 영수증을 발급해 주는 것 등입니다."

그가 말했다.

"선생님, 죄송합니다. 나는 글씨를 쓸 줄 모릅니다."

담당자가 말했다.

"그렇다면 우리는 댁을 고용할 수가 없습니다. 총무는 글을 쓸 줄 알아야 합니다."

할 수 없이 그 사람은 어느 친구로부터 돈을 좀 빌려서 행상을 했다. 사업이 잘되어 짧은 기간 동안에 상점을 하나 개업하게 되었다. 몇 년 뒤에 그는 또 다른 몇 개의 상점을 개업했다. 어느 날 그는 거래은행에 찾아가서 말했다.

"5만 달러가 필요합니다."

은행가가 말했다.

"빌려드리지요. 계약서에 서명을 해주십시오."

이민 온 사람이 말했다.

"나는 글을 쓸 줄 모릅니다."

은행가가 놀라면서 말했다.

"사장님, 만일 사장님께서 글을 쓸 줄 아셨다면, 지금쯤 어떤 사람이 되어 있을 것이라고 생각하십니까?"

잠시 생각한 후 미소를 지으며 그가 대답했다.

"아마도 교회의 총무가 되어 있을 것입니다."

실수

'이스라엘 정부에는 공무원들이 지나치게 많다'는 말에 대해서 논평을 하다가, 어느 유대인 코미디언이 다음 이야기를 들려주었다.

사자 두 마리가 텔아비브에 있는 동물원에서 도망쳤다. 일주일이 지난 뒤에 그들은 다시 만났다. 그중 한 마리는 야위어 있었고, 다른 한 마리는 토실토실했다. 첫 번째 사자가 다른 사자에게 물었다.

"어디 갔다 왔니?"

"나는 푸줏간에 숨어 있었어. 그러나 굶어죽을 지경이었어. 고기 토막이나 뼈 토막을 찾을 수가 없었으니까."

다른 사자가 첫 번째 사자에게 물었다.

"넌 어디 갔다 왔어?"

"나는 유대 정부기관에 갔었어. 날마다 공무원을 한 사람씩 삼켰는데, 아무도 그것을 눈치채지 못했어. 그러던 어느 날 불행하게도 나는 차와 쿠키를 가져오는 공무원을 삼키게 되었어. 그때부터 나는 살기 위해서 뛰어야 했어."

1대 1

상관이 명령을 한다.

"병사들아! 적군은 우리 병력과 맞먹는다. 알았느냐! 1대 1로 겨뤄라."

그러자 한 병사가 기운차게 말했다.

"저는 두 놈을 맡겠습니다."

그러자 다른 한 병사가 말했다.

"그럼 저는 돌려보내 주세요."

너무 지나치다

유대인들은 어려운 일에 처하면 시편을 왼다. 더욱 어려운 일에 처하게 되면 자기 혼자뿐 아니라 10명이 모여서 시편을 외어댄다.

요셀의 아내는 해산할 때가 되었는데 만 2일 동안 진통만 할 뿐 아기를 낳지 못했다. 어쩔 줄 몰라하던 요셀은 시나고그로 달려가서 10명의 유대인을 모으고 그들에게 부탁하여 시편을 외게 하였다.

그리고 집에 돌아와 보니 아내는 떡두꺼비 같은 아들을 낳았다. 요셀은 뛸 듯이 기뻐했다.

"축하합니다."

산파는 축하인사를 했다.

"시편을 왼 덕택이에요."

그로부터 반 시간도 되기 전에 아내는 두 번째 아들을 낳았다.

"시편의 기적이 일어난 거라구요."

산파는 넋을 잃고 외쳐댔다.

그런데 다시 반 시간쯤 되자 세 번째 아들이 태어났다. 요셀은 허둥지둥 시나고그로 달려가서 숨을 헐떡이며 외쳤다.

"그만 해요. 시편 외는 것 좀 그치라니까."

기도서에 정통한 마부

코브노의 랍비는 종종 인근 작은 마을에서 초청을 받았다. 그는 그곳에 갈 때마다 마차를 타고 갔다. 어느 날 그는 마부와 함께 여관에서 하룻밤을 묵게 되었다. 아침이 되었을 때, 랍비와 마부는 아침기도를 하기 시작했다. 마부는 15분 안에 그의 기도를 끝냈다. 그러나 랍비는 한 시간 동안 기도했다. 랍비가 마부에게 어떻게 기도를 그렇게 빨리 끝낼 수 있었는지 물어보았다.

마부가 말했다.

"어린 시절에 랍비께서는 한 달간 기도서를 공부하셨지요. 그리고 나서 성경을 공부하셨고, 또 그 다음에는 탈무드를 공부하셨습니다. 그러나 저는 7년간 기도서만 공부했습니다. 그러므로 저는 랍비보다 기도서에 더 정통하다고 볼 수 있습니다."

안식일

유대인에게는 금요일 저녁부터 토요일 저녁까지가 안식일로 정해져 있다. 유대인은 안식일에 불을 붙이거나 끄거나 할 수가 없게 정해져 있다. 그래서 지역에 따라서는 비유대인을 따로 고용해서, 금요일 밤 늦게 유대인 가정을 돌아다니면서 불을 끄게 하고 있었다.

어느 날 밤, 한 유대인 일가는 불 끄는 사람이 나타나지 않아서 촛불이 켜 있는 동안에는 잠을 잘 수가 없기 때문에 몹시 난처하게 되었다. 그래서 주인은 한 가지 꾀를 내어 촛불 가까이로 어린 딸을 불렀다.

"레베카야, 너 히브리어로 부활제를 무엇이라고 하는지 알고 있겠지? 어디 큰 소리로 말해 보겠니?"

"페에, 삿, 하!"

레베카는 자신 있게 큰 소리로 외쳤다. 그 덕분에 촛불은 꺼졌고 잠을 편히 잘 수 있었다.

우표의 무게는?

나이든 노부인이 되돌아온 편지를 들고 우체국으로 찾아갔다.

"이봐요 아가씨, 내 편지가 되돌아왔는데, 왜 그런가요?"

여직원은 편지를 살펴보고는 이렇게 말했다.

"우표에 비해서 편지 무게가 무거웠기 때문입니다."

부인이 물었다.

"그럼, 어떻게 해야 되나요?"

우체국 직원이 말했다.

"우표를 하나 더 붙이세요."

그러자 노부인이 대꾸했다.

"어리석은 소리 아닌가요? 우표를 하나 더 붙이면 편지 무게가 더 무거워질 텐데요!"

속죄

정통파 독일계 유대인이 바르샤바에 사업차 머무는 동안 일어났던 일이다. 그는 어떤 이에게 음식이 율법에 맞는 레스토랑을 추천해 달라고 부탁했다. 부탁받은 사람은 자유사상가라 유대인에게 농담을 할 수 있다고 생각했다. 그는 유대인에게 이교도 음식을 파는 레스토랑을 소개했다.

이교도의 음식을 먹은 유대인은 랍비에게 찾아가서 어떻게 하면 자신의 죄를 용서받을 수 있는지 물었다. 랍비가 제안했다.

"한 주에 하루씩 금식을 하면 죄를 용서받을 것입니다."

유대인이 말했다.

"나는 심장이 약합니다. 그것은 나의 목숨을 위험하게 만들 수 있습니다."

랍비가 제안했다.

"그러시다면 자선금을 내십시오."

"불행하게도 사업이 잘 안 됩니다. 그래서 그럴 만한 여유가 없습니다."

"그러시다면 교회에 가서 시편에 기록되어 있는 몇 장을 암송하세요."

독일계 유대인은 학식이 없는 사람이라 히브리어 성경을 읽기가 매우 어려웠다. 그가 시편 첫장과 씨름하고 있을 때, 건너편에 앉아 있던 나이든 유대인이 시편의 장들을 무척 빨리 읽는 것을 보았다. 독일계 유대인이 그에게 물었다.

"지금까지 한 번도 유대인 음식을 먹지 않았나요?"

고집

유대인 농부는 버터 바른 빵을 땅에 떨어뜨리면, 일반적으로 버터를 바른 쪽이 땅에 닿는다는 말을 어느 랍비로부터 들었다. 일주일 뒤에, 그가 랍비에게 찾아가서 말했다.

"랍비여, 버터를 바른 빵이 손에서 떨어졌습니다. 그러나 그것은 정반대로 땅에 떨어졌습니다. 버터를 바르지 않은 쪽이 땅에 닿았습니다."

그때 랍비가 말했다.

"잘못된 쪽에 버터를 발랐기 때문입니다."

바보가 아닌 증거

성경에는 하느님은 바보들을 지키신다는 성구가 있다.

어느 바보는 그 성구가 맞는지 시험하기 위해 창문 밖으로 뛰어내렸다가 다리를 부러뜨렸다. 아내가 그에게 바보짓을 했다고 꾸짖었다.

"여보, 아니에요. 내 다리가 부러졌으니까 내가 바보가 아니라는 것이 증명된 거예요. 만일 내가 바보였다면, 하느님은 나를 지키셨을 것입니다."

엉터리 계산법

한 남자가 매우 신앙심이 깊은 여자와 결혼을 하게 되었다. 그녀는 엄격하게 유대 식사법을 따랐다. 유대 식사법에 따르면 고기가 나오는 식사와 우유가 나오는 식사는 여섯 시간 간격을 두어야 한다고 되어 있었다. 그녀만큼 신앙심이 깊지 못했던 남편이 어느 날 말했다.

"여보, 우유 한 잔만 줘요."

그녀가 말했다.

"여보, 당신은 얼마 전에 고기를 먹었는데요."

남편이 물었다.
"내가 몇 시경에 고기를 먹었나요?"
"12시에요."
"우유를 마시려면 얼마나 기다려야 되나요?"
"여섯 시간 동안이요."
"지금은 몇 시나 되었나요?"
"3시요."
"그럼 우유 반 잔만 줘요."

원대한 꿈

한 유대인은 어느 천주교 신자와 무척 친했다. 두 사람에게는 저마다 전문학교에 들어간 아들이 있었다. 유대인에게는 법학대학에 다니는 아들이, 천주교 신자에게는 신부가 되기 위해서 신학대학에 다니는 아들이 있었다.

유대인이 물었다.
"댁의 아들은 신부가 되고 나면 어떤 희망이 있나요?"
천주교 신자가 대답했다.
"예, 내 아들은 신부가 된 후, 몇 년이 지나면 주교가 될 것입니다."
유대인이 다시 물었다.
"그 다음에는 어떻게 되나요?"
"그는 대주교가 되고 또 추기경이 될 것입니다. 만일 그가 행운아라면, 교황이 될 수도 있습니다."
유대인이 물었다.
"그것이 전부인가요?"
그러자 천주교 신자가 놀라면서 물었다.
"무엇을 기대하시나요? 그가 구세주가 되기를 기대하시나요?"

유대인이 웃으면서 말했다.
"우리 소년들 가운데 한 명은 그렇게 되었습니다."

자선 기금 모금자
아이가 동전을 삼키게 되었다. 어머니가 무척 당황한 나머지 이웃에게 어떻게 하면 되느냐고 물었다.
"자선 기금 모금자 골드만 씨를 만나세요. 그는 어떻게든 그 돈을 끄집어낼 것입니다."

거울의 원리
"랍비님, 아무리 생각해도 모를 일이 한 가지 있습니다. 가난한 사람들은 서로 힘이 자라는 데까지 서로 도와주는데 부자들은 여유가 있으면서도 도와주지 않습니다. 왜 그럴까요?"
"창문으로 밖을 내다보시오. 무엇이 보입니까?"
"한 사람이 어린이의 손을 잡고 걸어가는군요. 그리고 시장으로 자동차 한 대가 들어가려고 하는군요."
"오, 그래요? 그러면 이제는 벽에 있는 거울을 보시오. 무엇이 보입니까?"
"제 얼굴밖에 보이지 않지요."
"그렇지요. 거울이나 창이나 모두 유리로 되어 있습니다. 거기에다 은칠을 조금만 하면 자기 모습밖에 보이지 않는 법입니다."

거래의 노하우
시장에서 어느 독일계 유대인이 말라비틀어진 소를 팔려고 하는데, 100파운드를 불러도 사려는 사람이 없었다. 이것을 본 폴란드계 유대인이 동정어린 투로 말했다.
"장사하는 방법이 글렀소. 내가 팔아 드릴까?"

"자, 여러분. 여기를 보십시오. 사료값도 안 들고 기르기도 쉬운 최고 암소입니다. 그리고 우유도 많이 나오는 암소인데 단돈 400파운드입니다."

그러자 사람들이 떼지어 모여들어 서로 사려고 했다. 이것을 본 독일계 유대인이 깜짝 놀라 사람 틈을 헤치고 소고삐를 잡아끌면서 말했다.

"여보시오, 농담하지 마시오. 이렇게 훌륭한 소를 400파운드에 누가 판단 말이오? 이건 내 소니까 내가 가져 가겠소."

사업의 교훈

랍비 몰데카이 왁스만은 그리스 아테네에서 얻은 재미나는 경험을 말해주었다. 아테네를 방문하고 있을 때, 그는 어느 지역장을 소개받았다. 지역장은 랍비 왁스만을 집으로 초대하여 저녁 식사를 대접하게 되었다. 그는 지역장의 집으로 가는 길에 여주인을 위해 장미 몇 송이를 사려고 꽃집으로 들어갔다.

꽃장수는 장미꽃다발을 만든 뒤에, 값이 70드라크마라고 말했다. 랍비 왁스만은 70드라크마를 헤아려서 그것을 꽃장수에게 주었으나 꽃장수는 그것을 받지 않았다. 랍비 왁스만이 물었다.

"뭐가 잘못되었나요?"

꽃장수가 말했다.

"아테네에서 우리는 이런 식으로는 사업을 하지 않는답니다. 만일 내가 값이 70드라크마라고 말하면 고객은 40드라크마를 내겠다고 말하지요. 그 다음 만일 내가 50드라크마를 달라고 말하면, 고객은 45드라크마를 내겠다고 말하는 겁니다. 그러면 나는 어쩔 수 없다는 듯이 그렇게 하라고 말하지요."

그래서 랍비 왁스만은 45드라크마를 헤아려 꽃장수에게 주었다. 그러자 꽃장수는 다시 그 돈을 받기를 거절했다. 랍비 왁스만을 의

아해서 다시 물었다.

"이번에는 뭐가 잘못되었나요?"

꽃장수가 진지하게 말했다.

"나는 당신에게 돈을 받을 수 없겠군요. 나는 당신에게 사업의 교훈을 가르쳐준 강사입니다. 그러므로 당신은 나의 학생인 셈이지요. 나는 나의 학생들이 꽃을 사러 왔을 때에는 꽃값을 받지 않는답니다."

속는 건 한 번만

에론 예비학교의 교장 조셉 에론 씨는 다음과 같은 경험담을 말해 주었다.

에론 씨는 건장한 사람에다 좋은 성품을 가진, 항상 웃는 사람이었다. 그는 언제나 열기가 넘치는 사람이었다. 그래서 그는 겨울철에도 점퍼를 입지 않고 이스트 브로드웨이를 왕래했다. 어느 날, 그는 자신의 단골 레스토랑으로 가고 있었다.

그때 그는 점심 사먹을 돈 50센트만 달라고 구걸하는 거지를 만났다. 에론이 말했다.

"나는 레스토랑으로 점심을 먹으러 가는 길입니다. 나와 함께 가서 점심 식사를 합시다."

그들이 식탁에 앉았을 때 웨이터는 메뉴판을 갖다 주었다. 에론은 거지에게 어떤 음식이든 마음대로 선택하면 음식값을 지불하겠다고 말했다. 거지는 음료수, 여러 가지 요리, 커피, 그리고 케이크 등을 주문했다. 그러나 에론은 체중을 조절하려고 수프 한 접시와 디저트만을 주문했다.

식사가 끝났을 때 웨이터는 에론 씨에게 음식값 3달러가 적혀 있는 계산서를 갖다 주었다. 에론은 호주머니 여기 저기를 뒤적거려 보았지만 지갑을 찾을 수가 없었다. 지갑을 두고 왔기 때문이었다.

에론이 웨이터에게 말했다.

"나는 에론 예비학교 교장입니다. 지갑을 점퍼주머니에 두고 왔습니다. 반 시간 이내에 사무실로 가서 3달러를 갖다 드릴 수 있습니다."

웨이터가 말했다.

"아저씨, 나는 댁 같은 사람의 이런 사기술에 한두 번 속은 사람이 아닙니다. 만일 댁이 나에게 지금 3달러를 지불하지 않는다면 경찰관을 부를 것입니다."

당시는 선거가 있기 전이었고, 에론 씨는 국회의원 후보였다. 그는 무척 불안했다. 신문에 홍보가 잘못되면 선거전에서 불리할 것 같았다. 웨이터가 경찰관을 부르겠다는 소리를 듣고 거지가 3달러를 꺼내어 지불했다.

레스토랑에서 밖으로 나온 후에, 에론 씨가 거지에게 말했다.

"댁은 나에게 얼마나 큰 호의를 베풀었는지 모릅니다. 택시를 타고 나의 사무실로 갑시다. 그러면 나는 댁에게 5달러를 드릴 것입니다."

거지가 말했다.

"아저씨, 속는 건 한 번으로 족합니다. 댁은 이미 내 돈 3달러를 빼앗았습니다. 그런데 이제 또 택시비까지 내가 지불해야 하나요? 지옥에나 가시오!"

그녀에게 또 다른 삼촌이 있었더라면

불행하게도, 프래그의 랍비는 얼굴이 못생기고 입심이 사나운 여자와 결혼했다. 어느 날 그녀가 거친 말을 하자, 그가 통곡했다.

"만일 그녀에게 또 다른 삼촌이 있었다면 참으로 좋았을걸."

제자들이 그게 무슨 뜻이냐고 물었다. 그러자 랍비가 설명해 주었다.

"탈무드에는, 어떤 사람이 하늘로부터 땅으로 내려올 때에는 사전에 그의 배우자에게 통보한다는 이야기가 기록되어 있어. 이 젊은 숙녀를 소개받았을 때, 나는 그녀가 사팔뜨기라는 것을 알았지. 그래서 주님께 왜 이런 식으로 나를 벌주시느냐고 했네. 그러자 주님께서는 그녀의 아버지는 위대한 학자였다고 나를 진정시키셨어.

그 다음 나의 신부가 꼽추라는 말을 들었지. 내가 다시 주님께 왜 내가 이런 고생을 해야 하느냐고 묻자 주님께서는 나에게 그녀의 삼촌은 매우 중요한 것을 탈무드에 기록한 사람이라는 말씀으로 나를 위로하셨네."

랍비는 또 이런 말도 덧붙였다.

"만일 그녀에게 또 다른 삼촌이 있었다면, 그녀는 아마도 벙어리였을 거야."

수의사가 필요해

기분이 몹시 좋지 않은 한 유대인 부인이 남편에게 수의사한테 진찰을 받도록 예약해 달라고 부탁했다. 그러자 남편이 놀라서 물었다.

"뭐라구? 수의사에게 진찰을 받겠다구?"

그녀가 대답했다.

"예, 나는 수탉들이 울면 일어나요. 나는 하루 종일 말처럼 일하고, 당나귀처럼 책임을 완수하죠. 나는 비버처럼 부지런해요. 당신은 기분이 나쁘면 나를 '동물'이라고 부르고, 기분이 좋으면 '고양이새끼'라고 부르죠. 그래서 나는 수의사가 필요해요."

다 알고 있었으면서

젊은이가 새로 신부를 맞이하고 처음으로 유월절 의식을 행하게 되었다. 그러나 그는 식탁 차리는 법을 몰랐다. 그래서 신부에게 이웃에 있는 대장간에 가서 창문으로 상차리는 법을 보고 오라고 했다. 신부가 가서 보니 대장간에서는 부부싸움이 한창이었다. 대장간 집 주인이 부인을 삽자루로 때리고 있었다. 깜짝 놀란 신부는 집으로 돌아오긴 했으나 두려워서 입을 열 수가 없었다. 그러한 신부를 본 젊은이는 화가 나서 삽을 들고 아내를 때리려 했다. 그러자 젊은 신부는 울면서 말했다.
"당신은 너무했어요. 다 알고 있었으면서 왜 나를 대장간에 보냈어요?"

비상한 기억력
리버만 박사라는 유명한 심장병 전문의사가 있었다. 그의 치료비는 비교적 비쌌는데, 처음 그의 병원에 찾아가면 치료비는 15달러였다. 당시에 그 돈은 상당히 큰돈이었다. 두 번째 치료비는 10달러였다.
심장병으로 고생하던 어느 유대인 양복장이는 리버만 박사에게 가서 진찰을 받고 싶었다. 그러나 치료비 15달러가 너무 비싸다고 생각했다. 그는 치료비를 깎을 궁리를 했다. 그래서 그는 리버만 박사의 사무실로 찾아가서 말했다.
"박사님, 또 찾아왔습니다!"

수와 가치
스타인버그 부인은 한때 아들이 이비인후과 의사가 될 것이라고 자랑했다. 여러 해가 지난 후에 한 숙녀가 그녀의 아들이 어떻게 지내고 있는지 물었다.
그러자 그녀가 대답했다.
"예, 잘 지내고 있습니다. 그는 치과의사가 되었습니다."
그러자 숙녀가 말했다.
"아들이 이비인후과 의사가 될 것이라고 말씀하신 걸로 기억하는

데, 무슨 일이 생겼던 모양이군요."
"내 아들은 무척 영리하지요. 그는 인간에게는 귀가 2개뿐이지만, 치아는 32개가 있다는 것을 알게 되었답니다."

같은 입장
이스라엘의 유명한 희극작가 숄렘 알레이헴은 자신의 이야기를 들려주기 위해서 미국 중서부의 어느 작은 마을의 낭독회에 가게 되었다. 그날 오후에 그는 이발을 하기 위해서 이발소에 갔다.
작가가 물었다.
"마을에 무슨 일이 있나요?"
이발사가 말했다.
"예, 있고말고요. 숄렘 알레이헴이 우리 마을에 와서 낭독회를 할 예정입니다. 그러나 나는 운이 없군요. 우리 이발소는 저녁 8시에 문을 닫는데, 내가 옷을 갈아입고 공연장에 가면 자리가 없을 겁니다. 나는 공연이 끝날 때까지 서 있어야 될 겁니다."
숄렘 알레이헴이 말했다.
"나도 당신과 입장이 똑같습니다. 나도 숄렘 알레이헴이 공연을 끝낼 때까지 계속 서 있어야 합니다."

정직은 때로 기막힌 상술
한 유대인이 카페에 들어와 맥주 한 잔을 주문했다. 술집 주인은 맥주 절반쯤에다 거품이 절반쯤 들어 있는 맥주 한 잔을 손님에게 갖다 주었다. 그때 손님이 물었다.
"하루에 맥주를 몇 병이나 파시나요?"
"하루에 약 스무 병 정도는 팝니다."
손님이 말했다.
"나는 댁이 맥주를 좀더 많이 팔 수 있는 방법을 알고 있습니다."

술집 주인이 물었다.
"어떻게 하면 되나요?"
손님이 말했다.
"잔에 맥주를 가득 채우면 됩니다."

물리학자와 소녀
아인슈타인 교수는 프린스턴 대학의 수학 연구소 소장이었다. 매일 정오에 그는 점심을 먹으러 자신의 아파트로 걸어갔는데, 이 시간에는 학교도 마치는 시간이었다. 어느 날 그는 메리 윌슨이라는 11살 된 소녀와 나란히 걷게 되었다. 그는 소녀에게 학교 생활이 어떠냐고 물었다. 그녀는 수학만 빼면 모든 것이 경이롭다고 말했다.
아인슈타인 교수가 물었다.
"네가 해결해야 할 문제가 뭔지 나에게 말해 주겠니?"
소녀는 교수에게 그것을 말해 주었다. 그러자 교수는 그것을 즉시 해결했다. 소녀는 매일매일 수학 문제를 해결해 주는 교수를 좋아하게 되었다. 메리 윌슨이 물었다.
"아저씨는 누구신가요?"
그가 말했다.
"나는 앨버트 아인슈타인이다."
다음날 소녀는, 자신의 여러 친구들에게 앨버트 아인슈타인이 누구냐고 물었지만, 아무도 모르더라는 이야기를 교수에게 들려주었다.
"나에게 아이디어가 있어요. 사람들에게 아저씨가 내 친구라고 말하세요. 그러면 아저씨는 금세 유명한 사람이 될 거예요."

공짜라면 둘 다 주시죠
"유대인들은 어떻게 두 개의 율법판을 가지게 되었을까요?"
어느 날 한 유대인이 다른 유대인에게 물었다.

"십계명은 하나의 판에 새겨질 수가 없었을까요?"
다른 유대인이 대답했다.
"설명해 드릴게요. 처음에 모세는 이집트인들에게 가서 율법판에 있는 아이디어를 팔려고 했습니다. 그들은 두 판에 새겨져 있는 것이 무엇이냐고 물었습니다. 모세가 대답했습니다. '탐내지 마십시오.' 그러자 이집트인들이 말했습니다. '그것은 우리를 위한 것이 아닙니다. 우리는 가능한 한 많은 영토를 가지기를 원합니다.'

그는 아메나이트인들에게 갔습니다. 그들은 두 판에 새겨져 있는 것이 무엇이냐고 물었습니다. 모세가 대답했습니다. '도적질하지 마십시오.' 아메나이트인들이 말했습니다. '우리는 그것을 받아들일 수가 없습니다. 도적질은 우리의 사업입니다.'

그 다음 그는 유대인들에게 갔습니다. 그들은 물었습니다. '그것은 값이 얼마인가요?' 모세가 말했습니다. '공짜입니다.' 그러자 유대인들이 말했습니다.

'공짜라구요? 그렇다면 두 개 다 주십시오.'"

형광등

어떤 사나이가 예정보다 빨리 출장에서 돌아와 자기 집 문을 두드렸으나 집에 있어야 할 아내가 좀처럼 나오지 않았다. 아내는 한참만에야 겨우 문을 열더니 맞아 주는 것이다. 남자가 손을 씻으려고 욕실로 가려 하자 아내가 황급히 말렸다.

"새 수건은 부엌에 놔 두었어요."
"내 집 욕실을 내가 쓰는 건 내 자유지."

말리는 마누라를 뿌리치고 문을 열었더니 웬 낯선 젊은이가 주섬주섬 옷을 걸치고 있었다.

젊은이는 조금도 당황하는 기색 없이 차분한 태도로 말하는 것이었다.

"정말로 죄송합니다. 실은 윗층 부인과 친하게 지내는 사이입니다만, 오늘은 뜻밖에도 그 남편이 빨리 돌아오는 바람에 2층 창에서 댁의 욕실로 도망해 들어와서 이 꼴이랍니다. 미안하지만 사나이 대 사나이의 의리로 댁의 현관을 통해서 나가게 해 주십시오."
남편은 빙긋이 웃으며 이 사나이를 내보냈다.
한밤중, 마누라는 옆에서 코를 골며 자고 있는데 그때까지 잠을 이루지 못하고 있던 남편이 별안간 벌떡 몸을 일으키더니 마누라의 머리를 주먹으로 쳐댔다. 마누라는 깜짝 놀라 발딱 일어났다.
"당신 미쳤어? 왜 이래?"
"이 바람둥이 여편네야! 이제사 깨달았다만 우리 집은 단층집이야!"

세월이 유수와 같으니

벨라 카리쉬는 유명한 여배우로 뛰어난 미인이었다. 그녀는 여든 살이 되었을 무렵 문학, 드라마, 미술과 같은 다양한 주제에 대하여 강의 듣기를 좋아했다.
어느 날 오후 그녀는 '여성들에 대한 오늘날 남성의 행동'이라는 강의를 들었다. 강사는 오늘날에는 젊은 남자들이 여자들을 비신사적으로 대한다고 지적했다.
"옛날에는 어떤 남자도 여자를 잘 모를 경우 그녀를 포옹할 수가 없었습니다. 그러나 오늘날은 처음 만나자마자 스스럼없이 사랑과 결혼에 대한 말을 합니다. 내 말에 대한 증인은 벨라 카리쉬입니다."
그때 벨라 카리쉬가 자리에서 일어나서 말했다.
"나는 강사님의 견해와는 다릅니다. 60년 전엔, 내가 카페나 레스토랑에 들어갈 때마다 모든 남자들의 시선이 나에게로 집중되었습니다. 당시 그들은 나를 칭찬했고 선물을 주었습니다. 그러나 오늘날 내가 브로드웨이에서 걸어다녀도 나를 쳐다보는 남자는 하나도 없습니다."

세일즈맨의 상술

유대인 세일즈맨이 거울 제조회사에 채용되어 테네시 주를 자신의 판매구역으로 맡게 되었다. 그는 산악지방에 갔을 때 거기 사람들이 한 번도 거울을 사용한 적이 없다는 사실을 발견했다. 그 세일즈맨은 기발한 생각을 떠올렸다. 그는 이 산악지방에 살고 있는 한 남자에게 다가가 말했다.

"혹시, 댁의 할아버지를 보고 싶지 않습니까?"

그 사람이 대답했다.

"그렇소."

그때 세일즈맨은 그의 앞에 거울을 놓으면서 말했다.

"이분이 바로 댁의 할아버지입니다."

고객이 말했다.

"이걸 당장 사겠소."

그는 집으로 달려가 거울을 자기의 베개 밑에 숨겨두었다. 그는 이따금씩 거울을 꺼내놓고 자신의 할아버지를 보고 웃었다. 그러자 그의 아내가 의심하기 시작했다. 그가 밖으로 나간 후에, 그녀는 거울을 보게 되었다. 그녀가 소리를 질렀다.

"왜 그는 이렇게 못생긴 여자와 사귈까. 혼내줘야겠다."

저녁 식사 시간에 그는 아내에게 고춧가루를 좀 달라고 부탁했다. 그러자 그의 아내가 딱 잘라서 말했다.

"왜 당신 새 여자에게 부탁하지 그래요?"

남편이 물었다.

"무슨 소리야?"

아내가 화를 내면서 말했다.

"당신 베개 밑에 숨겨둔 사진을 모르세요?"

남편이 말했다.

"사진이라니, 같이 가서 확인합시다."

그들은 함께 거울을 꺼내어 쳐다보았다. 그때 남편이 웃으면서 말했다.

"이분은 할머니가 틀림없소."

견본을 휴대한 설교자

켈름의 설교자는 지옥을 실감나게 묘사하는 전문가였다. 그는 악한 사람들은 지옥에 들어가면 마실 물 없이 매운 음식만 주기 때문에 고통을 면치 못한다고 말해주곤 했다.

어느 날, 민스크를 여행하고 있을 때, 그는 유대인의 음식 율법을 엄격히 지켜서 마련한 도시락가방을 꺼냈다. 당시에 그는 여러 번 설교를 할 예정이었다. 그의 반찬 중에는 자잘하게 썬 고추도 있었다. 동료 승객들 중 한 명이 그의 반찬그릇에 있는 고추 조각을 먹어도 되겠냐고 물었다. 그렇게 하라고 하자 그가 고추 조각을 하나 집어먹었다. 고추는 무척 매웠기 때문에 승객의 눈에서는 눈물이 핑 돌았다.

고추 조각을 하나 얻어먹은 승객이 말했다.

"나는 댁이 켈름의 설교자로, 지옥의 고통을 알기 쉽게 사람들에게 묘사해주는 전문가라는 것을 알고 있습니다. 그러나 나는 댁이 견본을 가지고 다니는 줄은 몰랐습니다."

감쪽같이 속여라

유대인 상인은 털 담요를 헐값에 판다는 광고를 냈다. 광고를 본 어느 유대인 숙녀가 상점으로 찾아와서 담요를 구경하게 되었다. 그녀는 담요를 살펴보다가 담요에 '면 담요'라는 딱지가 붙어 있는 것을 발견했다. 그녀가 말했다.
"아저씨, 이 담요는 털 담요가 아니군요."
상인이 대답했다.
"아닙니다. 그것은 털 담요입니다. 나는 좀들을 속이기 위해서 의도적으로 그 딱지를 붙여 놓았을 뿐입니다."

두 가지 조건
사람들로부터 사랑받던 랍비는 계약기간이 끝나가고 있었다. 어느 날 교회당 당의장이 랍비에게 찾아와서 앞으로 5년간 더 재계약을 하자고 제안했다. 그때 랍비는 두 가지 조건만 들어준다면 그것을 승낙하겠다고 말했다.

첫 번째 조건은 해마다 그의 봉급을 500달러씩 올리는 것이었다. 두 번째 조건은 교회가 그에게 새 책상을 사주는 것이었다. 다음날 당의장이 랍비에게 찾아와서 임원회에서는 첫 번째 조건은 수락했으나, 두 번째 조건은 거부하기로 결정했다는 소식을 전했다.

랍비가 말했다.
"놀랍군요. 새 책상 값이 얼마인가요? 그것은 최고로 많이 준다 해도 50달러밖에 안 됩니다!"
교회 당의장이 말했다.
"나의 사랑하는 랍비여, 그들은 그런 작은 돈도 주기를 겁내는 사람들입니다!"

차이점은 하나
어떤 사람에게 부유한 형이 있었다. 그 형은 어느 날, 가난한 동생을 초청했다. 형은 동생에게 여객선을 타고 오라고 표를 보내주었다. 부유한 형이 부두에서 동생을 만났다. 그들은 함께 캐딜락 승용차를 타고 형의 아름다운 집으로 갔다. 형은 동생에게 미국에 와서 그가 얼마나 큰 성공을 했는지 알리고 싶었다. 형이 동생을 데리고 다니면서 말했다.

"우리 집에는 방이 14개 있다. 이것은 응접실이다. 이것은 식당이야. 이 방은 음악실이다. 그곳에서 우리 아이들이 악기 연습을 한단다. 이 방은 서재이다. 이 방은 응접실이다."

가난한 동생이 말했다.

"나도 이런 것들이 있습니다."

부유한 형이 놀라면서 물었다.

"무슨 소리냐? 너의 집에도 음악실과 응접실이 있단 말이냐?"

가난한 동생이 말했다.

"예, 형님, 그렇습니다. 차이점은 형님의 방들은 분산되어 있고, 나의 방들은 모두 한곳에 있다는 점입니다. 우리 집 부엌에는 책들이 있습니다. 그러므로 우리 집 부엌은 서재입니다. 우리 아들은 부엌에서 바이올린을 연주합니다. 그러므로 우리 집 부엌은 음악실입니다. 우리는 신전 정화제 때에는 부엌에서 카드놀이도 합니다. 그러므로 우리 집 부엌은 응접실도 됩니다. 이런 식으로 우리 집의 방들은 한곳에 모여 있습니다."

파산과 공휴일

미국의 대공황 때, 시카고의 어느 제조업자가 오래된 외상을 받기 위해서 클리블랜드에 있는 유대인 고객을 찾아갔다. 그는 고객의 상점문이 닫혀 있는 것을 발견했다. 잠시 뒤 그는 전화번호부에서 고객의 전화번호를 알아내고 전화를 걸어 물었다.

"왜 오늘 상점문이 닫혀 있나요?"

고객이 말했다.

"오늘은 유대인의 공휴일입니다."

다음날 그는 다른 유대인 고객의 상점으로 찾아갔다. 역시 그 유대인의 상점문도 닫혀 있는 것을 발견했다. 그는 전화번호부에서 그 고객의 전화번호를 찾아낸 뒤 전화를 걸어 왜 상점문이 닫혀 있는지 물었다. 그때 고객이 말했다.

"오늘은 유대인의 공휴일입니다."

제조업자가 말했다.

"어떻게 그런 일이 있을 수 있나요? 벨만 씨는 어제가 유대인의 공휴일이라고 말했습니다."

레비 씨가 말했다.

"벨만 씨는 개혁교회에 속한 사람입니다. 그는 오직 하루만 공휴일로 지킵니다. 나는 정통교회에 속한 교인입니다. 나는 이틀을 공휴일로 지킵니다."

제조업자가 물었다.

"그 공휴일의 이름이 무엇인지 나에게 말해주시면 감사하겠습니다."

레비 씨가 말했다.

"그것은 카푸트(파산이라는 의미)라고 합니다."

걸어서 무덤까지

임종이 가까운 어느 유대인 자녀들이, 옆방에서 장례식에 대한 계획을 세우고 있었다. 장남이 말했다.

"우리는 50대의 마차가 있어야 한다."

차남이 말했다.

"50대의 마차를 빌리려면 파산할 것입니다. 마차는 25대면 충분합니다."

장남이 말했다.

"우리는 랍비 스티븐 와이즈가 장례식 예배를 인도하도록 부탁드려야 한다."

차남이 말했다.
"무슨 소리를 하십니까? 랍비 와이즈는 수고비를 100달러나 요구할 것입니다. 시골 랍비에게 부탁하면 수고비는 10달러만 주어도 충분합니다."
아버지가 두 형제가 의논하는 소리를 듣고 말했다.
"둘째야, 내 바지를 가져오너라."
차남이 말했다.
"아버지, 아버지는 침대를 떠나시면 안 됩니다."
아버지가 말했다.
"아예 내 발로 공동묘지로 걸어간다면 장례식 비용이 절감될 것이다!"

외다리 닭

랍비 헤셀이 6살 때의 일이다. 어느 금요일 저녁 식탁 위의 통닭을 보았다. 그는 통닭의 다리 하나를 뜯어서 맛있게 먹었다. 식사시간이 되자 아버지는 통닭의 다리 하나가 없어졌다는 것을 알았다.
그가 아들에게 물었다.
"왜 다리 하나가 없지?"
아들이 대답했다.
"다리가 하나뿐인 닭이었나 봐요."
그의 아버지가 말했다.
"그것은 불가능한 일이야."
다음날 아침에, 아버지와 아들이 함께 교회당으로 걸어가고 있을 때, 아들은 한쪽 다리로 서 있는 닭을 보았다. 추운 겨울 날 아침이었기 때문에 닭들이 다리 한쪽을 따뜻한 날개 밑에 감추고 외다리로 서 있었던 것이다.
아들이 말했다.

"아빠, 저것 좀 보세요. 다리가 하나뿐인 닭이 있잖아요."
"자세히 살펴보아라. 저 닭은 곧 다른쪽 다리를 내려놓을 것이다."
"근데 아빠, 금요일 오후엔 왜 날개 밑을 살피시지 않았나요?"

모성애

한 유대인 부인에겐 두 명의 아들이 있었다. 한 아들은 털외투 제조업자였고, 다른 아들은 아이스크림 공장 사장이었다. 두 아들은 어머니에게 자신들의 사업이 성공하게 해달라는 기도를 부탁했다. 그래서 어머니는 이런 기도를 하게 되었다.
"주여, 우리에게 온정 있는 서리를 내려주소서!"

모호한 명령

상사가 부대에 들어온 신병들을 훈련시키고 있었다. 그가 고함을 질렀다.
"우향우, 좌향좌."
그때 어느 유대인 사병은 가만히 서 있었다. 상사가 유대인 신병을 향해서 고함을 질렀다.
"왜 그래?"
유대인 신병이 대답했다.
"나는 상사님께서 결심하실 때까지 기다리고 있습니다. 오른쪽으로 가라는 말인가요, 아니면 왼쪽으로 가라는 말인가요?"

올드미스

동유럽의 유대인 상류층 계급에서는 지참금 없이 딸을 시집 보낸다는 것은 생각도 할 수가 없었다. 볼프와 하임은 결혼식에 참석했고, 식은 대단한 성황을 이루었다.

돌아오는 길에 하임이 볼프에게 물었다.
"여보게, 볼프. 유대인 가장은 딸을 낳은 것보다 아들을 낳으면 저렇게들 기뻐 날뛰는데 그 이유를 아나?"
볼프가 대답했다.
"그걸 모를까. 아들은 5살만 되면 벌써 밖에 나가서 뛰놀지만, 딸은 30이 넘어도 집구석에 틀어박혀 있기만 하니까 그렇지."

먹고 사는 문제
"스로켈, 왜 그렇게 슬픈 표정을 짓고 있나?"
"나는 결혼한다구. 아주 예쁜 신부하고……."
"그럼 좋아해야지…… 왜 슬퍼해?"
"그녀와 결혼하면 술도 끊어야 하고 담배도 끊어야 하거든."
"거 참 안되었군. 그럼 결혼을 하지 않으면 될 게 아닌가?"
"속 모르는 소리 하지도 말게. 그 사람과 결혼을 하지 않으면 더 큰 문제가 있단 말이야. 그러면 밥을 못 먹게 된다구."

현명한 상거래
슈멜케 로케아는 결혼을 하게 된 요즈음까지 계속해서 탈무드만 공부했다.
장인은 그가 장사에도 정성을 다해 줄 것을 기대했다. 그래서 딸과 함께 내준 지참금을 자유로이 사용할 것을 승낙했다.
슈멜케는 장사를 시작하기 전에 그 비결에 대해서 좀더 공부해야 겠다며 탈무드를 뒤적였다. 그는 탈무드에서 다음과 같은 구절을 발견했다.
'돈이 잘 벌리는 장사를 하려거든 남이 취급하지 않는 상품을 취급하라.'
슈멜케는 쾌재를 불렀다. 그리고 라이프치히로 달려가서 한참 동안 마땅한 상품을 찾던 끝에 겨우 취급할 상품을 찾아냈다. 그것은 손가락이 없는 장갑과 발가락 다섯 개가 모두 들어갈 수 있는 양말이었다.

그런데 이상하게도 이 두 가지 상품은 모두 팔리지 않았다.

그는 또 한번 탈무드를 뒤적여 보았다. 그런데 그는 이런 구절을 읽었다.

'팔리지 않는 상품을 가지고 있을 경우에는 한시라도 빨리 팔리는 상품과 교환하라. 다소 손해를 보더라도 결국은 그렇게 하는 것이 돈을 버는 지름길이다.'

슈멜케는 고개를 끄덕였다. 그는 곧 나가서 중개인 두 명을 찾아냈고, 두 가지 상품을 그들에게 한 가지씩 넘겨주면서 다소 손해를 보더라도 다른 상품과 교환해 달라고 부탁했다.

두 명의 중개인은 라이프치히로 떠났다. 그리고 얼마 뒤 같은 날 슈멜케는 두 중개인으로부터 편지를 받았다.

편지에는 고생고생 끝에 상품을 겨우 바꾸었다고 씌어 있었다. 슈멜케는 몹시 기뻐했다.

며칠 뒤, 교환한 상품이 슈멜케에게 도착했다. 그런데 이게 어떻게 된 일일까. 양말을 가지고 간 중개인에게서는 장갑이 왔고, 장갑을 가지고 갔던 중개인에게서는 양말이 왔다.

생각이 바뀌었네

슈로이메는 바싹 여위었고 병약한 행상인이다. 그는 햇볕이 쨍쨍 내리쪼이는 길을, 등에 짐을 지고 다리를 질질 끌며 걸어가고 있었다. 그때 힘이 장사이고 돈 많은 농사꾼 이완과 만났다. 슈로이메가 이완에게 부탁했다.

"이완, 이 짐 좀 져다 주지 않겠나? 그러면 그 대가로 20크로이차를 주겠네."

이완은 화가 났다. 제놈의 짐을 져다 달라니……. 그는 한 마디로 거절했다. 두 사람은 나란히 걸어갔다. 슈로이메는 더 이상 견딜 수 없을 만큼 지쳐 있었다. 그때 슈로이메의 머리에 기막힌 아이디어가 떠올랐다.

"이완, 자네는 부자이고, 나는 요즈음 돈 때문에 곤란한 지경일세. 어떤가? 높은 이자를 붙여 줄 테니 5굴덴만 꾸어 주게나. 그 담보로 이 물건을 잡히겠네."

슈로이메는 짐을 끄르고 그 속에 있는 잡화를 이완 앞에 펼쳐 놓았다. 이완의 눈이 빛났다. 이완은 얼른 슈로이메에게 5굴덴을 주고 짐을 넘겨받았다.

두 사람은 다시 나란히 걷기 시작했다. 저녁때가 되자 선선한 바람이 불고 저 멀리 마을이 보이기 시작했다.

"이완!"

갑자기 슈로이메가 말을 꺼냈다.

"아무래도 돈을 꾸지 말아야겠어. 자네에게 꾼 5굴덴은 여기 있네. 그리고 이것은 잠깐 빌려 쓴 이자 5크로이차야. 어서 그 담보물을 돌려주게나."

정직한 사람

유대 상인 코프슈타인은 사업상의 얽힌 문제로 재판사태에 휘말려 있었는데, 급한 용무가 생겨 출장길에 오르게 되었다. 소송의 진척은 행선지 호텔로 전보를 쳐서 알려 달라고 변호사에게 부탁해 두고 떠났다.

그러던 어느 날 좋은 소식이 왔다.

'정의가 결국 승리했다.'

코프슈타인은 즉각 전보를 쳤다.

'즉각 항소하시오.'

울고 갈걸?

로트는 비아스 사장에게 찾아와서 경리직원 슈바르츠가 공금횡령을 한다고 밀고했다. 사장은 곧 슈바르츠를 불러서 물어 보았다.

"자네는 주급을 얼마 받고 있나?"

"20루블입니다."

"그것 가지고는 생활해 나가기가 어려울걸?"

사장은 잠시 뜸을 들이다가 또 말했다.

"좋아. 배로 올려 주지."

이 말을 들은 로트는 화가 났다.

"사장님, 그것이 도둑놈을 취급하는 방법인가요?"

"자네 말이 옳아."

사장은 로트의 말을 시인하며 또 슈바르츠를 불렀다.

"슈바르츠, 자네 주급을 60루블로 인상하겠네."

슈바르츠는 싱글벙글하며 나갔고 로트는 더 참을 수 없다는 듯 사장에게 항의했다.

"사장님은 도둑놈에게 포상을 하시는 겁니까? 저는 10년 동안 주급이 한 번도 인상된 일이 없습니다."

"잠깐!"

사장은 로트를 위로한다.

"이번 주말까지만 기다려 보게나. 슈바르츠는 해고야. 그런데 그는 주급 60루블의 직장을 잃게 되면 울면서 돌아설 게 분명해. 20루블짜리 직장을 떠나게 되면 울지 않겠지만……."

임기응변

신사용품을 파는 상점에 손님이 들어왔다. 점원이 주인에게 가서 귓속말로 속삭인다.

"저, 손님이 바지를 빨면 줄어드느냐고 묻는데요?"

주인 역시 귓속말로 중얼거렸다.

"몸에 꼭 맞던가?"

"아닙니다. 좀 커보이던데요. 저분에게 꼭 맞을 바지는 재고가 없습니다."

"그럼 줄어든다고 그래."

독촉장

메젤리츠의 숄렘 클로얀카는 포젠의 포목 도매상에서 보내온 120마르크 상당의 물품 대금을 지불하려고 하지 않았다. 도매상에서는 일부러 사람을 보내기도 했지만 그는 용케 피해 버렸다. 또 편지로 재촉을 해보았지만, 한 마디 회신도 없었다.

"대체 이 일을 어떻게 하면 좋을까?"

난처해 하던 도매상 주인은 신입사원에게 물었다.

"저에게 좋은 생각이 있습니다."

신입사원은 자신 있다는 듯 제안을 했다.

"클로얀카 씨에게 180마르크의 독촉장을 보내는 겁니다. 그리고 그가 어떤 태도로 나오는지를 관망하시지요."

그의 제안대로 했더니, 메젤리츠의 숄렘 클로얀카에게서 금방 회신이 날아왔다.

"당신은 엉터리처럼 터무니없는 돈을 청구했소. 나는 두 번 다시 당신에게 물품 주문을 하지 않을 것이오. 나에게 180마르크의 물품대금을 결제하라니? 내가 결제해야 할 금액은 120마르크뿐이란 말이오. 여기 120마르크를 동봉하겠소. 다시 그런 터무니없는 금액을 청구하면 나는 당신을 고소할 것이니 그리 아시오."

파리란 녀석이 실례한 덕

렘베르크에서 신사복 장사를 하는 멘델 레프는 볼일이 있어서 외출을 꼭 해야만 했다. 그는 하는 수 없이 사위를 불러서 가게를 보라고 부탁했다. 그런데 이 사위는 장사에 전혀 경험이 없었으므로 물건 파는 요령을 가르쳐 주었다.

"물건에 달려 있는 쪽지에는 가격이 적혀 있지 않네. 그러나 여기에 찍힌 점이 보이지? 이 점 한 개가 10크로네야. 그러니까 점이 두 개면 20크로네, 세 개가 있으면 30크로네란 말일세. 물론 손님에게는 그 갑절의 값을 불렀다가 손님이 깎거든 최소한 그 가격까지 깎아 주란 말이야. 그 아래로는 절대로 팔지 말고…… 알겠나?"

멘델이 돌아와 보니 사위는 120크로네를 건네주며 말했다.

"저, 외투를 한 개 팔았습니다."

멘델은 의아하다는 표정을 짓는다.

"우리 가게에는 그렇게 비싼 물건이 없을 텐데……."

멘델은 안경을 쓰고 쪽지를 한참 바라보더니 그는 이내 함지박처럼 입을 크게 벌리면서 웃기 시작했다.

"파리란 놈이 실례한 덕이군."

우산도둑

베를르는 유대인 레스토랑에 들어가서 얼굴을 모르는 사나이 옆에 앉더니 말을 걸었다.

"어젯밤 이 레스토랑에서 만났던 것 같은데요."

"나는 댁과 만난 기억이 전혀 없습니다."

"하긴 나도 그래요. 다만 나는 댁의 우산을 보고 댁이라는 것을 알았을 뿐입니다."

"이 우산은 어제 내가 가지고 있던 우산이 아닙니다."

"그럴 것입니다. 내가 가지고 있었으니까요."

백화점과 시가

그루비츠가 큰 백화점 앞에 서서 부럽다는 듯 바라보고 있었다. 그 옆에 점잖은 신사가 서서 시가를 피우고 있다. 그루비츠가 그 신사에게 이야기를 걸었다.

"선생님, 시가 냄새가 아주 좋군요. 그 시가 비싸겠지요?"
"한 개비에 2그로티나 하지."
"놀랍습니다. 그럼 하루에 몇 개비나 피우십니까?"
"10개비."
"야아, 그럼 언제부터 그렇게 피우셨나요?"
"40년 전부터."
"아이구, 그것을 계산해 보세요. 만약 선생님께서 시가를 피우지 않으셨다면 그 돈으로 이런 백화점을 사셨겠네요."
"자네, 시가를 피우나?"
"아아뇨."
"그럼, 이런 백화점을 샀나?"
"아뇨."
"이 백화점은 내 것이야."

경쟁 상대

"큰아버지, 만약 앞으로 1000굴덴의 학자금을 보조해 주시지 않는다면 물에 빠져 죽겠어요."
"감기가 들걸."
"그럼 권총으로 머리를 쏘고 자살하겠습니다."
"너 같은 돌대가리에는 권총 탄환도 들어가지 않을 거야."
"그럼 밧줄을 사다가 목을 매달겠어요."
"그런 엉터리 같은 말에 넘어갈 내가 아니다."
"좋아요. 그럼 나 학교를 그만두고 큰아버지 가게 앞에다가 꼭 같은 가게를 차릴 겁니다."
그때서야 백부는 깜짝 놀란다.
"좋다. 돈을 대줄 테니 학교를 계속 다니도록 해라."

말과의 한판승부

랍비가 마차를 타고 콜로메아에서 쿠티로 갔다. 마차가 코소프 시 가까이 왔을 때다. 길은 급경사가 져 있었는데 마부가 보니 랍비가 마차에서 뛰어내릴 준비를 하고 있었다.

마부가 랍비에게 물었다.
"아니, 왜 걸어가시려고 합니까?"
"마차에는 브레이크가 없지?"
"그런 걸 뭘 걱정하십니까? 랍비께서는 신성한 분이시면서…… 이 세상을 창조하신 분과 서로 대화도 나누실 수 있다고 말씀하시구서……."
"이것 봐. 내 말을 좀 잘 듣게나."
랍비는 눈을 끔벅이며 말을 이어 나갔다.
"만약 말이 마차를 뒤엎어서 내가 떨어지고 또 죽게 되면 어떻게 되겠나? 나는 저 세상에 가서 말을 끌어다가 재판을 하게 될 것이야. 그러면 내가 승소할 것은 뻔하고……. 이제 자네도 알겠지? 내가 마차에서 내리려는 이유를 말일세. 나는 말 따위를 상대로 해서 재판을 하고 싶은 생각은 없거든."

이 세상은 도대체

랍비 얀켈레에게 그 지방에서 조그마한 가게를 하고 있는 사람이 찾아왔다.
"랍비시여. 이 세상은 살아가는 곳인지 아니면 죽는 곳인지 알고 싶습니다."

"그건 또 무슨 뚱딴지 같은 질문인고?"
"제 아내는 식료품 가게를 하고 있고, 저는 옷감 가게를 하고 있습니다. 이 세상이 살아가는 곳이라면 먹어야 할 것이고, 죽는 곳이라면 수의로 쓸 삼베가 팔려야 할 게 아니겠습니까? 그런데 우리 내외가 경영하는 가게는 두 곳 모두 장사가 안 됩니다."
얀켈레는 명상을 하더니 한숨을 푹 내쉬며 대답했다.
"이 세상은······ 살아가는 곳도 아니고, 죽는 곳도 아니야. 다만 고민하고 있는 곳일 뿐이라구."

랍비 부인과 창녀
랍비의 부인이 율법을 엄하게 지킨다는 대중목욕탕에서 돌아오더니 화를 내며 남편에게 호소했다.
"아니, 이럴 수가 있어요? 그 목욕탕 주인은 매춘부를 나보다 먼저 목욕탕에 들어가도록 해주었단 말이에요. 마땅히 나를 먼저 들어가게 해주었어야 할 게 아닙니까?"
랍비는 잠시 명상한 다음 아내에게 말했다.
"침착해요. 모든 게 율법대로야. 그 목욕탕 주인이 한 행동은 정당하다구."
"뭐라구요? 목욕탕 주인이 정당하다구요?"
"생각해 봐요. 그 창녀는 이 도시 사내들 모두를 기다리고 있는 여인이지만, 당신은 나조차 제대로 기다리지 않고 있으니까······."

죽은 자를 위한 기도
어떤 부자가 독선생을 집에 모셔다가 외아들을 공부시키기로 했다. 그런데 이 아들은 머리가 아주 나쁜 데다가 게으름뱅이였다. 그래서 알파벳조차 만족할 만큼 외지를 못했다.
하루는 아버지가 아들 방에 들어가 보니 선생은 아들에게 자기

(아버지)의 이름을 가르쳐 주면서, 이런 말을 하고 있었다.

"아버지가 돌아가신 후에도 이름을 꼭 외고 있어야 한다. 죽은 자를 위해 기도를 해야 하니까……."

아버지는 화가 나서 선생에게 소리쳤다.

"여보시오. 선생! 내 자식놈에게 죽은 자를 위한 기도를 가르치다니……. 나는 아직도 피둥피둥하단 말이오!"

선생은 침착하게 대답했다.

"주인 어른, 아드님이 아버지의 이름을 외고, 죽은 자를 위한 기도를 제대로 할 수 있을 때까지 살아 계시기를 기도드리겠습니다."

말더듬의 효과

멘델의 다리가 부러졌다. 그의 부인에게 이 사실을 알리지 않을 수가 없었다.

"그러나 조심해서 전해 주라구."

나이가 지긋한 유대인이 말했다.

"부인이 놀라지 않도록 말야. 쇼크를 크게 받으면 큰일이야."

그러자 한 사람이 제안했다.

"하임을 멘델의 부인에게 보내도록 하지요. 그 친구는 말더듬이니까요."

세계 최고두뇌 최대부호 성공집단 탄생시키는 유대
솔로몬 탈무드
10
인생 최고의 지혜

신이시여, 왜 이런 일을 하셨나이까
산불은 좋은 나무와 나쁜 나무를 동시에 태운다

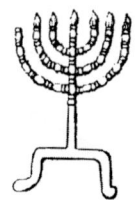

죽음의 일곱 사자

아랍인이 꿈속에서 칼을 들고 서 있는 남자를 보았다.
"넌 누구냐?"
그는 놀라서 물었다. 그러자 그 검사(劍士)가 대답했다.
"나는 죽음의 천사다. 네 목숨을 가져가기 위해 찾아왔다."
"부탁입니다. 제발 자비를! 저는 돈 없는 가난한 사람으로, 아들과 딸들에게 아무것도 남겨줄 수 없는 형편입니다. 그들을 위해 뭔가 해줄 수 있을 때까지 제발 기다려 주십시오."
아랍인은 이렇게 애원했다.
죽음의 천사는 이 가난한 남자를 불쌍히 여기고 칼을 칼집에 도로 넣더니 말했다.
"이번에는 그냥 가겠다. 하지만 다음에 올 때는 어떤 구실도 통하지 않을 것이다."
아랍인은 천사의 자비에 감사한 뒤, 다음에 올 때는 미리 사자를 보내달라는 소박한 부탁을 했다. 그렇게 하면 죽음에 대비하여 마음을 정리할 수 있을 것이고, 그러면 매일 불안하게 살지 않아도 되기 때문이라는 것이었다. 죽음의 천사는 동의했다.

아랍인은 잠에서 깨어나 그것이 꿈이라는 것을 알았다. 그래서 그는 일어나서 일을 하기 시작했다. 그는 서서히 그 꿈을 잊어갔다.

이윽고 부자가 되어 아들과 딸을 결혼시켰다. 그리고 늙어서 병에 걸렸다. 다시 죽음의 천사가 나타나서 칼을 뽑아들고 그 앞에 섰다.

"어째서 찾아올 거라고 미리 알려주지 않았습니까? 사자를 미리 보내겠다고 약속하지 않았습니까?"

아랍인이 물었다.

"나는 7명의 사자를 너한테 보냈다."

"그들이 어디에 있단 말입니까? 저는 한 사람도 만난 적이 없습니다."

죽음의 천사는 웃으면서 말했다.

"뭐라고! 그들 7명은 모두 이곳에 있다. 첫 번째는 네 눈이다. 옛날에는 그렇게도 잘 보이던 것이 지금은 희미하게밖에 보이지 않는다. 두 번째는 네 귀다. 귀가 몹시 어두워져서 이제 트럼펫 소리도 들을 수 없게 되어버렸다. 세 번째는 네 이빨이다. 옛날에는 돌도 씹을 수 있었는데 지금은 모두 썩거나 빠져버렸다. 네 번째는 네 머리카락이다. 전에는 까마귀처럼 검었는데 지금은 석고처럼 새하얗다. 다섯 번째는 네 몸이다. 옛날에는 종려나무처럼 똑바로 서 있었지만 지금은 활처럼 휘어져 있다. 여섯 번째는 네 힘없는 다리다. 그것은 이제 지팡이 없이는 걸을 수가 없다. 일곱 번째는 네 식욕이다. 옛날에는 뭐든지 맛있다 맛있다 하면서 먹었지만, 지금은 무엇을 먹어도 같은 맛이지. 이들이 바로 내가 너한테 보낸 7명의 사자다."

아랍인은 이 진리를 부인하지 못하고 죽음의 천사에게 목숨을 빼앗겼다.

세상에서 가장 맛있는 물

숲에서 땔감을 만들어서 도시에 내다팔며 처자를 부양하는 사람이 있었다. 그의 조상들도 같은 나무꾼이었는데, 조상들과 마찬가지로 그도 가난을 면치 못하여 늘 궁핍하게 살고 있었다.

어느 무더운 여름날, 그는 아침부터 통나무를 패다가, 몹시 지치고 팔다리에 완전히 힘이 빠진 것을 느꼈다. 그는 도끼를 옆에 놓고 잠시 쉬려고 누워서 한숨 섞인 목소리로 혼잣말을 했다.

"왜 나 같은 인간이 세상에 태어났을까? 매일매일이 고생의 연속인걸. 내 입에 들어가는 거라곤 메마른 빵과 풀뿌리, 그리고 산딸기뿐이야. 태어나서 지금까지 닭고기도 한 번 먹어본 적이 없어. 하루 종일 노예처럼 일하지만 금화 한 개 만져본 적도 없고, 땔감을 팔아 손에 들어오는 건 구리돈이 전부야. 상인과 환전상들이 가지고 있는 금화 조각이라도 있다면, 나는 집에서 하루 종일 신을 찬양하고 있을 텐데!"

그렇게 푸념을 하다가 지치고 피곤한 나무꾼은 어느새 잠들고 말았다. 그는 꿈을 꾸었다. 눈매가 별처럼 빛나는 훌륭한 젊은이가 황금 지팡이를 들고 그에게 왔다.

"안녕하십니까?"

젊은이는 그에게 인사를 했다.

"신께서 당신의 한숨소리를 들으시고 당신의 눈물을 보셨습니다. 신은 당신에게 한 가지 소원을 이루어주기 위해 저를 보내셨습니다. 당신이 원하는 것은 뭐든지 들어드리겠습니다."

그러자 나무꾼이 말했다.

"제 소원은 제가 만지는 것 모두가 황금으로 변하는 것입니다."

젊은이는 이 말을 듣고 큰 소리로 웃으며 말했다.

"그렇게 될 것이오!"

젊은이는 황금 지팡이로 그를 한 번 건드리더니 자취를 감추었다.

나무꾼은 잠깐 꿈을 꾸었을 뿐이라고 생각하면서도 그 젊은이가 정말 신이 보낸 사자가 아닐까 하는 생각이 들었다. 그래서 손을 뻗어 통나무를 만져보았더니, 이게 웬일인가. 통나무가 눈앞에서 황금으로 변하는 것이 아닌가! 그는 뛸 듯이 기뻐하며 생각했다.

"난 이제 세상에서 제일가는 부자다. 호화로운 집을 지어 침대와 의자 등을 들여놓고, 내가 그것에 손만 대면 그것들은 모두 황금이 될 것이다! 쓰레기까지 황금으로 바꿀 수 있어!"

그렇게 생각하자 그의 기쁨은 극에 달했다.

그러다가 목이 말라서 머리맡에 둔 물병으로 손을 뻗었다. 그가 물병에 손을 댄 순간 그것은 황금으로 변했다. 그리고 그것을 입으로 가져갔지만 아무것도 흘러나오지 않았다. 그는 놀라서 물병을 좀 더 높이 쳐들어 기울여 보았지만 역시 마찬가지였다. 왜냐하면 물이 그의 혀에 닿자마자 바로 황금으로 변했기 때문이었다. 그는 큰 소리로 울부짖었다.

"이 일을 어쩌면 좋단 말이냐! 나의 축복은 저주다! 내가 만지는 것마다 모두 황금으로 변한다면, 나는 대체 무엇을 먹고 무엇을 마신단 말이냐?"

무엇을 원해야 할지 몰랐던 자신의 어리석음을 탄식하면서 나무꾼은 생각했다.

"그때 그 젊은이가 웃었던 것은 나의 선택을 기뻐해 준 것이 아니라 나의 어리석음을 비웃었던 거야!"

목이 타서 견딜 수가 없었던 나무꾼은 이 곤경에서 도와달라고 신께 애원하기 시작했다. 기도를 하다가 잠에서 깨어난 그는 그것이 꿈이었다는 것과 자신이 머리맡에 물병을 둔 채 잠들어 있었다는 것을 알았다. 그는 물병을 집어들어 물을 마셨고, 그 맛있는 물로 다시 살아난 느낌이었다. 그는 일어서서 땔감을 어깨에 지고 도시로 향했다. 인간의 욕망이 얼마나 헛된 것인지를 가르쳐 준 그 꿈을 꾸게 해주신 신께 감사하면서.

행복한 사람의 셔츠

많은 재산을 가진 부자가 중병에 걸렸다. 곳곳에서 의사가 찾아왔지만 아무도 그의 병을 고치지 못했다. 날이 갈수록 병세는 악화되어 모든 희망이 사라진 것처럼 보였다. 하루는 곳곳을 떠돌고 있는 수도자가 찾아와서 말했다.

"진정으로 행복한 남자의 셔츠를 그의 등에 걸쳐주십시오. 그렇게 하면 나을 것입니다."

병자의 가족과 하인들은 도시로 나가 진정으로 행복한 남자의 셔츠를 찾아다녔지만, 발견할 수 없었다. 어디에도 완전하게 행복한 사람은 없었던 것이다. 하지만 병자의 아들은 반드시 그런 사람을 찾아내어 아버지를 구하겠다고 결심했다.

그는 도시를 나가 곳곳을 돌아다녔다. 걷고 또 걷다가 사막에 도착했다. 벌써 밤이 되었고 몸도 지쳐서 쉬어야겠다고 생각한 그는, 동굴을 하나 발견하고 그곳에서 하룻밤을 지내기로 했다. 동굴 앞에 도달했을 때, "아, 난 정말 행복해! 정말 멋진 하루였어! 자, 오늘도 푹 자 볼까" 하는 소리가 안에서 들려왔다.

이 말을 듣고 아들은 자신의 여행 목적이 달성된 것으로 여기고 기뻐했다. 그는 동굴 안에 들어가서 남자한테 다가갔다. 그런데 남자의 셔츠를 벗기려고 했을 때, 그는 남자가 아무것도 입고 있지 않은 알몸이라는 것을 알았다. 그는 실망하여 거기에 얼어붙은 듯 서 있었다.

"왜 그러십니까?"

남자가 물었다.

"당신이 스스로 행복한 사람이라고 말하는 것을 들었습니다. 그래서 저는 당신의 셔츠를 갖고 싶었습니다. 그 셔츠만이 제 아버지의 병을 고칠 수 있습니다."

"하지만 만약 나에게 셔츠가 있었다면……" 그 행복한 남자는 말했다. "나는 행복하지 않았을 것입니다."

타락천사

옛날, 상상할 수도 없이 아주 먼 옛날, 두 천사가 신께 봉사하고 있었다. 둘은 매우 훌륭한 천사였다. 한 천사는 물을 지배하고 또 한 천사는 바람을 지배했다.

어느 날, 두 천사는 신께 호소했다.

"신이여, 저희들은 낮에도 밤에도 충실하게 당신께 봉사하고 있습니다. 당신은 저희들에게는 언제나 최대한의 봉사를 기대하고 계시면서, 죄 많고 악한 인간들에게는 죄를 사해 주시거나 동정을 베푸십니다. 부디 지금의 인간들을 멸망시키고, 인간을 다시 창조해 주십시오."

창조주가 대답했다.

"너희가 그렇게 말하는 것은……. 나는 너희를 불에서 만들었다. 불은 최고의 소재이다. 인간은 나약하고 변덕스러운데, 그것은 내가 그들을 열등한 소재인 흙으로 만들었기 때문이다. 만약 너희도 흙덩이로 만들어졌다면 그들과 조금도 다르지 않을 것이다."

"그래도 그들처럼 행동하지는 않을 겁니다."

두 천사는 주장했다.

"어디, 그럼……. 너희 둘을 인간 세상에서 100년 동안 살게 하여 시험해 보겠다. 만약 너희가 유혹에 이기면 나는 너희 말대로 그들을 멸하리라. 하지만 만약 너희가 그들처럼 되면, 나는 너희를 하늘과 땅 사이에 있는 암흑연산(暗黑連山)에 매달 것이다."

신은 말했다.

창조주는 자신이 한 말을 실행하기 위해 두 천사를 지상에 내려보냈다. 세월이 흐르자 두 사람은 자신들이 알고 있던 것을 모두 잊어버리고, 이 세상의 쾌락에 굴복했다. 두 사람은 돈과 술, 아름다운 여자들을 원하게 되었다. 원래는 인간보다 의지가 강했음에도 악한 짓에서는 인간을 능가하게 되었다. 두 사람은 아들을 낳아 인간들보다 더 악한 자손을 퍼뜨렸다.

신은 이를 보고 노하여, 두 천사를 하늘과 땅 사이에 있는 암흑연산에 매달아 그들을 죽였다. 그후 마녀와 마법사들이 이 연산에 가서 마술을 배우게 되었다. 두 천사의 자손들도 창조주에 의해 멸망당했다. 그들이 대지를 더럽히거나, 그 대지를 멸망시키는 원인이 되지 않도록 하기 위해서였다. 대홍수가 일어난 것은 바로 이 때문이었다.

죽은 두 천사를 대신할 새로운 천사가 필요하자 신은 예언자 엘리야와 예언자 나훔을 불렀다. 그리고는 그들에게 타락천사의 일을 맡겼다.

아담의 다이아몬드

아담이 에덴 동산에 있었을 때, 그는 원하는 것은 뭐든 가질 수 있었다. 그런 그가 신의 명령을 지키지 않아 동산에서 쫓겨나지 않으면 안 되었다. 신은 그를 쫓아내는 것이 무척 괴로웠다.

어느 날, 신은 아담과 딱 마주쳤다. 신은 그에게 잘 지내고 있느냐고 묻더니, 최고의 음식과 최상의 술이 차려진 곳으로 안내했다. 아담이 거나하게 취하자 신은 말했다.

"그런데 아담, 잠깐 바깥 세상을 여행하면서 세상을 좀 둘러보지 않겠나?"

아담이 그럴 마음이 없다고 대답하자 신은 말했다.

"네가 좋아하는 것, 네가 원하는 것은 무엇이든 가지고 가도 좋다. 어쨌든 여기서 나가도록 하여라!"

신은 아담에게 낙원에 있는 최상의 보물들을 보여주며, 원하는 것은 무엇이든 주겠다고 약속했다. 아담은 주변을 둘러보며 눈에 들어오는 모든 것, 동산과 포도밭, 동물, 가축, 좋은 옷, 금과 은, 청동, 진주 등의 보물을 보았지만, 그 어느 것에도 관심을 보이지 않았다. 마지막으로 그는 수박처럼 커다란 다이아몬드가 수없이 있는 것을 보았다. '이렇게 큰 다이아몬드가 하나만 있으면…… 평생 편하게 살 수 있을 거야.' 그는 결국 넓은 세상을 여행하기로 했다.

그는 다이아몬드를 손에 들고, 천사가 뒤따르는 가운데 동산의 문을 향해 걸어갔다. 문을 지나갈 때 그는 뒤돌아보았다. 그러자 문을 지키고 있는 케루빔(지혜의 천사)의 불타는 칼이 눈에 들어왔다. 그는 후회하는 마음이 들어 동산을 떠날 결심을 번복하고 싶어졌다. 하지만 이미 때는 늦었다. 다시 걷기 시작하여 이윽고 강에 도달했다. 그는 잠시 그곳에 멈춰서서 어떻게 건널까 궁리했다.

"뭘 꾸물거리고 서 있는 거냐?"

천사가 뒤에서 밀면서 말했다.

"자, 어서 건너가거라!"

아담이 떠밀리는 순간 다이아몬드가 물속에 빠지고 말았다.

"앗! 내 다이아몬드!"

아담이 소리쳤다.

"왜 그러나?"

천사가 물었다.

"……"

"어서 다이아몬드를 건져라!"

아담이 물속에 들어가니 수천, 수만 개의 다이아몬드가 눈에 들어왔다. 어느 것이 자기 것인지 알 수가 없었다.

"왜 그렇게 오래 걸리지? 어째서 네 다이아몬드를 줍지 않느냐?"
천사가 다시 물었다.
"어느 것이 제 것인지 알 수가 없습니다."
"너는 네가 동산에서 쫓겨나면서 다이아몬드를 손에 넣은 첫 번째 사람인 줄 아느냐? 천만의 말씀, 수천, 수만 명의 사람들이 너보다 먼저 이곳에 왔느니라!"
천사가 말했다.

모세와 개미

모세가 시나이 산에서 십계명을 받고 있을 때, 이스라엘 사람들은 황금 송아지를 만드는 죄를 범하고 있었다. 그들은 역병에 걸려 3만 명이 죽었다. 그래서 예언자 모세는 신께 기도했다.
"신이시여, 왜 이런 일을 하셨나이까?"
그러자 성스러운 한 분이 대답했다.
"그들이 죄를 범했기 때문이니라."
모세가 물었다.
"하지만 그 중에 얼마나 많은 죄인이 있었단 말입니까? 그로 인해 죽음을 당한 죄 없는 자들을 생각해 보십시오!"
한참 뒤 모세는 배를 젓기 시작했다. 그가 잠들자 개미들이 그의 다리 위를 기어다니며 물었기 때문에, 그는 손바닥으로 철썩 때려서 개미들을 죽였다.
하느님이 말했다.
"모세야. 너는 왜 개미들을 죽였느냐?"
"저를 물었기 때문입니다."
모세가 대답했다.
"몇 마리의 개미가 너를 물었느냐? 두 마리나 세 마리, 아니면? 너는 수십 마리나 죽였다! 너를 문 개미와 물지 않은 개미를 네가 구별할 수 없었던 것처럼, 나도 죄를 범한 자와 그렇지 않은 자를 구별할 수 없었느니라."

속담에 이르기를 '숲에서 맹렬하게 타오르는 불은 나쁜 나무와 좋은 나무를 동시에 태운다'고 한다.

슬픔을 익사시키는 방법
지혜는 지식보다 중요하다

정직한 사기꾼

생계 수단도 없는 어떤 가난한 사람이 새 옷이 몹시 갖고 싶었다. 그는 할 수 없이 이집 저집 구걸하러 다녔다. 그가 얼마쯤 동전을 모으자 옷가게 주인에게 가서 동냥으로 옷을 달라고 구걸했다. 가게 주인은 그를 불쌍히 여겨서 그에게 옷을 주었다. 그러자 가난한 사람은 옷을 받자마자 동전이 든 가방을 꺼내더니 주인에게 주며 말했다.

"여기 옷값이 있습니다."

가게 주인은 대단히 놀랐다.

"영문을 모르겠군. 당신은 처음에 나에게 동냥으로 옷을 달라고 부탁하지 않았소? 그런데 이제 옷값을 지불하겠다니!"

가난한 사람의 대답은 이러했다.

"내가 당신에게 준 돈은 구걸해서 모은 돈입니다. 당신은 사람들이 가난한 사람에게 어떤 돈을 던지는지 알 것입니다. 어떤 사람은 구겨진 1코페이카를 던지고, 또 어떤 사람은 알아볼 수도 없게 구부러진 반 굴덴짜리를 던지지요. 내가 당신에게 먼저 내 동전을 보였다면 당신은 이렇게 말했을 겁니다. '그 쓰레기를 가지고 가거라. 나는 그런 것을 받고는 옷을 팔 수 없다.' 그러나 이제 당신이 이미 옷을 공짜로 주었기 때문에 나는 당신이 그 동전을 받으리라고 확신합니다."

빠른 속도로 근심했다

옛날에 한 가지 점에서 아주 예외적인 랍비가 살고 있었다. 그는 랍비이면서 아울러 굉장한 상인이기도 했다. 그런데 상황 판단을 잘 못함으로써 어떤 사업에 모든 재산을 걸었다가 하루 아침에 몽땅 날리게 되었다. 그의 제자들이 이 이야기를 듣고 그를 위로하기 위하여 달려왔다. 왜냐하면 그들은 랍비가 의기소침해 있을 것으로 생각했기 때문이다.

그러나 아주 놀랍게도 랍비는 조용히 자기 연구에 몰두해 있었다. 제자들은 못 믿겠다는 듯이 더듬거리며 말했다.

"존경하는 랍비님, 저희는 이해할 수 없습니다……도대체 아무 근심도 없으세요?"

랍비는 이렇게 말했다.

"물론 나는 걱정이 된다. 그러나 너희들도 알다시피 하느님께서는 나를 축복하셔서 두뇌 회전이 빠르게 하셨단다. 다른 사람들이 1달 동안 근심하는 일을 나는 1시간 만에 다 할 수가 있단다!"

선택

자그마한 유대인 재담가가 근심에 잠겨 있었다. 그에게는 온 세상이 끝장 난 듯이 보였다. 오랜 세월 동안, 그는 바그다드에 있는 칼리프의 궁전으로 부름을 받아 사람들을 즐겁게 해주면서 살아왔다. 그러나 한순간 생각 없이 행동함으로써 지배자를 불쾌하게 만들었기 때문에 사형 선고를 받았다.

칼리프는 "그렇지만 네가 지금까지 나에게 재미있는 이야기를 해준 것을 감안하여, 네가 죽는 방법을 선택할 수 있도록 해주겠다"라고 말하였다.

재담가는 다음과 같이 대답했다.

"오, 은혜로운 칼리프여! 당신께 아무 상관이 없으시다면 늙어서 죽는 방법을 선택하겠습니다!"

머리가 좋아진다

뉴욕에 있는 한 코셔 레스토랑에, 어느 날 뚱뚱하고 체격이 커다란 아일랜드인 경관이 찾아왔다.

주인 시몬이 나오자 경관이 물었다.

"도대체 유대인들은 왜 그렇게 머리가 좋은 거요? 무슨 비결이라도 있소? 있으면 좀 가르쳐 주구려."

시몬은 거만한 그리스도교 경관에게 유대인의 비밀을 가르쳐줄 수는 없다고 생각했다.

"유대인이 머리가 좋은 것은 매일 저녁 식초에 절인 청어를 배불리 먹기 때문입니다."

그날부터 경관은 매일 저녁 6시면 어김없이 나타나 식초에 절인 청어를 먹었다. 그런데 여섯 달째가 되는 어느 날, 경관은 평소처럼 식초에 절인 청어를 주문하지 않고 시몬에게 다가왔다. 보아하니 분노로 입을 굳게 다물고 있었다. 그는 목소리를 떨며 말했다.

"당신은 늘 나에게 식초에 절인 청어 한 접시를 40센트에 팔았는데, 앞의 메뉴를 보니 25센트잖아! 지금까지 나를 잘도 속여 먹었군!"

시몬은 당황하는 기색 없이 말했다.

"그러게 내 뭐랬습니까? 그건 식초에 절인 청어의 효력이 나타난 즐겁습니다."

행운

담배 가게를 하고 있는 아브라함에게 손님이 말했다.
"제일 좋은 담배로 주시오."
아브라함은 담배를 주고 50센트짜리 은화를 받았다.
손님은 담배에 불을 붙여 깊이 연기를 들이마셨다. 그런 다음 심하게 기침을 했다.
"주인장, 이건 싸구려 담배가 아니오? 이런 형편없는 담배는 난생 처음이오. 정말 지독하군!"
"손님, 손님은 그래도 운이 좋은 편입니다."
"어째서?"
"손님은 그걸 하나밖에 갖고 있지 않지만, 나는 이 담배를 100다스나 가지고 있으니까요."

아주 어려운 문제

유대인을 혐오하는 아라비아의 칼리프가 있었다.
그는 다음과 같은 포고령을 내렸다.
"나의 왕국에 들어오는 모든 유대인은 경비원에게 자신의 신상을 말해야 한다. 만약 거짓말을 했다가는 총살당할 것이고, 사실대로 이야기하면 교수형에 처해질 것이다."
그 칼리프는 이런 식으로 해서 아라비아에 있는 모든 유대인을 몰살시키고 싶었다. 그런데 어느 날, 유대인 한 사람이 왔다. 칼리프의 신하들이 그에게 자신의 신상에 대해서 말하라고 하자 그는 "저는 오늘 총살당할 것입니다"라고 말했다. 경비원들은 그의 말에 매우 혼란을 느끼고 자기들의 상관에게 보고했다.
교활한 칼리프는 곰곰이 생각했다.

"음! 이것은 아주 어려운 문제다. 내가 유대인을 총살시킨다면, 그가 진실을 말했다는 이야기가 된다. 그러면 법에 따라 교수형에 처해야 한다. 그러므로 나는 그를 총살시킬 수 없다. 반대로 그가 교수형을 당한다면 그가 거짓말을 했다는 이야기가 된다. 그러므로 그는 총살당해야 한다. 그러므로 나는 그를 교수형에 처할 수도 없다."

할 수 없이 그들은 그 유대인을 풀어 주었다.

학자가 술에 매일 때

탈무드 학자가 술고래라?

들어 보지 못한 말이다. 그러나 그런 학자가 있었다. 한 번은 친구가 그를 책망했다.

"자네는 우리 현자들이 술 취하는 것을 책망했다는 사실을 알지 못하는가?"

학자는 대꾸했다.

"자네는 무슨 이유로 내게 그런 말을 하는가? 물론 나도 아네! 나는 술 취해 있는 것이 아니라 나의 슬픔을 익사시키려고 시도하는 중이라네."

"그래, 슬픔을 익사시키는 데 성공했나?"

학자는 우울한 표정을 지으며 말했다.

"아니, 유감스럽게도 그렇게 하지 못했네. 알다시피 나의 슬픔은 아주 심술궂다네. 내가 마시면 마실수록 그것들은 헤엄을 더 잘 친다네."

술 마시는 논리

한 늙은 유대인이 술이 취했다는 이유로 잡혀서 재판관 앞에 끌려 왔다.

재판관은 표정을 바꾸더니 동정섞인 어투로 물었다.
"무슨 일이 있었소?"
"아무 일도 없었습니다. 저는 절대로 취한 것이 아닙니다."
잡혀 온 노인은 대답했다.
"여보시오. 당신에게 무슨 일이 있었기 때문에 이 지경이 된 게 틀림없소. 이리 와서 나에게 당신 입으로 얘기하시오."
재판관은 말했다.
이에 노인이 대답했다.
"얘기는 아주 간단합니다. 저는 한 잔을 마셨습니다. 그런 행동은 성서에도 근거가 많이 있습니다. 그렇게 한 잔은 마실 수가 있는 것입니다. 이제 그렇게 하여 나는 새로운 사람이 되었습니다. 물론 새로운 사람도 술을 마실 권리가 있지요. 그도 한 잔 마셨습니다. 그래서 우리는 두 사람이 되었습니다. 세상 모든 사람이 알다시피 우리 유대인은 두 사람이 만나면 술 한 잔을 하도록 허락됩니다. 그렇게 되자 우리는 아주 기분이 좋았습니다. 우리는 즐거운 경우에 한 잔 해야 하는 것입니다!"

모든 일에는 때가 있다

마부인 유델은 길고 힘든 여행의 노독을 브랜디를 마심으로써 떨쳐 버리고자 했다.
이때 그의 이웃에 살던 양켈이라는 사람이 부엌에다 대고 소리쳤다.
"유델, 자네에게 끔찍한 일이 일어났네!"
마부는 먹는 데에만 열중하여 계속 술을 마셨다.
양켈은 소리쳤다.
"유델, 이 천치 같은 사람아! 자네에게 나쁜 소식이 있네."
유델은 전혀 동요하지 않고 계속 마셨다.
양켈도 계속 말했다.

"유델, 이 불쌍한 사람아. 자네 아내가 지금 막 죽었다네!"
그래도 유델의 표정에는 아무 변화가 없었다.
양켈은 그를 책망했다.
"자네는 어떻게 그렇듯 태연하게 마실 수 있는가? 그건 도리가 아니지 않은가?"
그 마부는 접시에서 잠시 고개를 떼더니 올려다보며 말했다.
"내가 이 브랜디를 다 마시면 그때는 틀림없이 애곡할 걸세!"

당신의 나이는 느끼는 대로
40살 된 남자가 20살 된 소녀와 결혼했다. 이 사건은 사교계에서 화젯거리가 되었다. 한번은 어떤 사람이 눈치없게 그들의 나이 차이에 대하여 말하자 그는 다음과 같이 대답했다.
"그것은 그렇게 나쁜 것은 아니오. 그녀가 나를 볼 때면 자신이 10년은 나이가 들었다고 느끼오. 그리고 내가 그녀를 볼 때면 10년은 젊게 느끼오. 우리 둘 다 30살인데 무슨 문제가 되겠소?"

잘못된 주문
찌는 듯이 더운 어느 날, 나이 든 유대인 한 사람이 사이다 판매점 정문 앞에서 정신을 잃었다.
사람들이 그의 옆으로 달려오면서 소리쳤다.
"물! 물! 물을 주시오. 어떤 사람이 기절했소."
쓰러진 그 늙은 사람은 고개를 들더니, 조그마한 목소리로 옆 사람들에게 말했다.
"물이 아니라 사이다요!"

논리적인 말
어느 늦은 겨울 밤, 슐로임케와 립케가 잠자리에 들었다. 갑자기

립케의 소리로 침묵이 깨어졌다. 그 소리는 잠자면서 내는 듯했지만 계속 들려왔다.
"슐로임케, 제발 창문을 닫아 주세요…… 바깥 공기가 차가워요."
이에 대해 슐로임케가 대답했다.
"아니…… 만약 내가 창문을 닫는다면 바깥 공기가 따뜻해질까요?"

누들 국수가 누들인 이유
한번은 어떤 사람이 익살꾼인 모트케 샤바드에게 물었다.
"여보시오. 모트케, 당신은 아주 영리한 사람이오. 그래서 물어보겠는데, 사람들이 왜 누들 국수를 누들이라고 그럽니까?"
모트케는 주저하지 않고 대답했다.
"그걸 질문이라고 하시오? 그것은 누들 국수처럼 길지 않소? 또 누들 국수처럼 부드럽고, 누들과 같은 맛이 나지 않소? 그러니 누들이라고 부르지 않을 이유가 있겠소?"

한 수 위
코엔은 양복장이였다.
어느 날, 이웃 마을에 사는 골드버그 씨에게서 또다시 대량 주문이 들어왔다.
코엔은 편지를 썼다.
"늘 애용해주셔서 감사합니다. 이번에도 많은 주문을 해주신 것에 대해 감사하고 있습니다.
다만 한 가지, 이번 주문에 빨리 응할 수가 없어서 유감이군요. 전에 납품한 상품대금을 지불해주시기 전에는, 죄송하지만 이번 주문에 응할 수가 없습니다."
그러자 골드버그 씨에게서 다시 편지가 왔다.

"몹시 유감이지만, 이번 주문은 급한 것이라서 오래 기다릴 수가 없군요. 다른 양복점에 의뢰하겠소."

진실

아브라함은 담배 공장을 경영하고 있었다.

이 아브라함의 담배가 너무 맛이 없어서, 마을 사람들은 담배의 반은 말똥일 거라고 험담을 했다. 물론 사람들은 그럴 리가 없다고 생각했기 때문에, 농담 삼아 그렇게 말한 것뿐이었다.

세월과 함께 아브라함도 늙어갔다. 이제는 그도 자리에 누워 죽을 날만 기다리고 있었다.

마을 사람들은 비록 농담으로나마 그의 담배가 반은 말똥일 거라고 말한 것을 후회하고, 마을 사람들 가운데 한 사람이 대표로 사죄하러 가기로 했다.

"아브라함 영감님, 저희들이 정말 나쁜 짓을 했습니다. 영감님 담배의 반은 말똥이라고 욕하고, 게다가 '말똥담배'라는 별명까지 부르고 다녔으니까요. 정말 죄송하게 됐습니다."

그러자 아브라함은 가쁜 숨을 몰아쉬며 말했다.

"모두들 내 담배를 중상한 건 틀림없군. 반이 말똥일 리가 있나! 실은 백퍼센트 말똥이었다네."

마술의 비밀

아이작은 마술사였다. 그는 무척 영리한 폼피라는 앵무새를 갖고 있었다.

폼피를 등장시킨 공연은 어김없이 대성공이었다. 아이작이 천재적인 재능을 가진 마술사라는 평을 듣고 있는 것도 폼피의 공이 컸다.

3년이 지나고 4년이 흐르며, 나이가 들수록 폼피는 더욱 영리해졌다. 그러다가 최근에는 같은 마술을 서너 번 되풀이하면 어느새 폼피가 트릭을 간파하고, 마술이 끝나기 전에 큰 소리로 객석을 향해 트릭을 다 얘기해버리는 것이었다.

아이작은 폼피가 마술의 트릭을 폭로할 때마다 머리를 싸매고 고민했다. '이대로 가다가는 실업자가 되겠어.' 아이작은 어찌할 바를 몰랐다.

아무리 타일러도 폼피는 그때마다 날카로운 목소리로, "알았어, 알았어" 하고 말하지만, 쇼가 시작되면 기껏 2, 3일씩 밤잠을 자지 않고 궁리해낸 마술을 폭로해버리는 것이었다.

낙담한 아이작이 어떻게 해야 하나 고민하고 있으니, 친구 야콥이 이스라엘에 갈 것을 열심히 권했다.

"이스라엘의 예루살렘에 굉장히 지혜로운 랍비가 있다는 얘길 들었는데, 그 랍비를 찾아가 의논하면 틀림없이 좋은 지혜를 가르쳐 줄 걸세."

이튿날, 아이작은 예루살렘의 랍비 앞으로 편지를 써서 사정을 설명하고, 이스라엘로 갈 테니 꼭 만나달라고 했다. 2주일 뒤 랍비에게서 오라는 답장이 왔다. 아이작은 폼피와 함께 배를 타고 이스라엘로 향했다.

그런데 도중에 폭풍을 만나, 하늘에는 천둥번개가 번쩍이고 배는 가랑잎처럼 파도에 이리저리 떠밀려 다녔다.

배의 대여섯 배나 되는 집채 만한 파도가 연달아 밀려오자, 이윽고 바닥에서 우지끈 소리가 나더니 배가 두 동강이 나고 말았다. 그리고 순식간에 가라앉기 시작했다.

선원과 승객들은 비명을 지르면서, 무엇이든 매달릴 만한 물건이나 나무토막 같은 걸 찾아 갑판 위를 미친듯이 뛰어다녔다. 아이작도 물론 그들과 함께 비명을 지르고 있었다. 그러나 폼피는 냉정했다.

배가 완전히 가라앉았다. 폭풍이 지나가자 바다는 거짓말처럼 잔잔해졌다. 아이작은 운 좋게 폼피와 함께 구명보트에 올라탔지만,

보트 위에는 아이작과 폼피만 있을 뿐, 넓은 바다를 아무리 둘러봐도 섬 그림자는 물론 가라앉은 배에 타고 있던 사람들의 모습도 보이지 않았다.

"폼피, 정말 다행이야. 우린 살았어!"

아이작이 말했지만, 폼피는 폭풍이 시작된 뒤 지금까지 단 한 마디도 하지 않았다.

해가 뉘엿뉘엿 지려 할 때, 아이작은 참지 못하고 소리쳤다.

"폼피, 폼피! 무슨 말이든 한 마디라도 해봐! 이렇게 넓은 바다 한복판에 단둘이 있는데, 무슨 말이든지 하지 않으면 외로워서 견딜 수가 없잖아. 아니면 폭풍의 충격으로 벙어리라도 된 거냐?"

그래도 폼피는 아무 말 없이, 크고 둥근 눈으로 아이작을 뚫어지게 응시할 뿐이었다.

밤하늘은 아름다웠다. 하늘 가득 별이 총총 빛나고 둥그런 보름달이 떠 있었다.

"폼피, 제발 부탁이니 무슨 말이든 해봐! 충격으로 어떻게 된 거냐?"

그러자 폼피가 간신히 입을 열었다.

"배를 어떻게 사라지게 했는지, 아무리 생각해도 모르겠단 말이야."

돈 벌 거리

슈바르츠는 뉴욕에서 성공한 사업가이다.

그는 루스벨트 호텔에서 친구 모세 프랑켈과 점심을 먹고 있었다. 식사를 하는 동안, 슈바르츠는 호주머니에서 에메랄드 반지를 꺼내 프랑켈에게 보여주었다.

"어때, 굉장히 아름다운 에메랄드지? 지난 번 베네수엘라에 갔을 때 아내에게 줄 선물로 산 거네. 마침 모레가 그녀의 생일이어서 이걸 줄 생각이지."

"얼마 줬나? 정말 아름답군."

"꼭 1만 2000달러 줬네."

프랑켈은 반지를 요리조리 살펴보며 몹시 감탄하여 말했다.

"어떤가. 1만 4000달러에 나한테 팔지 않겠나?"

슈바르츠는 잠시 생각한 뒤, 2000달러나 벌 수 있겠다 싶어서 프랑켈에게 팔기로 했다. 프랑켈은 기뻐하며 그것을 가지고 돌아갔다.

한편 슈바르츠는 사무실에 돌아와 생각해보니 아무래도 아내의 생일선물에는 그것밖에 없다는 생각이 들어, 프랑켈에게 전화를 걸었다.

"아, 프랑켈? 나, 아무래도 그 반지를 아내에게 줘야겠어. 1만 6000달러 주면 다시 팔 텐가?"

수화기 저편에서 프랑켈이 잠시 생각에 잠겼다. 계산을 굴려보니, 세 시간 만에 2000달러를 버는 건 그리 나쁘지 않을 것 같았다.

"그럼 비서를 시켜 곧 그쪽으로 갖다 주겠네."

그러고 나서 전화를 끊었다.

이리하여 에메랄드 반지는 다시 슈바르츠에게 돌아갔다. 프랑켈의 비서가 그 반지를 가지고 온 바로 그때, 친구 골드버그가 찾아왔다.

에메랄드 반지를 본 골드버그가 말했다.

"정말 아름다운 반지군. 나에게 팔지 않겠나?"

"얼마 주겠나?"

"얼마면 팔 건데? 1만 9000달러, 어떤가?"

슈바르츠는 팔기로 했다. 골드버그는 반지를 가지고 나갔다.

잠시 뒤 프랑켈한테서 전화가 걸려왔다.

"슈바르츠, 아무리 생각해도 그 반지를 꼭 갖고 싶은데, 2000달러 더 줄 테니 되팔지 않겠나?"

"아, 실은 조금 전에 골드버그가 다녀갔는데, 반지를 팔라고 하도졸라서 적당하게 받고 벌써 팔았다네."
"자넨 바보로군, 슈바르츠. 둘이서 오후 한나절에 수천 달러씩 벌었는데, 그 좋은 돈 벌 거리를 팔아버리다니. 이걸 매일 계속하면 우리는 이내 백만장자가 될 수 있었을 텐데!"

생선장수와 은행

어느 마을의 랍비가 생활이 어려워, 돈을 벌기 위해 시내에 나가 생선을 팔기로 했다.

아내가 생선을 사왔고, 그녀는 요리를 한 뒤 겨자를 듬뿍 치고 수레에 실어 남편을 내보냈다.

랍비는 늘 포장마차를 은행 건너편에 세워놓고 생선을 팔았다.

며칠이 지났을 때, 이웃마을에 사는 랍비가 찾아왔다.

"여보게, 장사는 좀 어떤가?"

"뭐, 그럭저럭 할 만하네."

"그런데 혹시 5루블 가진 게 있으면 빌려줄 수 없겠나?"

이웃마을의 랍비가 말했다.

그 랍비하고는 친한 사이였기 때문에 5루블 정도는 빌려주고 싶었지만, 생계가 곤란하여 생선을 팔고 있는 처지이니만큼, 가능하면 거절해야겠다고 생각했다.

"길 저쪽에 은행이 보이나? 난 이곳에서 장사를 시작하면서 은행과 협상을 했네. 내가 사람들에게 돈을 빌려주지 않는 대신, 은행에서도 생선을 팔지 않기로 말일세."

희생이 너무 컸다

프로임 그레딩거가 여인숙으로 들어가 저녁을 주문했을 때였다.

고기 요리가 그의 앞에 나왔는데, 양이 아주 적었다. 이를 보고 그는 큰소리로 울음을 터뜨렸다. 이 소리에 놀란 여인숙 주인이 그에게로 달려와 큰소리로 물었다.
"무슨 일입니까? 무슨 일이 일어났습니까?"
프로임은 울면서 대답했다.
"무슨 일이 일어나긴 일어났지요! 이 조그만 고깃덩어리 때문에 그 커다란 소가 도살당했다는 사실을 생각해 보시오!"

사람을 바보로 만드는 것
어떤 바보가 랍비에게 가서 말했다.
"저는 제가 바보라는 것을 압니다. 그렇지만 제가 이 일에 대하여 무엇을 해야 할지 모르겠습니다. 제발 저에게 어떻게 해야 할지 조언해 주십시오."
랍비는 감탄하며 칭찬조로 말했다.
"오, 나의 아들아! 네가 바보라는 사실을 안다면 너는 분명 바보가 아니다!"
"그렇다면 왜 모든 사람이 제가 바보라고 말을 하지요?"
그 사람은 불평했다.
랍비는 잠시 그를 진지하게 바라보더니 책망했다.
"네가 자신이 바라보는 것을 이해하지 못하고 단지 사람들이 하는 말만 듣는 것을 보니 너는 틀림없이 바보로구나!"

순발력
유명하기는 했지만 가난한 해학가 허셀에게 어떤 부자가 말했다.
"허셀, 자네가 생각하지 않고 나에게 거짓말을 하면 1루블을 주겠네."
"1루블이라니오? 당신은 방금 2루블을 준다고 하지 않았습니까?"

회초리 소리를 내면

허셀의 아내는 매일매일 "돈! 돈!" 했다.

허셀은 "나는 돈이 한 푼도 없소"라고 변명했다.

그녀는 되받아 말했다.

"할머니에게나 그렇게 얘기하도록 해요! 내가 아는 사실은 애들이 굶고 있다는 것뿐이에요."

허셀은 이 말을 듣고 심각한 표정을 지으며 의자에서 일어났다.

그는 장남에게 엄하게 말했다.

"옆집에 가서 회초리를 빌려 오너라."

이 말을 들은 그의 아내는 몸을 떨기 시작했다.

그녀는 당황한 표정으로 혼자 말했다.

"하느님이여, 자비를 베푸소서! 이제 그가 나에게 회초리를 대려고 합니다!"

그렇지만 허셀은 아내를 때릴 생각이 추호도 없었다. 그는 아들이 회초리를 가지고 오자 시장으로 가서 공중에서 그것을 휘두르며 크게 소리쳤다.

"나는 레티체프까지 사람들을 반값으로 모셔다 드립니다."

사람들은 '굉장히 싸구나!' 생각하며 순식간에 모여들었다.

허셀은 그들에게서 돈을 거두어 아들에게 주며 말했다.

"달려가서 이것을 어머니에게 갖다 주어라."

사람들은 그를 따라 길을 내려가면서 물었다.

"말은 어디 있소?"

허셀은 그들에게 말했다.

"아무 걱정 말고 따라만 오시오. 내가 당신들을 레티체프까지 곧장 데려다 줄 테니까."

그러므로 사람들은 더 이상 질문하지 않고 그의 뒤를 따랐다.

그들은 시내를 벗어났으나 아직도 말은 보이지 않았다. 멀리 다리가 보였다. 사람들은 '틀림없이 말이 다리에 있겠지'라고 생각했다. 그러나 다리에 다다라 보니 말은 없었다. 이미 그들은 목적지의 반 가까이 왔다. 그러자 사람들은 말했다.

"이제 보니 순 사기꾼이구나. 그렇지만 이제 되돌아간들 무슨 소용이 있는가?"

그런 식으로 사람들은 레티체프에 도착했다.

사람들은 허셀에게 소리 질렀다.

"이 도둑놈아, 우리 돈을 내놔라. 네가 우리를 놀려!"

허셀은 코웃음을 치며 말했다.

"당신들을 놀렸다구? 말해 보시오. 내가 당신들을 레티체프까지 데려다 준다고 약속했소, 안 했소?"

"그러나 태워다 주어야지 걸어가게 해서야 말이 되느냐!"

"내가 말로 태워다 준다고 한 마디라도 했소?"

허셀은 말했다.

사람들은 어안이 벙벙하여 서로를 쳐다보았다. 그러나 이제 어찌할 도리가 없었기 때문에 모멸적으로 침을 탁 뱉고는 가 버렸다.

허셀이 집으로 돌아오자 그의 아내는 환하게 웃으면서 그를 맞이했다. 그리고 그에게 "허셀, 나는 이해할 수 없어요. 당신은 회초리밖에 가진 것이 없었는데, 도대체 어디서 말을 구했단 말이에요?"라고 물었다.

허셀은 웃으며 대답했다.

"어리석은 질문일랑 하지 마시오. 나에게 말이 무슨 필요가 있었겠소? 당신도 알다시피 '회초리 소리를 내면 항상 몇 마리의 말을 발견할 수 있다'는 속담이 있지 않소?"

암소

어느 안식일 오후에 허셀 오스트로폴리에르는 랍비의 연구실에서 창 밖을 내다보며 서 있었다.

그는 불쑥 물었다.

"랍비여, 우리가 안식일에 암소가 물에 빠져 죽어가는 광경을 본다면 건져 주어야 하나요? 아니면 그냥 죽게 내버려 두어야 하나요?"

"물론 그냥 내버려 두어야지! 건질 수가 없지. 그런데 자네는 무엇을 보고 있나?"

"아무것도 아닙니다. 단지 어떤 암소가 호수에 빠졌을 따름입니다."

랍비는 한숨을 쉬며, "그러나 어떻게 하겠나? 율법이 금하는 일인데!"라고 말했다.

허셀은 소리쳤다.

"저것 보세요. 아! 이제 물이 소의 머리에까지 찼군요! 말 못하는 불쌍한 짐승 같으니라구!"

"그래도 어찌하겠나?"

"이제 더 이상 불쌍한 암소를 볼 수가 없군요…… 물속에 가라앉아 버렸어요…… 아이고, 불쌍해라!"

"허셀, 그것이 자네와 무슨 관계가 있는가? 왜 그렇게 자네가 슬퍼하는 거지?"

"랍비님, 말씀드리건대 참으로 안되었습니다. 참으로 안되었습니다."

"도대체 무슨 소리를 하는 거야?"

"랍비님, 그 소는 랍비님의 암소였습니다."

가불

안식일은 다가오는데 허셀 오스트로폴리에르는 안식일 빵과 물고기와 닭을 살 돈이 한 푼도 없었기 때문에 의기소침해 있었다. 그래서 그는 공동 사회의 재정 담당관에게 가서 크게 소리쳤다.

"유대인들이여! 끔찍한 불행이 나에게 닥쳤습니다. 나의 아내가 방금 죽었습니다! 그런데 정말이지, 제가 어디서 그녀를 위하여 수의와 관 살 돈을 구하겠습니까?"

공동 사회의 원로들은 그가 당한 불행을 가엾게 여겨서 10루블을 주었다. 그런 뒤 얼마 있다가 그들이 그 착한 여인의 명복을 빌어 주기 위하여 허셀의 집에 가서 보니, 놀랍게도 그의 아내가 살아 있을 뿐만 아니라 맛있는 닭고기 요리를 걸신들린 듯 먹고 있는 것이 아닌가! 그들은 고함을 질렀다.

"이 거짓말쟁이야! 이 사기꾼아! 우리의 동정심을 이용하여 10루블을 사기 쳐! 그게 잘한 짓인가?"

허셀은 그들을 진정시키며 말했다.

"흥분하지 마십시오! 그게 무슨 상관 있습니까? 저는 단지 당신들에게서 가불을 받았을 따름입니다……. 나중에 당신들은 위로금을 내지 않아도 됩니다!"

아주 꼭 맞는 옷

허셀의 옷은 낡다 못해 너덜너덜해졌다. 그는 품위 있는 사람들 앞에서 자신의 그런 모습을 보인다는 것이 수치스러웠다. 그러나 어떻게 하겠는가? 그는 돈이 한 푼도 없었다. 그러다가 그는 자기 아내가 몇 그로셴을 가지고 있다는 사실을 눈치채게 되었다.

그는 엉뚱한 생각을 하기 시작했다.

그리고 "내가 아내에게서 그 돈을 빼앗아 낼 수만 있다면 새 옷을 살 수 있을 텐데!"라고 혼잣말을 했다.

잠시 뒤 그는 사다리를 타고 다락방으로 올라갔다. 그의 아내는 마침 그 아래에 있다가 허셀이 어느 누구에게 화를 내며 이야기하는 소리를 듣고 놀랐다.

그녀는 "허셀, 당신 지금 누구하고 얘기하고 있어요?"라고 그에게 소리쳤다.
　허셀은 다락방에서 씩씩거리며 고함을 질렀다.
　"누구하고라고 생각하오? 바로 '가난'하고 얘기하고 있소."
　"그가 도대체 어떻게 그곳에 올라갔는데요?"
　"그는 몸이 아프고 초라한 방이 지겨워서 기분 전환을 하기 위해 다락에 올라왔다고 얘기하고 있구려!"
　"그가 당신에게서 무얼 원하고 있지요?"
　"빌어먹을! 그는 새 옷을 바라고 있다오. 만약 내가 그를 위해 새 옷을 맞춰 주면 우리 집에서 나가서 다시는 돌아오지 않겠다고 말하는구려."
　허셀이 다락방에서 내려오자 그의 아내가 말했다.
　"우리가 그런 식으로 가난을 쫓아낼 수만 있다면 돈을 들여서라도 그에게 새 옷을 맞춰줍시다."
　허셀이 비아냥거리는 투로 말했다.
　"당신, 참으로 이상하구려. 돈이 나무에서 열린다면 그것으로 맛있는 푸딩을 해먹겠소!"
　허셀의 아내는 결국 고백했다.
　"저는 2그로셴을 모아 두었어요. 여기 돈이 있어요. '가난'에게 옷을 사주어 그를 내보내서 우리와 손을 끊도록 합시다."
　허셀이 돈을 받아들고 집을 나서려 하자 아내가 불러 세웠다.
　"당신은 '가난'의 치수 재는 것을 잊어버렸어요."
　허셀은 고개를 끄덕이고는 다락방으로 다시 올라갔다가 내려와서 말했다.
　"그의 치수를 잴 필요가 없소. 우리는 깍지 속의 완두처럼 꼭 맞았소. 조금도 틀리지 않아요."
　허셀은 재단사에게 가서 새 옷을 맞추었다. 옷이 완성되자 그는 그 옷을 입고는 어떠한 경우에도 벗으려고 하지 않았다.
그의 아내는 애원했다.
"허셀, 당신은 왜 옷을 벗지 않나요? 만약 '가난'이 당신이 자기 옷을 입고 있다는 사실을 알기라도 하면 굉장히 화를 낼 것이고, 우리 목을 죌 거예요."
허셀은 "당신 말이 옳소" 하며 자기 옷을 벗어서 다락방으로 올라갔다. 그런데 잠시 뒤 그는 옷을 도로 가지고 내려왔다.
그의 아내는 책망하는 투로 물었다.
"왜 옷을 그에게 주지 않았나요?"
허셀은 침통한 표정으로 말했다.
"소용없소. 옷이 그에게 맞질 않소."
"내가 듣기로는 당신과 그가 한 치의 오차도 없이 치수가 같다고 한 것으로 아는데요."
그러자 허셀이 대답했다.
"그것은 사실이오! 그러나 그것은 우리가 그에게 새 옷을 주기 위해 돈을 쓰기 전의 일이오. 우리가 그 돈을 쓰자 우리는 더 가난하게 되었고, '가난'은 더 자라나 버렸단 말이오!"

죽음에 이르는 길

유명한 재담가 허셀 오스트로폴리에르는 재담을 하며 살았던 것처럼 입술에 재담을 담은 채 죽었다.
랍비와 그의 제자들이 허셀의 침대 둘레에 서서 그가 하는 온갖 재미있는 이야기를 듣자 그들은 무척 놀라워했다.
"당신은 죽는 마당에 그렇게 농담을 하지 않아도 될 만큼 살아 있을 때에 충분한 재담을 하지 않았소? 당신은 지옥이 두렵지도 않소?"
랍비는 엄하게 책망했다.

허셀은 죽어가면서도 "전혀 두렵지 않습니다. 저는 그곳에서도 역시 농담을 할 것입니다"라고 대답했다.

"그럼 예를 한번 들어 보시오."

랍비가 말했다.

"죽음의 천사가 만약 저에게 율법 연구에 밤낮 헌신했느냐고 묻는다면 저는 이렇게 답하겠습니다. '내가 학자가 아니라고 생각한다면 나를 당신의 양자로 만들지 마시오.'

또 그가 나의 이름이 무엇이냐고 묻는다면 '게젤'이라고 말하겠습니다. 물론 그는 '너의 이름은 허셀인데, 무슨 말을 하는 거냐?' 하며 화를 내겠지요. 그러면 저는 그에게 '내 이름을 알면서 왜 묻는 거요?'라고 말하겠습니다.

그리고 그가 저에게 '너는 인생에서 무엇을 이루었느냐? 너는 세상에서 어떤 잘못된 것을 고쳤느냐?'라고 묻는다면 저는 '고쳤느냐구요? 물론 고쳤지요. 나의 양말과 윗옷과 바지와……'라고 대답하겠습니다."

잠시 뒤 장례조합 사람들이 도착하자 허셀은 숨이 넘어가면서도 그들에게 이렇게 말했다.

"친구들이여, 당신들이 나를 관속에 집어 넣을 때 겨드랑이 아래를 잡지 않도록 명심하시오. 그곳은 내가 간지럼을 많이 타는 부위요!"

그렇게 허셀은 입술에 빙긋 웃음을 띤 채 숨을 거두었다.

기적을 일으키는 랍비
인간은 어디에서 자라나는가?

어떤 훌륭한 사람

한 유대인이 다른 유대인들에 대한 불평을 늘어놓으려고 랍비에게로 왔다.

그는 하소연하듯이 물었다.

"랍비님, 사람들이 저를 바보라고 부르는 것이 옳다고 생각하십니까?"

랍비는 연민의 정을 가지고 들었다. 그리고 다음과 같은 말로써 그를 위로했다.

"그런 사소한 일을 가지고 왜 속상해 하시오? 당신은 바보들이 다른 사람들과 아주 다르다고 생각하오? 정말이지, 내가 아는 어떤 훌륭한 사람도 바보였소. 그러니까 당신같이 훌륭하고 지적인 사람조차도 바보일 수 있는 것이오!"

어떻게 하면 좋겠습니까?

한번은 '시내에서 제일 가는 바보'가 불평거리를 가지고 회당지기에게로 왔다. 그가 어디를 가든지 성질 나쁜 사람들이 그를 놀리고 조롱하며 비참한 심정을 가지도록 만들었던 것이다.

그는 울먹였다.

"제가 어떻게 하면 좋겠습니까?"

회당지기는 아주 화를 내며 말했다.

"어떤 불량배든지 당신을 놀리거든 큰 돌을 집어다가 그의 머리를 박살 내시오."

"회당지기님, 그 방법은 거리에서는 괜찮겠지만 목욕탕에서는 소용없잖아요? 그곳에는 돌이 없으니까요."

"목욕탕에서는 뜨거운 물을 가져다가 화상을 입히시오."

"그러나 회당에는 돌도 없고 뜨거운 물도 없는걸요?"

"좋소. 회당에서는 청동 촛대를 잡고 머리를 치시오."

"회당지기님, 다른 날은 괜찮지만 안식일에 제가 촛대를 만지거나 들 수 없을 때는 어떻게 합니까?"

"좋소. 안식일에 당신이 할 수 있는 것은 '미안하다'고 하면서 그놈의 눈에 불똥이 튀도록 힘껏 걷어차는 것뿐이오."

"회당지기님, 당신이 그런 좋은 충고를 해주시는 것은 쉽습니다. 당신은 아주 기억력이 좋으므로 모든 것을 기억할 수 있으니까요.

그러나 저를 보세요. 저의 기억력은 형편없습니다. 제가 기억해야 할 것을 생각해 보세요. 거리에서는 돌로 머리를 치고, 목욕탕에서는 뜨거운 물로 화상을 입히고, 평일에 회당에 있을 때는 촛대로 머리를 내려치고, 안식일에는 '미안하다'하며 힘껏 걷어차라구요?

회당지기님, 정말이지, 제가 이렇게 복잡한 것들을 기억할 수 있을 정도로 영리하다면 왜 당신의 조언을 들으러 왔겠습니까?"

세 가지 벌

한번은 왕이 종에게 "시장에 가서 물고기를 사오너라"고 말했다. 종이 가서 물고기를 사왔으나, 물고기에서 악취가 풍겼다.

왕이 소리쳤다.

"맹세하건대, 네가 세 가지 벌 중 하나를 받지 않는다면 너의 어리석음을 용서하지 않겠다. 네가 물고기를 먹든지, 물고기 값을 물어내든지, 곤장 100대를 맞아라."

종은 "제가 물고기를 먹겠습니다"라고 말했다.

그러나 그가 물고기에 입을 대자마자 구역질이 나기 시작했다.

그는 "차라리 곤장 100대를 때려 주십시오"라고 왕에게 간청했다. 그래서 그는 매를 한 대 한 대 맞기 시작했다. 50대를 맞자 종은 더 맞았다가는 죽겠다고 생각했다.

그는 "물고기 값을 물어 드리는 편이 낫겠습니다"라고 소리쳤다.

종은 여기서 무엇을 얻었는가? 그는 썩은 물고기를 맛보았고, 50대의 매를 맞았으며, 결국은 물고기 값도 물었다!

논문

부자이기는 하지만 어리석은 학생에게, 랍비가 탈무드에 관한 논문을 발표하는 방법을 힘들여 훈련시키고 있었다.

그는 학생에게 말했다.

"너는 발표를 세 부분으로 나누어라. 첫 번째는 성서 본문 곧 Posek이고, 두 번째는 질문 곧 Kashe이고 세번째는 답변 곧 Terets이다. 그러나 그것을 혼동하여 앞뒤 순서를 바꾸어서는 안 된다."

학생이 그래도 혼동하는 듯이 보였기 때문에 랍비는 그에게 예를 들어 주었다.

"본문은 '날은 어둡고 길은 미끄러운데 복수의 천사가 뒤따라오는

가'라고 하자. 그러면 질문은 '복수의 천사가 왜 미끄러지거나 넘어지지 않는가?'이다. 또 답변은 '그는 아무 이유없이 복수의 천사가 아니다'라고 하는 것이다.

예를 하나 더 들면, 본문에서는 '노아에게는 셈, 함, 야벳이라는 세 아들이 있었다.' 그러면 질문에서는 '그들의 아버지의 이름은 무엇인가'라고 한다. 그에 대한 답은 '그의 이름은 노아이다'로 나오는 것이다.

예를 또 하나 들어보겠다. 본문에서 '요셉은 그의 형제들을 알아보았으나 그들은 그를 알아보지 못하였다!'라고 하자. 그러면 질문에서는 '그들이 자기 형제를 어떻게 해서 알아보지 못하였을까?'라고 나와야 한다. 그에 대한 답은 '그는 전에는 수염이 없었는데 나중에 수염을 길렀던 것이다'가 된다."

랍비는 만족스런 표정으로 결론을 지으며 말했다. "자, 이제 논문을 어떻게 구성하는지 이해하겠지? 알다시피 그것은 아주 논리적이다."

젊은이는 "알겠습니다"라고 확신 있게 대답했다.

다음 안식일에 그는 회당에서 일어나 설교단으로 나아가 율법을 주석하기 시작했다.

"본문은 '날은 어둡고 길은 미끄러운데 복수의 천사가 뒤따라오는가?'입니다. 이에 질문은 '그들의 아버지의 이름은 무엇인가?' 입니다. 또 답변은 '그는 전에는 수염이 없었는데, 나중에 수염을 길렀던 것이다'입니다."

수염이 자라지 않는 이유

현자가 되려고 공부하던 켈름 출신의 한 젊은이가 큰 근심에 잠겼다. 그래서 그는 최고의 현자에게 가서 물었다.

"아마도 당신은 왜 저의 턱에서 수염이 자라지 않는지 말씀해 주실 수 있을 것입니다. 이것은 유전일 리가 없습니다. 아시다시피 저의 아버지는 아주 보기 좋은 수염을 가지고 계시거든요."

최고의 현자는 한참 동안 생각에 잠겨서 자기 수염을 쓰다듬더니 이윽고 밝은 표정을 지으며 말했다.

"아마 너는 어머니를 닮은 것이겠지!"

이 말을 들은 젊은이는 감탄하여 소리쳤다.

"틀림없어요! 어머니는 수염이 없거든요! 당신은 아주 현명하십니다!"

이 사람이 나일 수 있는가?

어떤 켈름 사람이 옷을 통해서만 사람들이 서로 구분될 수 있다는 결론을 내리고서, 언젠가 목욕탕에서 자신이 뒤섞일지 모른다는 두려움을 갖게 되었다. 왜냐하면 그곳에서는 모두가 옷을 벗고 있으므로 서로 구별할 수 없기 때문이다. 그런 위험에 대처하기 위하여 그는 자기 다리에다가 끈을 매어 놓았다.

그런데 불행히도 끈이 풀리는 바람에 그는 그것을 잃어버리고 말았다. 켈름에 살던 다른 사람이 그 끈을 주웠다. 아마, 그도 같은 두려움을 가지고 있었던지 자기 다리에다 끈을 매어 놓았다.

이 두 사람이 옷을 입으려고 나오다가 앞의 사람이 두 번째 사람을 보고 외쳤다.

"아, 애석하다. 이 친구가 나라면 나는 어디 있지?"

쓸모없는 우산

켈름의 현자 두 사람이 산책하러 나갔다. 한 사람은 우산을 가지고 있었고, 다른 한 사람은 그렇지 않았다. 그런데 갑자기 비가 내리기 시작했다.

우산이 없는 현자가 제안했다.

"빨리 우산을 펴게!"
다른 현자가 대답했다.
"아무 소용없을 걸세!"
"아무 소용이 없다니, 무슨 말인가? 우산으로 비를 막아야지."
"소용없네. 이 우산은 조리처럼 구멍이 많네."
"그럼 애초에 왜 이 우산을 들고 나왔나?"
"비가 올 줄 몰랐지."

구두 수선공은 근심 대행자
켈름 사람들은 근심이 아주 많았다. 그래서 그들은 근심거리에 대하여 무언가를 하기 위하여 회의를 소집했다. 때마침 구두 수선공인 요셀이 전체 공동체의 근심을 대행하도록 하고, 그의 임금은 1주일에 1루블로 하자는 제안이 들어 왔다.

이 제안은 무난히 통과될 것 같았다. 모든 발언자들이 찬성하는 쪽으로 기울었다. 그때 어떤 현자가 결정적인 질문을 제기했다.

"요셀이 1주일에 1루블씩이나 받는다면 그가 무슨 근심을 하겠소?"

세금은 왜 거두어야 하는가
켈름의 현자 두 사람이 깊이 있는 논쟁에 말려들었다.

한 사람이 물었다. "내가 알고 싶은 것은 왜 황제가 나에게서 세금으로 1루블을 거두어야 하는가요. 그는 자기 소유의 조폐소를 가지고 있지 않소? 그는 틀림없이 마음 내키는 대로 많은 루블을 만들어 낼 수 있는데 말이오."

동료가 그를 비웃으며 말했다.

"현자가 하기에는 너무 어리석은 질문이구려! 자, 유대인을 예로 들어 봅시다. 그는 선행을 할 때마다 천사를 하나 만들어 냅니다.

그런데 도대체 하느님은 하늘에 이미 아주 많은 천사가 있는데 천사 1명을 더하려고 당신의 선행이 필요한지 물을 수 있습니까? 분명히 그분은 원하는 대로 많은 천사들을 만들어 낼 수가 있는데 말입니다. 그러면 왜 그가 그렇게 하시지 않느냐구요? 그것은 바로 그분이 당신의 천사를 좋아하시기 때문입니다.

　세금에 대해서도 마찬가지지요. 물론 황제는 자기가 하고 싶은 대로 많은 루블을 만들 수 있어요. 그러나 그는 당신의 루블을 갖고 싶어한단 말입니다!"

성장의 신비

켈름의 두 현자가 추운 겨울날 회당 난로 주위에 앉아 있었다. 그들은 다음과 같은 문제, "인간은 어디에서 자라나는가?"에 대해 열띤 논쟁을 벌이고 있었다.

한 사람이 소리쳤다.

"그게 무슨 문제가 되오? 아무리 바보라도 발끝에서 자라난다는 사실을 알고 있소."

다른 사람은 "나에게 증거를 보여 주시오!"라고 요구했다.

"몇 해 전에 나는 바지를 사왔는데 너무 길어서 땅에 질질 끌렸소. 그런데 이제 보시오. 이렇게 짧아졌지 않습니까? 이게 바로 증거요!"

다른 사람이 나름대로 색다른 주장을 폈다.

"사실은 그렇지 않아요. 머리에 눈을 달고 있는 사람은 어느 누구든지 사람이 머리에서부터 자라난다는 사실을 알 수 있어요. 마침 나는 어제 군인 일개 연대가 행진하는 것을 보았소. 그들이 발끝에서는 모두 똑같았음은 한낮의 빛처럼 명확했소. 그들이 차이를 나타내는 것은 바로 꼭대기뿐이었소!"

가난한 남자의 운

두 형제가 있었다. 한 사람은 부유하고 한 사람은 가난했다. 형제는 몹시 우애가 깊어서, 부유한 형은 가난한 동생의 자존심을 건드리지 않고 도움을 줄 방법이 없을까 늘 궁리하고 있었다. 하지만 사람은 타인의 운을 가로챌 수는 없는 법.

어느 날 부자 형은 가난한 동생에게 한번에 많은 돈을 줄 수 있는 방법을 생각해냈다. 그는 금화가 든 자루를 동생이 늘 지나가는 길목에 두고 멀리서 지켜보았다. 가난한 동생은 가까이 오더니 뭐라고 중얼거렸다.

"대체 장님은 어떤 느낌일까? 어디 한번 체험해 보자."

그는 눈을 감더니 장님을 흉내내며 조금 걸어보았다. 그리고 금화 자루가 있는 곳을 지나가 버렸다!

양 사육과 세관 관리

어느 날 밤, 할 일 없는 남자가 어떻게 돈을 벌면 좋을까 궁리하면서, 고픈 배를 안고 침대에 누워 있었다. 그는 생각에 생각을 거듭한 끝에, 아침이 되면 빗자루 공장에 가서 빗자루를 묶으며 하루에 1크랜을 벌기로 했다. 그 1크랜으로 계란 몇 개를 사서 그것을 이웃집 암탉에게 맡겨 병아리로 부화시키고, 그 병아리는 자라 암탉이 될 것이고 알을 낳으리라. 그 알도 부화시켜⋯⋯이렇게 반복해 가면 암양을 한 마리 살 수 있겠지. 암양이 새끼를 낳고 그 새끼 양이 자라 또 새끼 양을 낳고, 마침내 나는 어마어마하게 큰 양 떼를 가진 부자가 될 거야. 이 양들은 도시에 가서 팔지 않으면 안 되는데, 그 도시의 입구에는 세관이 있을 것이고, 그렇게 많은 양을 가지고 들어가면 관세도 상당하겠지. 품평회에 출품하는 건 아니니까!

"아, 절대로 세금은 내지 않을 거야. 절대로!"

그는 불만스럽게 중얼거리다가 그만 점점 흥분하기 시작했다. 그는 한밤중인데도 침대에서 뛰어내려, 세금 따위는 절대로 내지 않겠다고 선언하기 위해 세관장의 집으로 달려갔다. 세관장이 그에게 그럴 수는 없으며, 부자에게나 가난뱅이에게나 하나의 법밖에 없다는 것을 말하자, 두 사람 사이의 언쟁은 결국 서로 치고 받는 싸움으로 발전했다.

마침내 세관장이 말했다.

"그럼, 도대체 당신의 양 떼가 몇 마리나 되는지 헤아려 봅시다."

"무, 무슨 양 떼 말이오? 난 아직 양이라고는 한 마리도 없소."

남자가 말했다.

"그렇다면 한 마리라도 가질 때까지 날 찾아오지 마!"

세관장은 이렇게 소리지르고는 그 앞에서 문을 쾅! 닫았다.

행운은 누구의 편인가
너는 스스로 거짓에서 멀리하라

가난한 사람들의 운

한 랍비가 부자들에게는 모든 것이 허락되는데 가난한 사람들에게는 그렇게 되지 않는 이유를 설명해 달라는 질문을 받았다.

"부자와 가난한 자에 대한 율법이 따로 있습니까?"

랍비는 대답했다.

"그것은 행운의 문제요. 모세는 시나이 산에서 내려오자 유대인들이 금송아지를 섬기는 것을 보았습니다. 그는 너무나 화가 난 나머지 십계명이 새겨진 돌판을 깨뜨렸지요.

당신들도 알다시피 율법을 새긴 석판은 아주 고귀한 보석으로 만들어져 있었지요. 무리들은 모세가 그것을 깨는 것을 보자 각 방향으로 튄 값진 조각을 주으려고 뛰어들었습니다.

자, 당신은 세상에서 누가 온갖 행운을 가지고 있었다고 생각하십니까? 물론 부자들이오! 그들은 '너는 하라'는 글씨가 적힌 조각을 주웠소. 반면에 창조 이래로 멍청이였던 가난한 자들은 전혀 운이 없었지요. 서로 다투는 가운데 그들이 주울 수 있었던 것은 고작 '안 된다'라는 단어가 적힌 작은 조각뿐이었소. 다 그런 거요!"

공처가 남편들을 위한 교훈

한번은 솔로몬 왕이 부유한 유대 농부에게 알현을 허락하고 그로부터 값비싼 선물을 받았다. 왕은 선물에 대한 고마움을 표현하기 위해, 농부가 원하는 것을 들어 주겠다고 제안했다.

그러자 농부는 놀랍게도, 농장에 있는 동물들이 말하는 비밀스런 이야기를 이해할 수 있도록 해달라고 왕에게 요청했다. 왕은 약간 망설인 뒤에 그의 요청을 허락했으나, 절대로 아무에게도 비밀을 누설하지 말며, 만약 그렇게 했을 경우에는 사형당할 것이라는 경고를 했다.

그 뒤 농부는 잔소리 심한 여자를 아내로 맞이했다. 그는 그녀와 조용히 살기를 원했기 때문에 모든 집안 문제를 그녀가 장악하도록 허용하였다.

어느 날 그가 농장에서 일을 하고 있는데, 황소와 당나귀가 하는 대화를 엿듣는 가운데 그 애기가 너무나 재미있어서 웃음을 터뜨리고 말았다.

그 순간 아내가 나타나더니, 자기도 그 농담을 알아들을 수 있도록 해달라고 고집부렸다. 농부는 자기의 목숨이 달려 있는 문제이므로 비밀을 발설하지 않게 해달라고 간청했으나 그녀는 아주 완고했다.

그는 이제 난관을 피할 길이 없음을 알고는, 며칠이 지나서 그녀의 소망을 들어주겠으니 갑작스런 죽음을 맞이하기 전에 세상 일을 처리하게 해달라고 말했다. 그녀는 여기에 동의했다.

다음날 다시 농장에 있을 때 그는 개가 수탉에게 주인의 임박한 죽음을 알면서도 예전처럼 크게 운다고 나무라는 소리를 들었다. 그러나 수탉은, 주인은 겁쟁이이며 바보이기 때문에 어느 누구에게도 동정받을 자격이 없다고 말하는 것이었다.

수탉의 말은 이러했다.

"그가 내게서 교훈을 얻는다면, 그는 확실히 목숨을 건질 것이다. 농장에는 많은 암탉이 있지만 모두가 나에게 묵묵히 순종하고 있다. 그것은 모두가 불순종하는 경우 응당한 벌을 받을 것이라는 사실을 잘 알고 있기 때문이다. 그러나 우리 주인은 다루어야 할 마누라가 하나뿐이면서도, 그녀가 자기를 쥐고 흔들도록 가만 둘 만큼 천치라면 마땅히 그런 꼴을 당해야 한다."

농부는 수탉의 현명한 말을 듣고 용기를 되찾았다. 그는 곧장 아내에게 가서, 비밀을 알려 줄 수 없으며, 이제부터 자기가 이 집의 가장이며 앞으로 그렇게 행동할 것이라는 단호한 결심을 말했다.

이 말로 인하여 바람직한 결과가 생겨났다. 그날로부터 그는 아내와 평화롭게 살아갈 수 있었다.

X표가 의미하는 것

재단사 슈물은 작은 러시아 도시에서 미국으로 건너왔다. 그는 읽을 줄도 쓸 줄도 몰랐으나, 뉴욕에서 양복점을 개업한 뒤 사업이 번창하기 시작했다. 때마침 그는 당좌 예금을 개설하기 위해 은행에 갔다. 그는 글씨를 쓸 줄 몰랐기 때문에 자기 이름난에다가 X를 2개 표시해 놓았다.

시간이 지날수록 그는 더욱 번창했다.

그는 양복점을 팔고 직물을 제조하기 시작했다. 그는 새로운 계좌를 만들기 위해 은행에 다시 갔다. 이번에 그는 모든 은행 문서에 X표를 3개 쳐놓았다.

"이번에는 왜 3개요? 당신은 늘 2개를 치지 않았소?"

은행장이 물었다.
그는 변명조로 웅얼거렸다.
"여자들이란 이것저것 상상하지요. 제 아내는 제가 모계에서 온 이름도 쓰길 바라고 있어요!"

하느님께서 짝지어 주셨다

몇 년 동안이나 수다스런 아내의 잔소리를 체념하고 참아낸 유순한 랍비가 있었다. 모두가 그의 자제력에 대해 감탄하였다.
어느 날 한 친구가 그에게 말했다.
"자네는 인내심이 얼마나 강한지 참으로 사람 같지 않네! 내가 자네의 입장에 있다면 아내와 당장 이혼하고 말걸세! 그녀는 온 도시 사람들로부터 욕을 먹고 있다네."
랍비는 지친 표정으로 한숨을 내쉬며 중얼거렸다.
"이것도 하느님의 뜻임에 틀림없어."
그의 친구는 이에 동의하지 않았다.
"터무니없는 소리! 자네는 지금 나에게 하느님께서 자네 같은 경건한 사람을 벌하는 것이 하느님의 뜻이라는 말을 하는 것은 아니겠지!"
이에 랍비는 부드럽게 대답했다.
"이 문제는 하느님의 뜻이 의로우냐 하는 문제와 관계가 없네. 나는 상대적으로 판단하여 그것이 현명하다고 말하고 있는 것이네. 내 아내가 만약 나 대신에 인내심이 없는 남자와 결혼했다면 어떻게 되었겠나? 아닌 게 아니라 그녀는 이혼당하고 그 인생은 파멸을 맞이했을 것이네! 그러므로 하느님께서는 그녀의 잔소리를 참아낼 수 있는 나에게 그녀를 주셨을 때 무슨 일을 하셨는지 알고 계셨음에 틀림없네."

기도와 거래

가난한 바보가 있었다. 그는 너무나 불행했기 때문에 백일몽 꾸는 것을 좋아했다.

어느 날 그는 다음과 같은 기도를 드렸다.

"사랑하는 하느님, 새해에는 저에게 1만 달러를 주십시오. 제가 무슨 말을 할까요? 저는 당신과 거래하겠습니다. 저는 그 돈 가운데 5000달러를 자선 사업에 사용하고, 나머지 5000달러만 갖겠습니다. 저의 고상한 뜻에 대해서 의심을 품고 계신가요? 그렇다면 저에게 제가 쓸 5000달러만 주시고, 나머지 5000달러는 친히 자선 사업에 사용하십시오."

학식을 사용하는 또 다른 방법

어느 날 낯선 사람이 학교로 들어왔다. 전에 아무도 그를 본 사람이 없었다. 그는 아무 말도 않고 거룩한 노래에 관한 책이 쌓인 서가로 갔다. 그는 탈무드 2절판 책이나 라쉬의 주석책, 그리고 이븐 에즈라와 람밤의 두꺼운 책들을 꺼내기 시작했다.

그때 학교에는 학자들로 가득 차 있었다. 그들은 믿을 수 없다는 듯 그가 하는 행동을 바라보았다.

어떤 사람이 위엄에 눌린 목소리로 속삭였다.

"저 사람은 굉장히 학식 있는 학자임에 틀림없어!"

다른 사람은 말했다.

"내 생전에 저렇게 많은 권위 있는 책들을 한꺼번에 이용하는 학자는 본 적이 없어!"

낯선 사람은 아주 익숙한 솜씨로 자기가 꺼낸 두꺼운 책을 차곡차곡 쌓았다. 그런 다음 그는 놀랍게도 책더미 꼭대기에 올라가서 서가 맨 위에 숨겨 둔 딱딱한 치즈를 꺼내는 것이었다.

진실은 거짓과 떨어져 있다

가온(천재라는 뜻으로 랍비 엘리야에게 붙여진 명칭)인 마음씨 고운 엘리야 랍비처럼, 랍비로 출세하려는 사람들에게 많이 속은 사람도 없었다.

어느 날, 젠체하는 어떤 탈무드 학자가 자신이 출판할 학술 논문에 추천장을 꼭 써 달라고 부탁했다. 엘리야 랍비는 "안 되오"라고 얘기하고 싶은 생각이 간절했지만 차마 그렇게 할 수는 없었다. 그래서 별로 내키지 않는 추천장을 써 주었다. 그런 다음 그는 여백이 많이 있음에도 종이 맨 끝에다가 서명했다.

그 학자는 물었다.

"랍비님, 왜 추천장 내용에서 그렇게 떨어진 곳에다가 서명하십니까?"

엘리야 랍비는 빙긋 웃음을 지으며 대답했다.

"성경은 우리에게 '너는 스스로 거짓에서 멀리하라!'고 명하고 있소!"

자연을 거스르는 학자

어떻게든 기회를 붙잡아 자기 자랑을 늘어놓으며 젠체하는 학자가 있었다.

어느 날, 그는 시편에 대한 주석을 마친 뒤 추천장을 써 달라고 가온에게 갔다. 위대한 랍비 엘리야는 그것을 읽어 보더니 단호하게 말했다.

"유감이네. 나는 자네에게 추천장을 써 줄 수 없네."

"왜 그렇습니까?"

"그것은 자연의 질서를 거스르기 때문이지."

그 젠체하는 학자는 그 말이 자기 견해가 놀랍도록 독창적이라고 말하는 줄로 생각하고 은근히 기대하며 물어 보았다.

"어째서 그렇습니까?"
가온은 대답했다.
"자연 질서는 누더기를 가지고 종이를 만드는 것이네. 그러나 친구여, 자네는 그 과정을 뒤바꾸었네. 자네는 종이를 가지고 누더기를 만들었네!"

진단

낯선 사람이 시내로 들어와서 부유한 자유사상가를 방문했다.
"나는 랍비이자 학자인데 지금 매우 몸이 불편합니다. 제발 나에게 적선을 해주십시오."
역시 학자 기질이 있었던 자유사상가인 그 부자는 방문객의 외모에서 별다른 인상을 받지 못하자, 그의 지적 경향을 알아보고 싶어했다.
"존경하는 랍비님, 람밤의 《당황한 자를 위한 안내》라는 책을 잘 아시겠군요?"
그러자 방문객이 대답했다.
"나더러 그 책을 잘 아느냐구요? 나는 13살 때 그것을 공부했습니다!"
"당신은 톨스토이 랍비의 탈무드에 관한 주석인 《부활》도 공부해 보신 적이 있습니까?"
낯선 사람은 수월하게 대답했다.
"물론이지요! 나는 그것을 암기하고 있습니다! 나는 탈무드 대학에 있었던 젊은 시절에 그것을 공부했지요."
자유사상가는 입가에 빙긋 웃음을 띠며 대답했다.
"친구여, 내 견해로는 당신은 병든 학자라기보다는 건강한 무식쟁이구려!"

그것이 무슨 문제인가?

어느 날, 텝예는 위통 때문에 의사를 방문했다. 의사는 한참 생각하더니 심각한 표정으로 그가 암에 걸렸다고 알려 주었다.

텝예는 쾌활하게 말했다.

"제가 건강한 한, 암쯤은 아무것도 아닙니다!"

너무 똑똑한 도둑

상인이 물건을 사려고 먼 여행을 떠났다. 그는 가방 속에 500개의 금덩이를 가지고 있었다. 목적지에 도착하자 그는 자기 돈에 대해 염려되었다. 그는 '나는 이곳에 처음 왔다. 이곳 사람 중에 내가 아는 사람은 아무도 없다. 내가 돈을 지니고 다닌다면 강탈당하는지도 모른다. 물건을 고를 때까지 돈을 숨겨 놓는 편이 더 낫겠다' 생각했다.

그래서 상인은 인적이 드문 곳으로 갔다. 그는 주의 깊게 주위를 살펴보고는 보는 사람이 아무도 없다는 사실을 확인한 뒤 구덩이를 파고 그 속에다 금덩이를 숨겨 놓았다. 그렇지만 가까이 있는 집 담벼락에 난 틈으로 누군가가 그의 행동을 엿보고 있었다.

상인이 떠나자마자, 금가방을 숨기는 모습을 본 사람이 자기 집에서 나와 그것을 파내 갔다.

여러 날이 지났다. 이제 상인은 상품값을 지불할 때가 되었다. 그래서 그는 자기가 돈을 묻어 둔 장소로 왔다. 그는 금이 든 가방이 없어진 사실을 알고 절망감에 사로잡혔다.

"이제 어찌하나? 그 가방을 누구에게서 찾지? 아무도 내가 그것을 묻는 것을 보지 못했는데!"

그는 슬퍼했다.

고민하던 상인은 주위를 둘러보다가 곧 벽에 틈새가 나 있다는 사실을 발견했다. 그는 아마 그 집주인이 도둑일는지도 모른다는 의심이 들기 시작했다.

그는 그 집주인에게 가서 말했다.

"나는 당신이 아주 현명한 사람이며 좋은 조언을 해줄 수 있는 분이라고 들었습니다. 나는 이곳에 물건을 사려고 금이 든 가방 2개를 가지고 왔습니다.

하나에는 금이 500개가 들어 있고, 다른 하나에는 800개가 들어 있습니다. 나는 이곳 지리를 잘 모르고 또 아는 사람이 아무도 없기 때문에 금 500개가 든 가방을 땅 속에다 묻기로 마음 먹었습니다. 나는 아직 금이 800개가 든 가방을 가지고 있는데, 지니고 다니기가 너무 무겁습니다.

제발 어떻게 해야 할지 가르쳐 주십시오. 내가 그것을 가지고 다녀야 하겠습니까? 아니면 500개 숨긴 곳과 같은 구덩이에 묻어야 하겠습니까? 아니면 다른 곳에 숨길 장소를 찾아야 하겠습니까? 아마도 당신은 이 도시에서 내가 믿을 수 있는 단 한 사람의 정직한 분인 것 같습니다."

그 사람은 잠시 생각하더니 교활하게 대답했다.

"내 말대로 하시오. 당신은 돈을 아무에게도 맡기지 마시오. 그 사람은 당신이 그에게 돈가방을 주었다는 사실조차 부인할지도 모르기 때문입니다. 또 새로운 장소를 찾지도 말고, 전에 숨겼던 장소에 그 가방을 묻어 두시오."

도둑의 계산은 이러했다. '이 불쌍한 바보는 아직도 금 500개가 든 가방이 없어진 것을 모르는 게 틀림없다. 그러므로 두 번째 가방까지 빼앗을 수 있는 가장 좋은 방법은 첫 번째 가방을 원래의 자리에다 도로 묻어 두는 것이다. 내가 그렇게 하지 않는다면, 이 사람은 그곳에 두 번째 가방을 숨기려하지 않을 것이다. 그렇게 하면 가방 2개를 모두 빼앗을 수가 있다.'

상인은 도둑의 그런 계산을 익히 알고 있었다.

상인은 도둑에게 말했다.

"당신의 훌륭한 조언에 감사드립니다. 나는 당신이 말씀하신 대로 오늘 밤 어두워진 뒤에 금을 묻겠습니다."

상인이 나가자 도둑은 서둘러서 훔친 금가방을 원래의 자리에 묻어 놓았다. 가까이에 숨어서 이 모습을 보고 있던 상인은 재빨리 그것을 파내어서 기분 좋게 갈 길을 갔다.

하늘을 속일 수는 없다

어떤 도시에 쌍둥이 자매가 살고 있었다. 그들은 모습이 너무나 닮았기 때문에 둘이 같이 있을 때에는 아무도 그들을 구분해 내지 못했다.

자매는 둘 다 결혼했는데, 그 중 언니는 아주 음란하여 남편을 속이고 간음을 행하였다.

어느 날, 이 음란한 언니는 남편에게 다른 도시에 볼 일이 있다고 핑계를 댔다. 그러나 사실은 정부(情夫)와 몰래 만나고 돌아온 것이었다. 그녀의 남편은 아무래도 아내가 미심쩍어서 너무나 고민스런 나머지 대제사장에게 가서 쓴 물로 그녀를 시험해 보고자 했다.

그녀가 쓴 물을 마시고도 아무런 해를 입지 않으면 죄가 없다는 하느님의 증명이지만, 반대로 그녀에게 죄가 있다면 그 물 때문에 죽게 되어 있었다.

여인은 어쩔 수 없이 신성 재판(神聖裁判)을 받기 위해 대제사장에게 가려고 남편과 함께 출발했다. 가던 길에 그들은 쌍둥이 동생이 살고 있는 집을 지나게 되었다. 음란한 여인은 짐짓 죄가 없는 척하며 남편에게 말했다.

"여보, 제발 당신이 이곳에서 기다리는 동안 내 동생의 집에 들어갔다가 오게 해주세요."

그리하여 그 여인은 동생의 집으로 들어가서 그녀에게 말했다.

"애야, 나 좀 도와줘! 지금 나에게 쓴 물의 신성 재판을 받게 하려고 대제사장에게 데려가기 위해 바깥에서 내 남편이 기다리고 있어.

자, 내 말 잘 들어라. 네가 나를 위해 할 수 있는 일이 있단다. 우리는 모습이 똑같아. 만약 네가 내 옷을 입는다면 남편은 우리 둘을 구분 못하게 되지. 나는 죄 있는 몸이니까 쓴 물을 마시게 되면 당장 죽지만 너는 아무 죄가 없으니까 그것을 마셔도 아무 상관이 없을 거야. 제발 나 대신 가서 내 목숨을 구해 줘!"

착한 동생은 부정한 언니와 옷을 바꿔입고, 바깥에서 기다리고 있는 언니의 남편에게로 갔다. 그는 아무런 의심도 하지 않고 그녀를 대제사장의 집으로 데리고 갔다. 그곳에서 그녀는 쓴 물을 마셨고, 아무 해를 입지 않고 시험에 통과했다.

대제사장은 "나는 이 여인이 무죄하다고 선언한다!"고 말하고는, 그 남편에게는 "당신은 아내를 잘못 판단했소!"라고 책망했다.

남자는 기쁜 마음으로 아내와 함께 집으로 출발했다. 돌아오는 길에 그들은 또다시 쌍둥이 자매의 집에 들르게 되었다.

여인은 "여기서 잠깐 기다리세요. 들어가서 동생에게 내가 신성 재판을 무사히 통과했노라고 말하고 오겠어요"라고 간청했다.

남편은 기분이 좋았으므로 이것을 수락했다. 그녀가 들어가자, 부정한 그의 언니가 고마움에 눈물을 글썽이며 달려나와서 그녀를 맞이했다.

그녀는 "네가 내 목숨을 구해 주었구나!"라고 소리치면서 동생을 끌어안고 키스를 퍼부었다.

그러나 그녀는 동생에게 키스할 때 동생의 입에 남아 있던 쓴 약초의 향기를 들이마셨다. 그리하여 약초가 온몸에 퍼져갔다. 그녀는 신음 소리를 내며 마룻바닥에 쓰러져서 죽었고, 시체는 퉁퉁 부었으며 배가 터져 버렸다.

죄 없는 자만 씨를 뿌려라

한 남자가 도둑질을 하다가 왕 앞에 잡혀와서 교수형을 선고받았다.

교수대로 끌려 가면서 그는 사형 집행인에게 자기는 아주 놀라운 비밀을 알고 있으며, 그것을 지닌 채 죽는다면 유감이니 왕에게 가서 말하고 싶다는 뜻을 전했다. 그는 자기가 땅에 석류나무 씨를 심어 놓으면 자기 아버지에게서 배운 비밀스런 방법을 통하여 하룻밤 사이에 그것을 자라나게 하여 열매를 맺게 할 수 있다고 했다. 사형 집행인이 왕에게 가서 이 말을 하자, 왕은 다음날 여러 중신들을 거느리고 도둑이 기다리고 있는 곳으로 왔다. 그곳에서 도둑은 구멍 하나를 파고 말했다.

"이 씨는 오직 지금까지 아무것도 훔치거나 자기에게 속하지 않은 물건을 취한 적이 없는 사람만이 땅에 심을 수 있습니다. 저는 도둑이니 이 씨를 땅에 심을 수 없습니다."

그가 총리 대신에게 심으라고 말하니, 총리 대신은 겁에 질린 표정으로 자기가 젊었을 때 남의 것을 가진 적이 있다고 말했다. 재무 담당 관리를 돌아보자, 그는 자기가 아주 많은 돈을 다루고 있으므로 너무 많은 금액을 적어 넣거나 너무 적은 금액을 적어 넣었을지도 모른다고 대답했다. 심지어 왕마저도 자기가 아버지의 목걸이를 슬쩍한 적이 있다고 실토했다.

그러자 도둑이 말했다.

"여러분은 모두 권력 있고 힘 있는 분들이요, 아무것도 부족한 것이 없는 분들인 데도 씨를 심을 수 없습니다. 그러나 배가 고파 굶어 죽을 지경에 이른 저는 조그마한 것을 훔치다가 교수형을 당하게 되었습니다."

이 말을 들은 왕은 그 도둑의 재치를 기쁘게 여기고 그를 풀어 주었다.

자리를 바꾼다고 해서 항상 잘되는 건 아니다

두 사람의 소심한 학생이 휴일을 맞아서 탈무드 대학을 떠나 집을 향해 가고 있었다. 밤이 되자 그들은 어떤 마을로 들어갔다. 때는 유월절 전이었는데 아직도 날씨가 추웠다. 그들은 허기지고 추위에 벌벌 떨면서, 마을 여관으로 들어갔다. 그런데 그곳에서는 여러 명의 장교들이 먹고 마시며 떠들고 있었다.

여관 주인은 그들에게 말했다.

"나는 당신들에게 먹을 것을 줄 수 없소. 장교들이 모든 것을 먹어 치워 버렸소. 그들은 검은 빵 한 조각도 남겨 두지 않았소. 그러나 당신들이 원한다면 부엌에서 잠을 잘 수는 있소."

학생들은 이런 자그마한 배려에 고마움을 표시하고 부엌으로 들어갔다.

한 사람은 화덕 위에 있는 따뜻한 선반에서, 다른 친구는 딱딱한 의자 위에서 잤다.

그런데 갑자기 문이 열리더니, 술에 취한 장교 둘이 비틀거리며 들어왔다. 그들은 의자 위에 누워 있는 젊은 탈무드 학자를 보고는 혼내 주리라 마음먹고 심하게 때려 주었다. 그 학생은 너무 고통스러워서 소리를 지를 뻔하였으나, 소란을 피울까 염려스러웠다. 그런데 장교들은 "다른 애들에게도 알려서 그들도 재미를 보게 하자"고 말하는 것이 아닌가!

그런 다음 그들은 부엌 밖으로 나갔다.

그 학생은 서둘러 의자에서 뛰어내려서 선반 위에 곤히 잠들어 있는 친구를 흔들어 깨우며 말했다.

"일어나라. 너는 이미 따뜻한 데서 실컷 잤으니 이기적으로 굴지 말고 내가 이곳에서 잠자도록 해주라!"

그의 친구는 그 말이 일리가 있다고 생각하고 자리를 바꿔 주었다.

그들이 자리 잡고 눕자마자, 아까 그 두 장교가 동료 여섯 사람을 이끌고 들어 왔다. 두 사람의 장교 가운데 한 사람이 혀를 끌끌차며 말했다.

"이 불쌍한 녀석을 또 때려 줄 까닭은 없다. 이번에는 저기, 선반 위에 누워 있는 녀석을 혼내 주자."

그리고 그들은 그들이 말한 대로 했다.

이렇듯 사람이 장소를 바꾼다고 해서 항상 잘되는 것은 아니다. 더 나쁜 형편에 처할 수도 있는 것이다.

두드려라 그러면 열리리니
허영 섞인 자랑과 거짓 허풍을 떨지 마라

소돔의 모범

소돔의 불한당들은 이상한 관습이 있었다. 소를 소유한 사람은 도시의 모든 가축에게 하루 동안 풀을 먹일 의무가 있었다. 그러나 소가 없는 사람은 이틀 동안 풀을 먹이도록 규정되어 있었다.

그때 아버지가 없는 한 젊은이가 가난한 어머니와 함께 살고 있었다. 그에게는 가축이 한 마리도 없었다. 그러나 관습에 따라 그는 이틀 동안 도시의 모든 가축 떼에게 풀을 먹여야 했다.

그 젊은이는 부당한 관습에 분개해 소돔의 모든 가축을 죽여버리고 말았다. 그런 다음 그는 사람들에게 말했다.

"한 마리의 소를 가진 사람은 와서 한 장의 가죽을 받아가시오. 한 마리도 가지지 않은 사람은 와서 두 장을 가져가시오."

사람들이 말했다. "뭐 그런 법이 있느냐?"

"나를 비난하지 마시오! 당신들이 내가 행할 모범을 보여 주었소!"

너무 싼 수선료

갈리키아에 어떤 재단사가 살고 있었다. 그는 그 도시 사람들의 옷은 전부 바느질해 주었지만 정작 자기는 너덜너덜한 옷을 입고 다녔다. 심지어 그는 이런 모습을 하고 안식일 회당에 모습을 나타내는 바람에 다른 사람들, 특히 가바이(회당 재정담당자)를 질색하게 했다.

어느 날 가바이가 그에게 책망했다.

"존경받는 재단사인 당신이 그렇게 누더기 옷을 입고 다니는 것이 불명예스럽지도 않소?"

그 사람은 애처롭게 대답했다.

"저도 어떻게 할 수 없습니다. 저는 가난한 사람이라 생계를 유지하기 위해 하루 종일 일해야 합니다. 제가 제 옷을 수선할 시간이 있다고 생각하십니까?"

이 말을 들은 가바이는 말했다.

"여기 2굴덴이 있소. 내가 고객이라고 생각하고 당신의 옷을 고쳐 입도록 하시오"

"좋습니다!" 재단사는 재빨리 말하고는 그 돈을 호주머니에 집어넣었다. 그러나 다음 안식일에 그 재단사가 회당에 나타났을 때 관리인은 그가 아직도 그 누더기 옷을 입고 있는 모습을 보게 되었다.

가바이는 속았다고 생각하고서 화를 내며 소리쳤다.

"이게 도대체 무슨 짓이오? 내가 지난 주에 옷을 수선해 입으라고 2굴덴을 주지 않았소? 당신이 옷에 손도 대지 않았다는 사실을 누구라도 알 수 있을 것 같소!"

재단사는 이렇게 변명했다.

"전들 어떻게 할 수 있나요? 제가 집에 가서 옷을 살펴보니 2굴덴은 옷을 수선하기에는 너무 싸다는 사실을 알았는걸요!"

너무 많이 쏘았다

유월절 휴가가 가까워오자 곰멜에서 일하던 한 유대인 목수가 3달 치의 임금을 호주머니에 넣고 자그마한 마을에 있는 자기 집을 향해 가고 있었다. 그가 울창한 숲을 통과하고 있을 때 갑자기 강도의 총구가 자신을 향해 겨누어져 있는 모습을 보았다.

"너의 돈을 내놓아라. 그렇지 않으면 쏴 버릴 테다!"

험악하게 생긴 강도가 으르렁거렸다.

그 불쌍한 사람이 어떻게 했겠는가? 그는 꼼짝없이 돈을 내놓아야 했다. 강도가 돈을 자기 호주머니에 챙겨 넣는 동안 목수는 애원했다.

"이보시오! 이제 유월절이 다가왔소. 당신이 내게서 빼앗은 돈은 아내와 아이들을 위하여 새 옷과 닭고기와 포도주와 무교병을 사야 할 돈이오. 당신은 내가 집에 가서 숲 속에서 강도를 만났다고 아내에게 말한다면 그녀가 믿어주리라 생각하시오?"

"그건 내가 알 바 아니다!" 강도는 딱딱거렸다.

"어떻든 나를 좀 도와줄 수 없소? 내 아내가 나를 믿을 수 있도록 말이오."

"그럼 내가 어떻게 하란 말이냐?"

"나의 모자에 총을 한 방 쏴주시오."

강도는 웃으면서 그 불쌍한 친구의 모자를 공중에 들고 마치 강도를 당한 것처럼 총을 쏘았다.

유대인은 기쁜 표정으로 말했다.

"아주 좋아요! 자, 나의 외투에도 쏴주시오."

강도는 그의 외투 모서리에다 총알을 한 방 쏘았다.

유대인은 다른 쪽을 들이대고는 간청했다.

"여기 한 방만 더 쏴주시오."

강도는 "이제 총알이 없어" 하고 불평했다.

유대인은 아주 기뻐하며 소리쳤다.

"그렇다면 이 좋은 친구야, 엿이나 먹어라!"

그는 강도를 심하게 때리고 아주 박살을 내었다. 그런 다음 그는 자기 돈을 가지고 유유히 집을 향해 갔다.

담 밖으로 내던져진 도둑

어떤 마을에 도둑이 잡혔다. 사람들은 그를 붙잡고는 멍이 들도록 심하게 때렸다.

도둑은 커다랗게 고함쳤다.

"당신들이 하고 싶은 대로 하시오! 나를 때리든지 목을 매달든지 총으로 쏴죽이든지 마음대로 하시오. 그렇지만 제발 나를 담장 밖으로 던지지만은 마시오!"

마을 사람들은 그가 담 밖으로 던져지는 것을 가장 무서워하고 있다고 판단하고는 '틀림없이 그를 담 밖으로 던지면 무슨 끔찍스런 일이 일어날 거야!'라고 생각했다. 그래서 그들은 "이 악당아, 맛 좀 봐라!" 하고 소리치면서 그 도둑을 담 밖으로 내던졌다.

도둑은 담 밖으로 나오자 껄껄 웃으며 달아났다.

수단 좋은 악당

한 도둑이 탐욕스런 눈초리로 농부의 암소를 바라보았다.

어느 날 그는 그 농부의 문을 두드리고는 애처롭게 말했다.

"저는 불쌍한 과객입니다. 여기서 하룻밤만 묵게 해주십시오!"

농부는 따뜻한 마음씨를 지니고 있었기 때문에 그가 하룻밤을 묵을 수 있도록 허락했다.

그런데 몇 시간이 지난 뒤 농부가 잠이 들었을 때 도둑은 외양간으로 가서 암소를 훔쳐냈다. 그는 소를 숲 속 깊숙한 곳으로 끌고 가서 나무에 묶어놓고는 다시 농부의 집으로 돌아왔다. 다음날 아침 일찍 농부가 일어나 외양간으로 가보니 문이 열려 있고 소는 온데간 데없었다. 그는 이곳 저곳 다 돌아다녀 보았으나 아무데서도 소를 찾을 수 없었다.

그런데 갑자기 '그 낯선 사람이 훔쳐갔을까!'라는 의심이 들었다. 그는 서둘러 그 사람이 자고 있는 방으로 가 보았으나 그는 아직도 곤히 자고 있었다. 농부는 그를 흔들어 깨웠다.

도둑은 시치미를 뚝 떼고 물었다.

"무슨 일입니까?"

"누가 내 소를 훔쳐갔어요!" 농부는 소리쳤다.

도둑은 "참 안되었군요!" 하며 농부를 동정했다.

나중에 도둑은 안전하게 그 집을 떠났다. 그는 숲 속으로 들어가 소를 풀고는 이웃 마을에 있는 어떤 농부에게 팔았다. 그러나 그는 이번에는 그 농부의 말을 훔쳐 먼젓번에 소를 훔친 농부에게로 왔다.

그는 소를 잃은 농부에게 말했다.

"나는 하느님께 맹세컨대 이웃 마을의 한 농부의 헛간에서 당신의 소를 보았다는 사실을 알려드리러 왔습니다!"

그런 다음 그는 기회를 엿보아 말을 싸게 팔겠다고 제안했다. 농부는 말을 샀고 도둑은 두 번째로 도망치고 말았다. 농부는 자기가 산 말에 올라 그의 소를 보았다고 주장하는 이웃 마을로 달려갔다.

가서 보니 아닌 게 아니라 자기 소가 다른 농부의 헛간에 묶여 있는 것이었다. 첫 번째 농부는 소리쳤다.

"이 도둑놈아! 네가 내 소를 훔쳤지!"

두 번째 농부는 그가 타고 온 말을 보고 소리쳤다.

"네가 바로 도둑놈이다! 너는 나의 말을 훔쳤지!"

"너는 거짓말쟁이다. 나는 이 말을 샀다!"

"네가 거짓말쟁이다. 내가 이 소를 샀다!"

그들은 서로 붙잡고 구르며 치고받았다. 반면에 도둑은 호주머니에 돈을 딸랑거리며 흥겹게 휘파람을 불며 유유히 가던 길을 갔다.

직업에 대한 자부심

랍비가 가죽 모자를 도난당했다. 그 소식을 들은 도시의 사람들이 깜짝 놀랐다. 많은 사람들은 직업적인 도둑이 그 일을 저질렀을 것이라는 데 동의했다. 그래서 랍비는 그 도시의 모든 도둑의 지도자로 알려진 사람을 부르러 보냈다.

랍비는 그에게 물었다.

"당신은 어떻게 생각하시오? 내 가죽 모자를 되찾을 수 있을 것 같소?"

도둑 두목은 깊이 생각하며 말했다.

"예, 그것은 상황에 따라 다르지요. 제 제자 가운데 하나가 그것을 훔쳤다면, 그 모자를 되찾아 돌려드릴 수 있다고 약속드릴 수 있습니다. 그러나 랍비님, 당신 제자들 가운데 한 사람이 훔쳤다면 그것에 대해서는 잊어버리는 편이 나을 것입니다!"

도둑들 사이의 신용

한 사람은 맹인이고 다른 한 사람은 절름발이인 거지 두 사람이 유대인 소작농에게 와서 배가 고프다고 말했다. 농부의 아내는 그들 앞에 커다란 딸기 사발을 내놓았다.

맹인 거지는 동료가 자신을 속이지나 않을까 두려웠기 때문에 재빨리 경고했다.

"네가 하나를 집고 내가 하나를 집어야 한다. 너는 언제나 너의 차례를 기다려야 한다."

절름발이 거지도 "좋다" 하고 기꺼이 동의했다.

그런 다음 그들은 맛있게 딸기를 먹기 시작했다.

몇 분이 지난 뒤 그들은 딸기를 먹는 데 너무나 열중했기 때문에 서로 말할 틈이 없었다. 갑자기 맹인 거지가 절름발이 거지의 목발을 잡더니 "이 거짓말쟁이야! 이 도둑놈아!" 하고 소리쳤다.

절름발이 거지는 화를 내며 "네가 감히 나를 그렇게 부르느냐!"고 항의했다.

맹인은 귀에 거슬리는 목소리로 말했다.

"이 자식아! 내가 너를 어떻게 달리 부르겠느냐? 나는 신사처럼 딸기를 한꺼번에 2개씩밖에 먹고 있지 않는데 너는 내가 앞을 못 본다고 한꺼번에 4개의 딸기를 먹고 있지 않느냐?"

절름발이는 놀란 표정을 하며 물었다.

"도대체 너는 내가 4개씩 먹는지 어떻게 알았느냐?"

맹인 거지는 이렇게 쏘아붙였다.

"내가 왜 모르겠어? 5분 동안 내가 한꺼번에 2개씩 먹는데도 네가 나를 욕하지 않는 것을 보아 너는 나를 속이고 적어도 한꺼번에 4개씩 먹고 있는 것이 분명하지!"

도대체 누구를 믿는 거요?

가난한 유대 농부가 당나귀를 빌리기 위해 좀더 부유한 이웃사람을 방문했다.

좀더 잘사는 농부는 말했다.

"여보시오, 안됐소. 지금 내 당나귀는 풀밭에 있소."

바로 그 순간에 마굿간에서 당나귀 울음소리가 들려왔다.

가난한 농부는 화를 내며 말했다.

"무슨 엉터리 같은 변명을 하는 거요? 바로 지금 당신의 당나귀가 마굿간에서 울었지 않소!"

좀더 잘사는 농부는 기분이 상하여 위엄 있게 물었다.

"당신은 도대체 누구를 더 믿는 거요? 나요? 아니면 우는 당나귀요?"

한쪽 귀퉁이가 찢어진 지폐

가난한 유대인 두 사람이 랍비에게 가서 불평을 터뜨렸다. 그들 두 사람은 5즐로티(폴란드의 화폐단위)짜리 지폐 하나를 움켜쥐고 있었다.

"이것은 내 거다!" 한 사람이 소리쳤다.

그러자 다른 사람도 "아니다, 내 거다!"라고 고함쳤다.

"당신들은 증거가 있소?" 랍비는 물었다.

그들은 둘 다 머리를 흔들었다.

랍비는 난감했다. 도저히 해결할 수 없는 문제인 듯싶었다.

랍비는 "잠깐 실례하오" 하고는 지폐를 가지고 옆 방에 있는 아내에게로 갔다. 그러나 그는 고의적으로 문을 살짝 열어놓아 그의 말을 두 사람의 소송자가 들을 수 있도록 하였다.

랍비는 아내에게 큰 소리로 말했다.

"나는 확실히 곤란한 문제를 만났소! 두 사람이 5즐로티짜리 지폐를 가지고 서로 자기 것이라고 우기고 있으나 아무도 자기 것임을 제대로 증명해 내지는 못하고 있소. 그러나 재미있는 것은 그들은 둘 다 지폐의 한쪽 귀퉁이가 찢겨져 나간 것도 모르고 있다는 사실이오!"

그런 다음 랍비는 두 사람에게로 돌아왔다.

한 사람이 즐거운 목소리로 말했다.

"랍비님! 저는 이제 그 지폐가 저의 것임을 입증할 수 있습니다."

랍비는 "좋아요! 그래, 증거가 무엇이오?" 하고 물었다.

"그 지폐는 한쪽 귀퉁이가 찢어졌습니다."

랍비는 짐짓 놀라는 표정을 지으며 소리쳤다.

"한쪽 귀퉁이가 찢어졌다구! 보시오. 이 지폐에는 찢어진 곳이 없소! 그렇다면 이것은 분명히 당신의 것이 아니오. 당신의 친구 것임에 틀림없소!"
랍비는 그 지폐를 다른 사람에게 넘겨주었다.

돌로 변한 새

모든 사람들 가운데 가장 현명했던 솔로몬 왕은 공중에 날아다니는 새나, 숲 속의 짐승이나, 마당에 있는 가축이나, 바다 속 물고기의 말을 알아들었다.

어느 날 그가 청명한 하늘과 밝은 햇볕을 즐기면서 신전 안에 있는 왕궁 입구에 앉아 있었다. 그때 그 앞에 새 두 마리가 즐겁게 지저귀며 속삭이는 소리가 들려왔다.

왕이 올려다 보니 한 마리가 자기 짝에게 물었다.
"여기 앉아 있는 이 사람은 누구지?"
"이분은 그 명성과 이름이 온 세상에 가득찬 왕이셔."
암컷이 대답했다. 그리고 그 새는 깔보는 투로 말을 이었다.
"사람들은 그를 강력하다고 하지? 그의 능력이 이 모든 왕궁과 요새에 어떻게 미치지? 어디 내가 한 번 날개를 펄럭이며 이것을 순식간에 넘어볼까?"
짝은 그를 격려하며 말했다.
"네가 말을 실천에 옮길 힘이 있다면 너의 용기와 능력을 한 번 보여 봐."
그들의 대화를 놀란 표정으로 듣고 있던 솔로몬 왕은 그 새에게 이리 오라고 손짓하고는 그가 허풍을 떠는 이유가 무엇인지 물어보았다. 새는 겁이 나서 벌벌 떨며 그 막강한 왕에게 대답했다.
"나의 주 왕이시여, 당신의 사랑과 친절로 저를 용서해 주십시오. 저는 무익하지만 당신께 아무 악도 끼칠 수 없는 가련하고 힘 없는 새입니다. 제가 그렇게 말한 것은 단지 제 아내를 즐겁게 하며 그에게 뽐내기 위함입니다."

이 말을 들은 솔로몬 왕은 혼자서 웃고는 새를 짝에게 놓아주었다. 그러는 동안 지붕 위에서 자기 짝을 기다리고 있던 암컷은 왕이 왜 그를 불렀는지 궁금해 견딜 수 없었다. 마침 그가 돌아오자 암컷은 흥분한 목소리로 물었다.

"왕이 무슨 말을 하였소?"

숫컷은 자부심으로 가슴을 부풀리며 대답했다.

"왕은 내 말을 알아듣고는 내 말대로 자기 궁전을 파괴하지 말라고 신신당부를 하더구먼."

솔로몬은 이 말을 듣고는 그 뻔뻔스런 새에게 화를 내며 두 마리를 판석으로 만들어 버렸다. 그리고 다른 이들에게 허영 섞인 자랑을 늘어놓는다거나 거짓 허풍을 떨지 말라고 주의를 주었고, 여인들에게는 남편들을 충동질하여 어리석고 무모한 행동을 하지 말도록 가르쳐 주었다.

지금도 솔로몬 성전 자리에 서 있는 오마르 회교사원의 남쪽 벽을 보면 검은 테두리를 한 대리석 판석을 볼 수 있다. 그것은 두 마리의 새 모양으로 붉은 색으로 관통하고 있는데, 이것은 솔로몬이 돌로 만들어버린 바로 그 새들이다.

기적과 이적

적대 진영에 속한 두 사람의 제자가 기적을 일으키는 자기들의 랍비에 대해 허풍을 떨고 있었다.

한 제자가 말했다.

"우리 랍비님은 말이야. 그 같은 분은 이 세상에 없어. 그가 일으킨 기적에 대해 네가 듣는다면 아마 머리카락이 쭈뼛 설 거야. 며칠 전에 그가 예기치 못한 손님 몇 사람을 맞았는데, 랍비 부인이

'냄비에 물고기가 한 마리밖에 없어요'라고 말했었지? 너는 그가 화를 냈으리라고 생각해? 아니었어! 그는 부인에게 '냄비를 다시 보시오'라고 말했어. 그런데 그녀가 보니 물고기가 5마리나 있었던 거야!"

다른 제자가 질책하며 말했다.

"허풍떨지 마라! 너의 랍비를 어떻게 우리 랍비님과 비교하려고 그러냐? 며칠 전에 그는 랍비 부인과 카드놀이를 하고 있었어. 그녀는 퀸을 넷 가지고 있었지. 우리 랍비님이 어떻게 했다고 생각해? 무심코 그가 탁자 위에 카드를 놓는데 보니 킹이 5장이었다구!"

다른 제자는 화를 내며 말했다.

"너는 웬 허튼 소리를 하느냐! 너는 카드놀이에 킹이 4장밖에 없는 줄을 잘 알 텐데!"

다른 제자는 이렇게 대답했다.

"그러면 우리 이렇게 하지. 협상을 하잔 말이다. 네가 너의 랍비 부인의 냄비에서 물고기를 한 마리 빼면 내가 우리 랍비님의 카드에서 킹을 하나 빼도록 하지!"

땀 흘리게 하는 유언장

평생 가난한 사람들에게 한 푼도 주지 않던 어떤 구두쇠가 중병에 걸렸다. 그는 열이 펄펄 났지만 땀을 흘릴 수가 없었다. 살아나려면 땀을 흘리는 것이 필요했기 때문에 담당 의사가 온갖 요법을 동원하여 그가 땀을 흘리도록 유도하려 했지만 아무 소용이 없었.

겁이 난 구두쇠는 랍비를 불렀다. 랍비는 거액의 자선금을 희사하는 유언장을 쓰도록 권고했다.

구두쇠는 소리쳤다.

"랍비님! 받아 적으세요, 받아 적으세요! 그것이 제 영혼에도 좋습니다!"

랍비는 그가 말하는 것을 모두 받아 적고 있었는데, 갑자기 구두쇠가 크게 고함쳤다.

"잠깐만요. 랍비님! 제가 지금 땀을 흘리고 있어요!"

어떤 고아

한번은 부자인 구두쇠가 가난한 사람들이 무교병(누룩을 넣지 않고 만든 빵)을 살 수 있도록 돈을 기부하라는 부탁을 받았다. 그는 위원회에 쥐꼬리만한 돈을 주었다.

사람들은 빈정거렸다.

"당신의 아들은 가난한 데도 당신보다 많은 돈을 냈습니다."

그의 대답은 이러했다.

"어째서 당신은 나를 내 아들과 비교하는 거요? 그에게는 부자인 아버지가 있는 반면에 나는 아버지가 없어요."

철면피

한평생 인색하게 살았던 부자가 갑자기 병에 걸려 죽었다.

그의 혼이 저 세상으로 가고 있는데 악마들이 그의 손과 발을 잡고 지옥으로 던져버렸다.

이때 그는 소리치기 시작했다.

"도와주세요! 나를 잡아주세요! 나는 지옥이 아니라 천국에 속해 있어요!"

이 말을 들은 마귀들은 그를 약올렸다.

"지상에서 좋은 일을 한 사람이라야 하늘나라에 올라갈 수 있다."

"20년 전에 나는 어떤 가난한 사람에게 1루블을 주었습니다. 맹세코 그렇게 했습니다! 당신들의 장부를 보세요. 그러면 내 이름으로 그렇게 기입된 것을 알 수 있을 것입니다."

마귀들은 그를 어떻게 해야 할지 몰랐기 때문에 그 문제를 알아보려고 하느님께 서둘러 전령을 파송했다.

하느님은 화를 내며 명령하셨다.

"그 철면피에게 1루블을 돌려주어라. 그리고 그를 당장 지옥으로 보내라!"

기도도 소용없을 때

한번은 성인과 죄인이 바다 여행을 같이 하게 되었다.

그런데 갑자기 폭풍우가 몰아쳤다. 배는 곧 가라앉을 듯이 보였다. 그때 모든 선원과 승객들은 기도하기 시작했다.

죄인은 소리쳤다.

"오, 주여! 우리를 구해주십시오."

성인은 "쉬! 쉬!"라고 경고하며 말했다.

"하느님께서 네가 이곳에 있다는 것을 모르시도록 해라. 그렇지 않으면 우리 모두 끝장이다!"

정신없는 이들

몇몇 악동들이 안식일의 평화를 깨다가 현행범으로 붙잡혔다. 그들은 담배를 피우고 카드놀이를 하며 안식일에 금지된 것들을 하고 있었다.

다음날 그들이 랍비 앞으로 끌려와 고소당했을 때, 랍비는 이유를 말해보라고 엄히 명령했다.

첫 번째 악동이 말했다.

"랍비님, 저는 정신이 없었습니다. 저는 그만 안식일인 줄 잊었습니다."

랍비는 수염을 쓰다듬으면서 한참 생각하더니 말했다.

"그럴 수 있지. 너는 용서받았다!"

두 번째 악동이 말했다.

"저도 정신이 없었습니다. 저는 안식일에 카드놀이를 해서는 안 된다는 것을 잊어버렸습니다."

랍비는 수염을 쓰다듬으면서 한참 생각하더니 말했다.

"그럴 수 있지. 너는 용서받았다!"

그 다음에는 그 젊은이들이 안식일을 모독하다가 발견된 집의 주인되는 사람 차례가 되었다.

랍비는 그에게 물었다.

"너는 무슨 변명을 하려느냐? 너도 역시 정신이 없었느냐?"

그는 뉘우치면서 말했다.

"정말 그렇습니다. 랍비님."

"너는 무엇을 잊었느냐?"

그 사람은 이렇게 대답했다.

"저는 커튼 내리는 것을 그만 잊어버렸습니다."

세계 최고두뇌 최대부호 성공집단 탄생시키는 유대
솔로몬 탈무드
11
걱정하지 말고 살아라

너의 생애에 끊임없는 기쁨이 이어지리
문제는 어떻게 받아들이느냐이다

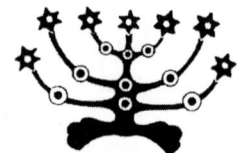

엉덩이를 통한 목소리 테스트

목소리가 예전 같지 않던 나이 많고 뚱뚱한 기도문 선창자가 두 가지 제안에 대해 생각하고 있었다. 하나는 말 장수들의 회당에서 온 것이고, 다른 하나는 도살업자들의 회당에서 온 것이었다. 그는 오랫동안 깊이 생각한 끝에 도살업자들 회당의 제안을 받아들였다.

그는 "당신은 왜 말 장수들 회당이 아니라 도살업자들의 회당을 선택하셨습니까?"라는 질문을 받았다.

재치 있는 그 기도문 선창자는 이렇게 대답했다.

"내 말하리다. 당신은 말 장수들이 어떠하다는 것을 알지요? 그들은 상품의 입을 보는 습관이 있소. 나는 그게 두려운 거요. 알다시피 나는 이미 나이가 들었소. 그러나 도살업자들의 주요 관심사는 무엇이겠소? 그들은 주로 상품의 엉덩이를 살펴보지요. 나는 그들의 시험에 합격할 자신이 있단 말이오!"

일흔이 넘은 선창자

하느님이 세상을 창조하실 때 먼저 동물을 만드시고 다음에 사람을 만드셨다. 그분이 개를 창조하신 뒤 개가 하느님께 물었다.

"제가 세상에서 무엇을 해야 하나요?"

그러자 하느님은 대답했다.

"네가 만약 순종하지 않으면 너를 때릴 주인을 갖게 될 것이다. 너는 뼈를 씹고 달을 보며 짖어야 할 것이다"

"제가 얼마나 오래 삽니까?"

"70년이다."

"뭐라구요? 개의 목숨으로 70년을 살라니요? 15년이면 충분합니다!"

개는 소리치며 말했다.

하느님은 자비롭게 "그러면 15년만 살아라!"라고 동의했다. 다음에 하느님은 말을 창조하셨다.

말은 물었다.

"저는 세상에서 무엇을 해야 하나요?"

그러자 하느님은 "너는 짐을 끌고다니며 수고를 하는 데도 매를 실컷 맞게 될 것이다"라고 대답했다.

"저는 얼마나 오래 사나요?"

"70년이다."

말은 소리치며 말했다.

"뭐라구요? 70년 동안 말로 살라니요? 25년이면 충분합니다!"

"그럼 25년만 살도록 해라!"

하느님은 자비를 베푸셔서 동의했다.

하느님은 모든 동물을 창조하신 다음 기도문 선창자를 창조하셨다.

"저는 세상에서 무슨 일을 합니까?"

선창자는 물었다.

하느님은 이렇게 대답하셨다.

"너는 모든 결혼식과 할례식 연회장에서 노래를 불러야 할 것이다. 네가 회당에서 예배 때 노래하면 참석한 사람들은 감동받게 될 것이다. 너의 생애에는 끊임없는 기쁨이 이어질 것이다."

"저는 얼마나 삽니까?"

"70년이다."

"70년이라니요. 그것은 너무 짧습니다. 전능하신 하느님! 저에게 배당된 70년보다 더 오래 살게 허락해 주십시오."

"네가 원한다면 더 오래 살도록 하여라."

하느님은 자비롭게 동의했다.

그러나 하느님께서 70년 이후의 연한을 어디서 구할 수 있었겠는가? 하느님은 단지 개와 말에게 할당된 연한에서 떼어 그에게 주실 수 있었다. 그러므로 선한 친구여, 당신이 일흔이 넘은 선창자의 노래를 들을 때 개가 짖는 소리와 같다고 할지라도 놀라지 마라. 그리고 그와 함께 식사할 때 그가 말처럼 음식을 마구 먹어대더라도 놀라지 마라!

공정한 해결책

랍비가 길을 따라 걷고 있다가 담배를 피우고 있는 뚱뚱한 부자를 만났다.

그는 책망했다.

"왜 담배를 피우시오? 그것은 아주 끔찍한 악덕이오!"

"저는 저녁을 너무 많이 먹었기 때문에 소화에 도움을 주려고 담배를 피웁니다."

뚱뚱한 부자는 변명했다.

랍비는 조금 더 가다가 역시 담배를 피우고 있는 바싹 마르고 가난한 사람을 만났다. 랍비는 호되게 나무랐다.

"왜 담배를 피우시오? 당신은 그것이 끔찍한 악덕인 줄 모르시오?"

바싹 마르고 가난한 사람은 웅얼거리며 변명했다.

"저는 배고픔을 쫓아내느라고 담배를 피웁니다."

랍비는 하늘을 올려다 보며 소리쳤다.

"세상을 주관하시는 주님! 당신의 정의는 어디 있습니까? 뚱뚱한 부자가 바싹 마른 사람에게 자기 저녁에서 약간만 나누어 주었더라도 둘 다 건강하고 행복할 것을! 저들 가운데 어느 누구도 담배를 피울 필요가 없었을 것을!"

설교 안 하는 미덕

베르디체프의 레비 이츠혹 랍비는 방랑 설교자를 너무나 싫어한 나머지 그들이 시내로 들어오면 지옥불에 대한 설교를 하도록 허락하지도 않았다.

어느 날 둡노의 설교자가 그가 살던 시로 왔다. 물론 그는 당대의 가장 유명한 설교자에게 "안 되오"라고 말할 수는 없었다. 설교자가 회당에서 설교할 때 레비 이츠혹 랍비도 들으러 갔다.

둡노의 설교자는 나중에 물었다.

"당신은 나의 설교를 어떻게 생각합니까?"

레비 이츠혹 랍비는 환한 웃음을 빙긋 짓고 그의 손을 꽉 잡으며 이렇게 말했다.

"훌륭했습니다! 훌륭했습니다! 그러나 설교하는 미덕을 설교 안 하는 미덕과 어떻게 비교할 수 있겠습니까?"

불운만 만나는 사람

한번은 어떤 사람이 비엔나에 있는 대은행가인 로스차일드에게 탄원하러 갔다.

그는 불평을 늘어놓았다.

"저는 한평생 불운만 만나며 살아왔습니다."

은행가는 정중하게 물었다.

"당신의 직업은 무엇이오?"

"저는 음악가입니다. 저는 몇 년 동안 필하모니 관현악단에서 연주했는데, 관현악단이 해체된 이후에는 다른 직장을 구할 수 없었습니다."

로스차일드는 동정을 표하며 말했다.

"참으로 안됐소. 참으로 안됐소. 그래, 당신은 무슨 악기를 연주하시오?"

"바순입니다."

로스차일드는 "바순이라구!" 하며 기쁜 얼굴로 소리쳤다. "그것 참 잘됐소. 당신은 내가 얼마나 좋은 음악을 사랑하는지 들었을 거요. 사실 나는 당신에게 전할 놀라운 소식이 있소. 내가 바순을 가지고 있단 말이오! 나는 바순에 흠뻑 빠져 있소. 바순은 관현악단에서 바로 내가 가장 좋아하는 악기요! 친구여, 내 음악실로 가서 바순을 가지고 어떤 곡이든 나에게 연주해 주시오."

청원하던 사람은 울먹이며 이렇게 말했다.

"남작 어른, 제가 뭐라고 말씀드렸습니까? 저는 한평생 살아오는 동안 불운만 만났다고 하지 않았습니까? 그 많은 악기 가운데 하필이면 당신이 잘 아는 바순을 찍다니!"

오전 7시의 깨달음

파리의 은행가인 로스차일드 남작은 직원들에게는 아주 힘든 상관이었다. 한번은 그가 직원들을 모아놓고 말했다.

"모두 회계과에 들어가야 할 시간이오. 지금부터 당신들은 오전 7시에 일한다고 보고해야 하오. 시간을 잘 지키도록 모범을 보이기 위하여 나도 같은 시간에 일을 하겠소. 나 로스차일드가 하는 일이라면 당신들도 모두 할 수 있어요!"

이때 약간 겁을 먹은 한 직원이 일어나서 말했다.

"남작님, 당신께서는 1시간 일찍 나오시는 편이 좋을 듯합니다. 그렇게 되면 당신은 자신이 강력한 로스차일드 남작이란 사실을 매일 1시간 일찍 깨닫는 기쁨을 얻을 것입니다. 그러나 예를 들어 저 자크 벨벨 슈물이 1시간 일찍 나온다고 한다면 무엇을 깨닫겠습니까? 남작 어른, 그러면 저는 슬프게도 한 달에 75프랑밖에 못 버는 직원 자크 벨벨 슈물이란 사실을 평상시보다 1시간 일찍 깨닫게 되는 것입니다!"

거지에게도 권리는 있다

형제 두 명이 여러 해 동안 한 달에 한 번 로스차일드의 집에 모습을 드러내고 저마다 100마르크씩 받아갔다. 그런데 형제 가운데 한 명이 죽고 다른 한 명만 늘 하던 대로 그 집을 방문했다.

로스차일드의 재산관리인은 언제나처럼 그에게 100마르크를 건네주었다.

이에 거지는 항의하며 말했다.

"그런데 잘못 주셨어요! 저는 형 몫까지 200마르크를 받아야 합니다."

"안 되오. 당신의 형은 죽었지 않소? 이것이 당신 몫인 100마르크요."

관리인은 말했다.

거지는 버럭 화를 내며 벌떡 일어서서 말했다.

"무슨 말씀을 하시는 겁니까? 우리 형의 상속자가 저입니까? 로스차일드입니까?"

당신은 백만장자니까요

백만장자 브로드스카이가 우크라이나의 조그만 도시에 갔을 때, 도시의 많은 사람들이 그를 맞이하기 위해 거리로 쏟아져 나왔다. 그는 곧 숙소로 안내되었고 그곳에서 아침 식사로 계란 2개를 주문했다. 그가 식사를 마쳤을 때 여관 주인은 그에게 20루블을 요구했다. 브로드스카이는 깜짝 놀라며 물었다.

"이 지방에는 계란이 그렇게도 귀하오?"

"아닙니다. 그렇지만 브로드스카이 같은 부자는 드뭅니다!"

여관 주인은 재빨리 대답했다.

누가 죽어가는가?

부유한 여성용 모자 도매상인 나단손이 죽어가고 있었다. 그는 아내에게 침상 곁으로 가까이 오라고 손짓했다. 그리고 힘없는 소리로 말을 시작했다.

"레아, 나는 유언장 만드는 것을 잊었소. 내가 당신에게 말하는 것을 잘 들어요. 첫째, 나는 어빙에게 사업을 물려주겠소."

아내는 울먹이며 항의했다.

"당신은 잘못하고 계신 거예요. 어빙의 머릿속에는 단 한 가지, 말(馬)밖에 없어요. 그는 틀림없이 사업을 망칠 거예요! 나는 당신이 막스에게 사업을 물려주면 좋겠어요. 그는 진지하고 끈기가 있어요."

죽어가는 사람은 체념하듯이 한숨 같은 소리를 냈다.

"좋아요. 그럼 막스에게 넘겨주도록 해요."

이어서 나단손은 말했다.

"갯스킬에 있는 우리 여름 별장은 라헬에게 물려주겠소."

그의 아내는 소리쳤다.

"라헬이라구요! 라헬에게 무엇 때문에 우리의 여름 별장이 필요하지요? 그애의 남편은 아주 부자예요. 차라리 가난한 율리아에게 주는 편이 낫겠어요."
그녀의 남편은 한숨 쉬며 말했다.
"좋아요. 그럼 율리아가 가지도록 하시오. 그럼 차는 벤니에게 물려주겠소."
그의 아내는 깜짝 놀라며 말했다.
"벤니라구요! 벤니에게 당신 차가 무슨 필요 있어요? 그는 이미 차를 가지고 있잖아요? 루이라면 그 차를 아주 유용하게 사용할 거예요!"
이 말에 죽어가는 사람에게서 분노의 빛이 엿보였다. 그는 마지막 힘을 다하여 소리쳤다.
"잘 들어요! 레아, 지금 여기 누가 죽어가고 있는 거요? 당신이요? 나요?"

진정으로 슬픈 이유
한 도시에서 부자인 사람이 죽었을 때, 죽은 사람에게 마지막으로 경의를 표하기 위해 엄청나게 많은 문상객이 몰려들었다. 그 가운데 어떤 가난한 사람이 깊은 한숨을 내쉬며 영구 행렬을 뒤따라 가고 있었다. 어떤 사람이 그를 가엾게 여기고 물어보았다.
"죽은 분의 가까운 친척입니까?"
"아니요. 그와 아무런 관계가 없어요!"
그가 대답했다.
"그렇다면 당신은 왜 웁니까?"
"그것이 바로 이유지요."

팬케이크는 무슨 맛
어떤 가난한 사람이 집으로 서둘러 달려가 숨을 헐떡이며 아내에게 말했다.

"방금 이 도시에서 가장 부유한 사람 집에 갔다 왔는데, 그를 보니 팬케이크를 저녁으로 먹고 있구려. 그곳에 서서 그 맛있는 향기를 맡아보니 내 속에서 힘이 솟기 시작했소! 그 팬케이크는 분명히 기가 막히게 맛있는 것이오! 정말 부자들이 먹는 것은 굉장한 음식이오."

그리고 가난한 사람은 입맛을 다시며 한숨을 내쉬었다.

"아, 내가 단 한 번만 팬케이크를 먹을 수만 있다면!"

"하지만 제가 어떻게 팬케이크를 만들 수 있겠어요? 거기에는 계란이 들어가는데."

그의 아내는 대답했다.

그러자 남편이 물었다.

"계란 없이 하면 안 되겠소?"

"그리고 크림도 필요해요."

"그럼, 크림도 없이 한번 해보구려."

"제게 설탕 살 돈이라도 있는 줄 아세요?"

"그렇다면 설탕도 없이 해 보구려."

그래서 아내는 계란도, 크림도, 설탕도 없이 팬케이크를 만들어 가지고 왔다. 남편은 흐뭇한 표정으로 먹으면서 천천히 그리고 신중하게 씹었다. 그런데 갑자기 그의 얼굴에 당황한 빛이 나타났다. 그리고 그는 이렇게 중얼거렸다.

"사라, 내 말 좀 들어보구려. 나는 부자들이 팬케이크를 무슨 맛으로 먹는지 도저히 알 수 없소!"

모든 일은 받아들이기 나름
그들을 건강하고 활기차게 하소서

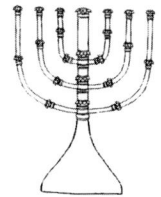

토마토

어떤 가난한 탈무드 학생이 이집 저집을 돌아다니고 있었다. 사람들은 따뜻한 마음과 경건한 심정으로 그에게 음식을 주고 며칠 동안 잠자리를 마련해 주었다. 그러나 그 가운데 어떤 집에서는 불친절하고 사무적으로 그를 대우했다. 그집 사람들은 하루에 세 번씩 그에게 먹을 것으로 토마토 한 접시만 주는 것이었다.

어느 날 학생은 자기 앞에 토마토 접시가 놓인 것을 보고는 몸서리치며 주인에게 물었다.

"토마토를 앞에 놓고는 무슨 감사 기도를 드려야 하는지 말 좀 해 주시오."

주인은 소리치며 말했다.

"그 무슨 말을 그렇게 하시오? 당신은 탈무드 학생이 아니시오? 아무리 무식한 사람이라고 할지라도 토지에서 나오는 모든 것에 대해 '땅의 열매는 복이 있다'라는 사실을 알고 있어요."

탈무드 학생은 이렇게 대꾸했다.
"그렇지요. 그러나 토마토가 나의 귀에서 튀어 나올 때는 무슨 기도를 드려야 합니까?"

시간을 절약하기 위하여

루블린으로 가는 급행열차 속에서 어떤 젊은이가 외견상 부자인 듯한 상인 앞에 멈추어 서서 물었다.
"시간 좀 말씀해 주시겠습니까?"
상인은 그를 보며 "꺼져!"라고 대답했다.
"뭐라구요! 왜 그러시는 거예요! 나는 당신에게 아주 정중한 태도로 공손하게 물었는데, 나에게 그렇게 무례하고 거칠게 말하다니! 왜 그래요?"
상인은 그를 보며 지겹다는 표정으로 말했다.
"좋아. 여기 앉아 내 말을 들어보게. 자네가 나에게 질문을 했네. 나는 자네에게 답을 해야 하지 않나? 자네는 나와 대화를 시작할 걸세. 날씨 얘기와 정치 얘기, 그리고 사업 얘기 말이네.

한 가지 얘기를 하면 다른 얘기로 넘어가게 되지. 자네도 유대인이고 나도 유대인이지 않나? 나는 루블린에 살고 있고 자네는 타지방 사람이네. 나는 호의로 자네를 우리 집에 저녁 식사 초대를 하겠지.

자네는 나의 딸을 만날 걸세. 그녀는 아주 아름답고 자네는 아주 잘생긴 젊은이네. 그렇게 자네가 몇 번 우리 집에 오게 되면, 자네는 사랑에 빠질 걸세. 결국 자네는 내 딸에게 구혼을 하러 올 걸세. 그러면 복잡한 문제가 생기게 될 걸세.

그런데 젊은이, 나는 자네에게 이 사실을 말하고 싶네. 나는 내 딸이 시계도 갖지 못한 사람과 결혼하길 원하지 않는다네!"

왕 중의 왕

어떤 은퇴한 뉴욕의 상인이 갯스킬 산맥에 커다란 여름별장을 소유하고 있었다. 그는 따뜻한 마음씨를 가지고 있었기 때문에 여름이 되면 악몽과도 같은 시간을 보냈다. 크로커스 꽃이 피고 붉은 가슴 울새의 유창한 노랫소리가 들리기 시작하면 브라운스빌에서, 동 뉴욕에서, 미드우드에서, 서 브롱스에서 가난한 친척들이 무조건 그에게 몰려들었다. 그들은 낙엽이 질 때까지 한순간도 그를 편안히 두지 않고 사생활을 침해하였다. 그들은 그런 다음에야 뉴욕으로 돌아갔던 것이다.

어느 날 그가 육촌 처남뻘 되는 젊은이와 시간을 허비하며 침울하게 앉아 있을 때 한숨을 쉬며 말했다.

"자네가 이곳에 올 가능성이 이제 없겠지?"

젊은이는 열을 내며 항의했다.

"무슨 말씀을 하시는 겁니까? 당신은 왕 중의 왕이시잖아요? 그런데 제가 왜 다시 안 오겠습니까?"

그의 왕은 가련한 목소리로 신음하며 말했다.

"자네가 가지 않는다면 어떻게 다시 오겠나?"

옥에 티

작은 가게 주인과 그의 아내는 기뻐서 미칠 지경이 되었다. 하나뿐인 아들 어빙이 대학에서 학위를 받은 뒤 집으로 돌아와 아버지를 도와 가게의 실무를 담당하는 데 동의했던 것이다.

어빙은 말했다.

"첫째로 경리를 고용하여 적합한 체계를 세울 것입니다. 아버지는 지금까지 일을 엉망으로 하셨어요. 계산서가 들어오면 그것을 벽에 붙여놓기만 하고 다른 아무 기록도 하지 않았어요.

또 하루에도 수시로 서랍에서 현금을 꺼내고 벽에서 계산서를 떼내고 부기책에다 기입하지 않았어요. 그것은 좋지 않아요. 그러나 경리가 들어오면 모든 것이 바뀌게 될 것입니다. 아무 걱정하지 마세요."
"걱정하지 않으마."
자그마한 가게 주인은 말했다.
그러나 몇 주 지난 뒤 아내는 무언가 심각한 일 때문에 그가 괴로워한다는 사실을 알 수 있었다. 그는 밤에 잠을 이루지 못하였고 낮에는 불안하게 이리저리 걸어다녔다.
그의 아내가 물어보았다.
"야곱, 이유를 말해주세요. 무언가 괴로워하고 있지요?"
"아니오. 아니오. 당신에게 말할 수 없소."
"말할 수 없다니 무슨 뜻이에요? 우리는 25년 동안 같이 살아왔어요. 그런데도 우리 사이에 무슨 비밀이 있어야 되나요?"
"그럼 좋소. 레베카! 경리가 말하는데 우리는 파산할 지경이라고 말하는구려. 어떻게 해야 할지 모르겠소. 이것저것 생각해 보았으나 아무 소용이 없소. 내가 어떻게 해야 할지 모르겠다는 말이오."
레베카는 이렇게 말했다.
"야곱, 잘 들어요! 우리는 지금까지 먹을 게 충분했지요? 늘 튼튼한 지붕을 가지고 있었지요? 우리 아이를 대학에 보내기도 했지요? 가게가 없다면 우리가 어디에서 돈을 벌어요? 가게도 예전과 같고 우리도 예전과 같고 우리 고객도 예전과 같아요. 단지 경리만 다른 거예요. 문제는 아주 간단해요. 경리를 내보냅시다!"

생산을 위한 걱정
모직물 상인인 프리드먼은 동업자인 와인버거가 불면증으로 초췌한 모습을 보이기 때문에 괴로웠다. 그는 와인버거에게 "나는 당신이 가장 흔한 처방책을 사용하지 않는다고 생각합니다"라고 말했다.

"흔한 처방책이 무엇이오?"

"양을 세는 거요."

"좋아요. 밑져 보았자 본전이지요. 오늘 밤에 한번 해보겠소."

환자는 대답했다.

그러나 다음날 와인버거는 전날보다 더 초췌한 모습을 보였다. 프리드먼은 관심을 가지고 물어보았다.

"내가 말한 대로 해 보았소?"

와인버거는 피곤한 기색으로 이렇게 대답했다.

"물론 했지요. 그러나 끔찍한 일이 일어났어요. 나는 양을 5만 마리까지 세었지요. 그런 다음 그 양의 털을 깎았어요. 그리고 순식간에 5만 벌의 외투를 만들었답니다. 그런데 갑자기 문제가 생겼습니다. 나는 밤새도록 머리를 짜보았어요. 도대체 외투에 잘맞는 속옷을 어디서 5만 벌이나 구할 수 있겠어요?"

아파도 되는 시간

갈리키아인 두 사람이 비엔나로 이주해 왔다. 얼마가 지난 뒤 그들은 길에서 서로 만났다.

한 사람이 한숨을 내쉬며 물었다.

"비엔나에서 살기가 어떻습니까?"

다른 사람은 쓰라린 표정으로 말했다.

"무덤에서부터 한 발자국 멀어졌지요. 당신은 어떻습니까?"

"그렇게 나쁘지는 않습니다. 내가 왜 불평하겠어요? 나는 먹고 살고 있는데요. 유대인이 더 많은 것을 요구할 수 있나요? 그렇지만 최근에 몸이 아팠어요. 요 3달 동안 400굴덴이나 되는 돈을 의사와 약값에 날렸답니다!"

다른 사람은 고향을 그리워하며 이렇게 외쳤다.

"아! 갈리키아 같으면 그 돈으로 적어도 6년은 아플 수가 있었는데!"

불면증을 치료한 의사

엡스타인 노인은 불면증에 시달렸다. 가족들은 여러 의사를 불러오고 여러 가지 치료책을 사용해 보았으나 효과가 없었다. 그러다가 뛰어난 전문가를 추천받았다. 그는 유명한 신경학자로 치료에 실패한 적이 없는 사람이었다.

의사는 집에 도착하더니 엡스타인 노인의 아들에게 말했다.

"아버지와 내가 몇 분 동안 함께 있도록 당신은 여기서 기다리시오."

그리고 의사는 노인의 방으로 들어갔다. 그들만 남았을 때 의사는 말했다.

"아주 간단합니다. 자, 나를 따라서 하세요. 내가 하는 것은 전부 하세요."

그리고 그 신경학자는 두 팔을 높이 들었다. 엡스타인도 그렇게 했다. 그런 다음 그는 팔을 내리고 숨을 깊이 쉬었다. 엡스타인도 그렇게 했다. 의사는 팔을 옆으로 들고 세 번 재빨리 무릎을 구부리는 자세를 취하고 손을 엉덩이에 댄 다음 5, 6회 미용체조 하는 동작을 해보였다. 엡스타인도 충실히 따라했다.

의사는 이런 격렬한 운동을 한 뒤 약간 숨을 헐떡이고는 갑자기 엡스타인을 위엄 있는 눈으로 바라보면서 달래듯이 "자, ……당신은……자러 가야 합니다!"라고 말했다. 그리고 침대를 가리켰다.

그런 다음 의사는 방 밖으로 나와 젊은 사람을 불러서 말했다.

"이제 아버지에게 가도 좋습니다. 그가 깊이 잠든 모습을 볼 수 있을 것입니다."

아들은 기쁜 마음으로 아버지의 침상으로 살금살금 걸어가 노인의 귀에 입술을 대고 속삭였다.

"아버지, 저예요. 잠드셨어요?"

엡스타인 노인은 한쪽 눈을 뜨고는 아주 조심스럽게 이렇게 물었다.

"미치광이가 아직도 여기 있냐?"

이해할 수 없는 젊은이

한번은 나이 든 중매쟁이가 어떤 청년에게 못생긴 소녀와 결혼하라는 이야기를 하려고 왔다. 그 소녀를 잘 알고 있던 청년은 중매쟁이를 정신나간 사람처럼 바라보았다.

그는 화를 내며 물었다.

"나를 놀리려고 하는 겁니까?"

중매쟁이는 그를 타이르며 말했다.

"아니네! 자네는 내가 농담을 좋아하지 않는다는 것을 알 것이네. 나는 지금 진지하게 이야기하고 있는 거야. 그 소녀를 마다할 이유가 무엇인가?"

"마다하다니요? 그녀는 눈이 멀었잖아요!"

"자네는 그것이 결점이라고 생각하나? 내 견해로는 그것은 장점이네. 자네 좋은 대로 무엇이든지 할 수 있지 않나?"

"그렇지만 그녀는 말도 못하잖아요!"

"여자에게 그것은 장점이라네. 자네는 그녀에게서 싫은 소리를 안 들어도 될 걸세."

"그러나 그녀는 귀도 먹었잖아요!"

"오히려 잘되었지 않은가? 자네는 그녀에게 마음껏 욕을 해도 좋지 않나? 그녀가 못 들을 테니까!"

"그렇지만 그녀는 절름발이잖아요?"

"그게 결점인가? 자네가 다른 여자들을 따라 다니더라도 그녀가 자네를 따라올 수 없지 않나?"

"그러나 그녀는 또한 곱사등이잖아요?"

"정말이지, 나는 자네를 이해할 수 없네!"라고 중매쟁이는 화를 내며 이렇게 소리쳤다. "자네는 결혼 상대가 가지고 있는 그 결점 한 가지를 용납해 줄 수 없단 말인가?"

과장술에 뛰어난 중매쟁이

한번은 어떤 중매쟁이가 나이가 들어 지금까지 해오던 만큼 일을 할 수 없다고 생각했다. 그러므로 그는 아무것도 모르는 젊은 조수를 고용해 처음부터 가르쳐 주어야 했다.

중매쟁이는 말했다.

"이보게, 젊은이. 중매에서 가장 중요한 것은 과장이란 사실을 알게. 자네는 과장을 아주 많이 해야 하네!"

조수는 밝은 표정으로 대답했다.

"잘 알겠습니다."

어느 날 중매쟁이가 조수를 데리고 중매 일로 외동아들이 있는 부자를 방문하게 되었다.

"내가 한 말을 명심하게!"

중매쟁이는 조수에게 주의를 주었다.

"무엇보다도 열심히 불려서 얘기하게."

부잣집에 도착했을 때 중매쟁이는 말을 시작했다.

"아드님에게 아주 알맞는 처녀를 알고 있습니다. 그녀는 명문가 출신입니다."

그의 조수는 황홀한 표정으로 소리쳤다.

"명문가이지요! 그 집안은 가온(유명한 랍비 엘리야)의 후손입니다."
"그 집안은 또한 굉장한 부자입니다."
중매쟁이는 말을 이었다.
조수는 말을 가로막으며 "'부자'란 무슨 뜻인가 하면 그 집안은 백만장자라는 말입니다"라고 덧붙였다.
"처녀로 말씀드리자면 그녀는 인형처럼 예쁩니다"라고 중매쟁이는 거침없이 늘어놓았다.
"인형이라니요! 인형보다 훨씬 예쁩니다. 굉장한 미인입니다!"
조수는 경멸조로 씩씩거리며 말했다.
이 말에 중매쟁이는 조수를 미심쩍은 눈길로 바라보았다. 그리고 더듬거리며 말했다.
"사실을 말씀드리자면 그녀는 아주 사소한 결점을 하나 가지고 있습니다. 등에 조그마한 사마귀 하나가 있지요."
이 말을 들은 조수는 열을 내며 말했다.
"조그마한 사마귀라니요! 큼지막한 혹을 가지고 있습니다!"

진리는 드러난다

한 중매쟁이가 젊은이를 데리고 신부감을 찾아갔다. 그들이 집을 나설 때 중매쟁이는 의기양양하게 말했다.
"내가 그 집이 아주 훌륭한 가문이며 굉장한 부잣집이라고 말하지 않았나? 자네는 식탁 위에 있는 은그릇의 품질을 보았겠지? 순은제라구!"
젊은이는 마지못해 동의하며 말했다.
"그래요. 그러나 나에게 좋은 인상을 심어주기 위해 은그릇을 빌려왔을 가능성이 있다고는 생각하지 않으세요?"
중매쟁이는 화를 벌컥 내며 소리쳤다.
"말도 안 될 소리 말게! 누가 그런 도둑놈에게 은그릇을 빌려주겠나?"

어떻게 살았다고 할 수 있나!
신랑감이 중매를 서 준 사람을 힐난하며 말했다.
"그런 식으로 나를 속일 생각이세요?"
"자네를 속이다니, 무슨 말인가?"
중매쟁이는 화를 내며 대답했다.
"사실이 아닌 것을 자네에게 말한 것이 무엇이 있는가? 그녀가 미인이 아니던가? 아니면 그녀가 바느질을 잘 못하던가? 것도 아니면 그녀가 카나리아처럼 노래를 잘 못 부르던가?"
신랑도 마지못해 "그건 그래요"라고 인정하고는 말을 이었다.
"그런 점은 좋다 이겁니다. 그러나 그녀의 가문은 정말이지 보잘 것없잖아요. 그 점을 나에게 거짓말했습니다. 그녀의 아버지가 죽었다고 말했지요. 그러나 그녀는 자기 아버지는 10년째 옥살이하고 있다고 말했어요."
중매쟁이는 이렇게 되물었다.
"내가 한번 물어보지. 자네는 그것을 살았다고 말할 수 있는가?"

단지 가끔만
신랑감과 신부감이 산책하러 나갔다. 신랑감이 다음에 중매쟁이를 만나서 말했다.
"하지만 그녀는 다리를 절잖아요?"
그러자 중매쟁이는 대답했다.
"그저 걸을 때만 그렇다네."

읽는 태도가 문제였다
어떤 부자가 다른 도시에서 공부하고 있던 아들로부터 편지를 받았다. 그는 비서에게 그것을 읽어주도록 시켰다. 기분이 내키지 않았던 비서는 불쾌하고 성마른 목소리로 읽었다.

"아버지! 저에게 빨리 돈을 보내주세요. 저는 새 신발과 옷이 필요합니다."

자기 아들의 편지 내용을 들은 아버지는 소리쳤다.

"무례한 녀석 같으니라구! 어떻게 감히 그렇게 불손한 태도를 가지고 애비에게 편지를 쓸 수 있단 말인가? 내가 한 푼도 보내주지 않으리라!"

얼마 뒤 비서가 나갔을 때 아내가 들어왔다.

속이 상한 아버지는 아내에게 편지를 건네주면서 말했다.

"우리가 곱게 키운 자식이 편지를 어떻게 썼는지 보구려!"

그녀는 아들의 필체를 보자 모성애가 일었다. 그래서 아주 부드럽고 애절한 목소리로 마치 기도하듯 탄원하는 목소리로 낭송하기 시작했다.

"아버지! 저에게 빨리 돈을 보내주세요. 저는 새 신발과 옷이 필요합니다."

이번에 들은 아버지는 이렇게 소리쳤다.

"그래, 아주 다른걸! 이제 그 녀석이 신사처럼 요청하고 있구나! 어서 돈을 부쳐 주어야지."

시어머니의 상대성

"안녕하세요? 레빈 부인! 어떻게 지내세요?"

"아주 잘 지내고 있어요!"

"딸 셜리는 어떻지요?"

"하느님이 축복해 주셔서 건강하답니다! 그 아이가 얼마나 훌륭한 남편을 두었는지! 내 사위가 딸에게 하루 종일 차가운 물에 손도 담그지 않도록 한다오! 그 애는 12시까지 침대에 누워 있다가 하녀가 갖다주는 아침을 침상에서 먹지요. 그리고 3시에 삭스 피프스 애버뉴 백화점에 물건을 사러 가고, 5시에는 리츠에서 칵테일 파티에 참석하지요. 딸아인 마치 영화배우처럼 옷을 입는답니다. 그런 행운에 대해서 무슨 말을 하겠어요?"
"아들은 어떻습니까? 듣기로는 결혼했다던데요."
"맞아요. 결혼했어요. 그러나 불쌍하게도 운이 없답니다. 허영기 있는 여자와 결혼했지요. 제 며느리가 하루 종일 무엇을 하는지 아십니까? 하는 일이 없어요. 아무 쓸모없는 여자이지요!

정오가 될 때까지 잠을 자고, 자기 침상에 날아오는 아침을 먹지요. 그 아이가 집에 관심을 기울이는 줄 아십니까? 절대로 아니에요. 오후에 물건만 사러 다니고 남편이 힘들여 벌어온 돈을 마치 영화배우처럼 옷을 차려입는 데다 낭비한답니다. 게다가 그 아이가 하루를 어떻게 마감하는지 아세요? 칵테일을 퍼마신답니다. 그런 여편네를 아내라고 부를 수 있습니까?"

대리인

옛날에 나이 든 부부가 있었다. 그들은 가난하게 살았고 때로는 굶주리기도 했다. 절망감에 빠진 남편이 결국 아내에게 말했다.
"말케, 우리 하느님께 편지를 써 봅시다."
그들은 앉아서 하느님께 도움을 간청하는 편지를 썼다. 그들은 거기에 서명을 하고 편지를 조심스럽게 봉하고 겉봉에는 하느님의 이름을 써놓았다.
아내는 난감한 표정으로 물었다.
"이 편지를 어떻게 부칠 수 있다고 생각하세요?"
그러자 경건한 남편은 대답했다.
"하느님은 어디에나 계시오. 우리 편지는 어떻게 부치든지 반드시 하느님께 도달할 것이오."

그들은 바깥으로 나가 편지를 바람에 날렸다. 편지는 빙글빙글 돌아 땅바닥에 떨어졌다.

마침 그 순간 자비심이 있는 한 신사가 길을 걸어가다가 바람에 실려 자기 앞에 편지 한 장이 떨어지는 광경을 보게 되었다. 그는 호기심으로 편지를 주워 읽어 보고는 노부부가 당한 곤경과 또한 그들의 소박한 마음씨에 감동받았다. 그는 그들을 도와주기로 결심했다.

조금 뒤 그는 그들의 집 문을 두드렸다.

"렙 누테 씨가 여기 사십니까?" 그는 물었다.

노인은 "내가 렙 누테요"라고 대답했다.

부자는 그를 보고 매우 기뻐하며 말했다.

"그러시다면 저는 당신과 거래할 일이 있습니다. 몇 분 전에 하느님께서 당신의 편지를 받으셨다는 사실을 알려드리고 싶습니다. 저는 백러시아에 사는 그분의 개인적인 대리인인데, 당신을 위해 100루블을 주라고 말씀하셨습니다."

노인은 너무나 기뻐 소리쳤다.

"말케, 어서 여기 와 보시오. 하느님께서 우리의 편지를 받으셨다고 하는구려."

노부부는 돈을 받고 백러시아에 산다는 하느님의 대리인에게 고맙다는 뜻을 거듭 전했다.

그가 떠나가자 남편의 얼굴은 다시 어두워졌다.

"뭐가 잘못되었나요?" 아내가 물었다.

노인은 깊은 생각에 잠긴 채 이렇게 대답했다.

"말케, 저 대리인이 정말 정직했는지 의심이 드는구려. 그는 지나치게 부드러운 것 같았소. 당신도 대리인들이 어떠한지 알 게 아니오! 아무래도 하느님께서 저 사람에게 200루블을 주셨는데, 저 사기꾼 같은 사람이 절반을 수수료로 떼어먹은 것 같단 말이오."

참 안된 일

어떤 젊은 사람이 회당에 오랫동안 발을 들여놓지 않았다. 그는 병이 든 것 같았다. 한 노인이 그를 도와야 되겠다고 생각했다.

이유는 아주 간단했다. 젊은 사람의 아내가 딸을 출산했는데, 누구의 이름을 따 지어야 할지 몰랐던 것이다.

노인은 말했다.

"여보게. 우리 민족은 가족 가운데 죽은 사람의 이름을 따라 붙이는 습관이 있네. ……예를 들면 자네 아버지나, 어머니, 형이나 자매, 자네 할머니나, 할아버지 말일세."

젊은 아버지는 "그렇지만 그들은 모두 살아 있는걸요" 하고 말했다.

도와주려던 노인은 이렇게 말했다.

"그것 참 안됐네."

랍비의 한계

어떤 성자 같은 랍비가 얼굴을 벽에 대고 기도에 열중하며 경건한 생활에 깊이 빠져 있었다. 그런데 한 재담가가 그의 뒤로 다가가더니 갑자기 등을 후려쳤다. 깜짝 놀란 랍비는 뒤를 돌아보았다.

재담가는 겁이 나서 몸을 부들부들 떨며 소리쳤다.

"오, 랍비님이셨군요! 사실은…… 등만 보여서…… 제가 랍비님을 알아보지 못했습니다…… 저는 다른 사람이라고 생각했습니다 …… 제발 용서해 주십시오…… 그럴 의도가 아니었습니다……."

랍비는 그의 말을 막으며 이렇게 말했다.

"상관 말게! 아무런 해도 입지 않았네. 나는 등 쪽으로는 랍비가 아니라네."

몽테피오르와 반유대주의자

한번은 런던의 대귀족인 몽테피오르가 오스트리아 황제를 방문했다. 만찬 때 반유대주의자였던 제국 대신 한 사람이 적도 부근 아프리카에서의 여행담을 늘어놓았다.

그는 그 유대인 옹호자에게 악의적으로 말했다.

"나는 그곳에서 한 마리의 돼지와 유대인도 보지 못했소."

이 말을 들은 몽테피오르는 이렇게 대답했다.

"그렇다면 각하와 제가 그곳에 가는 것이 좋겠습니다."

활기찬 대화

유명한 이디시 작가인 숄롬 알레이헴이 길에서 혼잣말을 했는데, 어떤 친구가 이 모습을 보게 되었다.

그 친구는 소리쳤다.

"자네는 진정 자신에게 얘기하고 있다는 것을 깨닫고 있는가?"

숄롬 알레이헴은 이렇게 대꾸했다.

"내가 그렇다면 어떻게 하겠나? 내가 똑똑한 얘기 상대를 찾았는데 자네가 말 참견할 이유가 무엇인가?"

거드름 피우는 사람

어떤 도시에 형제가 살고 있었다. 형은 랍비요, 동생은 도둑이었다. 랍비는 자기 동생을 부끄럽게 생각하고 그를 늘 경원시했다.

어느 날 두 사람이 우연히 길에서 만나게 되었을 때 랍비인 형은 동생을 고의적으로 못본 체했다. 이에 도둑은 화를 내며 형에게 이렇게 대들었다.

"왜 그렇게 특별하게 구시오? 내가 특별하게 군다면 이유가 있소. 왜냐하면 우리 형이 랍비니까 말이오! 그러나 당신은 도둑인 동생이 있으면서 왜 그렇게 거드름을 핀단 말이오?"

비관주의자와 낙관주의자

유명한 독일계 유대인 의사이자 철학자인 마르쿠스 헤르츠는 문에 M. H.라고 쓰인 마차를 타고 진료하러 다니곤 했다.

그의 친구인 시인 하인리히 하이네가 그를 책망하며 말했다.

"자네는 왜 마차에도 그런 함축성 있는 합일문자를 써가지고 다니나? 자네는 M. H.가 히브리어로 죽음의 천사(Malech Hamoves)라는 뜻인 줄 모르는가?"

늙은 의사는 이렇게 말했다.

"하이네, 자네는 너무 비관적으로 사물을 보는군. M. H.가 또한 '죽은 자에게 생명을 주는 것'(Mechayai Hameissim)이란 말을 나타낸다는 사실을 모르는가?"

중요한 업무

제정 러시아의 경찰 두 명이 상트 페테르부르크 거리를 순찰하다가 영주권이 없는 한 유대인을 검거했다. 유대인은 검찰관 앞에 서자 자기가 아주 중요한 노동자이기 때문에 수도에 살 권리가 있다고 주장했다. 검찰관은 책임을 떠맡고 싶지 않아서 그 문제를 도시의 지사에게 말했다.

지사는 자기 앞으로 끌려온 유대인에게 물었다.

"그렇게 중요하다는 그대의 직업이 무엇인가?"

유대인은 "저는 잉크를 만들고 있습니다"라고 공손하게 대답했다.

"그게 뭐 중요한 일인가? 나도 마음만 먹는다면 잉크를 만들 수도 있는데!" 지사는 경멸적인 어투로 말했다.

유대인은 환한 얼굴로 이렇게 소리쳤다.

"좋습니다. 그러시다면 각하께서도 상트 페테르부르크에 살 권리가 있습니다."

공처가

어떤 공처가가 이혼을 요청하러 랍비에게 왔다.
랍비는 그를 엄히 꾸짖으며 말했다.
"경건한 당신이 어떻게 그런 생각을 하시오? 당신은 탈무드에 '남편이 아내와 이혼하면 천사뿐만 아니라 돌들도 눈물 흘린다!' 라고 나와 있는 것을 모르시오?"
불만을 가진 남편은 이렇게 대답했다.
"랍비님, 천사들과 돌들이 울고 싶다면 그렇게 하도록 하십시오. 저는 기뻐할 것입니다!"

자율적인 닭

프랑크푸르트암마인에서 한 유대인이 겨드랑이에 닭 한 마리를 낀 채 걷고 있었다. 나치 돌격대원 하나가 그를 제지하며 물었다.
"유대인, 어디 가고 있는가?"
"닭에게 줄 먹이를 사러 가게로 갑니다."
"이 닭에게 무엇을 먹이는가?"
"옥수수요."
"옥수수라구! 독일인들은 굶주리고 있는데 유대인인 너는 닭에게 독일의 옥수수를 먹인다구?"
돌격대원은 이렇게 말한 뒤 유대인을 때리고 가버렸다.
몇 분 뒤에 다른 돌격대원이 그 유대인을 가로막았다.
"개 같은 놈아, 어딜 가고 있는가?"
"닭에게 줄 먹이를 사러 가게에 갑니다."
"먹이라구! 어떤 먹이?"
"밀을 좀 주려구요."
"밀이라구! 독일인들은 굶어 죽고 있는데 너는 유대의 닭에게 밀을 준단 말이냐?"

그렇게 말하고 그는 유대인을 심하게 두들겨 팼다.

마구 얻어맞은 불쌍한 유대인이 길을 계속 가다가 또 다른 돌격대원과 맞닥뜨렸다.

"어딜 가고 있는가?"

"닭에게 먹을 것을 주려고요."

"그래! 그럼 이 닭에게 무엇을 먹일 거냐?"

유대인은 절망스럽게 소리쳤다.

"잘 들어요. 나는 몰라요. 나는 이놈에게 2페니를 주고 난 뒤 자기 좋을 대로 사먹게 하겠어요!"

하느님의 자비

우크라이나 작은 마을에 엄청난 재앙이 다가오고 있었다. 유월절 휴일을 며칠 남겨두지 않고 한 농부의 어린 딸이 살해된 채 발견된 것이다. 유대인을 싫어하던 사람들은 이 불행한 사건을 재빨리 이용하여 농민들 사이를 오가면서 유대인들이 그리스도교인의 피로 무교병(유대인이 이집트로부터 탈출을 기념하여 지내는 유월절에 먹는 누룩을 넣지 않은 빵)을 만들 목적으로 소녀를 살해했다는 중상모략을 퍼뜨렸다. 농민들의 분노는 하늘을 찌를 듯했다.

대학살이 임박했다는 소식이 온 마을에 번져갔다.

경건한 사람들은 이 소식에 당황하며 회당에 모여들었다. 그들은 옷을 찢으며 성궤 앞에 엎드렸다. 그들이 하느님께서 개입해 주십사고 기도드리고 있을 때 회당지기가 숨을 헐떡이며 달려왔다.

그는 숨가쁜 목소리로 이렇게 말했다.

"형제들이여! 형제들이여! 당신들에게 놀랄 만한 소식이 있습니다! 살해당한 소녀가 유대인이라는 사실을 방금 알아냈습니다. 하느님께 찬양드립시다!"

그들은 일단 쏜다

한번은 순회 서커스단이 유대인 도시에 들렀다. 그들은 온갖 종류의 동물을 이용하여 공연을 했는데 그 가운데는 곰도 있었다. 어느 날 곰이 우리에서 뛰쳐나오자 경찰서장은 곰을 보는 즉시 사살하라는 명령을 내렸다.

도시 사람들은 곰이 도망쳤다는 소식에 겁에 질렸다. 한 유대인이 이 소식을 듣고 이웃 유대인에게 "나는 이 도시를 떠나려네!"라고 말했다.

"무슨 이유 때문인가?"

"무슨 이유 때문이라니? 자네는 곰을 보는 즉시 사살하라는 경찰서장의 명령도 듣지 못했는가?"

"그러나 자네는 곰이 아니잖나."

"바로 그게 문제네. 부지불식간에 유대인이 총에 맞을 걸세. 사람들은 나중에야 곰인 줄 잘못 알았노라고 말할 테니까……."

늘 더 나빠질 가능성은 있다

어떤 가난한 유대인이 커다란 곤경에 처했다. 그는 랍비에게 도움을 청했다.

"거룩한 랍비시여, 나에게 나쁜 일이 생겼는데 점점 더 나빠지고 있습니다. 저는 너무 가난해서 아내와 여섯 아이와 친척들과 방 하나인 오두막집에서 생활하고 있습니다.

우리는 언제나 서로에게 방해가 됩니다. 우리는 많은 문제점을 안고 있기 때문에 신경이 날카로워져서 자주 싸웁니다. 제 말을 믿어 주세요. 저의 집은 지옥과 같아서 이런 식으로 계속 사느니 차라리 죽고만 싶습니다."

랍비는 이 문제를 진지하게 생각하고 말했다.

"이보게나, 내가 말하는 대로 하겠다고 약속해 주게나. 그러면 자네가 처한 형편이 개선될 수 있을 테니까."
"약속하지요, 랍비님. 저는 랍비님께서 말씀하신다면 무슨 일이라도 하겠습니다."
곤궁에 빠진 그 사람은 답했다.
"자네가 어떤 짐승을 치고 있는지 말해 보게."
"저는 소와 염소 그리고 몇 마리의 닭을 키우고 있습니다."
"아주 잘되었군. 지금 집으로 가서 그 동물들을 집으로 끌어들여 함께 살도록 해보게."
가난한 사람은 기가 막혔다. 그렇지만 이미 랍비에게 약속을 했기 때문에 가서 모든 동물들을 집으로 끌고 들어왔다.

다음날 그 사람은 랍비에게로 돌아가서 소리쳤다. "랍비여, 당신이 저에게 얼마나 엄청난 재앙을 불러일으켰는지요? 저는 랍비께서 말씀하신 대로 동물들을 집으로 끌고 들어왔습니다. 그런데 지금은 어찌 되었는지 아세요? 상태가 더 나빠졌다구요. 나의 생활은 지옥이 따로 없습니다. 이것은 집이 아니라 헛간이 되어 버렸습니다. 저를 살펴 주세요. 랍비님, 저를 도와주세요."

랍비는 조용히 말했다.
"이보게나. 집으로 가서 닭들을 밖으로 끌어내게나. 하느님께서 도와주실 걸세."
가난한 사람은 집으로 돌아와서 닭들을 밖으로 끌어냈다. 그렇지만 오래지 않아 그가 또다시 랍비에게로 달려왔다.

그는 소리쳤다.
"존경하는 랍비시여! 저를 도와주세요. 살려 주세요. 염소가 집 안에 있는 모든 것을 걷어차고 있습니다. 그 때문에 생활이 엉망이 되어 버렸답니다."
랍비는 부드럽게 말했다.
"집으로 가게나. 그래서 염소를 집 밖으로 끌어내게나. 하느님께서 그대를 도와 주실 걸세."

가난한 사람은 자기 집으로 돌아와서 염소를 끌어냈다. 그렇지만 오래지 않아 또다시 랍비에게로 달려와서 크게 불평했다.

"랍비시여, 당신은 제 머리 위에 얼마나 큰 불행을 얹어 놓으셨는지 아십니까? 소가 우리 집을 외양간으로 만들어 버렸습니다. 랍비께서는 사람이 동물과 어깨를 나란히 하고 살 수 있다고 생각하십니까?"

랍비는 동의했다.

"그대가 옳다. 백 번 지당한 말이다. 곧장 가서 소를 집 밖으로 끌어내게나."

하루도 지나지 않아서 그 사람이 다시 랍비에게로 왔다. 그리고 얼굴에 광채를 내면서 소리쳤다.

"랍비님, 랍비님께서 제 삶을 행복하게 만들어 주셨습니다. 모든 동물들이 물러가고 나니 온 집안이 조용하고 넓고 쾌적합니다. 얼마나 기쁜지 모르겠습니다."

그것을 랍비에게 맡기라

유대인을 싫어하는 폴란드 귀족 때문에 어떤 유대인 여인숙 주인이 큰 좌절감에 빠졌다. 그의 지주가 야만적으로 자기를 다루었기 때문이었다. 그가 1년에 내야 할 지대를 지불할 수 없을 때마다 그를 때리기도 하고 추운 겨울밤에 아내와 아이들을 바깥으로 쫓아내기도 했다. 생각다 못해 그는 랍비에게 조언을 구할 목적으로 말을 타고 도시로 말을 타고 갔다.

그는 랍비에게 간청했다.

"제발 저에게 방법을 가르쳐 주세요. 제 목숨을 구해 주세요. 저는 더 이상 무슨 일을 해야 할지 모르겠습니다. 그 하만 같은 지주가 저를 무덤까지 몰아가고 있습니다. 이제 제게는 해결책이라

곧 단 한 가지밖에 없습니다. 바로 랍비님의 기적적인 능력으로 그에게 죽음을 내리는 것입니다."

랍비는 실망스런 표정을 지으며 말했다. "아! 아들아, 그 일은 너무 어렵구나. 게다가 너는 그를 쉽게 죽일 수도 없단다. 그러고서야 유대인이 '자비의 아들'이라고 불릴 수 있겠니? 너의 지주도 너나 나처럼 사람인데 말이다."

간청하던 사람은 화를 내며 코웃음쳤다.

"그가 사람이라구요? 랍비님, 그처럼 사람들을 괴롭히는 놈은 짐승이나 다름없어요. 그는 코를 쿵쿵대면서 곧 나를 죽일 것입니다."

랍비는 한숨을 쉬면서 동의를 표했다. 그리고 하느님과 대화하기 위하여 개인연구실로 돌아왔다. 그가 다시 모습을 보였을 때, 여인숙 주인에게 "이제 집으로 가라! 너를 핍박하던 자가 죽었다"라고 말했다. 여인숙 주인은 이런 기적과 같은 소식을 듣고 뛸 듯이 기뻐하면서 집을 향해 출발했다.

그러나 도중에 갑자기 불안한 마음이 들었다. 그는 "내가 과연 지주에게 죽음을 내려달라고 랍비에게 부탁한 것이 현명한 일이었을까?"라고 스스로 물어 보았다. "그것으로 내가 얻는 것이 무엇일까? 지금 파리에 있는 그의 아들이 아버지의 사망 소식을 듣는다면, 집으로 서둘러 와서 영지를 차지할 것이다. 그런 경우 그가 만약 아버지보다 더 악독하다면 나에게는 형편이 더 좋지 않게 될 것이다. 그렇게 되면 나는 끝장이다!"

그는 마차를 되돌리고 말에 채찍을 가하여 랍비에게로 돌아가 크게 소리쳤다. "랍비님! 저는 랍비님께 지주를 죽게 해 달라고 말하지 말았어야 합니다. 제가 잘못했습니다. 아주 끔찍한 잘못이었습니다. 만약 그가 하만처럼 악하다면, 그의 아들은 죽음의 천사와 같을 것입니다. 이제 저는 모든 일을 후회합니다!"

랍비는 크게 기뻐하면서 두 손을 번쩍 들었다.
"그럼 이제 내가 무엇을 하랴? 그를 되살리랴?"
그는 비꼬듯이 물었다. 그러자 그 사람은 뉘우치는 모습으로 말했다.
"믿어 주십시오. 어렵겠지만 제가 할 수 있는 일을 하겠습니다."
랍비는 다시 서재로 돌아가 하느님과 개인적인 교제를 나누었다. 그가 다시 모습을 보였을 때 기쁜 표정으로 말했다.
"집으로 돌아가도 좋다. 너의 지주는 다시 살아났다."
여인숙 주인은 감사의 기도를 웅얼웅얼하더니 마차에 올라 집으로 달려갔다. 집에 도착했을 때 그는 지주가 아무 일도 없었던 것처럼 원기왕성한 모습으로 걸어다니는 모습을 보고는 아주 기뻐했다.

위대한 것은 작다
사람들에게 알게 하라. 위대한 알렉산드로스일지라도 이 작은
공처럼 미미한 존재로 보일 수 있다는 것을

멘델 랍비의 비교

리바비츠의 멘델 랍비는 러시아 황제의 궁정에서 유대인 문제를 탄원하기 위하여 상트 페테르부르크에 자주 갔다. 그러던 중 한 번은 어떤 장관이 그를 책망했다.

그는 조롱하는 투로 물었다.

"랍비, 당신들의 탈무드는 엄청난 과장으로 가득차 있는데, 어떻게 된 일인지 설명해 보시오. 당신은 바다에서 뛰쳐나와 60개 도시를 물에 잠기게 만들었다는 어떤 고래 이야기보다 더 터무니없는 것을 생각할 수 있겠소?"

멘델 랍비는 빙그레 웃으며 이렇게 대답했다.

"각하, 각하께서는 불과 얼마 전에 친히 펜에 잉크를 묻혀서 모든 유대인을 600개 도시에서 추방한다는 법령에 서명하셨습니다. 그렇다면 미래의 역사가가 이 사건에 대하여 어떻게 기록할 것인지 생각해 보십시오. 그는 아마 '각하께서 잉크 한 방울로 모든 유대

인을 600개 도시에서 익사시켰다'라고 기록할 것입니다. 그것도 엄청난 과장일까요?"

선동한 덕분에 살았다

유대인 한 사람이 드네프르 강에서 허우적거리고 있었다. 살려달라는 외침소리에 두 사람의 러시아 경찰이 달려갔다. 그런데 그들은 물에 빠진 사람이 유대인이라는 것을 알고는 "유대인은 빠져 죽게 놔두자"라고 말했다.

유대인은 몸에 힘이 빠져가는 것을 느끼자 온 힘을 다해 "황제 타도!"라고 외쳤다.

경찰관들은 이런 선동 구호를 듣자 바로 물에 뛰어들어 그를 끄집어 내고는 체포했다.

쯧쯧

어린 메리 맥헤일은 학교에서 옆에 앉은 소년을 좋아하여 쉴새없이 엄마에게 그에 대한 이야기를 했다. 어느 날 그녀는 엄마에게 물었다.

"그는 어떤 국적을 가졌어요?"

엄마는 "그도 물론 너와 마찬가지로 미국인이지"라고 말했다.

"나도 그건 알아요. 그러나 다른 국적은 없어요?" 메리는 물었다.

그녀의 엄마는 "아! 그는 유대인이란다" 하고 말해 주었다.

어린 메리는 깊이 생각하며 이렇게 말했다.

"그렇게 어린데 벌써 유대인이라니……."

거짓과 악

노아가 방주를 다 지은 뒤, 동물들은 천사들에 이끌려 방주 가까이 모여들었다. 그들은 짝을 지어 왔고 노아는 방주 문에 서서 동물이 둘씩 들어가는 모습을 바라보았다.

홍수의 물이 지표면 위로 올라오자마자 사람의 아들들은 안전을 위하여 자기들의 집에 숨었다. 죽음의 천사가 임하였기 때문에 모든 교통이 끊어졌고, 사업도 중단되었다.

형편이 이러했기에 거짓은 자기의 임무를 제대로 해낼 가능성이 없다는 사실을 깨닫게 되었다. 홍수로 물이 점점 불어나서 하늘에 계신 창조주께 반역한 악한 사람들을 곧 쓸어버릴 것이 분명하지 않았는가? 거짓은 어디로 가야 안전한가?

거짓은 곧장 방주로 가 보았으나 문이 잠겨 있었다.

이제 어떻게 해야 하나? 거짓은 떨리는 손으로 문을 두드렸다. 노아가 방주의 창문을 열고 누가 문을 두드리나 알아보려고 고개를 내밀었다. 문 앞에 이상한 존재가 서 있었다. 노아는 한 번도 거짓말을 한 적이 없는 의로운 사람이었기에 전에 그를 볼 수 없었던 것이다.

"왜 그러시오?"

거짓은 소리쳤다.

"제발 제가 들어가게 해 주세요."

노아는 "여기는 쌍으로만 입장이 가능하니 당신의 짝이 함께 오면 기꺼이 들여보내 주겠소" 하고 소리쳤다.

거짓은 슬퍼하며 실망하여 되돌아갔다. 거짓은 얼마 안 가 지금은 일자리를 잃은 옛 친구인 악을 만났다.

"사랑하는 친구. 거짓이여! 어디에서 오시오?"

악은 물었다. 그러자 거짓은 말했다.

"노아 할아버지에게 다녀오는 길이오. 잘 들어보오. 내가 그에게 방주 속으로 들어가게 해달라고 했지만, 그는 내가 자기의 규칙을 따르지 않으면 넣어주지 않겠다고 했소."

"그가 무엇을 요구하였소?"

"그 착한 노인은 내가 짝이 있어야 된다고 했소. 왜냐하면 방주 속에 들어갈 수 있었던 모든 피조물은 짝으로 들어갔기 때문이오."

악은 그 악한 눈으로 기쁜 듯이 윙크를 보내며 물었다.

"사랑하는 친구여, 그게 정말이오?"

거짓은 "내 명예를 걸고 그 말은 물론 사실이오"라고 말하고는 덧붙였다.

"그렇다면 당신이 내 짝이 되어주겠소? 정직하고 불쌍한 존재인 우리가 함께 합하는 게 당연하지 않겠소?"

"만약 내가 동의한다면 그 보답으로 내게 무엇을 주겠소?" 하고 악이 물었다.

거짓은 잠시 생각하더니 자기 친구를 교활한 눈으로 바라보며 소리쳤다.

"정말로 내가 방주 속에서 얻는 것은 모두 당신에게 주겠다고 약속하오. 그 점에 대해서는 아무 염려 마오. 나는 준비가 잘되어 있고 정력적이기 때문에 그곳에서도 놀랄 만한 활약을 할 수 있을 거요."

악은 그 조건에 곧 동의했다. 그래서 적절한 합의문서가 작성되어 서명도 하고 봉인도 마쳤다. 그들이 지체하지 않고 노아에게 갔을 때 그는 행복해 보이는 한 쌍을 기꺼이 받아주었다.

거짓은 곧 분주하게 다니면서 많은 돈을 벌었다. 거짓은 자기 혼자 모든 일을 한다는 사실을 깨달았기 때문에 악과 맺은 협정을 후회스럽게 생각한 적도 있었다.

어느 날 거짓은 악에게 가서 "이것 보시오. 내가 일을 혼자 힘으로도 얼마나 쉽게 해낼 수 있는가 말이오"라고 말하기까지 하였다.

악은 그저 그에게 협정을 상기시켜 주기만 하고 날마다 자기 대장에다가 그날의 수입 총액을 기록해 나갔다.

홍수가 12달이나 지속되었기 때문에 그들은 그해 말쯤에야 방주 바깥으로 나올 수 있었다. 거짓은 아주 많은 재물을 집으로 가지고 갔으나 악이 따라와서는 어렵게 번 재산을 모두 내놓으라고 요구했다. 그때 거짓은 속으로 '짝에게 내가 번 것의 일부만을 주겠다고 요구해보자'라고 생각했다.

거짓은 악에게 다가가서 부드러운 목소리로 말했다.

"사랑하는 친구여, 제발 내가 정성스럽게 번 것 가운데 일부를 나에게 주오. 그 모든 일을 나 혼자 했지 않았소?"

악은 거짓을 경멸하듯 바라보다가 험한 목소리로 크게 말했다.

"이 사기꾼아, 네 몫은 없다! 우리는 네가 번 것 모두를 내가 가지기로 엄숙하게 합의하지 않았느냐? 내가 어떻게 합의 사항을 깰 수 있겠느냐? 합의 사항을 깨는 것은 아주 악한 일이지 않느냐?"

거짓은 자기 친구인 악을 속이는 것이 불가능하다는 것을 알고는 아무 말도 하지 않고 가버렸다. 그러므로 "거짓은 많은 것을 가져다주지만 악이 그 모든 것을 빼앗아 가버린다"는 속담은 사실이다.

아브라함과 우상

아브라함의 아버지인 데라는 우상숭배자였다. 그는 상당한 분량의 우상도 거래했다.

어느 날 그는 집에 가볼 일이 생겨 아직 나이 어린 아들 아브라함에게 우상으로 가득찬 가게를 맡겼다.

곧 우상숭배자 한 사람이 들어와서 우상을 사고자 했다.

아브라함이 물었다. "당신은 나이가 몇이오?"

우상숭배자는 "쉰 살이다"라고 대답했다.

"뭐라구요? 당신같이 나이 많은 사람이 이제 막 만들어진 단순한 형상 앞에 고개를 숙이다니! 잘 생각해 보시오."

그리하여 진리의 씨가 그 우상숭배자의 마음속에 심어졌다.
다음번에 또 데라가 없을 때 어떤 여인이 와서 가게에 있는 우상들 앞에 희생물로 밀가루 반죽 한 사발을 놓아두었다. 그 여인이 나가자마자 아브라함은 막대기를 들고는 커다란 우상 하나만 남겨두고 모든 우상을 부수었다. 아브라함은 이 남은 우상의 손에다가 나무막대기를 쥐어놓았다.
데라가 돌아와서는 아브라함이 부수어놓은 우상들의 광경을 보게 되었다. 그는 아들에게 달려들며 "누가 이런 짓을 했느냐?"라고 소리쳤다.
아브라함은 조용하게 대답했다.
"잘 들어보시면 놀라실 거예요! 어떤 여인이 와서 밀가루 반죽한 사발을 헌물로 놓았어요. 저는 그 사발을 우상들의 발치에 놓았습니다. 그러자 곧 그들 사이에 살육전이 벌어졌어요. 우상들은 모두 밀가루 반죽이 자기 것이라는 겁니다. 그들이 밀치고 당기고 있을 때 제일 큰 우상이 질서를 잡기로 마음먹고 막대기를 집어다가…… 보시다시피 모든 우상을 죽여버렸어요!"
아브라함의 아버지는 소리쳤다.
"이 머저리 같은 녀석아! 우상은 말도 못하고 이해력도 없는데 밀치고 당긴다니 말이나 되느냐?"
"아버지, 아버지! 그 말 속에 거룩한 진리가 담겨 있어요!"
아브라함은 대답했다.

하느님이 사람을 용서하시는 이유
엘리야 예언자가 한번은 다음과 같은 이야기를 했다.
"내가 세상에서 가장 큰 도시에 가게 되었을 때, 그 도시에는 어떤 정부관리가 살고 있었는데, 그의 의무는 수상한 사람을 조사하는 것이었지. 그가 나를 보자 왕궁으로 데리고 갔어. 그곳에서 어떤 성직자가 내게로 오더니 묻더군.

'당신은 학자요?'

'아는 게 약간은 있소.' 나는 대답했지.

이 말을 들은 그는 나에게 '당신이 내가 묻는 말에 올바른 답을 하면 아무 일 없이 가게 하겠소' 하고 말했어. 나는 '말하시오'라고 했지.

'전능자께서 왜 파충류를 창조하셨는가? 그는 왜 이 아름다운 세상에 그렇게 추하고 기어다니는 것들을 만드실 필요가 있었는가?'

나는 그에게 대답했지.

'전능자께서는 엄격한 심판자이기도 하시지만 공의와 자비와 진실을 사랑하십니다. 그분은 모든 것의 결과를 내다 보시고 미래를 예언하십니다. 그분은 오직 선한 일에만 관심이 있습니다. 그분은 깊은 지혜로 세상과 세상에 있는 모든 것을 창조하셨습니다. 그 뒤에 그분은 사람을 만드셨습니다.

그분이 사람을 만든 유일한 목적은 모든 마음을 다하여 당신을 섬기게 하기 위함이었습니다. 그리하여 세상 끝날까지 그에게서 나오는 모든 세대와 인간을 기뻐하십니다.

그러나 사람은 번식하고 그 수가 많아지게 되자 해와 돌과 나무로 만든 우상을 섬기기 시작했습니다. 사람들의 죄는 매일 늘어나 마땅히 죽을 정도까지 이르게 되었고 하느님의 인내력을 크게 시험하게 되었습니다.

바로 그 순간에 하느님은 세상에 만들어 놓은 모든 피조물을 보고 말했습니다.

'사람들이 생명을 가지고 있듯 이 피조물도 생명을 가지고 있다. 사람들이 영혼을 가지고 있듯 이 피조물도 영혼을 가지고 있다. 사람들이 먹고 마시듯 이 피조물도 먹고 마신다. 그러므로 사람들 또한 동물이므로 내가 만든 파충류와 다를 바 없다.'

곧 하느님의 진노가 가라앉고 사람들을 파멸시키려던 손을 거두셨습니다. 그러므로 하느님은 사람에게 창피를 당하게 하여 겸손하게 하시려고 파충류를 창조했음을 알 수 있습니다."

다윗 왕, 우상 앞에 절하다
다윗 왕이 올리브 산 정상에 도착했을 때 시종들에게 말했다.
"가서 우상을 찾아 이리로 가지고 오너라!"
시종들이 명령을 이행하기 위하여 나갔을 때 왕의 친구인 후새를 만났다. 그는 그들에게 "어디 가느냐?"고 물었다.
"우리 왕 다윗께서 우상을 찾아오라고 명령하셨습니다."
그들은 대답했다.
후새는 놀라서 다윗에게 가서 물었다.
"왕이여, 왜 종들에게 우상을 가지고 오라고 명하셨습니까?"
그때 다윗 왕은 말했다.
"친구여! 그리 슬퍼하지 마시오. 그대는 내 이름이 온 세상에 얼마나 큰지 알지 못하오? 내 이름을 듣는 사람은 이렇게 말하지요. '다윗처럼 덕 있는 사람은 없다. 그는 하느님을 두려워하며 백성들을 다스린다. 그는 오직 선을 행하며 공의를 베풀며 하느님의 모든 계명을 지킨다.'

그러므로 후새여! 생각해 보시오. 내 아들 압살롬이 나를 공격하여 죽이려고 하는 이런 비참한 곤경에 대해서 사람들이 들었을 때, 어떤 생각을 할 것 같소?

그들은 '그런 하느님을 경배하는 것은 얼마나 쓸모없는 짓인가? 그에게는 공의도 없고 덕에 대한 보상도 없다'고 말할 것이오. 그 때문에 나는 내 이름을 더럽히기 위하여 우상 앞에 절하기로 작정하였소. 그렇다면 사람들은 이렇게 말할 수 있을 것이오.
'하늘에는 하느님이 계셔서 온 땅의 주가 되심이 틀림없다! 그는 진리와 공의를 가지고 다스리시며 우상 숭배로 말미암아 심지어 강력한 다윗 왕마저 벌하신다.'"

가난한 사람들의 벽

솔로몬이 거룩한 예루살렘 시에 성전을 건축하기를 원했을 때, 하느님의 천사가 그에게 나타나서 말했다.

"다윗의 아들이자 이스라엘의 왕 솔로몬아, 너는 네가 나를 위하여 지으려고 하는 성전이 백성의 거룩한 장소요, 온 이스라엘의 분깃이라는 사실을 잘 알지 않느냐. 모든 이스라엘을 소집하여 저마다 자기 능력에 따라 작업에 참여하도록 하여라."

솔로몬 왕은 나가서 자기 백성들을 소집하였는데 한 사람도 빠지지 않았다. 거기에는 왕족과 지배층과 제사장과 귀족뿐만 아니라 곤궁하고 가난한 사람들도 모였다. 그리고 솔로몬은 모든 일이 추첨으로 배당되도록 하기 위하여 일감에 대한 추첨을 했다.

추첨 결과는 이러했다.

우선 왕족과 지배층은 계단과 기둥의 지붕, 아론을 조상으로 하는 제사장과 레위지파는 언약 궤와 그 위에 있는 커튼, 재산이 많은 사람들은 동쪽 벽, 가난하고 곤궁한 사람들은 서쪽 벽을 맡았다. 그렇게 배당이 되었는데 이것이 주님에게서 나왔기 때문에 우리 눈에는 영원히 기적처럼 보일 수도 있다!

하느님의 집을 위한 노동이 시작되었다.

왕족과 지배자들과 이스라엘의 부유한 자들은 자기 아내와 딸의 귀에서 금귀고리를 빼내고 값진 보석도 가지고 왔다. 레바논 삼나무를 사서 기반과 벽을 덮고 사이프러스를 사서 문을 위하여 사용하고 올리브 나무를 사서 상인 방에 썼다.

그들은 또한 시돈, 두로와 그 근방에 살던 다른 이방인들을 일일 노동자로 고용했다. 그리고 그들을 감독하고 독려하기 위하여 임명된 감독관들은 "이 게으름뱅이들아! 일을 빨리 마쳐라!"고 소리쳤다. 그래서 왕족과 지배층과 부자들의 작업은 신속하게 완성되었다. 또한 아론을 조상으로 하는 제사장들과 그들 가문에서 난 레위지파들도 일을 마쳤다.

그런데 가난한 사람들의 작업은 상당히 지연되었다. 왜냐하면 그들은 멀리서 훌륭한 재료를 가지고 올 수 없었기 때문이었다. 남자, 여자, 어린이 할 것 없이 모든 사람들은 시드기야의 동굴이라는 커다란 동굴에서 돌을 채취하여 자기들이 맡은 서쪽 벽을 완성시켰다.

드디어 거룩한 역사가 끝나고 아름다운 자태로 성전이 우뚝 섰을 때, 하느님이 임하셔서 서쪽 벽을 가리키며 말씀하셨다.

"내 눈에는 가난한 사람들의 수고가 값지다. 그러므로 나의 축복이 그 위에 머물 것이다."

그러자 "거룩한 분께서는 서쪽 벽에 계속 임하실 것이다"라고 화답하는 거룩한 메아리가 울려퍼졌다.

이스라엘의 대적이 영광의 집을 파괴시킬 때, 가장 높으신 분의 천사가 내려와서 그 날개로 서쪽 벽을 감쌌다. 그리고 "서쪽 벽은 파괴되지 않을 것이라"는 거룩한 메아리가 울려퍼졌다.

단순한 것들의 아름다움

예루살렘 성전에서 예배 드릴 때 사용되던 악기 가운데 어떤 관악기가 있었다. 그것은 보통 갈대로 만들었는데, 부드러우며 가는 것으로 그 기원은 모세 시대까지 거슬러 올라간다.

왕이 그 관악기의 가치를 알고는 금으로 도금하라고 명령했다. 그런데 그렇게 도금한 뒤에 성전 예배 때 관악기를 연주하는데 그 음색이 예전처럼 맑지 못하였다. 사람들이 금을 떼어 내고 나니, 다시 아름다운 소리가 들렸다.

또 예루살렘 성전에 있는 악기 가운데에는 심벌즈 한 세트가 있었다. 그것은 구리로 만들어졌는데 함께 쳤을 때는 아주 놀라운 음을 내었다. 그런데 어쩌다가 그 악기가 손상을 입었다. 그래서 유대의 현인들은 알렉산드리아에서 위대한 금속 공예가를 데려다가 수리도 하고 그 위에 금을 입혀 놓았다. 뒤에 심벌즈를 마주쳐 보았으나 소리가 예전처럼 맑지 못하였다. 그래서 금을 떼어냈다. 그러자 심벌즈 소리는 예전처럼 놀랍게 울려퍼졌다.

백정과 랍비

랍비 요수아는 아주 경건하고 율법에 해박한 지식이 있었다. 한번은 꿈속에서 그에게 어떤 음성이 들려왔다.

"기뻐하라, 요수아야. 너는 낙원에서 백정 네네스와 나란히 앉게 될 것이고, 너의 상급은 그와 꼭 같을 것이다."

잠에서 깨어난 요수아 랍비는 부르짖었다.

"내게 화가 임했구나! 나는 평생 주님을 섬기는데 헌신해 왔고, 끊임없이 율법을 공부해 왔으며, 80명이나 되는 제자들의 마음을 밝혀 주었다. 그런데 내가 행한 이 모든 선행에도, 장차 받게 될 상급을 보라! 백정 네네스보다 더 나을 것이 아무것도 없는 것 같구나!"

그는 제자들을 불러 모은 뒤, 이렇게 말했다.

"나는 백정 네네스를 찾아 그가 낙원에서 나의 벗이 될 만큼 가치 있는 일을 해왔는지 알아보기까지는 너희들과 함께 학교에 들어가지 않을 것이다."

요수아 랍비는 백정 네네스를 찾기 위해 제자들과 함께 이 마을 저 마을로 돌아다녔으나, 아무도 그에 대해 들을 수 없었다. 수없는 방황 끝에 마침내 그들은 네네스가 사는 마을에 이르게 되었다. 그러자 요수아 랍비는 백정 네네스에 대해 이것 저것 물어보기 시작했다.

마을 사람들은 요수아에게 물었다.
"오, 학문 높으신 랍비시여! 당신같이 고명하신 어른께서 왜 그런 무식쟁이이며 하찮은 사람에 대해 물으시는 겁니까?"
그러나 랍비 요수아는 물러나지 않았다.
"네네스가 어떠한 인물인지 말해주시오."
사람들은 대답했다.
"랍비시여, 저희들에게 묻지 마십시오. 당신이 직접 알아보실 수 있습니다."
사람들은 백정 네네스를 찾아가서 말했다.
"요수아 랍비께서 이 마을에 오셔서 자네를 만나고 싶어하시네."
네네스는 깜짝 놀라 큰소리로 외쳤다.
"요수아 랍비 같은 위대하신 분이 저 같은 사람을 꼭 만나고 싶어 하신다고요? 여러분들이 저를 놀리러 오신 것이 아닌지 염려됩니다. 저는 여러분들과 함께 가지 않겠습니다."
마을 사람들은 분한 마음으로 요수아 랍비에게로 돌아와서 말했다.
"오, 이스라엘의 빛이시여! 우리 눈의 빛이시며 우리 머리의 면류관이시여! 당신은 저희들을 왜 그런 촌뜨기에게 보내셨습니까? 그는 우리와 함께 오는 것을 거절했습니다."
요수아 랍비는 외쳤다.
"백정 네네스를 만나지 않고서는 이 마을을 떠날 수 없소. 좋소. 내가 직접 네네스를 만나러 가리다."
그 백정은 요수아 랍비를 보고 깜짝 놀랐다.
그는 감격하여 외쳤다.
"오, 이스라엘의 면류관이시여! 당신은 왜 저 같은 사람을 만나고 싶어하십니까?"
요수아 랍비는 말했다.

"당신에게 묻고 싶은 것이 있소. 당신은 평생 무슨 선행을 했는지 내게 말해 주시오."

"저는 평범한 백정에 불과합니다. 저는 노약하신 부모님을 모시고, 이분들의 시중을 들기 위해 지금까지 제 모든 즐거움들을 포기해 왔습니다. 제 손으로 그분들을 씻겨드리고 의복을 입혀드리며 음식물을 준비합니다."

요수아 랍비는 이 말을 듣고 몸을 굽혀 그 백정의 이마에 입을 맞추었다.

"내 아들이여! 당신에게 복이 있소. 행운이 당신과 함께하기를 비오. 내가 낙원에서 당신의 벗이 되는 특권을 가지다니, 아, 나는 얼마나 행복한 사람인가!"

위대한 것은 역시 작다

알렉산드로스 대왕은 많은 것들을 성취했어도 아직 만족하지 못했다.

그는 "나보다 앞서 존재했던 어떤 사람도 경험해 보지 못했던 가장 특이한 일을 경험해 보고 싶다"고 외쳤다.

알렉산드로스 대왕은 사냥꾼들에게 수많은 독수리를 사로잡아 오도록 명령했다. 그리고 가장 큰 놈을 고른 뒤 그 위에 올라탔다. 그 다음에 그는 고기 한 조각을 자신의 창에 꿰어 독수리의 눈 앞으로 높이 쳐들었다.

독수리는 고기 냄새를 맡자마자 그것을 채뜨리기 위해 힘을 다해 공중으로 솟아 올랐다. 알렉산드로스 대왕은 일부러 그 고깃덩어리를 독수리가 미칠 만한 거리 밖에 매달아서 독수리가 공중으로 점점 더 높이 날아오르도록 만들었다. 곧 마을과 도시가 왕에게 바늘 구멍처럼 보이기 시작했다.

알렉산드로스 대왕은 허영심으로 가득 차 있었다.

그는 흡족한 듯이 바라보았다.

"이제 누가 나와 감히 견줄 수 있겠는가? 나는 이제 세상 모든 이들 가운데 가장 높은 곳에 있구나. 내 눈에는 이제 사람들이 벌레같이 보이는구나!"

그러나 갑자기 두려움이 그를 사로잡았다. 그는 이렇게 생각했다. '만일 내가 너무 높이 있다면, 사람들이 어떻게 나를 알아볼 수 있을까? 나 또한 그들에게 한 마리 파리처럼 보이겠지. 어쩌면 그들은 나를 도무지 알아보지 못할지 모른다. 만일 내가 보이지 않는다면 그들이 어떻게 나를 존경할 수 있을까? 그들은 금방 나를 잊을 수도 있을 것이다!'

그러자 그의 자부심은 산산이 깨어져 버렸고, 자신의 독보적인 개성이 이제 아무것도 아닌 것처럼 느껴졌다.

그런데 아직도 독수리는 땅에서부터 점점 더 높이 날아오르고 있었다. 다시 한 번 알렉산드로스 대왕이 밑을 내려다 보자 지구가 이제 그에게 작은 공처럼 보였다. 왕은 점점 겁이 나서 고깃덩어리를 꿴 창을 독수리의 눈높이 아래로 낮추었다.

독수리는 고기를 낚아 채어 먹으려고 애를 쓰면서 점점 아래로 내려가기 시작했다. 곧 물체들이 분명해지면서, 마을과 나무와 사람들의 모습이 점점 커져 갔다. 그리고 더욱 가까워질수록, 그의 눈에는 사람들이 더욱 크게 보이게 되었다. 그러자 알렉산드로스 대왕은 기뻐하면서 내려왔다.

다시 지상에 도착했을 때, 그는 손에 작은 공 하나를 쥐고 있는 자신의 모습을 만들어내도록 조각가에게 명령했다.

왕은 말했다.

"사람들에게 알게 하라. 위대한 알렉산드로스일지라도 이 작은 공처럼 미미한 존재로 보일 수 있다는 사실을."

햇빛이 비치는 이유

알렉산드로스 대왕은 세계를 정복하기 위하여 강행군하는 도중에, 멀고 한적한 오지의 평화스러운 오두막에 살면서 전쟁도 정복자도 모르는 아프리카의 어떤 부족을 만나게 되었다.

그들은 알렉산드로스 대왕을 추장이 사는 오두막으로 인도했는데, 추장은 알렉산드로스 대왕에게 호의를 베풀며 영접하였고 그의 앞에 금으로 된 대추야자와 금으로 만든 무화과와 금으로 만든 빵을 내어놓았다.

"이 나라에서 그대는 금을 드시오?"

알렉산드로스 대왕이 물었다.

"저는 당신이 먹을 수 있는 음식을 당신 나라에서도 충분히 발견하실 수 있으리라 생각합니다. 그런데 무슨 이유 때문에 우리에게 오셨습니까?"

"금 때문에 여기까지 온 것은 아니오. 다만 나는 당신들의 예절과 관습에 대해 친숙해지고 싶을 따름이오."

알렉산드로스 대왕이 말했다.

"그러시다면, 당신이 원하시는 대로 우리 가운데 오래 머물러 계십시오."

이 대화를 마칠 즈음에 두 시민이 재판을 받으려는 듯 법정으로 들어왔다.

원고가 말했다.

"저는 이 사람에게서 땅 한 부분을 샀습니다. 그런데 깊은 도랑을 내려고 땅을 파다가 보물을 발견했습니다. 그렇지만 이것은 제 것이 아닙니다. 왜냐하면 저는 단지 그 땅만을 산 것이지, 땅 밑에 묻혀 있을지도 모를 보물까지 산 것은 아니었으니까요. 그런데도 그 땅의 이전 소유자는 아직도 그 보물을 받으려고 하지 않습니다."

피고가 대답했다.

"저는 제 친구인 이 사람처럼 선한 양심을 가지기를 바랍니다. 저는 혹 있을 수 있는 모든 이권들과 함께 그 땅을 그에게 팔았습니다. 거기에는 당연히 그 보물도 포함되어 있습니다."

최고 재판관이기도 했던 추장은 그들의 문제를 잘 이해하였는지의 여부를 알아보도록 하기 위해 그들의 말을 되풀이하여 물어보았다. 그리고 얼마쯤 생각한 뒤에 말했다.

"믿건대 친구여, 그대는 아들이 있는가?"

"예."

"그러면 그대는 딸이 있는가?"

추장은 다른 사람에게 다시 물었다.

"예."

"좋아요. 그러면 그대들의 아들과 딸을 결혼시키시오. 그리고 그 보물은 결혼지참금으로 젊은 부부에게 주시오."

알렉산드로스 대왕은 놀라고 당황했다.

"제 판결이 불공정하다고 보십니까?"

추장이 알렉산드로스 대왕에게 물었다. 그러자 알렉산드로스가 대답했다.

"아, 아니오! 그러나 그 재판은 나를 놀라게 했소."

"그렇다면, 이런 소송은 폐하의 나라에서는 어떻게 판결이 내려지는지요?"

추장이 대답했다.

"사실대로 말하면, 우리나라에서는 그 양 당사자들로부터 보물을 빼앗아 보관하도록 하고, 왕의 소용대로 쓰기 위해 압류했을 것이오."

알렉산드로스가 대답했다.

"왕의 소용대로 쓰려고요! 당신 나라에도 해가 비칩니까?"

추장이 놀란 표정으로 외쳤다.
"아, 그렇소!"
"거기에도 비가 내립니까?"
"그렇고말고요!"
"이상하군요! 그렇다면 그곳에 목초와 푸른 풀잎을 먹고 사는 온순한 동물들이 있습니까?"
"헤아릴 수 없이 많고, 종류도 다양하지요."
"아, 그래요. 그렇다면 그것이 이유임에 틀림없습니다. 은혜로우신 조물주께서 그곳 주민들은 축복을 받을 자격이 없지만, 죄없는 동물들을 위해 당신의 나라에 계속하여 햇빛을 비춰주시고, 빗방울을 내려주시는군요."

세 딸

세 딸을 둔 어떤 경건한 남자가 살았다. 큰딸은 도둑이었고, 둘째는 게으름뱅이였으며, 셋째는 도무지 진실을 말하는 법이 없고 기회가 있을 때마다 사람들을 중상모략하는 거짓말쟁이였다.

어느 날 세 아들을 둔 한 경건한 남자가 그 도시에 와서 세 딸을 둔 남자에게 말했다.

"당신에게는 세 딸이 있고 나는 세 아들이 있지 않소. 그들을 짝지어 서로 배필을 삼읍시다."

그러자 처녀의 아버지가 대답했다.

"그냥 두시오. 내 딸들은 당신 아들들에게는 어울리지 않소. 왜냐하면 내 딸들은 모두 단점이 하나씩 있기 때문이오."

아들들을 둔 아버지가 물었다.

"단점이 대체 무엇이오?"

그러자 딸을 둔 아버지가 대답했다.

"하나는 도둑이고, 둘째는 게으름뱅이, 그리고 셋째는 거짓말쟁이요."

아들들을 둔 아버지가 물었다.

"그들이 그 밖에는 다른 단점을 가지고 있지 않다는 말이지요? 그렇다면 내가 그것들을 고쳐주리다. 내게 맡기시오."

그리하여 그들은 약혼하였고, 아들을 둔 아버지는 그 처녀들을 데려다가 아들들과 결혼시켰다.

결혼식을 마치자마자 시아버지는 도둑에게는 금고의 모든 열쇠를 다 주어서 그녀의 탐욕을 만족시켰다. 그리하여 그녀는 도둑질할 이유가 전혀 없었다.

둘째에게는 남종과 여종들을 많이 거느리게 하였기에 그녀는 할 일이 전혀 없었다. 셋째에게는 모든 소원들을 다 성취시켜 주어서, 그녀가 거짓말하거나 다른 사람을 중상하지 않도록 하였다. 그리고 시아버지는 자식들의 집집을 떠날 때마다 며느리를 포옹하고 입을 맞추었다. 왜냐하면 그는 며느리를 선하게 대함으로써 악한 기질을 치료하고, 더 이상 중상모략을 하지 않게 되기를 기대했기 때문이었다.

어느 날 친정아버지가 딸들이 어떻게 살고 있는지 살펴보기 위해서 방문했다. 그래서 그는 큰딸에게 가서 남편과 사이좋게 지내는지, 그리고 시아버지로부터 잘 대우받는지를 물어보았다. 그녀가 대답했다.

"아버지, 전 아버지께서 이 남자와 결혼하도록 해주신 것에 대해 너무나 감사드려요. 저는 제 마음이 원하는 것은 무엇이든지 다 소유하고 있어요. 게다가 훔칠 필요가 없도록 모든 열쇠를 제 손에 지니고 있지요."

그 다음에 그는 게으름뱅이 둘째딸에게 가서 어떻게 지내는가 물어보았다. 그러자 그녀도 대답했다.

"아버지, 저를 여기 데려다 주신 것에 대해 너무나 감사드려요. 왜냐하면 손 하나 움직일 필요가 없을 만큼 남종과 여종들을 많이 거느리고 있어요. 그리고 제 남편과 시아버지께서 아주 잘해 주신답니다."

그 다음에 그는 거짓말을 잘하는 셋째딸에게 가서 어떻게 지내는가 물어 보았다.

그러자 그녀는 대답했다.

"아버지는 정말 좋은 아버지세요! 저는 아버지가 제게 한 남편만을 주었다고 생각했어요. 그러나 이젠 아버지가 제게 남편 둘을 주신 것을 알았어요. 왜냐하면 남편이 집을 나가기가 무섭게 시아버지가 들어와서 입맞추시고, 꼭 껴안으시고, 제가 그분의 뜻대로 하기를 원하시지요. 사랑하는 아버지, 만일 그 사실이 믿어지지 않으신다면 내일 아침에 오세요. 진실을 보시게 될 거예요."

다음날 아침 친정 아버지가 오자, 셋째딸은 무슨 일이 벌어지는지 똑똑히 볼 수 있도록 밀실에 아버지를 숨겨 주었다. 시아버지는 늘 하던 대로 그녀에게 와서 입맞추고 포옹하면서 그녀에게 말했다.

"사랑하는 며늘아가, 잘 지내고 있느냐? 무슨 부족한 것이라도 있느냐?"

시아버지는 며느리의 악습을 고쳐보려는 선한 의도에서 이 모든 일을 했지만, 친정 아버지는 이것을 보자 화가 치밀어 밀실에서 뛰쳐나와 그를 죽여버렸다.

마침 그때 딸의 시아주버니 둘이 집에 들어와서 자기 아버지가 죽어 엎드러진 광경을 보고서, 장인을 죽여버렸다. 그때 험담꾼인 셋째딸이 "살인이다! 살인!"이라고 외치기 시작했다.

그때 시아주버니 둘은 이 비극이 그녀 때문이라는 것을 깨닫고는 그녀 역시 죽였다. 그리하여 험담을 통하여 세 사람이 목숨을 잃고 말았다. 그러므로 훗날 랍비는 이렇게 교훈했다.

"악한 혀가 범하는 죄는 살인과 간음과 도둑질, 이 세 가지 죄를 합한 것보다 더 무겁다."

세계 최고두뇌 최대부호 성공집단 탄생시키는 유대
솔로몬 탈무드

12

뿌린 대로 거두리라

기쁨이 윙크할 때
잘못을 저질렀다면 속죄하라

하늘, 쥐, 우물. 증인이 되다

한 소녀가 집으로 가다가 길을 잃어 마을에서 상당히 멀어지고 말았다. 목이 몹시 말랐던 그녀는 두레박이 달린 우물을 발견하자 그것을 타고 밑으로 내려갔다. 그런데 다시 올라올 수가 없었다. 아무리 큰소리를 질러봐도 아무에게도 들리지 않았다. 그때 마침 한 남자가 지나가다 우물 안을 들여다보았다. 그는 그녀에게 사람인지 악마인지 물었다.

"사람이에요."

소녀는 눈물을 흘리면서 도움을 청했다.

"만약 도와주면 나와 함께 자 줄 테냐?"

남자는 말했다.

"예."

그녀는 약속했다. 남자는 고생고생하여 소녀를 우물에서 끌어올리고는 말했다.

"자, 약속을 지켜다오."
남자는 여자와 자고 싶었다.
"당신의 출신은?"
소녀가 물었다.
그는 자신의 출신과 자기가 사제의 집안이라는 것을 얘기했다.
"저도 같은 사제의 집안 사람이에요" 하고 소녀도 말했다.
"신성한 사제의 집안 사람이 결혼서약도 하지 않고 동물이나 다름없이 행동해도 되는 걸까요? 부탁이에요. 저와 함께 부모님의 허락을 받아주세요. 그렇게 하면 저는 부끄럽지 않은 방법으로 당신과 결혼하겠어요."
남자는 그 말에 동의했고, 두 사람은 결혼을 맹세했다. 하지만 누구를 증인으로 세워야 할지 몰랐다. 그들은 하는 수 없이 하늘과 우물과 지나가던 쥐를 증인으로 하기로 했다.
결혼서약이 끝나자 그들은 각자 자기 집으로 갔다. 소녀는 서약을 지키기 위해 모든 청혼을 거절했다. 하루는 다른 도시에서 젊은 신사가 찾아왔다. 그는 재산이 많고 학식이 있었으며, 현명하고 덕이 있는 데다 명문가의 아들이었다. 그는 훌륭한 가문의 아름다운 그녀를 보고 그녀의 아버지에게 중매인을 보내 결혼을 신청했다. 그 젊은이가 누구인지 안 아버지는 매우 기뻐했다.
"딸에게 물어본 뒤에 대답하지요."
아버지가 딸에게 말했다.
"애야, 나는 오늘까지 네 뜻을 존중하여, 너에게 청혼한 젊은이들 중 누구와도 결혼하라고 강요하지 않았다. 하지만 이번 구혼자는 잘생기고 머리가 좋은 데다, 재산도 많고 인덕도 있다. 제발 내가 하는 말을 귀담아 듣고 그 청년과 결혼했으면 좋겠다. 이런 훌륭한 상대는 두 번 다시 나타나지 않을 거다. 이번 기회를 놓쳐서는 안 된다. 그 청년과 결혼하도록 해라."

소녀의 어머니도 옆에서 고개를 끄덕였다. 소녀는 부모님 중 어느 쪽도 뜻을 굽히지 않으리란 것을 알고, 미친 시늉을 하며 자신의 옷과 주위에 있던 사람들의 옷을 찢었다.

그런 다음 그녀는 맨발로 거리를 헤매고 다니면서, 옷을 찢고 눈에 들어오는 사람들에게 돌을 던지기도 했다. 그래서 그 도시에서는 아무도 그녀에게 청혼하지 않게 되었다. 모두들 그녀가 미쳤다고 생각했기 때문이다.

그 사이, 그녀와 결혼을 약속한 남자는 맹세를 까맣게 잊어버리고 다른 여자와 결혼하여 아들을 낳았다. 아들은 무럭무럭 자라 부모의 자랑이자 기쁨이 되었다.

그런데 어느 날 소년이 마당에서 놀고 있는데, 쥐가 나타나서 그를 물어 죽였다. 소년의 어머니는 이 불행한 죽음을 몹시 슬퍼했지만, 얼마 뒤 그녀는 다시 아들을 낳을 수 있었다.

하지만 이 아이 또한 우물에 빠져 죽고 말았다. 그녀는 더 큰 슬픔에 빠져 울부짖었고, 어떤 위로도 그녀를 달랠 수 없었다. 그녀는 슬픔 속에서도 신은 정의롭다는 것을 생각했다. 신이 하시는 일에는 반드시 까닭이 있을 것이라고 생각한 그녀는 남편을 방으로 불러 말했다.

"여보, 신이 옳지 않은 일을 하실 리가 없어요. 만약 성스러운 분이 어린 아들들의 죽음으로 우리를 벌하신 거라면, 우리는 무언가 죄를 범한 것이 틀림없어요. 어떤 죄를 범했는지 생각해 봅시다. 저는 제가 어떤 죄를 범했는지 생각하고 또 생각했지만, 아무래도 짐작가는 데가 없었어요. 당신도 한 번 생각해 보세요. 네? 여보, 부탁이에요. 만약 무언가 잘못을 저질렀다면 우리는 거기에 대해 속죄를 해야 해요."

아내의 말을 듣고 남편도 자신이 어떤 죄를 지었는지 곰곰이 생각하다가, 문득 우물 안에서 구해준 소녀와 결혼을 약속했던 일이 떠올랐다. 그가 그 사실을 아내에게 얘기하자, 아내는 그에게 신의 진리를 상기시키면서 말했다.

"여보, 우리 서로 사랑하는 마음으로 평화롭게 헤어집시다. 신이 당신을 위해 남겨둔 소녀한테 가서 약속을 이행하세요. 그러면 죄 없는 영혼이 더 이상 죽는 일은 없을 거예요."

그래서 두 사람은 랍비를 찾아가서 이혼했다. 여자는 자신의 길을 가고, 남자는 소녀가 사는 도시로 갔다. 그곳에 도착하여 소녀에 대해 물었더니, 그녀가 미쳤다고 하는 것이었다. 그래도 그는 물었다.

"그녀의 아버지는 어디에 살고 있습니까?"

남자는 소녀의 아버지를 찾아가서 말했다.

"당신한테는 아직 결혼하지 않은 따님이 있을 겁니다. 그 따님을 저한테 주실 수 없겠습니까?"

"당신의 말을 들으니 가슴이 미어지는 것 같소. 나에게 보석보다 소중한 딸이 있는 것은 사실이지만, 이미 오래전부터 정신이 이상해졌소. 이제 누구와도 결혼할 수가 없소."

"그래도 저는 그녀와 결혼하고 싶습니다. 부탁입니다. 그녀가 있는 곳으로 안내해주십시오."

그녀의 아버지는 마지못해 승낙하고 남자를 딸에게 데리고 갔다. 딸은 그때도 미친 여자처럼 행동하고 있었다.

"아가씨, 나를 기억하시겠소?"

남자는 그녀에게 그날의 일을 상기시켰다.

"허허벌판 우물 안에서 당신을 구해준 그날의 일을 기억해 보시오."

"말씀해 주세요" 하고 그녀가 애원했다. 그녀에게 정신이 어렴풋이 돌아오기 시작했다. 그가 그날의 일을 모두 얘기하자 그녀는 완전히 제정신으로 돌아와 말했다.

"당신 때문에, 그리고 당신과 한 약속 때문에, 저는 오랫동안 고통 속에서 살아왔어요. 보세요. 저는 약속을 지켰어요."

두 사람은 그녀의 부모에게도 그날 있었던 일을 모두 얘기했다. 그들은 모두 크게 기뻐했다. 그리고 결혼식을 올리고 두 사람은 부부가 되었다. 그들에게는 아들이, 그리고 손자들이 태어났고, 그 뒤에도 행복하게 살았다.

형제의 아내를 탐하다

한 남자가 장사를 위해 길을 떠나게 되었다. 남자는 동생에게 아내를 부탁하면서 말했다.

"아우야, 여행에서 돌아올 때까지 나를 대신해 내 아내를 잘 지켜 다오."

"알았소."

동생이 대답했다.

이리하여 남자는 아내를 동생의 손에 맡기고 긴 여행길에 올랐다. 그러나 동생은 매일 여자의 방에 찾아가서 그녀를 유혹했다.

"당신하고 단 한 번만이라도……, 당신이 원하는 것은 뭐든지 해주겠소."

"어떻게 그런 생각을 할 수가 있어요? 남편을 배반하는 자는 지옥불에 타 죽어버리기를! 형제의 아내를 탐하는 자는 전 재산을 잃고 결국 나병에 걸릴 거예요."

여자는 꾸짖었다.

동생은 어떻게 했을까? 어느 날 그는 하녀를 불러 말했다.

"이 항아리에 우물물을 가득 채워오너라."

하녀가 집에서 나가자 그는 여자의 방에 들어갔다. 여자가 필사적으로 저항하며 비명을 지르는 바람에, 그는 목적을 달성하지 못한 채 그녀를 놓아주었다. 그는 시장에 나가 그녀에게 불리한 증언을 하도록 남자들을 매수했다.

"내 형수가 하인과 정을 통했다고 증언해 주게."

그들은 산헤드린(유대의 최고의회 의결기관)에 출두하여 여자가 하인과 함께 있는 것을 목격했다고 증언했다. 산헤드린은 그녀에게 돌로 쳐죽이는 형을 선고했다. 그녀의 목을 묶어 예루살렘 교외에 끌고간 사람들은 그녀가 돌무더기에 파묻힐 때까지 계속 돌을 던졌다.

이튿날, 예루살렘으로 여행하던 사람이 그 돌산이 있는 곳을 지나갔다. 그는 예루살렘에서 아들에게 토라를 배우게 하기 위해 함께 가던 중이었다.

그들이 예루살렘 교외의 돌무더기 근처에 도착했을 때는 완전히 어두워진 뒤였다. 두 사람은 거기서 하룻밤을 보내기로 하고, 돌을 베개 삼아 잠을 청했다. 바로 그때 돌무더기 밑에서 한숨과 울음소리가 들려왔다.

"이게 웬 날벼락이람! 아무 죄도 없는 나를 이 지경으로 만들다니!"

그 말을 들은 남자와 아들은 돌을 치우고 여자를 꺼냈다.

"당신은 누구요?"

남자가 물었다.

"예루살렘에 살고 있는 이의 아내입니다."

"여기서 뭘 하고 있는 거요?"

그녀는 자초지종을 모두 얘기한 뒤 그들에게 물었다.

"나리, 어디로 가시던 중입니까?"

"아들이 토라를 배우도록 예루살렘으로 데리고 가는 중이오."

"만약 저를 나리의 고향에 데리고 가 주신다면, 아드님에게 토라와 예언자와 그 밖의 경전을 가르쳐 드리겠어요."

"당신이 그런 걸 가르칠 수 있는 학자란 말이오?"

"물론입니다."

남자는 예루살렘으로 가는 여행을 포기하고, 여자를 데리고 고향으로 돌아갔다. 여자는 그 집에서 소년에게 토라를 가르쳤다. 어느 날, 하인이 음란한 눈길로 그녀를 쳐다보더니 이렇게 말했다.

"나하고 같이 사는 게 어때? 잘해 줄 테니까."

여자는 들어주지 않았다. 하인은 칼을 들고 여자를 찌르려 하다가 그만 주인의 아들을 찔러 죽이고 말았다. 그는 달아났고 곧 집안 사람들은 소년이 죽은 것을 알았다. 소년의 아버지가 여자에게 말했다.

"당신을 탓할 마음은 없소. 하지만 이 집에서 나가주시오. 당신을 볼 때마다 아들 생각이 나서 괴로울 테니까."

그녀는 집을 나왔지만 길을 잃고 어느 바닷가에 닿았다. 해안을 따라 걷다가 배를 띄우고 있는 해적들에게 발견되어 붙잡혔다.

바다에 나가니 신이 폭풍을 일으켰다. 거친 풍랑 때문에 배가 거의 가라앉을 지경이 되었다. 해적들은 자신들의 신에게 기도한 뒤 이렇게 말했다.

"자, 제비를 뽑아서 누구 때문에 이런 재난을 당하게 되었는지 알아보자."

제비를 뽑아보니 그건 여자 때문이라고 나왔다.

"넌 대체 누구냐?"

그들이 물었다.

"저는 유대인입니다. 천지를 창조하신 하늘의 신을 믿고 있지요."

그녀는 자신의 신상에 일어난 일을 모두 이야기했다. 해적들은 그녀를 동정하여 해치지 않고 바닷가로 돌려보냈다. 뿐만 아니라 그곳에 작은 오두막도 지어주었다. 곧 바다는 잠잠해졌고 해적들은 다시 항해할 수 있게 되었다.

여자는 해안에 머물며 이윽고 치료사가 되었다. 신의 가호로 그녀는 온갖 약용식물을 발견하여, 그 식물을 이용해 나병과 이질, 그 밖의 수많은 병을 앓고 있는 환자들을 치료해 주었다. 이 일은 점차 번성하여 그녀의 이름이 널리 알려지게 되었고, 재물이 저절로 굴러 들어왔다.

그러는 사이, 여자의 남편이 예루살렘으로 돌아와 보니 자신의 아내가 벌을 받아 돌에 맞아죽었다는 것이 아닌가! 성스러운 하느님은 어떻게 했을까? 그분은 남편의 동생과 거짓 증언한 자들 모두에게 나병을 내리셨다. 그들은 예루살렘에서 멀리 떨어진 해안에 그들을 치료할 수 있는 여자가 있다는 말을 듣고, 서로 얘기했다.

"그 여자를 찾아가자."

그리하여 그들은 여자의 남편과 함께 길을 떠났다. 그들이 찾아왔을 때 그녀는 그들이 누구인지 금방 알아보았지만, 그들은 여자를 알아보지 못했다.

그들은 말했다.

"선생님, 저희들은 당신의 명성을 듣고 멀리 예루살렘에서 찾아왔습니다. 만약 저희들의 병을 낫게 해주신다면 저희들의 재물을 모두 당신께 드리겠습니다."

"당신들이 지은 죄를 저에게 고백하지 않으면 제가 아무리 최선을 다해도 나을 수 없을 겁니다."

여자가 말했다.

그 말을 들은 그들은 자신들이 범한 죄를 차례차례 고백했다. 하지만 여자는 말했다.

"당신들의 얼굴로 판단하건대, 그 밖에도 지은 죄가 있는데 아직 전부 고백하지 않은 것 같군요. 죄를 숨기는 한, 제 약은 아무 효과가 없습니다."

그들은 어떻게 했을까? 그들은 부끄러운 마음을 무릅쓰고 그녀의 남편 앞에서 모든 것을 털어놓았다.

"정말 나쁜 사람들이군요. 당신들의 입이 당신들에게 유죄를 선고한 거예요. 내가 당신들을 치료할 수 있다면 나에게 죽음이 내리기를! 세상의 어떠한 약도 당신들 같은 사람을 구해줄 수는 없어요. 당신들은 악인들이에요. 그 악한 일을 한 상대가 바로 당신들 앞에 서 있는 나입니다. 당신들의 거짓 증언 때문에 나는 돌에 맞아 죽을 뻔했지만, 성스러운 분의 자비가 나를 구하셨어요."

그제야 남편은 그녀가 자신의 아내라는 것을 알았다. 두 사람은 손을 마주잡고 기뻐하며, 그 기적에 대해 하느님께 감사를 바쳤다. 그 나병 환자들은 모두 죽고 말았다.

빨강머리 레브 유데르와 다윗 왕

폴란드에 '레브 유데르'라고 하는 남자가 살고 있었다. 그곳 사람들은 그를 '빨강머리 레브 유데르'라 불렀는데, 그것은 바로 그의 머리 색깔 때문이었다. 그는 정직하고 절대로 죄를 짓지 않았으며 신을 경외하는 자였다.

그는 하루의 대부분을 기도용 숄을 걸치고 배움의 집에서 보냈다. 그리고 기도를 올리며 큰 소리로 시편을 외웠다. 그는 다윗 왕의 시를 무척 사랑했기 때문에, 시편 전체를 다 외우지 않고 하루가 지나는 일은 없었으며, 안식일과 축제일에는 두 번이나 외웠다.

아내가 그와 4명의 아이를 부양했는데, 정직하고 덕이 있는 그녀는 생계를 위해 빵을 만들어 팔았다.

레브 유데르는 학식이 높은 유대인은 아니었지만, 신을 사랑하는 뜨거운 마음은 그가 매일 감미롭게 노래하는 시편 속에서 넘쳐나고 있었다.

죽음을 기다리며 누워 있을 때도 그는 신을 찬양했다. 그는 유월절에 죽었는데, 그의 마지막 말은 '숨 쉬는 모든 것에 주를 찬미하라, 할렐루야!'였다.

조문객들이 레브 유데르의 관을 따라 묘지로 갈 때, 루보브에서 병사 한 무리가 자신들 쪽으로 오는 것이 보였다. 그들은 모두 아름다운 말을 타고 있었고, 청동투구를 쓰고 긴 칼로 무장하고 있었다. 병사들이 가까이 오자, 그들의 어깨에 모두 뿔피리가 걸려 있는 것이 보였다.

"너희들은 어디로 가느냐?"

지휘관이 조문객들에게 물었다. 그들이 대답했다.

"오로지 사랑과 외경심으로 신을 섬기며, 쉼 없이 시편을 외웠던 경건한 사람이 오늘 사망하여, 그 마지막 가는 길을 전송하고 있습니다."

지휘관은 말했다.

"그렇다면 우리도 그의 마지막에 경의를 표하자."

그는 병사들을 행렬의 선두에 세우더니 그들에게 뿔피리를 불게 했다. 이리하여 조문객들은 묘지에 도착할 때까지 피리를 부는 병사들을 뒤따라 걸었다. 그런데 장례에 참석한 사람들은 유해 매장에 바빠, 병사들이 어느새 자취를 감추어버린 것을 아무도 눈치채지 못했다.

조문객들은 그들이 사라져버린 걸 알고, 그들이 누구이며 어디로 갔는지 서로 물어보았지만, 아무도 아는 사람이 없었다. 그때 길을 걸어오는 자들이 있어서 그들에게 길에서 뿔피리를 부는 병사들을 보지 못했느냐고 물어보았다.

그들은 모두 보지 못했고 뿔피리 소리도 듣지 못했다고 대답했다. 사람들은 르보브로 가는 길에 있는 도시와 마을에 사람을 보내, 병사와 피리를 부는 자들에 대해 조사했지만, 그들에 대해서는 아무것도 알 수 없었다. 그것은 결국 수수께끼로 남았다.

그날 밤 레브 유데르가 랍비의 꿈에 나타나 말했다.

"당신은 묘지로 가는 길에서 만난 지휘관이 다윗 왕이었다는 것을 알고 계셨습니까? 그는 이 세상을 떠났지만 부하들을 이끌고 찾아오셨습니다.

그들은 나를 위해 길에서 내내 피리를 불어주었으며, 그 가락은 다윗 왕이 처음으로 시편을 외었을 때의 가락과 같은 것이었습니다. 그들의 명예는 모두 나에게 주어졌는데, 그것은 내가 이 지상에 있을 때 매일 시편을 외어 신을 찬양했기 때문입니다."

세상에서 가장 신기한 일

전하는 얘기에 의하면, 어느 날 솔로몬 왕은 모든 동물들을 잔치에 초대하기로 했다. 그래서 초대장이 발송되었는데, 아무리 작은 벌레도, 아무리 먼 곳을 날고 있는 새도 초대객 명단에서 빠진 동물은 하나도 없었다.

그런데 잔치가 시작되어 솔로몬 왕이 둘러보니 독수리가 보이지 않았다. 그때 날개짓 소리가 들리더니 7마리의 독수리가 높은 하늘에서 날아 내려왔기 때문에, 왕은 식사를 시작했다.

"어째서 늦었느냐?"

왕이 독수리들에게 물었다.

독수리가 대답했다.

"폐하. 저희들의 둥지에는 늙으신 아버님이 계신데, 저희들이 식사시중을 들고 잠자리를 돌봐드리지 않으면 안 됩니다. 그것이 끝나야 비로소 저희들의 자유시간이 되지요. 그래서 늦어지고 말았습니다."

"하지만 이렇게 중요한 잔치에 아버님을 모시고 오지 않다니……. 둥지로 돌아가서 모시고 오도록 하여라."

왕이 놀라서 명령했다.

독수리는 높은 절벽 위에 있는 둥지로 돌아가, 큰 바구니 안에 아버지를 넣어 잔치 자리로 돌아왔다. 늙은 독수리에게는 이미 날개에 힘도 없었고 두 다리로 일어설 힘도 없었다. 솔로몬 왕에게 인사를 하려고 늙은 독수리가 간신히 일어서자, 솔로몬 왕은 몇 살이 되느냐고 물었다.

"저는 300살입니다."

왕이 말했다.

"그럼, 얘기해 주시오. 당신이 지금까지 본 것 중에서 가장 신기한 것이 무엇이었는지를."

독수리가 말했다.

"특별히 신기한 것은 본 적이 없습니다. 게다가 저의 생애도 그렇게 긴 것은 아니었습니다. 하지만 언젠가 집처럼 큰 발에 양말을 신고 있는 400살 되는 여자에 대한 얘기를 들은 적이 있습니다. 그녀라면 뭔가 신기한 것을 보았을 것이 틀림없습니다. 하지만 문제는 그녀가 이미 죽었다는 사실입니다."

"어디에 묻혀 있소?"

왕이 물었다.

"아주 먼 곳입니다. 하지만 전 이제 하늘을 날 힘이 없습니다."

솔로몬 왕은 독수리가 원래의 힘을 되찾도록 기도했다. 왕은 기도를 마치고 독수리 등에 올라탔다. 그러자 독수리는 숲 속 빈터 높직이 있는 한 장소로 날아갔다. 왕이 그곳에서 기도하니 땅이 갈라지며 엄청나게 큰 여자의 유해가 나타났다. 왕이 다시 한 번 기도하자 그녀는 되살아나서 눈을 떴다.

"자, 나에게 얘기해 주시오. 그 긴 생애 동안 당신이 본 것 가운데 가장 신기한 것은 무엇이었소?"

"생각나는 것이 없습니다. 하지만 저는 엄청나게 큰 해골을 알고 있습니다. 군대가 그 안에서 야영을 했을 정도라고 하니까요. 그런데 그런 것은 왜 물으시는지요?"

왕은 여자의 유해를 다시 묻고, 독수리를 타고 그 해골이 있는 곳으로 날아갔다. 왕이 그 해골을 위해 기도하자 거기에 생명이 되살아났다.

"자, 얘기해 주시오. 지금까지의 생애 중에서 가장 신기한 것은 무엇이었소?"

"저는 천 년을 살았는데 특별한 것은 아무것도 보지 못했습니다. 하지만 세상이 창조되었을 때부터 지금까지 살아 있는 개구리를 알고 있습니다. 아마 그 개구리라면 뭔가 신기한 것을 보았을 것이 틀림없습니다."

왕은 해골에게 감사한 뒤 원래의 장소에 다시 묻어주었다. 그런 다음 왕은 독수리 등을 타고 그 늙은 개구리가 살고 있는 우물로 날아갔다. 그는 개구리에게 말했다.

"부탁이오. 지금까지 생애에서 당신이 본 가장 신기한 것이 무엇이었는지 말해 주시오."

그 개구리는 얘기하기 시작했다.

"옛날 이 우물에는 황금 두레박이 있었는데, 거기에 달린 밧줄 또한 황금이었습니다. 사람들은 찾아와서 물을 퍼서 마른 목을 축였고, 그리고 밧줄이 달린 그 두레박을 다음 사람에게 넘겼습니다. 이리하여 몇 세기가 지났습니다. 그런데 어느 날 이 밧줄 달린 두레박이 사라지고 없었습니다. 거기에는 대신 은 밧줄에 은 두레박이 놓여 있었습니다. 다시 몇 세기가 흐른 어느 날 그 은 밧줄에 은 두레박도 사라져 버렸습니다. 새 두레박은 구리였습니다. 그때부터 다시 몇 세기가 흘러, 어느 날 그 구리 밧줄의 구리 두레박도 사라지고, 지금은 그저 가죽 두레박만이 남아 있습니다. 이것이 제가 지금까지 본 것 중에 유일하게 신기한 일입니다."

살아 있는 상인, 죽은 상인

상인 두 사람이 오스트로다에 살고 있었다. 그들은 의류 판매업을 하고 있는 동업자로서, 동료로서 서로 아끼고 존경했다.

어느 날 그들은 공작부인이 사촌이 그녀를 위해 남긴 최고급 의류가 들어 있는 천 개의 상자를 손에 넣었다는 것과 또 그것을 싼 값에 사들일 수 있다는 얘기를 들었다. 두 사람은 그녀가 살고 있는 저택으로 가서, 문지기에게 의류를 사러왔다고 공작부인에게 전해달라고 청했다.

문지기는 두 사람의 말을 전했다. 하지만 공작부인은 그때까지 유대인을 한 번도 본 적이 없었고, 모든 유대인을 악마라고 믿고 있었기에, 그들을 저택 안에 들여보내지 않았다. 하지만 그녀는 의복을 처분하고 싶어서, 두 사람을 돌려보내려고도 하지 않았다.

그녀는 집사에게 두 사람과의 거래를 위임했고, 흥정이 끝나자 두 유대인은 의류를 받고 대금을 지불했다. 집사가 돈을 공작부인에게 갖다 주니, 그녀는 집사에게 물었다.

"왜 내가 직접 그들을 만나지 않았는지 알고 있나? 우리 그리스도교인들 사이에서는 유대인이 우리들의 구세주를 죽인 것으로 되어 있어. 게다가 그들은 사기꾼이야."

"아니, 그렇지 않습니다."

집사가 말했다.

"유대인도 우리와 똑같은 사람입니다. 좋은 유대인이 있는가 하면 나쁜 유대인도 있지요. 그들 중에는 매우 정직한 자도 있습니다."

이 말을 듣고 공작부인은 유대인들이 어떻게 생겼는지 호기심을 느꼈다. 그녀는 두 상인을 보려고 문으로 갔다.

두 유대인 중 한 사람은 아주 잘생긴 남자였다. 공작부인이 한눈에 마음이 설렐 만큼 멋진 모습이었다. 그녀는 그를 안으로 불러들여 말을 걸었다. 그가 완벽한 폴란드어를 구사했기 때문에, 그녀는 그와 함께 있는 시간을 더없이 즐길 수 있었다.

뿐만 아니라 그녀는 그에게 욕정을 품게 되었다. 그녀는 불타는 욕정을 안고 번민하며 잠자리에 들었다.

두 유대인은 공작부인의 집에 며칠 동안 머물렀다. 의류의 치수를 재고, 그것을 운반하기 위한 짐마차를 마련하지 않으면 안 되었기 때문이다.

그 마을에 있는 짐차로는 부족해서, 그들 중 한 명은 가까운 마을에 더 많은 짐차를 빌리러 나가고, 다른 한 명, 그러니까 잘생긴 쪽은 의류를 꾸리기 위해 뒤에 남았다.

공작부인은 그가 혼자 남아 집안에서 그날 밤을 보내게 된 것을 알고, 그를 안으로 불러들여 앞가슴을 드러냈다. 하지만 그가 그녀의 달콤한 말에 전혀 넘어가지 않자, 의류를 팔아서 받은 대금을 꺼내어 그에게 주면서 말했다.

"이 돈은 모두 당신 것이에요. 만약 내 요구를 들어주면 저 의류는 공짜로 당신 것이 될 거예요."

탐욕과 색욕이 손을 잡고 남자를 마구 흔들어대었다. 그는 이제 자신을 제어할 수가 없었다. 그는 공작부인한테서 돈을 받은 뒤 그녀의 욕망에 굴복했다.

아침이 되어 남자는 공작부인의 침실에서 나왔다. 동업자가 짐마차를 빌려서 돌아오자, 두 사람은 의류를 싣고 떠났다. 두 사람은 저마다 이번 거래에 흡족하여 콧노래라도 부르고 싶은 기분이었다. 하지만 집에 돌아가는 길에, 그 잘생긴 남자는 자신이 한 행위를 생각하고 양심의 가책을 느껴 한숨을 쉬었다.

"왜 한숨을 쉬는 건가? 의류를 헐값에 사지 않았나?"

동료는 친구의 기운을 북돋워주려고 이것저것 화제를 바꿔 얘기했지만, 그가 마음속으로 여전히 한숨을 쉬고 있다는 걸 알고, 다시 한 번 그 이유를 물었다. 누구든 아무 이유도 없이 그런 한숨을 쉬지는 않기 때문이다. 상대가 집요하게 계속 묻는 바람에 그는 마침내 사실을 털어놓았다.

그 유대인은 돈다발을 보여주며 말했다.

"공작부인은 내게 물건을 거저 주었네. 하지만 그 대신 나는 큰 죄를 범하고 말았어."
잘생긴 남자는 눈물을 흘렸다. 동료는 그를 위로해 주려고 말했다.
"그래, 우리는 그 되찾은 돈으로 좋은 일을 할 수 있을 걸세. 일부를 자선사업에 사용해도 되고, 자네의 회개 덕택에 다른 일도 할 수 있을 거야."
이 말은 괴롭게 신음하고 있는 죄인에게는 작은 위안일 뿐이었다. 그가 더 이상 위로할 수 없으리만큼 괴로워하고 있는 것을 보고, 동료는 말했다.
"좋아, 내가 자네의 죄를 대신 져주겠네."
죄인은 일어서서 말했다.
"여기 내가 받은 돈이 전부 있네. 만약 내 죄를 떠맡아 주겠다면 내 몫의 의류도 넘겨주겠네."
"이보게, 우리는 동업자야. 그러니 죄도 반씩 나누는 게 어떤가. 그렇게 하면 돈도 의류도 절반이 되겠지."
하지만 죄인은 그 말에는 관심도 없었다.
"나는 자네가 전부 맡아주기 바라네. 그것이 아무리 나에게 큰 손실이 될지라도."
이 말을 듣고 동료의 탐욕과 야심이 그를 이겼다.
"알겠네. 자네의 죄를 전부 책임지겠네."
그는 선언했다.
죄인은 그 자리에서 그에게 돈을 건네주었다. 그리고 두 사람은 악수했다. 잘생긴 유대인은 원래의 자기로 돌아갔다. 그리고 두 남자는 오스트로다로 돌아가서 동업자 관계를 끝내고, 각자 자기의 길을 가게 되었다. 죄를 산 남자는 의류를 팔아 막대한 이익을 올려 큰 부자가 되었다.
이 갑부 유대인이 죽어서 지상에서의 행위를 심판받기 위해 천국의 법정에 소환되었다.

그는 자신이 범한 죄 외에도 공작부인과의 일로 고발되었는데, 그는 그 모든 책임을 부인했다. 법정은 반론했다.

"하지만 너는 그 죄를 너의 친구한테서 정당한 방법으로 사들이지 않았느냐? 네 이름으로 등록되어 있단 말이다."

그 의류상인은 말했다.

"제가 죽을 때 오직 마음에 걸렸던 일은, 저의 그 행위가 무슨 의미가 있나 하는 것이었습니다. 분명히 그 죄를 떠맡기는 했지만, 그걸 저지른 것은 제가 아닙니다. 어떻게 저지르지도 않은 죄 때문에 벌을 받아야 한다는 것입니까?"

그가 계속 그런 주장을 되풀이하자, 재판관들도 아직 살아 있는 옛날의 동료를 고발하는 것을 허락했다. 그 결과, 이 죽은 자는 옛 동료의 꿈에 나타나 법정에 출두할 것을 촉구했다. 친구가 꿈에 계속 나타나자, 잘생긴 남자는 마침내 몸져눕고 말았다.

그 무렵 오스트로다 랍비 법정의 최고재판관은 랍비 쉬므엘 엘리에젤 이데루스였다. 병으로 쓰러진 남자는 가족에게 자신을 들것에 실어서 랍비의 집으로 데려가 달라고 간청했다. 그는 랍비의 집에 도착하자 울면서 자초지종을 얘기한 뒤, 어떻게 하면 좋겠느냐고 물었다.

랍비가 말했다.

"걱정할 것 없소. 집에 돌아가서 마음을 편히 갖도록 하시오. 법정에 불려나가는 꿈을 다시 꾸면, 그 영혼에게 토라는 '살아 있는 자를 위한 것'이라 말하고, 그래도 당신에게 뭔가 시도하려 한다면 내 앞에서 그렇게 하라고 말하시오. 이 세상의 법정은 하늘의 법정과 마찬가지로 권위가 있소. 만약 그 영혼이 그것을 거부하면, 내가 영혼을 추방할 것이라고 말해 주시오."

병에 걸린 남자는 집으로 돌아와서 자리에 누웠다. 마음이 훨씬 가벼워져서 곧 잠이 들었다. 그러자 영혼이 다시 꿈속에 나타났기 때문에, 그는 랍비 쉬므엘 엘리에젤 이데루스가 한 말을 그대로 전했다.

"좋아" 하고 영혼이 말했다.

"고맙네. 그럼 내가 병에서 일어날 때까지 기다려 주게. 지금부터 한 달 뒤, 랍비 쉬므엘 엘리에젤의 법정에서 자네와 재회할 수 있을 걸세."

랍비는 약속한 날, 법정의 서기관들에게 귀중한 체험이 될 것이므로 그 도시의 유대인 전원을 시나고그에 불러모으라고 지시했다.

법정이 소집되어 영혼을 위한 의자가 법정 한 구석에 마련되었다. 영혼이 살아 있는 자와 함께 있게 함으로써 그들을 상처 주는 일이 일어나지 않도록 하기 위해서였다.

랍비 쉬므엘 엘리에젤은 사자의 호소를 들어주겠다는 말을 전하기 위해 서기관을 묘지에 보냈다. 그런 다음 랍비 쉬므엘 엘리에젤이 이끄는 재판관들이 착석했다. 살아 있는 동업자에게 재판관석 앞에 일어서라는 명령이 내려졌다. 그는 말했다.

"재판관님. 저는 그 일이 끝난 뒤 몹시 후회하며 울었습니다. 저는 저의 죄를 동료에게 전가할 마음은 없었습니다. 저는 틀림없이 회개하기 위해 랍비를 찾아가지 않았습니까? 하지만 저의 동료가 돈을 받고 법적으로 저의 죄를 샀을 때, 저는 그 죄를 더 이상 저의 것으로 생각하지 않고 완전히 잊어버렸습니다. 그는 지금 저한테서 무엇을 원하고 있는 것일까요? 저는 그에게 무엇을 빚지고 있는 것입니까?"

그러자 영혼을 위해 놓여진 의자에서 사람의 말소리가 또렷하게 들려왔다.

"재판관님! 설사 선의였다 하더라도 죄를 떠맡은 것은 어리석은 짓이었습니다. 저는 동료의 마음이 조금이라도 가벼워지기를 바랐을 뿐, 그의 몫은 그에게 돌려줄 생각이었습니다. 이것은 진실입니다.

　그러나 결국 그것을 까맣게 잊고 말았습니다. 그러므로 저는 그에게 돈을 빚지고 있는 건지도 모르지만, 그가 저지른 죄 때문에 제가 고통받아야 한다면, 그것은 너무 부당한 일이라고 생각합니다.

　경험한 적도 없는 쾌락 때문에 어떻게 당신들이 저를 처벌할 수 있단 말입니까? 타인의 죄 때문에 채찍질을 당한다면, 도대체 정의는 어디에 있단 말입니까?"

이상이 영혼의 말이었다. 모두가 보이지 않는 영혼의 목소리를 들었다. 영혼은 호소를 마치더니, 갑자기 가슴을 치는 듯한 소리로 울부짖으며 소리쳤다.

"무덤 안에서 편히 쉴 수 있을 줄 알고, 살아 있으면서도 자신의 죄를 인정하지 않는 자에게 저주가 내리기를! 그가 비참한 최후를 맞이하기를!"

랍비 쉬므엘 엘리에젤 이데루스와 법정은 그들의 호소에 귀를 기울였다. 그리고 다른 재판관들과 협의한 끝에 랍비가 선언했다.

"우리는 살아 있는 인간이 죽은 인간과 싸우고 있다는 것을 알았다. 그 죽은 자는 동료의 죄를 대신 떠맡음으로써 동료가 회개하지 못하도록 했다. 거래는 거래이며, 구속력이 있다. 그것이 아무리 사리에 닿지 않는 것이라 해도. 실제로 어리석은 자 말고 누가, 자신의 죄만으로는 만족하지 못하고 타인의 죄까지 떠맡으려고 하겠는가?"

판결이 내려지자 울부짖는 소리가 시나고그를 뒤흔들었다. 영혼의 목소리가 다음과 같이 말하는 것처럼 들렸다.

"나에게 저주를! 나는 사면 받고 싶었다. 내 동료는 살아 있기 때문에 아직 회개할 수 있는 기회가 남아 있지만, 나는 이미 죽은 몸이어서 그것이 불가능하다. 나는 어떡하면 좋단 말인가? 나에게 저주를, 저주를!"

랍비 쉬므엘 엘리에젤 이데루스는 성스러운 입을 열어 다음과 같이 말함으로써 영혼을 위로했다.

"나는 너의 영혼이 속죄 받을 수 있게 하여, 네가 벌을 받는 일이 없도록 해주겠다. 살아 있는 상인은 정당했고 법정은 그에게 유리한 판결을 내렸지만, 너의 회개도 받아들여질 것이다."

랍비가 말을 마치자 사람들은 모두 오열했다. 영혼이 앉아 있던 곳에서 한 가닥 연기가 피어올랐다가 다음 순간 사라졌다.

신은 누구를 사랑할까요
당신이 살아 숨쉬고 있는 한 희망을 버려서는 안 됩니다

뱃사공이 배에서 떠날 수 없는 이유?

형은 부자이고 동생은 가난한 형제가 있었다. 해마다 유월절이 돌아오면, 형은 동생에게 누룩 없는 빵을 구울 수 있는 밀가루를 선물하곤 했다. 어느 해 동생이 찾아와서 선물을 원하자 형은 거절하며 퉁명스럽게 말했다.

"도깨비라도 찾아가 보지 그러느냐?"

동생이 낙담하여 집으로 돌아오니 배를 주린 아이들이 울고 있었다.

"그래, 도깨비를 찾아가 보자. 어쩌면 아이들에게 먹일 것을 구할 수 있을지 몰라."

그래서 동생은 기도용 솔과 약간의 식량을 가지고 출발했다. 며칠을 걸어가니 작은 강이 나와서 그는 그 옆에 앉아서 잠시 쉬기로 했다. 꾸러미에서 빵 한 개를 꺼내어 물에 적셔서 먹고 주의 축복을 기도했다. 그것이 끝나자 그는 취침기도를 올린 뒤 누워서 잠이 들

었다.

 아침이 되자 그는 일어나서 여행을 계속했다. 걷고 걷고 또 걸어가니 작은 집이 나왔다. '아마 이곳에는 도깨비가 살고 있을 거야' 하고 그는 생각했다.
 안에 들어가 보니 세 명의 처녀가 실을 잣고 있었다. 한 사람은 금실을, 한 사람은 털실을, 또 한 사람은 비단실을. 세 사람은 그를 반갑게 맞이하여 식탁에 앉게 하더니, 물을 가져와 손을 씻게 한 뒤 빵과 소금, 여러 가지 맛있는 음식을 대접했다. 그는 음식을 배불리 먹고 신의 축복을 기도했다.
 식사가 끝난 뒤 그는 처녀들에게 물었다. 그녀들이 뭔가 고민을 안고 있는 것처럼 보였기 때문이었다.
 "말씀해 주십시오. 당신들 세 사람은 왜 그렇게 슬픈 표정을 하고 있는 겁니까?"
 "어떻게 슬프지 않을 수 있겠어요?"
 그녀들은 대답했다.
 "저희들은 지난 몇 년 동안 금실과 털실, 비단실을 계속 짜고 있었는데, 그동안 창 밖을 내다보면서 세 명의 젊은 남자들이 찾아와서 저희들과 결혼해 줄 것을 기다리고 있었어요. 그런데 지금은 한 사람도 찾아오지 않는군요."
 "초조하게 생각하지 마십시오. 신께서 틀림없이 이루어주실 겁니다."
 그는 그 집에서 하룻밤을 묵었다. 이튿날 아침, 길을 떠나기 전에 그는 처녀들에게 자기가 할 수 있는 일이 있으면 뭐든지 하겠다고 약속했다. 처녀들이 감사의 말을 하며 여행 중에 먹을 식량을 주자 그는 감사히 받고 출발했다.
 다시 하루 이틀 걷다보니 큰 나무 한 그루가 있었다. 그는 그 나무 그늘에 누워서 쉬다가 여행의 피로 때문에 어느새 잠이 들고 말았다. 잠에서 깨어나 나무에서 사과를 하나 따 먹었는데, 사과에서는 몹시 쓴 맛이 났다. 그는 나무에게 물었다.

"가르쳐다오. 너는 그렇게도 아름다운데 열매는 왜 이렇게 쓴 거지?"

나무가 대답했다.

"다른 사람들도 모두 같은 질문을 했습니다. 저한테 와서 제 열매를 따는 사람들은 모두 저를 저주하는데, 왜 제 열매가 쓴지는 저도 모릅니다."

"애태우지 마라. 나도 그 이유를 찾아볼 테니."

그는 다시 여행을 계속하여 2, 3일 뒤에는 큰 강에 도착했다. 그곳에는 나룻배 한 척이 있었는데, 그 옆에서 사공이 서 있다가 큰 소리로 탄식했다.

"왜 그렇게 탄식하고 계시는 겁니까?"

그가 물었다.

"어떻게 탄식하지 않을 수 있겠소? 나는 나룻배로 저쪽 기슭에 손님을 건네주려고 몇 년이나 기다리고 있었는데, 아무도 배에 타려고 하지 않소. 더욱 불행한 것은 여기서 떠날 수가 없다는 사실이오."

그는 사공을 위로하려고 건너편으로 자기를 태워달라고 요구했다. 건너편에 도착하자 그는 말했다.

"왜 당신이 나룻배에서 떠날 수 없는지 그 이유를 알아보겠습니다."

그는 다시 여행을 계속하여 하루 이틀 뒤에는 울창하게 자란 숲에 도달했다.

숲 속에는 오두막이 있었는데, 그곳에는 뭐든지 알고 있는 노파가 살고 있었다. 그녀는 나그네를 따뜻하게 맞이하더니, 식탁으로 안내한 뒤 손 씻을 물과 빵과 소금, 음식과 마실 것을 내왔다. 그가 배

불러 먹고 신의 축복을 기도하자 그녀가 말했다.

"자, 궁금한 일이 있으면 뭐든 물어보시우. 어쩐지 당신이 마음에 들어서 도와주고 싶구려."

그러자 남자가 물었다.

"왜 부자인 저의 형은 저에 대한 도움을 거절한 것일까요?"

"그는 자신이 가난해서 곤경에 처해본 적이 없기 때문이지."

"그럼 왜 젊은 남자들은 실을 잣고 있는 세 처녀의 집에 찾아오지 않는 것일까요?"

"그건 그녀들의 집 마당이 더럽기 때문이야. 만약 마당을 깨끗하게 청소하면 젊은 남자들이 찾아올 걸세."

"그럼 왜 그 나무의 열매는 달지 않습니까?"

"그건 뿌리 밑에 보물이 묻혀 있기 때문이지. 그것을 파내면 열매가 단맛을 낼걸?"

"그럼 왜 뱃사공은 배에서 떠날 수가 없는 것일까요?"

"떠날 수 있어. 만약 누가 그 일을 대신해 준다면."

가난한 동생은 마지막 질문을 했다.

"그럼 돈이 없는 유대인은 어디서 유월절에 먹을 누룩 없는 빵을 구할 수 있나요?"

"유대인은 같은 유대인으로부터 받기도 하고 주기도 하는 법이지."

노파는 대답했다.

그는 모든 질문에 대한 대답을 들은 데 만족했다. 그래서 노파에게 인사를 하고 왔던 길을 되돌아갔다. 강에 도착하여 노파가 한 말을 사공에게 전하고 건너편으로 건네 달라고 했다. 그리고 나무가 있는 곳에 와서는 그 뿌리 밑을 파도 되는지 물었다. 나무가 동의하자 땅이 갈라졌다. 그는 그곳을 내려가서 금과 다이아몬드, 황금촛대, 그리고 온갖 보물을 들고 올라왔다.

나무에게 작별을 고하고 그는 오두막으로 찾아갔다. 실을 잣고 있던 세 처녀들에게 노파가 한 말을 그대로 전했다.

그녀들은 남자들이 찾아오지 않는 원인을 알고, 자신들의 희망이 이루어질 것이라는 말을 듣자 몹시 기뻐하며, 저마다 그에게 선물을 주었다. 한 명은 금실로 짠 천을, 한 명은 양털로 짠 천을, 그리고 또 한 명은 비단실로 짠 천을.

이리하여 부자가 된 그는 행복한 마음으로 집에 돌아와서, 자신과 가족들이 먹을 것과 축제를 위한 새 옷과 새 신을 샀다.

유월절의 첫날 밤, 그는 부자 형을 잔치에 초대했다. 형이 찾아오더니 주위를 샅샅이 둘러보고는 질투가 나서 물었다.

"아우야, 어디서 이런 부를 손에 넣었느냐?"

동생이 대답했다.

"형님, 제가 도깨비를 찾도록 보낸 것은 형님이었습니다. 모든 것은 거기서 시작되었습니다."

"그래? 그럼 나도 찾아가 봐야겠다."

축제가 끝나자 형은 출발했다. 걷고 걷고 또 걸어서 강에 도착하여 사공을 만났다.

"도깨비가 어디에 있는지 아십니까?"

그가 물었다.

사공은 드디어 기다리던 때가 왔다고 생각하며 말했다.

"이 배가 바로 도깨비다!"

그는 그 나룻배에 올라탔다. 그가 탄 순간, 사공은 기슭으로 뛰어올라 어디론가 사라져버렸다. 결국 그는 죽을 때까지 그곳을 떠나지 못했다 한다.

신은 악인과 선인 가운데 어느 쪽을 사랑하는가

두 아들을 둔 홀아비가 살고 있었다. 임종이 다가오자 아버지는 아들들을 불러 말했다.

"내가 죽거든 내 유해를 말에 연결하여 마음대로 달리게 해라. 그리고 말이 머문 곳을 파서 그곳에 나를 묻어다오."

형은 아버지의 말을 듣고 있었지만 어깨를 한 번 으쓱했을 뿐이었다. 그는 아버지에게도 죽음에 대해서도, 아니 모든 것에 대해 아무런 경의도 표하지 않았다. 동생은 아버지 곁을 지키며 슬프게 울었다. 아버지는 말했다.

"아들아, 형의 말에 반드시 귀 기울이고 그가 하는 말에 반드시 복종해야 한다."

아버지는 이 말을 남기고 죽었고, 매장되었다. 2, 3일 뒤, 형이 동생을 찾아와서 말했다.

"네 돈과 소유하고 있는 모든 것을 나에게 다오."

동생은 아무 말도 하지 않고 소유하고 있는 모든 것을 형에게 주었다.

이튿날 형이 다시 찾아와서 말했다.

"이 집은 내 집이다. 이것을 팔 것이니 마당이나 어디서 자도록 해라."

동생이 하늘을 가리키며 말했다.

"형님. 어째서 저를 마당으로 쫓아내는 것입니까? 저 위에 신이 계시다는 것을 모르십니까?"

"그건 처음 듣는 소리구나."

형은 동생의 말에는 아랑곳없이 집을 팔고 동생을 쫓아냈다.

2, 3일 뒤 형은 동생을 다시 찾아와서 말했다.

"너는 하늘에 신이 있다고 했는데, 너도 알다시피 나는 성공했고 너는 그렇지 못하다. 신이 누구 편이라고 생각하느냐, 선인 편이냐 아니면 악인 편이냐?"

"악인의 편이 틀림없습니다."

동생은 대답했다. 동생은 이제 완전히 겁을 먹고 있었다.
"다른 사람들은 어떻게 생각하는지 시험해보자."
형은 거리로 나가 지나가는 사람들에게 물었다.
"신은 어느 쪽을 사랑하고 있을까요? 선인일까요, 아니면 악인일까요?"
"악인입니다."
그들은 모두 똑같이 대답했다. 사람들 또한 그를 두려워했던 것이다.
"신이 나를 사랑하고 계신다면 나는 뭐든지 내 맘대로 할 수 있다. 우선 동생의 눈이라도 도려내 볼까?"
형은 동생의 눈을 도려냈다. 동생은 형한테서 달아나서 보이지 않는 눈으로 들판과 황무지를 기어다니면서 "신은 계신다. 절대로 계신다"고 외쳤다.

어느 날 장님이 된 동생이 숲 속을 걷다가(그곳에는 짐승과 독사가 우글거리고 있었지만, 그의 털끝 하나 건드리지 않았다), 커다란 나무에 부딪쳐 나무 틈 사이에 끼고 말았다.

그는 어떻게든 거기서 빠져나오려 버둥거렸지만, 오히려 더 깊이 끼고 말았다. 그 나무의 가장 높은 가지에는 눈이 보이지 않는 동생 비둘기와 눈이 보이는 언니 비둘기가 앉아 있었다.

"이 나무의 잎을 따서 그것으로 눈을 비벼 봐. 그렇게 하면 시력이 회복될 거야."

언니 비둘기가 보이지 않는 동생 비둘기에게 말했다. 장님이 된 동생은 그 말을 듣고 사방으로 손을 휘저으며 나뭇잎을 찾아 따고는 그것으로 눈을 비빈 뒤 세 번 소리쳤다.

"신은 계신다! 신은 계신다! 신은 계신다!"

그러자 눈이 치료되어 그는 다시 빛을 볼 수 있게 되었다. 그는 주머니에 나뭇잎을 많이 따서 넣고 나무에서 빠져나와 여행을 계속했다.

이윽고 동생은 수도에 도착했는데, 그는 거기서 왕의 딸이 장님이라는 것과 딸의 눈을 치료해주는 자에게는 공주를 아내로 주고 왕궁의 절반을 나눠준다는 것, 하지만 실패하면 목이 날아간다는 사실을 알았다. 그는 왕궁으로 직행했지만 위병들은 그를 안으로 들여보내주지 않았다.

"너는 아무리 봐도 의사 같지가 않고, 의사의 흰옷도 입고 있지 않다. 지금까지 수많은 의사들이 실패했는데, 네가 어떻게 치료할 수 있단 말이냐?"

"하늘에는 신이 계십니다."

동생이 대답했다. 바로 그때 창문을 통해 이 대화를 듣고 있던 왕이 그를 안으로 불러들여 물었다.

"너는 내 딸을 치료할 수 있다고 생각하는 모양인데."

"치료는 신께서 하십니다. 저는 그저 그것을 이어줄 뿐입니다."

"그럼 그 치료에 뭐가 필요하느냐?"

왕이 물었다.

"방과 옷, 세면기에 가득한 더운물이면 충분합니다. 나머지는 신께 달렸습니다."

요구한 것이 준비되자 그는 공주에게 가서 말했다.

"제 말을 따라해 주십시오. 아브라함의 신, 이사악의 신, 야곱의 신."

"아브라함의 신, 이사악의 신, 야곱의 신."

공주가 말했다.

그는 두 장의 나뭇잎을 더운 물 속에 담근 뒤 그것을 꺼내 공주의 눈에 대었다. 그 순간 공주의 눈이 나아 앞을 볼 수 있게 되었다. 그는 공주에게 새 옷을 입힌 뒤 그녀의 손을 잡고 방에서 나갔다. 공주의 시력이 회복된 것을 보고 사람들은 크게 기뻐했다. 왕자로 선언된 그는 공주와 성대한 결혼식을 올렸다.

어느 날, 이 젊은 왕자와 신부는 마차를 타고 2명의 하인과 함께 교외로 나갔다. 마차를 한참 달려간 끝에 산에 도착했는데, 그곳에서 필사적으로 산에 오르고 있는 한 남자를 보게 되었다. 왕자는 멀리서도 한눈에 그 사람이 자신의 형인 것을 알아보았다. 그는 아내에게 말했다.

"말과 하인을 데리고 왕궁으로 돌아가시오. 나는 다른 말과 하인과 함께 이곳에 남겠소."

"하지만 만약 우리가 헤어지게 되어 당신이 돌아오지 않으면 어떻게 해요?"

공주가 울면서 말했다. 왕자가 공주에게 두려워하지 말라고 하자, 그녀도 조금 마음이 놓여 그가 시키는 대로 했다.

왕자와 하인은 산으로 올라가고 있는 남자에게 다가갔다. 하인이 손을 뻗어 그를 붙잡으려 한 순간, "만지면 안 돼!" 하고 그가 소리쳤다. 그는 자신의 형이 장님인 데다 나병환자라는 것, 그를 만지는 사람은 죽는다는 것을 직감적으로 알았다.

하지만 하인은 그 말을 듣지 않고 손을 대고 말았기 때문에 그 자리에 쓰러져 죽었다. 동생은 형을 마차에 태우고 왕궁으로 돌아가서, 독방에 격리한 뒤 더운물과 새 옷을 주었다.

동생은 형에게 이렇게 말했다.

"내가 하는 말을 따라 하시오. 아브라함의 신, 이사악의 신, 야곱의 신."

형은 그 말을 똑같이 따라했다. 동생이 2장의 나뭇잎을 꺼내 그것을 물에 담근 뒤 형의 눈을 문질러 주었더니, 장님인 형은 다시 햇빛을 볼 수 있었다. 그에게는 새 옷이 주어졌지만 형의 마음은 불안과 공포로 가득 차 있었다. '그들은 틀림없이 나를 죽일 거야'라고 생각했던 것이다. 그는 아직 자신의 동생을 알아보지 못했고, 왕자의 정체에 대해서는 짐작조차 못하고 있었다.

그날 밤 왕자는 형의 가족을 식사에 초대했다. 왕과 궁정의 모든 사람도 초대되었다. 형도 불려왔는데, 그는 온몸을 떨면서 그 자리에 들어섰다. 무엇이 자기를 기다리고 있는지 알 수 없었기 때문이었다.

"이쪽으로 오십시오."

동생이 형에게 명령했다.

그가 왕자에게 다가가자 왕자가 물었다.

"당신은 누구십니까? 어디 출신입니까? 아버지와 형제들은 있습니까?"

남자는 자신의 이름과 출신지를 말한 뒤 덧붙였다.

"저의 아버지는 돌아가셨습니다. 동생이 있었지만 그도 죽었습니다."

왕자는 소리쳤다.

"천만의 말씀! 나를 똑똑히 보십시오. 동생이 아직 살아 있다는 것을 알 수 있을 것입니다. 당신의 동생을 못 알아보시겠습니까?"

형은 왕자를 한참 응시하다가 그 자리에 쓰러져버렸다. 형은 달아나고 싶었지만 몸이 말을 듣지 않았다. 그는 무릎을 꿇고 용서를 구했다.

왕자가 말했다.

"형님. 저를 두려워하실 필요는 없습니다. 오직 한 가지 질문에 대답해 주십시오. 신은 어느 쪽을 사랑하실까요? 선인일까요 아니면 악인일까요?"

"물론 선인이다."

그 광경을 모두 지켜본 사람들은 매우 놀랐다.

"형님, 당신은 아직도 두려워하며 떨고 있습니다. 하지만 더 이상 겁내실 필요 없습니다. 아버님은 제게 형님과 싸우지 마라 하셨으니까요. 형님께는 어떤 위해도 가하지 않을 것입니다. 약속하겠습니다."

형은 왕자에게 머리를 숙이고 감사했다. 왕자는 많은 금은을 형에게 주어 돌려보냈다. 그것이 왕자가 형의 얼굴을 본 마지막이었다.

인생에 절망한 남자

바닷가 한 도시에 외아들을 둔 부자 상인이 살고 있었다. 상인은 임종이 다가오자 아들을 불러 말했다.

"아들아, 그 한 마디 한 마디가 아무리 진실하다 해도, 결코 맹세는 하지 않겠다고 나에게 약속해다오."

상인이 죽고 탈상하자 아들은 다시 일상 생활로 돌아왔다. 그런데 아들에 대한 아버지의 마지막 유언이 일부 사기꾼들에게 알려지게 되었다.

'상인의 아들로부터 돈을 가로챌 수 있는 좋은 기회다.' 그들은 생각했다. 그들은 어떻게 했을까? 그들 중 한 사람이 젊은이의 집에 가서 이렇게 요구했다.

"당신 아버님이 나한테서 1000디나르를 빌려갔는데 돌려 주셔야겠습니다."

상인의 아들은 아버지의 장부를 조사해 봤지만, 그런 빚에 대한 기록은 어디에도 없어서 이렇게 말했다.

"미안하지만 그런 빚은 제 장부에는 기록되어 있지 않습니다."

"그렇다면 나는 당신을 법정에 세울 수밖에 없소."

그 분쟁이 법정으로 넘어가자, 사기꾼은 재판관에게 자신이 한 말이 모두 진실이라고 맹세했다. 그러자 재판관은 상인의 아들에게 물었다.

"당신은 이 남자에게 아무 빚도 없다는 것을 맹세할 수 있는가?"
그러자 그가 대답했다.
"저는 아무것도 맹세할 수 없습니다."
"그렇다면 나는 고소인의 말을 신용할 수밖에 없다."
재판관은 상인의 아들에게 사기꾼에게 1000디나르와 이자, 그리고 재판비용을 지불할 것을 선고했다.

사기꾼의 친구들은 일이 잘 풀린 것을 보고, 돈을 요구하기 위해 다른 사람을 또 보냈더니 그것 또한 성공했다. 그리고 3번째도, 4번째도, 5번째도, 6번째도, 7번째도, 8번째도, 9번째도, 10번째도, 상인의 아들에게 마지막 1페니마저 없어질 때까지 성공했다.

다음에 11번째 사기꾼이 등장하게 되는데, 상인의 아들이 돈을 지불할 수 없다는 것을 안 재판관은 부채 문제가 해결될 때까지 그를 옥에 가두도록 명령했다. 그 사이 그의 아내는 어떻게 두 아이를 먹여살려야 할지 걱정이 되어 눈앞이 캄캄했다. 그러자 이웃사람들이 그녀에게 빨랫감을 맡겨, 매일 강어귀에 가서 부지런히 빨래를 했다. 이리하여 아내는 자신과 아이들의 생활비를 벌었을 뿐만 아니라 돈을 조금씩 저축하여, 충분한 돈이 모이자 법정에 가서 보석금을 내고 남편을 옥에서 꺼낼 절차를 밟았다.

그날도 아내는 강어귀에 나갔다. 거기에는 배 한 척이 닻을 내리고 있었다. 선장이 쌍안경을 들여다보니, 아름다운 여인이 두 아이가 놀고 있는 옆에서 빨래를 하고 있는 모습이 보였다. 선장은 배에서 내려 여자에게 가서 말을 걸었다.

"부인, 무엇을 하고 계십니까?"
"저는 세탁부입니다."
그녀가 대답했다.
"그렇다면 나도 빨랫감이 있는데 다른 사람이 내는 돈의 두 배를 드리겠소."

"저런, 고마우셔라."

"제 배로 같이 가주시오. 그러면 금방 빨랫감을 내드리지요."

여자는 선장을 따라 배에 올라탔는데, 그녀가 승선하자마자 선장은 선원들에게 닻을 올리고 출항하라고 명령했다. 배는 물살을 가르며 육지에서 점차 멀어져갔다.

바로 그때 여자의 남편이 석방되었다. 남편은 아내와 아이들을 찾아다니다 바닷가에서 두 아이들이 울고 있는 것을 발견했다. 그가 아이들에게 어떻게 된 일이냐고 묻자, 모르는 사람이 어머니를 납치하여 바다로 데리고 가버렸다고 했다. 그는 그 말을 듣고, 엄청난 고통을 더 이상 견디지 못하고 오열하기 시작했다. 한참 뒤에 냉정을 되찾은 그는 눈물을 훔치면서 생각했다.

"온 세상을 뒤져서라도 아내를 찾아내고야 말겠다!"

그리고 두 아이를 양쪽에 거느리고 아내를 찾아 길을 떠났다.

그들은 이곳 저곳을 방황하다가 강에 도착했다.

먼저 한 아이를 건너편에 데려다 주고 다음에 또 한 아이를 건네줘야겠다고 생각한 그는 한 아이를 강가에 남겨두고 한 아이를 먼저 어깨에 태워서 강을 건너기 시작했다. 그때 비명소리가 들려서 뒤를 돌아보니, 숲 속에서 늑대가 나타나 강가에 남겨둔 아들을 습격하고 있는 것이 보였다.

그는 아들을 구하려고 서둘러 돌아오다가 중심을 잃어, 어깨 위의 아들을 강물에 빠뜨리고 말았다. 그리고 그가 강가에 도착했을 때는 늑대가 또 한 명의 아들을 물고 숲 속으로 사라진 뒤였다.

"이게 웬일이란 말인가? 이젠 살아갈 이유도, 고통을 견딜 수 있는 힘도 잃고 말았다."

절벽에 올라가 아래로 몸을 던지려는 순간, 그의 어깨를 잡는 사람이 있었다. 돌아보니 나이 지긋한 양치기가 그의 어깨를 꽉 잡고 있었다.

"이 손 놓으시오. 이제 충분히 살 만큼 살았소."
양치기가 말했다.
"젊은이. 당신이 살아 숨을 쉬고 있는 한 희망을 버려서는 안 됩니다. 내일 무슨 일이 일어날지 아무도 모르기 때문입니다. 어쩌면 행운이 찾아와서 좋은 일이 일어날지도 모르잖아요?"
상인의 아들은 그 말에 설복당하여 양치기와 함께 그 자리를 떠났다. 그도 양치기가 되어, 강으로 이어진 들판과 골짜기를 양들과 함께 돌아다녔다. 하지만 아내와 자식들이 생각날 때마다 너무 괴로워서 그는 결국 다시 목숨을 끊기로 했다. 어느 날, 그가 양들과 함께 강가에 서 있는데, 다시금 아내와 눈앞에서 잃은 두 아들의 모습이 선명하게 떠올라 격심한 고통으로 그는 강물 속 거센 소용돌이 속으로 뛰어들었다.
그때 고인이 된 예언자 요나가 이 상인의 아들을 기슭으로 밀어올렸다. 한참 뒤 의식을 되찾은 상인의 아들이 눈을 뜨자, 긴 턱수염을 기른 늙은 성자 같은 인물이 자신을 들여다 보고 있는 것이 보였다.
"당신은 누구십니까?"
그가 불안한 듯이 물었다. 그러자 노인이 대답했다.
"두려워하지 마라. 나는 네가 성서 안에서 읽은 적이 있는 예언자 요나다. 네가 지금 한 짓은 결코 칭찬할 만한 일이 아니며, 인간은 마지막까지 희망을 버려서는 안 된다. 너의 호소는 이미 하늘에 도달하여 죄 없이 고통을 겪고 있는 너를 구해주기로 결정하였다."
"하지만 이 고통에서의 탈출구가 보이지 않는데 어떻게 절망하지 않을 수 있겠습니까?"
"내가 시키는 대로 해라. 먼저 수도로 가는 거다. 그곳에는 왕의 딸이 중병으로 괴로워하고 있을 것이다. 왕은 딸을 치료하는 자는 그녀와 결혼할 수 있지만 실패한 자는 목을 벨 것이라고 선언했다.

먼저 왕에게 검은 양을 요구하여 그것을 죽여 뇌를 꺼내 공주에게 먹여라. 그것이 치료약이다. 그리고 왕이 공주와 너를 결혼시키겠다 하면 왕에게 이렇게 말하라. '폐하, 제가 얻고 싶은 것은 바다와 강이 만나는 곳에 있는 검은 언덕입니다' 라고.

왕은 반드시 그것을 너에게 줄 것이다. 그곳을 파면 금이 들어 있는 항아리 7개가 나올 것이다. 너는 그 돈으로 바닷가 근처에 여관을 짓도록 해라. 그렇게 하면 이윽고 너의 고난은 끝나고 희망은 모두 실현될 것이다."

상인의 아들은 기쁜 마음으로 예언자에게 감사했다. 하지만 요나는 어느새 사라지고 없었다. 그는 왕궁을 향해 출발하여 그곳에 도착한 뒤 요나가 말한 대로 했다.

그는 양을 잡아서 왕의 딸을 낫게 하고, 검은 언덕을 청하여 금이 든 항아리를 7개 파낸 뒤 여관을 지었다. 그는 여관 입구에 서서 손님을 기다렸다.

하루는 한 남자가 소년을 데리고 찾아왔다. 그는 여관 주인에게 말했다.

"주인장. 나는 사냥꾼인데, 하루 종일 밖에 나가 있어야 하기 때문에 이 아이를 돌볼 수가 없소. 내가 돌아올 때까지 이 소년을 보살펴주지 않겠소? 여기 100디나르의 사례금이 있소."

여관 주인은 승낙하고 소년을 안으로 데리고 갔다.

다시 며칠 뒤에 한 늙은 남자가 찾아왔다. 그도 소년을 데리고 있었다.

"주인장. 나는 어부인데, 배를 타고 바다에 나가면 며칠씩 돌아오지 못하기 때문에 이 아이를 돌볼 시간이 없습니다. 여기 사례금 100디나르가 있으니, 내가 돌아올 때까지 이 아이를 맡아주실 수 없겠습니까?"

여관 주인은 이번에도 승낙하고 이 두 번째 소년을 안으로 데리고 들어갔다. 여관 주인은 소년들을 본 순간 그들이 누구인지 단번에 알아보았다. 한 아이는 맏아들이고 또 한 아이는 둘째아들이었던 것이다. 하지만 아이들은 아버지의 얼굴을 마지막으로 본 것이 아직 어릴 때였기 때문에 알아보지 못했다. 아버지는 두 아들이 돌아온 것을 크게 기뻐했지만, 아이들의 어머니를 찾을 때까지는 그들에게 자신이 누구인지 밝히지 않기로 했다. 아이들에게는 어머니가 어디 있는지 모르는 것만큼 슬픈 일은 없기 때문에, 어머니에 대해 생각하게 하고 싶지 않았던 것이다.

어느 날, 배 한 척이 입항하더니 검은 언덕의 건너편 기슭에 닻을 내렸다. 선장이 쌍안경을 들여다보니 언덕 위에 멋진 여관이 서 있는 것이 눈에 들어왔다.

"어디 저 여관에 가서, 저곳의 포도주도 저 건물처럼 훌륭한지 맛보고 올까?"

선장은 육지에 올라 산 위 여관에 들어가서 포도주를 주문했다. 그는 술을 다 마신 뒤 배로 돌아가기 위해 일어섰다.

"선장님!"

여관 주인이 말했다.

"뭣 때문에 그렇게 서두르십니까? 오늘 밤은 여기 머무시고 아침에 배로 돌아가시는 게 어떻습니까?"

"고맙소. 하지만 그럴 수는 없소."

선장이 대답했다.

"배에는 보물이 실려 있어서 눈에 불을 켜고 단단히 지키지 않으면 안 되거든."

"그렇다면 염려하실 것 없습니다. 이곳에 제 아들이 2명 있습니다. 둘 다 용감한 소년들이니, 당신을 위해 배에 가서 보물을 지켜줄 수 있을 겁니다."

아직 마음껏 술을 마시지 못한 선장은 그 밤을 여관에서 보내기로 했다. 선장이 내건 조건은 소년들이 보물이 보관되어 있는 방 밖에서 망을 보되, 절대로 안을 들여다봐서는 안 된다는 것이었다.

소년들은 배에 가서 갑판 위에서 밤을 새기로 했다. 한참 있으니 완전히 어두워져서, 달빛이 머리 위를 비추고 파도소리밖에 들려오지 않았다. 소년들은 지루한 시간을 달래기 위해 서로 이야기를 하기 시작했다.

한 아이가 얘기했다.

"거짓말같이 들릴지도 모르겠지만……, 아직 어렸을 때 난 강물에 빠졌는데, 어부가 건져주어서 그 뒤 그 어부가 친자식처럼 나를 키워주었어."

또 한 명이 말했다.

"난 그 얘기 믿어. 나한텐 더 엄청난 일이 일어났어. 어렸을 때 난 늑대에게 물려서 숲 속으로 끌려갔어. 사냥꾼이 활로 늑대를 쏘아 죽이고 나를 구해 외동아들처럼 키워줬지."

두 소년은 납치된 어머니가 누워 있는(어머니가 바로 선장의 보물이었다) 급사장의 선실 앞에서 얘기를 나누고 있었다.

잠에서 깨어난 어머니는 그들의 목소리를 금방 알아들었다. 아들이 성장하여 완전히 변해 있어도 아들의 목소리를 모르는 어머니는 없다.

그녀는 선실에서 달려나와 아들들을 끌어안고 입을 맞춘 뒤 말했다.

"사실은 너희들은 형제란다. 그리고 내가 너희들의 엄마야!"

그러자 그들도 그녀가 어머니라는 것을 알았다. 자식은 아버지를 잊을 수는 있어도 어머니를 잊는 법은 없기 때문이다.

세 사람은 선장을 속이고 배에서 달아날 방법을 궁리했다. 아침이 되어 선장이 돌아오자, 여자는 아이들이 자신의 방을 들여다보았다고 일렀다. 이 말을 듣고 격노한 선장은 여관 주인한테 가서 소년들을 채찍으로 때릴 것을 요구했다. 거기에 대해 여관 주인은 대답했다.

"만약 그 여자가 이곳에 와서 자기의 말이 진실이라는 것을 맹세한다면 채찍질을 하겠소."

선장은 배에 돌아가서 여자를 데리고 왔다. 여자는 베일을 쓰고 있었다. 그동안 여관 주인은 증인과 함께 랍비를 불러왔다. 그들이 도착하자 여자는 베일을 벗었다.

여관 주인은 선언했다.

"여러분. 이 여자는 내 아내입니다."

처음에는 아무도 이 말을 믿지 않았지만, 그녀가 자신의 신상에 일어난 일, 어떻게 해서 선장에게 납치되어 멀리 끌려갔는지 등을 얘기하자, 사람들은 그 말이 진실이라는 것을 알았다.

랍비는 선장에게 사형을 선고했다. 배와 화물은 몰수되어 왕과 여관 주인이 나눠 가졌다. 이리하여 재회한 남자와 그의 아내, 두 아들들은 그 뒤 내내 행복하게 살았다.

어리석은 아들, 영리한 아들

어느 작은 도시에 두 형제가 있었다.

두 형제가 아직 어렸을 때, 어리석은 동생은 늘 난롯가에 앉아서 옆에 있는 자루에서 빵을 꺼내 먹었고, 그 사이 영리한 형은 학교에서 공부를 했다. 아버지와 어머니는 이 영리한 아들을 사랑했고, 그는 부모의 자랑이자 기쁨이었다.

두 형제가 성장한 뒤에도 어리석은 동생은 여전히 난롯가에 앉아 빈둥거리면서 빵만 먹고 있었고, 영리한 형은 그런 동생을 보면 아버지가 가엾어서 견딜 수가 없었다. 그래서 어느 날 부모에게 이렇게 말했다.

"아버지, 어머니. 전 이제 어엿한 어른입니다. 언제까지 이런 가난한 생활을 할 수는 없습니다. 허락해 주신다면 넓은 세상에 나가 행운을 잡고 싶습니다. 열심히 일하여 큰돈을 벌어 돌아오겠습니다. 그래서 집을 새로 짓고 남부럽지 않게 사는 겁니다."

아들의 말에 부모는 무척 기뻐했다. 부모는 아들을 포옹하고 작별의 키스를 한 뒤, 여행을 위해 그들이 해줄 수 있는 것은 다 챙겨 짐을 꾸리고, 아들에게 주었다. 버터와 비스킷, 사과, 배 등 아들이 좋아하는 물건들이 가득 든 커다란 자루, 그리고 아끼고 아껴 모은 약간의 돈을 주어 아들을 떠나보냈다.

소년은 기운차게 마을을 나가 얼마 뒤 한 시골에 도착했다. 길을 걷는데 개 한 마리가 그를 향해 달려왔다. 가여운 그 개는 몸이 더럽고 털도 광택이 없으며 배가 무척 고파 보였다. 개가 말했다.

"애야, 내 몸을 깨끗하게 씻고 털을 빗질하고 먹을 것을 좀 주지 않겠니? 그래 주면 언젠가 이 은혜는 꼭 갚을게."

영리한 소년은 남에게 조롱받을 일은 하지 않기 때문에 말했다.

"때려 줄 테다, 이놈의 개! 우리 아버지는 그런 일을 하지 않고 어머니도 하지 않아. 그러니 나도 안 해!"

그러자 개는 멀리 달아났다.

좀더 걸어가니 우물이 나왔는데, 물 위에 초록색 이끼가 떠 있고 곳곳에 진흙이 쌓여 있었다. 그 옆에 걸쳐져 있는 은국자에 녹이 슬어 있었기에 소년은 목이 말라 물을 마시려다가 너무 더러워서 그만두었다. 그때 우물이 소년에게 말했다.

"애야, 나를 깨끗하게 청소해 주렴. 내 은국자를 반짝이도록 닦고 진흙도 치워주겠니? 그렇게 해주면 언젠가 이 은혜는 꼭 갚을게."

소년은 화를 내며 "우리 아버지는 그런 일을 하지 않고 어머니도

하지 않아. 그러니 나도 안 해!" 하며 뒤도 돌아보지 않고 길을 계속 갔다.

조금 가니 이번에는 배나무 한 그루가 있는데, 가지는 앙상하게 메말랐고 잎은 모두 시들어 있었다. 주변의 땅은 딱딱하게 굳어서 갈라져 있었다. 나무가 말했다.

"애야, 내 가지를 쳐내고 내 뿌리의 흙을 파헤쳐 물을 뿌려다오. 그렇게 해주면 언젠가 이 은혜는 꼭 갚으마."

소년은 이번에도 "우리 아버지는 그런 일을 하지 않고 어머니도 하지 않아. 그러니 나도 안 해!" 하고 길을 계속 걸어갔다.

한참 걷다보니 마침내 도시가 보였다. 그는 한 여관에 들어가 주인에게 간청했다.

"여기서 일하고 싶습니다. 보수는 필요 없습니다. 그것은 주인님이 알아서 하시면 됩니다."

여관 주인이 말했다.

"좋아. 1년 동안 일해 봐. 먹을 것과 잠자리는 제공하지. 열심히 일하면 보수를 주겠네."

소년은 1년 동안 열심히 일했고, 주인은 소년의 일하는 모습에 만족했다. 소년이 보수를 지불해 달라고 요구하자 주인이 말했다.

"돈 대신 마구간에 가면 말이 있고 마차와 큰 상자, 작은 상자가 있을 거네. 늙은 말, 어린 말도 있고 번쩍이는 새 마차와 낡은 마차도 있어. 마음에 드는 놈을 골라 부모님이 기다리시는 집으로 건강하게 돌아가게."

마구간에 들어가 주위를 둘러본 그는 무척 만족스러웠다. 영리한 소년은 눈을 반짝이면서 가장 좋은 것을 고르기 시작했다. 가장 건강하고 젊은 말에 제일 좋은 안장을 얹고, 번쩍이는 마차에는 크고 멋진 상자를 실었다. 그리고 준비를 바친 소년은 말에 채찍을 가하여 출발했다.

도시에서 나오자 곧 황금색 열매가 가득 달린 크고 맵시 있게 생긴 배나무가 눈에 들어왔다. 태양이 길을 내리쬐고 있었고, 참으로 아름다운 광경이었다. 소년은 마차에서 내려 나무를 향해 달려가 열매를 따려고 나뭇가지 하나를 끌어당기자, 가지는 손에서 홱 달아나며 소리쳤다.

"저리 가, 이 못된 녀석 같으니! 내가 나무 밑의 흙을 파헤쳐 달라고 부탁했을 때 너는 거절했어. 그런데도 지금 내 열매를 따고 하다니! 썩 꺼지거라."

소년은 당황하여 다시 길을 갔다.

조금 더 가니 맑은 물이 찰랑거리는 우물과 은빛으로 빛나는 국자가 보였다. 얼마나 반가웠는지 목이 말랐던 소년은 물을 마시려고 국자를 집어들었다.

그런데 물을 뜨려고 우물에 몸을 구부리자 국자가 손에서 미끄러져 버렸다.

"저리 가, 이 못된 녀석!"

우물이 호통을 쳤다.

"나를 깨끗하게 청소하고 은국자를 닦아달라고 부탁했을 때, 너는 '난 그런 일 안 해' 하고 말하지 않았느냐? 그런데 감히 내 물을 마시려 해? 저리 썩 꺼져라!"

소년은 얼굴이 붉어졌다. 하는 수 없이 마차로 돌아가 다시 길을 갔다. 한참 마차를 달려 고향 마을에 가까워지자 개 한 마리가 다가왔다. 예쁘고 사랑스러운 개였다. 개 목에 진주와 다이아몬드가 달린 파란 리본이 매어져 있는 것을 본 소년은 마차를 멈추고 말했다.

"강아지야, 이리 온."

그러자 개가 마차 속으로 뛰어들어왔다. 소년이 개 목에서 리본을 벗기려 하자 개가 짖기 시작했다.

"멍멍! 내 다이아몬드와 진주를 갖고 싶은 거냐? 하지만 넌 나를 씻겨주지도 빗질을 해주지도 않았어. 물론 먹을 것도 주지 않았지. 멍! 너에게는 아무것도 줄 수 없어. 달려들면 물어뜯어서 뼈도 못 추리게 만들어줄 거니까 그런 줄 알아!"

개는 마차에서 뛰쳐나가 어디론가 가버렸다.

화가 머리끝까지 난 소년은 말을 채찍질하여 집을 향해 달렸다.

집에 도착했을 때는 이미 한밤중, 모두 잠들어 있었다.

집 현관 문은 닫혀 있고 모든 문에는 자물쇠가 채워져 있었으며, 주위는 고요하고 완전한 암흑에 싸여 있었다. 소년은 현관 문과 창문을 이리저리 두드리며 말했다.

"아버지, 어머니! 일어나 보세요. 아들이 많은 선물을 가지고 돌아왔어요. 테이블보를 펼쳐주세요. 커다란 선물상자를 보여드릴게요."

부모는 잠에서 깨어나 아들이 돌아온 것을 알고 크게 기뻐했다. 더욱이 아들이 많은 선물을 싣고 돌아왔으므로 부모는 커다란 목소리로 외쳤다.

"동네 사람들! 우리 집에 와서 우리 아들이 가지고 온 선물을 구경하세요."

그들은 집안에 불을 밝히고 테이블보를 펼쳤다. 동네 사람들이 모여들어 영리한 소년이 가지고 돌아온 선물을 구경하려고 기다렸다.

머리 나쁘고 게으른 동생도 난로에서 다가와, 끝없이 쏟아져 나오는 선물을 구경했다.

그런데 이게 어찌된 일인가! 날이 밝은 뒤 사람들이 본 것은 가장 좋은 젊은 말이 아니라 늙어빠진 말이었고, 번쩍이는 새 마차가 아니라 포장도 없이 덜그럭거리는 짐수레였으며, 커다란 새 상자가 아니라 고물상자였다. 영리한 소년은 어찌된 영문인지 도무지 알 수가 없었다.

"걱정하지 마시고 그 커다란 상자를 열어보세요. 그 안에는 금은

이 가득 들어 있어요."

부모는 커다란 상자를 열어 안에 있는 물건들을 꺼내기 시작했다. 그런데 그 속에는 시궁쥐와 생쥐, 진흙과 오물이 가득해 집안은 엉망진창이 되고 말았다. 어머니는 울음을 터뜨렸고 아버지는 아들을 꾸짖었다. 친구들과 이웃 사람들은 크게 웃으며 돌아갔다.

형은 풀이 죽어 그저 망연히 서 있을 뿐이었다. 그때 어리석은 동생이 형의 손을 잡더니 아버지에게 말했다.

"형을 때리지 마세요. 야단치지 마세요. 형 잘못이 아니에요. 이번에는 제가 넓은 세상으로 나가고 싶어요. 행운을 찾아오겠어요."

아버지가 웃으면서 말했다.

"애야, 내 영리한 아들이 어떤 꼴이 되어 돌아왔는지 한번 보아라. 그런데 어리석은 네가 행운을 시험하겠다고?"

어리석은 아들은 무슨 일이 있어도 나가겠다고 고집을 부렸고, 어머니는 끝내 포기하고 말했다.

"하는 수 없어요, 여보. 그렇게 하도록 해줍시다."

부모가 건빵이 든 자루와 물통, 약간의 돈을 주자 소년은 길을 떠났다.

소년은 길을 가다가 온몸이 흙투성이인 데다 굶주린 개를 만났는데, 개는 소년의 손을 핥으며 말했다.

"애야, 부탁이니 내 털을 빗질해 주겠니? 먹을 것과 물도 좀 주면 좋겠어. 그렇게 해주면 언젠가 은혜를 꼭 갚을게."

소년은 자루를 풀어 건빵을 주고 물통의 물을 마시게 해주었다. 그런 다음 개를 깨끗하게 씻겨주고 엉킨 털을 곱게 빗어주고는 다시 길을 갔다.

한참 걸어가니 이번에는 우물이 나왔다. 물 표면은 이끼로 새파랗게 덮여 있고 곳곳에 진흙이 쌓여 있었으며, 우물 옆에 걸쳐져 있는 은국자는 녹이 슬어 있었다. 우물이 말했다.

"애야, 부탁 좀 할게. 나를 깨끗하게 청소해 줄 수 없겠니? 내 녹이 슨 은국자를 닦아다오. 그렇게 해주면 언젠가 은혜를 갚을게."

소년은 소매를 걷어붙이고 곧 일을 하기 시작했다. 우물을 말끔하게 청소하고 은국자를 반짝반짝 닦은 뒤 진흙을 치우고 나서 소년은 여행을 계속했다.

이번에는 메마른 가지가 앙상하게 달려 있는 나무가 나왔다. 잎은 완전히 메말라 바스락거리고 있고 뿌리의 흙은 갈라지고 딱딱하게 굳어 있었다. 나무가 말했다.

"애야, 부탁이 있다. 내 메마른 가지를 쳐내고 뿌리의 흙을 파헤쳐서 물을 뿌려다오. 그렇게 해주면 언젠가 꼭 은혜를 갚으마."

소년은 이번에도 소매를 걷어붙였다. 가지를 정돈하고 뿌리의 흙을 부드럽게 일구어 물을 흠뻑 주었다. 그것이 끝나자 다시 길을 갔다.

마침내 어리석은 소년은 형이 찾아왔던 그 도시에 도착했고, 그도 같은 여관 주인 밑에서 1년 동안 열심히 일했다. 1년이 지났을 때 그는 보수를 지불해 달라고 말했다.

"돈은 없고, 마구간에 가면 말과 마차, 그리고 큰 상자와 작은 상자가 있을 것이다. 늙은 말과 어린 말도 있고 번쩍이는 새 마차와 낡은 마차도 있지. 네 마음에 드는 것을 골라 부모님이 기다리시는 집으로 건강하게 돌아가거라."

그는 주인에게 작별을 고한 뒤 마구간에 들어가 그곳에 있는 물건들을 보고 무척 기뻐했다.

"주인님은 참 좋으신 분이야. 이렇게 나를 믿어주시는데 그 기대를 저버릴 수는 없어. 늙은 말과 덜그럭거리는 마차, 2, 3개의 작은 상자를 가져가기로 하자. 그거면 충분해."

어리석은 소년은 마구간에 있는 잡동사니만 골라 마차에 싣고 길을 떠났다.

마차를 타고 나아가니 황금색 열매가 가득 달려 있는 배나무가 눈에 들어왔다. 무척 먹고 싶어서 나무에 가까이 다가가 말했다.

"나무님, 나무님. 당신의 가지에서 열매를 하나 따먹어도 될까요?"

배나무는 그의 목소리를 듣고 바스락바스락 잎을 흔들면서 말했다.

"애야, 얼마든지 따려무나. 내 가지를 잘라내어 시원하게 해준 건 너니까."

소년은 배를 하나 딴 뒤, 배나무에게 인사를 하고 길을 갔다.

한참 가니 우물이 나왔는데, 목이 말랐던 그는 우물에 다가가 말했다.

"우물님, 물을 조금만 마셔도 될까요?"

우물은 그의 목소리를 듣고 눈을 반짝였고, 은국자는 그의 손안에 뛰어들어와 말했다.

"애야, 마음껏 물을 마시고 목을 축이려무나. 나를 깨끗하게 만들어준 것은 너니까. 기념으로 그 은국자도 가지고 가렴."

소년은 국자를 손에 들고 우물에게 고맙다고 인사했다. 그는 길을 다시 갔다. 태양이 밝게 빛나고 있었고, 말은 기운차게 달리고 마차는 반짝반짝 빛났다.

한참을 가자 개 한 마리가 그를 향해 달려왔다. 손질이 잘된 귀여운 개였다. 그는 개를 보자 무척 반가웠다. 개 목에 진주와 다이아몬드가 달린 파란 리본이 매어져 있었는데, 개는 그를 보더니 마차 안에 뛰어들어와 말했다.

"멍멍! 멍멍! 애야, 내 목에서 진주와 다이아몬드를 가져가. 너에게 주는 선물이야. 나를 깨끗하게 씻고 털을 빗겨주었으니까.

또 먹을 것을 주고 물도 마시게 해주었으니까."

소년은 진주와 다이아몬드를 받아들고 개에게 인사한 뒤, 다시 길을 갔다.

그리하여 그는 좋은 선물을 마차에 가득 싣고 집으로 돌아왔다. 이미 어두운 밤이 되어 모두들 깊은 잠에 빠져 있었고, 소년은 현관 앞에 걸터앉아 날이 새기를 기다렸다.

아침이 되자 소년은 문을 두드리며 씩씩한 목소리로 말했다.

"아버지, 어머니, 문을 열어 주세요. 어리석은 아들이 돌아왔습니다. 테이블보와 침대시트를 펼쳐주세요. 제가 가지고 온 상자를 보여드릴게요."

부모는 일어나 아들을 맞이했고, 어머니가 말했다.

"테이블보를 펼치라고? 너에게는 거친 베로 충분할 거야."

부모는 상자를 열고 안에 있는 것을 꺼내기 시작했다. 집 안이 온통 금과 은, 다이아몬드와 진주, 그 밖의 갖가지 보물로 번쩍였다. 어머니는 소년을 끌어안고 입을 맞추었고, 아버지는 눈물을 흘렸다.

"대체 어느 아들이 어리석고 어느 아들이 영리한 거지?"

아버지는 영리한 아들을 때리기 시작했고, 어리석은 아들이 두 사람 사이에 들어가 갈라놓았다. 그 뒤 그들은 오랫동안 행복하게 살았다.

어떤 이에겐 재난을, 어떤 이에겐 행복을

니콜라이 1세는 허름한 작업복이나 오래된 군복을 입고 거리를 돌아다니며, 그곳에서 무슨 일이 일어나고 있는지 살펴보거나 자신에 대한 평판을 듣는 것을 좋아했다. 어떤 경박한 사람들은 이 변장한 차르(황제) 앞에서 함부로 입을 놀려 신세를 망치기도 했다.

유대인 지역에 있는 마을을 돌고 있었을 때, 차르와 그의 수행원들은 사냥을 하려고 숲 속에 들어갔다. 니콜라이는 그때 누더기 외투를 입은 병사로 변장하고 있었는데, 도중에 길을 잃고 헤매게 되었다.

저녁때였다. 눈발이 흩날리기 시작하더니 점차 거세져서, 급기야 본격적인 눈보라가 몰아쳤다. 다행히 니콜라이는 불빛이 새어나오고 있는 민가를 발견하여 늙은 유대인 과부가 경영하고 있는 여관을 간신히 찾아갈 수 있었다.

노파는 동사 직전의 병사를 맞이하여 빗자루로 눈을 털어주고 누더기 외투를 벗긴 뒤, 몸을 녹일 수 있도록 난로 옆으로 데리고 갔다. 그런 다음 키크니가나(커피의 한 종류) 한 잔을 먹였다. 그의 몸을 깨끗이 닦아주고 그를 위해 식사 준비를 하면서, 노파는 연신 "딱하기도 하시지. 도련님이 하마터면 동사할 뻔했구려" 하고 말했다.

여관의 한 방에 농부들이 들어 있었다. 그들은 누더기를 걸치고 덜덜 떨고 있는 병사를 보고, 그가 황제 니콜라이라는 건 꿈에도 모르고, 차르에게 하늘에서 불과 유황이 쏟아지라고 저주하기 시작했다. 그들이 불평불만을 하소연하는 것은 어제오늘의 일이 아니었다. 차르가 그들에게 해준 것은, 그들을 뼈와 가죽만 남겨놓고 노예로 만든 것과 그들을 종신병으로 징집한 것뿐이었다고 불평했다.

하지만 노파는 차르를 두둔하며 그를 위해 해명했다. 그녀는 농부들에게 진짜 책임자는 누구인지 아무도 모른다고 말하고, 차르가 아무리 천사 같은 분이라 해도 그를 모시는 귀족들이 그를 아무것도 모르게 내버려뒀기 때문에, 백성들을 도울 수 없었던 것뿐이라고 말했다.

"나는 못 믿겠수. 하느님이 차르로 선택하신 분이 그래, 그걸 잊어서는 안 되지. 나쁜 사람일 리가 없지. 그는 하느님으로부터 기름으로 세례를 받은 분이니까."

노파의 의견에 동의할 수 없는 농부들은 점점 흥분하기 시작했다.

그들은 그녀를 예로 들어 그녀 같은 늙은 과부의 외아들을 빼앗아가는 잔인한 처사가 어디 있느냐고 말했다.

하지만 노파는 아들을 군대에 빼앗긴 것은 차르의 책임이 아니라고 완강하게 주장했다. 노파는 만약 차르가 그녀의 사정을 안다면, 반드시 아들을 돌려보내 줄 거라고 확신하고 있었다. 노파는 이야기를 하면서도 그녀가 '도련님'이라고 부르는 병사에게 음식과 마실 것을 계속 갖다주고 있었다.

농부들이 여관에서 나가자, 노파는 니콜라이를 위해 쾌적한 잠자리를 준비하고 따뜻한 담요를 갖다 주었다(니콜라이 1세를 손님으로 대접하게 된 것은 노파에게는 놀라운 행운이었다). 아침이 되어 노파의 '도련님'은 청어를 한 토막 먹고 키크니가나 한 잔을 마신 뒤 노파에게 물었다.

"할머니, 어떻게 하다가 외아들을 빼앗겨 버렸습니까?"

"그건 내가 가난한 과부이기 때문이지요. 부자는 돈으로 매수해서 아들을 군대에 보내지 않아도 된다우. 하벨(유괴자라는 뜻. 특별장교)은 가난한 사람들의 목소리에는 귀를 기울이지 않아요. 우리 아들처럼 외아들이라도 사정없이 유괴해 간다니까. 항의해도 소용없어요."

"그럼, 왜 이 지방의 지사에게 항의하지 않았습니까?"

노파가 대답했다.

"물론, 했지요. 그런데 지사님을 만나는 건 하늘의 별따깁니다. 그렇지만 결국 탄원서와 우리 아들이 외아들이라는 것을 증명하는 지방법무국의 서류를 제출했다우.

나는 지사님께 아들을 돌려달라고 머리를 조아렸수. 지사님은 돌려보내겠다고 약속해 주었지만, 결과는 보시다시피 이 꼴이지 뭐유. 벌써 반년이나 지났는데 아직도 돌아오지 않고 있으니."

노파는 크게 한숨을 내쉰 뒤, 오랜 고생이 깊게 새겨진 얼굴을 흔들며 말했다.

"그런 건 다 소용없어요, 도련님. 가난하고 늙으면 정의의 보호를 받지 못하는 법이지."

니콜라이는 노파에게 편지지 한 장을 갖다 달라고 요구했는데, 그녀는 마침 가지고 있는 것이 없었다.

그는 그녀의 책장 위에 있던 '시편'에서 여백이 있는 마지막 페이지를 찢어 거기에 무언가를 써넣었다. 그는 그 쪽지를 노파에게 주면서, 그것을 가지고 도시로 가서 관리에게 주라고 말했다. 그러면 관리는 그것을 해당부서로 보내 줄 것이고 그렇게 되면 아들이 틀림없이 돌아올 수 있다는 것이었다.

노파는 놀란 표정으로 그를 바라보면서 말했다.

"아이구, 도련님! 그 종이 조각에 무슨 좋은 말이라도 써놓으신 게요? 지사님이 직접 약속해 주셨지만 아무 소용없었다니까. 도련님도 마찬가질 거유. 관리님은 도련님의 편지와 그것을 가지고 간 나를 보고 웃기만 할걸."

니콜라이는 그 편지가 반드시 도움이 될 거라 장담했다. 그는 노파가 말과 썰매를 준비해 주면 얼마쯤 함께 가주겠다고 약속했다.

썰매에 타자, 니콜라이는 노파에게 그 편지를 관리 말고는 아무한테도 보여주지 말라고 단단히 주의를 주었다. 중간에 그는 썰매에서 내렸다. 노파에게 따뜻한 작별 인사를 하고, 아들이 돌아오면 함께 다시 만나자고 약속했다.

도시로 들어간 노파는 니콜라이가 시킨 대로 관리의 집에 가서 직접 편지를 전달했다. 관리는 그것을 읽더니 당장 그녀를 안으로 불러들여 의자에 앉혔다. 그리고 그녀가 '작은 도련님'이라고 부르는 그 남자의 인상에 대해 상세하게 설명해 달라고 부탁했다.

그녀는 그 병사가 어떠한 차림을 하고 있었으며, 동사 직전까지 눈을 흠뻑 맞고 그녀의 여관에 뛰어든 것 등을 얘기했다. 노파는 또 이런 편지는 가지고 오고 싶지 않았지만 그 병사가 억지로 들려보냈다는 말도 했다.

관리는 "노파에게 병사의 말을 듣기를 정말 잘했다. 이 편지 덕택에 아드님은 곧 돌아오게 될 거다"라고 말했다. 그는 썰매가 있는 곳까지 그녀를 데리고 가서 썰매에 오르는 것을 도와주었다. 그리고 아드님은 곧 돌아올 거라고 다시 한 번 강조했다.

그 말대로 얼마 안 있어, 노파가 사랑하는 아들은 새 모피옷을 입고 파발마가 이끄는 썰매를 타고 돌아왔다. 그녀와 아들은 기쁨의 눈물을 흘렸다.

흥분이 가라앉자, 아들은 하벨이 그를 유괴한 것에서부터 집에 돌아올 때까지 자신이 겪어야 했던 모든 고난을 얘기해 주었다.

그녀는 그녀대로 아들에게 자신의 신상에 일어난 일을 모두 얘기했다. 한 가난한 병사가 그의 제대를 명한 편지를 써준 일과, 자신은 내키지 않았지만 병사가 억지로 그 편지를 전달하게 한 것 등에 대해서.

그런지 며칠이 지났을 때, 노파와 아들은 마을 농부들로부터 하벨이 살고 있는 도시에서 일어난 사건에 대한 얘기를 들었다. 밤에 카자크 병사들이 도시를 포위했고, 이튿날 아침에 당국자들이 하벨과 도시의 부자들을 모두 잡아들여, 쇠사슬로 엮어서 끌고 갔다고 한다. 그 이유와 행선지를 아는 사람은 아무도 없었다.

다시 며칠이 지나자, 지사가 직접 도시에 와서 부잣집 아들들을 모두 군대에 끌고 갔다. 노파와 아들은 그 병사의 정체와, 병사의 지시에 선뜻 따르지 않았던 것에 대해 마음을 졸이기 시작했다.

그러던 어느 날 장교들이 여러 명 탄 호화로운 마차가 그들의 여관 앞에 멈춰 섰다. 모자가 그들이 들어오는 것을 불안하게 지켜보고 있으니, 한 장교가 자기들은 그녀와 아들을 좋은 친구와 만나게 해주기 위해 찾아온 것이니 무서워할 필요 없다고 말했다. 어머니와 아들은 그들의 재촉에 서둘러 마차에 올라탔다. 두 사람은 행여나 마차를 더럽히게 될까봐 몸을 조그맣게 움츠리고 있었다.

궁전 앞에 마차가 멈추자, 번쩍이는 옷을 차려입은 하인들이 달려 나와 그들에게 인사를 했다. 그들은 두 사람을 욕실에 안내하여 몸을 깨끗이 씻어주고 좋은 옷을 입혀주었다. 그런 다음 제2궁전으로 데리고 가서 그들이 쉴 방으로 안내했다. 또 유대의 식품규정에 맞는다는 것을 증명하는 서류와 함께 맛있는 음식이 운반되어 왔다.

두 사람은 궁전에서 일주일 동안 머물며, 최고의 음식과 음료를 마음껏 즐겼다. 일주일 뒤 집사가 두 사람을 더욱 으리으리한 궁전으로 데리고 가더니 호화롭게 장식한 연회장으로 안내했다.

두 사람이 그곳에 앉아 기다리고 있으니, 옆문이 열리고 니콜라이 1세가 들어왔다. 그 남자가 다른 방으로 안내해 주려나 보다 하고 두 사람은 자리에서 일어섰다. 니콜라이는 노파에게 다가가 웃음 띤 얼굴로 말했다.

"할머니, 나를 잘 보세요. 내가 누구인지 모르겠습니까?"

그녀는 차르의 얼굴을 한참 동안 뜯어보다가 고개를 옆으로 저었다. 그러자 니콜라이는 제복을 벗고 그녀의 여관에 뛰어들었을 때 입었던 누더기 외투를 걸치고 그녀 앞에 다시 나타났다.

"이게 웬일이오! 우리 작은 도련님이 아니시오?"

노파는 정신을 잃고 말았다.

노파가 다시 정신을 차렸을 때는 왕의 침대에 누워 있었다. 그녀 옆에 아들과 의사가 서 있었다. 그녀는 작은 소리로 수없이 되풀이했다.

"우리 작은 도련님, 우리 작은 도련님."

그녀가 기운을 회복한 며칠 뒤, 니콜라이는 다시 한 번 노파를 불렀다. 황제는 청어와 키크니가나에 대해 치하하고, 나중에 노파의 아들에게 러시아에서 가장 부유한 사람이 될 수 있는 막대한 선물을 주었다.

선한 사람의 보상

랍비 엘리에젤, 요수아, 아키바는 매년 가난한 사람들을 위하여 모금할 목적으로 이스라엘 지방을 여행했다. 많은 기부자들 가운데 아주 유복한 환경에서 살고 있던 아벤 주단이라는 사람만큼 즐거운 마음으로, 그리고 관대하게 기부하는 사람은 없었다.

그러나 운명이 바뀌었다. 심한 폭풍이 몰아닥쳐 아벤 주단이 과일 농사를 망쳤고, 또 전염병이 창궐하여 그의 많은 가축들이 죽어 버렸다. 그의 넓은 밭과 포도원은 탐욕스럽고 냉혹한 채무자들의 손에 넘어갔다. 그 넓은 땅 가운데 그에게 남은 것이라곤 조그마한 밭 한 뙈기밖에 없었다.

이런 갑작스런 불행을 당하게 되면 웬만한 사람은 낙심하게 마련이나, 아벤 주단은 일찍이 그 마음에 거룩한 종교에서 배운 하느님의 계명이 심어져 있었기 때문에 인내심을 가지고 자기가 당한 불행을 받아들였다.

그는 "주님께서는 주셨다. 그리고 이제 도로 가져 가신 것이다. 그분의 이름은 영원토록 찬양받으실 만하다"라고 말했다.

그는 부지런히 자기가 가진 조그마한 땅을 경작했다. 그리고 온 힘을 다하고 매우 검소하게 생활함으로써 가족을 남부끄럽지 않게 부양했다. 그는 가난하기는 했지만 늘 기뻐했고 자족하는 마음이 있었다.

해가 바뀌었다. 어느 날 저녁, 그가 휴식하기 위하여 초라한 오두막집 문 앞에 앉아 있을 때 멀리서 랍비가 오는 모습을 보았다. 자신이 옛날에 아주 잘살다가 지금은 초라한 형편이 되었다는 생각이 밀려든 것은 바로 그때였다. 그는 처음으로 가난이 주는 고통을 절감했다.

랍비는 소리질렀다.

"아벤 주단은 지금 무엇을 하고 있나?"

아벤 주단은 이 소리를 듣고 슬프기도 하고 괴롭기도 하여 오두막집 구석에 앉았다. 아내는 그에게 생긴 갑작스런 변화를 눈치챘다. 그리고 부드럽게 물었다.

"여보, 왜 그렇게 괴로워하세요? 몸이 불편하세요? 제가 당신을 위로할 수 있도록 말 좀 하세요."

그는 수심에 잠겨 말했다.

"이 모든 일이 하느님의 권능 아래 있기를 바라오. 그렇지만 주님이 가져다 주신 이 상처는 주님만이 치료하실 수 있소. 당신은 우리가 잘살 때를 기억하지 못하오? 그때는 굶주린 자들이 우리 곡식을 먹었고, 벗은 자들은 우리 옷감으로 옷을 해 입었소. 뿐만 아니라 우리는 상처 입은 자들의 마음을 포도주와 기름으로 새롭게 해주었소. 고아들은 우리 주위에 와서 우리를 축복해 주었고 과부들은 즐거움으로 노래 불렀소. 그때 우리는 선하고 자비심 있는 사람들만이 누릴 수 있는 하늘의 기쁨을 맛보았던 것이오.

그러나 이제는 괴롭게도 아버지 잃은 사람을 구제할 수도 없고 도움을 원하는 사람을 도와줄 수도 없소. 오히려 우리가 가난하고 비참한 생활을 하고 있소. 저쪽에서 자선금을 모으러 다니는 착한 사람들을 보지 못하시오? 그들은 자선의 손길을 요청하고 있지만 우리가 그들에게 무엇을 줄 수 있단 말이오?"

덕스러운 아내는 말했다.

"사랑하는 당신, 그리 슬퍼하지 마세요. 우리에게는 아직 밭이 남아 있어요. 우리가 그 가운데 반을 팔아서 가난한 사람들을 도울 기금으로 내놓으면 되지 않아요?"

이 말을 듣자 아벤 주단은 얼굴에 기쁜 빛이 돌았다. 그는 아내의 말대로 밭의 반을 팔았다. 그리고 기금 모으는 사람들이 소리칠 때 그 돈을 내놓았다. 그들은 그 돈을 받고 떠나가며 말했다.
"하느님께서 당신에게 예전과 같은 재물을 주시기를!"
아벤 주단은 예전의 기분을 되찾고 예전처럼 부지런히 일했다. 그는 나가서 자기에게 아직도 남아 있는 조그마한 땅을 경작했다.
그가 일을 하고 있을 때 쟁기를 끌고 있던 소의 발이 땅으로 쑥 빠졌다. 그가 끌어내려고 애를 쓸 때, 움푹 팬 구덩이에서 그는 무언가 반짝이는 것을 보았다. 궁금했던 그는 구멍을 더 깊이 파 보니 놀랍게도 그곳에는 엄청난 보물이 숨겨져 있었다.
그는 그 보물을 가지고 지금까지 살던 누추한 집에서 다시 좋은 집으로 옮길 수 있었다. 그는 조상들이 물려주었지만 빚 때문에 팔지 않을 수 없었던 땅과 재산을 다시 사들였다. 그리고 거기다가 더 많은 재산을 불려 놓았고, 여전히 가난한 사람들을 못 본 체하지 않았다.
그는 다시 아버지 없는 아이에게는 아버지가 되어 주었고, 불행한 사람들에게는 복이 되어 주었다. 랍비들이 이전처럼 모금하기 위하여 왔다.
랍비들은 이전에 아벤 주단이 살던 곳에서 그를 만나지 못하자 마을 사람들에게 그에게 무슨 일이 일어났는지 아느냐고 물어 보았다.
사람들은 말했다.
"그 착하고 관대한 아벤 주단 말입니까? 그처럼 부자요, 자비심 많고, 착한 사람도 있을까요? 저곳에 있는 소 떼와 양 떼를 보십시오. 다 아벤 주단의 것이랍니다. 저 넓은 들과 풍성한 포도밭, 그리고 아름다운 정원을 보세요. 저것들도 다 아벤 주단의 것이랍니다. 저 아름다운 건물을 보세요. 저것도 아벤 주단의 것이지요."
그 순간 우연히 그 착한 사람이 그곳을 지나가게 되었다. 현자들은 그에게 인사하고 지금 어떻게 지내느냐고 물어 보았다.

그는 말했다.

"랍비님들, 당신의 기도가 풍성한 결실을 거두었습니다. 제 집에 함께 가시지요. 제가 작년에 약정했던 기부금을 갚아 드리겠습니다."

랍비들이 그를 따라 집에 갔을 때, 그는 그들을 후히 대접하고 가난한 사람들을 위해 많은 돈을 내놓았다. 그들은 그것을 받고는 작년에 작성한 기부 문서를 꺼내 놓고 보여 주며 말했다.

"자, 보세요. 다른 사람들의 기부금이 당신 것보다 많지만 우리는 당신 것을 가장 윗자리에 올려놓았지요. 왜냐하면 그 당시 당신의 기부금이 비록 작기는 했지만 억지로가 아니라 궁핍한 가운데 기부한 것이라고 확신했기 때문이지요. 지혜로우신 왕께서 '선물은 그 사람의 길을 너그럽게 하며 또 존귀한 자 앞으로 그를 인도하느니라'(잠언 18장 16절)고 말씀하신 것은 당신과 같은 사람을 두고 한 말입니다."

이상한 저녁초대

솔로몬 왕이 이스라엘을 다스릴 때 예루살렘에는 이스라엘에서 가장 부유한 사람이 살고 있었다.

그의 이름은 밥시였다.

그는 굉장한 부자이기는 해도 매우 악하고 인색했다. 그는 종들과 노예들을 학대하고 닭이 우는 새벽부터 밤늦게까지 뼈 빠지게 일을 시켰다. 그러고도 그는 매우 인색했기 때문에 종들에게 먹을 음식을 충분히 주지 않아 그 종과 종의 아이들은 늘 굶주림에 시달렸다.

결국 그는 온 이스라엘에 악명을 떨쳐 "밥시같이 인색하다"는 말이 유행하게 되었다. 또 어떤 사람들은 "밥시같이 악하다"고도 말했다.

그의 노랭이 같은 행태에 대해서는 많은 이야기들이 쏟아져 나왔다. 예를 들면 그가 결혼하지 않은 이유는 아내와 자녀들을 부양하지 않기 위해서라는 이야기까지 돌았다.

또 한번은 그의 동생이 밥시의 집에 와서 식사를 같이 했는데, 그날 동생이 먹은 식량의 손실을 보충하기 위하여 종들과 노예들에게 음식을 주지 않았다는 이야기도 돌았다.

언젠가 굉장한 기근이 발생한 적이 있었다. 의로운 부자들은 곳간을 열고 가난한 사람들에게 양식을 나누어 주었다. 그러나 밥시는 곳간을 굳게 잠그고는 자물통을 더 달아 놓았다. 심지어 그는 자기 집안 사람들에게도 양식을 적게 주었다. 그러고는 아주 높은 값으로 곡식을 팔아 굉장한 이익을 남기기도 했다. 그랬기에 그 어려운 시기에도 그의 재산은 불어났다.

밥시의 이런 행동 때문에 사람들 사이에는 원성이 일게 되었고 급기야 이 이야기가 솔로몬 왕에게까지 들리게 되었다. 현명한 솔로몬 왕은 밥시에 대한 모든 이야기를 듣고는 매우 화가 나서 계책을 세웠다. 그는 궁정대신을 시켜서 자기와 함께 식사를 하자고 초청장을 보냈다. 밥시는 왕과 식사하는 영예를 얻게 되어 몹시 기뻐했다.

그는 자만심에 가득 차서 다음과 같이 생각했다. '내가 왕의 눈에 들었는가 보다. 나의 적들이 내게 이런 행운이 찾아온 것을 안다면 얼마나 분해할까?'

밥시는 하루 종일 먹지도 않았다. 그는 왕이 베푼 식탁에 있는 음식을 조금이라도 많이 먹을 목적으로 배를 비우고 왕궁에 갈 요량이었던 것이다.

밥시가 왕궁에 도착하자 궁정대신이 의전 관계로 그를 따로 불러 말했다.

"왕께서는 오늘 밤 당신과 단둘이 식사하실 것입니다. 그러므로 당신이 왕과 함께 식탁에 앉을 때 다음과 같은 규칙에 따라 행동하기 바랍니다. 당신은 내가 말하는 대로 해야 합니다. 그렇지 않으면 왕께서 화를 내실 것입니다. 왕께서 만약 노하시면 화가 미칠 것입니다."

"당신이 말하는 대로 하겠소."

밥시는 약간 놀란 표정으로 대답했다.

궁정대신은 말했다.

"무엇보다도 먼저 당신은 왕에게나 시종들에게나 어떤 것도 요청해서는 안 됩니다. 두 번째로 당신은 무슨 일이 일어나는 것을 보든지 질문을 하거나 불평해서는 안 됩니다. 마지막으로 왕께서 당신이 식사를 맛있게 했느냐고 물으시면 비록 그렇지 않았다고 할지라도 아낌없이 찬사를 보내야 합니다. 자, 이제 내게 이 규칙을 지키겠다고 약속하시오."

"약속하지요"라고 밥시는 약간 불안한 마음으로 말했다.

"좋습니다. 이제 식사 시간까지는 한 시간이 남았으니 내가 부를 때까지 다른 방에서 기다려 주십시오."

그리고 나서 궁정대신은 밥시를 어떤 방으로 안내했다. 그곳에는 궁정의 부엌으로 통하는 문이 나 있었다.

밥시는 인내심 있게 기다리는 동안 열린 문을 통하여 왕과 자기를 위하여 나올 맛있는 음식이 요리되는 광경을 보았다. 고기와 다른 요리를 할 때 나오는 맛있는 향내가 그의 코에 와 닿았다. 그는 하루 종일 아무것도 먹지 않았기 때문에 몹시 배가 고팠고 이제 음식 냄새를 맡게 되니 군침이 돌았다. 그는 여러 번 부엌으로 들어가려는 충동을 억제해야 했다. 그는 이를 부득부득 갈면서 식사 시간이 되기를 기다렸다.

드디어 식사 시간이 되었고, 궁정대신이 와서 왕의 식탁으로 그를 안내했다.

솔로몬은 다정스럽게 말했다.

"친구여, 이리 와 앉으시오. 개의치 말고 먹고 싶은 대로 드시오."

 밥시는 자리에 앉았다. 종 하나가 들어오더니 물고기 요리가 담긴 황금 쟁반을 왕 앞에 놓았다. 왕은 요리에 입을 대고 먹으면서 "어떤 물고기이길래 이렇게 맛있는가!"라고 감탄하며 말했다.
 왕이 물고기를 다 먹었을 때 밥시 앞에도 물고기 요리가 놓여졌다. 밥시는 너무나 기뻐 자기 앞에 놓인 음식을 먹으려고 몸을 숙였는데, 바로 그 순간 다른 종이 그 요리를 낚아채더니 부엌으로 가지고 가 버렸다. 밥시는 왜 그러냐고 묻고 싶은 생각이 들었으나 궁정대신이 한 말이 생각나서 꾹 참았다.
 다음에 하인이 왕 앞에 맛있는 국을 황금 주발에 담아서 가져다 놓았다. 밥시가 군침을 흘리며 자기 음식이 오기를 기다리는 동안 왕은 맛있게 국을 먹어치웠다. 왕이 국을 다 먹자 이전처럼 하인이 밥시에게도 황금 주발을 가져다 놓았다. 그러나 그가 국에 손을 대자마자 다른 하인이 와서 그것을 재빨리 빼앗아 가버렸다. 그 다음에 고기 요리도, 또 다른 요리들도 마찬가지였다.
 밥시는 이제 배도 고프고 약도 오르고 하여 거의 미칠 지경이었다. 그는 하인들에게는 원망의 눈초리를 보냈지만 왕에게는 아무 말 없이 빙긋 웃을 수밖에 없었다.
 배 고픈 밥시에게는 식사가 결코 끝나지 않을 것만 같았다.
 솔로몬 왕은 정중하게 물었다.
 "나는 식사가 당신 입맛에 맞았기를 바라오."
 밥시는 아무것도 먹지 못했지만, "오! 왕이시여. 모든 음식이 아주 맛있었습니다"라고 대답했다.
 왕이 말했다.
 "그렇다니 매우 기쁘오."
 "마치 천국에서나 먹는 음식 같았습니다."
 밥시는 찬사를 보냈다. 왜냐하면 그는 궁정대신의 말을 기억했기 때문이다.

아무것도 먹지 못한 밥시는 허기에 지쳐 일어나서 나가고 싶었다. 그러나 왕이 그를 제지하며 말했다.

"친구여, 가지 마시오. 그렇게 빨리 가서야 되겠소? 아직 초저녁이오. 나는 악사들에게 우리를 위하여 멋진 음악을 연주하도록 명령해 두었소."

밥시는 어쩔 수 없이 남았다.

악사들이 들어와서 감미로운 음악을 연주했지만, 밥시는 먹을 것밖에 아무것도 생각나지 않았기 때문에 음악이 오히려 귀에 거슬렸다.

음악이 끝나자 밥시는 또 한 번 일어나 나가려고 하였다.

솔로몬 왕이 말했다.

"친구여, 가지 마시오. 이제 그대가 집으로 돌아가기엔 시간이 너무 늦었소. 오늘 밤에는 궁궐에서 자도록 하시오."

밥시는 왕의 모든 말이 명령이라는 것을 알았다. 그는 궁궐에 머물 수밖에 없었다. 너무나 배가 고파 한잠도 이룰 수 없었던 그는 화가 치밀어 왕이 왜 이렇게 하는지 생각해 보았다.

'그가 왜 나를 먹지도 못하는 식사에 초대했을까?'

갑자기 그는 왕이 자기에게 굶주리는 고통이 얼마나 큰지 가르쳐주려고 했다는 생각이 떠올랐다. 이제 자신이 몸소 겪음으로써 그는 궁핍할 때 생기는 어려움을 이해하게 되었다. 가난한 사람들이 배고프다고 부르짖을 때, 그는 늘 저만 잘 먹으면서 그들을 멸시하며 비웃기까지 했던 것이다.

어떤 놀라운 일이 일어난 것일까
명철한 사람은 자신의 눈을 크게 뜨고 선악을 분별할 줄 안다

신중한 랍비

랍비 압바 힐기야는 호니 하 마겔의 손자였다.

그도 할아버지처럼 비를 내리게 하는 기도의 능력을 가지고 있었기에, 기근이 발생하면 랍비들은 그에게 몰려와 비가 내리도록 기도해달라고 간청했다.

한번은 오랜 가뭄이 발생했을 때, 랍비들은 2명의 동료를 그에게로 보냈다. 그들은 랍비 힐기야가 집에 없는 것을 알고는 들판에 가서 그가 일하는 것을 보았다. 랍비 힐기야는 단순한 일용 노동자였던 것이다. "랍비여, 당신께 평안이 있기를!"이라고 그들은 인사했다.

그러나 그는 대답도 하지 않았고, 심지어 얼굴도 돌리지 않고 일만 계속했다. 그는 그들이 그곳에 서 있다는 사실을 아예 무시했다. 그러나 랍비들은 그의 수수께끼 같은 행동에도 화를 내지 않고 자기들을 향하여 인사하러 고개를 돌릴 때까지 한 마디도 하지 않고 참

고 기다렸다.

　어둠이 깔리고 랍비 압바 힐기야가 집으로 돌아갈 때가 되었을 때, 그는 장작 한 개비를 어깨에 둘러맸다. 그리고 다른 어깨에다가는 겉옷을 얹었다. 그는 집으로 오는 동안에는 손에 신발을 들고 걸었고, 개울을 건너야 할 때에만 신을 신었다. 그는 날카로운 가시가 있는 곳에 다다를 때마다 자기의 옷을 들어 올렸다. 그가 집에 도착하자 화려한 옷을 입은 부인이 나와 그를 맞았다. 그의 부인이 먼저 들어가고 그 뒤를 랍비 힐기야가 따랐다. 그러고는 2명의 랍비가 들어오도록 허락해 주었다.

　랍비 힐기야는 저녁 식사를 앞에 두고 앉았으나 손님들에게 같이 먹으라는 이야기 한마디도 하지 않았다. 그러고는 빵을 나누었다. 그는 큰 아들에게 한 조각을 주고 작은 아들에게는 두 조각을 주었다. 그는 한참 뒤에 아내에게 속삭였다.

　"랍비들이 비 때문에 이곳에 왔다는 것을 잘 알고 있소. 우리 둘이 지붕으로 올라가 기도합시다. 아마 하느님께서 우리들을 불쌍히 여기셔서 비를 내리실지도 모를 일이오. 그렇게 되면 아무도 우리의 기도가 이들의 방문과 관계있다고 생각하지 않을 것이오."

　두 사람은 랍비들에게 한마디도 하지 않고 지붕 위로 올라갔다. 랍비 압바 힐기야는 이쪽에 앉고 아내는 저쪽에 앉아서 비를 달라고 따로 기도드렸다.

　갑자기 시커먼 구름이 부인이 앉아 있는 쪽에서 나타나더니 온 하늘을 덮었다. 그러고는 비가 내리기 시작했다.

　그들이 지붕에서 내려왔을 때 압바 힐기야는 두 랍비에게 정중하게 몸을 돌리면서 물었다.

　"당신들을 위하여 무엇을 해주리이까?"

　"우리는 당신한테 비가 내리도록 기도해달라고 요청하러 왔습니다."

랍비 압바 힐기야는 하늘을 향하여 손을 들며 소리쳤다. "전능하신 하느님께 찬양드립니다. 그분께서는 우리가 기도할 필요도 없이 당신들에게 비를 내려주셨습니다."

두 랍비는 랍비 압바 힐기야에게 말했다. "감추려고 하지 마십시오. 우리는 지금 내리는 비가 틀림없이 당신 기도의 응답이라는 사실을 알고 있습니다. 그렇지만 몇 가지 궁금한 점을 답해 주시면 좋겠습니다."

"말씀하시오. 답해드리리다."

"들판에서 당신을 만났을 때 왜 우리의 인사에 응답하지 않으셨나요?"

"나는 일용 노동자이므로 내가 일당을 받는 시간을 허비할 권리를 갖고 있지 않지요."

"그러면 왜 한쪽 어깨에 장작을 지고 다른 어깨에는 외투를 둘러맸나요? 겉옷 위에다가 나무를 둘러매면 겉옷이 완충 역할을 하므로 피부가 아프지 않을 텐데 말입니다."

"그 겉옷은 나의 것이 아니라 빌린 것이오. 나는 그 옷을 입기 위해 빌렸지 나무 토막을 얹으려고 빌린 것은 아니오."

"그러면 왜 집에 오는 동안 맨발로 걷다가 개울을 건널 때에만 신발을 신었습니까?"

"내가 길을 걸어가는 동안은 내가 발을 내디디는 곳에 무엇이 있는지 알 수가 있소. 그러나 디디는 곳이 어떠한지 알 수 없는 물 속에서는 물고기나 물뱀에게 물릴 위험이 있기 때문이오."

"그러면 날카로운 가시가 자라는 곳에서는 왜 옷을 들어올렸습니까?"

"피부가 긁히면 빨리 나을 수 있지만 옷에 흠집이 생기면 쉽게 고칠 수 없기 때문이오."

"부인이 당신을 맞으러 나올 때 왜 화려한 옷을 입었습니까?"

"내 아내는 내 눈이 다른 여인을 향하지 않도록 하기 위해서 그렇게 했소."

"그러면 당신 부인이 먼저 집에 들어가고, 그 다음에 당신이 들어가고, 나중에 우리를 들어오도록 허락한 이유가 무엇입니까?"

"내가 그 전에는 당신들에게 눈을 돌리지 않으려고 신중을 기했기 때문입니다."

"그렇다면 당신은 식사하면서 왜 우리에게 같이 먹도록 권하지 않았습니까?"

"나에게는 우리 모두가 먹을 만큼 충분한 빵이 없었습니다. 당신들이 분명 나의 청을 거절하리라는 사실을 알았기 때문에 괜히 빈말을 하고 싶지 않았습니다."

"죄송하지만 그러면 왜 큰 아들보다 작은 아들에게 더 많은 빵을 주었습니까?"

"왜냐하면 큰 아들은 하루 종일 집에 있으면서 배가 고플 때 언제나 먹을 수 있지만, 작은 아들은 하루 종일 학교에 가 있기 때문입니다."

"하나만 더 묻겠습니다. 왜 당신 아내가 기도하는 쪽에서 먼저 구름이 나타났습니까?"

"그것은 여자가 남자보다 더 직접적으로 자선을 많이 베풀기 때문입니다. 그녀는 늘 집에 있으면서 굶주린 사람에게 음식을 대접합니다. 그러나 남자는 궁핍한 사람들에게 잔돈 몇 푼을 줄 따름이지요."

후광 둘린 나단

나단이라는 이름을 가진 부자가 어떤 유부녀에게 사랑을 느끼게 되었다. 그녀의 이름은 한나였는데 얼굴과 몸매가 매우 아름다운 여인이었다.

나단은 한나를 지나치게 연모한 나머지 중병에 걸리게 되었다. 의사들은 그에게 "당신이 그녀와 관계를 맺는 것 외에 다른 방도가 없습니다"라고 말했다.

모세 율법을 가르치는 스승들은 이 이야기를 듣고는 "십계명 중 하나를 어기느니 차라리 죽는 것이 더 낫다"라고 소리쳤다.

의사들은 "적어도 그녀가 와서 그에게 말이나 하도록 허락해 주십시오"라고 간청했다.

그러나 스승들은 "그것 또한 허락해 줄 수 없소"라고 말했다.

나단의 병은 점점 더 악화되었고 몸은 몹시 야위게 되었다. 그런데 가난했던 한나의 남편이 많은 빚을 지게 되고, 그가 빚을 갚을 길이 없게 되자 채무자들은 그를 감옥으로 보냈다. 한나는 어쩔 수 없이 베틀을 짜면서 생계를 이어갈 수밖에 없었다. 그녀는 밤낮 일하여 번 돈으로 빵을 사서 감옥에 있는 남편에게 보내 주었다. 그러나 불행하게도 그녀의 남편은 너무 오랜 감옥 생활에 크게 상심하면서 빨리 죽게 해달라고 기도했다.

어느 날, 그는 한나에게 말했다.

"사랑하는 부인, 우리 율법에는 한 사람만 죽음에서 건진다고 할지라도 많은 사람을 살아나게 한 것으로 계산된다고 적혀 있소. 나를 잘 보시오. 나는 이제 감옥 생활을 더 이상 참을 수 없소. 나를 불쌍히 여기시오. 부자인 나단에게 가시오. 채무자들에게 내 빚을 갚고 나를 죽음에서 건져 달라고 간청해 보시오."

한나는 슬픈 표정을 지으며 가만히 있다가 말했다.

"분명 당신은 나단이라는 사람이 나를 사모하다가 병이 들어, 이제 죽게 되었다는 사실을 들었을 것입니다. 날마다 그가 보낸 사람들이 나에게 와서 금은으로 된 값진 선물을 주려고 합니다. 그러나 나는 그것을 받지 않고 '가서 당신의 주인에게 내가 그를 만나지 않겠노라고 전하시오'라고 말했습니다.

그런데 이제 당신의 입술에서 그의 집을 찾아가 돈을 빌려 달라고 간청하라는 이야기를 듣게 되었군요. 당신이 만약 제정신이라면 내게 그런 끔찍한 일을 시키지는 않을 것입니다. 아마 당신이 너무 오래 감옥 생활을 하다 보니 마음에 큰 상처를 입어 환각에 빠졌나 봅니다."

한나는 남편에 대한 분노의 표시로 그 자리를 박차고 나와 사흘 동안 그를 찾아가지 않았다.

나흘째 되던 날, 그 문제를 깊이 생각해 본 한나는 남편이 불쌍한 마음이 생겨났다. 그녀는 "남편에게로 가서 죽지 않도록 보살펴야지"라고 중얼거렸다.

한나는 감옥으로 가서 남편 옆에 섰다. 남편은 아내를 보자 말했다.

"주님께서는 분명 당신이 내게 행한 부당한 일로 인하여 당신에게 대가를 요구하실 것이오. 그리고 그 일 때문에 당신을 벌하실 것이오. 당신이 부자인 나단의 아내가 되기 위하여 내가 죽기를 바라고 있다는 사실을 내가 모른다고 생각하시오?"

한나는 이 말을 듣자 절망감에 빠진 나머지 두 손을 비틀며 소리쳤다.

"나를 쫓아내세요. 그렇지 않으면 내가 더 이상 당신의 아내가 아니라는 것을 증명하도록 나에게 이혼장을 써 주세요. 그런 다음에야 나단에게 가겠어요."

그녀의 남편은 슬픈 표정으로 말했다.

"아! 당신이 지금 한 말은 내 말이 사실이라는 증거요. 당신은 지금 나단의 아내가 되고 싶은 것이오."

한나는 이 소리를 듣고 크게 울며 얼굴을 파묻고 소리쳤다.

"이런 악한 일을 누가 들었겠소! 이런 악한 일을 누가 보았겠소! 남편인 당신이 '가서 결혼선서를 깨고 내가 풀려나도록 음란하게 행동하라'고 말하다니!"

그때 한나의 남편은 말했다.

"가서 나를 풀어 주시오. 주님께서 나에게 자비를 베풀어 주실거요."

한나는 집으로 가서 자기의 슬픔과 남편의 슬픔을 곰곰이 생각해 보았다. 그러자 잠시 뒤에 그녀는 다시 남편에 대한 불쌍한 마음이 솟구쳤다. 그녀는 마음을 정리한 다음 정결한 마음으로 기도했다.

"우리 주 하느님, 당신께 간구합니다. 저를 도와 주십시오. 저를 도우서서 제가 죄에 빠지지 않도록 해주세요."

한나는 이런 기도를 드린 뒤 나단의 집으로 갔다.

그 부자의 종이 그녀를 보자 서둘러 달려가 이 사실을 자기 주인에게 고했다.

"오, 주인님, 지금 한나가 문 밖에 서 있습니다."

나단은 기쁨에 넘쳐 소리쳤다.

"네가 한 말이 사실이라면 나는 너를 종의 신분에서 풀어 주겠다."

한나가 뜰에 들어왔을 때 여자 종 하나가 나단에게 달려가 소리쳤다.

"오, 주인님, 한나가 지금 뜰에 와 있습니다."

나단은 너무나 기뻐 소리쳤다.

"너에게도 자유를 주마."

한나가 나단 앞에 섰을 때 그는 한나의 눈을 보며 말했다.

"당신이 원하는 것은 무엇이든지 다 주겠소. 또 당신이 내게 요청하는 것은 무엇이든지 다 들어 주겠소."

그때 한나는 대답했다.

"내가 원하는 것은 단 한 가지. 내 남편에게 돈을 빌려 주어 그가 감옥에서 풀려나도록 하는 것입니다. 당신이 만약 돈을 빌려 주신다면, 당신의 행위는 하늘의 장부에 정의롭고 자비로운 행동으로 기록될 것이라고 확신합니다."

나단은 마음을 진정시키고 종들에게 명하여 한나에게 돈을 갖다 주게 했다. 그러고 난 뒤 그는 그녀에게 말했다.

"보시오. 나는 당신이 내게 청한 일을 해주었소. 그러므로 이제 내가 당신에게 부탁하리다. 제발 내 소원을 들어 주어 내가 새로운 인생을 시작하게 해주시오."

한나는 대답했다.

"저는 당신 손 안에 있고 당신의 지붕 아래 있습니다. 저는 당신에게 저항할 힘이 없습니다. 그러나 간청합니다. 지금은 당신이 스스로의 힘으로 영원한 생명을 얻을 수 있는 때입니다. 당신이 받은 하늘의 보상이 헛되지 않도록 스스로를 지키십시오.

당신이 만약 마음대로 순간적인 욕망에 집착한다면, 놀랍고도 좋은 많은 것들을 잃어버리고 당신에게 남는 것은 회한뿐일 것입니다. 한평생 걸려 하느님의 눈에 가치 있다고 인정받을 만한 일을 했으면서도 순간적인 실수로 내동댕이쳐서는 안 됩니다. 제 말을 잘 들으시고 악한 욕망을 죽이십시오."

한나가 말을 마치자마자 나단의 마음속에는 커다란 동요가 일어났다. 그는 자기를 사로잡았던 욕망을 저주하고는 자리에서 일어나 얼굴을 땅에 대고 하느님께 간구했다.

"오 하느님, 저의 악한 욕망을 없애 주십시오. 저를 정욕에서 건져 주십시오. 저를 의로운 길로 인도해 주십시오. 저의 죄를 용서하시고 깨끗하게 해주십시오."

그는 한나에게 말했다.

"나를 죄악에서 건진 당신의 말과 하느님께 속한 당신은 복을 받으시오. 이제 평안히 가시오. 주님께서 당신과 함께 하시기를 바라오."

한나는 기뻐하며 그 집을 나왔다. 그녀는 자기에게 준 돈으로 남편을 감옥에서 석방시켰다. 그리고 자기가 한 모든 일을 남편에게 말했다. 그러나 남편은 그녀의 말을 믿지 않았다. 그의 마음속에는 나단이 그녀와 관계를 맺었고, 그녀가 이 사실을 숨기고 있다는 의심이 들었던 것이다.

어느 날 위대한 스승인 랍비 아키바가 창 밖을 내다보다가 놀라운 광경을 목격하게 되었다. 어떤 사람이 말을 타고 지나가는데 그의 머리 주위에 정오의 해와 같이 눈부신 후광이 둘려 있는 것이었다. 랍비 아키바는 제자 한 사람에게 "말에 탄 저 사람은 누구냐?"라고 물었다. 그 제자는 웃으면서 "여자 꽁무니만 쫓아다니는 나단인데, 왜 그러십니까?"라고 대답했다.
그러자 랍비 아키바는 제자들에게 물었다.
"너희들은 저 사람의 머리 둘레에 이상한 것이 둘려 있는 것을 보지 못하느냐?"
제자들은 대답했다.
"저희는 아무것도 안 보입니다."
랍비 아키바는 "서둘러 가서 저 사람을 이리로 데리고 오너라"라고 명령했다.
제자들은 나단을 스승 앞으로 데리고 왔다.
랍비 아키바는 말했다.
"내 아들아, 나는 네 머리 둘레에 쳐진 후광을 보았다. 이로 보건대 너는 다가올 세상에서 네 몫을 가지고 있다는 것을 알겠구나. 네가 하느님의 은혜를 받을 만한 어떤 놀라운 일을 했는지 나에게 말해 주려무나."
나단은 놀란 표정으로 잠시 아무 말도 하지 못했다. 그리고 낮은 소리로 "오 스승님, 저는 단지 비참한 죄인일 따름입니다"라고 말했다. 또한 그는 자기가 덕 있는 부인인 한나를 유혹하기 위하여 얼마나 애썼는지를 말했다.

이 이야기를 들은 랍비 아키바는 그의 강한 열정과 또 그 열정을 이겨낸 더 강한 정신력에 대해 놀라움을 금치 못했다.

"내 아들아, 너는 인간이 마땅히 해야 할 거룩한 의무를 다했다. 그러므로 하느님께서 너의 머리에 은혜의 왕관처럼 그분의 빛의 광채가 머물도록 허락하신 것이다. 그 빛이 이 땅에서도 그렇게 밝은 빛을 내건대 천국에서는 얼마나 찬란한 빛을 발할지 상상해 보거라. 내 아들아, 이제 내 옆에 앉아 내가 너에게 율법을 가르칠 수 있도록 해다오."

나단이 스승의 발치에 앉자 랍비 아키바는 그를 위하여 지혜의 문을 활짝 열어 주었다. 시간이 흘러 나단이 학식이 많아지게 되자 학교에서는 스승의 오른편에 앉게 되었다.

어느 날 한나의 남편이 랍비 아키바의 학교 옆을 지나가다가 나단이 스승의 오른편에 앉아 있는 모습을 보게 되었다. 그는 어떤 학생에게 물었다.

"나단이 어떻게 저런 영광스런 자리에 앉게 되었소?"

학생은 모든 사실을 말해 주었다.

한나의 남편은 놀랍기도 하고 후회스럽기도 하였다. 그는 이제 자기 아내를 믿어야 한다는 사실을 알게 되었다. 모든 질투심이 먹구름처럼 그의 마음에서 사라졌고, 집으로 달려온 그는 뉘우치는 마음으로 한나에게 입맞추며 간청했다.

"사랑하는 아내여, 내가 지금까지 당신을 나쁘게 생각한 것에 대해 나를 용서해 주시오. 오늘 나는 복 받은 랍비 아키바의 오른편에 나단이 앉아 있는 것을 보았소. 나는 사람들에게 그 연유를 묻고는 당신과 그 사이에 어떤 일이 있었는지를 알게 되었소. 지금까지 내 마음은 질투심으로 불타고 있었소. 그러나 자비로운 하느님은 이제 나에게 진실을 보여 주셨소. 무겁던 나의 마음은 다시 한 번 자유를 얻었소!"

이집트 왕과 70인의 지혜로운 유대인들

이집트 왕은 유대인들이 뛰어난 율법을 갖고 있다는 소문을 듣고 그리스어 번역판을 만들기로 결심하였다.

그리하여 왕국의 기술자들에게 2개의 성찬배뿐만 아니라 금제 탁자 하나, 2개의 금제와 2개의 은제 주전자를 제작하도록 명령하였다. 그들은 또한 그 위에 양각으로 여러 형상들을 뚜렷하게 새기고 5000개의 보석을 박도록 명령받았다.

왕은 이 그릇들을 상자 안에 넣도록 명하고는 예루살렘의 대제사장에게 다음과 같은 편지를 보냈다.

"이집트의 왕이 대제사장께 보냅니다. 평강이 있으시기를!

나는 유대인들이 뛰어난 율법을 가지고 있다는 소문을 들었습니다. 그래서 당신께 나를 위해 그 율법을 그리스어로 번역할 수 있도록, 율법에 정통한 현자 70명을 내게 보내주실 것을 간청합니다. 당신의 친절한 배려에 감사하여 내 종 아리스테아스 편으로 당신께 보내드리는 이 선물들은 약소하지만 받아주시기 바랍니다."

대제사장은 아리스테아스로부터 그 편지와 선물들을 받았을 때 크게 기뻐하며 말했다.

"원컨대 내가 당신과 함께 이집트로 돌아갈 70명의 현자들을 선택하는 동안 여기 며칠 머무르기를 바라오."

그리하여 그동안 아리스테아스는 예루살렘의 풍물을 구경하며 돌아다녔다. 그는 제사장들이 집전하는 성전 제사에 참석하였다. 그리고 그 일에 대하여 왕에게 장문의 편지를 썼다.

먼저 그는 대제사장이 무슨 말을 했는지를 왕에게 알렸다. 그는 왕에게 거룩한 성과 성전의 모습을 세세하게 설명하였다. 그 다음에 그는 이렇게 덧붙였다.

"대제사장은 70인의 현자를 선발한 뒤에, 저를 불러서 그들에게 소개시켰습니다. '그들의 말을 들으시오'라고 그가 간청했습니다.

'그들이 당신에게 요청하는 것은 무엇이든지 실행하시오. 그들이 번역을 마친 다음에는 왕께서 더 이상 그들을 붙잡아두시지 않도록 해주십시오.'

제가 그렇게 하겠다고 대제사장에게 약속했을 때, 그는 말을 계속했습니다.

'만일 율법의 번역이 가져올 수 있는 축복들을 고려하지 않았다면, 이 현자들이 이곳을 떠나는 것을 허락하지 않았을 것이오. 내 영혼은 그들의 영혼과 하나로 이어져 있소. 단지 어찌할 수 없어서 우리는 서로 떨어질 뿐이오.'"

그들이 출발할 채비를 다 갖추었을 때, 현자들과 아리스테아스는 대제사장에게 작별을 고하고 알렉산드리아를 향하여 출발했다. 현자들은 도착하자마자 왕을 예방했다. 그들은 왕에게 문안을 드리고 축복을 빌었다.

"당신들은 율법 두루마리를 가지고 오셨소?"

왕이 물었다.

"여기 있습니다."

그들이 대답했다. 그리고 그들은 왕을 위하여 상자에서 율법 두루마리를 꺼낸 다음 펼쳤다.

왕은 경외감을 가지고 그것을 바라보았다.

그는 70인의 현자들과 대제사장에게 축복했고 그들 앞에서 7번 절하였다. 그는 현자들의 손을 하나하나 쥐어주며 의자에 앉도록 권하였고, "오늘이 나의 생애 중에서 가장 기쁜 날이오. 나는 이 날을 결코 잊지 못할 것이오!"라고 했다.

왕은 화려한 연회를 열도록 명령하였고, 연회에는 왕국의 모든 귀족들이 초대되었다.

유대의 현자들은 다른 나라 사람들이었기 때문에 따로 떨어져 앉았다. 그것이 이집트의 풍습이었기 때문이었다. 그들이 둘러앉아 식사하기 전에 현자 중 한 사람이 일어나서 기도하였다.

"영원하신 아버지여, 이집트의 왕을 축복하시고 그가 수행하는 모든 일을 형통케 하소서. 왕비와 자녀들과 그의 친구들에게도 복을 내리소서."

다른 현자들이 "아멘!" 하고 소리쳤다.

그 다음에 왕은 유대 현자들의 지혜를 시험해 보기 위하여 그들에게 질문을 던졌다. 그가 물은 질문과 얻은 답변은 다음과 같았다.

"왕의 통치는 언제 성공적으로 이루어지오?"

한 현자가 대답했다.

"왕이 하느님을 섬기고, 선인에게 상을 베풀며 악인을 징벌할 때입니다."

"사람은 어떻게 자신의 재산을 늘릴 수 있겠소?"

"가난한 자들을 구제함으로써입니다."

"통치자는 자신을 중상모략하는 자들을 어떻게 처벌하여야 하오?"

"그들에게 자비를 베풀고 참음으로써입니다."

"어떻게 통치자는 원수를 누르고 승리할 수 있소?"

"평화를 힘써 찾고, 항상 군대를 의지하는 것이 아니라 하느님을 의지함으로써입니다."

"어떻게 하면 통치자는 원수들의 마음속에 공포를 불어넣을 수 있소?"

"군대를 예비함으로, 그러나 그 군대를 운용하는데 늘 신중함으로써입니다."

"사람은 불행을 당할 때 어떻게 처신해야 하오?"

"하느님께 기도드려야만 하며 그분을 전적으로 신뢰해야 합니다. 또한 이 땅에서 언젠가 불행을 만나지 않는 사람은 아무도 없다는 사실을 숙고해야만 합니다."

"언제 우리는 강한 인격을 드러내 보일 수 있소?"

"불행을 당했을 때입니다."

"어떻게 우리는 늘 변함없이 진실할 수 있소?"

"거짓말을 하는 것이 얼마나 치욕스러운가를 반드시 숙고해야 합니다."

"사람이 어떻게 인내력을 개발할 수 있소?"

"인간의 생애가 고난으로 가득 차 있다는 것을 숙고해야만 합니다."

"통치자는 어떻게 무가치한 일을 행하는 것을 피할 수 있소?"

"자신에 대한 좋은 평판과 백성에게 반드시 보여야 할 모범을 생각해야만 됩니다."

"무엇이 왕에게 가장 어려운 일이오?"

"자신을 다스리는 일입니다."

"어떻게 우리를 중상하는 자들을 침묵시킬 수 있소?"

"선을 행함으로써입니다."

"사람은 어떻게 하면 선한 이름을 얻을 수 있소?"

"친구들을 친절하게 대우함으로써입니다."

"우리는 누구에게 선을 행해야 하오?"

"먼저 부모와 친구들에게, 다음에는 이웃들에게 선행을 베풀어야 합니다."

"악한 행동을 한 자가 어떻게 하면 자신의 명예를 회복할 수 있소?"

"다시 선을 행함으로써입니다."

"어떻게 하면 사람은 염려를 쫓아버릴 수 있소?"
"사람들과 교제를 해야만 합니다."
"사람은 지식을 통해 의를 얻을 수 있소?"
"정말로 얻을 수 있습니다. 왜냐하면 명철한 사람은 자신의 눈을 크게 뜨고 선악을 분별하는 법을 알기 때문입니다."
"친척들은 무슨 가치가 있소?"
"친척은 슬플 때 위로해 주고, 곤경에 처할 때 도움을 줍니다."
"통치자는 어떻게 하면 게으름과 악한 정욕으로부터 자신을 지킬 수 있소?"
"하느님께서 자신을 그 백성들의 지도자로 세웠다는 것을 명심해야 합니다. 많이 받은 자에게는 많은 것이 기대됩니다."
"통치자는 언제 자기 백성들의 아버지라고 불리게 됩니까?"
"그가 신분과 계급을 가리지 않고 자신의 백성들을 사랑할 때입니다."
"사람은 어떻게 분노에서 자신을 지킬 수 있소?"
"그 결과에 대해 숙고할 때입니다."
"이방인은 어떻게 하면 존경을 받을 수 있소?"
"예절 바르고 정직함으로써입니다."
"우리 일 가운데 영원히 지속되는 것은 무엇이오?"
"의로운 일입니다."
"지혜의 열매들은 무엇이오?"
"마음의 기쁨과 영혼의 평화입니다."
"우리는 어떻게 교만에서 자신을 지킬 수 있소?"
"인간의 최종 목적을 생각함으로써입니다."
"사람은 누구를 위해 슬퍼해야 하오?"
"죽은 자들이 아닙니다. 왜냐하면 죽은 자들은 다시 돌아오지 않기 때문입니다. 살아 있는 자들을 위해 비탄에 잠기십시오. 왜냐하면 그들은 굉장한 불행을 겪어야만 하며, 살아 있는 이들을 돕는 것이 언제나 가능하지는 않기 때문입니다."

"통치자는 언제 전쟁으로부터 위로를 얻게 되오?"

"노획물을 얻으려는 탐욕에서가 아니라, 오직 자신의 조국을 수호하기 위해 출정할 때입니다."

"지혜를 구하며 애써 찾는 자들이 거의 없는 까닭은 무엇이오?"

"대부분의 사람들이 재물얻는 것을 최고의 선으로 간주하기 때문입니다. 그러나 현자들은 재물만으로는 행복할 수 없다는 사실을 알고 있습니다."

"누가 장군이 되기에 가장 합당하오?"

"가능한 한 피를 흘리지 않기로 결심하고, 적을 포위하고 포로로 만드는 최상의 전술과 전략을 아는 사람입니다."

"행운이 계속되는 시절에 우리는 무엇을 해야만 하오?"

"이미 성취한 일과 아직도 성취하기를 원하는 일들을 숙고해야만 합니다. 가장 미약한 수단이 가장 위대한 업적을 성취한 사실이 자주 판명되고 있기 때문에 어떤 것도 경멸의 눈으로 바라보아서는 안 됩니다."

왕은 자신의 질문에 답변해 준 것에 대해 현자들에게 감사하였다. 그는 그들에게 금으로 된 선물을 하사하였고, 시중을 들 하인을 배정했다. 그 다음날 왕은 아리스테아스에게 그들을 도시 바깥에 있는 섬으로 인도하고, 한 사람씩 분리된 별개의 가옥에 묵게 하라고 부탁하였다.

준비가 다 되자, 왕은 현자들에게 율법 번역에 착수해달라고 요청했다. 그리고 그들이 작업을 위해 자리에 앉은 뒤에, 왕은 그들을 남겨놓고 밖에서 문을 걸었다. 그는 떠나가면서 생각했다.

'만일 70인의 현자들의 번역이 모두 같다면, 그 번역이 정확하다는 것을 알게 될 것이다.'

그리고 그의 생각과 꼭 같은 일이 일어나고야 말았다. 70일 뒤에 왕은 그 번역이 완성되었는지 문의하러 사람을 보냈다.

"바로 오늘 그 일을 마쳤습니다."

70인의 현자들이 대답했다.

잠시도 지체하지 않고 그들은 왕에게 돌아가서 자기들이 한 번역을 아리스테아스에게 전달하였다. 왕은 모든 번역들을 비교한 뒤 그 번역들이 모든 면에서 완전히 일치하는 사실을 확인했다. 그때 왕은 번역된 문서들이 잘 보관되도록 명령하였다.

그 다음날 왕은 현자들에게 많은 선물을 주어 돌려보내며 고맙다고 말했다.

규칙 위반

한 가난한 남자가 있었다. 어느 눈 오는 겨울, 살을 에듯이 추운 날, 지나가던 한 부자가 덜덜 떨고 있는 그를 보고 말했다.

"만약 자네가 하룻밤 동안 알몸으로 산꼭대기에 앉아 있을 수 있다면, 상으로 많은 돈을 주겠네."

가난한 남자는 상금에 욕심이 났다. 남자가 산꼭대기에 올라가서 옷을 모두 벗고 그곳에 앉아 있으니, 바람과 눈이 칼날처럼 그의 몸을 파고들었다. 하지만 어두워지자, 산기슭에 살고 있는 여자가 등불을 켰기 때문에, 밤새도록 밝게 빛나는 창문을 보며 남자는 용기를 얻었다. 아침이 되었다. 남자는 옷을 입고 산을 내려와 상금을 청구했다.

"위에 있을 때 자넨 뭘 보았나?"

부자가 물었다. 그러자 가난한 남자가 대답했다.

"아니오, 아무것도. 산기슭의 작은 등불 외에는 아무것도 보지 못했습니다."

"그걸 본 것은 규칙위반이야. 그 불빛이 자네를 따뜻하게 해주었기 때문이지. 자네는 내기의 조건을 지키지 않았어. 그 조건은 밤새도록 알몸으로 아무 보호도 받지 않고 앉아 있는 것이었네."

남자는 사기를 당했다고 소리쳤지만 이미 때는 늦었다. 마지막으로 그는 말했다.

"당신은 내가 왕께 번거로움을 끼치지 않을 수 없게 만드시는군요. 자, 저와 함께 가서 왕께 재판해 달라고 합시다."

두 사람은 궁전의 가장 위층에 살고 있는 다윗 왕——왕은 아들 솔로몬보다 한 층 위에 살고 있었다——을 찾아갔다. 두 사람은 서로 자신이 정당하다고 호소했고, 왕은 그것을 들었다. 양쪽의 주장을 다 들은 왕은 선고를 내렸다.

"부자의 말이 옳다. 가난한 남자여, 너는 내기의 조건을 지키지 않았다."

남자는 눈물을 흘리면서 왕의 방을 나와 궁전의 1층까지 내려갔는데, 거기서 솔로몬을 만났다.

"당신은 왜 울고 있는 것입니까?"

왕의 아들이 물었다.

"어떻게 울지 않을 수 있겠습니까? 저는 사기에 걸려들고 말았습니다."

남자는 솔로몬에게 모든 것을 얘기했다.

"재판을 다시 할 수 있는지 부왕께 여쭈어 보십시오."

솔로몬이 그에게 말했다.

가난한 남자가 다윗에게 가서 다시 호소하자, 재심이 받아들여졌다. 그는 부자와 함께 솔로몬에게 갔다. 솔로몬은 하인에게 새끼 양을 잡게 하더니, 거기서 떨어진 곳에 불을 피우도록 명령했다. 한참 뒤 그는 하인을 불러 물었다.

"고기가 익었느냐?"

"고기가 불에서 멀리 떨어져 있었는데 어떻게 고기가 익겠습니까?"

"내 하인이 한 말을 들었는가? 이와 마찬가지다. 이 가난한 남자는 산 위에 있었고 불빛은 멀리 아래쪽에 있었다. 어떻게 그의 몸이 따뜻해졌다고 할 수 있단 말이냐?"

솔로몬은 부자에게 상금을 지불할 것을 명령했다. 그 결과, 가난한 사람은 부자가 되어 오래도록 행복하게 살았다. 모든 것은 솔로몬의 지혜 덕택이었다.

머리 둘 달린 남자

어느 날, 악령의 왕인 아스모데오가 이스라엘의 왕 솔로몬을 찾아와서 질문했다.

"당신이 열왕기에서 '그는 어떤 사람보다 현명하다'고 한 바로 그 사람입니까?"

"하느님께서는 내가 그러하다고 약속하셨소."

솔로몬이 대답했다.

"그렇다면 당신이 지금까지 한 번도 본 적이 없는 것을 보여드리지요."

"좋소, 보여주시오."

아스모데오는 대지의 중심까지 손을 넣어, 머리 2개에 눈이 4개인 남자를 끌어냈다. 솔로몬은 그 이상한 광경에 놀라, 곧 장군 예호야다의 아들 베나야프를 불렀다.

"너는 우리 발 밑의 대지 속에 인간들이 살고 있다는 것을 알고 있었느냐?"

"왕이시여, 그것은 참으로 믿기 어려운 이야기입니다."

베나야프가 대답했다.

"하지만 꼭 한 번 폐하의 부친이신 다윗님의 고문관 아히도벨한테서 그와 비슷한 얘기를 들은 적은 있습니다."

"내가 지금 그 한 사람을 너에게 보여준다면?"
"그런 일은 있을 수가 없습니다. 첫째로 여기서 대지의 중심까지 가려면 500년이나 걸릴 테니까요."
이 말을 들은 솔로몬은 남자를 데리고 오라고 명령했다. 남자의 모습을 보자 베나야프는 땅에 몸을 던지며 소리쳤다.
"찬양하라, 모든 종류의 생물을 창조하신 분을!"
"너는 어떤 종족이냐?"
솔로몬 왕이 머리가 2개인 남자에게 물었다.
"저는 인간이며 카인의 후예입니다."
"그럼 어디서 살고 있느냐?"
"테베리아의 토지에."
"그곳에도 태양과 달이 있느냐?"
"물론입니다. 저희들은 땅을 갈고 수확을 하고 또 가축도 키우고 있습니다."
"너는 기도도 하느냐? 만약 기도한다면 어떤 기도를 하느냐?"
"저희들도 기도를 합니다. '하느님, 저희들은 참으로 다양합니다. 당신은 지혜로서 그 모든 것을 창조하셨습니다'라고 기도하지요."
솔로몬이 말했다.
"알겠다. 너를 집으로 돌려 보내주겠다."
"감사합니다."
솔로몬은 곧 아스모데오를 불러 남자를 집으로 돌려보내라고 명령했다.
"그건 제 능력을 뛰어넘는 일이라 불가능합니다."
하는 수 없이 지상에 남은 남자는, 아내를 얻어 그녀와의 사이에 일곱 아들을 낳았다. 그 중 6명은 어머니를 닮았지만, 한 명은 아버지를 닮아 머리가 2개였다. 남자는 열심히 땅을 갈고 씨를 뿌리고 수확을 하여, 머지않아 누구보다 부자가 되었다. 죽을 때 그는 토지와 집을 아들들에게 남겼다.

"이것을 7등분하자"고 어머니를 닮은 여섯 아들이 제안했다.

"아니야, 그건 안 돼" 하고 머리가 2개인 아들이 말했다.

"우리는 모두 8명이야. 8등분해서 두 사람 몫을 내가 가져야 해!"

결국 그들은 솔로몬 왕에게 가서 호소했다. "왕이시여, 저희들은 7형제인데, 2개의 머리를 가진 한 명이 8명이라고 주장하면서, 유산의 8분의 2를 요구하고 있습니다."

솔로몬은 양쪽의 주장을 들었지만 어떻게 판결을 내려야 할지 몰라 난감했다. 한밤중에 그는 천막 안에 들어가서 기도를 올렸다.

"세상의 주인이시여, 당신이 기베온에서 저에게 계시하셔서 제 소원을 모두 들어주겠다고 하셨을 때, 저는 돈도 은도 바라지 않고 오로지 사람들을 바르게 재판할 수 있는 지혜만을 구하였나이다. 당신은 그것을 저에게 주시겠다고 약속하셨나이다. 바라옵건대, 부디 그 약속을 지켜주시옵소서."

"아침이 되면 원하는 것이 이루어져 있으리라."

그 거룩하신 분은 대답했다.

이튿날, 솔로몬은 머리가 2개인 남자를 불러 사람들과 산헤드린 앞에서 선언했다.

"만약 너의 2개의 머리 중 한쪽이 다른 한쪽이 느끼는 것을 함께 느낀다면, 너는 한 사람의 인격이지만, 만약 그렇지 않다면 너는 두 사람의 인격이다."

그렇게 말하더니 뜨거운 물과 식초를 가지고 오게 하여, 그 남자의 2개의 머리에 번갈아 부었다.

"폐하, 폐하, 왜 이러십니까? 저를 죽이시려는 겁니까?"

2개의 머리가 동시에 비명을 질렀다.

"오직 한 명의 저밖에 없습니다. 저는 두 사람이 아닙니다."

솔로몬은 형제들을 집으로 돌려보냈다. 그리고 그들은 유산을 7등분했다.

별이 선언한 것

최고의 현자라 일컬어지는 솔로몬 왕도 그랬듯이, 수많은 사람들이 별 속에 적혀 있는 것을 무시하고자 해도 그럴 수가 없었다.

어느 날, 한 처녀와 젊은이가 배필로 정해졌다고 하늘에서 선언하는 것을 들은 솔로몬은 '그 결정'에 도전하기로 했다. 그래서 그는 독수리를 불러 말했다.

"그 처녀를 아무도 찾아내지 못하는 가장 깊숙한 사막에 데리고 가서, 내가 됐다고 할 때까지 그녀를 데리고 돌아와서는 안 된다. 그녀를 위해 음식을 사서 매일 그녀한테 갖다 주고, 더 많은 음식이 필요하면 내 궁전에서 가지고 가도록 하라."

독수리는 처녀를 가장 멀리 떨어진 사막에 데리고 가서, 그녀를 동굴 안에 두고 왔다. 독수리는 매일 그녀에게 시장에서 갓 구운 빵을 하나를 사서 갖다 주고 나머지 음식은 왕궁에서 가져갔다.

어느 날, 젊은이는 배를 타고 항해하다가 거친 폭풍을 만났다. 풍랑 때문에 배는 항로를 크게 벗어나서, 처녀가 있는 사막의 해안으로 밀려 올라갔다. 젊은이는 해안 여기저기를 헤매다가 처녀가 있는 동굴에 당도했다.

독수리가 돌아와서 두 사람이 함께 있는 것을 보고, 매일 2개의 빵을 갖다 주었고, 왕궁에서 그 밖의 음식을 2인분씩 날랐다. 얼마 뒤 젊은이와 처녀는 서로 사랑하는 사이가 되어 결혼을 원하게 되었다. 하지만 두 사람이 어떻게 랍비와 10명의 유대인, 2명의 증인도 없이 유대식 결혼식을 올릴 수 있단 말인가?

다른 방법이 없다는 걸 안 젊은이와 처녀는 자기들만의 결혼식을 올렸다. 세월이 흘러 그녀는 사내아이를 낳았고, 어느덧 다섯 아이가 차례차례 태어났다.

독수리는 처음에는 3인분, 다음에는 4인분, 다음에는 5인분, 다음에는 6인분, 그리고 마지막에는 7인분의 빵을 갖다 주고, 또 거기에 맞춰 다른 음식을 매일 왕궁에서 가져가지 않으면 안 되었다. 솔로몬 왕은 드디어 이 이변을 눈치챘다.

그는 독수리를 불러 물었다.

"너는 요즘 왕궁의 식량창고를 싹 쓸어가고 있는데, 대체 무슨 짓을 꾸미고 있는 것이냐?"

독수리가 대답했다.

"폐하께서는 저에게 한 인간을 돌보라고 분부하셨는데, 지금 동굴 안에는 일곱 사람이나 있습니다. 저는 그들이 굶어죽게 내버려 둘 수가 없습니다."

그리고 독수리는 왕에게 젊은이가 바닷가에 밀려 올라왔을 때부터, 그의 5번째 아이가 태어나기까지의 모든 경위를 얘기했다.

얘기를 들은 솔로몬은, 별이 선언한 것이 거짓이 아님을 알았다. 그는 그 젊은이와 처녀의 가족을 모두 데리고 오게 하여, 그들을 위해 집을 지어주고, 이후 그들과 그들의 자손들이 행복하게 살 수 있도록 충분한 부를 주었다.

솔로몬 왕 운(運)과 내기하다

모든 지배자 가운데 가장 부유했던 솔로몬 왕은, 어느 날 우연히 운을 만나 다음과 같이 선언했다 한다.

"사람의 행복은 부에 있는 것이므로 나는 너보다 강하다."

"아닙니다. 그렇지 않습니다. 인간의 부는 운에 달려 있습니다."

운이 대답했다.

그들은 이러니저러니 말씨름을 하다가 결국 내기를 하기로 했다. 바로 그때 인부이자 물배달꾼이기도 한 가난한 사내가 지나갔다.

"폐하께서 먼저 시험해 보십시오."

운이 솔로몬에게 말했다.

솔로몬은 그 가난한 사내를 불러서 그에게 3만 세켈을 주었다. 가난한 사내는 크게 기뻐하며 왕에게 감사한 뒤, 고기와 그 밖의 물건을 사는 데 필요한 돈을 들고 나갔다. 남은 돈은 웃옷 주머니에 넣어두었다.

그는 집에 돌아가서 옆집에 가 있던 아내를 불러, 그 행운에 대해 얘기했다. 하지만 그녀는 남편의 얘기를 들은 척도 하지 않았다. 그가 하루에 쥐꼬리만한 돈밖에 벌지 못하는 가난한 사람일 뿐이라는 걸 알고 있었기 때문이다. 그래서 인부는 부엌에 가서 웃옷으로 싼 고기를 내려놓았다. 그가 부엌을 나온 것과 동시에 개가 들어가서, 고기와 웃옷을 함께 물고는 어디론가 사라져버렸다.

이튿날, 솔로몬 왕과 운이 궁전에서 만났는데, 그들은 그 가난한 인부의 살림이 전과 달라지지 않은 것을 보았다.

솔로몬은 그에게 더 많은 돈을 주었다. 이번에도 다시 사내는 아내를 불렀지만, 그녀는 그의 말을 믿지 않았다. 그녀는 옆집에서 돌아오는 것조차 귀찮아서 죽을 지경이었다. 사내는 마당에 헌 농짝이 버려져 있는 것을 보고, 그 안에 돈을 숨기고 자물쇠를 채웠다.

잠시 뒤 고물상이 찾아와서 고물이라면 뭐든지 사겠다고 소리쳤다. 여자는 마당에 버려져 있던 낡은 농짝이 생각나서, 안을 열어보지도 않고 그것을 헐값에 팔아치웠다.

이튿날 운과 솔로몬 왕은 다시 만났다. 그들은 사내의 상태가 조금도 변하지 않은 것을 알았다. 왕은 다시 한 번 사내에게 돈을 주었다. 이번에 그는 겨가 가득 들어 있는 자루 안에 돈을 넣었다. 그런데 그의 아내가 그것을 보고 넝마주이에게 거저나 다름없이 줘버렸다. 그것이 그 자루의 마지막이었다!

운과 솔로몬 왕이 다시 만나, 사내가 여전히 가난한 생활을 하고 있는 것을 보고, 운이 솔로몬 왕에게 말했다.
"폐하, 폐하께서는 세 번이나 최선을 다하셨지만 모두 성공하지 못했습니다. 이번에는 제 차렙니다."
그렇게 말한 뒤 운은 그 가난한 사내와 얘기를 나누었다.
"당신은 정말 운이 나쁜 사람이군요. 만약 직업을 바꾸어 나무꾼이라도 된다면, 당신의 운도 바뀔지 모르겠는데."
'직업을 바꾼다 해도 어차피 잃을 건 아무것도 없어' 하고 사내는 생각했다. 그는 왕궁을 나가 나무꾼이 되었다. 그는 목재를 팔아서 조금씩 돈을 벌기 시작하여, 어느새 여유가 생기자 나무꾼을 고용하여 땔감 파는 장사를 시작했다. 그는 부자가 되어 풍요로운 생활을 할 수 있었다.
어느 날, 그가 나무꾼들이 나무를 베고 있는 숲을 걷고 있는데, 어디선가 썩은 고기 냄새가 풍겨왔다. 그 냄새를 더듬어 가니, 살점이 들러붙어 있는 그의 헌옷이 눈에 들어왔다. 3만 세켈이 아직도 그대로 한 푼도 줄어들지 않은 채 들어 있었다. 이 일은 그에게 잃어버린 농짝을 생각나게 했다. 그래서 그는 헌 농짝을 가지고 있는 자에게는 두 배 값을 쳐주겠다고 온 도시에 광고했다.
수많은 농짝이 모여들었는데, 그 중에 자물쇠가 채워진 채 연 흔적이 없는 그의 농짝도 들어 있었다. 그가 그때까지 가지고 있던 열쇠로 농짝을 열어보니, 놀랍게도 돈이 고스란히 들어 있지 않은가?
다음에 그는 겨가 채워진 자루를 사고 싶다고 광고를 냈다. 수많은 자루가 그의 집에 모여들었다. 그는 계속 자루를 사들여 드디어 아내가 팔아치운 자루도 찾아냈다. 이제 그의 부는 하늘 높은 줄을 몰랐다.
이리하여 운은 솔로몬 왕에게 '모든 것은 운에 달려 있다'는 것을 증명할 수 있었다.

유령의 집

폴란드 포즈나인이라는 도시에는 도로에 면하여 큰 저택이 서 있었다. 그 저택 안에는 늘 자물쇠가 채워져 있는 큰 지하실이 있었다. 어느 날 한 젊은이가 열쇠를 가지고 지하실로 내려갔는데, 입구에서 죽은 채 발견되었다. 경찰이 조사를 했지만 사인은 밝혀지지 않았다.

그런 일이 있고 나서 2년이 지났다.

그 저택에서는 더욱 불길한 일들이 일어났다. 모든 음식이 부패하기 시작하더니, 어떤 것은 벌레까지 들끓어 개에게조차 줄 수 없을 정도였다. 뿐만 아니라 그 저택에 사는 사람들은 램프와 골동품들이 바닥에 떨어져 깨져 있는 것을 보기 시작했다.

그들은 두려운 생각이 들어 다른 곳으로 이사를 갔다. 이윽고 그 무서운 소문은 도시의 다른 주민들에게도 퍼졌다. 그들은 저택에서 원혼을 쫓아내기 위해 예수회의 사제들에게 도움을 청했지만, 그것은 사제들이 감당할 수 있는 일이 아니었다.

주민들은 사태의 심각성을 깨닫고, 자모스크에 살고 있던 유명한 기적의 행자(行者) 랍비 요엘에게 사자를 보내, 포즈나인으로 와달라고 요청했다. 랍비 요엘은 곧 그 유령의 집으로 가서 원혼들에게 왜 그 저택에 출몰하는지 그 이유를 말하라고 명령했다.

"너희들은 이곳에 출몰해서는 안 된다는 것을 모르느냐? 너희들이 인간들 사이에 섞여 살 수 있다고, 누가 그러더냐?"

원혼들은 대답했다.

"그건 맞는 말이오. 하지만 이 저택은 우리의 것이며 법적인 권리도 있소."

"한 번도 법정에 간 적이 없으면서 법적인 권리라고? 그렇다면 포즈나인의 랍비 법정에 가서 시비를 가리도록 하자. 만약 거기서 이기면 너희들은 그 권리를 주장할 수 있다. 누구도 자기 스스로

법이 될 수는 없다. 원혼도 마찬가지다."

원혼들은 이 말을 듣고 포즈나인의 랍비 법정에 호소하기로 했다. 이튿날 법정의 랍비 세 명은 랍비 요엘과 함께 유령의 집으로 갔다. 안내를 자청한 것은 옛날 그 저택에서 살던 사람들이었다. 그들이 저택 안에 들어서자마자 사람의 목소리가 들려오기 시작했는데, 그 모습은 어디에도 보이지 않았다. 그 목소리는 재판관들에게 어떻게 하여 그 저택이 유령의 집이 되었는지를 얘기했다.

"존경하는 여러분, 이것만은 알아주시기 바랍니다. 옛날 이 집에는 한 보석상이 처자와 함께 살고 있었습니다. 실제로는 두 명의 아내, 한 명은 사람이고 또 한 명은 사람이 아닌 원혼이었지요.

그는 원혼 쪽을 더 열렬하게 사랑했기 때문에, 기도 중간에 시나고그를 빠져나와 집으로 돌아가서 그녀와 침대에 들기도 했습니다. 이리하여 그는 두 명의 아내와 생활했고 두 아내는 그에게 아들과 딸들을 낳아주었습니다. 물론 인간 아내는 귀신 아내에 대해서는 아무것도 몰랐지요.

그런데 어느 날 인간 아내가 알아버렸습니다.

보석상이 가족들과 함께 유월절을 즐기고 있을 때, 식사가 진행되던 중에 그가 일어서더니 욕실로 가는 것이었습니다. 가족들은 그가 돌아오기를 기다렸지만 오래도록 그는 돌아오지 않았어요.

그의 아내는 어찌된 일인가 걱정이 되어 욕실로 가보았습니다. 열쇠구멍으로 들여다보니, 놀랍게도 거기에는 금과 은을 박아넣은 식탁과 한껏 치장한 침대가 있고, 그 위에는 아름다운 여인이 알몸으로 누워 있었는데, 세상의 모든 남자들이 아내에게 하는 것처럼, 남편이 그녀를 포옹하고 입을 맞추고 있었습니다.

가련하게 된 것은 인간 아내였지요. 그녀는 너무 놀라 말도 하지 못하고 식당으로 돌아와, 혼란상태에서 자리에 앉았습니다. 한참 뒤 그는 식탁으로 돌아왔지만 그녀는 여전히 아무 말도 하지 않았습니다. 그날 밤 내내 그녀는 침묵을 지키고 있었습니다.

아침이 되자, 그녀는 랍비를 찾아가서 목격한 광경을 얘기했습니다. 그러자 랍비는 보석상을 불러냈지요. 그는 모든 것을 고백했습니다.

'말씀하신 대롭니다. 저에게는 인간이 아닌 아내가 또 한 명 있습니다.'

랍비는 성스러운 이름이 들어 있는 부적을 준비해 그것을 남자의 목에 걸어주었습니다. 그 덕분에 그는 귀신 아내와 더 이상 잠을 자지 않아도 되어 그녀로부터 해방될 수 있었습니다.

그런 지 몇 년이 지나 보석상이 세상을 떠날 때가 되었습니다. 그러자 귀신 아내가 그를 찾아와서 눈물을 머금고 호소했습니다.

'부탁이에요. 불쌍한 자식들을 생각해 보세요. 집도 가정도 없는 그애들을 저대로 두고 가지는 말아주세요.'

그렇게 말하더니 그녀는 교태를 부리듯 웃음을 지으며, 그의 옆에 앉아 허리에 팔을 둘렀습니다. 그가 그녀와 아이들에게 상속의 몫, 다시 말해 그의 저택 지하실을 주는 것에 동의할 때까지 그러고 있었지요."

그리고 그 목소리는 이렇게 끝맺었다.

"그러니까 우리는 유일한 상속인입니다. 이 저택은 저희들이 아버지한테서 받은 정당한 재산입니다."

원혼이 그렇게 주장하자 그 저택에서 살던 사람들이 일어서서 호소했다.

"우리는 이 저택의 방을 상당한 돈을 주고 샀습니다. 귀신들은 인간이 아니므로 상속인이 될 수 없습니다."

양쪽의 주장을 들은 재판관들은 서로 의논한 끝에 다음과 같은 판결을 내렸다.

"이 사람들을 법에 따라 정당하게 방을 구입했으므로 원혼들은 거기에 대해 아무런 법적 권리를 가지지 않는다. 그의 원혼 아내는 보석상을 꾀어 지하실을 상속받기 위해 악마적인 행동을 했으며, 원혼이 그녀의 진짜 아들이라는 증거는 어디에도 없다. 그러므로 사람들이 사는 장소에 있는 이 저택에 대해 권리를 주장할 자격이 없다."

이것이 재판관의 판결이었다. 랍비 요엘은 원혼들에게 지하실과 저택을 떠나, 숲이나 인가에서 멀리 떨어진 곳으로 갈 것을 명령했다. 원혼들은 그의 명령에 따라 그곳을 떠났고, 그후 그들은 누구도 괴롭히지 않았다.

물에 빠진 학자

마술을 제외한 모든 것에 통달한 유대인 학자가 있었다. 그는 이집트에 위대한 마술사가 있다는 얘기를 듣고 생각했다.

'그곳에 가서 마술을 배워야겠다.'

남자는 집을 떠나 첫날밤을 한 여관에서 묵었다. 이튿날 아침 그가 출발 준비를 하고 있으니 여관 주인이 물었다.

"어디로 가십니까?"

학자는 그에게 여행 목적을 얘기했다.

"저도 마술사입니다. 제가 마술을 가르쳐드리지요."

하지만 학자는 그가 농담을 하는 것으로 여기고 조롱하듯이 말했다.

"뭐, 여관 주인이 마술사라고?"

여관 주인은 그 말에 화가 나서 이 거만한 학자에게 교훈을 가르쳐주기로 했다.

"나리, 나리께서 이제부터 사막을 지나가시려면, 출발하기 전에 냉수로 몸을 씻는 것이 좋을 것입니다."

그렇게 말하더니 여관 주인은 물이 든 큰 그릇을 가지고 왔다. 그는 손을 씻으려고 몸을 구부리다가 균형을 잃고 그 속에 빠지고 말았다. 그러자 갑자기 폭풍이 일어나서 미친 듯이 파도가 그를 덮쳤다. 그때 상선이 지나가다가 구명구를 던져서 건져주지 않았더라면, 그는 틀림없이 물에 빠져 죽었으리라. 선원들은 그의 정체를 알아내려다가 그가 매우 학식이 높은 사람이라는 것을 알았다.

"우리와 함께 우리 나라로 가 준다면 지사로 모시겠습니다."

학자는 그들의 제안에 동의하여, 배를 타고 그들의 나라로 가서 지사가 되자, 어느덧 자신의 과거와 고향을 완전히 잊어버리고 말았다.

어느 날, 학자가 지사로 있는 나라가 적의 침략을 받았다. 그들은 온 나라를 약탈하고 그를 포로로 잡아서 노예로 팔아 넘겼다. 그후 몇 년이 지나 그는 가까스로 사막으로 달아날 수 있었다. 사막을 헤매다가 동굴을 발견하고, 더 이상 어찌할 바를 몰라 그 안에서 쉬고 있었다. 그때 새 한 마리가 날아와서 '포르릉 포르릉' 하고 지저귀는 소리가 들렸다.

학자는 그 소리를 듣고 동굴에서 나왔다. 그는 자기 앞에 물그릇이 놓여 있는 것을 보고 얼굴을 씻으려고 몸을 앞으로 숙이다가, 자기 뒤에 서 있는 누군가의 모습이 물에 비치고 있는 것을 발견했다. 그 사람은 오래전에 이집트로 가던 도중 하룻밤을 보낸 여관의 주인이었다. "나리" 하고 여관 주인이 불렀다.

"나리께서는 이미 오랫동안 몸을 씻고 계신데, 아침 식사가 벌써 준비되어 있습니다."

그 말을 듣고 학자는 자신의 잘못을 깨닫고 여관 주인 밑에서 마술을 배우기로 했다.

세계 최고두뇌 최대부호 성공집단 탄생시키는 유대
솔로몬 탈무드
13
행복을 만드는 유대 사고방식

사랑과 우정
선한 이에게는 상을, 악한 이에게는 벌을

두 친구

한 도시에 두 친구가 살고 있었다. 두 사람 사이의 우정은 속담으로 일컬어질 만큼 아름다웠다. 그런데 전쟁이 일어나 두 사람은 저마다 다른 군대에 포로로 잡히고 말았다. 한참 뒤 두 명 가운데 한 명은 석방되었다.

그는 친구를 찾기 위해 그가 잡혀 있는 왕국의 수도로 갔다. 그 나라의 왕은 한 남자가 적국에서 찾아왔다는 말을 듣고, 그를 스파이로 간주하고 체포하여 처형하라고 명령했다.

왕의 병사들은 곧바로 그를 체포하여 형장으로 끌고 갔다.

형장으로 끌려가면서 남자는 왕에게 꼭 할 말이 있다며 왕과의 접견을 요청했다. 이 요청은 수락되었다. 그는 왕의 발 아래 몸을 던지며 처형을 잠시 미루어달라고 탄원했다.

"그것이 너에게 무슨 의미가 있다는 말이냐?"

왕이 물었다.

"폐하, 저는 제가 사는 도시에서는 이름이 알려진 상인입니다. 하지만 제 물건과 돈은 모두 제가 신뢰하고 있는 가게 주인들의 손에 있고, 저는 영수증 한 장 가지고 있지 않습니다. 만약 폐하께서 지금 저를 죽이시면, 저의 처자식들은 알거지가 되어 먹고사는 것마저 곤란해지고 맙니다. 그들은 제가 누구에게 얼마나 받을 돈이 있는지 모르고, 그것을 증명할 방법이 없기 때문입니다.

그러므로 폐하, 이렇게 간청하오니, 부디 자비를 베푸시어 처형 전에 잠시 귀국하여 빌려준 돈을 회수할 수 있게 해 주십시오. 그렇게 하면, 제가 죽은 뒤에도 제 가족은 그럭저럭 살아갈 수 있을 것입니다."

"하지만 네가 돌아올 거라는 것을 어떻게 믿으란 말이냐? 너는 무리한 요구를 하고 있다. 내 손에서 일단 풀려난 뒤 처형당하기 위해 다시 돌아오겠다고?"

"폐하, 이곳에는 제 친구가 있습니다. 그가 제 대신 볼모가 되어 줄 것입니다."

이 말을 들은 왕은 곧 그 친구를 불러오게 했다. 남자의 친구가 왕 앞에 불려왔다.

"사형선고를 받고 처형되기 전에 일단 집에 다녀오고 싶다고 하는 이 자가 만약 정해진 날까지 돌아오지 않으면, 그를 대신하여 처형될 용의가 있느냐?"

친구는 말했다.

"폐하. 기꺼이 그를 대신해 볼모가 되겠습니다. 약속한 날까지 돌아오지 않으면 그 대신 저를 죽여주십시오."

이 말을 듣고, 왕은 사형이 결정된 남자에게 한 달의 말미를 주는 대신, 그때까지 그의 친구를 옥에 가두기로 했다. 왕은 생각했다. '나는 기적을 보고 싶다. 친구를 위해 목숨을 던지려는 남자에게 과연 기적이 일어날지 어떨지.'

약속한 한 달의 마지막 날이 왔다. 사형선고를 받은 남자가 돌아오지 않은 채 이윽고 날이 저물기 시작했다. 왕은 볼모를 옥에서 끌어내어 처형하라고 명령했다.

그런데 칼이 볼모의 목에 떨어지려는 바로 그 찰나, 사형선고를 받은 남자가 돌아왔다는 소식이 들려왔다. 남자는 왕에게 먼저 출두한 뒤 서둘러 형장으로 달려갔다. 그는 친구의 목을 겨누고 있던 칼을 잡아 그것을 자신의 목에 대려 했다.

두 사람은 서로 죽어야 할 사람은 자기라고 주장하며 옥신각신하기 시작했고, 그동안 왕은 창문 너머로 이 광경을 지켜보고 있었는데, 일찍이 한번도 본 적이 없는 깊은 우정에 왕은 놀라지 않을 수 없었다.

신하들의 놀라움도 이만저만이 아니었다. 왕은 두 사람에게 칼을 거두라고 명령했다. 두 사람은 용서를 받았을 뿐만 아니라 많은 선물까지 받았다.

"이런 우정을 나는 지금까지 한 번도 본 적이 없다. 나 역시 너희들의 친구가 되고 싶구나."

물론 두 사람은 이에 기꺼이 동의했다.

책 파는 남자

코즈니츠에 살고 있는 마기드의 제자인 랍비 핀하스는 어떤 책 한 권이 몹시 갖고 싶었지만, 가난했기 때문에 그것을 살 여유가 없었다.

어느 금요일 오후 그가 집에 있으니, 문이 열리면서 책이 가득 들어 있는 자루를 진 유대인이 들어왔다. 유대인은 어깨의 짐을 내린 뒤 랍비에게 가서 인사하며 말했다.

"저는 책장수입니다. 당신이 책을 좋아한다는 말을 들었습니다. 제가 가지고 있는 책을 소개하고 싶습니다."

그렇게 말한 남자는 자루에서 책을 꺼내어 랍비에게 보여 주었다. 그 중에는 랍비 핀하스가 간절하게 원했던 책도 있었다. 랍비는 그 책을 보자 곧 손을 뻗어 훑어보기 시작했다.

"그 책에 흥미가 있으시군요."

"무척. 하지만 책을 살 돈이 없소. 아무리 싸게 해 준다 해도 말이오. 나로서는 도저히 살 수 없는 물건이오."

"그 책을 정 읽고 싶으시다면 잠시 당신한테 맡겨두겠습니다. 저는 안식일이 끝날 때까지 이곳에 있을 예정이니 제가 돌아오는 일요일 밤까지 가지고 계셔도 상관없습니다. 만약 그때까지 대금이 마련되면 사시고, 그렇지 않으면 돌려주시면 됩니다."

이렇게 말하고 책장수는 나갔다. 그날 랍비 핀하스가 그 책을 밤새워 읽은 것은 말할 것도 없고 안식일도 마찬가지였다. 그래서 그는 일요일 아침에는 책을 거의 다 읽고 있었다.

그런데 책장수가 올 시간이 되었는데도 나타나지 않았다. 랍비는 곳곳을 찾아다녔다. 그는 도시의 모든 시나고그와 토라학교에 사람을 보냈지만, 그 남자의 행방은 전혀 알 수 없었다.

랍비 핀하스는 어떻게 해야 할지 알 수가 없었다. 그 책을 어떻게 하면 좋을지, 그것을 자기가 가지고 있어도 되는 건지 판단이 서지 않아서, 그는 자신의 스승인 코즈니츠의 마기드와 의논하기로 했다. 그가 코즈니츠에 도착하여 마기드의 집에 들어가니, 마기드가 그를 맞이하며 말했다.

"뭘 그리 걱정하는가? 예언자 엘리야는 자네가 그 책을 간절하게 원하고 있다는 것을 알고, 책장수로 변하여 그것을 자네한테 가지고 간 것이라네."

랍비 핀하스는 그 말을 듣고 몹시 놀라 말했다.

"만약 이 책이 그렇게 중요한 것이라면, 제가 가지고 있어서는 안 됩니다. 이것을 저의 스승이자 교사이신 당신께 선물로 드리겠습니다."

랍비 핀하스는 그 말대로 했다.

신실한 이웃

1311년에 프랑스의 필립 왕은 모든 유대인들에게 2일 안으로 왕국을 떠나지 않으면 사형에 처할 것이라는 포고를 하였다. 그러나 불쌍한 유대인들은 그렇게 짧은 시간 안에 가옥과 전답과 가재도구를 팔 수 없었다. 그래서 그들은 한 페루타도 건지지 못하고 빈털터리로 방랑하였다.

유랑민들 가운데는 돈과 귀금속을 빼앗길까봐 크게 두려워했던 파리 출신의 부유한 귀금속 상인도 있었다. 그래서 그 상인은 이것들을 그리스도교인 이웃들 가운데 한 사람에게 맡겼다. 그는 이렇게 생각했다.

'언젠가 유대인들을 추방시킨 왕의 포고가 취소되겠지. 그렇게 되면 돌아와서 내 보물을 다시 찾아야지.'

그 그리스도교도가 돈과 보물을 잘 간수하겠다고 약속했기 때문에, 귀금속 상인은 넓은 세상에서 낯선 피난처를 찾기 위해 자신의 동족들과 함께 방황하며 헤매었다.

여러 해 뒤에 필립 왕이 죽자, 왕위를 계승한 그의 아들은 아버지의 포고를 철회하였다. 그는 왕국에서 추방된 유대인들이 안전하게 귀환할 수 있다는 사실을 널리 알렸다. 그래서 유랑자들이 돌아왔는데, 그들 가운데는 파리 출신의 귀금속 상인도 있었다.

그 귀금속 상인은 돌아오자마자 가장 먼저 보물을 맡겨 두었던 늙은 이웃 사람을 만나러 갔다. 그러나 슬프게도 그 사람은 어디론가 가버리고 없었다!

유대인 귀금속 상인은 이웃 사람들에게 그에 관하여 수소문해 보았다. 그는 그 이웃 노인이 최근 몇 해 동안 전 재산을 잃어버리고 형편없는 생활을 해왔으며, 그의 저택도 할 수 없이 포기해야만 했다는 사실을 알게 되었다. 지금 그는 도시 외곽에서 아주 가난하게 살고 있다는 것도 알게 되었다.

이 말을 듣자 그 유대인은 절망스러웠다. 한 가지 사실만은 분명했다. 만일 그 이웃이 모든 것을 잃어버렸다면, 자신이 그에게 맡겼던 보물도 분명히 내어주었을 것임에 틀림없었다.

풀이 죽은 채 그는 파리 교외에 사는 그 이웃 노인을 만나러 갔다. 유대인은 침대나 긴 의자조차 없는 작고 초라한 오두막집에서 그 사람을 찾아냈다. 그 불쌍한 남자는 굶주림과 추위에 떨어 쇠약해진 모습으로, 상자 위에 앉아 있었다.

그는 유대인을 보자 일어나서 인사하고는 상자를 열어서 가방 하나를 꺼내었다.

"여기 당신의 보물이 있소. 그것을 소중히 지켜 왔지요."

그 유대인은 예상치 못한 일에 놀라움을 감추지 못했다.

"어떻게 이처럼 잘 보관할 수 있었소? 추위에 헐벗고 굶주리면서도, 이것에는 전혀 손도 대지 않았구려."

그 그리스도교도가 대답했다.

"내 것이 아닌 것을 어떻게 손댈 수 있겠소? 여러 번 삶에 회의를 느끼고 죽음도 생각해 보았소. 내가 당하는 고통이 너무나 극심해서 도무지 감당할 수 없었기 때문이지요.

그러나 죽을 수 없었지요. 당신이 내 수중에 맡겨둔 그 보물을 지키겠다고 약속하지 않았던가요? 나는 고통을 감수하면서 기다렸소. 이제 당신이 돌아왔으니 참 잘된 일이오."

유대인은 그 말을 듣고 마음속이 뭉클해지는 큰 감동을 느꼈다.

"나를 기다리면서 목숨을 끊지 않은 것이 얼마나 다행스런 일인지요! 당신이 겪었던 어려웠던 날들이 이제 다 지나갔습니다! 당신은 나의 형제이고 내 소유의 절반은 당신 것입니다."

그 유대인과 그리스도교인 이웃은 영원한 우정과 친형제 같은 사랑으로 오랫동안 사이좋게 살았다.

은행 지점장을 만난 과부

튀니지에 한 가난한 과부가 살고 있었다. 그녀는 이웃집에서 일을 해주며 외아들을 키우고 있었는데, 어느 날 그 외아들이 병에 걸려 죽고 말았다. 그녀는 아들의 죽음을 몹시 슬퍼했다. 그녀에게 아들은 유일한 보물이었기 때문이었다. 그녀는 자신이 가지고 있는 약간의 돈을 시나고그의 전례 담당자에게 주며 회장자의 기도를 올려달라고 부탁했다.

그녀는 매일 담당자에게 돈을 주고 있었는데, 얼마 뒤 부유한 자선가로부터 약간의 돈을 받게 된 뒤부터 담당자에게 돈을 두 배로 주게 되었다.

"아마, 회장자의 기도를 해줄 가족이 아무도 없는 사람도 있을 거야. 그 사람들을 위해서도 기도를 해달라고 하자."

그후 담당자는 하루에 두 번씩 기도를 올렸다.

하루는 모르는 남자가 거리에서 과부를 불러세우더니 물었다.

"가르쳐 주십시오. 전례 담당자와 어떤 약속을 하셨습니까?"

과부가 남자에게 얘기를 해주니 그는 통장을 꺼냈다. 그리고 수표를 끊어 서명하고 그것을 그녀에게 주며 말했다.

"내일 이것을 은행에 가지고 가서 현금으로 바꾸십시오."

그렇게 말하고 남자는 가버렸다.

이튿날 여자는 은행에 가서 그 수표를 창구에 내밀었다. 창구직원은 그 액면가를 보고 놀라 윗사람한테 의논하러 갔다.

"부인, 지점장을 만나 주시겠습니까?"

과부는 지점장에게 안내되었다. 지점장이 수표와 서명을 본 순간 그의 손이 떨리기 시작했다.

"말씀해 주십시오. 누가 이 수표를 주었습니까?"

그녀가 수표를 준 사람에 대해 얘기하자, 지점장은 사진을 한 장 꺼내 그녀에게 보여주었다.

"그래요, 바로 이 사람이에요."

그녀가 대답하자 지점장은 그 자리에 무너지듯 쓰러지면서 울음을 터뜨렸다. 한참 뒤 침착을 되찾은 그가 과부에게 말했다.

"실은 이 분은 바로 저의 아버님이십니다. 그리고 전임 지점장이기도 했지요. 이 자리는 아버님 돌아가시고 제가 물려받았습니다. 저는 오늘까지 아버지를 위해 회장자의 기도를 올려드린 적이 한 번도 없었습니다."

그렇게 말한 지점장은 수표의 전액을 여자에게 지불했는데, 그것은 평생 그녀가 평생 먹고사는 데 부족함이 없는 거액이었다.

친구는 재산보다 낫다

옛날 드넓은 포도밭, 양 떼와 소 떼, 그리고 넓고 호화로운 저택을 가진 부자가 있었다. 그 부자에게는 아들이 열 명 있었는데, 모두 재능이 있고 근면한 아들들이었다. 그리고 그에게는 믿을 수 있는 친구들이 많이 있었다.

부자는 하루하루 느긋하고 여유롭게 보내고 있었지만, 딱 한 가지 마음에 걸리는 일이 있었다. '내가 죽으면 어떻게 될까? 아들들이 유산 다툼을 하게 되지는 않을까? 고생해서 모은 돈이 싸움과 반목의 원인이 되어서는 곤란하다.'

어느 날 부자는 아들들을 불러 모았다.

"사람은 영원히 살 수 있는 것이 아니므로, 현명한 사람은 아직 건강할 때 자신의 죽음에 대해 생각해둬야 한다. 나는 너희가 내가 죽은 뒤 유산 분배로 서로 시기하거나 싸우지 않을까 걱정이 되는구나."

"그럴 리가 있겠습니까!" 하고 아들들은 입을 맞춰 말했다. "아버님이 오래오래 사시도록 신의 가호가 있기를! 저희들은 서로 정직하도록 노력하겠습니다."

아버지는 아들들의 말을 듣고 안심했다. 하지만 현명한 사람이었기 때문에 그는 아들들이 그 약속을 지키지 못할 수도 있다고 판단했다.

"훌륭한 마음가짐이다. 하지만 사람은 늘 자신의 마음을 다스릴 수 있는 건 아니다. 게다가 재산도 영원한 것이 아니야. 그래서 너희들에게 일정한 액수의 돈을 나눠줄 것을 지금 약속해두겠다. 나는 현금으로 1000데나리온을 가지고 있으니 각자 100데나리온씩을 주마. 그만한 돈이 있으면 새롭게 일을 시작할 수 있고, 그 일로 돈을 벌 수 있을 게다. 그밖에 내가 죽은 후에 남는 것에 대해서는 너희들끼리 공평하게 나눠 가지도록 해라."

"아버님, 그런 염려는 마시고 오래오래 사세요."

아들들은 아버지를 축복하는 인사를 하고 각자의 생활로 돌아가서 아버지와의 약속은 잊어버리고 말았다.

몇 년 후, 아버지의 재산은 조금씩 줄어들기 시작했다. 계속되는 가뭄으로 밭과 포도원이 피해를 입고, 양과 소가 잇따라 병으로 쓰러졌다. 마침내 아버지는 빚을 갚기 위해 전 재산의 대부분을 남의 손에 넘기지 않으면 안 되었다. 아들들에게 약속한 1000데나리온만은 무슨 일이 있어도 손을 대지 않으려 했으나 어쩔 도리가 없어 결국 그 중 얼마를 사용하고 말았다. 그래서 남은 것은 950데나리온이었다.

아버지는 그간의 어려움으로 병으로 쓰러졌고, 죽을 때가 가까워졌다. 아버지는 아들들을 불러 모아 아홉 명의 아들들에게 약속대로 100데나리온씩을 나눠주었다. 아홉 명의 아들들은 다 돌아가고, 그 자리에는 아버지와 막내아들만 남았다.

"아들아, 어떻게 하면 좋지? 너도 알다시피 잇따라 재난을 당하는 통에 어쩔 수 없이 돈에 손을 대고 말았구나. 이제 50데나리온뿐인데, 그 중에 30데나리온은 남은 빚을 갚아야 한다. 그래서 너한테 20데나리온밖에 줄 수가 없구나. 부디 애비를 용서해라. 그래도 네가 형제들 중에 가장 착한 아들이 아니냐."

막내아들은 몹시 낙담이 되었다. 늙은 아버지가 탄식하는 모습을 보는 것도 괴로웠고, 기대했던 재산을 받지 못하는 것도 실망스러웠다.

"아버님, 염려마시고, 부디 기운을 차리세요. 그 20데나리온으로는 장사를 시작하기도 어려울 듯한데, 무얼 하면 좋을까요?"

"걱정하지 마라. 내게는 친한 친구들이 있으니, 그 사람들을 유산의 일부로 너에게 물려주마. 네가 어려울 때는 그 사람들이 옆에서 도와줄 게야. 친구는 1000데나리온 보다 더 가치가 있는 것이란다."

아버지는 병이 깊어 얼마 후 숨을 거두었다. 이레 동안의 상이 끝나자 아들들은 각자의 삶으로 돌아갔다. 아홉 명의 형들은 막내 동생이 20데나리온으로 어떻게 살아갈지 걱정도 하지 않았다. 형들은 아버지의 조언대로 100데나리온으로 새롭게 일을 시작해 재산을 늘리기 시작했다.

한편 막내아들의 생활은 점차 어려워졌다. 20데나리온으로 아무 일도 시작하지 못했고, 생활비로 하나 둘 사라져갔다. 그렇게 궁지에 빠진 아들은 아버지가 얘기했던 친구들을 떠올렸다.

'그 사람들이 무슨 도움이 된단 말인가?'

아들은 괴로운 듯 중얼거렸다.

'그 사람들에게 도움을 청해야 하나? 말도 안돼! 절대 그런 짓은 안 할 거야.'

막내아들은 오랫동안 생각한 끝에 어쨌든 아버지의 뜻을 존중하여 아버지의 친구들과 관계를 계속 해나가고 있었다. 막내아들은 남은 돈으로 음식을 장만하고 아버지의 친구들을 초대했다. 아버지의 친구들은 기꺼이 초대에 응하여 음식을 맛있게 먹었다.

　식사가 끝난 뒤 손님들은 화기애애하게 대화를 나누기 시작했다. 고인의 집에 수없이 초대받았던 일과 고인이 손님들을 융성하게 대접했던 일을 얘기했다.

　"이 막내아들만이 아버지의 친구들을 잊지 않고 이렇게 챙겨주는구려. 오늘 이 음식만으로도 큰 지출이라 힘들었을 텐데……. 그 친구 만년에 재산을 다 잃어 아들에게 재산을 제대로 남겨주지 못했다 하던데, 그 친구 아들에게라도 우리 보답을 하면 어떻겠소?"

　그 자리에서 손님들은 각각 새끼를 밴 암소 한 마리씩과 살림에 보탬이 되도록 돈도 모아주기로 하고는 바로 실행에 옮겼다.

　시간이 흐르자 송아지가 차례차례 태어나 막내아들은 그 송아지를 좋은 값을 받고 팔았다. 아들의 사업은 어느새 운이 붙어서 형들보다 부유해졌을 뿐만 아니라 옛날 아버지 보다 더 부자가 되었다. 막내아들은 아버지의 친구들과의 우정을 소중히 여겨서 그들이 어려울 때는 주저하지 않고 도움을 주었다.

깨달음이 머무는 곳
하늘이 너의 모든 행동을 심판하리니

도둑질하는 남자

어떤 남자가 남의 밀밭에 밀을 훔치러 가면서 딸도 데리고 갔다. 남자가 말했다.

"애야, 누가 오지 않는지 주의해서 망을 보아라."

남자가 서서 밀을 베고 있으니 딸이 소리쳤다.

"아버지, 누가 보고 있어요."

동쪽을 보았지만 아무도 없어서 아버지는 계속 밀을 베었다.

"아버지, 누가 보고 있다니까요."

딸은 다시 한 번 소리쳤다.

서쪽을 봐도 아무도 오지 않아서 아버지는 다시 밀을 베었다.

그런 뒤 몇 분이 흘렀다. 딸이 다시 소리쳤다.

"아버지, 누가 보고 있어요."

북쪽을 살펴보았으나 아무도 오는 기색이 없어서 아버지는 여전히 밀 베기를 계속했다.

"아버지, 누가 보고 있어요."

딸이 또 소리쳤다.

남쪽을 쳐다봤지만, 아무도 오는 기색이 없었다. 드디어 아버지는 화가 나서 말했다.

"왜 너는 자꾸 누가 보고 있다고 하느냐? 나는 모든 방향을 살펴보았지만 아무도 오지 않았다."

그러자 딸이 말했다.

"아버지, 누군가가 위에서 보고 있어요."

수소 뿔 위에 놓인 세상

속죄의 날, 모세의 형인 대제사장 아론이 신전에서 수소를 제물로 바치고 있던 중, 그 수소가 달아나고 말았다. 수소는 암소를 만나 함께 살다가 송아지를 낳았다.

송아지는 성장하여 매우 건강하고 잘생긴 송아지를 낳았는데, 그것은 온 세상도 맞설 수 없을 만큼 강한 수소로 성장했다.

성스러운 신은 세상을 집어들어 그것을 수소 위에 올려놓았다. 그 후 세상은 신의 명령으로 밤에도 낮에도 수소의 뿔 위에 놓여 있게 되었다.

하지만 인간은 죄가 깊은 데다 매우 무거웠기 때문에, 세상은 시간이 흐를수록 점점 무거워져서, 수소는 이따금 그 무게에 진저리를 치곤 한다.

그런 때 수소는 목을 흔들거나 세상을 한쪽 뿔에서 다른쪽 뿔로 휙 내던지는데, 그때마다 지진과 대화재가 발생하여 나쁜 사람들이 그들의 죄를 길동무 삼아 한 덩어리가 된 채 사라지기도 한다. 그러면 수소는 다시 한쪽 뿔로 세상을 가볍게 지탱하는 것이다.

수소는 세상을 받치고 있는 뿔을 이쪽 저쪽으로 바꿈으로써, 사람들의 죄가 사라질 때까지 지진과 그 밖의 재앙을 일으켰다. 그런데 왜 신은 세상을 뿔 위에 놓았을까?

그렇게 하면 인간이 자신들이 얼마나 큰 위험 속에 있는지, 그리고 그들이 의지하는 신의 자비가 얼마나 큰 것인지를 알게 되기 때문이다. 세상이 평화롭기 위해서는 수소가 조용히 멈춰서 있고, 인간이 신의 법률을 지키고 신의 이름으로 살다가 죽으면 되는 것이다.

사냥꾼과 새

인간처럼 말을 할 수 있는 새를 잡은 사냥꾼이 있었다.
"만약 저를 놓아주신다면, 당신에게 3가지 현명한 지혜를 가르쳐 드리겠어요."
새가 호소했다.
"먼저 그것을 가르쳐다오. 그러면 너를 자유롭게 해 주지."
사냥꾼이 말했다.
"첫 번째는 자신이 한 행동을 절대로 후회하지 말 것, 두 번째는 불가능한 것은 믿지 말 것, 그리고 세 번째는 당신의 시선을 높은 곳에 두지 말 것입니다."
"잘 알았다."
사냥꾼은 약속대로 새를 놓아주었다. 새는 곧 나무 위로 올라가더니, 부리를 벌리고 말했다.
"바보님, 왜 저를 놓아주었어요? 내 뱃속에는 1000디나르 이상의 가치가 있는 진주가 가득 들어 있는데!"
사냥꾼은 이 말을 듣고 나무에 올라가 가지에서 가지로 옮겨다니며 새를 잡으려다가 떨어져서, 다리가 부러지고 온몸이 상처투성이가 되고 말았다.
"아이구 저런! 바보님. 당신은 제가 드린 세 가지 지혜의 어느 한 가지도 제대로 받아들이지 않았군요. 자신이 한 일을 절대로 후회하지 말라고 했는데, 왜 당신은 나를 자유롭게 해준 것을 후회하고 있나요? 불가능한 것은 믿지 말라고 했죠? 그런데도 왜 내 뱃속에 진주가 가득 차 있다는 말을 믿었어요? 자신의 시선을 높은 곳에 두지 말라고 했는데, 당신은 왜 나무 위로 올라가려고 했나요?"

앵무새 자유를 꿈꾸다

어느 공주가 사람처럼 말을 할 줄 아는 애완용 앵무새를 키우고 있었다. 그녀는 다른 무엇보다 앵무새를 사랑하여, 매일 아침 앵무새를 찾아가 새장 앞에 서서 얘기를 나누거나 농담을 주고받았다. 하지만 이 새는 이렇게 혼잣말을 했다.

"도대체 누가 그녀의 수다를 듣고 싶다고 했어? 아, 여기서 탈출할 수 있으면 얼마나 좋을까!"

앵무새는 탈출 방법을 이리저리 궁리했다.

어느 날 앵무새는 공주가 노예에게 먼 나라에 나가서 향수를 사오라고 명령하는 것을 들었다. 앵무새는 노예에게 속삭였다.

"한 가지 부탁이 있어요. 길을 가다가 저 같은 앵무새를 만나거든, 제 친척일지도 모르니까 안부를 전해주세요. 제가 새장 안에 갇혀서 얼마나 비참하게 지내고 있는지도 전해주세요. 하루 종일 닫힌 문을 바라보아야 하는 새는 아무리 좋은 먹이도 맛있지가 않답니다."

"약속하마. 네 말을 꼭 전해주지" 하고 노예가 말했다.

노예가 먼 곳을 여행하고 있자니, 공주의 앵무새와 비슷한 새들이 자기 쪽을 향해 오고 있는 것이 보였다. 그는 공주의 앵무새와 한 약속이 떠올라서, 그들에게 인사를 하고 그 말을 전했다.

그러자 그 중 한 마리가 그의 무릎 위에 내려왔다. 그는 기뻐하며 손을 뻗어 잡으려고 했지만, 새가 아무래도 죽은 것 같고 살아 있는 기색이 전혀 보이지 않았다. 노예가 아무리 흔들어 보아도 반응이 없었다. 깃털 하나 움직이지 않았고 눈도 깜박이지 않았다. 그는 실망한 나머지 그것을 멀리 내던져버렸다. 그런데 그것을 내던진 순간, 새는 날개를 활짝 펴고 하늘 높이 올라가서 어디론가 사라졌다. 노예는 그저 놀라울 뿐이었다.

노예가 왕궁으로 돌아왔다.

"제가 부탁한 것을 전해 주셨나요?"

앵무새가 물었다.

"물론이지" 하고 말한 노예는 무슨 일이 있었는지 앵무새에게 모두 얘기했다. 앵무새는 노예의 이야기를 별다른 의미도 없는 것처럼 그냥 듣고 있을 뿐이었다.

이튿날 아침, 공주가 평소와 다름없이 앵무새와 놀려고 가보니, 거기에는 앵무새의 시체만 있을 뿐이었다.

"누가 죽였어?"

공주는 격노하여 궁녀들을 추궁한 뒤 그것을 버리라고 명령했다. 그들은 앵무새를 갖다버렸다. 그 순간 앵무새는 하늘로 올라가서 어디론가 날아가 버렸다.

그때야 비로소 노예는 그 앵무새의 조언이 무엇이었는지 깨달을 수 있었다.

구더기들 항의하다

전해오는 얘기에 의하면, 옛날 사람들은 낮이나 밤이나 오직 죽음만을 생각하고 있었기 때문에, 음식과 술, 그 밖의 인생에서의 모든 즐거움을 누릴 수가 없었다. 그들은 나이를 먹으면 먹을수록 점점 여위어갔다. 늘 죽음만 생각하고 있으니 죽음은 인간을 산 채로 잡아먹었고, 그리하여 인간이 땅에 묻힐 때는 뼈와 가죽밖에 남지 않았다. 구더기들로서는 맛있게 먹을 수 있는 부분이 아무것도 남아 있지 않았다.
구더기들은 신께 가서 호소했다.
"세계의 창조주여! 당신이 저희들을 창조하셨을 때는 많은 음식을 약속하셨습니다. 하지만 사람들이 이쑤시개처럼 여위어 1온스의 살도 붙어 있지 않으니 저희가 먹을 것이 없습니다. 그들의 뼈나 핥으라는 말씀이십니까?"
신은 호소를 듣고 그들이 옳다고 생각했고 천사들의 의견을 들어본 바, 그들 또한 구더기들이 옳다는 것이었다.
신은 세상에 돈이라는 것을 주셨다.
사람들은 그것으로 물건을 사고 팔고, 그것을 벌거나 잃고, 그것을 세고 또 세기 시작하더니, 거기에 푹 빠져버렸다. 그래서 그들은 죽음에 대해서는 완전히 잊고 말았다. 그들은 100달란트의 상품을 구입하여 200달란트에 팔았다. 그러면 그들은 100달란트를 상품 구입을 위해, 100달란트를 식품 구입을 위해 사용하는 것이었다. 이리하여 그들은 점점 살이 찌기 시작했다.
그래서 요즘, 사람이 죽으면 구더기들이 흡족해하는 것이다.

왕의 수수께끼

두 아들을 둔 왕이 있었다. 왕은 임종 때 두 아들을 불러 말했다.
"말을 타고 예루살렘으로 가거라. 나중에 도착한 쪽에게 내 왕국을 물려주겠다."
두 왕자는 말을 타고 가능한 한 천천히 나아가서, 서로 상대보다 늦게 가려고 필사적이었다. 멀리 예루살렘의 성벽과 탑이 보이기 시작했을 때, 두 사람은 모두 정지하여 가능한 한 안장 위에 오래 앉아 있다가, 더 이상 안장에서 버틸 수 없게 되자 말에서 내려 땅바닥에 앉았다.
두 사람은 그 자리에 만 하루 동안 앉아 있었는데, 문득 평생 그곳에 앉아 있지 않으면 안 된다는 생각이 들기 시작했다. 그러자 갑자기 두 사람 모두 일어나더니 말에 뛰어올라 예루살렘을 향해 번개처럼 질주했다. 여기서의 수수께끼는 두 사람은 갑자기 무엇을 깨달았기에 질주했는가 하는 것이다.

둘 다 상대방의 말에 뛰어올라 달려갔는데, 그것은 나중에 도착한 말의 소유자가 왕국을 잇는다는 것을 동시에 깨달았기 때문이었다.

영원히 더러운 과자

돈 많은 구두쇠가 과자 한 개를 샀다. 그런데 길을 걸어가다가 그것을 떨어뜨리는 바람에 진흙이 묻고 말았다. 바로 그때, 가난한 거지가 와서 적선을 청했다. 그러자 구두쇠는 거지에게 그 더러워진 과자를 주었다.

그날 밤 구두쇠는 꿈을 꾸었다.

꿈속에서 그는 크고 혼잡한 찻집에 앉아 있었는데, 웨이터들이 바쁜 듯이 손님 사이를 누비고 다니며, 맛있는 과자와 차를 나르고 있었다. 그런데 그의 자리에만은 웨이터가 오지 않는 것이었다. 그렇게 한참을 기다린 뒤에, 가까스로 웨이터가 오더니 더러운 과자를 하나 놓고 갔다.

"어째서 이렇게 더러운 과자를 주는 것이냐? 내가 너에게 구걸하러 온 줄 아느냐? 나는 부자다. 내 돈으로 살 수 없는 것은 이 세상에는 아무것도 없다."

돈 많은 구두쇠는 화를 내며 물었다.

"나리, 당신은 뭔가 잘못 알고 계십니다."

웨이터가 말했다.

"이곳은 돈으로 뭐든지 사는 곳이 아닙니다. 당신은 '영원의 찻집'에 방금 도착하셨습니다. 여기서 주문할 수 있는 것은 당신이 '시간의 세계'에서 미리 보내신 것입니다. 이 과자는 당신이 보내신 것 가운데 하나이며, 지금 그것이 제공된 것입니다."

한 시간 동안의 환생

그리스의 한 도시에 부유한 유대인 상인이 살고 있었다. 그는 전 세계를 상대로 장사를 하고 있었는데 말도 못하게 인색한 사람이었다.

그런데 모든 인간이 마지막으로 가야 하는 길을 갈 때가 와서, 성대한 장례식이 거행되었고 그는 매장되었다. 매장한 뒤에는 그를 찬양하는 말들이 오갔다.

하지만 하늘에서는 그렇지 않았다. 이 구두쇠의 영혼이 도착했지만, 하늘 법정의 사자들은 그의 비석에 새겨진 글은 읽지 않았다. 그들은 원장을 펼치더니, 그의 이름으로 된 선행이 하나도 없는 것과 그가 가난한 자와 과부, 고아들에게 빵 한 조각 나눠준 적이 없다는 것을 발견하고, 그에게 지옥행을 선고했다.

그래서 이 구두쇠의 영혼은 지옥에 떨어졌는데, 그는 거기서 온갖 케이크와 과자와 맛있는 음식이 있는 것을 보고 그중 하나라도 입에 넣고 싶었다. 하지만 악마들은 바짝 마른 검은 빵 한 조각도 그에게 주지 않았고, 그가 그것을 집으려 하면 불채찍으로 때렸다.

이 구두쇠는 마침내 눈물을 흘리며 말했다.

"부탁입니다. 제발 저에게 자비를! 살아 있었을 때는 제가 무엇을 하고 있는지 몰랐습니다. 만약 한 시간만이라도 인생을 다시 살 수 있다면 저의 모든 악행을 속죄하겠습니다."

악마들은 의논 끝에, 구두쇠의 탄원을 들어주어 한 시간만 지상으로 돌려보내기로 결정했다.

지상으로 돌아온 구두쇠는 자기 집에서 멀리 떨어진 곳에 있었다. 그가 죽었다는 소식을 아직 듣지 못한 동업자들이 여전히 그의 이름으로 장사를 하고 있었다. 그들은 곧 그 구두쇠를 알아보고 그가 요구하는 대로 돈을 주었다. 그는 그 돈을 받아들고 짐마차를 빌려서 시장에 갔다. 그리고 빵집에서 살 수 있는 만큼의 빵과 과자, 파이 등을 사들인 뒤 묘지를 향해 달렸다.

"이것을 모두 가지고 가자. 그러면 하늘에서 두 번 다시 배를 주리는 일은 없을 거야."

도중에 그는 한 거지를 만났다.

"나리, 배가 고파 쓰러질 것 같습니다. 나리의 마차에서 빵을 하나 주실 수 없을까요?"

구두쇠에게 있어서 자신이 소유한 빵과 통째로 작별을 고하는 것은 생각조차 할 수 없는 일이었다. 그는 짐마차 안에 있는 것을 이것저것 고르면서 찔러보다가, 타버린 쿠키가 나오자 그것을 거지에게 주었다.

바로 그 순간, 그는 모든 것을 빼앗기고 알몸이 되어 지옥으로 돌아와 있었다. 그의 영혼은 두 번 다시 그곳에서 벗어나지 못했다.

황금 원숭이

프라하에서 헌옷장사를 하고 있는 핀하스라는 이름의 유대인이 있었다. 장사만으로는 가족을 부양할 수 없었기 때문에, 그는 그리스도교인인 한 부유한 귀족의 도움을 받고 있었다.

귀족은 안식일과 유대력의 축일이 다가오면 늘 그에게 푸짐한 선물을 했다. 핀하스는 이 귀족한테서 선물이나 뭔가를 받을 때는 언제나 신께 감사를 드렸기 때문에, 귀족은 '왜 그는 나한테가 아니라 신에게 감사하는 거지? 대체 누가 그에게 돈을 주었는데' 하고 의아한 생각이 들었다.

귀족은 자존심이 상해서, 다음 유월절 전에 핀하스가 찾아왔을 때는 1센트도 주지 않았다.

핀하스는 집에 돌아와서 아내에게 무슨 일이 있었는지 설명했고,

두 사람은 어떻게 하면 좋을지 몰라 비참한 기분으로 앉아 있었다. 바로 그때였다. 무언가가 창문 유리에 부딪쳐서 바닥에 떨어지는 소리가 났다. 나가보니 그것은 놀랍게도 사체였다!

"아니, 어떻게 이런 일이!"

두 사람은 소리쳤다.

"유월절이 되면 그리스도교인들 중에 우리를 의식살인(儀式殺人)으로 고발하는 자들이 있어!"

하지만 자세히 보니 그것은 원숭이의 사체였다.

"그렇다면" 하고 두 사람은 안도했다.

"위험할 건 없어. 묻어주면 돼."

두 사람은 그것을 주워들었다. 그런데 그 사체가 입을 벌리더니 금화를 자꾸자꾸 토해내는 것이었다. 깜짝 놀란 두 사람이 원숭이의 배를 갈라보니 많은 금화가 들어 있었다. 핀하스는 시장에 나가 축제에 필요한 것, 즉 누룩을 넣지 않은 빵과 포도주, 고기 등을 2, 3개의 금화를 주고 샀다. 그러고도 많은 돈이 남아 있었다.

그런데 그 사이, 귀족은 양심의 가책을 느끼고 그날 밤 그 가난한 이웃집에 찾아와서 문을 두드렸다. 핀하스는 그를 환영했다. 귀족은 등불을 밝힌 실내와 온갖 요리가 차려진 식탁을 보고 깜짝 놀랐다. 핀하스는 귀족의 놀란 모습을 보고 그에게 원숭이와 금화에 대한 이야기를 해주었다.

"뭐라고! 그것은 내가 애완동물로 키우고 있었는데 최근에 죽은 원숭이다!"

귀족이 큰 소리로 외쳤다. 두 사람이 어떻게 죽은 원숭이가 핀하스의 집에 뛰어들어왔는지 생각하고 있을 때, 귀족의 하인이 숨을 헐떡이며 들어와서 말했다.

"제발 용서해 주십시오. 제가 한 짓입니다. 이웃집에 장난을 하려고 원숭이를 창문에 던졌습니다."

귀족이 핀하스에게 말했다.

"오! 신께서는 참으로 신비로운 방법으로 기적을 보여주시는구나! 나는 금화를 받으면 그것이 진짜인지 확인하기 위해 깨물어 보는 습관이 있소. 원숭이는 그런 나를 보고 내 흉내를 냈는데, 금화를 먹는 것으로 잘못 알고 삼킨 것이 틀림없소. 당신이 내 돈을 얻게 된 것은 그 때문이오. 그리고 이제 나는 감사를 받아야 할 것은 내가 아니라 신이라는 것을 깨달았소."

마음속 상처

한 농부가 매일 도시에 나가 요구르트를 팔고, 장사가 끝나면 집으로 돌아오는 생활을 하고 있었다. 어느 날 아침, 그는 도시의 성문이 열리기 전에 도착했기 때문에, 성문 앞에 누워서 기다리다가 어느새 잠이 들고 말았다.

눈을 떠보니 요구르트 병은 텅 비어 있었고, 빈 병에는 금화가 한 개 들어 있었다. 그는 기뻐하며 집으로 돌아왔다. 다음날도 같은 일이 일어났다.

그 뒤 며칠 동안 계속 같은 일이 일어났다.

하루는 농부의 아버지가 어떻게 해서 그 많은 금화를 손에 넣었는지 아들에게 추궁했다. 아들이 아버지에게 그 이유를 얘기하자 아버지는 생각했다.

'아들의 뒤를 밟아 누가 요구르트를 마시고 금화를 그 병에 두고 가는지 알아보자.'

그래서 아버지는 도시까지 아들의 뒤를 몰래 따라가 보았는데, 아들이 잠들자 뱀이 입에 금화를 물고 구멍에서 나오는 것이 보였다. 그 뱀은 요구르트를 다 마신 뒤 병 속에 금화를 떨어뜨리고 어디론가 사라져버렸다. 아버지는 '만약 저 뱀을 죽이면 그 보물은 모두 내 것이 된다' 하고 생각했다.

그래서 그는 돌을 주워들고 그것으로 뱀을 내리쳐 두 동강이를 냈다. 뱀의 꼬리는 구멍 밖에, 머리는 구멍 안에 있었다. 그런데 아버지가 금화를 가지려고 손을 안에 넣었더니, 뱀의 목이 밖으로 나와 아들을 물어 즉사시켰다.

"뱀이여, 너는 왜 내 아들을 죽였느냐?"

아버지는 목숨을 빼앗긴 아들을 보면서 말했다.

"그럼 당신은 왜 내 배를 갈랐습니까? 내가 당신한테 어떤 나쁜 짓을 했단 말입니까? 당신이 인내심이 강했다면, 나는 당신 아들한테 내가 가지고 있는 보물을 전부 주었을 텐데. 당신이 나에게 상처를 입혔기 때문에 나는 당신이 아니라 당신 아들을 물었습니다. 당신 역시 마음속에 상처를 가지고 평생 허덕이지 않으면 안 되도록."

혀의 이중성

랍비 시몬 벤 감리에르는 이스라엘의 장관직에 있었으나, 할아버지 힐렐처럼 하느님의 가르침을 성심껏 따르고 있었다. 그 아래서 배운 제자는 헤아릴 수 없이 많았는데, 하인 토비도 늘 그 곁에서 시중을 들며 랍비 시몬에게서 토라를 배우고 있었다.

어느 날 랍비 시몬이 토비를 불렀다.

"시내에 가서 맛있는 것을 좀 사오너라."

토비는 푸줏간에 가서 소 혓바닥을 샀다.

"맛있는 것을 사왔습니다."

"잘했다. 또 한 번 시내에 가서 이번에는 제일 맛이 없고 값이 싼 것을 사오너라."

랍비 시몬은 말하였다.

토비는 놀랐으나 잠자코 주인의 분부대로 시내에 갔다. 도중에 토비는 생각하였다.

'왜 랍비는 맛없는 것을 사오라고 하셨을까? 도대체 무엇에다 쓰려는 것일까? 나와 제자들에게 어떤 가르침을 주려고 하시는 걸까? 먹을 것으로 무엇을 가르치려는 것일까?'

토비는 골똘히 생각한 끝에 문득 깨달았다.

시내에 도착하자 토비는 다시 푸줏간에 들렀다.

토비는 무엇을 샀을까? 마찬가지로 소 혓바닥이었다. 토비는 주인에게 돌아가 사온 것을 내밀었다.

"토비, 너의 행동을 얘기해 보려무나. 맛있는 것을 사오라니까 소 혓바닥을 사가지고 왔다. 그리고 이번에는 맛없는 것을 사오라니까 또 혓바닥을 사왔다. 왜 그랬지? 혓바닥은 맛이 있기도 하고 없기도 한 거냐?"

토비는 대답했다.

"네, 그렇습니다. 혀가 맛있다고 느낄 때는 그 이상 맛있는 것이 없지만, 일단 혀가 맛이 없다고 느끼면 그보다 더 맛이 없는 것도 없습니다. 토라의 가르침을 배울 때나 기도를 할 때나 아름다운 것을 사람들에게 이야기할 때, 우리 혀는 아주 훌륭합니다. 그러나 욕설을 하거나 남을 중상하고 비웃을 때, 혀는 아주 못된 놈이 되지 않습니까?"

랍비 시몬 벤 감리에르는 하인 토비의 깨달음을 알고 기뻐하였다. 그리고 제자들에게도 좋은 것만을 입에 올리도록 말을 삼가라고 가르쳤다.

동전 9파싱의 가치

유명한 철학자 랍비 아브라함 벤 에즈라가 바다를 항해하다가 해적들에게 붙잡히고 말았다. 해적들은 배를 항구로 끌고 가서 화물을 모두 빼앗고 승객들을 노예로 팔아넘겼다. 시장의 광장에 서 있던 가톨릭 주교는, 그 포로들 중에 랍비 아브라함이 있는 것을 보고 그가 유대인이라는 것을 알았다.

"유대인들은 현명하기로 이름이 나 있다. 저 유대인을 노예로 소유하면 크게 도움이 될 거야."

주교는 랍비를 사서 자신의 주교관으로 데리고 간 뒤, 유대교의 식품 규정에 맞는 계란과 우유를 주었다.

어느 날 그 나라의 왕이 총독을 임명하게 되었는데, 왕은 주교가 그 지위에 걸맞는지 어떤지 알기 위해 다음과 같은 메시지를 그에게 보냈다.

"다음의 3가지 질문에 대답한다면, 당신을 총독에 임명할 것이고, 만약 대답하지 못하면 당신의 목을 벨 것이다. 내 왕국에 능력 없는 사람은 필요치 않기 때문이다.

첫째 질문은 신은 어느 쪽을 향하고 있는가 하는 것이다. 둘째, 나의 가치는 무엇인가이다. 셋째, 내가 지금 무엇을 생각하고 있는가이다."

주교는 왕의 편지를 읽더니 당황하여, 하루 종일 아무것도 먹고 마시지 못하고 한숨도 자지 못했다. 그는 처형 밧줄이 벌써 목에 감겨 있는 듯한 기분이 들어, 그저 밤새도록 몸만 뒤척이고 있었을 뿐, 왕의 총독이 된다는 생각은 꿈에도 하지 않았다. 아침이 되자 랍비 아브라함 벤 에즈라가 주교를 보고 물었다.

"주교님, 어째서 그렇게 어깨를 늘어뜨리고 계십니까?"

"유대인이여, 이 일을 어떻게 하면 좋단 말인가? 나는 어찌할 바를 모르겠네."

그는 랍비 아브라함에게 모든 사정을 얘기했다.

"당신을 대신하여 제가 왕께 대답하게 해 주십시오. 그러면 당신은 안심해도 될 것입니다."

그 말을 듣고 주교는 안도했다. 주교는 주교복을 벗어 랍비 아브라함에게 주고 축복한 뒤 그를 전송했다.

철학자는 시장의 광장에 나갔다. 그는 동전 10파싱을 주고 작은 십자가를 하나 사서 왕궁까지 걸어갔다. 왕궁에 도착하자 그는 왕에게 안내되었다. 왕은 그때까지 주교를 개인적으로 만난 적이 없었기 때문에, 그가 주교인 줄 알고 맞이했다.

"잘 왔네, 주교. 내 질문에 대답할 준비가 되었나?"

"물론입니다. 폐하."

랍비 아브라함이 대답했다.

"그럼 먼저 신이 어느 쪽을 향하고 있는지 말해보게."

철학자는 양초를 가지고 오게 하더니, 거기에 불을 붙이고 그것이 어느 방향으로 빛을 발하고 있느냐고 왕에게 되물었다.

"보는 바와 같이 모든 방향이네."

"신도 마찬가집니다. 왜냐하면 신의 영광은 모든 피조물을 가득 채우고 있기 때문입니다."

"훌륭한 대답이다."

"그럼 다음에 내 가치가 무엇인지 설명해 보게."

"그것은 동전 9파싱입니다."

이 말을 들은 왕의 신하들은 격노하여, 국왕폐하에게 그런 불손한 말을 한 남자의 목을 베려고 했다. 왕은 그들을 제지했지만 왕 자신도 놀라서 물었다.

"금과 은, 보석으로 가득한 왕궁과 비옥한 토지의 왕국, 포도밭, 아무리 퍼내도 줄지 않는 재물을 소유하고 있는 내가 9파싱의 가치밖에 없다니?"

철학자는 말했다.

"국왕폐하, 제가 동화 10파싱을 주고 산 신의 십자가를 보십시오. 이 세상에서 생명의 한계가 있는 왕의 가치가 어찌 신의 가치와 같겠습니까? 정직하게 말한다면, 폐하께 10파싱의 가치가 있다고 할 수는 없을 것입니다. 하지만 저희들은 모두 왕은 신 다음가는 자라는 것과 폐하께서 지상에서 신의 대리인이라는 것을 알고 있기 때문에, 저는 1파싱만 덜어내어 폐하께 9파싱의 가치가 있다고 말씀드린 것입니다."

왕은 이 대답에 몹시 놀랐다.

"참으로 옳은 말이다."

왕은 감탄했다.

"이제 마지막 질문이네. 내가 무슨 생각을 하고 있는지 말해 보게."

"폐하, 폐하께서는 저를 주교로 생각하고 계십니다. 하지만 실제로는 주교와는 거리가 먼 사람입니다. 저는 해적들에 의해 주교에게 노예로 팔린 유대인입니다. 당신 앞에 서 있는 것은 유대인입니다."

왕은 다시 놀라며 말했다.

"내가 총독에 임명하고 싶은 사람은 바로 너다. 나는 너를 부자이며 명예로운 자, 그리고 유명한 인물로 만들어주겠다."

랍비 아브라함이 말했다.

"폐하. 저는 부와 명예, 명성 같은 것에는 관심이 없습니다. 저의 단 한 가지 소원은 저의 나라에, 제 가족에게 돌아가는 것입니다."

왕은 그것을 승낙하고 많은 선물을 주어 전송했다. 이리하여 랍비 아브라함 벤 에즈라는 무사히 집으로 돌아갔고, 그 뒤로도 많은 저서를 남겼다.

거짓과 진실

위대한 철학자인 랍비 이삭 아브라바넬은 왕의 대신이며 고문관이었다. 왕은 그에게 큰 경의를 표하여, 그와 의논하지 않고는 아무 일도 처리하지 않았다. 랍비 이삭이 하는 일 가운데 하나는 매주 금요일에 왕이 모스크에 기도하러 갈 때 입을 옷을 고르는 일이었다.

이 랍비를 시기하고 있던 또 한 명의 대신이 있었는데, 그가 왕의 신발을 담당하는 자한테 가서 말했다.

"내가 시키는 대로 해주면 금화 한 상자를 주겠다. 만약 내 말을 따르지 않으면 너의 인생은 1페니의 가치도 없는 것이 될 거다."

"알겠습니다."

대신은 그에게 예언자 무하마드의 이름이 적힌 종이를 주면서 말했다.

"이 종이를 국왕의 신발 뒤축에 붙여라."

신발기술자는 쪽지를 받아들어 그것을 왕의 신발 뒤에 풀로 붙이고, 그 위에 가죽을 씌웠다. 랍비 이삭 아브라바넬은 여느 때처럼 그를 찾아와서 신발을 받아 왕에게 가지고 갔다. 왕은 그 신을 신고 모스크로 갔다. 왕이 도착하자, 유대인 대신을 시기하는 대신이 왕에게 다가가서 유대인 아브라바넬이 배반자라고 일렀다.

"랍비 이삭은 나에게 충실하며 배반할 사람이 아니네."

"폐하, 그는 우리의 종교를 모독하고 있습니다. 신발기술자와 결탁하여, 폐하께서 걸으실 때마다 예언자의 이름을 짓밟도록 폐하의 뒤축에 그 이름을 붙여 놓았습니다."

"만약 네 말이 진실이라면 그를 화형에 처하겠다. 하지만 만약 그렇지 않다면 네가 화형에 처해질 것이다."

그러자 대신이 말했다.

"무슨 말씀을! 저는 폐하께 오직 진실만을 말씀드렸습니다."

왕은 왕궁에 돌아가서 신을 벗은 뒤 뒤축의 가죽을 떼어냈다. 그러자 거기에 예언자의 이름이 달필로 적힌 종이가 붙여져 있는 것이 아닌가. 왕은 격노하여 하인을 불러 말했다.

"사흘 동안 가마솥에 불을 때도록 하라. 사흘째 네가 내 명령을 시행했는지 어떤지 알아보기 위해 대신 한 명을 보낼 것이니, 그가 묻는 순간 그를 밀어서 불속에 던져 넣어야 한다. 그 인물이 어떤 인물이든 절대로 동정을 해서는 안 된다."

"지시대로 하겠습니다."

그동안 랍비는 앞으로 자신에게 닥쳐올 운명에 대해서는 아무것도 모른 채 집에서 공부를 하고 있었다. 사흘 뒤 아침기도를 마친 그는 왕을 만나러 갔다. 왕은 웃는 얼굴로 그를 맞이하며 말했다.

"가마솥에 불을 때고 있는 하인에게 가서, 내 명령을 잘 시행하고 있는지 물어보고 오시오."

랍비 이삭은 서둘러 그 자리를 떠났는데 길에서 한 유대인을 만나게 되었다. 유대인이 그에게 말했다.

"간청이 있습니다. 저는 10명의 기도그룹을 만들어 아들에게 할례를 주려고 하는데, 부디 저와 함께 가 주시지 않겠습니까?"

랍비 이삭은 유대인의 집에 들러 할례 의식에 입회했다. 그리고 의식이 끝난 뒤 그곳에 남아 축하의 식사도 함께 나눴다.

그동안 랍비를 시기하는 대신은, 랍비 이삭이 죽었는지 살았는지 궁금해서 가마솥에 불을 때고 있는 하인에게 가서 물었다.

"왕의 명령을 시행했느냐?"

"여기 오셔서 직접 보십시오."

대신이 다가간 순간 하인은 그를 솥 안에 밀어넣었다.

"내가 아니다. 그 유대인이란 말이다!"

대신이 소리쳤지만 하인은 들은 척도 하지 않았다. 그곳에는 오직 한줌의 재만 남았다.

한참 있으니 랍비 이삭이 도착하여 그에게 물었다.

"왕의 명령을 시행했느냐?"

"왕께 전해 주십시오. 가루가 될 때까지 시행했다고."

랍비 이삭은 왕에게 가서 말했다.

"폐하, 불 때는 하인은 폐하의 명령대로 가루가 될 때까지 시행했다고 했습니다."

놀란 왕은 신이 죄 없는 사람을 구하고 죄인을 벌하도록 도와주신 것을 깨달았다. 왕은 곧 신발기술자를 불러 말했다.

"진실을 말하지 않으면 너를 처형하겠다."

신발기술자는 모든 진실을 털어놓았다.

인색한 여자

인색한 여관 안주인이 있었다.

그녀는 돈을 모으고 있었지만, 언젠가는 자기도 죽을 운명에 있다는 건 꿈에도 생각하지 않았기 때문에 자신이 살고 있는 마을에 희사도 전혀 하지 않았다. 자선이나 무언가를 기부하는 것은 절대 사절이었다.

마을 사람들은 매처럼 욕심 사나운 그녀를 경멸하면서, 언젠가는 혼쭐을 내주려고 벼르고 있었다.

그러던 어느날, 그녀의 남편이 세상을 떠났다. 그러니 죽은 남편을 매장하지 않을 수 없게 된 이 지독한 구두쇠 안주인은 매장비용을 아끼려고 한 가지 꾀를 생각해냈다.

행운은 그녀 편이었다. 왜냐하면 소와 닭 등 고기를 사들일 때마다 그녀의 여관에 묵는 고깃집 주인이, 남편이 죽은 그날 밤 그 여관에 들었으니 말이다. 그녀는 남자를 별실로 데리고 들어가 식사와 독한 술을 배불리 먹이고 곤드레만드레 취하게 만들었다.

고깃집 주인은 술에 취해 곯아떨어졌다. 여관 안주인은 고깃집 주인이 입고 있던 옷을 죽은 남편에게 입히고, 고깃집 주인에게는 흰 수의를 입혔다. 어쨌든 아무것도 모르는 가엾은 고깃집 주인은 수의를 입은 채 큰 소리로 코를 골며 자고 있었다.

모든 준비가 끝나자 그녀는 고깃집 부인에게 남편이 그녀의 여관에서 사망했다고 알렸다. 매장협회 사람들이 도착했고, 그들은 가난한 고깃집 아내에게 매장비용을 청구할 수는 없다고 생각했다. 하는 수 없이 시신을 밖으로 운반하여 공짜로 매장해 주었다. 이리하여 이 인색한 여자는 남편을 한 푼도 들이지 않고 매장한 것이었다.

그런데 2, 3일 뒤 고깃집 주인은 깨어나서 수의를 입고 있는 자신을 보고 화들짝 놀랐다. 그는 자기가 도대체 무슨 일에 휘말렸는가 하여 새파랗게 질려서 아내에게 달려갔다.

"여보! 문 좀 열어줘. 나야!"

"에그머니나? 이게 무슨 일이람. 얼른 당신의 안식처인 무덤으로 돌아가요!"

"아니, 여보! 그게 무슨 소리야? 왜 그래?"

그녀는 쇳소리를 지르며 말했다.

"돌아가요. 당신의 무덤으로 돌아가라구요!"

집에 들어갈 수 없게 되었다는 걸 안 그는 랍비에게 달려갔다.

"랍비님, 도와주십시오."

그가 애원하자 랍비는 귀신이라도 본 듯 말했다.

"자네는, 자네는 경건한 유대교도가 받아야 할 모든 의식을 받았네. 어서 무덤으로 돌아가게."

고깃집 주인은 사태가 심각하다는 것과 아무도 그를 가까이하려 하지 않는다는 것을 알고 하는 수 없이 묘지로 갔다.

한참 동안 묘지에 있던 고깃집 주인은 배가 몹시 고팠다. 이른 아침이라 주위를 둘러보니 아낙네들이 갓 구운 빵을 담은 바구니를 들고 지나갔다.

그는 무작정 뛰어나갔다. 아낙네들은 무덤에서 시체가 튀어나온 줄 알고 바구니를 내던진 채 걸음아 날 살려라 달아났다. 다음에는 마을 사람이 계란을 운반하며 지나가다 그도 고깃집 주인을 보자 깜짝 놀라 계란이 든 바구니를 내팽개치고 줄행랑을 쳤다.

그는 느긋하게 앉아 갓 구운 빵과 계란을 맛있게 먹었다. 그러자 이번에는 브랜디를 채운 술통을 운반하는 남자가 수레를 끌고 지나갔다. 남자는 자기가 시체를 본 것이라 생각하고 기겁을 하며 수레를 버려둔 채 멀리 달아났다.

이리하여 이제 고깃집 주인은 빵과 계란뿐만 아니라 브랜디도 생겼다.

사태가 거기서 끝났으면 다행이지만, 그는 언제까지나 그곳에 앉아 있을 수가 없었다.

다시 한 번 랍비의 집을 찾아갔다.

"랍비님, 도대체 무슨 일이 벌어진 겁니까? 저는 이렇게 멀쩡하게 살아 있는 인간입니다. 왜 모두 저를 귀신 보듯 하는 건가요?"

랍비가 물었다.

"지금까지 어디 있었나? 어디서 오는 길인가?"

고깃집 주인은 자신이 여관에 묵었던 일과 거기서 안주인에게 술을 대접받은 일, 사흘 동안 곯아떨어졌던 일, 눈을 떴을 때 흰 수의를 입고 있었던 일을 설명했다.

"집으로 돌아가니 마누라는 쇳소리를 지르며 '무덤으로 돌아가요!' 소리를 지르질 않나, 당신을 찾아오니 역시 쫓아내질 않나, 도대체 무슨 영문인지 알 수가 없습니다."

결국 마을 사람들은 여관 안주인의 속임수에 넘어간 것을 알게 되었다.

마을에서는 한바탕 소동이 벌어졌고, 사람들은 이번에는 반드시 그녀의 호주머니에서 돈이 나오게 하고야 말겠다고 단단히 별렀다. 마을 임원들은 남편의 무덤을 그녀가 부담해 파헤치고, 시신을 그녀의 집으로 옮기라고 명령했다.

결국 그녀는 자신의 인색함에 대해 몇 배의 대가를 치르고 말았다.

사제와 어리석은 자의 논쟁

한 도시에 유대인을 싫어하는 사제가 살고 있었다. 어느 날 그가 유대인 학교 옆을 지나가는데, 이사야서의 한 구절 '작은 것이 천이 되고 적은 것이 강대한 민족이 된다'를 배우고 있는 아이들의 목소리가 들려왔다. 안에 들어간 사제는 랍비에게 그 말이 무슨 뜻이냐고 물었다.

랍비가 대답했다.

"그건 언젠가 우리가 크고 강대한 민족이 될 거라는 뜻입니다."

유대인처럼 모욕과 멸시를 받는 민족이 위대한 민족이 되기를 꿈꾸고 있다는 것을 알고 사제는 격노했다. 그는 왕에게 가서 그들이 왕에게 충성을 다하지 않는다고 고발했다.

"그럼 어떻게 했으면 좋겠는가?"

"폐하, 그들에게 가장 현명한 남자를 뽑아서 보내달라고 하십시오. 그와 제가 논쟁을 하는 것입니다. 제가 이기면 그들의 재산을 몰수하고 그들을 추방하십시오."

왕은 이를 명안이라 생각하고 실행을 명령했다. 그 포고문이 유대인들에게 전달되자 그들은 당장 혼란에 빠져버렸다. 그들 가운데 어느 누구도 자진하여 사제와의 대결에 나서려는 사람이 없었다. 모두 유대인에게 덮칠 몰락의 운명을 두려워했기 때문이었다. 그래서 그들은 사람들에게 금식을 호소하고, 시나고그에 앉아서 시편을 외우며 신께 구원을 기도했다.

그때 그 도시의 한 어리석은 자가 시나고그에 찾아와서 안에 들어가 물었다.

"형제들이여, 왜 모두들 울면서 탄식하고 있습니까?"

그 이유를 듣자 그는 머리를 긁으면서 한동안 생각하는 시늉을 하더니 말했다.

"괜찮다면 제가 나가서 사제와 논쟁을 벌여보겠습니다."

이 제안을 듣고 유대인들은 생각했다.

"이 자가 세상에서 가장 어리석은 자임에는 틀림없지만, 대체 누가 그보다 더 나은 자를 찾아낼 수 있단 말인가? 될 대로 되라지. 케세라세라다."

그들은 그 어리석은 자를 논쟁에 내보내기로 했다. 왕은 도시의 광장에 연단을 만들었다. 그와 신하들이 그 앞에 진을 치고, 그 뒤에는 그의 신민들 모두, 남자와 여자 그리고 어린아이들까지 앉았다. 사제와 어리석은 자가 연단에 오르자, 사제는 어리석은 자에게 말했다.

"우리 서로 손짓 발짓으로 얘기할까요?"

"좋습니다."

어리석은 자가 대답했다.

사제는 손을 주머니에 넣더니 계란을 꺼냈고, 어리석은 자는 주머니에서 소금을 꺼냈다.

다음에 사제가 손가락 2개를 내밀자 어리석은 자는 한 개를 내밀었다.

마지막으로 사제가 주머니에서 보리 한줌을 꺼내 땅에 뿌리니, 어리석은 자는 자루를 열어 닭을 풀어놓았다. 닭은 그 씨앗을 전부 먹어치웠다.

사제가 왕에게 말했다.

"폐하. 이 유대인은 제 질문에 매우 현명한 대답을 했으므로 그가 승리자입니다."

그러자 머리만 꼬고 있던 왕이 말했다.

"그런데 당신은 무슨 질문을 했고 그는 뭐라고 대답했소?"

"처음에 저는 그에게 유대인이 두 얼굴을 가지고 있다는 것을 나타내기 위해 계란을 보여주었습니다. 그러니까 겉은 계란껍질처럼 하얗지만 알맹이는 노란색이라는 뜻이지요. 그런데 그는 유대인

땅이 소금이라는 것을 말하기 위해 소금으로 답했습니다.

다음에 저는 손가락을 2개 내밀었습니다. 유대인이 2명의 신, 다시 말해 신과 마몬(지상의 부)을 섬기고 있다는 것을 말하고 싶었던 것입니다. 거기에 대해 그는 유대인이 하늘과 땅의 유일한 주만을 예배하고 있다는 것을 말하기 위해 손가락 한 개로 답했습니다.

마지막으로 저는 보리를 땅에 뿌렸는데, 그것은 유대인이 세계에 흩어져 있어서 결코 하나가 되지 못할 거라는 뜻이었지요. 그런데 그는 닭을 놓아 그 씨를 먹게 했습니다. 그건 유대인의 메시아가 땅의 구석구석에서 유대인들을 하나로 모은다는 것을 말하려 한 것입니다. 그 시점에서 저는 패배를 인정하지 않을 수 없었습니다."

그 결과 왕의 포고는 무효화되었고 유대인들은 이에 크게 기뻐했다. 유대인들은 어리석은 남자가 사제를 꼼짝 못하게 한 것에 놀라, 어떻게 그가 그럴 수 있었는지 설명을 듣기를 원했다.

"실은" 하고 어리석은 자는 말했다.

"사실 그 사제는 좀 이상하더군요. 그는 곧장 화를 내며 저에게 계란을 던지려는 시늉을 했습니다. 그래서 전 소금을 꺼내 그의 눈에 비비는 시늉을 했지요. '아하!' 하더니 그는 2개의 손가락을 저에게 내밀며, '네 두 눈을 뽑아버리겠다'고 했습니다. 그래서 저는 '해볼 테면 해봐라' 하고 제 손가락으로 그를 가리켰습니다. '그렇게 하면 이 손가락을 네 목안 깊숙이 찔러 주겠다'고 한 거지요. 그러자 그는 화가 머리끝까지 나서 땅에 질 좋은 보리를 뿌리기 시작하더군요. 저는 그것이 아까워서 제 닭에게 먹였습니다. 당신들도 그 자리에 닭을 갖고 있었다면, 그렇게 하지 않았을까요?"

신이 내린 선물
불만은 또 다른 불만을 낳는다

오직 11마리의 물고기

가난한 부부가 살고 있었다. 그들에게는 9명의 아이들이 있었는데, 부부를 합쳐서 모두 11명의 대가족이었다.

그럼 그 많은 식구가 어떻게 먹고 살았을까?

남자는 강으로 나가 물고기를 잡았는데, 한 번도 11마리 이상의 물고기를 잡은 적이 없었다. 그의 가족은 매일 11마리의 물고기를 먹으며 살고 있었다. 아이들이 한 마리씩, 부부가 한 마리씩.

남편은 기도했다.

"하느님, 물고기 한 마리로 어떻게 배를 채울 수 있겠습니까? 만약 우리 가운데 한 사람이 죽는다면 저는 2마리의 물고기를 먹을 수 있을 텐데, 늘 한 마리밖에 먹지 못하고 있습니다."

남자가 이런 기도를 자주 되풀이하자, 결국 신도 그의 기도를 들어주기로 했다. 어느 날 한 아이가 죽자, 남자는 이제부터는 2마리의 물고기를 먹을 수 있게 되었다고 좋아했다. 그런데 이튿날 강에 갔을 때, 물고기는 10마리밖에 잡히지 않았다. 신은 그 이상의 물고기를 주시지 않았던 것이다.

남편은 말했다.

"우리 식구가 11명이었을 때는 11마리의 물고기를 잡았는데, 지금은 10명의 식구에 10마리밖에 잡히지 않는구나. 이게 어찌된 일이지?"

불만투성이 소년

나병을 앓고 있는 가난한 소년이 있었다. 그는 늘 광장 한복판에 있는 상자 위에 앉아 있었고, 사람들이 지나가다가 그에게 약간의 음식을 주었다. 어느 날, 마차 한 대가 멎더니 한 남자가 ——예언자 엘리야였다 ——내려와 소년에게 말했다.

"나는 네 먼 친척이다. 이제부터 너를 훌륭한 사람으로 만들어주마."

엘리야는 소년과 함께 마차를 타고 숲으로 갔다. 숲에 도착하자 엘리야는 소년의 모자를 벗겨 나무 위에 던졌다. 그러자 소년의 피부가 깨끗하게 나았다. 다음에 예언자는 소년의 몸을 씻겨주고 새 옷을 입힌 뒤 빵가게에 취직시켜 주었다.

한참 뒤 엘리야는 소년을 찾아가 물었다.

"빵가게에서 일해보니 어떻더냐?"

소년이 입을 비죽거리며 말했다.

"별로 신통치 않아요. 늘 불에 데기만 하는 걸요."

"그럼 뭐가 되고 싶으냐?"

"재단사가 되고 싶어요."

엘리야는 소년을 재단사의 제자로 만들었다.

다시 한참 지나 예언자는 소년을 찾아가 물었다.

"재단사 일은 어떻더냐?"

"생각보다 좋지 않아요. 맨날 가위질만 해야 한다니까요."
"그럼 뭐가 되고 싶으냐?"
"제화공이 되고 싶어요."
엘리야는 소년을 구둣가게에 넣어주었다.
한참 뒤 엘리야는 소년을 찾아가 물었다.
"구둣가게는 할만 하더냐?"
"에이, 이 일도 보통 힘든 게 아니에요. 무릎에서 멍이 가실 날이 없고 손은 늘 더럽고……."
"그럼 무엇이 되고 싶으냐?"
"치료사가 되고 싶어요."
엘리야는 소년을 치료사로 만들어주었다.
얼마 지나 엘리야는 소년을 찾아가 물었다.
"이 일은 할 만하지?"
"뭘요, 늘 남이 시키는 대로 해야 하는 걸요. 거머리에게 환부를 빨게 하기 위해 늘 이리 뛰고 저리 뛰어야 해요."
"그럼 뭐가 되고 싶으냐?"
"진짜 의사가 되고 싶어요."
엘리야는 소년에게 의학 공부를 시켰다.
얼마 뒤 엘리야는 소년을 찾아가 물었다.
"이번에는 어떻더냐?"
"역시 쉬운 일이 없네요. 의사에게는 낮도 없고 밤도 없어요. 환자의 집을 찾아다니느라 눈코 뜰 새가 없다니까요."
"그럼 뭐가 되고 싶으냐?"
"상인이 되고 싶어요."
엘리야는 소년을 상인으로 훈련시켰다. 하지만 소년은 거기에도 만족하지 않고 군대를 지원했다. 엘리야는 처음에는 소년을 소대 지휘관으로서, 다음에는 대대 지휘관으로, 또 그 다음에는 대부대의 지휘관으로, 또 군단 지휘관으로, 마지막에는 군지휘관으로 훈련시켰다. 하지만 소년은 늘 불만이었다.
엘리야가 말했다.
"알았다. 그럼 넌 뭐가 되고 싶으냐?"
"나는 황제가 되고 싶어요."
"그것 좋지! 황제가 되어 나라를 잘 다스려 보아라."
한참 뒤 엘리야는 소년을 찾아가 물었다.
"이번에는 마음에 들더냐?"
"이번에도 별로예요. 온 나라의 일을 걱정해야 하니 골치가 아픈걸요."
"그럼 뭐가 되고 싶으냐?"
"나는 아무래도 신이 되고 싶어요."
"그래? 그럼 함께 하늘로 올라가자. 가서 신께서 뭐라고 하시는지 들어보자꾸나."
신은 말했다.
"이젠 자네도 이해했겠지? 자, 엘리야여. 자네는 나한테 오거나. 옳지, 너구나. 나병을 앓았던 그 아이가. 너는 잔말 말고 그 상자가 있는 곳으로 돌아가라!"

자신의 세계 4분의 1

홍수가 났을 때의 일이다. 뱃사공이 강을 건너다가 차디크(특별히 종교적으로 경건한 사람)에게 도움을 청했다. 랍비 레베는 뱃사공이 무식한 남자라는 걸 알고 가여운 생각이 들어, 설교를 좀 해줘야겠다고 마음먹었다.
"자네, 이게 자네가 하는 일인가?"
"아닙니다. 통나무를 운반하는 뗏목도 탑니다."
"자네는 코이베야 이팀 레트레이는 하고 있는가?"

"레베님, 그게 무슨 뜻입니까?"
"토라를 배우는 데 시간을 할애하고 있느냐는 뜻일세. '미슈나' 1장에라도 시간을 할애하면 좋은데."
"레베님, '미슈나' 같은 걸 살 돈이 어디 있습니까? 자식새끼 먹여살리는 것도 힘든 판인데."
"저런, 저런!"
랍비는 딱하다는 듯이 말했다.
"배우려 하지 않는 유대인은 자신의 세계 4분의 1을 잃는 것과 마찬가질세. 안됐네만 자네가 바로 그런 사람이지. 그런데 시편 정도는 읽고 있겠지?"
"레베님, 시편 따위 읊조리고 있다가는 통나무를 운반할 수 없습니다요."
"허, 저런, 저런! 하다못해 시편이라도 낭송하면 좋을 것을. 시편을 낭송하지 않는 유대인은 자신의 세계의 또 다른 4분의 1을 낭비하고 있는 것과 같지."
한참 뒤 레베가 다시 물었다.
"이보게 자네, 기도를 올리고 있나?"
"기도용 숄과 기도책을 넣어둔 오두막이 홍수에 떠내려가 버렸습니다. 지금은 뗏목 타는 일을 하고 있어서 기도 같은 건 꿈도 못 꿉니다."
"이를 어쩌나, 이를 어쩌나! 자네는 자네 세계의 또 4분의 1을 낭비하고 있는 걸세."
그때 배가 바위에 부딪혀 뒤집어지고 말았다.
사공이 소리쳤다.
"레베님 헤엄칠 줄 아십니까?"
"몰라……."
레베가 물속에 가라앉으면서 대답했다.

"그럼, 당신은 당신 세계의 모든 4분의 1을 허사로 만드는 것입니다. 하지만 염려 마시고 저를 꽉 붙드십시오. 그렇게 하면 당신의 세계를 모두 안전한 곳으로 옮겨드릴 테니까요."

헛간 속 노인

늙은 아버지를 학대하는 사람이 있었다. 그는 아버지를 헛간 안에 가둔 뒤 바짝 마른 빵을 주고 누더기를 입혔다.

이 남자한테는 어린 아들이 있었다. 어느 날 소년은 헛간 안에서 놀려고 그 안에 들어갔다가 누더기를 입은 한 늙은 남자를 보았다. 노인은 소년을 보고 몸을 오들오들 떨었다. 소년은 나중에 아버지에게 물었다.

"헛간 안에 있는 노인이 누구예요?"

"응? 그 사람은 나를 키워준 아버지란다."

소년의 아버지가 대답했다.

이튿날 소년은 낡은 누더기를 많이 주워와서 그것을 아버지의 옷장 안에 걸었다. 아버지는 그걸 보고 화가 나서 소리쳤다.

"이 누더기들을 다른 옷과 함께 걸어두다니, 이게 무슨 짓이냐?"

소년은 말했다.

"저는 아버지를 위해서 한 것입니다. 아버지가 늙었을 때 누더기를 찾아다니지 않아도 되도록요. 그것은 노인이 입는 것이라고 저에게 말씀하지 않으셨습니까?"

누더기 외투

찢어지게 가난해서 아내와 여섯 아이를 부양할 수 없는 남자가 있었다. 그들은 늘 배를 주리며 추위에 떨었다.

'언제까지나 이렇게 살 수는 없다. 무슨 수를 써야지'

그는 구걸을 하기 위해 넓은 세상으로 나가려고 가족에게 작별을 고한 뒤 집을 나섰다.

　숲과 들판을 지나고 마을과 도시를 떠돌아다녔다. 그러는 동안 많은 동전이 모이자 그것을 지폐로 바꾸었다. 하지만 그 돈을 어디에다 안전하게 보관한단 말인가?

　그는 돈다발이 생길 때마다, 외투 안쪽에 천을 대고 기워서 그 안에 돈을 숨겼다. 외투가 어느덧 기운 데 투성이가 되고 말았다. 물론 하루아침에 그렇게 된 것은 아니고 외투 몸판이 그렇게 되는 데에는 여러 해가 걸렸고, 그 다음부터는 소매와 깃, 안단까지 누덕누덕 깁게 되었다.

　긴 세월이 흘렀다. 그 사이 그는 집에 편지 한 장도 보내지 않았다. 아내와 자식들은 그가 이미 죽었을 것으로 생각하고 포기하고 있었다. 해가 갈수록 그들의 생활은 비참해져 갔다. 아내는 세탁소에서 일하거나 남의 집 청소를 했고, 자식들은 자식들대로 살림에 보탬이 되는 것은 뭐든지 했다. 그렇게 30년이 흘렀다.

　이제 가난한 남편은 돈을 꽤 많이 모아, '이젠 이렇게 떠돌아다니지 않아도 되겠어. 그만 아내한테 돌아가 볼까?' 하고 생각하게 되었다. 그래서 모피깃이 달린 값비싼 외투를 한 벌 사서 부자가 된 기분으로 그것을 입었다. 누덕누덕 기운 외투는 보따리에 싸서 들고 갔다. 고향에 도착하자 그를 알아보는 사람은 아무도 없었다. 자신의 집에 들어간 그는 다들 성인이 된 자식들에게 물었다.

　"너희들의 아버지는 어디 있느냐?"

　그들이 대답했다.

　"아버님은 오래전에 넓은 세상으로 나가셨는데 아마 돌아가셨을 겁니다."

　그가 말했다.

　"죽지 않았다. 얘들아, 내가 너희들의 아버지다."

　그는 아이들을 포옹했고 집안은 당장 기쁨으로 가득 찼다.

"하임 얀쿠르가 돌아왔다! 백만장자가 되어 돌아왔다!"
온 도시가 들끓었다.

그때 아내는 집을 비우고 있었다. 남편이 돌아왔다는 애기를 들은 그녀는 믿을 수가 없었지만 어쨌든 집에 돌아가 보기로 했다.

그 사이 남편은 누더기 외투를 부엌 한쪽에 놓고 기도를 하기 위해 시나고그에 가 있었다. 아내는 집안에 들어서서 그가 잊고 간 기도용 숄이 있는 것을 보고 누구의 것인지 금세 알아보았다. 그녀는 서둘러 점심 식사를 준비하기 시작했다. 부엌에서 요리를 하다가 웬 보따리가 눈에 띄어 들쳐본 그녀는, 그것을 바깥으로 내던져버리며 혼잣말을 했다.

"아이고, 이런 더러운 것을!"

바로 그때 거지가 들어와서 구걸을 했다. 줄 것이 아무것도 없었지만 그냥 보낼 수는 없었다. 아내는 그 누더기 외투를 보여주며 말했다.

"이거라도 입어보겠수? 대단한 것은 아니지만."

"아이고, 고맙습니다. 이거라도 있으면 얼어죽지는 않겠군요."

남편이 시나고그에서 돌아왔다. 아, 이 기쁨, 이 행복! 그들은 서로 얼싸안고 그동안 밀린 애기를 나누었다. 식사가 끝나자 남편은 숫돌을 꺼내 칼을 갈기 시작했다.

가족들은 이 광경에 두려움을 느꼈다. 아버지로 변장한 강도일지도 몰랐기 때문이다. 안 그래도 그런 종류의 이상한 소문이 나돌고 있었다. 그들은 방구석에 쭈그리고 앉아 오들오들 떨고 있었고, 한 사람은 필요하면 언제든지 달아날 수 있도록 문 옆에 서 있었다.

남편은 칼을 다 간 뒤 부엌에 가서 외투를 찾았지만 아무 데도 없었다. 아내에게 외투를 보지 못했느냐고 물었다.

"물론 보았죠. 하지만 거지에게 줘버렸어요."

그 말에 남편은 정신을 잃고 쓰러지고 말았다.

의식이 돌아오자 그는 얘기했다.

"내 전 재산, 30년 동안 모은 돈이……그 외투 속에 들어 있었어!"

그 말에 이번에는 아내가 기절하고 말았다.

남편은 새로 산 외투를 입고 가게에 가서 바이올린을 하나 샀다. 그리고 도시 한복판의 광장에 가서 바이올린을 켜면서 노래를 불렀다.

"난 바보다. 난 천치다……."

사람들이 모여들었고 그 중 한 사람이 말했다.

"하임 얀쿠르! 어떻게 된 거야. 한낮에 바이올린을 켜다니!"

그래도 그는 계속 바이올린을 켜면서 노래를 불렀다.

"난 바보다. 난 천치다……."

사람들이 여기저기서 모여들어 한 마디씩 했다.

"하임 얀쿠르가 미쳤나 보군."

사람들이 그를 에워쌌다.

외투를 얻어 입은 가난한 남자도 무슨 일이 생겼나 하고 찾아왔다. 하임 얀쿠르는 자신의 외투를 보고 더욱더 큰 소리로 노래했다.

"난 바보다. 난 천치다. 나 같은 바보가 어디 있을까……."

그는 거지 남자에게 말했다.

"외투를 서로 바꿔 입읍시다."

모든 사람이 비웃었다. 그런 건 바보나 하는 짓이었기 때문이다. 모피깃이 달린 멋진 외투를 누더기와 바꾸다니!

거지는 하임 얀쿠르의 제안에 이게 웬 떡이냐 싶었다. 두 사람은 그 자리에서 외투를 바꿔 입었다. 하임 얀쿠르의 마음이 변하기 전에 거지는 서둘러 그 자리를 빠져나가 젖 먹던 힘을 다해 멀리 달아났다. 그 사이 하임 얀쿠르는 누더기를 입고 바이올린을 켜면서 노래했다.

"너는 바보다. 너는 천치다. 너 같은 바보가 어디 있을까……."
하임 얀쿠르는 집으로 돌아가 누덕누덕 기운 외투를 칼로 뜯어 돈다발을 꺼냈다. 그때부터 그는 남부럽지 않게 살았다.

세 개의 빵

어촌 마을에 가난한 과부가 살고 있었다. 그녀는 어부들의 찢어진 어망을 기워주며 근근히 생계를 이어가고 있었다. 그런데 악천후가 계속되면서 어부들이 바다에 나가지 못하게 되자 그녀는 일이 없어 먹을 빵마저도 바닥나고 말았다. 그녀는 용기를 내어 마을의 부자에게 구걸을 하러 갔다.
"저는 며칠 동안 아무것도 먹지 못했어요. 부디 저에게 빵을 베풀어 주십시오!"
그러자 부자가 대답했다.
"난 지금 막 예루살렘에서 솔로몬 왕을 배알하고 돌아왔소. 왕은 사람들에게 '선물을 싫어하는 자는 장수를 누린다'고 말씀하셨소. 공짜로 남의 물건을 받는 사람은 자신의 수명을 단축하는 것이오. 공짜로 남의 물건을 얻고자 하는 것은 죄요. 나는 죄에 가담하고 싶지 않소이다. 그것은 하느님도 용서치 않을 거요. 그러니 공짜로 당신에게 물건을 줄 수는 없는 일이오."
"그럼, 공짜로 빵을 주시지 않아도 좋아요. 그 대신 빵을 빌려 주십시오."
"아니, 그것도 할 수 없소. 솔로몬 왕은 '남에게 빌리는 자는 빌려준 자의 노예가 될 것이다'라고 말씀하셨소. 물건을 빌리거나 돈을 빌리는 것은 결국 자신을 빌려준 자의 노예로 만들어 버리는 짓이오. 나는 노예로 외국인 외에는 쓰지 않소. 아브라함의 자손을 노예로 두고 싶은 마음은 추호도 없소이다. 때문에 나는 당신에게 빵을 빌려주지 않겠소."

그러나 과부는 포기하지 않고 집요하게 매달렸다.

"그럼, 당신의 발 밑에서 제가 굶주려 죽어가도 좋다는 겁니까? 그걸 하느님이 기뻐하실까요?"

그러자 부자는 목소리를 누그러뜨리고 그녀에게 말했다.

"아니, 그렇지 않소. 하느님을 대신하여 나는 당신을 도우려고 하는 거요. 잘 들으시오. 소유자가 없는 물건은 주워도 좋소. 내 창고는 지금 비어 있소. 솔로몬 왕에게 지금 막 밀가루를 갖다 드리고 왔는데, 밀가루 봉지에서 새어나와 창고 기둥이나 판자 여기저기에 흩어져 있는 밀가루는 이미 그 누구의 소유도 아니오. 그것을 당신이 쓸어모으면 되는 거요. 그것은 내 것도 솔로몬 왕의 것도 아니오. 내 창고는 지금 밀가루가 새하얀 눈처럼 여기저기에 흩어져 있을 거요. 어서 들어가 보시오."

과부가 창고에 들어가 보니 과연 창고 여기저기에 눈처럼 새하얀 밀가루가 쌓여 있었다. 그녀는 그것을 정성껏 쓸어모아 집에 돌아가 빵을 세 개나 구웠다. 그런데 그녀가 빵을 막 먹으려 했을 때 그녀의 오두막집 문을 거세게 두드리는 자가 있었다.

"부탁합니다. 제발 먹을 것을 좀 주십시오. 내가 살던 마을에 불이 나서 마을 전체가 불덩이에 휩싸여 목숨만 겨우 건져 이렇게 도망쳐 나왔습니다. 벌써 사흘째 아무것도 먹지 못했습니다. 제발 ……."

그 말을 들은 그녀는 불쌍한 생각이 들어 빵 한 개를 나눠줬다. 그는 빵을 받자마자 어둠 속으로 사라졌다. 그가 사라진 후 그녀는 자신도 남에게 빵을 줄 수 있었다는 것, 게다가 뜻밖의 선행을 했다는 것에 대해 하느님에게 감사의 기도를 드렸다. 그리고 다시 남은 두 개의 빵을 집으려는 순간 또 누군가가 황급히 문을 두드리는 소리가 들렸다.

"죽을 것 같습니다. 제발 살려 주십시오!"

문을 두드린 남자는 전 재산을 도적에게 빼앗겨 버렸다고 했다. 그는 많은 양과 염소, 가축을 거느리며 꽤 호화스런 집에 살고 있었는데, 며칠 전 도적떼가 습격해 와서 아내와 자식, 하인들을 모조리 죽여 버리고 가축을 전부 훔쳐가 버렸다. 그는 먹을 것도 마실 물도 없이 목숨만 겨우 건져 사막을 간신히 건너 여기까지 왔다는 것이다.

과부는 이번에도 남자에게 자신이 먹으려던 두 번째 빵을 주었다. 남자는 빵을 받자마자 황급히 어둠 속으로 사라졌다. 그녀는 또 선행을 했다는 것을 기쁘게 생각하고 하느님에게 감사의 기도를 드렸다. 그리고 마지막 남은 세 번째 빵을 먹으려고 했다.

그 순간 폭풍우가 휘몰아치더니 오두막집 지붕을 순식간에 날려 버렸다. 그뿐만 아니라 과부의 손 안에 있던 마지막 빵까지도 바다로 날려 버렸다. 폭풍우는 그날 밤 내내 휘몰아쳤다.

이튿날 아침, 어젯밤의 일은 마치 거짓말처럼 사라지고 고요해진 바다를 향해 마을 사람들은 분주하게 움직였다. 어부들은 다시 배를 타고 바다로 나가고 아이들은 해변에서 노닐었으며 마을 여자들은 남자들을 거들었다.

그러나 과부는 멍하니 생각에 잠겨 있었다. 도저히 어젯밤에 일어난 일을 납득할 수 없었던 것이다. 두 개의 빵은 그녀가 원해서 곤경에 빠진 사람에게 주었다. 그러나 하나밖에 없는 빵을 왜 바람이 가져가버린 것일까? 하느님은 과부나 고아를 보살펴 주신다고 했는데 왜 그랬던 것일까? 아니면, 바람은 하느님의 뜻을 거역하고 멋대로 행패를 부린 것일까? 골똘히 생각한 끝에 그녀는 바람의 부당한 처사를 솔로몬 왕에게 호소하기로 했다. 그녀는 기력을 다해 먼 산 위에 있는 예루살렘까지 갔다. 그리고 솔로몬 왕을 찾아갔다. 왕궁은 이스라엘 백성이 자유롭게 드나들도록 개방돼 있었다.

"억울한 일이 있어 고소하려고 이렇게 찾아왔사옵니다."

"고소라고? 그대는 누구를 고소하겠다는 건가?"
"바람을 고소하겠습니다. 이렇게 아뢰는 것은……"
그녀는 지금까지 있었던 모든 경위를 자세히 설명했다.
"과연 그런 일이 있었구나. 바람이 나타날 때까지 우선 그대는 쉬고 있거라. 여봐라, 이 여인에게 식사와 쉴 곳을 마련해 주거라."
잠시 후 또 세 명의 외국인이 솔로몬 왕을 찾아왔다.
"너희들은 무슨 일로 왔는고?"
그들은 아랍 상인들이었다. 보석과 금은·향료 등 값비싼 물건을 배에 싣고 가던 중에 거센 폭풍우를 만났다. 그들은 바다에 있었지만 늘 겪는 일이기 때문에 폭풍우 따위 조금도 두렵지 않았다. 그러나 이번만은 배가 무섭게 흔들리면서 배 바닥에 구멍까지 나 버렸다. 밧줄과 천으로 구멍을 막아 보았지만 소용 없었다. 바닷물이 거침없이 배 안으로 들어오기 시작했다. 그들은 있는 힘을 다해 소리치며 살려달라고 애원했지만 넓은 바다 위에서 그들의 외침을 들어줄 이는 아무도 없었다. 여러 신들에게 살려달라고 빌었다. 그러나 아무런 응답이 없었다. 그들은 최후로 이스라엘 민족의 신을 떠올리며 구해달라고 빌었다.
"이스라엘 신이시여. 우리를 살려 주십시오. 살려만 주신다면 지금 우리가 갖고 있는 금은보화를 모두 당신에게 바치겠나이다."
그 순간 갑자기 하늘에서 뭔가 날아오더니 배 바닥에 뚫린 구멍을 막아 버렸다. 그리고 잠시 후 그토록 거세게 몰아치던 폭풍우도 잠잠해졌다.
"이스라엘 신에게 맹세한 약속을 지키기 위해 여기까지 왔습니다. 우리는 이스라엘 신이 어디에 계신지 모릅니다. 어디에 이 보물을 바쳐야 되옵니까?"
"너희들은 그때 날아온 물건을 보았느냐?"
"네, 물론이옵니다. 그것은 막 구워낸 빵이었습니다. 혹시나 해서 그것도 가지고 왔습니다."

그렇게 말하고 한 사람이 주머니에서 작은 빵을 꺼내 솔로몬 왕 앞에 내놓았다. 왕은 즉시 그 과부를 불러들였다.

"그대는 이 빵을 본 적이 있는가?"

그녀는 찬찬히 빵을 살폈다. 그것은 그녀가 구운 세 개의 빵 중에서 마지막 빵이었다. 솔로몬 왕은 판결을 내렸다.

"이 금은보화는 모두 그대의 것이다. 하느님께서 그대에게 빌린 빵을 이렇게 갚으신 것이다. 바람이 절대로 행패를 부린 것이 아니다. 바람은 하느님의 뜻을 받들었을 뿐이다."

신의 참된 기적

잔소리가 많고 시끄러운 아내 때문에 무척 비참한 삶을 살고 있는 교사가 있었다.

어느 날 그가 시나고그에서 저녁기도를 마치고 돌아오자, 아내가 식사를 하면서 또 악다구니를 퍼붓기 시작했다. 마침내 한계에 도달한 남편이 말했다.

"당신이 잔소리를 하며 짖어대는 데에는 이제 넌더리가 났소."

그는 기도용 숄과 성구함, 윗옷, 2, 3벌의 속옷을 자루에 챙겨 넣은 다음, 그것을 지고 지팡이를 들었다. 아내가 잠들자 등불을 끄고 난로의 남은 불도 끈 뒤, 문의 메주자(문설주에 붙인 성경)에 입을 맞추고 집을 나갔다.

한밤중에 눈을 뜬 아내는 문이 열려 있고 남편이 없어진 것을 알았으나 아내는 남편이 한밤중의 기도를 올리기 전에 몸을 정결히 하기 위해 나간 거라고 생각했다.

그가 길을 걷고 있으니 눈보라가 치기 시작했다. 눈보라가 얼굴을 심하게 때려 그는 몸이 거의 얼어붙을 지경이었다. 한참 뒤에는 걸음도 걸을 수 없어서 반시간쯤 쉬어가려고 앉았으나, 바람은 점점 더 세차게 불어제쳤다. 한시라도 인가에 빨리 도착하게 해달라고 신께 계속 기도했다.

그는 다시 걷다가 길을 잃어 어느덧 반대 방향으로 걷고 있었다. 그는 자신이 앞으로 나아가고 있는 줄 알았지만, 실제로는 온 길을 되짚어가고 있었다. 바람이 등 쪽에서 밀어주었기 때문에 그는 신이 기도를 들어주신 것에 대해 감사했다. 그는 제발 인가가 빨리 나오기를 바랐다.

순풍 덕택에 생각보다 빨리 마을에 도착할 수 있었다. 한 집을 제외하고는 모두 불이 꺼져 있었다. 그 한 집에서만 창문으로 불빛이 새어나오고 있었다. 그게 바로 자신의 집인 줄은 꿈에도 몰랐던 그는 창문을 똑똑 두드리며 말했다.

"제발 부탁입니다. 하룻밤 재워주실 수 없습니까? 돈도 없는 데다 얼어죽을 것만 같습니다."

아내는 남편의 목소리를 금방 알아들었지만 모르는 척하고, 남편을 안에 들여서 난로 옆에 따뜻한 털이불과 침대를 마련해 주었다.

남편은 옷을 갈아입고 신의 자비에 감사했다. 아내는 불을 껐다. 한 시간쯤 지나 아내는 그의 옆에 나란히 누웠다. 교사는 그게 누구라는 걸 모르고 자신은 정말 행운아라고 생각했다. 따뜻한 침대, 그리고 그 이상의 것이……

아침이 되어 눈을 뜨고 주위를 둘러보니 시끄러운 아내와 함께 자기 집 침대에 누워 있는 게 아닌가! 그는 신음하듯 중얼거렸다.

"찬양할지어다. 신의 이름을."

환생한 신부

성스러운 알리의 제자 가운데 한 명이 그를 찾아와서 추천장을 써달라고 부탁했다. 다른 도시의 관청에 일자리를 얻기 위해서였다. 알리는 그의 청을 들어주기로 하고 다음과 같이 말했다.

"자네가 가려고 하는 도시에는 신이 보낸 친구가 기다리고 있을 거네."

제자는 스승의 손에 입을 맞추고 추천장을 받아 새로운 도시로 갔다. 그는 명예로운 환영과 함께 매우 정중한 대접을 받았다. 그는 그곳의 한 지도층 유대인의 딸과 결혼하였다. 하지만 젊은이는 신부와는 불과 석 달밖에 살지 못했다. 그녀가 죽었기 때문이다. 그는 이제 자신의 소유가 된 재산을 가지고 사페드로 돌아갔다.

젊은이는 고향에 도착하자 스승을 찾아갔다.

"이제야 사실을 밝히지만" 하고 알리가 말했다.

"자네와 결혼했던 여자는 전생에는 남자였네. 뿐만 아니라 그 남자는 자네한테서 큰돈을 가로챘던 자네 친구였어. 그는 자네를 거짓과 허위 주장으로 석 달 동안 괴롭혔기 때문에, 자네의 아내로서 석 달 동안 봉사하라는 선고를 받았던 거지. 지금 자네가 가진 돈은 바로 그가 가로챘던 자네의 돈이라네."

깨진 유리

늙은 제화공이 아내를 잃고 홀로 비참한 생활을 하고 있었다. 그에게는 세 아들이 있었는데, 모두 가정을 가지고 있어서 토요일 밤에만 찾아올 뿐이었다. 그들은 아버지가 존경을 받을 수 있도록 도와주기는커녕 자신들이 아버지에게 경의를 표하는 일도 없었다. 맏아들은 기술자, 둘째 아들은 인부, 막내는 상인이었다.

노인은 조금씩 자신이 쇠약해지는 것을 느꼈다.

"내가 건강하고 혼자 먹을 수 있을 때도 아들들은 나를 보러 자주 와주지 않았다. 앞으로는 내가 무거운 짐이 되는 것을 꺼려서 더욱 오지 않을 것이다. 무슨 대책을 세워야 할 텐데."

제화공은 이웃의 목수에게 가서 큰 상자를 주문하여, 거기에 깨진 유리조각을 가득 채운 뒤 침대 옆에 두었다. 평소처럼 토요일 밤에 찾아온 아들들은 아버지가 침대에 누워있는 것을 보았다.
"아버님, 어떻게 된 일입니까?"
아들들이 물었다.
"병에 걸려 일어날 수가 없구나."
그들은 아버지의 침대 옆에 앉기 위해 상자를 옮기지 않으면 안 되었는데, 그것을 밀어보니 여간 무거운 것이 아니었다.
'이 속에는 아버지가 평생 모은 금과 은이 들어 있는 게 틀림없어.'
그들은 생각했다.
형제들은 한 사람씩 아버지를 돌보면서 그 보물을 지키기로 했다. 먼저 막내아들이 하게 되었는데, 그래서 입게 될 사업상의 손실은 아버지가 죽은 뒤 상자 속 재물로 보상받기로 했다. 그는 아버지의 집에 머물면서 요리를 하고 아버지를 돌보았다.
이윽고 노인은 숨을 거두었다. 아들들은 장례를 위해 돈을 아낌없이 썼다. 장례에 드는 모든 비용은 기록되었다. 상자 속의 재물로 지불할 수 있을 거라고 생각했기 때문이었다. 관례에 따라 그들은 이레만에 탈상했다.
여드레째 되는 날 그들은 상자를 열었는데, 거기에는 산산조각이 난 유리만 가득 들어 있을 뿐이었다.
"어떻게 이럴 수가 있어? 아버지의 무덤에 침이라도 뱉고 싶을 정도야."
막내가 소리쳤다.
"하지만 아버진 그런 속임수를 쓸 수밖에 없었던 거야."
둘째 아들이 말했다.
"계명에 '부모를 공경하라'고 했는데, 아버지가 그 교훈을 우리가 지키도록 하기 위해 수치를 무릅쓰고 그런 일을 하지 않으면 안 되었으니! 난 쥐구멍이라도 있으면 들어가고 싶은 심정이다."

맏아들이 말했다.

사다리에서 떨어진 이유는?

상인 둘이 이문이 높은 상품을 구입하기 위해 배를 타고 다른 도시로 가기로 했다. 그런데 출발하기 직전에 한 사람이 사다리에서 떨어져 큰 부상을 입고 여행을 할 수 없게 되고 말았다.

배의 출항을 연기할 수는 없었기 때문에, 동업자는 다리를 다친 동료를 두고 혼자 배를 타고 떠났다. 남은 남자는 한 밑천 잡을 수 있는 기회를 잃은 불운을 탄식하며 신을 원망했다.

하지만 얼마 뒤, 배가 승객 전원과 함께 침몰했다는 소식이 들려왔다. 그래서 상인은 자신의 다리를 다치게 하여 죽음에서 보호해 준 것에 대해 신께 감사하고, 신을 의심한 것을 용서해 달라고 빌었다.

원숭이가 된 여자

메마른 사막에 한 부부와 아들이 살고 있었다. 이 세 사람은 하나같이 좋은 운을 타고나지 못했다. 그들은 이 세상에 태어날 때와 다름없는 벌거숭이 모습으로 모래 먼지를 뒤집어쓴 채 사막을 돌아다니고 있었다. 어느 날, 한 노인이 근처를 지나가다가 그들을 보고 소리쳤다.

"내일 예언자 모세님이 이곳을 지나가신다오. 당신들이 그에게 기도를 해 달라고 간청하면, 당신들의 생활이 조금 나아질지도 모르오."

이튿날 예언자 모세가 찾아왔다. 그들 세 사람은 그에게 기도를 해달라고 간청했다.

"너희들은 나쁜 운을 가지고 태어났다. 그 운명은 아무도 바꿀 수가 없다."

하지만 그들이 계속 애원하자, 모세는 그들의 가난함을 보고 이렇게 말했다.

"여기서 멀지 않은 곳에 샘이 한 군데 있다. 아침 일찍 해 뜨기 전에 그곳에 가서 목욕을 하는 거다. 단, 너희 세 사람은 한 사람씩 다른 날에 목욕을 해야 한다. 목욕을 하는 동안 너희들의 소원이 이루어질 것이다."

모세는 자기 갈 길을 갔다.

이튿날 아침, 그들 세 사람은 샘으로 갔다. 누가 먼저 목욕을 하는가를 두고 서로 다툰 끝에 어머니가 먼저 물속에 들어가기로 했다. 그녀는 목욕을 하면서 아름다워지게 해달라고 빌었다. 그리고 그녀가 샘에서 나왔을 때, 그녀는 눈부시게 아름다운 여인이 되어 있었다.

바로 그때였다. 한 명의 고관이 마차를 타고 그곳을 지나갔다. 그는 그녀의 아름다움에 반하여, 남편을 무시하고 그녀를 자신의 집으로 데려갔다. 여자는 자신이 아름다운 여인이 되어 호화로운 생활을 할 수 있게 된 것이 기뻐서 어쩔 줄 몰랐다.

이튿날, 아버지와 아들은 아침 일찍 일어나 샘으로 갔다. 아버지가 목욕을 할 차례였다. 그는 아내에 대한 분노 때문에 아내가 긴 꼬리를 가진 원숭이로 변하게 해달라고 빌었다.

그날 아침 눈을 뜬 고관은 자신의 옆에 긴 꼬리 원숭이가 자고 있는 것을 보았다. 그는 기겁을 하고 놀라 원숭이를 밖으로 내쫓았다. 여자는 달리고 달려서 사막으로 돌아갔다. 그날 밤 세 식구는 모래 언덕 위에 앉아서 날이 새기를 기다렸다.

사흘째 날 아침 일찍 아들은 혼자 샘에 갔다. 그는 목욕을 하면서 어머니가 원래의 모습으로 돌아오게 해달라고 빌었다. 그러자 그녀는 그 자리에서 원래의 모습으로 돌아갔고, 결국 세 사람은 원점으로 되돌아갔다.

세계 최고두뇌 최대부호 성공집단 탄생시키는 유대
솔로몬 탈무드
14
불멸의 영원한 가르침

마음을 밝히는 등불
겸손하라, 사려 깊은 사람이여

사라진 촛대

이웃집의 은촛대를 탐내고 있던 남자가 있었다.

어느 날 그는 이웃집에 가서 도기 컵을 빌려달라고 부탁하여 얻어왔다. 이튿날 그는 작은 컵을 그 안에 넣어서 돌려주었다.

"하나밖에 빌려주지 않았는데 왜 2개를 가지고 왔습니까?"

이웃사람이 물었다.

"한밤중에 신음 소리가 나서 무슨 일인가 가보니, 당신의 컵이 아기컵을 낳았더군요. 당신의 것을 돌려드렸을 뿐입니다."

놀란 이웃은 잠자코 컵을 받았다.

이튿날 남자는 다시 주석접시를 빌려달라고 청했다. 그는 2장의 주석접시를 돌려주면서, 큰 접시가 작은 접시를 낳았다고 이웃에게 설명했다. 이웃은 기뻐하며 그 2개의 접시를 받았다.

이튿날 남자는 유리 물병을 빌리러 갔다. 이웃은 기뻐하며 얼른 빌려주었고 남자는 이번에도 이웃을 실망시키지 않았다. 크고 작은

2개의 물병을 돌려주었던 것이다. 이웃은 좋은 친구를 얻은 것에 감사했다. 남자는 그 뒤에도 계속 뭔가를 빌려서는 모두 2개로 만들어서 돌려주었다.

어느 날 남자는 드디어 은촛대를 빌렸다. 그가 나타나지 않은 채 며칠이 지났다. 이웃은 남자의 집에 가서 문을 두드리며 말했다.

"빌려간 은촛대를 돌려주시겠소?"

남자는 대답했다.

"죄송합니다. 이 일을 어떡하지요? 한밤중에 신음 소리가 나길래 무슨 일인가 가보니 당신의 촛대가 죽어 있지 않습니까?"

이웃은 깜짝 놀라 말했다.

"뭐, 뭐라고요? 도대체 어떻게 촛대가 죽을 수 있단 말이오?"

"컵과 접시와 물병이 새끼를 낳을 수 있다면 촛대가 죽었다 해도 이상할 것이 없지 않습니까?"

당나귀 인간

몹시 가난한 유대인이 있었다. 유월절이 돌아왔는데 가지고 있는 식량이 바닥난 것을 알자, 그는 도시의 부자를 찾아갔다.

"나리, 저는 돈을 달라고 하지는 않겠습니다. 부자한테는 1페니라도 그것과 작별하는 것은 괴로운 일이므로, 축일 전에 그런 고통을 드리고 싶지는 않습니다. 제가 부탁하고 싶은 것은 그저 당신의 당나귀 중에서 가장 좋은 놈 한 마리를 빌려주셨으면 하는 것뿐입니다. 한밤중이 되기 전에 꼭 돌려드리겠습니다."

'돈이 한 푼도 안 든다 하더라도 내 당나귀를 저 자에게 몇 시간 빌려줘도 괜찮을까?' 부자는 생각했다. 결국 그는 그 가난한 남자에게 가장 좋은 당나귀를 빌려주었다. 남자는 당나귀를 시장에 가지고 가서 베두인족(아랍의 유목민)에게 팔았다.

그날 밤 늦게 그는 베두인의 천막에 가서 당나귀의 고삐를 풀고 소유주의 집으로 끌고 갔다. 그런 다음 그는 베두인의 천막으로 다시 돌아가 당나귀 고삐에 자신을 묶고 아침이 되기를 기다렸다.

해가 뜨자 베두인이 천막에서 나왔다. 당나귀가 묶여 있어야 할 곳에 남자가 묶여 있는 것을 보고 기절할 듯이 놀랐다.

그는 소리쳤다.

"아, 당나귀여! 간밤에 대체 무슨 일이 일어난 거냐?"

가난한 남자가 말했다.

"이 일을 어떻게 하면 좋겠습니까? 저는 마법에 걸려 당나귀가 되어 있었는데, 이제야 겨우 사람으로 돌아왔군요."

"그렇다면 너를 놓아주는 수밖에. 마법에 걸린 사람을 내 곁에 두고 싶진 않으니까."

베두인은 고삐를 풀어서 그를 자유롭게 해주었다.

가난한 남자는 신이 나서 집으로 돌아가, 당나귀를 판 돈으로 축일에 필요한 것을 샀다. 한편 베두인은 다른 당나귀를 사기 위해 시장에 나갔다. 그랬더니 부자의 당나귀가 또 나와 있는 것이 아닌가! 베두인은 싱긋 웃더니 그 당나귀에게 다가가서 귀에 대고 속삭였다.

"오, 정말 불쌍한 녀석. 누군가가 널 사주기를! 하지만 나는 두 번 다시 속지 않아!"

켈름의 현자들

지혜롭기로 유명했던 켈름 주민들은 자신들의 도시를 건설하기로 하고 먼저 기초를 파기 시작했다. 갑자기 그들 가운데 한 사람이 소리쳤다.

"형제들이여, 동포들이여! 우리는 이곳을 파고 파고 또 파고 있는데, 이 흙산은 도대체 어떻게 할 셈인가?"

켈름의 현자들은 머리를 맞대고 생각한 끝에 이렇게 선언했다.

"자, 다음과 같은 순서로 한다. 먼저 커다란 구덩이를 파서 거기에 이 흙산을 채운다."
"하지만 그 구덩이에서 나온 흙은 어떻게 하고?"
집요하게 묻는 사람이 있었다.
켈름의 현자들은 다시 생각한 끝에 말했다.
"또 하나의 구덩이를 파서 그 안에 처음 구덩이에서 나온 흙을 채운다."

켈름이 창건되고 그 중앙에 훌륭한 시나고그가 건설되자, 희사함을 두기로 했다. 어느 날, 켈름의 주민들은 기도하러 왔다가 그 상자가 없어진 것을 알았다. 켈름의 랍비와 현자들은 신중하게 대책을 협의하여, 새 희사함을 도둑의 손에 닿지 않는 천장에 매달기로 했다.
그런 지 며칠 뒤, 시나고그의 관리가 랍비에게 와서 보고했다.
"랍비님, 희사함이 도둑들의 손에 닿지 않는 곳에 있지만, 희사하려는 이의 손에도 닿지 않습니다."
랍비는 곧장 켈름의 현인들을 소집하여 오랜 시간에 걸쳐 협의한 결과, 시나고그 안에 사다리를 놓아 희사하고 싶은 사람은 자유롭게 이용하게 하기로 결정했다.

시간이 흘러 이윽고 겨울이 되었다. 온 도시가 순백의 눈으로 뒤덮였다. 그러자 걱정 많은 켈름의 주민들은, 도시를 돌면서 아침기도 시간을 알리는 시나고그의 관리가 이 아름다운 눈을 더럽히지 않도록 하려면 어떻게 하면 좋을까 호소했다. 역시 켈름의 현자들이 모여서 이 문제를 협의하였다. 그러고는 이렇게 선언했다.
"앞으로 시나고그의 관리는 눈 위를 걸어서는 안 된다. 2명의 남자가 관리를 짊어지고 도시를 돌아야 한다."
그리고 그대로 시행되었다. 하지만 어느새 관리도 몹시 늙고 쇠약해져서, 매일 아침 주민들의 집을 다니며 문을 두드릴 수 없게 되었다. 켈름의 현자들은 그를 동정하여, 집집의 문을 시나고그로 가지고 가서 그가 그곳에서 두드릴 수 있게 했다.

이 켈름에서는 이런 일도 있었다.
금요일, 켈름의 랍비는 식사를 위해 물고기를 샀다. 그때 그는 한 손에 지팡이를 들고 다른 손에는 기도용 숄과 성구함이 들어 있는 주머니를 들고 있었기 때문에, 재킷 주머니 속에 물고기 머리를 아래로 하여 넣었다. 걸어가던 중에 이 물고기가 꼬리지느러미를 펄떡이며 그의 얼굴을 때렸다.
"이런 얘길 들어본 적이 있소? 물고기가 우리의 랍비님을 때리다니!"
켈름의 주민들은 물었다.
켈름의 현자들은 모여 앉아 판결을 내렸다. 벌로서 그 불손한 물고기를 강물에 빠뜨리기로!
아, 켈름의 현자들이여! 우리는 언제 또 그들과 같은 사람들을 만날 수 있을까!

향료와 분뇨
어느 날 한 남자가 도시에 와서 시장 안에 향료가게가 많이 모여 있는 곳으로 갔다. 사실은 가구를 주문하기 위해 목공소를 찾고 있었는데, 그곳에 가려면 먼저 향료 파는 가게 앞을 지나가지 않으면 안 되었던 것이다.
그것은 그리 나쁜 일은 아니었다. 왜냐하면 도중에 계피와 정향, 장미향수, 몰약, 갈바눔, 알카넷, 그리고 그 밖에도 좋은 향을 맡을 수 있었기 때문이다.
그런데 남자는 몇 걸음 못 가 안색이 새파래져서 비틀거리더니,

시체처럼 눈을 감고 쓰러져버렸다. 사람들이 남자를 소생시키려고 노력했지만 아무 소용이 없었다. 향료가게 주인이 향기가 독한 소금을 맡게 했는데 그것도 허사였다. 어떤 자는 계피 가루를 가지고 와서 냄새를 맡게 해보았지만, 그래도 남자는 깨어나지 않았다. 사람들은 향료시장에서 어이없는 최후를 맞이한 이 남자를 동정했다.

바로 그때 잘 차려입은 신사가 지나가다가 이 사건을 목격했다.

신사는 말했다.

"잠깐 기다리시오. 만약 내가 틀리지 않았다면, 이 남자에게 어떻게 해주면 좋은지 알고 있소."

신사는 그렇게 말하더니 그곳을 떠나, 한참 뒤 김이 모락모락 오르고 있는 동물의 분뇨를 수박 껍질에 담아서 돌아와, 누워 있는 남자 위에 몸을 구부리더니 그것을 그의 코에 갖다댔다. 그 지독한 악취에 모두들 뒷걸음질쳐서 구경하고 있으니, 쓰러져 있던 남자가 눈을 뜨고 2번 정도 재채기를 한 뒤 일어나는 것이 아닌가?

이 모습을 본 나이 지긋한 향료상인이 그 신사에게 말했다.

"나리, 이 남자에게 이런 냄새를 맡게 하면 된다는 걸 어떻게 아셨습니까? 만약 분뇨가 향료보다 뛰어난 각성제라면, 저는 지금까지 인생을 헛산 셈이 됩니다."

신사는 대답했다.

"그렇지 않소. 이것은 어디까지나 특별한 경우요. 나는 이 남자의 옷과 손, 손톱이 불결한 데서 농부라는 것을 알아보았고, 그가 기절한 것은 당신들이 팔고 있는 향료가 뿜는 기묘한 향 때문임을 알았어요. 하지만 오물 냄새야말로 그가 늘 맡고 있는 것으로, 분명히 그를 소생시킬 수 있을 거라 생각했던 거지요."

탐정 카스코다

테헤란에 카스코다라는 이름의 현명한 유대인이 살고 있었다. 그는 특히 수수께끼를 풀거나 도둑 잡는 일을 잘했다.

어느 날, 도둑이 페르시아 왕의 보물전에 몰래 들어가 금과 귀중품을 훔쳐갔다. 그 도둑을 찾기 위해 경찰이 곳곳에 파견되었지만, 며칠이 지나도 잡을 수가 없었다.

"이제 카스코다를 부를 차례다."

왕은 드디어 그를 궁전에 불러들였다.

카스코다가 궁전에 도착하여 왕 앞에 나가 문안을 드린 뒤 말했다.

"폐하, 테헤란의 모든 도둑들을 불러모아 주시면, 누가 폐하의 궁전에서 도둑질을 했는지 가려내겠습니다."

그 말을 들은 왕은 경찰에 명령하여 전 도시의 도둑들을 모두 붙잡아서 궁전 안뜰에 데리고 오게 했다. 그들이 정렬하자, 벤야민 카스코다가 그들 앞을 걸으면서 한 사람 한 사람의 눈을 들여다보았다. 마지막 남자에게 오자 그는 말했다.

"누가 도둑인지 알았다. 나머지는 집으로 돌아가도 좋다."

도둑들이 궁전에서 나가려고 두세 걸음 걷기 시작하자 카스코다가 소리쳤다.

"왕의 보물전에 침입한, 거기 있는 너, 누가 가도 좋다고 했느냐?"

그 말을 들은 진짜 도둑이 깜짝 놀라 뒤돌아보았다. 경찰에게 그 남자를 손가락으로 가리키면서 벤야민 카스코다는 말했다.

"저 자를 체포하라. 바로 당신들이 찾고 있는 바로 그 자다."

코트여 마음껏 먹고 마셔라

페르시아의 한 도시에 아브라함이라고 하는 경건한 유대인이 살고 있었다. 그는 시편을 모두 암송하리만큼 경건하고 학식이 있었기에, 무르라 아브라함, 다시 말해 랍비는 아니었지만 '랍비 아브라함'이라고 불렸다.

그는 또 어찌나 가난했던지 아무것도 가진 것이 없었다. 결혼식과 할례 의식 같은 경사에 초대받으면, 그는 늘 음식을 봉지에 담아서, 배를 주리고 있는 아내와 아이들을 위해 가지고 돌아오는 것이었다. 그렇다고 그를 나쁘게 말하는 사람은 아무도 없었다.

그런 잔치에서 무르라 아브라함의 자리는 언제나 주빈석에서 멀리 떨어진 곳이었다. 말석이 주어지지 않아도, 그는 자신보다도 돈이 많고 유명한 유대인들에게 상석을 양보하여, 어느새 방 뒤쪽이나 입구 쪽 의자에 혼자 앉아 있게 되곤 했다. 급사는 항상 맨 앞쪽부터 시중을 들기 때문에, 무르라 아브라함에게 올 때는 접시 위에 거의 아무것도 남아 있지 않았다.

여기에는 아무리 무르라 아브라함이라 해도 난처하지 않을 수 없었다. 그는 자문했다.

"토라의 한 구절도 제대로 읽지 못하고 성실하지도 않은 자들이 앞자리에 앉을 때, 왜 나는 거지처럼 입구에 앉아 있어야 한단 말인가? 그들이 좋은 옷을 입고 있기 때문인가?"

어느 날 그곳에 사는 한 부유한 유대인이, 자신이 늙은 것을 깨닫고 성지 예루살렘에서 만년을 보내기로 했다. 그래서 자신의 집과 그 안에 있는 모든 것을 경매에 부쳤는데, 그러자 남은 것은 아버지로부터 물려받은 훌륭한 비단 프록코트 한 벌뿐이었다. 그는 그것을 팔고 싶지 않아서 무르라 아브라함을 불러 말했다.

"무르라 아브라함, 자네는 훌륭한 사람이네. 자네의 부친과 내 아버지는 친구 사이이기도 했으니 작별선물로 이 코트를 자네한테 주고 싶네."

무르라 아브라함은 그 값비싼 코트를 받아들고 집으로 돌아갔다.

이튿날, 그는 한 부잣집의 잔치에 초대받아 새로 얻은 비단 코트를 입고 갔다. 주인은 그를 보자마자 손을 잡고 주빈석으로 안내했다.

그에게는 곧 최상의 요리가 제공되었다. 음식을 배불리 먹은 그는 식탁 위에 있는 요리, 즉 고기와 생선, 밥, 콩, 모든 종류의 과자를 코트 주머니에 담기 시작했다. 그는 다른 손님들이 힐끗힐끗 자신을 바라보고 있는 것을 알고, 고개를 끄덕이면서 멋진 목소리로 노래를 부르기 시작했다.

내 코트여, 마음껏 먹고 마셔라.
네 배를 맛있는 요리와 포도주로 가득 채워라.
나는 너의 주인이 아니다. 네가 나의 주인이다.
이 명예는 모두 너의 것이다!

영원한 비밀은 없다

머리에 뿔이 난 자르카르나이라고 하는 왕이 살고 있었다.

왕은 자신의 뿔을 몹시 수치스럽게 생각하여 그것을 감추려고 애썼다. 현자인 고문관들은 왕에게 항상 터번을 쓰고 있도록 권했다. 왕은 그들의 제안을 받아들인 뒤 그들 전원을 죽여버렸다. 비밀이 새나가지 않도록 하기 위해서였다.

왕은 가끔 머리를 깎지 않으면 안 되었다. 그래서 궁정에 이발사를 불렀는데, 일이 끝나는 대로 이발사도 죽였다. 이런 상태가 몇 년 동안 계속되자 마침내 왕국에는 1명의 이발사밖에 남지 않았다. 그 이발사는 집안에 꽁꽁 숨어서 한 발자국도 밖으로 나가려고 하지 않았다.

하지만 이발사는 언제까지나 집안에 숨어 있을 수 없다는 것을 알았다. 아내와 아이들이 배를 주렸기 때문이다. 그는 선택의 여지가 없음을 알고, 가족들에게 작별을 고한 뒤, 궁정으로 갔다. 그는 죽음을 각오하고 왕 앞에 엎드렸다. 그는 왕의 머리를 깎아주고 보수를 받는 대로 곧 죽음을 당하리라. 하지만 그때 왕은 생각했다.
 '잠깐! 왕국의 마지막 이발사까지 죽여버리면 누가 내 머리를 깎아준단 말인가? 이런 식으로 계속 사람들을 죽이다가는 곧 내 왕국의 백성은 한 명도 남지 않을 것이다. 이젠 사람을 죽이는 일은 그만두어야겠다.'
 그래서 왕은 이발사에게 말했다.
 "내 비밀을 지키겠다고 맹세하면 목숨을 살려주겠다."
 "폐하, 목숨을 걸고 비밀을 지키겠습니다."
 왕은 이발사를 놓아주었다.
 이발사는 가끔 궁정에 들어가서 왕의 머리를 깎았지만, 자신이 알고 있는 것을 아무한테도 말하지 않았다. 하지만 차차 그런 커다란 비밀을 알고 있는 것이 그에게는 너무나도 큰짐이 되어, 속을 끓이다가 그만 병에 걸리고 말았다. 어떻게 하면 좋을 것인가? 하루는 괴로워하는 그의 모습을 보고 친구가 무슨 일이냐고 물었다.
 이발사는 고백했다.
 "나는 남에게 말해서는 안 되는 비밀 하나를 알고 있네. 그걸 견딜 수가 없어서 그런다네."
 친구는 말했다.
 "그렇다면 좋은 생각이 있네. 이 도시를 나가 아무도 살지 않는 곳에 가서 큰 소리를 질러 비밀을 말해버리는 거야."
 이발사는 무릎을 쳤다. 그는 이튿날 아침 일찍 일어나 걸어서 도시를 나갔다. 그리고 인가에서 멀리 떨어진 계곡에 가서 큰 소리로 외쳤다.
 "자르카르나이 왕에게는 뿔이 있다! 자르카르나이 왕에게는 뿔이 있다! 자르카르나이 왕에게는 뿔이 있다!"
 그는 이렇게 소리를 지르고는 후련한 마음이 되어 집으로 돌아왔다.

그런데 그 계곡에는 습지에서 자라는 갈대가 있었는데, 그 갈대가 이발사가 한 말을 모두 흡수하고 말았다. 어느 날, 소풍 나온 아이들이 갈대를 뜯어 그것으로 피리를 만들었다. 아이들이 그 피리를 부니 기묘한 노래가 흘러나왔다.

"자르카르나이 왕에게는 뿔이 있다!"

아이들은 피리를 불면서 도시로 돌아갔다. 그 소리가 무척 듣기 좋았기 때문에, 도시의 모든 사람들도 곧 따라 부르기 시작했다.

"자르카르나이 왕에게는 뿔이 있다! 자르카르나이 왕에게는 뿔이 있다! 자르카르나이 왕에게는 뿔이 있다!"

이윽고 온 도시에서 벌어지고 있는 사태가 왕의 귀에도 들어갔다. 왕은 열화와 같이 분노했다. 그리고 이발사를 불러들여 무섭게 질책했다.

"너는 내 비밀을 지키겠다고 약속하지 않았느냐? 그런데 이게 어떻게 된 일이냐? 온 도시 사람들이 지붕 위에서 저 노래를 부르고 있다!"

이발사는 왕의 발아래 몸을 던지고 울면서 말했다.

"폐하, 사람은 유죄가 입증되기 전까지는 무죄입니다."

왕은 말했다.

"물론이다. 그럼 어디 얘기해 봐라."

이발사는 자초지종을 모두 얘기했다. 왕은 경찰을 파견하여 조사하게 했는데, 그들이 돌아와서 이발사의 얘기가 모두 진실이라는 것을 보고하자, 왕은 비밀을 영원히 간직하는 건 불가능하다는 걸 깨달았다. 왕은 터번을 벗고 자신의 뿔을 모두에게 보여주며 이렇게 선언했다.

"만약 너희들이 노래를 부른다면, 그 노래의 뜻을 이해하는 것이 좋을 것이다."

한 가지 재앙이 다른 재앙을 쫓아낸다

유대인 정벌에 나선 왕이 있었다. 병사들은 유대인을 화살로 공격했고, 유대인들은 유일한 무기인 돌멩이로 응전했다. 돌이 떨어지자 그들은 진흙덩어리를 던지기 시작했는데, 그중 하나가 왕의 눈에 명중하여 왕은 큰 통증을 호소했다.

왕의 군대는 전투를 중단하고 왕을 궁정으로 데리고 돌아갔다. 의사들이 불려왔지만 아무도 왕을 치료할 수 없었다. 왕은 아픈 눈을 계속 비볐기 때문에 눈이 점점 충혈되고 통증도 심해졌다. 게다가 원래 잔인했던 왕은 통증을 제거해주지 못한 의사들을 모조리 처형했다.

하루는 가난한 유대인 농부가 왕에게 와서 말했다.

"폐하, 옷을 벗어주십시오. 그렇게 하면 폐하의 눈을 치료해드리겠습니다."

왕이 옷을 벗자 농부는 왕의 배를 만지며 말했다.

"폐하의 배 속에 들어 있는 재앙에 비하면 눈의 재앙은 아무것도 아닙니다. 폐하의 배 속에는 무서운 촌충이 있는데, 그것이 하루하루 성장하고 있습니다."

그렇게 말한 뒤 그는 왕에게 액체가 들어 있는 작은 병을 주면서 일 주일 동안 매일 세 방울의 액체를 배 위에 뿌리고 문지르면, 여드레째 되는 날 촌충이 죽을 것이라고 말했다.

왕은 농부가 시키는 대로 했다. 왕은 배 속에 있다는 촌충이 걱정되어 눈에 대해선 까맣게 잊어버리고 눈을 비비지도 않았다.

여드레째 되는 날 농부가 다시 와서 말했다.

"폐하, 촌충은 모두 죽었습니다. 또 그동안 폐하의 눈도 나았습니다."

왕은 유대인에게 후하게 사례를 하고 그때부터는 유대인과 평화롭게 지냈다.

유대인 양치기가 피리를 부는 까닭

황야에서 사냥을 하던 왕이 피리 소리를 들었다. 그 소리가 너무 감미로워서 소리나는 쪽을 향해 걸어가니 언덕이 나왔고, 그 언덕 위에서 유대인 양치기가 피리를 불고 있었다. 왕은 그 양치기가 마음에 쏙 들어 이렇게 말했다.

"양치기여, 양 떼를 떠나서 나를 따라오지 않겠는가?"

양치기가 양 떼를 떠나 왕을 따라가자, 왕은 그를 왕실의 재무담당 대신으로 발탁했다.

성공한 사람들은 적을 만들기 쉽고 질시의 대상이 되기 쉬운 법이지만, 유대인의 경우는 특히 더 그랬다. 왕의 신하들은 이 신임 대신을 점차 시기하게 되었다. 그들은 그를 파멸시킬 방법을 논의하고, 왕에게 말했다.

"그 유대인은 국가의 돈을 횡령하고, 또 거둬들인 세금의 일부를 빼돌리고 있습니다."

왕은 그 말을 듣고 격노하여 유대인의 예금통장을 조사하게 했다. 회계검사관이 찾아갔지만, 그들은 그 유대인의 이름으로 된 예금계좌를 찾을 수가 없었다.

"그럼 그 자의 집을 조사해 보자"고 왕은 말했다. 왕은 신하와 경찰관들과 함께 집을 수색했지만, 싸구려 가구 말고는 특별한 것은 아무것도 발견할 수 없었다. 그 유대인은 매우 검소한 생활을 하고 있었던 것이다.

그런데 유일하게 자물쇠가 채워져 있는 방이 있어서, 왕은 마지막으로 그 방을 조사하기로 했다. 왕이 유대인의 하인에게 그 방에 무엇이 들어 있느냐고 물었더니, 그들은 모른다고 대답했다. 그 방에는 오직 주인만 들어가며, 방에 들어가서는 바로 문을 걸어 잠근다는 것이었다. 신하들은 의기양양하게 말했다.

"폐하, 이제 분명하지 않습니까? 그는 이 방에 가로챈 것들을 숨기고 있는 게 틀림없습니다."

왕은 문을 부수라고 명령했다. 하지만 그 방에 뛰어들어간 그들은, 그곳에서 양치기의 신변용품과 낡은 배낭, 그리고 피리 말고는 아무것도 발견할 수 없었다. 모든 사람들이 놀랐다. 왕이 방에서 나온 물건들을 보고 어떻게 된 일이냐고 물으니 유대인이 대답했다.

"폐하, 폐하께서 저를 대신에 임명하셨을 때, 저는 양치기의 신변용품을 모두 이 방에 넣었습니다. 저는 하루 한 시간 이 방에서 피리를 부는데, 그것은 제가 옛날 황야에서 일개 양치기에 지나지 않았으며, 따라서 교만해져서는 안 된다는 것을 자신에게 일러주기 위함입니다."

악몽

이슬람교, 그리스도교, 유대교 대신 한 명씩을 거느린 왕이 있었다. 이 세 사람은 모두 현명하여 꿈을 해석할 줄 알았는데, 어느 날 왕은 매우 어려운 문제를 제시하여 세 사람을 놀라게 했다. 여느 때 같으면 전날 밤 꾼 꿈에 대해서 질문했을 텐데, 그날의 질문은 "나는 오늘 밤 어떤 꿈을 꿀 것인가?" 하는 것이었다. 이것은 분명히 난제였다!

이슬람교 대신은 생각하고 생각하고 또 생각했다. 드디어 그는 말했다.

"폐하께서는 황금마차를 타고 있는 꿈을 꾸실 것입니다."

그리스도교 대신도 대답하기 전에 한참 동안 생각했다.

"폐하께서는 꿈속에서 전쟁에 승리하실 것입니다."

하지만 유대교 대신은 생각도 하지 않고 그 자리에서 대답했다.

"폐하, 폐하께서는 돌팔매를 맞고 채찍질을 당하여, 그 고통 때문에 미쳐서 정신병원에 실려가는 꿈을 꾸실 것입니다."

왕은 말했다.

"그런 끔찍한 꿈을! 아무튼 결과는 오늘 밤에 나올 것이다."
왕은 세 대신에게 이튿날 아침에 오라고 명령했다.
왕 앞에서 물러나오자 그리스도교와 이슬람교 대신은 유대인 대신을 비웃었다.
"왕이 그런 꿈을 꾸다니!"
하지만 왕 자신은 처음 두 대신이 얘기한 아름다운 꿈에는 관심도 없었다. 그에게는 유대인 대신이 말한 불길한 예고만이 마음에 걸렸다. 왕은 하루 종일 그것에 대해 생각하다가 나중에는 잊으려고 애썼지만, 그러면 그럴수록 더욱 머릿속에서 떠나지 않았다.
밤에 침대에 누웠을 때는 머릿속에 완전히 그것에 대한 생각밖에 없어서 그만 그 꿈을 꾸고 말았다. 왕은 꿈속에서 자신이 정신병원이 아니라 왕의 가마 속에 있다는 것을 알고 비로소 공포에서 해방되었다.
아침이 되어 3명의 대신이 찾아오자, 왕은 그들에게 자신이 꾼 꿈을 얘기한 뒤 유대인 대신을 칭찬하고 후한 상을 내렸다.

아버지가 남긴 세 가지 조언

부유한 상인이 있었는데, 그의 아들은 무척 경박한 젊은이로, 술을 마시고 노래부르며 노는 것을 좋아하고 맨날 여자 꽁무니만 쫓아다녔다. 아버지는 임종할 때 아들을 불러 이렇게 말했다.
"아들아, 네가 술을 마시고 노래를 부르고 여자 꽁무니를 따라다니는 것을 좋아한다는 것은 알고 있다. 하지만 그 일로 너를 질책할 생각은 없다. 다만 너에게 세 가지 조언을 하고 싶구나. 그 조언을 지키겠다고 아버지에게 약속해다오."
아들이 약속하겠다고 하자 상인은 말을 이었다.
"나의 첫 번째 조언은 새벽 2시가 되기 전에는 술집에서 여자의 엉덩이를 만져서는 안 된다는 것이다. 두 번째 조언은 아침 10시전에 여자를 만나서는 안 된다는 것이다. 또 세 번째 조언은 밤에 화나는 일이 있어도 행동은 다음날 아침까지 보류하라는 것이다."

상인은 그렇게 말하고 숨을 거두었다. 아들은 아버지의 조언을 머리에 새겨두었다. 거상 기간이 끝나자, 그는 슬픔을 달래기 위해 친구들과 한바탕 신나게 어울려 술집에 가려고 새벽 2시가 될 때까지 기다렸다. 그 시간이 되어 술집에 들어가니 친구들이 벌써 바닥 위에 흉한 몰골로 쓰러져 뒹굴고 있었다. 이미 몇 시간 전부터 여자를 희롱하며 술통에 빠지도록 술을 마셔댔기 때문이었다. 그 광경에 자신도 모르게 역겨움을 느낀 그는 그 자리에서 두 번 다시 술집에 가지 않을 것을 맹세했다.

이튿날 그는 몹시 매력 있다고 생각하던 여자친구를 만나고 싶었다. 시계가 아침 10시를 가리켰을 때 그는 여자의 집에 가서 문을 두드렸다. 여자는 그를 집안에 불러들여 침실로 안내했다.

거기서 그는 밤에는 무척 미인으로 보였던 그녀의 아름다움이, 입술 연지와 볼연지, 가짜 속눈썹, 아이섀도, 그리고 머리 염색 때문이라는 것과 여자의 진짜 얼굴은 혈색이 나쁘고 마녀처럼 주름살이 늘어져 있다는 것을 알았다. 그런 모습은 한 번으로 충분했다. 그는 두 번 다시 여자를 찾지 않았다.

그로부터 얼마 뒤, 상인의 아들은 아내를 맞아들였다. 결혼식 이튿날 그는 긴 여행을 떠나지 않으면 안 되었다. 그 여행은 무려 2년이나 걸렸는데, 그 사이 아내는 아들을 낳았다. 하지만 아이의 아버지인 상인의 아들은 이 출산에 대해 아무것도 몰랐다. 한 곳에 오래 머무르지 않고 소식이 도착하기 전에 다른 곳으로 이동했기 때문이었다.

가는 곳마다 성공적으로 일을 끝낸 상인의 아들은 기쁜 마음으로 귀국하여, 한밤중에 집에 도착했다. 그가 현관문을 여는 순간, 불빛이 꺼진 아내의 방에서 누군가의 목소리가 들렸다. 머리에 피가 거꾸로 치솟는 것을 느낀 그는 칼을 뽑아 그 방으로 돌진하려고 했다. 하지만 그때 그의 머릿속에 아버지의 세 번째 조언이 떠올랐다. 그래서 그는 분노를 억누르고 근처 여관에서 하룻밤을 보냈다.

아침 일찍 일어나서 그는 다시 집으로 갔다. 집에 들어간 그의 눈에 들어온 것은 무릎 위에 아기를 올려놓고 있는 아내였다.

그는 아내에게 물었다.

"아니, 그 아인 누구의 아이요?"

"뭐라고요? 이 아인 당신이 집을 비운 사이에 태어난 당신의 아들이에요."

"그럼, 밤에는 어디서 잠을 자지?"

상인의 아들이 물었다.

"물론 제 방에서죠."

남자는 그때야 비로소 간밤에 들은 목소리가 아내와 아들의 목소리라는 것을 알았다.

시골사람

한 시골사람과 그의 아내가 코즈니츠의 차디크, 랍비 이스라엘을 찾아와서 아이를 낳을 수 있도록 두 사람을 축복해 달라고 간청했다.

"그럼, 먼저 나에게 금화 52크라운을 주시오."

랍비는 말했다.

"랍비님, 금화 10크라운이라면 어떻게 해보겠지만 그 이상은 도저히……."

시골사람이 20크라운을 내겠다고 해도 랍비는 여전히 고개를 가로저었다. 금전에 타협을 보지 못한 시골사람은 마침내 울화통이 터져서 아내에게 말했다.

"그만 돌아갑시다. 신께서 랍비 없이도 아이를 낳을 수 있도록 우릴 도와주실 거요."
"그것이 바로 내가 듣고 싶었던 말이라네!"
랍비 이스라엘은 소리쳤다.
그로부터 1년 뒤 여자는 아들을 낳았다.

랍비를 찾아온 죽은 사람
베르부르츠의 차디크, 랍비 이소코르의 회중 중에서 유명한 유대인이 죽었는데, 한참 뒤 그가 랍비를 찾아와서 도움을 청했다. 남자의 말로는 아내가 죽었으니 재혼할 수 있는 돈을 빌려달라는 것이었다.

랍비가 말했다.
"하지만 당신은 이미 죽었소. 살아 있는 사람들의 세상에서 무엇을 하겠다는 것이오?"

그 죽은 남자는 랍비가 그의 외투를 벗겨 그 밑의 수의를 보여줄 때까지 자신이 죽었다는 사실을 믿으려 하지 않았다. 그가 간 뒤 랍비의 아들은 아버지에게 물었다.

"아버님, 제가 살아 있는 사람들의 세상을 배회하고 있는 죽은 자가 아니라는 것을 어떻게 알 수 있습니까?"

"네가 죽음이라는 것에 대해 알고 있으면, 너는 죽은 것이 아니다. 죽은 사람은 죽음에 대해서 아무것도 모른단다."

랍비는 말했다.

악마의 유혹
모든 사람들이 믿고 있는 것, 악의 왕국에는 악마가 살고 있으며, 그들이 하는 일은 사람들을 유혹하는 것이라는 사실을 믿지 않았던 남자가 있었다. 어느 날 밤, 악마가 그 남자의 집에 찾아와서 그에게 집 밖으로 나와보라고 권했다. 악마는 그에게 멋진 털을 가진 말을 팔려고 했다.
"얼마요?"
남자는 물었다.
"4길드요."
악마가 대답했다.
남자는 그 말이 적어도 8길드의 가치는 있다고 판단했다. 털이 무척 아름다운 말이었기 때문이다. 남자는 그것을 샀고 그 거래에 만족했다.
이튿날 남자는 말을 팔려고 시장에 나갔다. 썩 괜찮은 가격이 매겨졌지만 그는 생각했다.
'이 정도 말이면 틀림없이 그 2배는 받을 수 있다.'
남자는 다른 곳으로 갔는데 2배의 가격이 매겨지자 그는 말했다.
"그 2배는 받을 수 있을 게 틀림없어."
이리하여 그가 시장을 돌고 도는 동안 그 말에는 수천 길드의 가격이 매겨졌지만, 그때마다 그는 자신에게 말했다.
"그 2배의 가치는 된다"고.
결국 왕을 제외하고는 그 말을 살 수 있는 사람이 없었다. 남자는 말을 왕궁으로 끌고 갔다. 왕은 막대한 돈을 주고 그 말을 사려했다. 정말 훌륭한 말이었기 때문이다. 하지만 여기에 이르러서도 남자는 "그 2배는 된다"고 하며 팔지 않았다.
남자는 왕궁에서 나와 말에게 물을 먹이기 위해 우물이 있는 곳으로 갔다. 그 우물에는 악마가 있었는데, 갑자기 말이 그 속에 뛰어들더니 자취를 감추는 것이었다.
남자는 큰 소리로 외치기 시작했다. 사람들이 달려와서 무슨 일이냐고 묻자, 남자는 자기 말이 우물 속에 들어갔다고 말했다. 사람들은 그가 미친 것으로 생각하고 그를 조롱하고 때렸다. 말이 들어가기에는 우물이 너무 작았던 것이다.

남자는 사람들이 가버리고 혼자 남았다. 잠시 뒤 집으로 돌아가려고 발길을 돌렸다. 바로 그때 말이 우물에서 목을 내밀었다. 그것을 보고 남자는 또 소리쳤다.

"여길 보시오, 여길! 여기 말이 있지 않소?"

사람들이 돌아와서 또 그를 때렸다. 그의 정신이 이상해졌다고 생각한 것이다. 남자가 집으로 돌아가려 하자 말이 다시 머리를 내밀었고 그는 또 몰매를 맞았다.

욕망은 추구하면 할수록 우리를 유혹한다. 우리가 유혹을 이겼다고 생각하는 순간에도, 유혹은 모가지를 쳐들고 우리를 다시 한 번 유혹한다. 착각해서는 안 된다.

머리가 이상해진 왕자

머리가 이상해진 왕자가 있었다. 그는 자신을 칠면조라고 생각해서 알몸으로 식탁 밑을 기어다니거나 그 밑에 떨어진 빵 부스러기를 쪼아먹기도 했다. 왕자를 치료할 방법을 찾지 못한 의사들은 낙담했고, 아버지인 국왕은 슬픔에 잠겼다. 어느 날, 한 현자가 찾아와서 자기가 왕자를 치료해 보겠다고 선언했다.

현자는 옷을 벗더니 식탁 밑에 있는 왕자와 함께 떨어진 빵 부스러기를 쪼아먹기 시작했다.

"자신이 지금 하고 있는 행동을 어떻게 생각하십니까?"

왕자가 물었다.

"나는 칠면조입니다" 하고 현자가 대답하자,

"나도 칠면조요" 하며 왕자도 응답했다.

현자는 왕자가 자신을 따르게 될 때까지 오랫동안 식탁 밑에서 그와 함께 있었다. 왕자와 가까워지자, 그는 두 장의 셔츠를 가지고 오라고 신호를 보냈다.

현자는 왕자에게 물었다.

"칠면조는 셔츠를 입을 수 없다고 누가 그러던가요? 셔츠를 입어도 칠면조는 칠면조입니다."

그래서 두 사람은 셔츠를 입었다.

다음에 현자는 바지 2벌을 가지고 오게 했다.

"칠면조가 바지를 입어서는 안 되는 것일까요?"

현자는 왕자에게 물었다. 두 사람은 속옷과 그 밖의 옷도 입어 결국 옷을 전부 입게 되었다.

그것이 끝나자 현자는 음식을 식탁 밑에 내려놓으라는 신호를 보냈다.

"맛있는 음식을 먹는 것은 칠면조답지 않은 일일까요?"

현자는 물었다.

"아니오!" 한참 뒤에 왕자는 덧붙였다.

"왜 칠면조는 언제나 식탁 밑을 기어다니지 않으면 안 되는 것입니까? 의자에 앉고 싶을 때 그렇게 하지 못할 이유가 어디 있습니까?"

이리하여 현자는 조금씩 왕자를 치료해갔다.

그는 그 사람을 가지고 놀았다

어떤 가난한 가게 주인이 안식일에 회당에서 넋을 잃고 랍비의 설교를 듣고 있었다. 랍비의 설교는 이러했다.

"이 생에서 가난한 사람은 내세에서는 부자가 될 것입니다. 여기서 부자인 사람은 하느님의 정하신 법에 의하여 다음 세상에서는 가난하게 될 것입니다. 왜냐하면 모든 사람은 똑같이 하느님의 자녀요 그분은 모든 사람들에게 공평하시기 때문입니다."

며칠 뒤에 그 가난한 가게 주인은 랍비를 만나러 갔다.

"랍비님, 이 세상에서 가난한 사람들은 내세에서는 정말로 부자가 된다고 믿으십니까?"

그가 진지하게 묻자, 랍비는 힘을 주어 대답했다.
"그것은 아주 분명한 사실이오!"
"아시다시피 저는 가난한 가게 주인입니다. 제가 내세에서 부자가 된다는 말씀입니까?"
"물론이오!"
가난한 가게 주인은 너무나 기뻐 소리질렀다.
"그렇다면 랍비님, 저에게 100루블만 빌려 주십시오. 제가 내세에서 재산을 모으면 되돌려 드릴 테니까요."
랍비는 한마디도 하지 않고 반짝이는 은화로 100루블을 세어 주었다. 가난한 상인은 자기 눈을 믿을 수 없었다. 그가 돈을 받으려고 손을 내밀자 랍비는 그를 제지하며 물었다.
"친구여, 당신은 이 돈으로 무엇을 할 작정이오?"
"새 상품을 사렵니다."
"그것으로 돈을 벌 수 있다고 생각하시오?"
"그것은 카누카(수전절)의 팬케이크처럼 잘 팔릴 것입니다!"
이 말을 들은 랍비는 주려던 돈을 도로 호주머니에 집어 넣으면서 이렇게 말했다.
"그렇다면 나는 당신에게 100루블을 줄 수 없소. 당신이 여기서 부자가 된다면 저 세상에서는 가난하게 될 것이오. 그런 당신이 저 세상에서 어떻게 채무를 갚을 수 있겠소?"

값싼 술
요셀과 멘델은 어떤 작은 마을에서 술집을 같이 경영하고 있었다. 어느 날 그들은 몇 루블을 모은 뒤 위스키 한 통을 사러 시내로 마차를 몰고 갔다. 돌아오는 길에 추위가 몰아쳤기 때문에 그 두 사람은 위스키 한잔 생각이 간절했다.
그러나 그들은 마차에 술통을 얹어 놓으면서 한 방울도 손대지 않겠다고 서로에게 엄숙히 약속하지 않았던가? 한 주일 동안 그들의 생계가 바로 거기에 달려 있었다.

요셀은 임기응변에 능한 사람이라 호주머니를 들여다 보고는 5코페이카짜리 동전을 찾아내고 멘델에게 말했다.

"여기 5코페이카가 있네. 술통에서 자네 몫의 위스키를 한 모금 주게."

멘델은 사업하는 사람이었으므로 "자네에게 한잔 팔아야겠네"라고 대답했다. 그래서 그는 요셀에게 술을 조금 따라 주었다.

요셀은 술을 마시자마자 몸이 따뜻해져서 기분이 좋아졌다. 반면에 멘델은 추위에 코가 새파래졌다. 그는 운좋게도 5코페이카를 주머니에 가지고 있는 요셀 녀석이 얼마나 부러웠는지 모른다. 그러다 그도 호주머니에 동전이 있음을 알았다. 이제 그 동전은 자기 것이었던 것이다. 멘델은 동업자에게 말했다.

"요셀, 여기 5코페이카짜리가 있네. 자네 몫에서 나에게 한 잔 팔게나!"

요셀도 장사하는 사람이었으므로 "현금은 현금이지"라고 말했다.

그리고 멘델에게 한 잔 따라 주고는 돈을 도로 받았다.

이런 식으로 멘델과 요셀은 5코페이카 하나로 한 잔 한 잔 계속 서로에게서 술을 사 마셨다. 그들이 술집에 돌아왔을 때는 완전히 취해 있었다.

요셀은 이렇게 소리쳤다.

"얼마나 대단한 기적인가! 한번 생각해 보게. 위스키 한 통을 단 5코페이카에 사버리다니!"

유죄인가 무죄인가

세빌리아 시는 격분한 사람들로 들끓고 있었다.

어떤 그리스도인 소년이 죽은 채로 발견되어 그 도시의 랍비가 유대인 사회의 우두머리로서 재판받기 위하여 종교재판소장 앞으로 불려왔다.

재판소장은 유대인들에 의해 그 살해사건이 저질러졌다는 것을 증명하려고 노력했지만, 랍비는 고소 내용이 잘못되었다는 사실을 밝혀냈다. 재판소장은 자기가 논쟁에는 일인자라고 생각하고 있었기 때문에 경건한 척 눈을 들어 하늘을 보며 말했다.

"우리는 이 문제를 하느님의 판단에 맡겨야 하오. 나는 제비뽑기를 하겠소. 상자 안에 2장의 종이를 놓고 1장에는 '유죄'라 쓰고 다른 1장에는 아무것도 쓰지 않을 것이오. 그가 만약 '유죄'라 쓴 종이를 집으면, 이 유대인이 죄가 있다는 하늘의 뜻이 드러난 것으로 알고 그를 화형시키겠소. 만약 그가 아무것도 적혀 있지 않은 종이를 집으면 유대인이 죄가 없다는 하늘의 증명으로 알고 그를 풀어 주겠소."

그런데 재판관은 아주 교활한 사내였다. 그는 유대인을 화형시키고 싶어서 아무도 모르게 2장의 종이에다가 전부 '유죄'라고 썼다. 랍비는 그가 그런 짓을 하고도 남으리라고 짐작하고 있었기에 손을 상자 속에 집어넣어 1장의 종이를 꺼내 재빨리 입에 넣고 삼켜 버렸다.

"이게 무슨 짓이오?"

재판관은 화를 내며 말했다.

"당신이 그 종이를 삼켜 버리면 그것이 무엇이 씌어진 종이인지 어떻게 알겠소?"

랍비는 대답했다.

"아주 간단한 방법이 있지요. 당신은 상자 안에 남은 종이를 보기만 하면 됩니다."

그래서 그들은 상자에 남아 있는 종이를 끄집어냈다.

"거 보시오"라고 랍비는 의기양양하게 소리쳤다.

"이 종이에 '유죄'라고 쓰여 있으니까 내가 삼킨 종이는 백지였음에 틀림없지요. 이제 나를 풀어 주시지요!"
결국 그는 풀려날 수 있었다.

마흔을 넘긴 어떤 작가의 생활

막 학업을 마친 한 젊은 탈무드 학자가 랍비 엘리야에게 와서 추천장을 써달라고 부탁했다.

랍비 엘리야는 연민의 정으로 그를 바라보았다.

"이보게나, 그대는 냉엄한 현실을 맛보아야 하네. 그대가 훌륭한 저자(著者)가 되고자 한다면, 마흔 살이 될 때까지 그릇 행상처럼 이집 저집 다니면서 그대의 책을 팔기도 하고 굶주림도 맛보아야 되네."

"제가 마흔 살이 되면 그때는 무슨 일이 일어납니까?"

그 젊은 작가는 희망을 걸고 물어 보았다. 이에 랍비 엘리야는 다음과 같이 격려하며 빙긋 웃었다.

"그대가 마흔 살이 되면 그 일에 익숙해져 있을 걸세."

앞을 내다볼 줄 아는 아버지

한 부유한 상인이 종을 데리고 먼 바닷길을 떠나게 되었다.

그에게는 아들 하나가 있었는데 그는 홀아비였기 때문에 그가 길을 떠난 뒤에는 아들만 남게 되었다. 그 아들은 아주 경건한 사람으로 거룩한 학문을 배우는 학생이었다.

그런데 길을 가는 도중 상인이 몹져 눕게 되었고, 결국 그는 모든 재산을 청지기로 따라온 종에게 물려주노라는 유언을 남긴 채 죽고 말았다. 아들에게는 그저 그의 모든 재산 가운데 한 가지만 선택할 수 있노라고 기록하였다.

상인이 죽자 동행한 종은 그가 지닌 모든 돈과 유언장을 가지고 이스라엘 땅으로 돌아왔다.
그는 주인의 아들에게 말했다.
"당신의 아버지는 죽었소. 그는 모든 재산을 내게 물려준다는 유언을 남겼소. 그러나 당신에게는 모든 소유물 중 단 한 가지만 선택하도록 하셨소."
이 말을 들은 아들은 가슴이 찢어질 듯 아팠다. 그는 랍비에게 가서 자초지종을 이야기했다. 이 말을 들은 랍비는 말했다.
"당신의 아버지는 현자요, 놀라운 식견을 가지신 분입니다. 나는 그가 틀림없이 이렇게 생각했을 것이라고 확신합니다.
'내가 재산을 아들에게 물려준다면 종이 재산을 가로챌 것이다. 그럴 바에야 차라리 종을 후계자로 삼는 것이 나을 것이다. 그럴 경우에 종은 그 재산을 제 것처럼 아낄 것이다. 그러므로 내 아들은 재산 가운데 한 가지만 선택한다고 할지라도 충분할 것이다.'
이제 내가 결론적으로 말하겠습니다. 당신과 종이 재판관에게 가서 유언장을 내보일 때 이렇게 말하시오.
'나의 아버지는 내게 한 가지 선택권을 주셨습니다. 그러므로 나는 이 종을 선택하겠습니다.'"
랍비는 계속 말을 이었다.
"이제 안심하시오. 그 종이 당신게 속한다면 그가 아버지에게서 물려받은 모든 것은 당신 것이 되는 것입니다."
그리하여 아버지를 잃은 그 아들은 랍비가 시킨 대로 했다.
결국 그는 아버지의 모든 재산을 소유할 수 있게 되었다.

스피노자

한 자유사상가가 코레즈의 랍비 핀카스를 조롱하며 말했다.
"철학자 스피노자가 그의 저작 가운데 무슨 얘기를 하였는지 알고 싶지 않소? 그는 인간이 동물보다 결코 뛰어나지 못하며 동물과 같은 본성을 가지고 있다고 썼단 말입니다."
"그렇다면 어떻게 지금까지 동물 가운데에는 스피노자 같은 철학자가 나오지 못했습니까?"
랍비는 반문했다.

교묘한 말

한 젊은이가 양심의 가책을 느낄 만한 죄를 범했다.

그러나 그는 자존심이 강했기 때문에 자기 죄를 랍비에게 고백하는 것이 몹시 어려웠다. 그래서 그는 계략을 하나 생각해냈다. 그는 랍비에게 가서 친구 1명이 자기에게 죄의 용서를 빌고 있는 체했던 것이다.

그는 친구의 모든 잘못을 낱낱이 얘기했다. 그런데도 친구는 너무 부끄러움을 많이 타기 때문에 직접 올 수 없노라고 얘기했다.

그러자 랍비는 그가 자신을 속이고 있다는 사실을 눈치채고 말했다.

"당신 친구는 어리석은 자임에 틀림없소! 그 자신이 올 수 없었단 말이오! 그도 와서 당신이 지금 나에게 한 말, 그러니까 친구를 위하여 왔노라고 이야기할 수 있었을 게 아니오? 그런 식으로 그는 창피당하지 않고도 자기 할 말을 할 수 있었을 거요."

모든 관습에는 이유가 있다

유복한 상인이 있었는데, 그는 머리가 좋고 세속적인 이익에 밝은 사람으로 갓 결혼한 아들 내외를 부양하면서 살고 있었다. 아들은 마음씨가 고왔다. 그는 자선 사업에 힘을 기울여 도움을 요청하는 가난한 사람들을 기꺼이 도왔다.

그러던 중 아내가 아들을 낳게 되었다. 기분이 좋아진 할아버지는 이를 기념하기 위하여 손자에게 할례를 베푸는 날 큰 잔치를 벌이기로 했다.

잔치가 시작되기 직전 상인의 아들은 아버지에게 다음과 같이 말했다.

"아버님, 손님들의 좌석 배치를 어떻게 할까요? 아버님께서 예전에 하시던 대로 부자들을 상석에 앉히고 가난한 사람들을 문간에 앉힌다면 제 마음이 무거울 것입니다.

아버님도 아시다시피 저는 가난한 사람들을 사랑합니다. 이 잔치는 적어도 제 아들을 기념하기 위한 것이니까, 아무런 존중도 받지 못하고 사는 사람들을 귀히 대접할 기회를 주십시오. 가난한 사람들을 상석에 앉히고 부자들을 문간에 앉히겠다고 저에게 약속해 주십시오."

아버지는 이 이야기를 주의 깊게 듣더니 입을 열었다.

"아들아, 한번 생각해 봐라. 세상에서 행하는 방법을 바꾸는 일은 쉽지 않다. 모든 관례에는 다 이유가 있어. 이런 식으로 생각해 보거라. 가난한 사람들이 왜 잔치에 오겠니? 물론 그들은 배가 고프므로 맛있는 음식을 먹고 싶기 때문이다.

부자들은 왜 잔치에 오겠니? 그것은 자기들이 존중받기 위함이다. 그들은 자기 집에도 맛있는 음식이 많이 있기 때문에 먹기 위해서 오는 것은 아니다.

그러면 가난한 사람들이 상석에 앉았다고 생각해 보자. 그들은 다른 사람들의 눈을 의식해야 할 것이니 마음껏 먹을 수도 없게 되겠지. 그들은 먹고 싶은 음식도 먹지 못하게 된다.

그들이 눈치 보지 않고 마음껏 먹을 수 있는 문간에 그들을 앉게 하는 것이 그들을 위하여 더 낫다고 생각하지 않니? 뿐만 아니라 네가 말하는 대로 부자들을 말석에 앉힌다고 생각해 보자. 그들이 모욕당했다고 생각하지 않겠니? 그들은 먹기 위해서 온 것이 아니라 존중받기 위해서 온 것이다. 네가 그들을 존중해주지 않는다면 그들은 무엇을 얻고 돌아가겠니?"

운명의 수레바퀴

　도시에 굉장한 부자가 살고 있었다. 그는 셀 수도 없는 금은보화를 가지고 있었고 커다란 저택에서 많은 종들의 시중을 받아가면서 살아가고 있었다. 그와 아내, 그리고 자녀들의 옷차림은 마치 귀족과도 같았다. 그러나 운명의 수레바퀴가 어떻게 돌아갈는지는 아무도 모르고 있었다. 얼마 지나지 않아 이 사람이 큰 장사에서 굉장한 손실을 보아 파산하고 말았던 것이다.

　채권자들은 인정사정없이 그의 저택을 빼앗아 버렸다. 모든 재산을 빼앗기고 난 뒤, 그에게 남은 것은 초라한 오두막집과 조그마한 채소밭뿐이었다. 이제 그는 가게 주인이 되어 새로운 환경에 적응하려고 애쓴 결과, 그럭저럭 가족을 부양할 만큼 돈을 벌게 되었다. 그러나 그는 화려한 저택에서 호화스럽게 살던 때를 잊지 못했다.

　옛날의 영화를 생각하면서 그는 한탄조로 말했다. "아, 그 아름다운 집에서 더 이상 살 수 없다니! 많은 종들의 시중을 받아가면서 사치스럽게 살던 행복했던 시절도 지나가 버렸구나. 나와 가족들은 비로드가 아니라 여느 평범한 가게 주인처럼 싸구려 양모나 무명옷을 입고 있구나."

　그리고 여러 해가 지나갔다. 운명의 수레바퀴는 또다시 교묘하게 돌아갔다. 그의 오두막집에 불이 나서 집을 죄다 태우고 그의 모든 소유물을 깡그리 불태워 버렸다. 그러자 그는 작은 채소밭을 팔아서 그 돈으로 말과 마차를 사서 행상을 하게 되었다. 그의 삶은 고난의 연속이었다. 그는 말 먹이를 마련하기 위하여 굶주려야 했다. 이제 그는 자기의 저택과 자기를 시중들던 수많은 종을 생각하고 울지 않았다.

　"내가 오두막집에서 채소밭을 가지고 살던 때가 얼마나 좋았던가! 내 처지가 어떻게 되었는가? 겨우 짐마차꾼이 아닌가!"

　잠시 뒤 또 다른 불행이 그에게 들이닥쳤다. 말이 병들어서 죽었던 것이다. 그는 새 말을 살 형편이 되지 못했기 때문에 짐마차꾼이 되기를 포기하고 이제 짐꾼이 되었다. 그는 어깨로 무거운 짐을 힘겹게 나르는 일을 하게 되었다. 그래도 끼니조차 이어가기 힘들었다. 그는 한탄조로 말했다.

"내가 말과 마차를 가지고 손님과 상품을 시장으로 운반하던 때가 얼마나 좋았던고! 지금 형편은 어떤가? 나는 허약한 어깨 위에 모든 것을 날라야 하지 않는가?"

그러던 어느 날 그가 무거운 짐을 등에 지고 끙끙거리며 길을 가고 있을 때 옛친구를 만났다.

"아이고 끔찍해라. 이 불쌍한 친구야! 자네에게 무슨 일이 일어났는가? 자네의 웅장한 저택은 어디로 갔는가? 자네의 모든 재물과 그 멋진 마차는 어디 갔는가?"

이제 짐꾼이 된 그 사람은 화를 내며 대답했다.

"그 따위 터무니없는 말로 나를 괴롭히지 말게. 나는 이미 오래전에 저택과 화려한 생활을 잊어버렸네. 내가 지금 바라는 것은 말을 가지고 짐마차꾼 노릇을 했던 바로 그때라네."

랍비의 수학

세 사람이 돈을 모아 2700루블을 주고 17마리의 말을 샀다. 한 사람은 그 돈의 반을 출자하고, 다른 한 사람은 3분의 1, 나머지 한 사람은 9분의 1을 출자했다. 그러나 그들은 말을 나누게 되었을 때 어찌할 바를 몰랐다. 그래서 랍비에게 조언을 구하러 갔다.

랍비는 말했다.

"한밤 자고 나서 이 문제를 생각해 봅시다. 내일 아침에 당신들의 말을 끌고 이리로 오시오."

다음날 아침 정한 시간에 세 사람이 자기들의 말을 전부 끌고 왔다. 그러자 랍비는 자기 마구간으로 가더니 자신의 말을 꺼냈다. 그리고 말 위에 올라타더니 17마리의 그들 말 속으로 몰고 갔다.
그리고 랍비는 말했다.
"이보시오들, 이제 말의 수가 18마리가 되었소. 반을 출자한 당신은 9마리를 가지시오. 또 3분의 1을 출자한 당신은 6마리를 가지시오. 또 9분의 1을 출자한 당신은 2마리를 가지시오. 그렇게 되면 17마리가 모두 처리된 셈이오."
말을 마친 랍비는 자기 말을 다시 마구간으로 끌어다 놓은 뒤, 다시 탈무드 연구에 들어갔다.

성인인가, 말인가

젊은이 하나가 위대한 랍비를 찾아와서 자기를 랍비로 만들어 달라고 부탁했다.
때는 마침 겨울이었다. 랍비는 창을 통하여 뜰을 내다보며 서 있었는데, 그 랍비 후보생은 자기가 경건하며 학식이 있다고 열심히 설명했다.
"랍비님, 저는 옛날의 현자들처럼 언제나 흠 없는 옷만을 입습니다. 저는 알코올이 들어간 음료는 마시지 않습니다.
저는 금욕 생활을 실천합니다. 저는 육신을 다스리기 위하여 신발 안쪽에 날카로운 못을 박아 놓았습니다. 아무리 추운 날씨라도 저는 육체를 괴롭게 하기 위해 아무것도 입지 않은 맨몸으로 눈 위에 눕습니다. 또한 매일 영원한 고행을 완성하기 위하여 회당지기가 저의 벗은 등 위에다가 40대의 매를 때립니다."
젊은이가 이렇게 말하고 있을 때 하얀 말이 뜰로 끌려 들어와 여물통에 입을 댔다. 말은 물을 먹은 뒤 다른 말들이 보통 하는 것처럼 눈 위에 드러누웠다.
랍비가 소리쳤다.
"저것 좀 봐라. 저 동물도 역시 하얀 옷을 입었구나. 저것 역시 물만 먹는구나. 또 신에는 못이 박혀 있고 눈 위에 벌거벗고 누워 있구나. 저 동물은 분명히 주인에게서 매일 40대의 매를 얻어 맞지. 그렇다면 자네에게 묻겠네. 저것이 성인인가? 아니면 말인가?"

독단적으로 강요하는 기도

겔의 랍비에게 불운이 닥쳤다. 그는 자신과 가족을 부양할 수조차 없었다. 그래서 그의 아내가 그에게 "하느님께 우리를 도와주시도록 부탁해 보세요"라고 말했다.

이 말을 들은 랍비가 소리쳤다.

"하느님이여, 용서하소서. 제가 하느님의 뜻을 준행해야 하거늘 하느님께서 저의 뜻을 행하도록 부탁할 권리가 제게 있습니까?"

랍비의 조언

한번은 부유하고 경건한 사람이 위대한 설교가인 랍비 돕 베르를 찾아와서 그의 축복을 부탁했다.

랍비가 그에게 물었다.

"그대는 식사를 잘 하시오?"

그 부자는 "저는 아주 검소하게 삽니다"라고 대답했다. 왜냐하면 그렇게 함으로써 랍비의 칭찬을 얻을 수 있다고 생각했기 때문이다.

"저의 식사는 소금친 마른 빵이 전부입니다."

랍비는 축복을 구하는 그 사람을 경멸조로 바라보며 물었다.

"당신 같은 부자가 왜 고기나 포도주 같은 좋은 음식을 아끼오?"

그리고 나서도 계속해서 그에게 거칠게 얘기했다. 그러자 그 경건한 부자는 너무 당황한 나머지 나중에는 포도주와 고기를 먹겠노라고 분명하게 얘기했다.

랍비가 이러한 조언을 해주자 제자들은 매우 놀랐다. 그 경건한 사람이 떠나고 난 뒤 물었다.

"랍비님, 그런 말씀을 하신 이유가 무엇입니까? 그 사람이 빵과 소금을 먹든 고기와 포도주를 먹든 그게 도대체 무슨 관계가 있습니까?"

랍비 돕 베르는 빙그레 웃으면서 말했다.

"그 부자는 잘살기 때문에 능력대로 고기와 포도주를 먹는다면 적어도 가난한 사람들이 마른 빵에 소금을 쳐서 먹을 수 있다는 사실을 이해할 수 있다. 그러나 스스로 인생의 즐거움을 거절한다면, 경건한 동기에서 그렇다고 할지라도 가난한 사람들은 돌을 먹어야 한다고 생각하게 될 것이다."

관대함은 마음에서 나온다

랍비 힐렐의 황금률을 실행에 옮기려고 하던 아주 자비롭고 이해심이 많은 랍비가 있었다.

어느 날 곤경에 처한 어떤 사람이 찾아와서 자기가 10루블을 얻을 수 있는지 물었다.

그는 사정하며 말했다.

"제 아내가 병들었지만 저는 의사에게 줄 돈이 없습니다."

랍비는 당장 현금이 없었으므로 은촛대를 주면서 말했다.

"이것을 가져다가 10루블에 저당잡히시오. 나중에 손수 찾으리다."

얼마 뒤 랍비가 전당업자에게서 촛대를 찾으려고 갔다. 그러나 놀랍게도 그 사람이 가지고 간 돈은 10루블이 아니라 20루블이었다.

전당업자는 화를 내며 말했다.

"랍비님, 그 사람은 사기꾼입니다. 뻔뻔스럽게도 랍비님의 촛대를 찾아 주지 않았을 뿐만 아니라 자기가 허락받은 금액 이상을 빌려 가다니요!"

랍비는 부드럽게 말했다.

"당신 말은 옳지 않소. 이 불행한 사람은 아주 겸손하며 사려 깊소. 그가 정말은 20루블이 필요했는데도 내게 10루블 이상을 애기할 용기가 나지 않았다고 생각해 보구려."

기도의 능력

탈무드의 하가다편에는 철학자이자 로마 황제인 마르쿠스 아우렐리우스가 라베누에게 질문한 내용이 실려 있다.

"나에게 너의 견해를 말하라. 하느님께 자주 기도드리는 것이 옳은가?"

"그것은 옳지 않습니다."

라베누는 대답했다.

"왜 옳지 않은가?"

"사람은 하느님과 너무 친해져서는 안 되기 때문입니다."

그러나 아우렐리우스는 이 대답에 만족하지 않았다. 다음날 아침에 라베누는 다시 황제를 방문했다. 그는 방으로 들어가며 "오, 능력 많으신 황제여, 평안하소서!"라고 소리쳤다. 잠시 뒤에 그가 돌아가면서 다시 "오 능력 많으신 황제여, 평안하소서!"라고 소리쳤다.

이 말을 들은 황제는 화를 내며 물었다.

"웬 야단이냐? 분명 너는 나를 놀리려고 그러지?"

라베누는 대답했다.

"황제의 귀가 당신 입에서 나온 말을 들었기를! 오 황제시여, 한갓 피와 살을 가지신 통치자이신 당신께서 너무 자주 인사하는 데 대해 싫증을 느끼시는데, 하물며 왕 중의 왕께서 그렇게 생각하시지 않겠습니까? 그러므로 분명 너무 많은 기도를 드리는 것은 좋지 않습니다!"

주정뱅이의 기도

랍비가 죽을 지경에 이르자 그 지방에 사는 유대인들은 하늘의 심판자께 사형 언도를 내리지 않게 해달라고 간청하기 위하여 금식일을 선포했다.

온 회중이 기도와 회개를 위해 회당에 모인 바로 그날, 주정뱅이 한 사람이 술을 마시려고 동네 술집에 들어갔다. 다른 유대인이 그의 이런 행동을 보고 꾸짖으며 말했다.

"오늘이 금식일이므로 술을 마실 수 없다는 것을 알지 못하는가? 모든 사람이 지금 랍비를 위해 기도하고 있네!"

주정뱅이도 회당에 들어가 기도했다.

"사랑하는 하느님! 제가 술을 마실 수 있도록 우리 랍비님이 건강을 되찾게 해주십시오."

랍비가 기적적으로 회복되었다. 그는 다음과 같이 경위를 설명했다.

"하느님께서 우리 마을의 주정뱅이를 오래오래 살도록 해주시기를! 너희들의 기도는 그렇지 않았는데 그의 기도가 하느님께 들린 사실을 알라. 그는 기도 속에 온 마음과 영혼을 쏟아 부었던 것이다."

진정한 감사

'주정뱅이'인 모트케와 '술꾼'인 피쉘은 뉘우치는 마음이 들었다. 그들은 이 세상에 살아 있는 한 다시는 술을 한 방울도 입에 대지 않겠노라고 맹세했다. 그들은 이 일을 위해 굳게 악수하고는 집을 향해 출발했다.

도중에 그들은 동네에 있는 술집 앞을 지나게 되었다. 그곳 분위기는 한껏 무르익은 듯했다. 흥겨운 노래 소리가 열린 창문을 통하여 그들에게까지 흘러 나왔다.

모트케는 한숨을 쉬며 "술집에서 보내는 시간은 얼마나 즐거운

가!"라고 말했다.
 피셸이 냉정한 목소리로 그에게 주의를 환기시켰다.
 "나는 우리가 다시는 저 가증스런 곳으로 가지 않기로 뜻을 모았다고 생각했네."
 모트케는 한숨 쉬었다.
 "나를 다시 저곳으로 끄는 것은 오랜 나의 약점이네."
 피셸은 우울한 표정으로 중얼거렸다.
 "그 점은 나도 마찬가지야."
 모트케는 제안했다.
 "우리 이제부터 눈 딱 감고 저곳을 보지 말고 여관까지 달려가세."
 "좋은 생각이네! 너무 유혹이 강하네."
 피셸도 동의했다.
 두 사람은 눈을 딱 감고 쏜살같이 술집을 지나 달렸다. 잠시 뒤에 그들은 달리기를 멈추고 눈을 떴다.
 '술꾼' 피셸이 즐거운 표정으로 고함쳤다.
 "이제 아무도 내가 약골이라고 말하지 못할 거야. 모트케, 내가 강한 의지력을 가지고 있다는 것이 놀랍네. 이제 나는 모든 유혹을 이겨낼 수 있네. 나는 이 위험을 벗어나게 해주신 하느님께 감사드리고 싶네."
 '주정뱅이' 모트케도 즐겁게 말했다.
 "내가 할 이야기가 있는데 말이야. 우리 술집에 가서 소주를 놓고 이 일에 대하여 감사드리는 게 어떻겠나?"

착한 사람의 선견지명
 한번은 어떤 귀인이 굉장한 식탁용 유리 식기를 선물로 받은 적이 있었는데, 그 하나하나가 너무나 아름답게 만들어져 있었고 보기에 좋았다.

　귀인은 그 유리 식기를 기쁘게 받고는 그 선물을 준 사람에게 보답으로 훨씬 값비싼 선물을 보내 주었다. 그러고는 귀인은 유리 식기를 하나하나 들더니 땅바닥에 내동댕이쳐 깨뜨려 버렸다. 종들이 이 광경을 보고 놀라 그 까닭을 물었다.

　귀인은 "나는 내 성격을 잘 안다. 나는 성미가 급하다. 그러니 속으로 이런 생각을 했지. '얼마 지나지 않아서 종 가운데 누군가가 모르고 이 값진 그릇을 깨뜨리게 될 것이다. 그러면 내가 그를 벌주게 될 것이다.' 그럴 바에야 그 이전에 내가 이 그릇들을 깨뜨리는 편이 더 나을 것이다"라고 대답했다.

올바른 재판관

　어떤 마을 사람이 큰 도시에 있는 랍비를 만나러 가서 다음과 같이 말했다.

　"랍비여, 저는 가까운 마을에서 왔습니다. 저는 하느님께 대항하여 송사를 하나 하려고 합니다. 그 이유는 이렇습니다.

　제게는 아내와 1000루블이 있었습니다. 하느님께서 무슨 일을 했는지 아십니까? 먼저 1000루블을 빼앗아 가고 그 다음에는 아내를 빼앗아 가버렸습니다. 나는 하느님이 그 순서를 바꾸었다면 무슨 상관이 있을지 묻고 싶습니다. 만약 먼저 아내를 빼앗아 갔다면 저는 1000루블을 가진 홀아비였을 것입니다. 그렇다면 1000루블을 가진 과부와 결혼하는 것이 아주 용이했을 것입니다. 그런 다음에 하느님이 나에게서 1000루블을 빼앗아 가기를 원했다고 할지라도 나에게는 아내와 1000루블이 남아 있을 것이 아닙니까?"

　랍비는 약간 당황한 빛을 보이며 물었다.

　"그런데, 친구여. 그대는 왜 송사를 당신 마을에 있는 랍비에게 가져가지 않고 이리로 가지고 왔는가?"

마을 사람은 말했다.

"솔직히 말씀드리겠습니다. 저는 그 랍비가 하느님을 아주 두려워하므로 하느님에게 결정을 맡길 것이라는 사실을 압니다. 그래서 우리 마을의 랍비에게 이 문제를 말씀드릴 수 없습니다. 반면에 당신이 하느님을 두려워하지 않는다는 것을 알기 때문에 당신에게서라면 이 송사에서 어느 정도 이길 가능성이 있다고 생각했기 때문입니다."

랍비의 실수

한 제자가 랍비를 찾아왔다. 아내가 중병에 걸렸으므로 그는 그 거룩한 사람에게 아내를 위하여 기도해 달라고 부탁했다.

랍비는 그에게 "아무 염려 말고 집으로 가라"고 말했다.

며칠 뒤 그 제자는 다시 와서 가슴을 치며 "오, 랍비님, 아내가 죽었습니다"라고 애곡했다.

랍비는 흥분하며 말했다.

"그럴 리가 없다. 내가 직접 죽음의 천사의 손에서 칼을 빼앗았는데!"

아내를 잃은 그 사람은 울먹였다.

"랍비님, 그건 제가 알 바 아닙니다. 그러나 아내는 죽었습니다."

랍비는 한숨지었다.

"그렇다면 죽음의 천사가 그녀를 맨손으로 목졸라 죽였구나."

담뱃대 속 몽상

한 경건한 랍비가 죽었다. 그를 사랑하던 모든 제자들이 그의 유품을 얻고 싶어했다. 제자 한 사람은 랍비의 긴 담뱃대와 아름답게 채색된 도자기에 마음을 두고 있었다.

랍비의 부인이 그에게 말했다.

"그것을 가지려면 100루블은 내야 합니다."

그 제자는 약간 머뭇거리면서 말했다.

"그 돈은 저에게 너무 많습니다. 그러나 일단 제가 담뱃대를 한번 사용해 보고 나서 생각해 봅시다."

랍비의 부인이 그에게 담뱃대를 주자 그가 불을 붙였다.

그가 한 모금 빨자마자 하늘의 일곱 문이 그 앞에 활짝 열리면서 에제키엘 예언자도 결코 본 적이 없는 광경이 펼쳐지는 것 같았다. 그는 떨리는 손으로 100루블을 지불하고는 너무나 기쁜 마음으로 집으로 돌아왔다.

그는 집에 도착하자마자 다시 한 번 담뱃대에 불을 붙여보고 싶었다. 그래서 불을 붙이고는 힘껏 빨았다.

그런데 아무 일도 일어나지 않았다. 아무 일도!

그 제자는 허겁지겁 새 랍비를 만나려고 담뱃대를 가지고 갔다. 그는 숨을 헐떡이면서 그에게 모든 이야기를 털어놓았다.

새 랍비는 수염 사이에 웃음을 머금으며 말했다.

"내 아들아, 모든 것이 불을 보듯 명확하구나. 담뱃대가 랍비의 것이면서 네가 그것을 빨았을 때는 랍비가 그것을 빨았을 때 본 것을 너도 보았었다. 그러나 그것이 너의 것이 되자마자 평범한 담뱃대가 되어버린 것이란다. 그래서 네가 늘상 보던 것을 보았던 것이다."

굴덴으로 하는 시험

무신론자가 기적을 일으키는 랍비를 만나러 왔다. 무신론자는 "샬롬, 랍비님!"이라고 말했다. 랍비도 "샬롬" 하고 대답했다.

무신론자는 1굴덴을 랍비에게 건네주었고, 랍비는 아무 말도 하지 않고 그것을 받았다.

랍비는 "틀림없이 무슨 일이 있어 나를 만나러 왔지요. 아마 아내가 자식을 못 낳으니 그녀를 위하여 기도해 달라고 찾아온 거지요?"라고 물었다.

무신론자는 "아닙니다. 랍비님! 저는 혼인도 하지 않았습니다"라고 대답했다.

그리고 그는 또 1굴덴을 랍비에게 주었다. 랍비는 다시 아무 말 없이 호주머니에 받아 넣었다.

랍비는 "틀림없이 내게 무언가를 바라고 있소. 아마 하느님께 죄를 범하여 당신을 위하여 대신 기도해 달라고 부탁하려는 것 같구려"라고 말했다.

무신론자는 "아닙니다, 랍비님. 저는 어떠한 죄도 저지르지 않았습니다"라고 말했다.

그러고는 다시 1굴덴을 꺼내어 랍비에게 주었고, 랍비는 그것을 말없이 호주머니에 받아 넣었다.

랍비는 "사업이 잘 안 되어 나에게 축복해 달라고 온 것이오?"라며 희망을 걸고 물어보았다.

무신론자는 "아닙니다, 랍비님. 올해에는 제가 하는 일이 아주 잘 됩니다"라고 대답했다.

무신론자는 또 한 번 1굴덴을 랍비에게 주었다.

랍비는 약간 당황한 기색을 보이며 "그럼 도대체 당신은 나에게서 무엇을 원하시오?" 하고 물었다.

이에 무신론자는 대답했다. "아무것도 없습니다. 정말 아무것도 없습니다. 저는 단지 사람이 공짜로 얼마까지 받을 수 있는지 알고 싶었을 따름입니다."

그들은 옴이 올랐다

램버스에 사는 어떤 부자가 어느 날 창 밖을 내다보다가 이상한 광경을 보게 되었다. 누더기를 입은 사람이 말뚝 울타리에다 등을 문지르고 있는 것이었다. 그 불쌍한 친구는 옴이 올랐음에 틀림없었다. 그래서 부자는 그를 집으로 불러서 가슴 아픈 이야기를 들어 보았다.

그 불행한 사람은 불평했다.

"나는 몇 달 동안 목욕을 해본 적이 없습니다. 속옷을 꿰매어 본 적이 없어요. 너무 배가 고파서 못이라도 먹을 수 있을 것 같아요!"

부자는 그 사람의 딱한 사정을 듣고는 눈물을 흘렸다. 그러고 나서 그에게 먹을 음식과 마실 포도주를 주고 속옷도 주었다. 덧붙여 목욕탕에 갈 수 있도록 10크로이찌를 주고는 그를 축복하고 보냈다.

부자의 따뜻한 마음씨에 대한 이야기가 번개처럼 램버스에 퍼져 갔다. 바로 그날 2명의 거지가 그 말뚝 울타리에 기대어 서서 괴롭게 신음소리까지 내면서 열심히 등을 문질렀다. 그 신음 소리를 들은 부자는 창가로 가서 두 명의 부랑자가 하는 짓거리를 보며 매우 화를 냈다.

그래서 그는 고함을 쳤다.

"꺼져라. 이 염치없는 거렁뱅이들아! 내 울타리에다 더러운 등을 문지르지 마라!"

그들은 불평조로 물었다.

"왜 전번에는 옴이 오른 사람을 도와주었으면서 우리는 도와주지 않으려고 하는 겁니까? 그가 우리보다 나은 점이 뭐가 있었습니까? 우리 역시 옴이 올랐습니다."

부자는 흥분하며 소리 쳤다.

"옴이 오른 사람을 모두 도와주는 것이 내 의무냐? 전에 그 사람을 도와준 이유는, 그에게는 가려운 등을 긁어 줄 사람이 아무도 없었기 때문이다. 그런데 버릇없는 녀석들 같으니라구! 너희들은 둘이 아니냐? 가서 서로의 등을 긁어 주거라!"

모두가 자기 분야에서는 전문가다

한 걸인이 로스차일드의 주의를 끌려고 하였으나 퇴짜만 맞고 말았다. 그리하여 그는 소동을 일으키기로 결심했다. 그것은 그가 오래전부터 많은 것을 잃어버렸을 때 사용해온 방법 가운데 하나였다.

그 걸인은 로스차일드의 집 현관 밖에서 고래고래 고함쳤다.

"우리 가족이 굶어 죽고 있습니다만 주인은 나를 보기를 거절하고 있습니다."

주인은 이런 소동에 마음이 심란하여 밖으로 나왔다. 그리고 침착하게 말했다.

"그래. 내가 졌다. 여기 20달러가 있다. 그러나 할 말이 있다. 사실, 네가 그렇게 소란 피우지 않았더라면 40달러를 받았을 것이다."

걸인은 돈을 호주머니에 넣으면서 말했다.

"주인님, 당신은 은행가이십니다. 그러니 제가 어떻게 당신께 은행에 관한 조언을 할 수 있겠습니까? 저는 걸인입니다. 그러므로 제게 구걸에 관한 조언은 하지 마십시오."

세계 최고두뇌 최대부호 성공집단 탄생시키는 유대
솔로몬 탈무드
15
토라에 진리가 있다

유대정신의 샘
거기에 일흔 개의 얼굴이 있다

토라란 무엇인가

유대정신의 샘 '토라'라는 말에는 많은 의미가 포함되어 있다. 성서 히브리어에 있어서나 성서 이후의 히브리어에 있어서도, 또한 현대 히브리어에 있어서조차 그러하다. 먼저 토라는 구약성서의 처음 오경(五經)이라는 의미로 쓰인다. 이것을 모세오경이라고 한다.

둘째로는 인생의 본질이란 무엇인가, 또 인생을 어떻게 살 것인가에 대한 유대교의 '가르침'을 의미하는 것으로 쓰인다. 토라라는 말의 어원은 '가르침'에서 왔다.

이 가르침은 물론 훌륭하신 스승 하느님(신)의 말씀과 함께 토라에 기록된 모든 가르침도 포함되었다. 그것은 대대로 독실한 제자들이 스승으로부터 듣고 배운 것이다. 유대교에서는 하멜라메드 토라(토라를 가르치는 자)를 신의 다른 이름으로 기도문 속에 사용하고 있다.

토라는 닫힌 상자 속의 지혜로서 후세에 전해 내려온 것이 아니다. 오히려 열린, 영원히 계속되는 대화이다. 이 대화는 하느님과 이스라엘 백성의 만남에서 시작된다. 그것은 이스라엘의 영광과 고난의 역사를 통하여 계속되고, 이스라엘로부터 전 인류에 확대되어 갔다.

그렇다면 신과의 만남이란 무엇인가. 신의 현현(顯現), 즉 신이 나타나심은 시나이 산에서 보여진 단 한 번의 역사적 사건이었는지 모르지만, 토라의 진리가 명백하게 나타난다는 의미에서는 결코 끝이 없다. 사람들은 토라라는 '전파'의 파장에 응답함으로써 성스러운 목소리를 '청취'하는 체험을 하게 된다. 유대의 전통은 1년 주기로 매주 조금씩 토라를 낭독해 나가는 규칙을 정하고, 그것을 지킴으로써 이 영원한 만남을 확인해왔다.

매주 읽는 성서의 정해진 부분을 '파라샤트 샤브아(금주의 부분)'라고 한다. 다시 말해서 주마다 낭독해야 할 토라가 정해져 있다. 그리고 안식일(토요일)마다 학자와 현자뿐만 아니라 유대인의 모든 회중이 '스승'인 신과의 만남에 초대된다. 그때 신은 토라의 말씀 속에 나타난다. 이 매주의 만남은 청중이 마냥 앉아 듣기만 하고 집에 돌아간다는 식의 일방통행과 같은 행위는 아니다. 시나이 산에서 신이 나타나신 사건도 그와 같은 일방통행은 아니었다. 광야에서 신은 이스라엘 백성과 오랜 대화를 하게 되기까지 그 명령을 말씀하지 않았기 때문이다.

매주 신의 말씀을 만나러 오는 이스라엘의 공동체 및 이에 속한 개인은 전능자 앞에 맨손으로, 외경하는 나머지 말도 제대로 하지 못하는 모습이 아니다. 신은 칙령을 내리는 근엄한 왕의 모습이 아닌, 동정심이 많고 현명한 스승을 닮은 모습으로 나타난다. 제자들이 몸소 깨달아서, 모든 말씀이나 생각에 대해 의문을 가지며 조사하고, 때로는 반론까지 기대한다. 이러한 만남이 신의 말씀을 '토라(가르침)'로 바꾸어준 것이다.

또한 토라라는 말은 교사(선생)를 뜻하는 '모레'라는 히브리어와 어원을 같이하고 있다. 토라를 주신 신만이 스승이고, 나머지는 모두 그의 제자이다. 토라는 이 스승과 제자라는 상호관계의 결과로서 항상 재창조되고 활성화되는 것이다.

토라를 공부하는 것이라면, 어떤 장소나 어떤 시간도 상관없이 그곳이 바로 교실이 된다. 그곳에서는 모든 질문이 허용되고 장려된다. 새로운 통찰은 원전과의 만남에서 솟아난다. 원전은 어떤 질문에도 하나 이상의 해답을 내놓는다.

유대인과 토라 낭독

히브리어에는 일요일, 월요일과 같은 요일 명칭이 없다. 단지 안식일(토요일)에 대한 첫째날(제1일), 둘째날(제2일)하는 식이다. 몇째 주인가 하는 것은 그 주의 안식일에 읽는 토라의 낭독 부분을 가지고 나타낼 수 있다. 말하자면, 전통적인 명명법인 셈이다.

옛 세대에서는 유대인이라면 누구나가 어느 주든 그 낭독 부분이 무엇인가를 알고 있었다. 1년 동안 토라 전부를 읽기 위해서는 심하트 토라의 날(초막절에 이어서 10월 초 무렵에 지내는 축일)에 토라 낭독을 완결해야 하고, 바로 그날 다시 토라 낭독을 새로 시작해야 한다.

초막절에 이어지는 최초의 안식일은 사바트 베레시트라고 불린다. 그것은 천지 창조의 시작(베레시트)을 이야기하는 안식일(사바트)이란 뜻으로, 토라 낭독의 1년 일주기의 출발을 알리는 날이다.

토라 낭독은 결코 회당의 의식만으로 그치지 않고, 안식일만으로 한정되는 것도 아니다. 모든 유대인, 늙은이나 젊은이나 학자나 서민이나 다 같이, 그 1주간의 나날을 통하여 토라를 낭독한다.

사람들이 일출이나 일몰과 더불어 살고 있는 것처럼, 유대인은 매일매일을 토라 낭독과 더불어 살아왔다. 계절이 추워지고 눈이 내리면, '미케츠'나 '바이가슈'를 읽었고, 날씨가 더워지면 '소페림'이나 '레에'를 읽을 때가 돌아온다. 레위기가 가까워지면, 사람들은 봄이 멀지 않음을 알았다.

읽는 본문은 항상 똑같으며, 쓰여진 토라의 한 점 한 획도 바꾸는 일은 허용되지 않는다. 하지만 읽는 사람은 그것을 단 한 번도 낡은 것의 되풀이로 생각하지 않는다. 해마다 같은 부분을 낭독해도 그것은 새로운 것으로 비치며, 신선한 맛이 난다.

랍비들은 "토라에는 일흔 개의 얼굴이 있다"라고 했다. 그리고 그 70은 700, 아니 그 이상이 되었다. 사람이 어느 부분을 낭독했을 때, 거기에는 반드시 또 다른 새로운 얼굴이 보였다. 더구나 끊임없이 매혹적이고 마음을 빼앗는 얼굴로 나타난다.

수백 년 전, 어떤 사람이 '베레시트'라는 창세기의 첫 말에 대하여 913가지의 주해를 한 책을 썼다. 그 사람이 913가지의 주해로 그친 것은, '베레시트'라는 말을 이룬 한 글자마다의 수치가 게마트리아법에 의하면 913이 되기 때문이다.

연인에게서 온 편지

랍비들은 토라를 여행을 떠난 연인으로부터 온 편지에 비유한다. 현재 눈앞에 없는 연인을 사모하면서, 몇 번이고 그 편지를 되풀이해서 읽는다. 또 가능하면 깊은 의미를 읽어내려 한다.

토라는 유대인에게 연인(하느님)이 먼 길 떠나기 전에 남긴 편지다. 그 연인과 함께 있는 유일한 방법은 몇 번이고 그 편지를 되풀이해서 읽는 것이다. 유대인은 안식일마다 토라의 낭독 부분을 읽음으로써 이를 실천하고 있다. 만일 운이 좋으면 몇 번이고 그 연인을 느끼고, 그 목소리에 귀를 기울일 수가 있다. 늘 새롭게 연인과 만날 수 있는 것이다.

한 주일 한 주일 새로운 성서 본문뿐만 아니라 새로운 감동까지

준다. 저마다 낭독 부분이 그 주 동안 가족의 일부가 된다.

토라를 읽는다는 것은 결코 학자나 랍비만의 특권이 아니다. 누구나가 읽는 정도에 상응해서 공유하게 되는 것이다.

방대한 미드라시 문학, 그 민중용 주해, 비유, 이야기들은 모두 기원전 3세기부터 기원후 7세기까지에 걸쳐 약 1000년 동안 토라의 낭독 부분을 대중에게 가르쳐온 설교자나 랍비들이 창조한 것이다.

그 활동은 중세의 위대한 주해자에 의해 계속되었다. 그 이름을 들면, 사리아·파시·이븐 에즈라·라슈반·나프마니데스 등이 있다. 또한 유랑의 땅에서 유대인이 사용하는 여러 가지 언어로 쓰여진 것 가운데에도 이런 활동은 계속되었다.

《메암 로에스》라는 주해선집이 수백 년 동안 라틴어로 말하는 유대인 공동체의 것이었던 것처럼, 《체나 울레에나》는 이디시어를 말하는 유대인의 민중용 주해선집이었다. 이들 서적은 토라의 통찰과 메시지를 각 가정에 전해주었다. 특히 《체나 울레에나》는 여성에게 애독되어 2000회의 판을 거듭했다.

'오래된 나라의 경건하고 위대한 할머니들, 그들은 일상생활의 잡무 틈틈이 어쩌다 조용한 시간이 생기면 요람과 난로 사이의 마음에 드는 장소를 찾아, 손때 묻은 《체나 울레에나》를 편다. 목수건을 제대로 다시 감으며, 다 닳아 너덜너덜해진 금주의 토라 낭독 부분을 읽는다. 그리고 고대 이스라엘 백성들의 운명을 지켜보려고 한다. 아들 이사악을 희생시키려 한 어머니 사라의 고뇌에 공감하고, 또 조신한 어머니 라헬의 사사로움 없는 모습을 배우며, 전갈의 구멍에 있는 요셉에 대해 진실한 눈물을 흘리고, 이집트에서 당한 고통의 잔혹한 묘사에 몸을 떨며, 홍해를 건널 때의 미리암을 떠올리며 마음을 고양시킨다.

그리하여 닥쳐올 세상에서는 지난 날의 족장들 어머니처럼, 모든 세대의 신앙심 있는 어머니들이 축복을 생각하면서, 이산의 나날 속에서 일상적인 시련에 대한 위로를 찾아내는 것이었다.'

황량한 대지에서 전개되는 구약성서

구약성서에서 전개되는 사건은 아나톨리아(현재의 터키), 메소포타미아, 시리아, 팔레스타인, 나아가 이집트에까지 미치는 광대한 오리엔트 세계를 무대로 하여 펼쳐진다. 오리엔트란 해가 뜨는 곳, 즉 동방이라는 뜻으로 그리스·로마시대, 그 뒤 유럽 사람들의 시점에서 하는 표현이다. 이는 우리의 서방, 서아시아 지역에 해당한다.

오리엔트(서아시아) 지역 대부분은 건조한 사막성 기후로, 1년의 반은 비가 내리지 않으며, 공기는 매우 건조하고, 물은 더할 나위 없이 부족하다. 지도상에 강으로 표기되어 있는 곳 대부분은 우기에 비가 내렸을 때 외에는 물이 흐르지 않는 와디(마른 강)이다. 강에 물이 흐르는 것을 당연히 여기는 우리의 상식은 이 지역에서는 통하지 않는다.

메소포타미아를 북에서 남으로 향해 흐르다가 페르시아만으로 들어가는 티그리스, 유프라테스 두 강과 이집트의 사막을 남에서 북으로 지중해를 향해 흐르는 나일강이 오리엔트의 항상천으로 잘 알려져 있다.

메소포타미아와 이집트 사이의 지역에도 중요한 항상천 2개가 있다. 하나는 레바논 산맥 동부의 발원지에서 시리아 땅을 북상해 안타키아를 지나 지중해로 들어가는 오론테스강. 다른 하나는 레바논 산맥의 동쪽으로 병행해 흐르는 안티레바논 산맥 남단의 헤르몬산 산록의 발원지에서 갈릴리 호수로 들어갔다가 다시 남으로 내려가 사해로 이르는 요르단강이다.

사해는 출구가 없는 커다란 호수(길이 80km, 너비 18km, 면적 1020km², 최대수심 396m)로, 염분 함유량은 바다의 6배에 달하는 25%이다. 갈릴리 호수에서 사해까지 직선거리는 105킬로미터이지만, 매우 구불구불하기 때문에 실제 강의 길이는 320킬로미터나 된다.

구약성서 무대의 중심은 요르단강 양쪽 연안지역에서 지중해에 걸친 지역으로 과거 가나안이라 불리던 지방, 즉 현재의 이스라엘인 팔레스타인이다.

　북단의 레바논 산맥과 안티레바논 산맥은 여름에도 눈이 덮여 있고, 남단의 네게브 시나이 사막은 황량한 땅이다. 북부 갈릴리에서 중부 사마리아 산지에는 떡갈나무, 올리브, 기타 상록 수목이 무성하다. 남부의 유다 구릉, 뒤로는 예루살렘, 베들레헴, 헤브론 등 옛날부터 번성했던 도시가 존재한다. 유다 구릉 서쪽의 경사지는 올리브 등 밭으로 이용되지만, 동쪽에는 유다 황야의 기복이 파도처럼 이어지다가 사해 연안에 이른다.

노아 자식들의 계율
유대인 이외의 사람에게 금지된 것으로
유대인에게 허용된 것은 아무것도 없다

극적으로 펼쳐지는 이야기

"빛이 생겨라" 하고 하느님이 선언한 첫째날부터 일곱째날의 안식일에 들어가기까지의 이야기는 창조의 기쁨에 빛나고 있다.

창조의 하루하루를 음미할 때마다 '하느님께서 보시기에 좋았다'라는 확인이 있다. 그리고 천지창조 6일간의 결론으로서, '하느님께서 보시니 참 좋았다'라고 성구는 바뀐다. 나아가 남자와 여자가 이 무대에 나타나면, 평안에 가득찬 안식일의 휴식이 세계 속으로 들어오게 된다.

거기에는 시편의 '안식일의 노래'라는 분위기가 있다. 그러나 이 목가적인 상태가 무참하게 깨어지는 데 많은 시일이 소요되지는 않았다. 다음에 계속되는 창세기의 몇 장에서 우리는 비극적인 현실에 직면하게 된다. 그것은 단순히 인간의 실존 상태일 뿐만 아니라 신 자신의 현실이기도 하다.

'야훼께서는 세상이 사람의 죄악으로 가득 차고 사람마다 못된 생

각만 하는 것을 보시고, 왜 사람을 만들었던가 싶어 마음이 아프셨다.'

빛과 기쁨과 기대에 찬 장면이 막 시작되었는가 싶더니, 얼마나 무서운 인간과 신 사이의 결말인가. 신의 마음이 아픔과 슬픔으로 가득 찼다는 것은 얼마나 전율할 만한 묘사인가. 왜 전지전능하신 신은 이런 상황을 초래해 버린 것일까. 신이므로 무엇이든지 할 수 있고, 바라는 것은 무엇이든지 손에 넣을 수 있을 텐데 말이다.

하지만 실제로는 인간과 끊을래야 끊을 수 없는 관계를 지닌 성서의 신이어야만 비로소 이런 묘사가 있을 수 있다. 확실히 신은 철학자도 아니고, 흔하디 흔한 추상개념의 하나도 아니다.

야훼께서 "내가 지어낸 사람이지만, 땅 위에서 쓸어 버리리라. 사람뿐 아니라 짐승과 땅 위를 기는 것과 공중의 새까지 모조리 없애 버리리라"고 말씀하실 때, 모든 것은 없어지고, 세계는 멸망하기 직전인 것처럼 보인다. 하지만 돌연 한 줄기 빛이 비친다.

'그러나 노아만은 하느님의 마음에 들었다'라는 한 구절이다. 세계는 살아남을 것이다. 단 한 사람의 인간, 의인 노아 덕분으로 구원될 것이다.

신이 인류에게 준 메시지

아담에서 아브라함에 이르는 흐름의 중간쯤에서 일어난 것이 노아의 홍수이다. 그 뒤 신이 창조한 세계는 다시 새로운 장이 열렸다. 신의 얼굴에 미소가 나타났다.

'야훼께서 그 향긋한 냄새를 맡으시고 속으로 다짐하셨다. 사람은 어려서부터 악한 마음을 품게 마련, 다시는 사람 때문에 땅을 저주하지 않으리라. 다시는 전처럼 모든 짐승을 없애 버리지 않으리라. 땅이 있는 한, 뿌리는 때와 거두는 때, 추위와 더위, 여름과 겨울, 밤과 낮이 쉬지 않고 오리라.'

이 계약을 인류와 맺은 그 순간 세계는 새로 창조되었다고 해도 좋을 것이다. 이 계약은 처음으로 온 인류와 맺어진 것이다. 그 때문에 랍비들은 인류를 '브에이 노아(노아의 자식들)'라고 부르며, 전 인류가 노아의 자손에 해당한다고 믿고 있다.

나중에 아브라함이 신과 또 하나 특수한 계약을 맺고, 인류의 여러 민족 가운데서 특별한 임무를 띤 '부족'의 하나로서 유대 민족이 선택되기까지는 또다시 10세대의 세월이 소요된다.

노아의 계약에 기록되어 있는 사항은 모든 인류를 구속하고 있다. 물론 이것은 유대인까지 포함하고 있다. '유대인 이외의 사람에게 금지된 것으로 유대인에게 허용된 것은 아무것도 없다'라는 말이 있는 바와 같다. 반대로 유대인에게만 명령되고 있는 것은 많다. 유대인에 대한 계율은 613가지나 있지만, 노아의 자식들에 대한 계율은 다음의 7가지뿐이다. 이것은 절대로 지켜야 한다.

첫째 우상 숭배, 둘째 근친상간, 셋째 살인, 넷째 하느님의 이름 야훼를 함부로 부르는 것, 다섯째 도둑질, 여섯째 이웃에 대한 거짓 증언이나 탐내는 일, 일곱째 산 짐승의 날고기를 먹는 일 등은 절대 해서는 안 된다.

성서에서 비롯되어 탈무드에도 열거된 이 7가지 계율은 '노아의 자식들의 계율'로 알려져 있다. 그것은 토라의 관점에서 보았을 때 근본적·보편적인 법이다. 만일 성서의 신이 모든 인류의 창조주라면 이스라엘만을 생각하고, 그들만을 인도한다는 식의 배타적인 일은 할 수가 없다.

토라는 이스라엘의 특수한 역사 또는 지리적 배경 때문에 이스라엘에 대한 특수한 가르침으로 발전했지만, 한편으로는 '노아의 자식들의 계율'로서 신자의 계약에 참가하기를 바라는 사람들에게 필요한 조건을 정하고 있다. 다시 말하면, 구원(유대교에서는 '내세의 몫'이라 한다)은 613가지의 계율을 좇아 사는 유대인이나 유대인이 되려는 사람들에게만 한정된 것은 전혀 아니다. 7가지의 '노아의 자식들의 계율'을 지키는 비(非)유대인에게도 구원은 똑같이 주어지는 것이다.

유대교로 개종하고 싶은 사람들, 즉 이스라엘의 종교와 역사를 온전한 모양으로 받아들이기를 원하는 사람들에게 유대교의 문은 항상 열려 있다. 그러나 전세계를 유대교화한다는 따위의 일은 결코 유대교의 목표가 아니다.

이상을 찾아서
"이 땅이야말로 대를 이어 나의 가업을 이룰 곳이로구나"

약속의 땅으로 올라가다

야훼께서 아브라함에게 말씀하셨다.

"네 고향과 친척과 아비의 집을 떠나 내가 장차 보여줄 땅으로 가거라."

성서는 아브라함의 아버지 데라를 우두머리로 하는 한 가족을 간단히 설명한다. 데라는 가나안 땅을 목표로 여행을 떠났지만 그곳까지 이르지 못하고 하란 땅에 정착했다.

여기서 본래의 상세한 성서 이야기는 위의 아브라함에게 말한 하느님의 직접적인 부르심에서 시작된다고 해도 좋다. 이 소명이 하느님과 이스라엘 사이의 중심적 역할을 하게 된다.

이 세계에 편재해 있는 하느님은 "그 땅으로 가거라" 하는 너무나 큰 소명을 아브라함에게 내렸다. 그것 때문에 아브라함의 인생에서 그 이전에 일어난 모든 사건이 성서에서는 완전히 무시되었다. 그 대신 아브라함의 생애 전반의 사건은 유대교의 미드라시나 이슬람교의 코란 등이 상세히 설명하고 있다. 이 소명은 성서 전체를 통하여 근본적인 뜻을 지닌 분기점이다.
　현대의 유명한 성서학자 E.A. 스페이저의 견해는 다음과 같다.

　이 이야기는 한 인간으로부터 시작된다. 그리고 점차 그 가족으로 확대되고, 더 많은 사람으로, 나중에는 민족 이야기로 확대된다. 그러나 그것은 단순히 개인 또는 한 가족, 한 민족의 이야기가 아니다. 오히려 이상을 찾는 한 사회의 이야기다. 단적으로 말하면 아브라함의 소명은 성서의 걸음마에서 바로 제1보인 것이다. ……약속의 땅을 향하는 아브라함의 여행은 몇백 마일 앞에 있는 땅을 찾는 흔한 원정이 아니다. 오히려 정신적 진리를 찾는 항해의 시작이다. 그것은 모든 성서에서 역사의 중심 테마를 이루는 탐구이다.

　여기서 강조해두고 싶은 것은 분명히 '정신적 진리를 찾는 항해'이지만 적어도 유대의 전통에서는 단순히 정신적(추상적)인 여행이라기보다는 '실제 대지를 발로 밟기를 원한 여행'으로 이해되어 왔다는 사실이다.
　하느님은 처음부터 아브라함에게 어느 땅에 가라고 구체적으로 이야기하지 않았다. 그렇다면 아브라함은 어떻게 해서 그가 최종 목적지에 도착한 것을 알게 되었을까?
　3세기 랍비인 레비는 그 해답을 주고 있다.

　아브라함이 아람 나하라임과 아람 나호르를 지나서 여행을 계속하고 있을 때, 그 고장 사람들이 먹고 마시며 잔치를 벌이는 것을 보았다. '나의 대를 이을 가업을 이 나라에서는 이룰 수 없겠구나'라고 그는 외쳤다. 그러나 실로에 이르렀을 때 아브라함은 사람들이 계절에 따라 잡초를 뽑고 쟁기질하는 것을 보았다. 그는 '이 땅이야말로 대를 이어 나의 가업을 이룰 곳이로구나' 하고 외쳤다. 성스러운 하느님은 아브라함에게 말했다. '나는 이 땅을 네 자손에게 주겠노라.'

그 이후 이스라엘 민족은 '이 땅'을 정신적 차원과 현실적 차원을 모두 결부시켜 생각하게 되었다.

오늘까지 이어지는 아브라함의 시련

"그 땅으로 가거라"고 한 야훼의 명령은 오늘날에도 살아 있으며, 대부분의 유대 현자나 학자들은 모든 유대인에게 한 종교적 명령으로 보고 있다. 그 땅이란 그날그날의 '현실' 생활 속에서 향해 가야 할 땅이다. 인간의 손이 닿지 않는 어딘가를 신비적인 약속의 땅으로 추상화해서는 안 된다.

아브라함은 오늘날 이스라엘로 돌아오는 그의 자손들이 겪었던 이민의 괴로움을 그때 낱낱이 경험했을 것이 틀림없다. 하느님의 선택받은 백성답게 아브라함이 통과하지 않으면 안 되었던 시련이 열 가지 있었다고 한다. 그 첫 번째가 '그 땅으로의 이주'이다.

그것이 첫 번째 시련이었다는 것은 긴 여행이라는 그 자체의 고생 탓만은 아니다(만일 오늘날 그가 똑같은 루트를 여행한다면 최소한 다섯 나라의 입국 비자, 즉 터키, 시리아, 레바논, 요르단, 이스라엘의 비자를 신청하고, 퉁명스럽고 비능률적인 통관업무에 시달리면서 고생 끝에 통관을 마쳤으리라). 아브라함이 고국에서 익혔던 습관과는 전혀 다른 새로운 나라의 생활습관에 맞추지 않으면 안 되었던 것도 그 시련이 될 수 있는 충분한 이유이다.

전통적인 족장 아브라함은 양을 기르는 유목민이었다. 그런데 최근 고고학이 발견한 우르(아브라함이 나왔던 도시)는 아브라함이 '떠나라'는 명을 받았던 선조의 집이나 나라에 대해 지금까지와는 전혀 다른 상상도를 우리에게 제시한다. 기원전 2000년 당시 우르는 '힘이 있고 번성하고 화려한 도시'였다고 한다.

새로운 형태의 사회를 약속의 땅에 세우려 했던 아브라함은 이 고도로 발달한 문명의 중심지에서 자신을 떼어놓아야 했던 것이다.

만일 아브라함의 아버지 데라가 알려져 있는 것처럼 우상(偶像) 제작자이며 우르에 집을 갖고 있는 족장이었다면, 그 집은 다음과 같은 성서 고고학자의 묘사와 부합된다.

'13 또는 14실로 이루어진 2층 건물의 커다란 주택. 1층은 구운 벽돌로 튼튼히 세워졌고 2층은 진흙 벽돌로 만들어졌다. 벽은 아름다운 대리석과 석회로 치장되어 있었다. ……방문객은 문을 지나 손발에 묻은 흙을 씻는 물대야가 놓여진 입구의 조그만 홀로 들어선다. 다음은 훌륭하게 포장된 안뜰로 걸어간다. 주위에는 응접실, 주방, 거실, 침실 그리고 신전 등이 밀집되어 있다. 손을 씻는 곳이 가려져 있는 돌층계를 오르면 방문객은 넓은 복도로 나선다. 거기에서 가족을 위한 거실이나 객실 통로가 여러 갈래로 갈라진다.'

이 모든 것을 버리고 황야의 천막으로 옮긴 아브라함은 분명 대단한 마음의 준비를 했음에 틀림없다. 대도시의 문화생활을 즐길 기회를 버리고 얼마 동안 울판(히브리어 학교)에서 시간을 보내고, 그 다음에는 시골의 익숙하지 못한 복잡한 종교생활에 들어가게 되었으리라.

약속의 땅으로 간다는 것은 아브라함에게는 분명히 즐거운 여행은 아니었다. 그러나 그는 불평없이 그 어려움을 헤쳐 나갔다. 왜냐하면 아브라함은 '아버지의 집을 떠나 하늘에 계신 아버지의 집으로 옮기지 않을 수 없었는데, 그것은 이스라엘 땅에서만 실현할 수 있다'는 것을 자각했기 때문이다.

소중한 것은 몸가짐
누구나 필요한 사람은 와서 가져가시오

아브라함의 천막

성서 이야기가 갖고 있는 박력 넘치는 비밀 하나는 어떤 상황에서 다음 상황으로 옮기는 그 급격한 전환에 있다. 즉 한가한 목가적 상황에서 태풍 같은 비극적 상황으로, 또는 개인적인 상황에서 보편적·우주적인 상황으로 옮기는 예리한 변화에 있다.

아브라함의 이야기는 먼저 마므레의 상수리나무 아래에서 시작된다. 여기서 우리는 목가적 풍경을 만난다. 한낮의 더위 속에 아브라함이 천막 문 어귀에 앉아 있는 장면이다. 고개를 들자 낯선 사람 셋이 오는 것이 보였다. 아브라함은 뛰어가서 동양식으로 그들을 맞아들인다.

"손님네들, 괜찮으시다면 소인 곁을 그냥 지나쳐 가지 마십시오."

이 이야기에 의해 유대전통에서 아브라함은 '알지 못하는 사람이나 여행자에 대한 친절한 접대'의 덕성을 모범으로 보여주어 존경받고 있다.

이 특별한 역할의 아브라함상(像)을 미드라시의 랍비들은 상세히 이야기하고 있다. 그 전승집(傳承集)은 아브라함에 대한 이야기에 빛과 생명을 더해준다.

미드라시는 '한낮의 더운 때, 천막 입구에서 아브라함은 대체 무엇을 하고 있었을까?'라고 묻는다. 창세기 17장에 있다시피 아브라함은 그때 할례 수술을 받은 직후였다. 그는 밖에 나가 치유 효과가 있는 자외선을 실컷 쬐고 있었다고 한다.

그가 천막 바깥에 나가 있었던 두 번째 이유는 더 중요하다. 여느 때와 다른 기온과 강한 햇빛이 비치고 있었으므로 사람들은 그때 여행을 삼가하고 있었다. 아브라함은 아무에게도 친절한 접대를 하지 못하여 쓸쓸한 마음에 사로잡혔다. 그는 더 참지 못하고 몸이 불편한 데도 밖으로 나와 지나가는 사람을 손님으로 접대할 기회를 기다렸다.

아브라함은 '천막 입구'에 앉아 있었다고 했는데, '입구'라고 특별히 언급할 만한 이유는 과연 무엇일까? 지금 이야기한 아브라함의 천막 입구란, 실은 아브라함이 자기 천막을 위해 만들어놓은 네 개의 입구 가운데 하나였다. 만일 여행자가 동쪽에서 오더라도 입구가 서쪽밖에 없으면 천막을 반쯤 돌아가야 하기 때문에 모든 방향에 입구를 만들었던 것이다. 아브라함은 그렇게 함으로써 여행자가 어떤 방향에서 오더라도 문제없이 곧 천막에 들어오도록 배려했다.

뛰어가서 손님을 맞이하다

아브라함은 세 사나이가 가까이 오는 것을 보고 얼마나 기뻐했는가. 그는 세 사람이 자기 있는 곳으로 오는 것을 기다리지 못하고 천막 입구에서 뛰어가 인사를 한다. 그리고 땅바닥에 엎드려 자기의 천막을 방문하도록 청한다.

아브라함은 이때 자기가 맞은 여행자가 중요한 인물이며 하늘에서 보낸 천사라는 생각은 결코 하지 못했다. 라시(1040~1105)의 주해에 인용된 미드라시에 의하면, 아브라함은 손님이 아랍 유목민이라고 믿을 만한 타당한 이유가 있었다. 그럼에도 그는 의심하지 않고 세 사람을 존경과 친절로 맞았다.

하시디즘의 이야기에 의하면 이런 이야기가 있다.

한 위대한 랍비가 아직 무명으로 가난했던 시절, 가끔 어떤 도시로 여행했다. 거기서 랍비에게 잠자리를 제공한 사람은 그 도시의 빈민 지구에 사는 가난한 유대인뿐이었다.

몇 해가 지난 뒤, 그 랍비는 명성과 부를 갖게 되어 다시 그 도시를 방문했다. 이번에는 그 유대공동체의 부유한 지도자가 사람을 보내 자기의 왕궁 같은 집에 머물도록 초대했다. 랍비는 그 초대를 고맙게 받아들였으나 타고 온 말만 그 유복한 사나이의 집에 보내고, 자신은 친숙한 그 가난한 집으로 갔다.

부자가 놀라 달려와서 랍비에게 그 연유를 물으니 랍비가 말했다.

"전에 이 도시에 왔을 때 당신은 나를 초대할 생각조차 하지 않았습니다. 그런데 지금 초대하려는 건 내가 멋진 사두마차로 온 이 겉치레 때문이 아닙니까? 그것은 분명히 내가 아닙니다. 그래서 당신이 경의를 표하는 말들은 당신 집에 보냈으니, 그 명예에 합당한 손님으로 말들을 맞는 것이 좋겠군요."

아브라함은 중요한 손님을 맞는다는 생각 따위는 전혀 염두에 없었다. 그는 모든 사람을 귀한 손님이라 생각했고 뛰어가 그들을 모셨던 것이다.

그런데 아브라함은 그 순간 무엇을 하고 있었을까? 이야기의 첫 1절 '야훼께서 아브라함에게 나타나셨다'에 해답의 열쇠가 있다. 아브라함은 그때 그를 만나러 오신 하느님과 대면하고 있었다. 그런데 여행객 세 사람을 보자(아브라함은 그들을 방랑하는 아랍인이라고 생각했지만) 하느님을 기다리게 하고 그들을 향해 뛰어갔다.

이 때문에 탈무드는 대담한 결론을 내리고 있다.
'손님을 접대하는 일은 셰키나(하느님의 모습)를 받아들이는 것보다 한 단계 높은 위치에 있다. 하느님도 여행하는 나그네를 위해 기다려야 한다는 것을 아신다. 나그네가 배고픔과 목마름으로 인해 더 참지 못할지도 모르기 때문이다.'

행위와 그 마음

아브라함이 손님을 접대하는 방법에는 두 가지 특징이 뚜렷하다. 첫 번째로 아브라함은 손님 접대하는 일을 머슴이나 다른 사람에게 맡기지 않고 손수했다. 다음으로 아브라함의 손님 접대는 마지못해 일하는 노동자의 느린 태도가 아니라, 매우 재빠르고 열심히 했다는 것이다.

'아브라함은 서둘러 천막으로 들어가 ······ 서둘러 떡을 만들라고 이르고 ······ 달려가 손님들 곁에 서서 시중을 들었다.'

아브라함은 오늘에 이르기까지 '손님 접대'의 모범적인 실례가 되고 있다. 좋은 유대인 가정에서는 제사 후 식사도, 만일 그 식사에 참가하는 손님이 한 사람이라도 없으면 완전한 것이 못 된다.

탈무드에는 3세기 무렵, 랍비 함누나는 유월절 밤뿐만 아니라 1년 내내 매일 빵을 자를 때는 언제나 집 문을 활짝 열고 "누구나 필요한 사람은 와서 가져가시오"라고 외쳤다고 기록되어 있다.

아브라함에게서 배울 것은 가령 우리가 옳은 일을 하고 있더라도 어떻게 그것을 하느냐에 문제가 있다는 것이다. 웃는 얼굴, 정중한 행위는 손님을 접대할 때 중요한 일이다.

시험
"할아버지, 어서 물을 마시세요."

이사악의 순종

이사악의 출생에 관한 이야기 바로 뒤에 나오는 것은 모리아 산에서의 정경이다. 이 이야기는 하느님에 대한 아브라함의 헌신적인 행동에 중점을 둔 탓에 이사악의 순종에 대한 설명은 빠져 있다. 그러나 아버지의 말에 순순히 따르는 이사악이 없었다면 그 일을 실행할 수 없었다는 건 능히 짐작할 수 있는 일이다.

번제에 쓰일 장작을 진 이사악과 칼과 번제물에 붙일 불씨를 든 아브라함이 함께 모리아 산으로 올라가는 도중 이사악이 묻는다.

"아버지! 불씨도 있고 장작도 있는데, 번제물로 드릴 어린 양은 어디 있습니까?"(창세기 22장 7절)

그러자 아브라함은 이렇게 대답한다.

"애야! 번제물로 드릴 어린 양은 하느님께서 손수 마련하신단다."(창세기 22장 8절)

이윽고 야훼께서 가라고 한 곳에 다다른 아브라함은 제단을 쌓아

올린 뒤 그 위에 장작을 포개 놓았다. 그러고 나서 아들 이사악을 꽁꽁 묶어서는 제단 위 차곡차곡 쌓아 놓은 장작더미 위에 올려놓았다. (창세기 22장 6~9절 참조) 하느님의 명령에 따라 외아들 이사악을 번제물로 바치려 한 것이다.

모든 준비가 다 끝났을 때 아브라함은 이사악에게 왜 그가 희생제물이 되어야 하는가에 대한 설명을 해주었을 것이다.

이를 듣고 이사악은 어떻게 행동했을까? 당시 이사악의 나이는 18~20세쯤이었으니, 번제물로 바쳐지는 것을 원치 않았다면 얼마든지 늙은 아버지에게서 달아날 수 있었을 것이다. 그러나 그는 하느님과 아버지에게 순종했고, 희생제물이 될 각오로 제단 위에 올라섰다. 바로 그때 하느님은 아브라함에게 이사악을 풀어주도록 명령하시면서 이사악 대신에 번제물로 쓸 숫양 한 마리를 보내 주셨다.

이사악의 순종적인 태도를 엿볼 수 있는 일은 또 있다. 이사악은 어머니 사라가 세상을 떠난 뒤 40세가 될 때까지 아버지와 함께 고독한 천막생활을 하게 된다. 그는 자신의 배우자 선택문제까지도 아버지의 뜻에 따랐다. 아브라함은 고향으로 종을 보내 이사악과 혼인할 처녀를 데려오게 했고, 이사악은 리브가라는 아름다운 처녀를 아내로 맞게 된다.

아브라함과 이사악의 관계는 오늘날 논란이 되고 있는 자녀교육문제와 관련해 시사하는 바가 크다. 흔들리지 않는 믿음을 갖고 행동하는 아버지, 아버지를 전적으로 신뢰하며 그 말씀과 행동이 틀림없는 것이라고 믿는 아들. 이 같은 부모와 자식의 관계는 야훼로부터 축복받을 수 있는 관계일 것이다.

이사악의 신앙은 결코 야단스러운 것이 아니었다. 그는 생활 속에서 조용히 묵상하고 기도하는 가운데서 야훼 하느님을 찾았다. 그랬기에 대인관계에서나 가족간의 관계 및 자식들과의 관계에서도 온순하고 자비로운 태도를 취할 수 있었다. 그에게는 기본적으로 하느님에 대한 믿음과 그 안에서 순종하려는 마음이 있었던 것이다.

만년의 소망

아브라함은 나이가 들어 노인이 되었다. 하느님은 모든 것으로 그를 축복했다. 부유하게 되었고, 존경받았으며, 하느님이나 이웃과의 사이도 평화로웠다.

그러나 아브라함에게도 괴로움은 있었다. 그것은 아들 이사악에 관한 일이었다. 이사악은 40살이 되었는데도 아직 독신이었다. 그는 힘 있는 양친의 보호 아래 자란 젊은이로, 성격이 내성적인 데다 어머니를 여의고 자신도 아케다(제단 위에 묶이는 희생)의 외상을 경험했었다. 그것은 그에게 정신적인 상처를 남겼다.

아브라함의 소망은 아들이 어울리는 여자를 맞아 안정된 가정을 이루고 모든 민족의 축복이 되며, 이 세상에 하느님이 계신다는 증인이 되는 것을 자기 눈으로 보는 일이었다.

아브라함은 그의 충실한 심복——집안 일을 도맡아 보는 연장자——을 불렀다. 성서에서는 이 최초의 중매인 이름을 밝히지 않았는데, 구전에 의하면 그는 엘리에제르(하느님이 나를 도와주신다는 뜻)였다고 한다. 이 충복은 메소포타미아에 가서 이사악의 신부감을 골라오는 소임을 맡는다.

아브라함은 그 심복에게 엄숙히 맹세하게 한다.

"내가 지금 살고 있는 이 가나안 사람의 딸들 가운데서 내 아들의 신부감을 골라서는 안 된다. 또한 이사악을 그 나라에 데려가서도 안 된다. 설혹 그 때문에 이사악이 평생 독신으로 살 처지가 될지라도."

아브라함의 생애에서 결정적인 이 순간에 그는 고향, 곧 친척들에게 돌아갈 생각을 하고 있었다. 만일 외아들이 지금 살고 있는 고장 사람들 사이에서 신부를 선택한다면, 잡혼의 위험이 있다는 걸 깨달고 있었던 것이다. 그는 대다수 이웃들의 도덕적 수준을 잘 알고 있었으므로, 아들이 그들에게 동화되어 여러 해의 고투와 시련을 통하여 키워 온 이상이나 생활양식 모두를 잃어버리지 않을까 걱정하고 있었다. 이제 이 지상에서 떠나려고 하는 족장 아브라함의 마음을 차지하고 있는 것은 두 가지였다. 먼저 떠난 사랑하는 아내를 위해 장지를 마련하는 일과 아들의 잡혼을 막는 일이었다.

성서에는 그 뒤에 일어난 아브라함의 일에 대해 아무것도 적혀 있지 않다. 그러나 4000년 동안 이 두 가지 일은 여러 나라로 흩어진 대부분의 유대인 마음속에 아직도 남아 있다. 가령 유대인은 유대적인 생활양식에서 아무리 떨어져 있다 할지라도 아들의 잡혼에 대해서는 두려워하고, 또한 겨레 속에 묻히려고 애쓰게 된다.

아브라함 시대부터 오늘에 이르기까지, 이 두 가지 관심사가 아브라함의 자손을 계속 위협하는 붕괴와 동화라는 풍조에 대해 최후의 방벽이 되어 왔던 것이다.

이사악을 위한 신부 선택

충복 엘리에제르는 이사악의 평생 배필로 어울리는 아가씨를 찾아내는 자기 사명의 중대함을 알고 있었다. 새로운 짝은 하느님의 뜨거운 사랑을 받은 아브라함과 사라 내외가 길러준 높은 이상을 실현하는 최초의 유대인 가정을 건설할 것이다.

그런데 엘리제에르는 어떻게 자기의 선택이 올바르다는 것을 확인하려는 것일까? 그의 선택은 아브라함 집안의 미래뿐 아니라 인류의 미래에서 적어도 큰 부분을 결정하게 된다.

엘리에제르의 이 사명 이야기는 창세기 중에서도 보기 드물 만큼 긴 이야기다. 무엇이 엘리에제르로 하여금 리브가야말로 주인님의 소중한 아들을 위해 하늘이 정한 아가씨라는 최후의 결단을 내리게 했을까? 그는 '퍽 예뻤기' 때문에 리브가를 선택한 것은 아니었다.

조금은 영향을 주었을지 모르지만 결정적인 요인은 아니었다. 가족의 내력이나 사회적 지위 때문에 리브가를 선택한 것도 아니었다. 엘리에제르는 그녀의 아버지 부드엘이나 그녀의 오라버니 타반에게서 분명히 좋은 인상을 받지 못했다.

그는 리브가가 정말 친절하고 동정심 있는 아가씨인지 어떤지를 알아내는 일이 중요했다. 고민 끝에 그는 어떤 시험을 해보기로 결정했다.

그가 아가씨에게 '아가씨, 항아리의 물을 좀 마시게 해주십시오'라고 말했을 때, 아가씨가 '어서 물을 마시세요. 할아버지의 낙타에게도 물을 마시게 해주겠어요'라고 말한다면, 그 아가씨야말로 하느님께서 주인의 아들 이사악을 위해 점지해주신 여자라고 생각하겠다고, 엘리에제르는 하느님에게 기도했다.

리브가는 이 시험에 훌륭히 합격했다. 그것은 아브라함의 충복이 기대했던 것을 단순히 실행했다는 것뿐 아니라, 그녀가 이를 실행한 방법 덕분이었다. 그녀는 의무를 다하기 위해 정중히 한 것이 아니라 친절과 관용, 열성과 기쁨으로 접대했던 것이다.

"할아버지, 어서 물을 마시세요."

그녀는 서둘러 항아리를 내려놓고 그에게 마시게 했다. 그런 다음, "할아버지 낙타에게도 물을 길어 드릴게요" 하고 말하고는 서둘러 항아리의 물을 구유에 붓고 다시 샘터로 달려갔다.

전혀 알지도 못하는 사람에게 친절을 베푸는 이 열성이, 그로 하여금 아브라함의 생활양식과 이상을 한 세대에서 다음 세대로 이어주는 최초의 가정을 꾸리기에 가장 알맞은 여자라고 결정하게 했다.

우물이 가르쳐주는 것
"유대인은 이 땅에서 떠나라."

박해의 역사

이데올로기도, 종교간의 대항의식도, 인종론도 아니면서 블레셋 사람들이 이사악에게 공격적인 대응을 한 이유는 단순히 시기 탓이었다.

'이사악은 부자가 되었다. 점점 재산이 불어 마침내 거부가 되었다. 그는 양 떼와 소 떼와 많은 종들을 거느리게 되어 블레셋 사람들의 시기를 사게 되었다. 블레셋 사람들은 전에 이사악의 아버지 아브라함의 종들이 아브라함 생전에 팠던 우물을 모조리 흙으로 메워 버렸다.'

그들은 아마도 표면적으로는 우호적이었을 것이다. 나라 경제를 일으켜 준 부자 외래인에 대해, 고마운 마음이 있었을 것이 틀림없다. 그러나 이사악의 아버지가 판 우물을 메워 버리는 행위로서 자기들의 시기를 표현할 수밖에 없었다. 그들은 '불만분자'를 억제할 도리가 없었다고 주장했을 것이다.

모든 생물에게 그 무엇과도 바꿀 수 없는 물——그것을 훼손하는 일도 이사악이 역사적으로 정당한 권리의 증거를 모두 없애 버리려고 하는 결의 앞에는 그다지 중요한 것이 되지 못했다. 이제는 우물이 없어져 버렸을 뿐만 아니라, 그곳에 우물이 있었던 것을 아는 사람조차 없어졌다.

블레셋인의 무례한 행동의 뒤를 쫓듯이 공식적인 통고가 왔다. 바로 옛 친구 아비멜렉으로부터였다. 그는 얼마 전, 이사악의 기술이나 재산이 필요했기 때문에 '이 사람이나 그의 아내를 건드리는 자는 누구든지 사형을 받을 것'이라고 경고를 한 사람이었다.

그러나 지금은 전혀 다른 역할을 하고 있었다. 아비멜렉의 명예를 위해, 이른바 외교관이 두 가지 혀로 악의의 계획을 감추는 위선을 행하지 않았다는 걸 말해두어야 했다. 아비멜렉은 이사악에게 말했다.

"너는 우리보다도 훨씬 강해졌으니 여기에서 물러가라."

이 통고를 들었을 때 이사악은 저항하지 않고, 역사적인 권리를 증명하는 싸움을 시작하지도 않았다. 이사악도 이런 일방적 통고를 기쁘게 생각하진 않았다. 그러나 그가 할 수 있는 다른 선택은 더 나쁜 결과를 가져온다는 걸 잘 알고 있었던 것 같다. 말하자면 훗날 이사악의 자손들이 배우게 되지만, 자기들의 피와 땀으로 건설을 도운 그 나라에서 쫓겨나는 것보다 더 나쁜 것은, 다른 나라의 포로가 되는 일이었다. 이때부터 겨우 몇 세대 후, 이집트에서 거의 같은 상황이 일어났다.

라울 힐베르그는 그의 저서 《유럽 유대인의 붕괴》에서 역사 속에 사용된 세 가지 반유대정책을 간결히 정리했다. 그 세 가지란 개종, 추방, 말살이었다.

"그리스도교 선교사들은 '너희들은 우리 가운데서 유대교도로서 살 권리가 없다'고 말하면서 돌아다녔다(그 해결은 개종이다). 이 세상의 권력자들은 '너희는 우리 가운데서 살 권리가 없다'고 선언했다(그 해결은 추방이다). 마지막으로 나치는 '너희들은 살 권리가 없다'고 말했다(그 해결은 말살이다)."

이와 같은 세 가지 역사적 단계의 조짐이 오래전 족장들의 이야기에 이미 나타나 있다. 아브라함은 종교적인 압박이나 무자비함에 복종했고, 이사악은 경제적 사회적 이유에서 추방되었다. 야곱은 에사오와 파라오(이집트왕)를 두려워한 나머지 그들의 뜻을 따를 수밖에 없는 상황에 직면했다.

이사악 스스로 우물을 파다

'그래서 이사악은 그곳을 떠나 그랄 골짜기에 천막을 치고 자리잡았다.'

이사악은 황야에 나가서 블레셋인의 시기와 원망을 피하려고 했다. 자신의 에너지를 분쟁과 이웃의 악의에 저항하는 일에 낭비하는 대신 혼자 행동하는 편을 선택한 것이다.

새로운 영지에 정착하자마자 이사악은 물을 얻으려고 채굴작업을 시작한다. 심한 중노동을 하며 애쓰고 있는 동안 아무도 방해하지 않았다. 그러나 물이 발견되자 그랄의 목자들이 나타나 외쳤다.

"이 물은 우리 것이다."

이사악은 하느님의 명령처럼 이 고장에 산다는 것은 여간 어려운 일이 아니라는 가혹한 사실에 직면했다. 그는 새로운 우물을 에섹(논쟁)이라 부르고 그 상황에 판단을 내렸다. 그랄의 목자 및 그 이웃들과 자신 사이에는 앞으로도 논쟁이 계속 있을 것이라는 걸 깨달았다. 그러나 이사악이 두 번째 우물을 파기까지는 이 물 논쟁이 노골적인 증오로 발전되리라고는 생각하지 못했다. 이사악의 종들이 우물을 하나 더 파자 그랄인이 와서 다시금 논쟁을 시작했기 때문에, 이사악은 그 두 번째 우물을 싯나(증오)라고 이름붙였다. 이사악 덕분에 충분한 물을 얻었음에도 불구하고 이와 같은 행패를 부린 것은, 증오를 위한 증오 이외에 무엇이 있겠는가.

이사악은 계속해서 밀어닥치는 고민의 물결에 어떻게 대처한 것일까. 성서를 주의깊게 읽으면, 최초의 두 우물은 이사악의 종들이 판 것이지만, 마지막 우물은 이사악이 손수 판 것이라는 사실을 알 수 있다.

이사악은 적을 벗으로 바꾸는 일에 성공하리라는 확신이 있었다. 이사악의 인격을 접한 그랄인은 어떤 시도를 해도 그를 때려눕힐 수 없다는 걸 인식했으리라.

우리가 알다시피 이사악의 이 방침은 효과가 있었다. 성서에는 우물에 대한 싸움이 없어졌다고 말하고 있다. 그 이름을 르호봇이라 부르며 '마침내 야훼께서 우리 앞을 활짝 열어 주셔서 우리도 이 땅에서 번성하게 되었다.'

이것으로 성서가 이사악과 블레셋인(그랄인)의 관계에 대한 이야기를 끝낸 것은 아니다. 이야기는 여전히 계속되며, 아비멜렉과 그의 부하들이 이사악에게 와서 "야훼께서 그대와 함께 계시는 것을 우리가 똑똑히 보았다"라고 말하고 평화 조약을 제의한다.

그랄인들은 이사악이 그 부근 일대에 만든 여러 가지 시설이 지역 모든 사람들의 이익과 일치한다는 것을 겨우 이해했던 것이다.

이 이야기는 평화라는 좋은 결말로 끝나지 않고, 이사악이 수원 (水源)을 발견하는 노력을 계속했다는 것을 말한다. 이사악은 한 조각의 평화조약이나 기타 많은 구두약속이 있었지만, 그런 것이 '이 땅에 살아라'라는 하느님의 명령을 성취하는 것이 아님을 알고 있었다. 그것은 단지 살기 위한, 우물을 계속 파는 일을 통해서만 실현할 수 있었다.

꿈꾸는 사람들에게
민족은 그 발 아래 대지를 갖고 있음으로써
비로소 그 머리가 하늘에 이를 수 있다

행복한 가정에서도 재난은 일어난다

야곱은 여러 해 동안의 방랑과 고생과 투쟁 끝에 마침내 선조들의 땅 가나안으로 돌아왔다. 야곱은 이제 자리를 잡고 가족이나 자식들, 손자들에게 둘러싸여 평화롭게 살고 싶다는 소망으로 가득차 있었다.

야곱은 생활이 풍족했고, 존경을 받고 있었다. 형 에사오조차 야곱을 적으로 생각하지 않고, 이웃으로 거느리고 있는 편이 득이 된다고 생각했다. 두 사람은 그 땅에서 공존하기 위해 모든 일에 애쓰고 있었다. 야곱의 튼튼한 아들들은 양 떼를 몰고 멀리까지 나갔다. 늙은 야곱은 학문을 즐기는 생활로 돌아가 지나간 젊은 날의 일을 회상할 수 있었다.

이 시점에서 미드라시의 이야기에 따르면, 사탄이 하느님 앞에 나타나 물었다고 한다.

"신앙심 깊은 인간을 위해 내세가 주어지는 것만으로도 충분하지 않습니까? 어째서 그들에게 이 세상을 즐기도록 하시는 겁니까?"

그래서 야곱에게 재난이 내려졌다. 재난은 예전에 야곱을 괴롭혔던 라반이나 야곱에게 싸움을 건 세겜인처럼 외부에서 온 것이 아니었다. 그의 가정 내부에 재난의 원인이 숨어 있었다. 그것은 야곱이 깊이 사랑하는 잘생기고, 감수성이 예민하고, 조숙한 막내아들 요셉이었다. 요셉은 평화로운 가정에 싸움과 불화를 일으켜, 늙은 아버지에게 슬픔의 몇 해를 가져다 주게 된다.

야곱의 교육 실패

훗날 야곱은 '어떤 점에서 요셉과 다른 아들들의 교육에 실패한 것일까?' 하고 자문했을지 모른다. 요셉은 늘그막에 얻은 아들이었기에 야곱은 어느 아들보다 요셉을 사랑하였다. 그래서 장신구를 단 옷을 지어 입히곤 하였다. 요셉이 입었던 '장신구를 단 옷'을 탈무드는 '비단옷'을 뜻한다고 해석하고 있다. 그리고 4세켈가량의 값으로 추정하고 있다. 이와 같은 사소한 물건이 큰 문제를 일으킨 것이다.

'이렇게 아버지가 유별나게 요셉만을 더 사랑하는 것을 보고 형들은 미워서 정다운 말 한 마디도 건넬 생각이 없었다.'

이 4세켈밖에 되지 않는 비단옷이 이스라엘의 아들을 이집트에 팔려가게 하는 최초의 원인이 되었다.

야곱은 아들들 사이에 질투나 차별감을 일으키는 데, 값진 털옷이나 황금마차 따위에 돈을 쓸 필요는 없었다. 겨우 4세켈가량의 명주옷 한 벌로 충분했다. 요셉을 증오하던 형제들이 들판에서 요셉에게 맨 먼저 한 일은 비단옷을 벗기는 일이었다.

비단옷을 입은 요셉을 보았을 때, 형들은 마음속에서 솟구치는 폭력 충동을 숨기지 않았다. 그들은 아버지 야곱에게 요셉이 없어진 것을 말하기 위해 죽인 염소 피를 비단옷에 적셨다. 게다가 그 옷을 칼로 찢었다. 그들은 피묻은 옷을 야곱에게 가지고 와서 "이것을 우리가 주웠습니다. 이것이 아버님 아들의 옷인지 아닌지 잘 보십시오"라고 거침없이 말했다.

그 순간, 야곱은 그 옷이 눈에 익은 것이었고 요셉에게 무슨 일이 일어났는지를 깨달았다.

야곱의 꿈에서 요셉의 꿈으로

요셉이 형들의 미움을 받은 것은 그의 꿈 탓이기도 했다. 한번은 요셉이 꿈을 꾸고 그 꿈 이야기를 형들에게 했는데, 그 때문에 형들은 그를 더 미워하게 되었다. 물론 형들이 요셉을 미워하는 근본적인 원인은 야곱의 편애에 있었다. 야곱은 꿈꾸는 사람 요셉에게서 자기의 참다운 후계자를 발견했던 것이다. 우리는 야곱도 젊은 시절 때때로 꿈을 꾸는 사람이었음을 기억한다. 야곱의 꿈은 요셉의 꿈과는 상당히 다른 것이었지만 공통점도 있었다.

아들의 꿈은 아버지 꿈의 계속이었다. 야곱은 땅에서 시작된 사다리의 꼭대기가 하늘에 이르는 꿈을 꾸었다. 요셉의 꿈은 그것에 보태어 이 사다리의 바닥이 단단한 '땅'이라는 것을 추가했다.

야곱의 사다리가 하늘에 닿기 위해서는, 그것이 단단한 땅 위에 있지 않으면 안 된다. 요셉의 꿈은 방랑하는 목자라는 떠돌이의 토대 위에서는 하늘에 닿는 사다리가 설 수 없음을 말해준다. 바로 전 세대의 유명한 시오니스트 지도자 메나헴 우신스키가 한 '민족은 그 발 아래 대지를 갖고 있음으로써 비로소 그 머리가 하늘에 이를 수 있다'는 말과 같은 이치이다. 요셉의 형들은 건강하고 용기 있는 평범한 목자였으며, 생활 습관의 변화를 두려워했다. 때문에 그들은 꿈이나 꾸는 사람이 못마땅했다.

야곱의 꿈이 실현되려면 아직 몇백 년이나 걸릴 것이다. 그동안 요셉과 그의 형들처럼 보수적인 현실주의자와 꿈꾸는 급진적인 사람 사이의 충돌은 피할 도리가 없다.

유대인의 귀환
언젠가 꾸었던 꿈이 문득 생각났다

변장한 요셉

'요셉은 형들을 곧 알아보았지만 남을 대하듯이 거칠게 말하였다. ……요셉은 형들이라는 것을 알았으나, 형들은 요셉이라는 것을 몰랐기 때문이다.'

많은 토라의 주석자들은 왜 요셉의 형들은 이집트의 고관이 실은 동생 요셉이라는 것을 알지 못했을까 하는 문제를 가지고 고민한다. 그들이 마지막으로 요셉을 본 때로부터 많은 세월이 흘러(당시 17살이었던 요셉은 이제 의젓한 30대가 되었다) 모습은 많이 달라졌지만, 형들은 그 고관이 요셉이라는 것을 마땅히 알아보았어야 한다. 오랫동안 행방불명되었던 동생이 이집트에 아직 살아 있을지도 모른다는 예감을 가질 만도 했기 때문이다.

이에 대해 어떤 이는 요셉의 형들이 요셉을 알아보지 못한 것은, 요셉을 마지막으로 보았을 때는 수염이 나지 않았었는데, 이제는 수염을 길러 용모가 전혀 달라졌기 때문이라는 것이다.

어떤 설명에서는 그 이유를 요셉 자신의 내면보다도 외부 환경에서 찾아낸다. 즉, 그들이 이집트로 가는 대상에게 팔아버린 동생을 파라오의 왕궁 안에서 만날 줄은 상상도 못했기 때문이라는 것이다.

그 밖의 설명은 '모든 사람처럼 하고'라 번역된 말에 주목한다. 요셉은 '모자를 얼굴 위까지 눌러 쓰고'(나프마니데스의 설), 또는 '일부러 음성을 바꾸어'(라슈반의 설) 자기를 알아보지 못하도록 했다고 해석한다.

형들이 요셉을 알아보지 못한 것은 주로 이 변장 때문이었다고 한다.

꿈꾼 사람을 찾아라

그럼 왜 요셉은 혈육인 형들에게 '모르는 사람처럼' 행동하였을까. 또 하나의 질문을 덧붙인다면, 요셉이 왜 아버지에게 한 번도 연락을 취하지 않았을까? 사실 요셉은 아버지 야곱이 어디에 있는지 알았지만, 야곱과 그 자식들은 요셉이 어디에 있는지 몰랐다. 아버지인 야곱이 할 수 있는 것은 자식을 잃은 슬픔으로 탄식하는 일뿐이고, 형들은 한 번 저지른 것은 다시 돌이킬 수 없다고 시치미를 뗄 따름이었다.

요셉은 팔려간 처음 몇 해 동안은 형들에게 당한 혹독한 처사의 충격에서 벗어나지 못한 데다, 비참한 노예상태에 있거나 감옥에 갇혀 있었기 때문에 가족과 연락을 취할 수 없었다. 그러나 왜 권력과 부를 누리는 높은 자리에 있게 되어서도 연락을 취하지 않았을까.

요셉은 자신이 사라진 것 때문에 아버지가 괴로워하는 모습쯤은 쉽게 상상할 수 있었을 것이다. 그런데 왜 그렇게 오랜 세월 동안 연로한 아버지와 연락하려고 한 번도 노력하지 않았다는 말인가.

중세의 위대한 성서 주석가인 나프마니데스는 여기에 대해 상당히 장황하게 설명하고 있다.

'요셉의 이 행동은 하느님이 미리 계획한 역사의 일부이며, 요셉

의 꿈이 서서히 성취되어 가고 있었기 때문이다.'
나프마니데스는 또 이렇게 말한다.
'만일 이와 같이 보지 않는다면, 요셉은 아버지에게 오랫동안 큰 상처를 준 중대한 죄를 지었다고 말할 수밖에 없다. ……설혹 요셉이 형들을 좋아하지 않았다고 하더라도, 연로한 아버지에게는 마땅히 연민의 정을 가져야 했기 때문이다.'
그러나 그는 그렇지 않았다. 혹시 다른 이유를 생각해 볼 수 있다면, 요셉은 집으로 돌아가는 것이나 가족의 정황에 관심을 갖지 않았다는 것이 된다. 요셉은 자신을 가족과 분리해서 생각하고, 가족의 존재를 아예 잊으려고 하지는 않았을까.
형들이 미디안 사람에게 자신을 팔아넘겼을 때 입은 정신적 상처와, 그 후에 닥친 잇따른 불행한 사건들이 요셉에게 큰 심적 변화를 가져왔다. 요셉의 경력상에 일어난 변화와 더불어 요셉의 인격에도 변화가 왔다.
사실 요셉은 원래 자기와 가족의 꿈만 꾸는 사람이었는데, 어느새 파라오 등 남들의 꿈에 대한 해몽가가 되었다. 예전에는 꿈만 꾸는 사람이었지만 이제는 대단히 현실적인 사람이 되어, 나라에서 파라오 다음으로 높은 지위에 올랐다. 요셉은 파라오가 목에 걸어준 황금목걸이와 '삼베 옷'뿐만 아니라, 새로운 직책에 만족한 것같이 보인다.
그리고 요셉은 '궁전의 유대인'으로 멸시당하는 것을 싫어했기 때문에 환경에 잘 적응하려고 노력한 것 같다. 왜냐하면 히브리 이름인 요셉으로부터 '사브낫바네아'라는 이집트 이름으로 기꺼이 바꾸었으며, 이집트 상류사회 여자와의 결혼을 흡족하게 생각하였기 때문이다. 만일 요셉이 그 결혼에 대해서 조금이라도 못마땅한 마음이 있었다면, 온의 제사장 보디베라의 딸 아세낫을 야곱 이스라엘의 '며느리'로 삼지는 않았을 것이다.

인물이 잘난 30살의 고관으로서 이집트를 누비며 여행한 요셉은 이집트를 고향같이 생각했다. 요셉은 첫아이를 낳았을 때, 장남에게 므나쎄라는 이름을 지어주고 말했다..

"하느님께서 나의 온갖 쓰라림과 아버지의 집 생각을 잊게 하셨다."

둘째 아들에게는 에브라임이라는 이름을 붙이고 말하였다.

"내가 고생하던 이 땅에서 하느님께서는 나를 번성하게 하셨다."

요셉은 과거와 고국, 그리고 가족에 대해서는 생각도 하고 싶지 않았다. 요셉은 이집트 사회로의 동화에 대하여 조금도 양심의 가책을 느끼지 않았다. 과거를 잊으려고 한 요셉에게 만일 형들이 갑자기 나타나지 않았다면, 아무런 저항없이 이 상황은 이어졌을 것이다. 그리고 요셉과 그 가족은 이집트를 마지막으로 영원히 역사에서 사라졌을지 모른다.

민족의 품으로 돌아오다

'요셉은 형들을 알아보고, 형들이 이렇게 되리라 꾸었던 꿈을 생각하면서……'

전혀 예기치 않았던 사건이 전개되자, 남들의 꿈을 해석하던 해몽가는 그 자신이 꿈을 꾸는 사람이었다는 것과 형제들에 대해서 예전에 꾸었던 꿈이 문득 생각났다. 이것이 바로 이 이야기의 전환점이다. 이 순간부터 요셉 이야기는 새로운 방향, 즉 주인공이 외국문화에 동화되었던 상황으로부터 다시 자기 민족의 꿈으로 돌아가는 상황으로 이끌어간다.

또 1000년 뒤에 헬레니즘이라는 이방 문화의 조류가 유대 민족을 삼키려고 한 시대가 있었다. 예루살렘 신전의 모든 기름은 오염되고, 유대의 고급관료들은 그리스의 위대한 문화에 동화되어 유대인으로서의 꿈은 차차 잊어갔다.

그때 모딘이라는 사나이가 행동을 시작한 데서 사건은 잇따르고, 다시 한 번 새로이 성전을 헌당하도록 이끌었다. 이것이 '봉헌절'(유대력의 9월 25일(대략 12월 초)에 시작해 8일 동안 진행되는 유대인의 연례 축제)의 시초가 되었다. 그로부터 2000년 이상이나 요셉의 이야기——처음 이방 문화에 동화된 유대인이 자기 민족의 품으로 돌아오는——가 큰 축제에서 낭독되는 것이다.

엑소더스
자기의 노력은 스스로의 필요에 바쳐지는 것이다

최악의 상황

출애굽기 제5장 끝 부분에 이르면, 파라오의 지배 아래 있던 이스라엘의 노예상태는 가장 처참한 지경이 된다. 이스라엘인 내통자의 배신행위가 일어났고, 현장감독이나 간수들까지도 파라오의 요구에 부응하는 것은 불가능하다고 열심히 이의를 제기할 정도였다. 필요한 재료도 공급해주지 않으면서 어떻게 날마다 할당된 흙벽돌을 생산해낼 수가 있느냐고 이치에 맞는 진정을 하고 있었다.

그러나 그들이 이해하지 못한 것은 이런 상황 아래서는 논리가 끼어들 여지가 없다는 것이다. 자기 혈족들에게 상처를 주더라도 충실한 종노릇을 시키려 했던 그 주인(파라오)은 대답 대신 그들을 혹독하게 혼내주며 공공장소에서 그들에게 창피를 주었다.

"이 게을러 빠진 것들아, 너희는…… 당장 물러가서 일이나 하여라."

이것이 파라오가 그들에게 한 말이다.

"짚을 공급받을 생각은 아예 말되, 흙벽돌은 지정한 수량을 만들어내야만 한다."

고통은 점점 더해갔다. 그런데 그들은 파라오에게 분노를 나타내는 대신, 모세와 아론에게 탓을 돌리는 손쉬운 방법을 선택하였다.

"야훼께서 너희들을 내려다보시고 벌을 내려주셨으면 좋겠다. 파라오와 그의 신하들이 우리를 역겨워하게 된 것은 너희들 탓이다. 너희 때문에 그가 칼을 빼어들고 우리를 치는 것이 아니냐?"

혹시 모세와 아론이 끼어들지 않았다면 파라오 아래서 칼도 없이 평화로운 생활이 계속될 수 있었을 것처럼 말한다.

이처럼 터무니없는 소리에도 주의를 기울이지 않을 수 없었던 모세는 상처를 입고 실망하여 자신의 사명을 완수하리라는 생각을 하지 못했다.

"주여, 어찌하여 이 백성을 이렇듯 괴롭히십니까? 왜 저를 이곳으로 보내셨습니까? 제가 파라오를 찾아가 당신의 이름을 말한 뒤로 백성들은 더욱 들볶이고 있습니다."

지도자인 모세마저 자기가 하고 있는 일의 우울한 결과를 보고 백성들에게 말꼬투리를 잡히면서 이제는 체념하는 상태가 되었다.

저 지평선을 보라

그때 하느님은 다시 모세 앞에 나타나 자유로 가는 길은 멀고, 장애물로 가득차 있어 지름길 같은 것은 있을 수 없다고 말한다. 자유란 억압받는 대중이 봉기만 하면 하루아침에 얻을 수 있는 손쉬운 것이 아니다. 고통받고 있는 민중은 자신들이 억압받고 있다는 사실을 받아들이는 것조차 원하지 않는다.

그래서 하느님은 모세에게 이렇게 말한다.

"그들을 이 나라에서 내보내지 않고는 견디지 못하리라. 왜냐하면 그것은 아브라함과 이사악과 야곱과의 계약관계에 깊이 뿌리를 내리고 있는 약속이기 때문이다. 자유는 반드시 '슬픔에 신음하고 있는' 이스라엘인에게 찾아올 것이다. 저 지평선을 보라. 그 어디엔가 그들이 오기를 기다리고 있는 땅이 있다."

모세는 이스라엘 백성들에게 메시지를 전한다.

"그러므로 이스라엘 사람들에게 전하여라. '나는 야훼다. 너희를 이집트인들의 종살이에서 빼내고 그 고역에서 건져내리라. 나의 팔을 펴서 무서운 심판을 내려 너희를 구해내리라. 너희를 나의 백성으로 삼고 나는 너희의 하느님이 되어 주리라.'"

이렇게 치밀한 약속으로 나타난 '보속(補贖)'이라는 것은 단 한 번의 사건으로 그치는 것이 아니었다. 그것은 네 가지 다른 동사로 표현되는 네 단계로 진행되어 가는 사건이었다.

예루살렘 탈무드 초기의 랍비들은 이 네 가지 말을 인용하여 유월절 만찬에서 마시는 네 차례의 포도주에 그 의미를 붙였다. 유월절 만찬에서 이스라엘은 출애굽기를 다시 한 번 체험하는 것이다. 이 네 번의 건배에 대한 다른 한 가지 설은, 유월절 식사는 당시 그리스의 만찬회 '심포지움'에서 포도주로 네 차례 건배를 든 것을 모방했다고 한다.

네 단계를 거쳐 약속의 땅으로

랍비 몰데하이 코헨은 《토라에 관하여》라는 고전적 저작 가운데서, 이런 네 단계가 하나의 연속성을 가짐으로써 보속의 업을 완성하여 약속의 땅으로 하느님의 백성을 인도한다고 가르치고 있다.

처음 '나는 너희를 이집트인들의 종살이에서 빼내고'라고 한 것은, 나는 너희의 자각심을 높여 포로생활 자체가 견딜 수 없는 고역이고, 거기에서 벗어나지 않으면 안 된다는 것을 깨닫게 한다는 뜻이다.

히브리어로 '고역'이라는 말은 '인내와 자제'라는 의미에 가깝다.

다만 사람들 마음이 한계를 넘어, 도움이 없는 상황은 참을 수 없다고 느껴질 때 비로소 제2단계가 준비된다. 그 제2단계 '건지다'는 실제 노동으로부터의 구제이다. 이처럼 마음의 자유가 물리적인 자유에 앞서는 필수조건이다.

바꾸어 말하면 자유를 사랑하는 사람들은 남을 위한 장대한 도시를 건설하는 데 땀을 흘리고, 자기를 소모시키는 따위 일은 하지 않는다. 자기의 노력은 스스로의 필요에 바쳐지는 것이다.

이래서 신은 '그들을 노예의 신분으로부터 구해내겠다'고 약속하는 것이다.

다음의 보속은 제3단계로 이어진다.

"나의 팔을 펴서 무서운 심판을 내려 너희를 구해내리라."

자존심이 강하고 자급자족할 수 있는 백성이야말로 독립국가로서 자신들의 권리를 위하여 결연히 일어설 수 있는 것이다.

그리고 그들이 자유로워지고, 스스로에 대한 신뢰를 가지고 독립하였을 때, 비로소 최후의 제4단계 "너희를 나의 백성으로 삼고 나는 너희의 하느님이 되어주리라"가 준비되는 것이다.

밖으로부터의 충고
정의를 구하는데 중요한 것은 문제의 크고 작음이 아니라
옳은 원리가 관철되었는가 아닌가이다

어떻게 듣느냐가 중요
미디안의 제사장이며 모세의 장인인 이드로는 하느님이 모세와 그의 백성 이스라엘에게 하신 일, 곧 "주께서 이스라엘을 이집트에서 인도하여 내셨다"는 말을 들었다.

이 소식을 듣고 이드로는 모세를 만나 성공을 축하하려고 광야로 갔다. 확실히 이드로는 모세 가족에 속한 사람이다. 이스라엘의 해방자 모세는 이드로의 의리의 자식에 해당되기 때문이다.

이드로는 이스라엘의 승리에 호의적으로 반응한 첫 외부인이다. 이드로의 방문은 '온 세계가 유대인에게 대항하고 있다'는 말을 부정하는 중요한 증거였다.

실제 이드로는 하느님이 이스라엘과 모세에게 행한 일을 들은 유일한 사람도 아니고, 처음으로 들은 사람이라고 말할 수도 없다. 이 사건은 미디안 지역보다 더 멀리 그리고 널리 전해졌으며, 이 심상치 않은 '노예혁명'을 큰 화젯거리로 삼았을 것이다. 그러므로 토라

가 이드로에 대해 강조하는 것은 외부인으로서 그것을 어떻게 해석하고 반응했는가 하는 점 때문이다.

미드라시의 랍비들은 무엇을 들었는가 하는 내용뿐만 아니라, 어떻게 들었는가도 중요하다고 지적하고 있다. '한 사람은 듣고 뭔가를 얻는데 또 한 사람은 듣고 뭔가를 잃는다'는 '홍해의 노래'에서처럼 이드로가 들은 소식을 다른 사람들도 듣고 떨었으며, 블레셋 주민은 겁에 질렸다.

아말렉 사람은 사막에서 이 소식을 듣고 어떻게 반응했을까. '그때에 아말렉 사람들이 몰려와서 르비딤에 있는 이스라엘 사람을 공격하였다'고 되어 있다.

이드로는 이와 같이 외부인으로서는 예외적인 반응을 보인다. 이스라엘과 함께 기뻐했을 뿐 아니라, 탈무드가 지적한 것처럼 하느님을 찬양했다.

"이드로가 말하였다. 주께서 파라오와 이집트 사람의 손아귀에서 자네와 자네 백성을 건져주시고, 이 백성을 이집트 사람의 억압으로부터 건져주셨으니, 주님은 마땅히 찬양받으실 분일세."

오늘날도 경건한 유대인은 종종 '바레흐 하세무'라는 기도 문구를 일상생활에서 사용한다. 그러나 이방인인 이드로가 이 문구를 처음 사용했다고는 생각지 못할 것이다.

이드로의 충고

아말렉 사람과 두려워 떠는 국민과 겁에 질린 국민이 가득한 세상에서, 이스라엘의 승리를 축복해준 이드로의 말에 모세와 그 일행은 감사하는 마음을 갖지 않을 수 없었다. 이드로는 손님으로서 축하연에 초대받았다. 그때 음식이라곤 하느님이 주시는 만나밖에 없는 광야의 상황을 생각하면 축하연의 접대가 쉽지는 않았을 것이다.

이스라엘에게 보인 이드로의 호의적인 태도는 단지 이스라엘의 사건을 찬양하는 것에 그치지 않는다. 이드로는 모세의 진정한 친구로서 사법·행정에 대해 건설적인 비평을 하는 것도 옳은 일이라고 생각하고 있었다.

이드로는 도를 지나친 법과 정의를 위한 정열이 모세를 행정상의 혼란으로 이끌고 있다고 생각했다. 사람들은 모세에게 의지했으며, 모세는 누가 부르면 어디든지 달려가서 그들을 도왔다.

이와 같은 상황은 모세가 감당하기 힘들 것이라는 것을 이드로는 알고 있었다. 그는 대담하게 모세에게 말했다.

"자네가 하는 일이 그리 좋지는 않네. 이렇게 하다가는 자네뿐만 아니라 자네와 함께 있는 백성도 아주 지치고 말 걸세. 이 일이 자네에게는 너무 힘겨운 일이어서 자네 혼자서는 할 수 없네."

이드로는 단순한 비판이 아닌 현재의 방법을 바꾸기 위한 귀중한 조언을 덧붙였다. 이드로의 계획은 권한을 단계적으로 분배하는 것이었다. 그래서 모세에게 "큰 사건은 모두 자네에게 가져오게 하고, 작은 사건은 모두 그들이 스스로 재판하도록 하게" 하고 조언했다. '그들'이란 모세가 주의 깊게 선출하여 임명한 재판관을 말한다. 이와 같이 그들과 짐을 나누어 지면 모세의 일이 훨씬 가벼워질 것이라고 말했다.

토라는 모세가 장인 이드로의 조언을 기꺼이 받아들였다고 말하고 있다. 모세는 재능 있는 지도자이며 선생이기도 하지만, 어떤 일은 외부인으로부터 배울 필요가 있다는 것을 인정한 것이다.

위대한 모세

랍비 하임 벤 아달이라는 18세기의 신비주의자는 모로코에서 예루살렘으로 이주했다. 그리고 그곳에서 《올 하임(생명의 빛)》이라는 토라의 주해서를 썼다. 그에 의하면 이드로가 광야의 이스라엘 사람을 방문한 진짜 목적은, 이방인이 유대인보다도 앞선 부분이 있다는 것을 가르쳐주기 위해서였다고 한다. 그 하나가 행정업무 기술이기도 한 셈이다.

모세의 위대함은 보통 지도자가 전문가의 도움을 구하고서도 그 의견은 서류철 속에 덮어두는 것과는 달리, 즉시 이드로의 생각을 도입했다는 데 있다.

'모세는 장인의 말을 듣고 그가 말한 대로 하였다. 즉 모세는 모든 이스라엘 사람 가운데서 유능한 사람을 뽑고, 그들을 백성의 지도자로 삼아 천부장과 백부장과 오십부장과 십부장으로 세웠다.'

이것은 7만 8600명이라는 상당히 많은 지도자가 60만 백성에게 필요했다는 것을 알 수 있다.

그러나 모세는 이드로의 계획에 중요한 한 가지를 수정한다. 출애굽기 18장 22~26절을 자세히 읽으면, 이드로가 모세에게 조언한 것은 큰 사건, 즉 금액이 큰 사건은 모세가 맡고, 금액이 작은 것은 재판관에게 맡기라는 것이었다. 그러나 모세는 모든 어렵고 복잡한 사건은 금액에 관계없이 신에게 가져 오게 했다.

미디안의 제사장 이드로의 생각과는 달리 모세가 정의를 구하는 데 있어 중요하게 생각한 것은 문제의 크고 작음이 아니라, 옳은 원리가 관철되었는가 아닌가였다는 것을 알 수 있다.

정치적 교훈
언제 칼을 사용하고
또 누가 칼을 바르게 쓸 수 있는 걸까

모세를 기다리지 않는 민중

모세가 오랫동안 시나이 산에서 내려오지 않자 백성들은 아론에게 몰려가서 말했다.

"우리를 인도할 신을 만들어 주십시오. 우리를 이집트 땅에서 끌어낸 모세라는 사람은 어떻게 되었는지 모르겠습니다."

미드라시의 현자에 의하면 모세는 약속시간보다 6시간 늦게 돌아왔다고 한다. 히브리어의 '보쉐슈(늦다)'라는 말이 '보 쉐슈(6시에 오다)'로 들리기 때문에 이 같은 주해가 나왔다. 따라서 이스라엘인은 지도자에게 무슨 일이 일어났는가에 대해 고작 6시간을 걱정한 뒤 곧 그 후임을 요구하는 사람들이었다.

그러나 더 나쁜 일은 그 뒤 금송아지를 만들고 "이스라엘아, 이 신이 너희를 이집트 땅에서 인도한 너희의 신이다"라고 말한 일이다.

모세는 몇 시간 뒤 돌아왔다. 그새 백성들은 주저하지 않고 부끄

럼도 없이 "이 소가 우리들을 이집트 땅에서 이끌어낸 신이다"라고 역사를 고쳐 썼다.

예언자이며 이집트 탈출의 입안자인 모세, 용기 있는 대변자이며 자유의 전사인 모세, 교사이며 입법자이기도 한 모세란 인물이 완전히 잊혀지고 금송아지가 신이 된 것이다.

백성들은 어째서 그토록 빨리 잊어버리는가. 무엇이 전형적인 대중심리의 예일까? 대중은 지도자를 기다리지 않으면 안 되는가? 금송아지와 모세, 둘 사이에는 무슨 차이가 있는가.

그러나 대중에게는 이와 같은 차이는 대단한 것이 아니었다. "자, 우리를 인도할 신을 만들어 주십시오." 백성들은 맹목적이어서 모세든 금송아지든 어떤 지도자라도 상관하지 않고 따르려고 한 것이다.

그들의 선택

랍비 슈모엘 모홀리버라는 19세기의 위대한 랍비이며 초기 시오니즘의 지도자이다. 그는 금송아지 이야기로부터 배운 또 하나의 대중심리의 특징을 지적하고 있다.

모세의 귀환이 늦어졌을 때 백성들은 "모세를 대신할 새 지도자를 만들어 주십시오"라고 아론에게 요구했다. 여기서 랍비 슈모엘은, "왜 백성은 아론에게 모세의 지위를 맡아달라고 부탁하지 않았던가?" 라고 묻는다.

아론은 이스라엘 백성이 잘 알고 사랑하는 인물이었다. 그는 자유를 위한 싸움에서 처음부터 모세 쪽에 선 사람이다. 아론이야말로 모세가 돌아오지 않을 경우 가장 '자연스런' 후계자가 아닐까.

백성들이 아론을 지명하지 않고 금송아지를 선택했다는 사실은 자신들 내부에서 누군가를 뽑는 것을 주저했다는 것이 된다. 가령 그것이 무감각한 금송아지라도 외부에서 찾으려고 하는 경향이 있었다는 것을 가르쳐준다. 예컨대 아론처럼 위대하고 경험이 풍부하고 대제사장으로 임명된 사람이라도 내부자인 이상 백성은 선택하지 않는다.

이같은 심리를 랍비 슈모엘은 현재의 조직이나 기관에서, 재능 있는 내부자를 무시하고 객원강사나 '외국인 전문가'를 찾는 경향에서도 나타난다고 말한다.

또 한 가지 덧붙여서, 현대인에 비하면 황야의 이스라엘 자손들은 그나마 나은 편이라고 한다. 왜냐하면 고대 이스라엘인은 신을 만들기 위해 황금을 내놓을 준비가 되어 있었지만, 현대인 중에는 자신의 황금을 만들기 위해 태연하게 신을 버리는 사람도 있기 때문이라고 혹평했다.

자유로 가는 길은 멀다

정치철학자 미하엘 발차의 《이집트 탈출과 혁명》은 이집트 탈출 이야기와 현대 해방투쟁과의 사이에 유사성이 있는 많은 내용을 담고 있다. 발차에 따르면 모세는 혁명지도자의 원형이며, 이스라엘 백성의 자유를 향한 여행이라는 성서 내용은 발전성을 내포한 정치문서라고 한다. 서양문명에 깊게 뿌리를 내리고 있는 '이집트 탈출 이야기'는 정치적 혁명사상의 모범으로 여겨지고 있기 때문이다.

발차에 따르면 그 중에서도 가장 중요한 텍스트는 모세가 레위의 자손을 불러들여 백성 가운데 어림잡아 3000명쯤을 칼로 죽이라고 한 32장이다. 시나이 산에서 십계를 가지고 내려왔는데, 주의 백성이 금송아지에게 예배하고 있는 것을 보고 모세는 이같은 명령을 내렸다. 이스라엘인이 가지고 있는 이집트 관습에 대한 동경은 최초의 '반동사상'이라 불러도 좋다. 그리고 이 레위인들은 최초의 '혁명적 숙청'의 앞잡이인지도 모른다. 실제 이 이야기는 기본적인 정치문제를 반영하고 있으며 '언제 칼을 올바르게 사용하고 또한 누가 칼을 바르게 쓸 수 있는 걸까'라는 문제에 대한 예증이라고 발차는 지적

한다.

이 《이집트 탈출과 혁명》은 물론 다른 식으로 읽을 수도 있다. 위와 같은 '레닌주의자' 식으로 읽는 방법과는 별개로, 독재나 폭력혁명을 인정할 수 없는 사회민주주의적 입장에서 보면 지도자로서의 모세 역할이 직접적인 것이 아니었던 점을 강조하고 금송아지의 이야기를 역설하지 않았을 것이다.

아무튼 이 이야기는 계속해서 읽히고 또한 그것이 오랫동안 열심히 읽혀온 이유이기도 하다. 발차는 '민중은 천천히 단계를 밟는다고 해서 노예로부터 자유의 상태로 이행할 수 없다. ……정신적으로나 정치적으로나 진보는 매우 느리지만 이보전진 일보후퇴라는 문제에 불과하다'는 생각을 지지하고 있다.

1862년 미국의 해방된 한 노예가 좋은 예이다. 원래 노예였던 그는 친구에게 이렇게 편지를 썼다.

'이집트를 절대 돌이켜보아서는 안 된다. 이스라엘은 40년 동안 황야를 떠돌았다. 우리들이 지금 가나안 땅을 볼 수가 없듯이 그것은 모세도 마찬가지다. 우리들은 사탄의 고리를 끊지 않으면 안 된다. 자신에게 또한 우리 자손들에게 이렇게 교육시켜야 한다. 자유를 향한 행진은 더딘 것이다.'

탄생의 신비
선은 유전되는 것이 아니라,
일생 동안 자기 결단에 의해 얻어지는 것

수태와 탄생

성서에는 수태와 탄생에 대해서 별로 기술되어 있는 것이 없다. 시편의 저자나 예언자들은 이 놀라울 만큼 복잡한 피조물의 창조자에 대하여 분명히 찬미하고 있지만, 그 비밀을 이해하는 데 필요한 정보는 거의 제공하고 있지 않다. 더욱이 성서의 얼마 안 되는 정보를 검토해보면, 이 주제가 현실에서 벗어나 신화가 되지 않도록 세심한 주의를 기울였다는 것을 알 수 있다. 인류 최초의 아이가 탄생하는 과정을 더 이상 사실적으로 표현할 수 있는 방법은 없을 것이다.

'아담이 아내 하와와 한 자리에 들었더니 아내가 임신하였다.'

거기에 신화적인 요소는 포함되어 있지 않다. 성서는 은밀하고 미묘하여 신중을 기해야 된다고 생각되는 행위를, 이처럼 직접적이면서도 무리없는 말로 잘 표현하고 있다. 대체로 성서의 저자는 성의 문제에 대하여 시치미 떼는 태도를 취하지는 않는다.

탄생의 비밀

'여자가 아기를 배어 사내아이를 낳았을 경우에는 한 주간은 월경하는 동안처럼 부정하다.'

이 경우 분명히 수태와 해산은 사실로 다루어지고 있으나, 그것에 얽힌 신비성이 어디로 사라진 것은 아니다.

왜 해산 때문에 부정해지는가. 왜 아이를 갓 낳은 어머니가 죄값으로 공물을 바쳐야 되는가. 해산이란 신이 인류에게 준 '많이 낳아 늘려라'는 긍정적인 명령이 아니던가. 더욱이 월경을 하는 동안 여자는 어떠한 부정을 당해야 된다는 것인가.

유대 백과사전의 '니다(월경)'라는 항목을 살펴보면 다음과 같이 씌어 있다.

'생리 중의 여자에 관한 규정은 할라카(유대교 법전) 가운데 가장 소중한 원칙으로 되어 있다. 또 이 규정의 세목까지 지키는 것이 모범적인 '전통적 유대 가정생활'의 뚜렷한 목표의 하나가 되어 있다.'

이 설명을 부정하는 사람은 있을 수 없다고 하면서 다음과 같이 계속된다.

'이런 규정은 방대한 유대교 법규 가운데서 가장 곤란하고 복잡한 규정이다.'

탈무드나 미슈나는 성의 순결성과 불순성에 관한 엄격한 규정을 지키고 있는 남녀에게 크게 존경받고 있다. '월경'이라고 불리는 규정은 성전시대에 정해진 방대한 규정 중에서 아직도 남아 있는 드문 '불순성'에 관한 규정의 하나이다. 그러나 이 규정의 이론적 근거에 대해서는 거의 언급이 없다.

이런 규정에 대한 근거를 설명한 문헌이 갑자기 늘어난 것은 근대에 들어와서부터이다. 최근에는 이런 규정을 현대식으로 '타하라트 미슈파하(가정의 순결이란 뜻)' 등으로 사용한다. 그리고 의학적 근거에서 시작하여 심리학적·사상적, 또는 사회학적, 나아가서는 우주적인 근거에까지 이르고 있다. 그러나 이런 근거를 모두 합쳐도 해명까지는 아직도 멀고, 합리적인 이론만 가지고는 불충분하다는 결론을 내릴 수밖에 없다. '월경'의 규정은 '수태'와 '해산'이라는 신비의 일부를 이루고 있다고밖에 생각할 수 없다.

이 신비를 밝혀보려고 탈무드 시대의 어느 랍비가 '인간이 지상에 태어나기 전에는 어떤 상태였을까'라는 의문을 제기하였다. 이에 대하여 3세기 랍비 심라이는 다음과 같이 대답했다.

'자궁 속에 태아는 마치 노트처럼 접혀진 상태로 있다. 머리는 두 관자놀이에 받쳐져 있고, 두 뒤꿈치는 볼기를 받치고 있는 듯한 모양이다. 웅크리고 있는 자세라고 해도 될 것이다. 머리를 무릎 사이에 묻고, 입은 다물고 있으나 탯줄로 모태에 연결되어 있어 어머니가 먹는 것을 먹고, 마시는 것을 마신다……태아의 머리 위에는 빛이 비치고, 그 빛으로 태아는 세계의 구석구석까지 다 볼 수가 있다……인간의 일생에서 이 시기만큼 큰 행복감을 맛볼 수 있는 시기는 없다. ……실은 이 시기에 태아는 신의 말(토라)을 다 배워버리는 것이다. 그러나 세상에 태어나려고 할 때에 천사가 가까이 와서 그 입가를 한번 툭 치면 그때까지 배운 토라를 다 잊어버린다.'

전설에 의하면 누구나 윗입술에 팬 곳이 있는 것은 이 때문이라고 한다.

이 탈무드 시대의 묘사를 황당한 신화로만 치부해서는 안 된다. 이것은 프로이트의 학설이나 대형 사운드 스크린이 없던 시대에 인간의 탄생 이전의 존재성을 그려내려고 한 것이다.

'세계의 구석구석까지를 다 본다'는 구절을 탈무드는 탄생 이전의 세계와 이 세계를 꿰뚫는 인간의 상상력의 원천으로 해석하고 있다. 이것은 실제로는 한 번도 경험한 적이 없는데, 예전에 본 것 같은 느낌을 갖게 되는 현상인 '기시감(旣視感)'을 연상시킨다.

토라를 탄생 이전의 세계에서 배웠다고 하는 생각은, 교육이란 인간이 예전에 알았던 것에 대한 기억을 되살리는 것이라고 말한 플라톤의 말을 뒷받침하는 것이다.

앞에서 설명한 태아의 모습을 그린 탈무드는 다음과 같은 말도 덧붙이고 있다.

'인간 탄생의 비밀에는 신과 아버지, 그리고 어머니 세 파트너가 있다. 먼저 아버지가 태아 몸의 뼈·근육·손톱·발톱·뇌같이 하얗게 보이는 부분과 안구의 흰 부분을 제공하고, 어머니는 피부·살·머리털·혈액 등 붉은 부분과 안구의 검은 부분을 제공한다. 그리고 신은 영혼·숨·모습·시력·청력·말하는 능력·걷는 힘·이해력·식별력 등을 제공한다.'

이 묘사에 어느 정도의 생물학적인 근거가 있는지 알 수 없다. 그러나 이 설명이 말하고자 하는 점은 명백하다. 즉 유전자에 의해 신체의 물질적 요소는 창조되지만, 시력·청력·영혼·마음·지성 같은 것은 신이 준 선물이라는 생각이다. 인간은 이 세계에 다만 물질적 존재로서뿐만 아니라 신의 모습을 한 자유의지를 가진 존재로서 탄생한 것이다. 더욱이 이 인간성이라는 것은 제 멋대로 받아들인다든가 거부할 수 있는 것이 아니다. 그래서 현자들은 이렇게 말한다.

"태아는 이 세상에 태어나려고 할 때, 똑바로 걷고, 죄를 저지르지 않고, 대중의 의견에 절대로 좌우되지 않겠다고 맹세해야 한다."

인간은 누구나 선악을 선택할 수 있는 능력을 가지고 이 지상에 태어났다. 어떤 특별한 목적을 가지고 이 세상에 나온 것이다. 선은 유전되는 것이 아니라, 일생 동안 자기 결단에 의해 얻어지는 것이다. 인간은 날마다 순간순간, 선과 악을 선택해야 된다.

계속 찾는 멜로디

토라는 거저 주어지는 것이 아니다. 그것을 얻기 위해서는 많은 노력을 해야 한다. 어느 하시디즘(유대교)의 스승은 이렇게 물었다.

"만일 태아가 어머니의 태 안에서 토라를 다 배운다면 어째서 신은 그것을 모두 잊게 한다는 말인가. 또 반대로 잊어버린다면 무엇 때문에 태아에게 가르치려고 할 필요가 있는가. 도대체 어머니의 태 안에서 토라를 배운 보람이 무엇인가?"

이 물음에 이 스승은 다음의 예를 들어 답변하였다.

"옛날, 어느 위대한 왕이 숲 속을 거닐고 있을 때, 갑자기 아름다운 음악이 들려왔다. 왕은 그 음악에 마음이 끌려 소리가 들리는 방향으로 달려갔다. 거기에 도착한 순간, 이번에는 반대 방향에서 음악이 들려오는 것 같았다. 그래서 또 그 방향으로 뛰어갔다. 그곳에 도착하자 또 다른 방향에서 들려오는 것 같았다.

결국 왕은 이 아름다운 멜로디의 포로가 되어 하루 종일 뛰어다녔지만 연주자를 발견할 수가 없었다. 그러다 지쳐서 궁전으로 돌아왔다. 그러나 숲에서 들은 멜로디는 마음에서 떠나지 않았다. 그래서 왕은 전국의 연주가와 음악가를 궁전으로 불러 모았다. 그리고 숲에서 들은 멜로디를 만나게 되지 않을까 기대하며 각자의 레퍼터리를 연주하도록 명하였다.

그러나 보람이 없었다. 영혼을 매료시킬 만한 아름다운 멜로디를 많이 연주하여 주었으나 왕이 기대한 멜로디는 없었다. 몇 번쯤 그가 찾는 멜로디에 가까운 소리가 있었지만 똑같지는 못했다. 왕은 이렇게 해서 많은 멜로디를 외우게 되었으나 아직도 그 멜로디를 계속 찾아야 한다는 것을 깨달았다."

마찬가지로 어머니 태 안에서 배운 토라는 잊었고 현재도 토라를 배우고 있지만, 태어나기 전에 천사들에게서 배운 '진정한 토라'를 찾아서 계속 배워야 한다는 것을 의미한다.

그 토라는 잊어버렸으나, 그 자취는 아직도 남아 있으므로 끊임없이 토라를 배워나가야 한다는 것이다.

생명에의 경외감
생명체와의 만남에 있어서
가장 어울리는 방법을 결정해준다

가장 논의가 많았던 테마

'코셔 푸드'란 유대의 음식물 규정을 가리킨다.

베이징(北京)행 중국 항공기내에서 '코셔'란 기내식을 주문한다 해도 마찰은 전혀 없다. 그렇지만 왜 어떤 음식은 먹어도 되고, 어떤 것은 먹어선 안 되는가는 거의 모르고 있다. 대체 무엇 때문에 어떤 짐승이나 새는 정결하고(kosher) 다른 것은 부정한 것일까?

토라(율법)의 주제 중에서 음식물 규정만큼 많은 설명과 그 이론적 뒷받침을 제기하는 주제는 없을 것이다.

허락된 음식과 금지된 음식을 가리는 것은, 역사를 통해 유대생활의 중심이 되어 왔다. 이것은 토라의 중요한 부분을 차지하고 있다. 기원전 1세기 알렉산드리아의 필론을 시작으로 현대의 인류학자나 신학자에 이르기까지 토라에 언급되는 긴 음식물 일람표의 의미를 파악하기 위한 새로운 이론이 나왔다.

먼저 토라에는 식용을 금지하는 곤충, 물고기, 새, 네발짐승 등이 열거되어 있다. 게다가 음식물 규정에 의해 먹을 수 있는 짐승은 일정한 방법으로 도살해야 한다는 것, 또 흘린 피는 특별한 방법으로 처리해야 한다는 것이 명확히 적혀 있다. 또한 육류와 유제품을 함께 먹거나 조리하는 것도 엄격히 금지하고 있다.

이것들에 대한 이유로는 다만 "무릇 육체의 생명은 피에 있음이라"라는 말씀뿐, 피의 금기 이외에는 아무 말도 씌어 있지 않다. 그 밖의 음식물 규정에 대해서는 다음의 포괄적인 목적이 적혀 있을 뿐이다. "무릇 나는 너희를 애굽땅에서 인도하여 낸 야훼이다. 내가 거룩하니 너희도 거룩해야 한다."

앞에 진술한 부분 및 다른 음식물 규정에 관한 부분에서 카슈루트의 목적은 거룩함에 있음이 밝혀진다. 이것으로 현대의 많은 유대인이 자주 입에 올리는 규정, 즉 '분명 카슈루트는 고대에는 유용한 것이었는지 모르지만 도살 방법도 개선되고 식품첨가물에 대한 정부의 검열도 있고, 지나치게 식품위생이 잘 관리되고 있는 현대에는 시대착오적 발상이며 폐기되어야 한다'란 말을 물리칠 수 있을 것이다.

측은해하는 마음을

마이모니데스는 카슈루트를 실시하는 동기를 '건강유지'라 했다. 이 주장은 이삼백 년 뒤에 부정되었다. 랍비 이츠하크 알라마는 그의 저서 《이사악의 번제》에서 마이모니데스의 생각을 논박했다.

'음식물 규정의 목적은 결코 마이모니데스를 비롯한 몇 사람이 말하는 건강 유지나 신체의 치료는 아니다. 만일 그렇다면 삼류 의학 논문에 불과해진다.'

'좋은 가문보다 좋은 교육'이라든가, 독일인이 종종 운운하는 '음식물이 사람을 만든다'란 격언은 2000년 전에 필론이 '코셔에 의한 음식물은 우리의 인격 형성에 영향을 끼친다'라는 말과 상통한다.

필론은 음식물 규정이 식욕을 조절하기 위한 것이라고 했다. 모세는 스파르타식의 금욕을 논한 것은 아니지만, 극단적인 부절제를 억제하려고 육식 중에서 가장 맛있는 돼지고기를 먹는 것을 금지했다. 나아가 육식성의 네발짐승이나 맹수를 먹는 것을 금지해 관대하며 친절한 마음을 기르도록 권했다.

또한 반추동물을 먹는 것에 상징적 의미를 담아서, 인간은 배운 것을 되풀이하여 반추함으로써 지혜가 생겨, 난해한 사상도 알 수 있게 된다고 했다.

좀더 현실적인 설명으로서 음식물 규정은 유대인을 주위의 이방인으로부터 분리시키기 위한 것이라고 하는 사람도 있다. 이것의 진위는 접어두고 음식물 규정이 유대 민족의 동화를 막아준 강력한 사회적 요인이 되었던 것은 사실이다. 오늘날에도 코셔는 유대인이 여행중이든 아니든 모임의 즐거운 애깃거리가 되고 있다. 코셔 레스토랑은 어디든 있으며 세계 어디에서나 유대인끼리 만날 때, 고립된 넓은 세계에서도 친밀감이나 따뜻함을 발견할 수 있는 장소를 제공한다.

카슈루트의 또 하나의 설명은 상징적인 것에 있다. 오늘날까지도 히르시, 그륀펠트, 영국 인류학자 메어리 더글러스나 프랑스 구조주의자 장 솔레 등 많은 사람들이 그 해석을 하고 있다. 뒤의 두 사람에 의하면 음식물 규정이란 일종의 상징어이며, 하느님의 거룩하심(이스라엘 민족도 거룩함을 공유할 책임이 있다)이란 개념을 반영하는 언어라고 한다.

음식물 규정의 의미에 대해 여러 가지 통찰을 시도해서 알게 된 것은 토라가 인간에게 존엄성을 가르치려고 했다는 것이다. 이것이야말로 카슈루트의 가장 본질적이고 윤리적인 뜻이라고 하는 사람이 많다. 프라거와 테르뉴킨의 공저인《대중이 알고 싶어하는 유대교의 9가지 질문》에서는 이런 생각을 발전시켜 '코셔를 지키는 일이 도살하지 않고 음식물을 얻으려는 이상주의, 즉 채식주의와의 절충이다'라고 논하고 있다.

왜 먹거리 방법이 있는가

토라에 의하면 인간이 과일이나 채소를 먹으며, 식용을 위해 동물을 죽이지 않는 이상적인 생활을 하기를 바란다. 에덴 동산에서 태초의 인간은 채식주의자였다고 기록되어 있다. 또한 다가올 종말의 이상향에서도 모든 피조물이 채식하고 있는 모습이 묘사되어 있다. 토라에서는 육식을 인간의 참기 힘든 욕망으로서 부정적으로 보고 있다. 그렇다고 채식주의만을 강요하지는 않는다. 물론 채식주의만을 고집하면 좋겠지만 그것이 불가능하다면 카슈루트를 실천해야 한다고 정하고 있다.

따라서 카슈루트가 주는 의의는 여러 가지이다. 유대인이 가장 우선시해야 할 식사는 채식이라는 것, 그러나 육식의 욕망을 참지 못하는 경우는 코셔의 고기만을 먹어야 한다. 동물도 하느님의 피조물이며 그 피조물을 죽이는 일은 함부로 해서는 안 된다는 것이다.

그러므로 스포츠를 위한 사냥은 금지해야 하며, 사람은 어떤 생물도 잔혹하게 다뤄서는 안 된다. 설령 직접적인 연관이 없더라도(인간과 동물을 불문하고) 모든 피조물에 일어나는 일에 책임을 지고 있다고 코셔는 훈계하고 있다.

그 좋은 예로서 몇 해 전, 보스턴의 랍비법정은 학대받은 멕시코인 노동자가 딴 포도 열매는 코셔가 아니라는 판정을 내렸다. 그 예에 따르면 곤봉으로 때려 죽인 물개 새끼의 모피로 만든 코트는 코셔가 아니며 입어서는 안 된다는 말이 된다.

코셔는 '정결하다' 또는 '신성하다'는 뜻도 아니며 '랍비에 의해 축복받다'라는 뜻도 아니다. 코셔란 오히려 '적합하다, 어울린다'는 의미이다. 음식물 규정은 인간의 가장 기본적인 행위인 먹는 일에 있어서, 또한 생명체와의 만남에 있어서 가장 어울리는 방법이 무엇인가를 결정하는 적절한 지침을 주는 것이다.

금식에 대하여

금식이란 문자 그대로 음식을 금하는 일이다. 음식이란 무엇인가. 그것은 일상생활 자체이다. 사람은 예외없이 음식을 섭취한다. 그것도 하루에 세 번. 가령 부모가 돌아가시더라도 음식만은 먹는다. 그런데 그 음식을 금하는 것이므로 그 행위의 뜻은 일상생활로부터의 단절이라고 하겠다. 〈요엘서〉에는 금식일을 정하고 성회를 선포하라(1장 14절)고 언급되어 있다.

첫 번째는 '지시를 간구하기' 위한 금식이다. 사람의 운명을 좌우할 만큼 중대한 결정은 섣불리 내릴 수 없으므로 분명한 길을 가르쳐 달라고 하느님에게 간구하며 하는 금식이다. 유명한 것으로 나봇의 재판 때 이스라엘 사람들이 한 금식(열왕기상 21장)이 있다.

두 번째는 '도움을 간구하기' 위한 금식이다. 위급할 때에 임하여 하느님의 도움을 간구하는 것이다. 외적의 대군을 앞에 놓고 여호사밧왕이 전국에 공포한 금식(역대하 20장 3절), 다윗왕이 중병의 아들을 위해 한 7일간의 금식(사무엘하 12장 16절) 등이 이것에 해당된다.

세 번째는 '속죄'의 금식이다. 죄를 자각한 뒤 마음을 회개하려는 결의를 나타내는 것이다. 옛날에는 옷을 찢고 세마포를 입고 재를 뒤집어쓰는 행위가 수반되었다. 유대교에서는 속죄일의 금식(레위기 16장 29~31절)으로서 지금도 실시하고 있는데, 토라에서 명하는 금식은 이날뿐이다.

이상이 금식을 실시하는 사회적 이유인데, 그렇다면 금식 자체의 내면적 뜻은 어디 있는 것일까? 〈이사야〉의 한 구절을 인용해 보자.

내가 기뻐하는 단식은 바로 이런 것이다.
주 야훼께서 말씀하셨다.
"억울하게 묶인 이를 끌러 주고
멍에를 풀어 주는 것,
압제받는 이들을 석방하고
모든 멍에를 부수어 버리는 것이다.
네가 먹을 것을 굶주린 이에게 나눠주는 것,
떠돌며 고생하는 사람을 집에 맞아 들이고
헐벗은 사람을 입혀 주며
제 골육을 모르는 체하지 않는 것이다."(이사야 58장 6~7절)

여기에는 두 가지 것이 제시되고 있다. 하나는 '자유와 해방', 또 하나는 '베푸는 일'이다.

인간은 자칫하면 상대방을 속박하고 자기 생각대로 부려먹으려 한다. 속박은 밖에 존재하는 것이 아니라, 실제로는 상대와 마주 대한 자기 마음속에 있다. 먼저 그것을 깨닫고, 거기에서 상대편도 자기도 해방되는 일이야말로 금식에 숨겨진 뜻이다.

또한 음식물을 나눠준다는 것은 자기가 먹을 음식물을 타인의 눈에서 숨기지 않는 자세를 가리킨다. 언제나 사람 뒤에 숨어서 자기가 나서기를 숨기려는 경향은 누구에게나 있다. 그래서 그 굳어진 소극적 자기에서 한 발짝 앞으로 나서라는 것이 위의 구절이 말하려는 뜻이다.

외면상의 문제뿐 아니라 마음속에서 고정된 일상성을 타파하는 일, 이것이 금식이 지닌 참된 의미이다.

죽음에 이르는 혀의 죄
혀는 사람을 죽이는 화살

한센병에 관한 규정의 의미

때는 3세기 초인 기원전 220년 무렵, 갈릴리 지방 위쪽에서 가장 번창한 도시인 치포리의 고명한 랍비 야나이가 서재에서 성서를 연구하고 있었다.

그때 밖에서 행상인이 큰 소리로 "불로장생약을 사십시오" 하고 외치는 소리가 들려왔다. 랍비가 창문으로 뛰어가보니 많은 사람들이 장사꾼을 둘러싸고 있었다. 그는 손짓으로 상인을 불러 그 약을 가져오라고 했다. 그러자 행상인은 단호하게 그것을 거절했다.

"야나이 선생님, 다른 사람이라면 몰라도 이것은 선생님같이 성서를 가르치는 분이 사서는 안 되는 약입니다."

그래도 랍비는 기어이 사겠다고 했다. 행상인은 성서를 강론하는 사람에게는 성서를 가지고 대답할 수밖에 없다고 생각했는지 시편의 말을 인용했다.

"좋은 일을 보며 오래 살고 싶은 자, 그 누구냐."

이어서 또 한 구절을 읊었다.

"혀를 놀려 악한 말을 말고, 입술을 놀려 거짓말을 말아라."

그러자 야나이가 이렇게 응답하였다.

"나는 오랫동안 시편의 이 대목을 읽어왔지만 이해를 하지 못했소. 그런데 오늘 당신을 만나게 되어 비로소 그 참뜻을 알게 되었습니다. 이제는 솔로몬 왕이 '입술과 혀를 조심해야 곤경에서 목숨을 건진다'고 한 말의 뜻도 잘 알 것 같아요."

시대적 배경을 종합하여 생각해보면 언뜻 단순해 보이는 이 대화가 더욱 다르게 비쳐진다.

그때 이스라엘 땅, 특히 갈릴리 지방은 로마 압제자들에 대한 반란이 일어나 시끄러운 상황이었다. 로마군단의 병사와 그 첩자, 밀고자들은 유대인 반역자와 자유투사들을 붙잡으려고 끊임없이 온 나라를 감시하고 있을 때였다.

그리고 이 행상인은 치포리 사람들이 공연히 남의 소문을 낸다든가 자칫 실없는 소리를 하다가 로마병사에게 심문당하지 않도록 은밀히 전하고 다녔을 것이다.

랍비 야나이 자신도 이 행상인의 행동에 대한 자기의 주석을 덧붙여, 치포리 사람들에 대하여 '목숨을 건지려거든 혀를 조심하라'고 하는 이 은밀한 호소를 지지하였다.

이 이야기의 내용을 보면 토라 가운데 나병에 관한 규정과 상통하는 것이 있다. 유대교에서는 종교상으로 죄를 짓는 경우에 신이 직접 벌을 내린다고 하는 생각은 별로 없다. 그런데 나병만은 예외였다. 사회와 타인에 대해 중상이나 소문이 가져오는 해악은 '악의에 찬 혀'의 탓이라고 하여, 혀가 저지른 죄의 직접적인 결과가 나병으로 나타난다는 것이다.

토라에 진리가 있다 985

중상과 험담의 죄

모세의 누나 미리암은 안 보이는 데서 모세를 욕한 순간에 나병에 걸렸다. 랍비들은 아무도 듣지 않는 데서 은밀히 남을 욕하거나 소문을 퍼뜨리면, 누구의 눈에나 보이는 나병이라는 벌을 내린다는 미리암의 이야기를 증거로 내놓았다.

'이것이 나병에 관한 규정이다'라는 문구는 랍비들 사이에서 중상이나 욕이 퍼져가는 것에 대한 경계의 말이 되었다.

유대인은 전통적으로 나쁜 혀를 흉기로 여겨 단호하게 비난하고 있다. 탈무드는 이와 같은 행위를 극악의 불신앙·간통죄·살인과 같은 행위로 보았다. 실제로 남을 중상하는 것은 살인죄보다도 악질이다. 중상을 한 장본인과 그것을 들은 사람, 중상을 당한 사람, 이 세 사람의 목숨이 한꺼번에 달아나기 때문이다.

예언자 예레미야도 말하였듯이,

"그들의 혀는 살인을 하는 화살과 같다. 그것은 거짓말을 한다. 그 입으로는 이웃 사람에게 온화하게 말하지만, 마음은 그를 치려는 계책을 세운다."

화살로 사람을 죽이는 것은 아주 음흉한 짓이고, 칼로 사람을 죽이는 것은 악질적이다. 남을 중상하는 행위는 마치 화살로 사람을 죽이는 것과 같은 것으로, 범인과 희생자는 거기에서 얼굴을 마주치는 일도 없다. 숨어서 친구의 인격을 중상모략하는 사람은 냉혈한 살인범일 뿐만 아니라, 내뱉어버리고 싶은 비겁한 겁쟁이기도 하다.

탈무드의 현자들이 이렇게까지 비난을 한 것은 남을 중상하지 않는 일이 얼마나 어려운가를 알고 있었기 때문이다. 이 일을 깨달은 현자는 남의 품격을 손상하는 듯한 말을 '실은 이건 농담이야'라든가 '이 말이 남을 손상시킬 리가 없어'라든가 '어차피 이것은 모두 알고 있으니까'라는 식으로 편리하게 남을 중상하거나 욕하는 죄를 정당화하지 못하도록 엄중히 경고하고 있다.

자신을 비하시켜 낮추는 것도 잘못

유대인 도덕가 가운데 '남을 중상하는 것'의 해악에 관해서 언급하지 않은 사람은 없다. 어떤 법전을 펴보아도 그 악질성에 대하여 언급하고 있다. 근대에 와서 이 '남을 중상하는 것'의 해독과 거기에서 벗어나려면 어떻게 해야 되는가를 사람들에게 설득하고 다닌 위대한 랍비가 나타났다.

그의 이름은 랍비 이스라엘 메일 하코헨 카강이다. 그러나 유대인 세계에서는 그의 저서 《생명을 그리워하는 자》로 불리고 있다. 또 이스라엘 남부에 종교적 키부츠 '키부츠 생명을 그리워하는 자'가 창설되어 그의 이름을 기념하고 있다. 책의 이름은 이 랍비가 시편에서 따온 것이다.

'생명을 그리워하며……즐기는 사람, 혀를 놀려 악한 말을 말고, 입술을 놀려 거짓말을 말아라.'

이 책 한 권 모두가 하나의 주제 즉, 나쁜 혀를 놀려 초래하는 여러 가지 해독에 대하여 자세하게 설명하고 있다.

이 책은 1873년에 출판되었고 잇따라 같은 문제를 다른 각도에서 다룬 5권의 책을 별도로 간행하였다. 이 책들에서 '남을 중상하는 것' 때문에 저지르기 쉬운, 토라에서 금지하고 있는 31개 사항을 열거하였다. 또 자기도 모르는 사이에 저지르는 독설의 경우를 최대한 세밀하게 묘사하고 있다. 그 하나의 예로서, 이 책에는 들어가지 않은 그 자신에 대한 다음과 같은 이야기가 있다.

어느 날, 하페츠 하임은 바르샤바에서 자기가 살고 있는 작은 도시 라덴으로 가기 위해 기차를 탔다. 마침 기차 안에서 같은 라덴으로 가는 사람과 나란히 앉게 되었다. 그 사람은 키가 작고 가냘프게 생겼으며 누더기옷을 걸치고 있었다. 기차를 타고 가는 동안 둘은 대화를 나누게 되었다.

그 여행자가 말했다.

"나는 《생명을 그리워하는 자》의 저자이며 위대한 학자이신 유명한 성인으로부터 축복의 말씀을 듣기 위해 라덴으로 가는 중입니다."

랍비는 아부하는 말로 들리기 쉬운 소리에 불안해져 이렇게 말하였다.

"선생은 틀림없이 사람을 잘못 알고 계신 것 같습니다. 선생이 찾아가려고 하는 사람은 학자도 아니고 성인도 아닙니다."

그러자 처음 본 그 사람은 건방지게 무슨 소리냐고 화를 내면서 현자의 따귀를 갈겼다. 그러나 늙은 현자는 묵묵히 아무 대꾸도 하지 않았다.

화를 낸 그 사람이 라덴에 도착하여 '하페츠 하임'의 집을 찾아가서 자기가 따귀를 때렸던 그 사람을 보았을 때 얼마나 놀랐겠는가. 그는 무릎을 꿇고 손이 발이 되도록 빌었다.

그러나 하페츠 하임은 한 마디도 나무라지 않고 미소를 지으면서 이렇게 말했다.

"아무것도 사과할 필요가 없습니다. 오히려 내가 감사를 드려야 됩니다. 왜냐면 이제까지 오랜 세월을 연구하였어도 알지 못했던 문제에 대하여 소중한 교훈을 얻었기 때문입니다. 나는 선생에게서 남을 중상해서는 안 된다는 것을 체험함과 동시에, 자신을 중상하여 낮추는 것도 잘못된 일이라는 것을 배웠습니다. 당신은 내가 스스로를 비하시킨 말을 하는 순간 나를 때려주신 것입니다. 참으로 감사합니다."

하페츠 하임은 1934년, 95세로 세상을 떠났다. 죽기 직전까지도 그는 방방곡곡을 돌아다니면서 나쁜 혀를 놀리면 안 된다고 가르쳤다.

넉넉한 마음으로 손을 펴라
너희도 한때 이집트 땅에서 나그네가 아니었더냐

이웃을 사랑하라

'네 이웃을 네 몸처럼 아껴라.'

성서 가운데 가장 잘 알려져 있고, 또 자주 인용되는 이 구절은 전후의 문맥과 무관하게 인용되는 경우가 많다. 힐렐은 "누구라도 자신이 하고 싶지 않은 일을 남에게 하지 말라"고 했다.

힐렐보다 백년쯤 뒤에 활동한, 유대교에서 가장 위대한 랍비 아키바는 힐렐의 말을 이어받아, '네 이웃을 네 몸처럼 아껴라'라는 구절이야말로 토라 중의 대원칙이며, '모든 것을 포함한 원리'이고, 이 규정에 토라 전부가 '응축'되어 있다고 말했다.

랍비 아키바와 같은 세대의 랍비 벤 아자이는, 아키바가 뽑은 성구보다 더 뛰어난 '대원칙'이 있다고 주장하였다. 그것은 '아담의 계보는 이러하다. 하느님께서 사람을 지어내시던 날, 하느님께서는 당신 모습대로 사람을 만드시되 남자와 여자로 구분하였다'라는 구절이었다.

벤 아자이는 랍비 아키바의 말에 반대하였던 것일까. 아니면 랍비 아키바의 말을 긍정하고, 단지 자신의 의견을 보충했을 뿐인가. 아무튼 벤 아자이는 랍비 아키바가 뽑은 성구에 충분한 만족을 느끼지 못했던 것은 확실하다. 왜 그랬을까.

이 물음에 답하기 위해서는, 읽어보면 밋밋하기만 하고 누구에게나 알기 쉬운 이 '사랑의 규정' 속에 담겨 있는 문제를 검토해야 할 것이다. 그것은 성서 본문 한 마디 한 마디의 언어 사용 문제임과 동시에 내용의 문제이기도 하다.

문맥상 이 사랑의 규정은 레위기 19장의 첫머리에 있는 '나 야훼 너희 하느님이 거룩하니, 너희도 거룩한 사람이 되어라'라는 규정을 성취하기 위한 필요조건의 일부분이다. '성(聖)'이라는 것도 '애(愛)'와 마찬가지로, 단순한 슬로건이나 고매한 이상으로서가 아니라, 일상생활의 지침으로서 맨 처음에 놓여 있다.

하지만 이 사랑의 규정, 즉 '네 이웃을 네 몸처럼 아껴라'는 19장 첫머리로부터 18절 뒤에 나온다. 사랑은 거룩하고 싶다는 소망의 시작도 아니고, 또 그 소망으로부터 바로 얻을 수 있는 성과도 아니다. 오히려 그 소망의 정점이며, 일상생활 속에서 사랑을 가능하고 현실적인 것으로 만드는 많은 규정을 행한 뒤의 결실인 것이다.

날마다 얼굴을 맞대는 이웃을 사랑하기보다는 온 세계, 온 인류를 사랑하라고 말하는 편이 훨씬 더 쉽다. 그 이상으로, 만일 사랑이라는 것이 감정이라고 풀이된다면, 어째서 사랑이 구태여 율법으로서 명령되어야만 하는 것일까.

사실, 성서에는 '온 마음을 기울이고 정성을 다 바치고 힘을 다 쏟아 너의 하느님 야훼를 사랑하여라'라든가 '사랑은 죽음처럼 강한 것, 바닷물로도 끌 수 없고'라며, 사랑을 깊은 감정으로 해석하고 있다. 하지만 감정이란 것도 자신의 의지에 따라 마음대로 좌우할 수 있는 것이 아닐까.

유랑의 신

이스라엘의 신은 두려워해야 할 위대한 신이다.

'고아와 과부의 인권을 세워주시고 떠도는 사람을 사랑하여 그에게 먹을 것과 입을 것을 주시는 분이시다.'

그러나 이렇게 따뜻한 온정의 신이기도 하다.

신은 위대하고 힘이 있다는 것이 길가의 돌멩이처럼 하찮은 사람과 사회에서 천대받는 사람, 그리고 떳떳하지 못해 그늘에서 사는 사람까지 돌보신다는 것과 모순되는 일은 아니다.

신은 말한다.

"너희도 한때는 이집트 땅에서 떠돌이 신세였으니, 떠도는 사람을 사랑해야 한다."

"나그네를 사랑하고, 나그네에게 진정한 동정심을 가지고 대하라"고 하는 말씀이 성서 가운데 수십 번이나 되풀이해서 나온다. 이 사실은 다음 두 가지를 말해준다.

첫째, 이것은 성서에서 가장 중요한 사항이라는 것이다.

둘째, 이것은 가장 게을리하기 쉽고 깜박 잊어버리기 쉬운 일이며, 이런저런 변명으로 결국 실행으로 옮겨지지 않은 일이 많다는 것이다.

토라는 몇 번이고 '명심하라, 너희 집안으로 찾아온 나그네를 학대하면 안 된다. 이것을 피하지 말아라' 이르고 있다.

성서가 이처럼 나그네에게 특별히 신경을 쓰라고 호소하는 이유는 '너희도 한때 이집트 땅에서 나그네가 아니었더냐'라는 데서 유래한다. 그러면 나그네로서 고생을 한 딱한 처지의 사람에게 온정을 베풀어야 한다고 강조하는 것은 무슨 이유일까. 고생을 한 사람은 딱딱해지기 쉽고, 어려움을 겪은 사람이 오히려 남의 고통에 둔감해지기 쉽다. 성서가 가장 비천하게 보는 인간형은 '종이왕이 되는 것'이다. 고생을 겪은 사람이 성공하면 남의 괴로움에 대하여 온정은커녕 얕보는 일도 있다.

그런데 이스라엘 백성에게 나그네들의 처우에 대하여 토라가 경고할 때마다 '너희도 나그네였다'는 것을 굳이 상기시키는 것은 무슨 이유일까. 여기에 대하여 유대 주석자들은 여러 가지 해답을 내놓고 있다.

다른 나라 사람 마음을 아는 백성

먼저 성서가 깊이 있는 통찰을 하고 있다. 이를테면 출애굽기 23장 9절에 '너는 나그네를 학대해서는 안 된다. 너희는 이집트 땅에서 나그네였으므로 나그네의 심정을 잘 알고 있기 때문이다'라고 말한다. 레위기 19장 34~35절의 '성스러운 규정'에서는 그 절정을 이룬다.

'너의 땅에 함께 사는 외국인을 괴롭히지 말라. 너에게 몸붙여 사는 외국인을 네 나라 사람처럼 대접하고 네 몸처럼 아껴라. 너희도 이집트 나라에 몸붙이고 살지 않았느냐? 나 야훼가 너희 하느님이다.'

이같이 토라는 나그네를 학대하면 안 된다고 훈계하면서 그 이유로서 '너희들도 한때 나그네였다'고 말하고 '너희는 나그네 심정을 잘 알고 있다'는 것을 강조한다.

신은 학대받는 사람의 소리를 듣는다

누구나 나그네에 대해서는 체험에 비추어 그 처지에 공감함으로써 동정을 베풀어야 된다. 토라의 고전적 주석자인 라시는 간결하고 온건한 어조로 다음과 같이 평한다.

'나그네의 심정을 안다고 하면, 나그네가 학대받는 경우에 그것이 얼마나 견딜 수 없는 것인가를 마땅히 알아야 한다.'

누구나 남을 억압하는 행위는 용서할 수 없다. 더욱이 나그네가 학대받는 경우에 그가 얼마나 고통스러울까를 경험으로만 미루어 짐작해서는 안 된다. 때로는 '당연한' 일도 나그네에게는 억압이 되고 아픔이 된다. 나그네를 일반시민과 같이 다루는 것으로는 불충분하며, 나그네에게 몸을 숙여 특별한 애정을 베풀어야 한다. 왜냐하면 나그네는 자칫 비감에 젖기 쉽고 마음에 상처를 받기 쉽기 때문이다.

중세의 유명한 성서 주석자인 시인 아브라함 이븐 에즈라는 의지할 데 없는 사람, 버림받은 사람, 사회적으로 하찮은 처지의 사람들을 소중히 해야 한다는 훈계가 성서에 기록되어 있지만, 특히 나그네가 과부나 고아와 마찬가지로 다루어지는 데에 주목하고 있다.

이런 사람들은 자주 도움을 청하는 소리를 내지 않을 수 없으나 그들의 소리를 들어주는 사람은 눈에 띄지 않는 것 같다. 그러나 그것은 방관자에게만 그렇게 보일 뿐이고, 사실 그들의 소리가 허공으로 사라지는 것은 아니다.

"만일 너희가 그들을 해롭게 하여 그들이 내게 부르짖으면 내가 반드시 그 부르짖음을 들으리라."

야훼 하느님은 이렇게 말하였기 때문이다.

학대받는 사람들을 고독하게 내버려두어 그 부르짖음이 사라져 버린다고 생각하면 잘못이다. 결코 그들은 고독하지 않으며 신과 함께 있다. 신은 그들의 부르짖음을 듣고 대답한다. 다음의 말씀이 이것을 뒷받침한다.

'너희도 한때 이집트 땅에서 나그네였느니라.'

그렇지만 다시 돌이켜보라. 너희들은 버림받지 않았다. 신께서 부르짖는 소리를 듣고 구해주었기 때문이다. 그러므로 나그네를 조심스럽게 대해야 한다. 당신들에게 한 것과 마찬가지로 신은 그들의 부르짖음도 듣고 있기 때문이다.

이븐 에즈라는 표현방법에도 주목하고 있다. 그가 주목한 것은 출애굽기 23장 9절의 이런 의지할 데 없는 사람들의 처우에 대한 대목에서 주어가 '너'에서 '너희'로 바뀐 점이다. 이것은 나그네나 가난한 사람이 학대받는 것을 보든가, 또는 그것을 알고도 말하지 않으면, 실제 아무 일도 한 것이 없어도 학대한 것과 같은 죄를 저지른 것이 된다. 그래서 침묵한 사람도 같은 죄로 벌을 받아야 된다고 이븐 에즈라는 주장하였다.

'자유사회에서는 누군가가 죄를 저지르면 그것은 전체의 책임이다.'

현대의 랍비 아브라함 헤셀의 이 말보다도 이븐 에즈라의 말이 더 과격하다.

나프마니데스는 이 논조를 한 걸음 더 나아가 '너희도 이집트 땅에서 한때 나그네였다'를 다음과 같이 해석하고 있다. 어째서 사람은 나그네를 차별하여 억압하는 짓을 한다는 말인가. 그것은 그 사람이 나그네에게는 권력을 가지고 있다고 생각하기 때문이다. 그러나 토라는 역사에서 '시간의 도르래'가 어떻게 돌았는가를 여러 번 가르쳐주고 있다.

힘이 없었던 사람이 갑자기 권력자가 되는 일도 있지 않던가. 이것이 '너희는 이집트 땅에서 한때 나그네였느니라'는 말의 의미이다. 지금의 자신을 보면 잘 안다. 그러므로 나그네에게 공평하게 대해야 한다는 것은 단지 친절하고 고상한 마음만이 아니라, 순수한 현실주의적 의미에서도 바람직하다.

민족사랑으로 가는 길

'제2의 율법'이라는 뜻인 〈신명기〉는 약속의 땅에 건설될 이상사회의 청사진을 제공한 것이다. 이 이상사회에서는 백성이 번영하고 행복한 생활을 즐길 뿐 아니라, 모두가 법 앞에서 평등하며 균등한 기회를 누릴 수 있다.

〈신명기〉 각 장에는 단순한 공상적인 사회가 아닌 이상사회가 그려져 있다. 이것은 동시에 '너희가 사는 땅에서 가난한 사람이 없어지지는 않을 것'이라는 있는 그대로의 사실, 즉 현실성에 바탕을 두고 있다. 아무리 사회가 발전해도 인간사회에는 가난한 사람과 불행한 사람이 끊임없이 생긴다.

그러나 이 사람들은 사회 전체가 개선될 때까지 기다려야 행복해질 수 있는 것이 아니라, 개개인이 "너희는 반드시 손을 뻗어, 너희의 땅에 사는 가난한 형제와 궁핍한 사람들을 도와주어라"는 말씀을 실행하면 행복한 사회가 실현되는 것이다.

'주 너희의 하느님이 너희에게 주시는 땅의 어느 성읍에 가난한 형제가 한 사람이라도 있거든, 그 가난한 형제에게 인색한 마음으로 대해서는 안 된다. 또한 베풀지 않으려고 너희의 손을 움켜쥐어서는 안 된다. 반드시 너희의 손을 그에게 펴서, 그가 필요한 만큼 넉넉하게 꾸어주어야 한다.'

이 규정도 다른 토라의 규정과 마찬가지로 단순한 도덕적인 조언에 그치고 있고, 이 '손을 펴는' 일을 실행하기 위해서는 언제, 어떻게 해야 하는지 구체적으로 제시되어 있다.

모세는 "너희 형제 가운데 한 사람이라도 가난한 자가 있거든"이라고 말했다. 랍비들은 이를 '너희의 이웃에 사는 가난한 사람들을 다른 곳에 사는 가난한 사람들보다도 먼저 도와야 한다'고 해석하고 있다.

또한 모세는 "주 너희의 하느님이 너희에게 주시는 땅의 어느 성읍에 가난한 형제가 한 사람이라도 있거든……"이라고 말하고 있다. 이것을 랍비들은 '약속의 땅이 아닌 곳에서 사는 사람을 돕기 전에, 약속의 땅(이스라엘)에 사는 가난한 사람을 먼저 도와야 한다'라고 해석한다.

위대하며 존경해 마지않는 지도자
힘과 용기를 가져라

거부할 수 없는 운명

모세는 죽음이 가까워졌을 때 놀라거나 충격을 받아들일 여유가 없었다. 하느님은 분명히 모세에게 약속의 땅에 들어갈 수 없으며 지도권을 후계자에게 물려주어야 한다고 말했다.

모세는 필사적으로 하느님에게 항의했지만, 결국 전능자의 의지에 따르기로 했으며 이스라엘 백성 앞에서 이 불가피한 운명에 대한 결별의 유언을 하려고 했다. 모세는 주의 명령에 따라 평화적으로 지도권을 계승하기 위하여 여호수아를 후계자로 선택했다. 여호수아를 사제와 회중 앞에 세우고 그의 머리 위로 양손을 얹어 임명했다. (민수기 27장 15~23절)

실제로 이 시기가 왔을 때, '모세 자신은 어떤 기분이 들 것이며 또 어떤 행동을 취할 것인가. 그리고 이스라엘 백성들은 어떤 반응을 보일 것인가. 40년 이상이나 모세와 함께 기쁨과 고난 또는 시험을 함께 했던 그들이 과연 모세의 새파란 젊은 조수를 새로운 지도자로서 받들어 섬길 수 있을 것인가. 또한 오랜 세월 모세나 대사제 뒤를 따르며 지휘자로서는 2인자였던 여호수아 자신도, 과연 무대 뒤에서 갑자기 무대 앞으로 나와 백성들을 지휘할 수 있을까' 모든 것이 의문이었을 것이다.

머지않아 이스라엘 백성이 약속의 땅에 들어가려고 하는 결정적인 이때, 과연 여호수아는 그 지휘권을 유감없이 발휘할 수 있을 것인가. 이스라엘 백성의 과거와 미래, 또한 어떤 의미에서는 전세계의 운명을 결정하는 막중한 책임을 업고 두려워하지는 않았을까.

만약 실패하면 이집트 출발에서부터 시나이 산에서의 새로운 세대에 의한 이스라엘 민족의 형성 등 모든 것이 수포로 돌아가게 된다. 위대하며 존경해 마지않는 지도자의 뒤를 잇는다 함은, 머리로 하는 이해와 실제로 지휘권을 손에 쥐고 행사하는 것과는 전혀 달랐던 것이다.

후계자를 신뢰하라

모세는 계속하여 온 이스라엘에게 이 모든 말을 하였다. 그는 이렇게 말하였다. "내 나이 이제 백 스무 살이 지나 다시는 일선에 나설 수 없는 몸이 되었다. 야훼께서는 나에게 '너는 이 요르단 강을 건너지 못한다' 하고 말씀하셨다. 그러나 너희 하느님 야훼께서 몸소 앞장서 건너 가셔서 저 민족들을 너희 앞에서 없애 주시고 너희로 하여금 그 땅을 차지하게 해 주실 것이다. 그리고 여호수아가 야훼의 말씀을 따라 너희의 앞장을 서서 건너 갈 것이다."

(신명기 31장 1~3절)

모세가 하느님과 여호수아에게 모든 것을 맡기고 자신의 죽음을 그 백성에게 알리는 것에 대해 성서 본문에서는 '모세는 계속하여 온 이스라엘에게 이 모든 말을 하였다'고 적혀 있다. 성서에는 이 일에 관해 구체적인 것은 아무것도 적혀 있지 않다. '계속해서'라는 말에 대해 주해서에 몇 곳인가 견해가 적혀 있기는 한데, A. 코헨 박사는 이븐 에즈라, 나프마니데스, 스폴노 등의 주해 뒤에 자신의 주해를 다음과 같이 덧붙였다.

'모세는 전 회중 앞에서 훈례를 마치고 그들을 해산시킨 뒤 이별의 말을 고하고, 백성을 위로하였으며, 용기를 북돋았고, 후계자를 신뢰하도록 설득하기 위해 부족들 사이를 돌아다녔다.'

인생의 만년에 이르러 모세는 지금까지 한 것처럼 백성을 자신이 있는 곳으로 불러들여 하느님의 말씀을 전하거나 전 군중 앞에서 말하거나 하지 않았다. 그 대신 한 사람 한 사람을 찾아다녔다. 그것은 드디어 백성과 이별할 때가 되자 지금까지 오랜 기간 그들과 친해 왔던 모세에게는 그냥 전 회중 앞에서 이별의 말을 하는 것만으로는 부족하다고 느꼈기 때문이었다. 백성은 늙은 지도자 모세로부터 직접 개별 방문을 받는다는 특권을 누리자 마음이 여유로워지고 건강이 회복되는 것 같았다.

한 집 한 집을 방문하며 도는 일은 늙은 모세에게 쉬운 일이 아니었다. 생애 최후든 아니든 상냥하며 동정심 깊은 목자는 그 무리가 위험하다는 말을 들으면 안절부절못하며 그 사랑하는 무리를 위해서 결코 몸을 아끼지 않았던 것이다.

다른 주해서에는 '모세는 계속하여 온 이스라엘에게 이 모든 말을 하였다'를 단지 걸어 돌아다니는 것이라고 말하고 있다. 이것은 다음 2절 '나는······ (중략)······이제 외출하거나 돌아다닐 수 없다'라는 구절과 비교하면서 읽으면 이해할 수 있다.

120살임에도 '모세가 가서'라 한 것은 자신은 옛날과 다름없이 빨리, 게다가 건강하게 걸을 수 있다는 사실을 나타내기 위해서였다. 노년에 체력이 떨어져서 퇴진하는 것이 아니라, 하느님에게 '너는 이 요단을 건널 수 없다'라고 들었기 때문에 이제 '외출하거나 돌아다닐 수 없게 됐다'라는, 퇴진할 수밖에 없는 사실을 백성에게 고하고 싶었기 때문이었다. 모세는 자신이 신의 명령에 복종했기 때문에 백성도 따라야 하며 주님이 백성과 새로 임명된 지도자 여호수아와 함께 있다고 말함으로써 그들을 안심시키는 게 좋지 않을까 생각했던 것이다.

덧붙여 '모세가 계속해서 백성들에게 이 모든 말을 하였다'를 모세에 대해 호의적으로 해석하지 않은 예도 들어보자.

이스라엘 백성들은 모세가 퇴진한다는 것을 듣자마자 모세에게 가는 것을 그만두었다. 이것은 일단 지도자가 후계자에게 그 자리를 물려주게 되면 백성들이 흔히 취하는 태도로, 그렇기 때문에 모세가 하느님의 말씀을 그들에게 전하려고 해도 자신이 직접 찾아다니지 않으면 전할 수 없었으리라.

지위만 보고 모세를 받들어 온 사람들은 곧 자취를 감춰 버렸다. 그들은 지금 다음에 올 정부고관이 있는 곳으로 가서 새로운 연줄을 만드는 데에 바빠 모세를 방문할 시간이 없었다. 아무리 퇴진한다고 해도 지도자에게는 한두 마디 정도 백성들에게 말해두고 싶은 말이 있을 것이다. 그런데 말하려고 해도 백성들은 없었다. 그래서 모세는 할 수 없이 돌아다니며 백성들을 찾아내지 않으면 안 되었다. 이것도 하나의 해석으로 받아들여지고 있다.

총은 '힘', 성서는 '용기'

모세가 백성들과 여호수아에게 전해두고 싶은 일이 두 가지 있었다.

우선 하나는 지금까지 이스라엘 백성들에게 주어진 훌륭하고 좋은 수많은 직업은 지도자 때문이 아니라 전능한 신이 늘 함께 있었기 때문이라는 사실이었다. 하지만 그와 동시에 약속의 땅에 들어가기 위해서 단지 하느님만을 의지하고 있으면 안 된다는 사실도 백성들에게 알리고 싶었다. 하느님이 약속의 땅을 정복해 주는 것을 단지 기다리기만 해서는 안 된다는 것이다.

'힘을 내어라. 용기를 가져라'라는 이 권고는 신명기 31장뿐만 아니라, 여호수아기(1장 6·7·18절)에도 몇 번인가 반복되어 나온다. 분명 이것이 약속의 땅을 정복하는 전 과정에 있어서 슬로건이라고 생각된다. 약속의 땅을 상속함에 있어 단지 신만을 의지해서는 안 되며 먼저 두 가지 성격을 갖추어야 하는 것이다.

먼저 강해야 한다. 그 다음이 용기이다. 이것은 한쪽만 있으면 의미가 없다. 강력한 군대, 대량의 무기, 거기다 고성능 전차나 전투기가 있어도 병사 한 사람 한 사람에게 용기와 사기가 없다면 그 힘을 충분히 발휘할 수 없다. 오늘날 이 두 가지는 이스라엘 국방군의 기본 정신이 되고 있다.

이스라엘에서는 병사가 입대하면 곧 엄숙한 선서식에서 선서를 하는데, 2000년간 무방비 상태였던 유대 민족이 겨우 이겨 얻어낸 이스라엘 국방군의 정신을 기리기 위해서 민족의 역사와 관계 깊은 장소에서 선서식을 한다. 신병은 한 사람 한 사람 이름이 호명되어 총과 성서를 받는다. 총은 '힘', 성서는 '용기'를 상징하고 있다.

야훼의 종 모세

모세가 이 세상을 떠나기 전에 한 일은 자신의 백성들에게 축복의 기도를 하는 것이었다.

'하느님의 사람 모세는 죽기 전에 이스라엘 백성에게 복을 빌어주었다.'(신명기 33장 1절)

이후에 이스라엘인 전원을 향해 말한 축복과 각 부족 개개인에게 말한 축복이 계속된다. 그 긴 일생 동안 모세에게는 여러 호칭이 주어졌으며, 죽음을 눈앞에 두고 '하느님의 사람'으로 불린다. 이렇게 불린 것은 모세와 신과의 관계를 역설한다기보다는 모세는 신의 '사람', 결국 '인간'이라는 사실을 강조하고 싶었던 것은 아닐까. 모세에게 지금은 신을 보다 가까이에서 모시며 이 속세를 떠나 영원한 세계로 여행하려고 하는 때인 것이다.

그러나 모세는 다음 세상에서 신을 섬기기 위해 스스로를 안정시키며 마음의 준비만을 하고 있지는 않았다. 이때에도 모세의 관심은 이스라엘인들을 축복하는 일에 있었다. 신의 영혼을 머금은 신성한 모습이었지만 모세는 최후의 순간까지 '인간다운 인간'이었다.

모세는 이스라엘 백성들을 축복할 때, 예전에 야곱이 죽기 직전 자식들에게 축복한 것처럼 전통에 따라 부족별로 그 부족 고유의 역사와 성격을 고려해 가면서 축복을 하였다.

모세는 축복을 마치고 마지막으로 한번 더 자신의 생애를 걸고 이스라엘 백성을 이끌고 당도하려 했던 약속의 땅, 하지만 이제 자신은 갈 수 없게 된 땅을 보기 위해서 느보 산으로 올라갔다. 토라는 이때, 모세가 어떤 기분이었는지 전혀 기록하고 있지 않다. 과연 모세는 눈앞에 펼쳐진 약속의 땅을 멀리서 바라보는 것만으로도 만족했을까. 또 그 약속의 땅은 과연 그의 마음에 들었을까. 혹은 자신이 그 땅에 갈 수 없게 됨을 두고 고민하지는 않았던 것일까. 토라에서 이 같은 의문에 대답해 주는 부분은 보이지 않는다.

'모세가 모압 광야에서 여리고 맞은편에 있는 느보산 비스가 봉우리에 오르자, 야훼께서 그에게 온 땅을 보여 주셨다. 단에 이르는 길르앗 지방, 온 납달리와 에브라임과 므나쎄 지방, 서쪽 바다에 이르는 온 유다 지방, 네겝과 종려 도시 예리고 골짜기의 분지를 소알에 이르기까지 보이시며.' (신명기 34장 1~3절)

이 얼마나 함축적이고 훌륭한 여정인가. 이것으로 모세는 그의 뇌리에 약속의 땅 전부가 영원히 사라지는 일 없이 각인되어 평안 속에 이 세상을 떠날 수 있었다.

'야훼의 종 모세는 그곳 모압 땅에서 야훼의 말씀대로 죽었도다.'
(신명기 34장 5절)

랍비들은 이 부분에 대해 모세는 성스런 입맞춤, 다시 말해 신의 입맞춤에 의해 죽었다고 해석하고 있다. 모세가 전혀 고통을 느끼지 않고 평안 속에서 죽을 수 있었던 '신의 입맞춤'이란, 이때 모세의 눈앞에 펼쳐져 있던 이스라엘 땅의 광경이었던 것이다.

성지 이스라엘의 추억을 마음속에 담으며 영원한 세계로 여행을 떠난 유대인 지도자는 모세 한 사람뿐만이 아니다. 지금까지도 이스라엘 땅 밖에서 흩어져 살던 유대인들 사이에서는 성지에서 가져온 흙을 넣은 조그만 꾸러미를 준비하고 마지막 숨을 거둘 때 그것을 눈앞에서 뿌리는 오래된 전통이 남아 있다. 이스라엘 땅의 광경은 성지에서 멀리 떨어진 유대인에게 있어서도 생사와 관계없이 언제나 마음을 위로해 주었다. 유대인 가정에서는 늘 성지 그림이나 자수가 장식되어 있으며, 벽의 일부가 페인트로 칠해지지 않은 채 예루살렘의 멸망을 슬퍼함과 동시에 그것을 기억하게 하는 존재로서 남아 있다.

새로운 지도자

30일간 모세의 죽음을 애도한 후, 여호수아는 지도자로서 약속의 땅 정복과 상속이라는 큰 목적을 수행하기 위해 한 걸음 내딛는다. 토라에는 새로운 지도자에 대하여 '눈의 아들 여호수아는 하느님의 영을 받아 지혜가 넘쳤다'(신명기 34장 9절)라고 되어 있으며 막중한 임무에 걸맞는 인물로 묘사되고 있다. 하지만 신명기에는 그의 지혜에 대해서도 그 뒤에 '이후 모세 같은 예언자는 나타나지 않았다'고 되어 있다. 여호수아는 자신이 모세의 후계자임에는 틀림없지만 모세의 역량에는 미치지 못하며 그의 뒤를 채우는 것은 도저히 불가능하다는 사실을 깨닫고 있었다.

이 점에서 '이스라엘 자손이 야훼께서 모세에게 명하신 대로 여호수아의 말을 순종하였더라'라는 구절은 대단한 기적이라고 할 수 있다. 왜냐하면 실제로 여호수아는 모세에 미치지 못했고 두 사람을 비교해 모세를 태양에 비유한다면 여호수아는 달에 지나지 않는다고 불평하는 사람들이 있었기 때문이었다. 그럼에도 '이스라엘 자손이 야훼께서 모세에게 명하신 대로 여호수아의 말을 순종하였더라'고 적혀 있다. 분명 이스라엘인들은 아무리 모세가 위대한 지도자라고 해도 이미 타계해 과거의 사람이 되어버린 지금, 눈앞에 있는 지도자와 비교해도 아무 도움이 되지 않는다는 것을 깨달았던 것이 아니었을까.

또한 여호수아는 모세같이 될 필요 없이 '여호수아 그 자체로서 좋았다'고 평가된다. 이리하여 여호수아기는 신이 여호수아에게 '야훼의 종 모세는 죽었다'(여호수아기 1장 1절)라고 말하는 것에서 시작되고 있는 것이다.

여호수아는 모세가 죽은 것을 알고 있었다. 하지만 여호수아에게는 이제 과거로 돌아갈 수 없다는 사실, 모세의 리더십에 의지할 수 없다는 사실을 깨달을 필요가 있었다. 모세는 이미 죽었기 때문에 성서에는 다음과 같이 기록되어 있다.

'내 종 모세가 죽었다. 그러니 너는 이제 이 모든 백성을 거느리고 떠나 이 요르단강을 건너 내가 이스라엘 백성에게 주는 땅으로 들어 가거라.'(여호수아기 1장 2절)

여호수아의 결행

여호수아가 모세의 후계자로서 중대한 임무를 맡게 되었을 때 하느님은 여호수아를 격려하기 위해 이런 말씀을 하셨다.

힘을 내고 용기를 가져라. 내가 이 백성의 선조들에게 주겠다고 맹세한 땅을 차지하여 이 백성에게 나누어 줄 사람은 바로 너다.   (여호수아 1장 6절)

이 말만 두고 보면 사실 의문이 생긴다. 하느님이 사용하시기 위해 택하신 자가 그렇게 미약한 사람이었단 말인가? 여호수아는 하느님이 직접 '힘을 내고 용기를 가져라'고 격려해줘야 할 만큼 약한 인물인 걸까?

하느님은 이미 여호수아의 두려워하는 마음을 꿰뚫어 보고 계셨다. 그에게 '힘을 내고 용기를 가져라'고 말한 것은 그가 스스로 '자신은 약한 자'라고 생각하고 있었기 때문이다. 이렇게 말한 것은 그가 앞으로 해야 할 일에 대해 겁을 먹고 있다는 걸 알고 계셨기 때문이다.

여호수아는 모세 밑에서 일하던 극히 평범한 인물이었다. 이스라엘의 위대한 지도자 모세가 자신의 후계자를 찾을 때 여호수아가 다른 사람들보다 훨씬 뛰어났었다는 얘기는 성서 어느 곳에서도 찾아 볼 수 없다. 모세가 야훼에게 자신의 후계자를 정해줄 것을 기도했을 때, 하느님이 여호수아를 지명하지 않았다면 여호수아는 평생 무명으로 평범하게 살았을 것이다.

약속의 땅 가나안을 눈앞에 두고 있을 때, 모세는 이스라엘의 열두 지파(支派)별로 대표자 한 사람씩을 뽑아 가나안 땅을 탐색하고 돌아오게 한 적이 있었다. 모세는 그들에게 그곳의 지형이 어떠한지를 자세히 살펴보고, 그 땅에 사는 주민들이 강한지 약한지, 많은지 적은지, 그리고 그들이 살고 있는 곳이 마을인지 요새인지, 기름진 땅인지 메마른 땅인지, 나무가 많은지 적은지 등 여러 가지를 살펴보고 오도록 지시했다.

40일 동안 가나안 땅을 탐색하고 돌아온 사람들이 모세에게 보고한 내용은 다음과 같았다.

가나안 땅을 정탐하고 돌아 오는 데 사십 일이 걸렸다. ……그들은 모세에게 다음과 같이 보고하였다. "당신께서 우리를 보내신 땅에 가 보았더니, 과연 젖과 꿀이 흐르는 곳이었습니다." ……그러나 그와 함께 갔다 온 사람들은, 그들이 자기들보다 훨씬 더 강하기 때문에 도저히 올라 가지 못한다고 하면서 …… "우리가 정탐하고 온 땅에 들어 가 살려다가는 도리어 잡혀 먹힐 것이다. 거기에는 키가 장대 같은 사람들이 있더라. ……우리는 스스로 보기에도 메뚜기 같았지만 그 사람들 보기에도 그랬을 것이다." (민수기 13장 25~33절 참조)

이 말을 들은 이스라엘 백성들은 밤새도록 통곡하며 슬퍼했다고 기록되어 있다. 그러나 가나안 땅을 살피고 돌아온 사람들 중 여호수아와 갈렙은 다른 견해를 가지고 있었다.

온 이스라엘 백성의 회중을 향하여 외쳤다. "우리가 돌아 다니며 정탐하고 온 땅은 기막히게 좋은 땅이오. 우리가 야훼의 마음에 들기만 하면, 우리는 그 땅으로 들어 가 차지할 수 있을 것이오. 그 땅은 정녕 젖과 꿀이 흐르는 땅이오."

(민수기 14장 7~8절)

이런 적극적인 사고는 사람들을 격려하면서 목표를 향해 나아가게 하는 원동력이 된다. 이런 여호수아에게 야훼는 엄청난 축복을 약속하셨다.

네 평생에 아무도 네 앞길을 막지 못할 것이다. 내가 모세의 곁을 떠나지 않았던 것처럼 네 곁을 떠나지 않고 너를 버리지 아니하리라.

(여호수아 1장 5절)

여호수아는 모세의 후계자로 뽑혔으나 자신이 모세보다 훨씬 뒤떨어진 존재라는 것을 알고 있었다. 모세는 활활 타오르는 떨기나무 가운데 나타난 야훼와 직접 얼굴을 맞대며 대화를 나눈 경험을 가지고 있었다. 그러나 여호수아에게는 아직 그런 경험이 없었다.

하지만 자신이 야훼로부터 사명을 부여받은 몸이라는 데 있어서는 모세에게 조금도 뒤지지 않는다는 자신감을 갖고 있었다. 자신의 사명에 대해 이렇듯 굳은 확신을 갖는 것이야말로 성공하려는 사람에게 반드시 필요한 조건이다. 확신을 가진 사람의 주위에는 언제나 사람들이 모이게 마련이다. 그런 확신에 사람들은 크게 매력을 느끼게 되는 것이다.

이 책에 있는 법이 네 입에서 떠나지 않게 밤낮으로 되새기며 거기에 적혀 있는 것을 어김없이 성심껏 실천하여야 한다. 그렇게만 하면 네 앞길이 열려 모든 일이 뜻대로 되리라. (여호수아 1장 8절)

이 말씀은 여호수아가 야훼에게 사명을 부여받은 후 받은 명령이다. 하느님께서 그에게 전한 '힘을 내거라. 마음을 단단히 먹어라. 아무 걱정도 하지 말아라'는 말씀은 그저 주야로 반복해서 외워야 할 말씀이었던 것이다.

야훼의 말씀은 영(靈)이며 힘이므로 반복해서 외우는 것은 곧 내면의 힘이 되고 에너지로 축적된다. 이런 말들은 듣는 사람의 마음을 뒤흔들어 무엇인가를 성취시켜야 되겠다는 의욕을 북돋워주는 것이다.

이희영 (李希榮)
성균관대학교 국사학과 졸업. 성균관대학교 대학원 사학과 졸업. 파리사회과학고등연구원 EHESS 역사인류학 박사과정 수학. 지은책「솔로몬 탈무드」「카발라 탈무드」「유대 부자되는 방법」「지적여성생활방법」「여성의 품격」, 옮긴책 막스 디몬트「세계 최강성공집단 유대인」등이 있다.

SOLOMON TALMUD
솔로몬 탈무드
이희영 지음
1판 1쇄 발행/2001. 11. 1
3판 1쇄 발행/2004. 8. 1
3판 9쇄 발행/2014. 6. 1
발행인 고정일
발행처 동서문화사
창업 1956. 12. 12. 등록 16-3799
서울 강남구 도산대로 163 (신사동, 1층)
☎ 546-0331~6 (FAX) 545-0331
www.dongsuhbook.com

잘못 만들어진 책은 바꾸어 드립니다.
＊
이 책의 출판권은 동서문화사가 소유합니다.
의장권 제호권 편집권은 저작권 법에 의해 보호를 받는 출판물이므로 무단전재와 무단복제를 금합니다.
사업자등록번호 211-87-75330
ISBN 978-89-497-0276-6 03890